BA
BA
P
PA
P
EM
EMPA
PAcc

8版

管理类、经济类联考

老吕逻辑

要点精编

主编 ◎ 吕建刚

编委：张杰、毋亮

基础篇

全新
改版升级

北京理工大学出版社
BEIJING INSTITUTE OF TECHNOLOGY PRESS

图书在版编目（CIP）数据

管理类、经济类联考·老吕逻辑要点精编/吕建刚
主编 . -- 8 版 . -- 北京：北京理工大学出版社，
2021.10

ISBN 978 - 7 - 5763 - 0594 - 4

Ⅰ.①管…　Ⅱ.①吕…　Ⅲ.①逻辑－研究生－入学考
试－自学参考资料　Ⅳ.①B81

中国版本图书馆 CIP 数据核字（2021）第 215802 号

出版发行 / 北京理工大学出版社有限责任公司	
社　　址 / 北京市海淀区中关村南大街 5 号	
邮　　编 / 100081	
电　　话 / （010）68914775（总编室）	
（010）82562903（教材售后服务热线）	
（010）68944723（其他图书服务热线）	
网　　址 / http://www.bitpress.com.cn	
经　　销 / 全国各地新华书店	
印　　刷 / 保定市中画美凯印刷有限公司	
开　　本 / 787 毫米×1092 毫米　1/16	
印　　张 / 34.5	责任编辑 / 多海鹏
字　　数 / 809 千字	文案编辑 / 多海鹏
版　　次 / 2021 年 10 月第 8 版　2021 年 10 月第 1 次印刷	责任校对 / 周瑞红
定　　价 / 99.80 元（全两册）	责任印制 / 李志强

每份努力
都值得

现在是凌晨三点，刚刚写完《老吕逻辑要点精编》的最后一个字，我抬头看看窗外，一弯新月遥挂空中，几点星光若隐若现。偌大的一栋写字楼，空无一人，除了我。这样静谧的夜色，会让人想起很多。

二十年前。

我在武汉大学读书的时候，学校里有两位非常受学生欢迎的老师，一位是教西方哲学史的赵林教授，一位是我的经济学老师程虹教授。

那时候，赵林教授是武大辩论队的主教练，口才一流、学识渊博。每周一晚上，他在学校当时最大的教室（教三101室）开讲他那门最受欢迎的选修课——西方哲学史。我也凑热闹，听了几节课，不过说实话，没听懂几句。一是课上讲了好多外国人的名字，太难记；二是那些抽象的哲学思想，难理解。尽管如此，赵老师上课的场景直到现在仍犹在眼前：从各校区慕名而来的同学挤满了教室，讲台边、过道里，坐着的、站着的，满满当当，人山人海。

程虹教授的名字像个女生，但却是位温文尔雅的男教授。程教授是我们的经济学老师，他的经济学课，既能把高深的经济学理论讲得通俗易懂，又能结合商业案例进行分析。我们班多数同学都是他的迷弟迷妹，我也不例外。当然，程教授不可能认识我，班上同学太多了，我只是其中最平凡的一个。

两位优秀的老师让我一下子我到了人生理想——我要成为大学里一位最受欢迎的教授，用学生们最喜欢的方式传授知识。

大三时候的我，为了这份理想，信誓旦旦地说我要考上北大的研究生。但是，复习了不到 3 天，就把书置之一旁，这份理想变成了空想。毕竟，努力学习多累呀，玩游戏比学习更加快乐，不是吗？

十五年前。

这一年，我经历了一次严重的创业失败。

可能是因为第一次创业太顺利了，顺利到我一边创业买房买车，还一边考上了研究生。又因为自己那个成为名教授的理想，还兼职成了一位考研讲师。总之，我觉得创业太容易了，于是头脑一热，和一位朋友开了一家在线超市，比天猫超市差不多早两年。

回头想来，这次创业完全不具备任何成功的可能性——自身能力不足、资源有限；外部环境也还不成熟。这次创业让我负债累累，但我特别感谢这次失败。

这次失败之前，我最专注的时候，就是玩网游的时候。上大学时，我本来可以保研的，但因为沉迷了几个月的网游，导致有一门专业课挂科，所以保研失败了；大学毕业后，曾经有过近一年的时间，我迷恋于魔兽世界之中，常常为了开荒魔兽世界的副本而彻夜不眠。

这次失败之后，我成了一个极为勤奋的人。我发现老天爷又给了我一次机会，他给了我一份我喜欢而且我也能干好的工作，讲课不再是我的爱好和理想，而是一份实实在在的职业。当又一次机会摆在面前的时候，我能不珍惜吗？我敢不努力吗？

于是，我立志成为中国最好的讲师。

十年前。

那时，我还是考研培训界一个寂寂无名的小辈，没有名气，只有勤奋。我记得那一年我出差了近300天，不是在出差，就是在出差的路上。但是我想写书，想写出自己的书，于是我只能在火车上写、在酒店里写，没课时白天写，有课时晚上加班写。那一年我每天都工作到晚上12点左右，没有一天休息。

一年过后，我写出了3本书，其中有2本书的完成稿和1本书的初稿。但是，出版商拒绝出版，理由是我名气不够。

第二年，我又疯狂写了一年，又是白天写、晚上写，又是路上写、酒店里写。三百多个日夜后，我又写出了3本书，加上去年的3本，形成了最早的"老吕专硕"系列图书。这一年，经一位朋友的推荐，在北京理工大学出版社编辑的帮助下，"老吕专硕"系列图书得以出版。可惜的是，由于出版进度的原因，6本书在当年只出版了4本。唉，"满纸荒唐言，一把辛酸泪。都云作者痴，谁解其中味？"

一年又一年……

近十年来，我几乎没有过周末。一年有大约三百三十天到三百四十天，我都是早上 9 点之前到公司，晚上 10 点左右回家。没有任何疑问，我就是全公司最勤奋的人。

可能很多作者的书写完以后，就可以一年又一年地复印了，但我坚持图书每年改版。最近半年，我重写了《老吕写作要点精编》80％的内容，更新了《老吕逻辑要点精编》70％的内容，新增了《老吕数学要点精编》近 100 页的母题技巧。尤其是最近两个月，为了赶书稿，我每天工作 12 个小时以上。

累吗？
累。
苦吗？
不觉得，我乐在其中吧。

驱动我不停前进的力量，我觉得是责任感和成就感吧。

首先是责任感。一个考研学生买了我的书，其实不仅仅是花了几十块上百块钱，而是要在这套书上付出半年甚至一年的努力。他是把自己的未来，或者至少是自己未来的一小部分寄托在了这套书上。如此沉重的托付，让我时有任重才轻之感，让我战战兢兢、如履薄冰。即使水平不高、能力有限，也得贡献出自己最大的力量吧。所以，这么一份职业，敢不努力吗？

其次是成就感。老师这个职业真的太好了，既能成就别人，又能养家糊口，讲好课还是我的理想和爱好，上天真心待我不薄！所以，当一本一本的书摆在我面前时，当一张又一张的好成绩截图发给我时，当一份又一份录取通知书接踵而至时，成就感油然而生。所以，这么一份职业，不值得努力吗？

回想年轻时候的我，和你们一样，不光逃课、打游戏，还会逃课打游戏。现在，四十岁的我，终于懂得了每份努力都有它的价值。我愿意把自己这些小小的奋斗经历分享给大家，因为我知道，考研不是我一个人的事，也不是你一个人的事，是我们要一起努力的事。

让我们一起努力，
好吗？

好了，啰嗦半天了，言归正传，接下来我要给你介绍一下"老吕专硕"系列图书的体系、特点以及你应该怎么用这些书。

① "老吕专硕"系列图书的适用范围

"老吕专硕"系列图书适合 199 管理类联考和 396 经济类联考的所有考生。 具体专业如下：

考试	专业
199 管理类联考	工商管理硕士（MBA）、公共管理硕士（MPA）、工程管理硕士（MEM，含四个方向：工程管理、项目管理、工业工程与管理、物流工程与管理）、旅游管理硕士（MTA）、会计硕士（MPAcc）、审计硕士（MAud）以及图书情报硕士（MLIS）
396 经济类联考	金融硕士（MF）、税务硕士（MT）、应用统计硕士（MAS）、国际商务硕士（MIB）、保险硕士（MI）以及资产评估硕士（MV）

② "老吕专硕"系列图书的体系

"老吕专硕"系列图书，是以最新考试大纲为准绳，以近 10 年联考真题为依据编写的。 建议你认真阅读本书的"大纲解读与命题趋势分析"部分，以便了解考试内容和命题趋势。

"老吕专硕"系列图书包括联考教材、母题专训、真题精解、冲刺押题四大体系，涵盖从基础到提高到冲刺的全过程。

"老吕专硕"系列图书的体系及使用阶段如下：

图书体系	书名	内容介绍
联考教材 （第 1 轮）	《老吕数学要点精编》或《396 数学要点精编》 《老吕逻辑要点精编》 《老吕写作要点精编》	①本套书是必做教材，是备考的起点。 ②数学和逻辑分基础篇和母题篇 2 个分册（396 数学为一本书）。基础篇从零起步，讲解大纲规定的所有基础知识；母题篇归纳总结为 101 类数学题型、26 类逻辑题型，囊括所有考点，教你做一道会一类。 ③写作分论证有效性分析、论说文和技巧总结 3 个分册，手把手教你学会写作套路、提供写作素材。
母题专训 （第 2 轮）	《老吕数学母题 800 练》或《396 数学母题 800 练》 《老吕逻辑母题 800 练》	①本套书是对"母题"的强化训练。 ②与"要点精编"一脉相承，用来总结题型、训练题型。
真题精解 （第 3 轮）	《老吕综合真题超精解（试卷版）》或《396 综合真题超精解（试卷版）》	以考试大纲为依据、以官方答案为标准，详尽细致解析历年真题。

续表

图书体系	书名	内容介绍
冲刺押题 (第4轮)	《老吕综合冲刺8套卷》 《老吕综合密押6套卷》 或《396综合密押6套卷》 《老吕写作考前必背母题33篇》	①紧扣最新大纲，精编全真模考卷，适合冲刺阶段提分使用。 ②每题均设母题索引，回归母题，查漏补缺，冲刺拔高。 ③密押6套卷+写作33篇，具有考前押题性质。近9年7次押中写作论说文；基本囊括数学逻辑原型题。

注意："老吕专硕"系列图书有统一的母题编号，针对薄弱考点，可查看母题编号，回归"要点精编"（母题篇）作总结，回归"母题800练"做练习。

3 "老吕专硕"系列图书的备考思路

如果我们只看题目，联考的总题量是非常大的，比如仅逻辑一科，历年真题就有1 500多道，但如果我们分析这些题目的内在逻辑，对其分门别类进行总结，则这些逻辑题型只有26类。同理，数学题型只有101类，论证有效性分析只有6大类12种常见题型，论说文只有3大类33个常见主题。

因此，老吕的教研体系的核心就是找到这些题目的内在规律，找到题源、题根，把它化成可以被重复使用、重复命题的"母题"。那么，何谓"母题"？"母题者，题妈妈也；一生二，二生四，以至无穷。"

有一些不了解老吕的学生误以为母题就是指《老吕数学母题800练》和《老吕逻辑母题800练》这两本书，甚至因此忽略了最关键的"要点精编"系列教材和独创性、实用性非常强的"老吕写作"系列图书。其实，母题是一套完整的考研解决方案，是一套系统化的解题逻辑。它始于"联考教材"，终于"冲刺押题"。这一套备考逻辑的思路如图1所示：

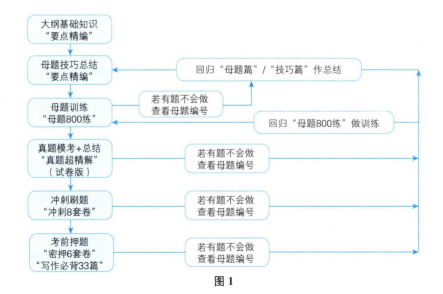

图1

4 **配套课程或赠送课程**

书名	适用人群	配套或赠送课程
《老吕逻辑要点精编》	管理类、经济类联考所有专业	基础班课程：配套"基础篇"，精讲每个知识点、每道例题、每道习题、每个选项，巩固基础知识，建立扎实基本功。
《老吕数学要点精编》	管理类联考各专业	母题班课程：配套"母题篇"，精讲每个母题、每个变化、每个技巧、每道习题、每个选项，掌握系统解题方法，全面提高解题能力。
《老吕写作要点精编》	管理类、经济类联考所有专业	论证有效性分析写作技巧精讲： 一、大纲解读与真题样题 二、全文结构 三、正文写法的三级进阶 论说文写作技巧精讲： 一、大纲解读与命题类型分析 二、1342 写作法
《396 数学要点精编》	经济类联考各专业	赠送基础班课程，精讲大纲考点，扫除知识盲区；配发课程讲义，方便对照做笔记，巩固基础知识。

5 **交流方式**

备考过程中有什么疑问，可以通过以下方式联系老吕。 由于学员众多，老吕并不能保证100％回复。 但老吕在力所能及的范围内，还是会做大量的回复的。

微博：@老吕考研吕建刚-MBAMPAcc

微信：miao-lvlv1　　miao-lvlv2

微信公众号：老吕考研（MPAcc、MAud、图书情报专用）

　　　　　　老吕教你考 MBA（MBA、MPA、MEM 专用）

　　　　　　396 经济类联考（经济类联考各专业通用）

199 管理类联考备考 QQ 群：798505287　173304937　799367655

　　　　　　　　　　　　747997204　797851440

396 经济类联考备考 QQ 群：660395901　854769093

最后，老吕想引用苏轼的一句话："古之立大事者，不惟有超世之才，亦必有坚忍不拔之志。"我们也许很难成为"立大事者"，但我们也可以有一份属于普通人的小小梦想。 对我而言，这个小小梦想就是写出更好的书、讲出更好的课，帮你考上研究生；对你来说，现在这个小小梦想就是考上研究生。 让我们一起努力吧，因为，每份努力都值得！

吕建刚

2021 年 9 月 10 日教师节之际

目录

上部：基础篇

基础篇学习指南　/ 2

大纲解读与命题趋势分析　/ 3

● 第一部分　形式逻辑　　　　　　　　　　　　　　　　　　　　　/ 9

1. 形式逻辑的定义　/ 9

2. 形式逻辑的知识框架　/ 9

3. 形式逻辑的命题数量统计（近 10 年真题）　/ 10

第 1 章　概念

第 1 节　概念与定义

1. 概念与定义　/ 11

2. 概念的种类　/ 13

本节自测习题　/ 15

第 2 节　概念的划分与概念之间的关系

1. 概念的划分　/ 18

2. 概念之间的关系　/ 20

3. 四种与概念的关系有关的谬误　/ 22

本节自测习题　/ 24

本章知识总结　/ 26

第2章 判断

第1节 假言判断

1. 充分条件(A→B) / 30

2. 必要条件(¬A→¬B) / 34

3. 充要条件(A↔B) / 37

4. 画"箭头"的特殊句式 / 38

5. 串联原则 / 41

6. 相同概念原则 / 43

本节自测习题 / 44

第2节 联言、选言判断

1. 联言判断(A∧B) / 49

2. 相容选言判断(A∨B) / 51

3. 不相容选言判断（A∀B） / 55

4. 假言判断的负判断 / 58

本节自测习题 / 61

第3节 性质判断

1. 性质判断的概念与分类 / 65

2. 性质判断的对当关系 / 67

3. 性质判断的负判断 / 74

本节自测习题 / 77

第4节 模态判断

1. 模态判断的概念与数学意义 / 79

2. 模态判断的对当关系 / 80

3. 模态判断的负判断 / 85

本节自测习题 / 88

第5节 关系判断

1. 关系的对称性 / 91

2. 关系的传递性 / 92

本节自测习题 / 93

本章知识总结 / 95

第3章 推理

第1节 演绎推理

考点 1 复合判断推理 / 101

考点 2 串联推理 / 105

考点 3　二难推理　/ 114

考点 4　真假话推理　/ 118

本节自测习题　/ 121

第 2 节　关系推理（综合推理）

1：一个解题核心：重复元素　/ 128

3：三个解题起点　/ 129

4：四种解题方法　/ 132

5：五种条件定式　/ 140

本节自测习题　/ 149

本章知识总结　/ 152

第二部分　论证逻辑
/ 157

1. 论证与论证逻辑　/ 157

2. 论证逻辑的知识框架　/ 157

3. 论证逻辑的命题数量统计（近 10 年真题）　/ 158

第4章　论证

第 1 节　论证的辨识与结构

1. 论证的辨识　/ 159

2. 论证结构与图示　/ 162

本节自测习题　/ 164

第 2 节　演绎论证

1. 演绎论证的概念　/ 165

2. 常见的演绎论证　/ 166

本节自测习题　/ 170

第 3 节　归纳论证

1. 完全归纳法　/ 171

2. 不完全归纳法　/ 171

本节自测习题　/ 174

第 4 节　类比论证

1. 类比论证的概念　/ 176

2. 类比论证的有效性　/ 176

本节自测习题　/ 178

第 5 节　因果论证

1. 因果关系　/ 180

2. 因果论证　/ 181

3. 求因果五法　/ 184

本节自测习题　/ 190

第 6 节　统计论证

1. 平均值与方差　/ 194

2. 增长率　/ 195

3. 占有率（占比）　/ 197

4. 利润与利润率　/ 198

本节自测习题　/ 200

第 7 节　论证的评价

1. 论据的评价　/ 204

2. 对隐含假设的评价　/ 210

3. 对论点的评价　/ 212

4. 对论证过程的评价　/ 216

本节自测习题　/ 217

第 8 节　谬误

1. 概念型谬误　/ 219

2. 相关型谬误　/ 221

3. 归纳与类比型谬误　/ 222

4. 矛盾与反对型谬误　/ 224

5. 论证型谬误　/ 225

6. 因果型谬误　/ 227

7. 充分条件与必要条件混用或误用　/ 228

8. 合成谬误与分解谬误　/ 230

本章知识总结　/ 230

上部
基础篇

基础者，难之源也。高分者，初筑于基础，大成于母题。

基础篇学习指南

1. 基础篇的内容

(1)本书基础篇涵盖考试大纲规定的所有知识点。

(2)本书基础篇严格按照考试大纲的结构编写，分为概念、判断、推理、论证四部分。

2. 基础篇的重要性

逻辑这个学科在联考中的特点是：知识点少、考试题量大。有些知识点和题型每年会考多道。例如假言判断推理、串联推理、二难推理、关系推理等每年必考且不止考一道（更详尽的真题命题统计可见本书母题篇）。

因此，本书基础篇介绍的所有知识点，从联考历年真题中来看，几乎全部考查，命题概率接近 100%。所以，基础篇的内容建议看 2 至 3 遍，基础篇的配套课程请务必听 2 遍以上，每听一遍你都会有新的收获。

3. 基础篇的学习步骤

(1)本书基础篇建议用于第一轮学习。

(2)本书基础篇的学习步骤建议为：预习——听课——复习总结——做习题。

(3)本书基础篇以掌握基础知识为目的，基础阶段的学习可以不进行大量刷题。

4. 基础篇的例题来源及难度

本书基础篇的例题主要是为了让大家理解知识点，因此，例题来源有两种：一是老吕的自编例题，二是联考历年真题中有代表性、有助于学习知识点的题目。

本书基础篇的例题难度略低于真题的平均难度。

管理类、经济类联考逻辑
大纲解读与命题趋势分析

I. 考试大纲对考生能力的要求

<table>
<tr><td colspan="2" align="center">大纲原文</td></tr>
<tr><td align="center">管理类联考(199)</td><td align="center">经济类联考(396)</td></tr>
<tr>
<td>"综合能力考试中的逻辑推理部分主要考查考生❶对各种信息的理解、分析和综合，❷以及相应的判断、推理、论证等逻辑思维能力，❸不考查逻辑学的专业知识。试题题材涉及自然、社会和人文等各个领域，但不考查相关领域的专业知识。"</td>
<td>"综合能力考试中的逻辑推理部分主要考查考生❶对各种信息的理解、分析、综合和判断，❷并进行相应的推理、论证、比较、评价等逻辑思维能力。试题内容涉及自然、社会的各个领域，但❸不考查相关领域的专业知识，也不考查逻辑学的专业知识。"</td>
</tr>
<tr><td colspan="2">说明：管理类联考和经济类联考的逻辑考试大纲在文字的表述上虽有细微差别，但实质内容是一模一样的。</td></tr>
<tr><td colspan="2" align="center">大纲解读</td></tr>
<tr><td colspan="2">

<table>
<tr><td colspan="2" align="center">考试要求</td><td align="center">应试要求</td></tr>
<tr>
<td rowspan="2">考查</td>
<td>❶考查对信息的理解与分析能力</td>
<td>逻辑考试的阅读量极大：2021 年管理类联考逻辑 30 道题，题干共 7 629 字，平均每题 254.3 字；2021 年经济类联考逻辑 20 道题，题干共 5 073 字，平均每题 253.65 字。

庞大的阅读量，考查的就是考生快速阅读、分析题干信息（提取有用信息、排除无用信息）的能力。
因此，考生必须要学会读题。本书中，老吕会教你迅速把握题干信息的技巧。</td>
</tr>
<tr>
<td>❷考查判断、推理、论证等逻辑思维能力</td>
<td>根据《管理类/经济类综合能力考试大纲》规定，逻辑推理部分涉及的内容主要包括：概念、判断、推理、论证。</td>
</tr>
<tr>
<td rowspan="2">不考查</td>
<td rowspan="2">❸不考查逻辑学的专业知识</td>
<td>(1)我们不必掌握逻辑学的专业术语。
例如："析取""强析取""蕴含""反蕴含""SAP""SEP""SIP""SOP""换位""换质""换质位""换位质""三段论的七个推理规则"，等等，这些易混淆又难以理解的逻辑学知识我们都没有必要掌握。</td>
</tr>
<tr>
<td>(2)我们必须掌握一定的逻辑学原理。
理解和正确运用逻辑学原理，是逻辑学科考取高分的基础。因此，考生必须掌握逻辑学原理。本书中，老吕会用最简洁的语言和最简单的方法帮助你掌握逻辑学原理并学会用其来解题。以形式逻辑为例，我们用 5 个小时左右的时间即可学会用传统形式逻辑学习方法耗时一个月左右才能学完的基础知识，并让大部分同学做题的正确率立即达到 80% 以上。</td>
</tr>
</table>

</td></tr>
</table>

2. 考试大纲对考试内容的要求

本书内容严格按照考试大纲的结构编写，以下思维导图中的内容与考试大纲原文完全等同。

依据中国现代逻辑学的奠基人金岳霖先生所著的《逻辑》和《形式逻辑》两书以及华东师范大学哲学系逻辑学教研室所编的《形式逻辑》一书，并参考美国学者欧文·M·柯匹和卡尔·科恩所著的《逻辑学导论》一书，老吕把考试大纲规定的考查内容分为形式逻辑（概念、判断、推理）和论证逻辑（论证）两部分。如图 1 所示：

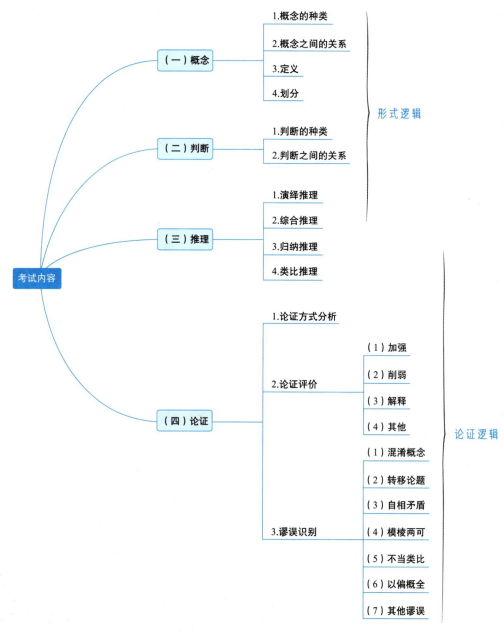

图 1

具体内容详见下表：

大纲原文			大纲解读与考点架构
形式逻辑	（一）概念	1. 概念的种类 2. 概念之间的关系 3. 定义 4. 划分	近5年仅考了3道题，占总题量的2%，但由于概念是逻辑的起点，是构成判断、推理、论证的基本要素，因此，本部分知识仍然要重点掌握。
			第1章　概念 　第1节　概念与定义 　第2节　概念的划分与概念之间的关系 　　1. 概念的划分 　　2. 概念之间的关系 　　3. 四种与概念的关系有关的谬误 （关于"概念"的所有相关内容详见本书内文第11页第1章）
			另外，大纲中规定的考点"谬误识别"中的"(1)混淆概念、(3)自相矛盾、(4)模棱两可"都是在概念使用上所犯的逻辑错误，本质上还是对概念的考查。
	（二）判断	1. 判断的种类 2. 判断之间的关系	不单独命题，一般以推理题的形式考查。
			第2章　判断 　第1节　假言判断 　第2节　联言、选言判断 　第3节　性质判断 　第4节　模态判断 　第5节　关系判断 （关于"判断"的所有相关内容详见本书内文第29页第2章）
	（三）推理	1. 演绎推理 2. 综合推理 3. 归纳推理 4. 类比推理	近5年总共考了94道题，占总题量的62.7%，是考试的重中之重。
			第3章　推理 　第1节　演绎推理 　第2节　关系推理(综合推理) （关于"推理"的所有相关内容详见本书内文第100页第3章）
			特别注意： ①演绎推理就是利用假言判断、联言判断、选言判断、性质判断、模态判断进行的推理。

续表

大纲原文	大纲解读与考点架构
	②综合推理实际上就是对关系判断的考查，因此也可以称之为关系推理。 ③归纳与类比既是推理的方法，也是论证的方法。比如，金岳霖先生所著的《形式逻辑》一书中，就把归纳与类比划入了推理的范畴，将其作为形式逻辑的一部分进行讲解。美国学者柯维(David A. Conway)和蒙森(Ronald Munson)则认为逻辑可分为演绎逻辑(形式逻辑)和非演绎逻辑(论证逻辑)。非演绎逻辑(论证逻辑)，包括归纳论证、类比论证、因果论证、统计论证等，将归纳与类比作为论证的知识进行讲解。 *从联考历年真题来看，归纳和类比都是以论证的形式出题的，因此，本书编写按照柯维(David A. Conway)和蒙森(Ronald Munson)的分类方式，将归纳和类比纳入论证部分，在本书第4章进行讲解。*
论证逻辑 **(四)论证** 1. 论证方式分析 2. 论证评价 (1)加强 (2)削弱 (3)解释 (4)其他 3. 谬误识别 (1)混淆概念 (2)转移论题 (3)自相矛盾 (4)模棱两可 (5)不当类比 (6)以偏概全 (7)其他谬误	近5年总共考了53道题，占总题量的35.3%，仅次于推理题，也是考试重点。 第4章　论证 　第1节　论证的辨识与结构 　第2节　演绎论证 　第3节　归纳论证 　第4节　类比论证 　第5节　因果论证 　第6节　统计论证 　第7节　论证的评价 　第8节　谬误 　　1. 概念型谬误 　　2. 相关型谬误 　　3. 归纳与类比型谬误 　　4. 矛盾与反对型谬误 　　5. 论证型谬误 　　6. 因果型谬误 　　7. 充分条件与必要条件混用或误用 　　8. 合成谬误与分解谬误 *(关于"论证"的所有相关内容详见本书内文第159页第4章)*

3. 管理类联考逻辑的命题统计与命题趋势分析

3.1 近5年管理类联考逻辑真题的命题统计

年份	形式逻辑				论证逻辑
	概念 ★	判断 ☆	推理		论证 ★★★★
			演绎推理 ★★★★★	综合推理 ★★★★	
2017年	1道	一般不单独命题	12道	6道	11道
2018年	0道		16道	7道	7道
2019年	0道		13道	5道	12道
2020年	2道		9道	8道	11道
2021年	0道		15道	3道	12道
合计	3道	0道	65道	29道	53道
平均	0.6道	0道	13道	5.8道	10.6道

说明：
①判断是推理的基础，推理由判断构成，因此真题中一般不会单独考查判断，真题对判断的考查均以推理题的形式出现。
②★★★★★表示考试重中之重（重要程度依次递减），☆表示近几年没有出过题。

3.2 管理类联考逻辑的命题趋势分析

管理类联考近5年共考了150道逻辑真题，由上表统计可得下图（如图2所示）：

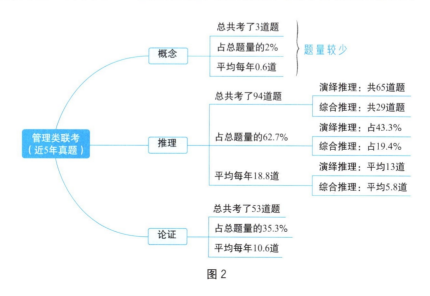

图 2

总之，逻辑的基础知识和数学相比是非常少的，题型也相对较少，而题量却比数学要大，这就使得本书讲解的所有基础知识及题型，在真题中几乎都是必考的。在本书的"母题篇"，老吕还会对具体题型考频进行统计分析，大家可根据统计分析确定复习重点。

4. 经济类联考逻辑的命题统计与命题趋势分析

4.1 2021 年经济类联考逻辑真题的命题统计

2020 年 9 月，经济类联考改了全新的考试大纲，并更换了命题人。从 2021 年真题开始，经济类综合能力考试科目改由教育部考试中心统一命题，因此，本部分我们只统计了 2021 年的真题。

年份	形式逻辑				论证逻辑
	概念	判断	推理		论证
			演绎推理	综合推理	
2021 年	2 道	一般不单独命题	9 道	2 道	7 道

说明：

判断是推理的基础，推理由判断构成，因此真题中一般不会单独考查判断，真题对判断的考查均以推理题的形式出现。

4.2 经济类联考逻辑的命题趋势分析

2021 年经济类联考逻辑真题共计 20 道，由上表统计可得下图（如图 3 所示）：

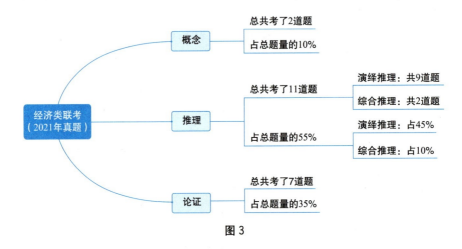

图 3

根据统计结果，改由教育部考试中心统一命题后，推理和论证是 2021 年经济类联考逻辑考试中的重点内容，这与近几年管理类联考逻辑的命题趋势相吻合。在后续的复习过程中，推理和论证部分是考生需着重掌握的知识点。

第一部分
形式逻辑

依据中国现代逻辑学的奠基人金岳霖先生所著的《逻辑》和《形式逻辑》两书以及华东师范大学哲学系逻辑学教研室所编的《形式逻辑》一书，并参考美国学者欧文·M·柯匹和卡尔·科恩所著的《逻辑学导论》一书，老吕把考试大纲规定的考查内容分为形式逻辑（概念、判断、推理）和论证逻辑（论证）两部分。

1. 形式逻辑的定义

形式逻辑是研究思维的形式及其规律的。

例如：

①如果我爱你，那么我就嫁给你。

②如果天下雨，那么地上就会湿。

③如果学了老吕逻辑，那么就能考上研究生。

以上三个例子所表达的内容各有不同，但这三个例子的"形式"是完全一样的，即："如果 A，那么 B"。像这样，忽略思维的具体内容，只研究思维的形式，就是形式逻辑。

总之，"形式逻辑是在撇开具体的、个别的内容的情况下，来研究所有概念、判断、推理的共同逻辑结构，研究它们需要共同遵守的逻辑规律和规则等等"①。

2. 形式逻辑的知识框架

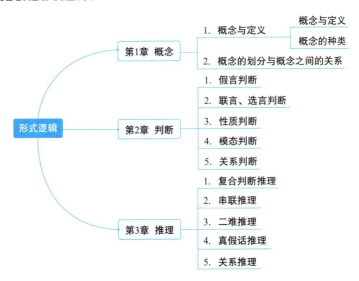

---

① 华东师范大学哲学系逻辑学教研室．形式逻辑[M]．第五版．上海：华东师范大学出版社，2016：4．

3. 形式逻辑的命题数量统计（近 10 年真题）

(1)管理类联考命题数量统计

年份	2012	2013	2014	2015	2016	2017	2018	2019	2020	2021	平均
概念	1	2	0	1	0	1	0	0	2	0	0.7 道
判断与推理	20	21	18	19	12	18	23	18	17	18	18.4 道
合计	21	23	18	20	12	19	23	18	19	18	19.1 道

(2)经济类联考命题数量统计

年份	2012	2013	2014	2015	2016	2017	2018	2019	2020	2021	平均
概念	0	0	0	0	0	0	0	0	2	2	0.4 道
判断与推理	9	12	3	7	9	3	2	7	5	11	6.8 道
合计	9	12	3	7	9	3	2	7	7	13	7.2 道

第1章 概念

第 1 节 概念与定义

听本章课程

1.概念与定义

1.1 概念

概念是反映对象本质属性的思维形式。概念是思维形式最基本的组成单位，是构成判断、推理的要素。概念构成判断，判断构成推理，推理构成论证。因此，虽然历年真题中很少单独针对概念出题，但理解透彻概念，有助于判断、推理、论证等核心考点的学习。

概念有两层含义：**内涵和外延。内涵是指概念所反映的事物的本质属性。外延是指具有概念的内涵所具有的那些属性的事物的范围。**

例如：

概念	内涵	外延
硕士	硕士是一个介于学士及博士之间的研究生学位，拥有硕士学位者通常象征具有对其专注、所研究领域的基础的独立的思考能力。	学术型硕士、专业型硕士
恋爱	恋爱是两个人互相爱慕、被对方吸引、渴望与对方相伴的行为表现。	同性恋、异性恋
小于10的正整数	$\{x \mid 1 \leqslant x \leqslant 9,$ 且 $x \in$ 整数$\}$	$\{1, 2, 3, 4, 5, 6, 7, 8, 9\}$

1.2 定义

定义是对概念的描述。它包含被定义项、联项和定义项。

例如：

网络用语"土豪"（被定义项）是（联项）有钱并在网络上以此炫耀的人（定义项）。

为了使定义下得正确，必须遵守以下规则，如表1-1所示：

表 1-1

编号	规则	违反规则的逻辑谬误	例句
①	定义项不得直接包含被定义项	同语反复	聪明人就是脑子很聪明的人
②	定义项不得间接包含被定义项	循环定义	奇数就是偶数加1；而偶数就是奇数减1

续表

编号	规则	违反规则的逻辑谬误	例句
③	定义项的外延和被定义项的外延必须完全相等	定义项＞被定义项：定义过宽	人类是指用肺呼吸的哺乳动物
		定义项＜被定义项：定义过窄	人类是指女人
④	定义不应包括含混的概念，不能用比喻句	定义含混	儿童就是指祖国的花朵
⑤	定义不应当是否定的	用否定句下定义	男人就是不是女人的人

典型例题

例1 平反是对处理错误的案件进行纠正。

依据以下哪项能最为确切地说明上述定义的不严格？

A. 对案件是否处理错误，应该有明确的标准，否则不能说明什么是平反。

B. 应该说明平反的操作程序。

C. 对平反的客体应该具体分析，平反了，不等于没错误。

D. 处理错误的案件包括三种：重罪轻判、轻罪重判和无罪而判。

E. 应该说明平反的主体及其权威性。

【解析】平反的案件包括轻罪重判和无罪而判，处理错误的案件包括重罪轻判、轻罪重判和无罪而判。被定义项和定义项的外延不一致，定义过宽。

【答案】D

例2 如今，人们经常讨论下岗职工的问题，但也常常弄不清下岗职工的准确定义。国家统计局(1997)261号统计报表的填表说明中对下岗职工的说明是：下岗职工是指由于企业的生产和经营状况等原因，已经离开本人的生产和工作岗位，并已不在本单位从事其他工作，但仍与用人单位保留劳动关系的人员。

按照以上划分标准，以下哪项所述的人员可以称为下岗职工？

A. 赵大大原来在汽车制造厂工作，半年前辞去工作，开了一个汽车修理铺。

B. 钱二萍原来是某咨询公司的办公室秘书。最近，公司以经营困难为由，解除了她的工作合同，她只能在家做家务。

C. 张三枫原来在手表厂工作，因长期疾病不能工作，经批准提前办理了退休手续。

D. 李四喜原来在某服装厂工作，长期请病假。其实他的身体并无不适，目前在家里开了个缝纫部。

E. 王五伯原来在电视机厂工作，今年53岁。去年工厂因产品积压，人员富余，让50岁以上的人回家休息，等55岁时再办理正式退休手续。

【解析】"下岗职工"的定义包括：

①由于企业的生产和经营状况等原因，即不是个人原因。

②已经离开本人的生产和工作岗位，并已不在本单位从事其他工作。

③仍与用人单位保留劳动关系。

A项，个人原因，不符合①。

B项，没有与用人单位保留劳动关系，不符合③。

C项，个人原因，不符合①。

D项，个人原因，不符合①。

E项，符合下岗职工的定义。

【答案】E

2. 概念的种类

2.1 正概念与负概念

正概念和负概念是根据概念所反映的对象是否具有某种属性来划分的。它们强调的不是这种属性"是什么"，而是"有没有"这种属性。

概念	定义	例子
正概念	具有某种属性的概念	成文法、理性、成年人
负概念	不具有某种属性的概念	不成文法、非理性、未成年人

【注意】

"漂亮"与"丑"、"善良"与"邪恶"都是正概念，因为具有某种属性的概念就是正概念，与这种属性是褒义还是贬义无关。"不漂亮""不善良"是负概念，因为它表达的是这个概念不具有某种属性。

2.2 单独概念与普遍概念

单独概念和普遍概念是根据概念所反映的对象的数量来划分的。

概念	定义	例子
单独概念	反映单个对象的概念（数量为一个）	北京大学
普遍概念	反映一类对象的概念（数量为至少两个）	大学

2.3 集合概念与非集合概念

2.3.1 集合概念与非集合概念的定义

(1)集合概念

集合体是指一定数量的个体所组成的全体。**反映集合体的整体性质的概念，就是集合概念。**
例如：

①我们班是个优秀的班集体。

这个例子描述的是我们班级这个集体的整体性质，而不是我们班每个人所具有的性质，因此，"我们班"是个集合概念。注意，优秀的班集体中，也可能会有不优秀的个人。也就是说，集体具有的性质，组成集体的个体未必具有。

(2)非集合概念

非集合概念，又称类概念，它表达的是这个概念中每个个体共同具有的性质。

例如：

②鸟是卵生的。

"卵生"是每一只鸟都具有的共同性质，因此，此例中的"鸟"是一个非集合概念(类概念)。

(3)集合概念与非集合概念的区分方法

集合概念具有的性质，组成集合的个体未必具有；非集合概念(类概念)具有的性质，这个类中的每个个体一定具有。因此，如果在集合概念前加"每个"，一般会改变句子的原意；在非集合概念前加"每个"，一般不会改变句子的原意。

我们不妨在上面的例①和例②前加"每个""每只"，如：

①"每个"我们班是个优秀的班集体。改变了句子的原意，因此，"我们班"是集合概念。

②"每只"鸟都是卵生的。没改变句子的原意，因此，"鸟"是非集合概念。

另外，如果集合概念、非集合概念作句子的宾语，在非集合概念后面可以加"之一"而不会改变句子的原意。

例如：

我是中国人。

我是中国人之一。

以上两个句子的含义是一样的，可见"中国人"在此例中为非集合概念。若把"中国人"理解成集合概念，就成了"我"是"中国人"这个集体，这显然不符合逻辑。

典型例题

[例 **3**] 克鲁特是德国家喻户晓的"明星"北极熊，北极熊是北极名副其实的霸主。因此，克鲁特是名副其实的北极霸主。

以下除哪项外，均与上述论证中出现的谬误相似？

A. 儿童是祖国的花朵，小雅是儿童。因此，小雅是祖国的花朵。

B. 鲁迅的作品不是一天能读完的，《祝福》是鲁迅的作品。因此，《祝福》不是一天能读完的。

C. 中国人是不怕困难的，我是中国人。因此，我是不怕困难的。

D. 康怡花园坐落在清水街，清水街的建筑属于违章建筑。因此，康怡花园的建筑属于违章建筑。

E. 西班牙语是外语，外语是普通高等学校招生的必考科目。因此，西班牙语是普通高等学校招生的必考科目。

【解析】题干：克鲁特是德国家喻户晓的"明星"北极熊(非集合概念)，北极熊(集合概念)是北极名副其实的霸主，故，题干混用了非集合概念和集合概念。

A项，儿童(集合概念)是祖国的花朵，小雅是儿童(非集合概念)，混用了非集合概念和集合概念，与题干相同。

B项，鲁迅的作品(集合概念)不是一天能读完的，《祝福》是鲁迅的作品(非集合概念)，混用了非集合概念和集合概念，与题干相同。

C项，中国人(集合概念)是不怕困难的，我是中国人(非集合概念)，混用了非集合概念和集合概念，与题干相同。

D项，康怡花园(非集合概念)坐落在清水街，清水街的建筑(非集合概念)属于违章建筑，所以此项的推理是正确的，与题干不同。

E项，西班牙语是外语(非集合概念)，外语(集合概念)是普通高等学校招生的必考科目，混用了非集合概念和集合概念，与题干相同。

【答案】D

2.3.2 与集合概念相关的谬误

集合概念只反映集合体的整体性质，不反映构成集合体的个体的性质。同样地，每个个体的性质也未必能准确反映集合体的性质。

(1)分解谬误

如果把集合体或整体的性质误认为是集合体中每个个体或整体中每个部分的性质，就犯了分解谬误的逻辑错误。

例如:

这个公司是家非常优秀的公司，所以，公司里的每个员工也是优秀的。

(2)合成谬误

如果把集合体或整体中个体或部分的性质误认为是集合体或整体的性质，就犯了合成谬误的逻辑错误。

例如:

这支足球队的每个队员都是优秀的足球运动员，因此，这支足球队是支优秀的球队。

● 本节自测习题 ●

1. "香蕉人"是指出国之后，黄色的皮肤不变，但内心已经被外国同化，"变成"白色的人。"芒果人"是指出国之后，黄色的皮肤不变，而内心还是中国人应有的，与皮肤一样颜色的人。

   根据上述定义，下列属于"芒果人"的是:

   A. 小王的孩子出国两年后就不愿意回国了，而且每次回国后总觉得周围的人不理解自己。

   B. 丽丽虽然父母都是中国人，但是从小在美国养父母家长大，不会说汉语，结婚后和丈夫一起来中国旅游，觉得中国是个很不错的地方。

   C. 佩佩出生在美国的一条唐人街，从小就学习汉语和中国文化，能用汉语交流，但是觉得自己和中国人的思维差异太大，无法交流。

   D. 雯雯出国后经常回国，觉得还是家乡的伙伴更能明白她，国外也没有什么很吸引人的。

   E. 强强没有出过国，也不屑于出国，他觉得哪里都不如自己的家乡好。

2. "经济人"就是完全以追求物质利益为目的而进行经济活动的主体。"生态人"是与"经济人"相对应的，指具备生态意识，并在经济与社会活动中能够做到尊重自然生态规律、约束个人与集体行为、实现人与自然共生的个人或群体。

根据上述定义，下列符合"生态人"假设的是：

A. 在一个企业里，只有金钱和地位才能鼓励其员工努力工作。

B. 随着经济发展，农村能源需求量不断增加，森林资源的保护直接受到威胁。

C. 企业管理中不仅要给予员工物质激励，同时要给予精神激励，使员工对企业产生归属感。

D. 我国实行可持续发展，既要发展经济，又要保护好人类赖以生存的大气、淡水、海洋、土地和森林等自然资源和环境。

E. 金钱不是万能的，但没钱是万万不能的。

3. 舌尖现象：在问题解决过程中通常会遇见的体验是所谓的"舌尖现象"，这是一种"几乎就有了"的感受，答案就在嘴边，我们能够清晰地感觉到，却没有办法把它说出口，或加以具体的描述。这是因为大脑对记忆内容的暂时性抑制所造成的，这种抑制受多方面因素影响。

根据上述定义，以下现象属于"舌尖现象"的是：

A. 小欣做了一份非常漂亮的策划方案纸稿，却在展示时没法运用恰当的语言表述出方案中的精华部分，最后还是同事帮忙才得以过关。

B. 老林在逛街时遇到多年前的同学，由于时间太过久远，印象模糊，导致他怎么也叫不出该同学的名字。

C. 小轩为了准备即将到来的 GRE 考试，突击强记英语词汇，但早晨刚记住的 200 个词汇，到了晚上就忘记大半。

D. 小茜参加数学竞赛时，有道很熟悉的大题，记得老师辅导时讲过，但就是想不起来怎么做，交了卷刚出考场，就回忆起老师讲过的解法。

E. 唯唯与男友分手后，有时候会回忆起和他在一起的场景，但心头的伤心却无法说出口。

4. 公达律师事务所以为刑事案件的被告进行有效辩护而著称，成功率达 90% 以上。老余是一位以专门为离婚案件的当事人成功辩护而著称的律师。因此，老余不可能是公达律师事务所的成员。

以下哪项最为确切地指出了上述论证中存在的漏洞？

A. 公达律师事务所具有的特征，其成员不一定具有。

B. 没有确切指出老余为离婚案件的当事人辩护的成功率。

C. 没有确切指出老余为刑事案件的当事人辩护的成功率。

D. 没有提供公达律师事务所统计数据的来源。

E. 老余具有的特征，其所在工作单位不一定具有。

5. 舞蹈学院的张教授批评本市芭蕾舞团最近的演出没能充分表现古典芭蕾舞的特色。他的同事林教授认为这一批评是个人偏见。作为芭蕾舞技巧专家，林教授考察过芭蕾舞团的表演者，结论是每一位表演者都拥有足够的技巧和才能来表现古典芭蕾舞的特色。

以下哪项最为恰当地概括了林教授反驳中存在的漏洞？

A. 他对张教授的评论风格进行攻击而不是对其观点加以反驳。

B. 他无视张教授的批评意见是与实际情况相符的。

C. 他仅从维护自己的权威地位的角度加以反驳。

D. 他依据一个特殊事例轻率地概括出一个普遍结论。

E. 他不当地假设，如果一个团体的每个成员具有某种特征，那么这个团体就总能体现这种特征。

习题详解

1. D

【解析】"芒果人"的定义：①出国以后；②内心仍然认同中国文化。

A项，不符合②"内心仍然认同中国文化"，因此不符合"芒果人"的定义。

B项，不符合①"出国以后"，因此不符合"芒果人"的定义。

C项，不符合①"出国以后"，因此不符合"芒果人"的定义。

D项，符合"芒果人"的定义。

E项，强强没有出过国，不符合①"出国以后"，因此不符合"芒果人"的定义。

2. D

【解析】"生态人"的定义：具备生态意识，并在经济与社会活动中能够做到尊重自然生态规律、约束个人与集体行为、实现人与自然共生的个人或群体。

A、B、E项强调的都是人的经济属性，不符合"生态人"的定义。

C项，强调的是人的精神属性，不符合"生态人"的定义。

D项，符合"生态人"的定义。

3. D

【解析】"舌尖现象"的定义要点：

①答案就在嘴边，能够清晰地感觉到。

②无法说出口或加以具体的描述。

③大脑对记忆内容的暂时性抑制。

A项不符合③，B项不符合①和③，C项不符合①，E项不符合①和③。

D项符合"舌尖现象"的定义要点，故D项正确。

4. A

【解析】题干认为公达律师事务所擅长刑事案件，那么公达律师事务所的律师也都擅长刑事案件，从而推断擅长离婚案件的老余不是该律师事务所的律师。即，题干认为集合体(公达律师事务所)具有的性质(擅长刑事案件辩护)，构成集合体的个体也应该具有(老余也应该擅长刑事案件辩护)，故题干犯了分解谬误的逻辑错误。

A项，集体具有的性质，个体未必具有，指出了题干的逻辑错误。

但要注意，E项不正确。因为E项是由老余的性质来推断其工作单位的性质，而题干是由工作单位的性质来推断老余的性质。

其余各项显然均不正确。

5. E

【解析】林教授认为：本市芭蕾舞团每一位表演者都拥有足够的技巧和才能来表现古典芭蕾舞的

特色，所以，本市芭蕾舞团最近的演出充分表现了古典芭蕾舞的特色。

即林教授认为每一个个体具有的性质(每一位表演者都表现了古典芭蕾舞的特色)，这些个体构成的集合体也具有这些性质(本市芭蕾舞团最近的演出充分表现了古典芭蕾舞的特色)，此处犯了合成谬误的逻辑错误。故 E 项正确。

第 **2** 节 概念的划分与概念之间的关系

1. 概念的划分

按照一个标准对概念进行细分，就是对概念的划分。

例如：

以性别为标准，可以把"人"这个概念划分为"男人"和"女人"。

概念的划分要满足以下规则，如表 1-2 所示：

表 1-2

编号	规则	违反规则的逻辑谬误	例子
①	标准要统一	划分标准不一致	杂志分为季刊、月刊、外文刊物。 分析：季刊、月刊是按出版时间划分，外文刊物是按语言划分。
②	层级要一致	不当并列	学生可以分为大学生、中学生和一年级学生。 分析：大学生、中学生应该与小学生并列，不能与一年级学生并列。
③	不重 各部分不能有交集	子项相容	人类可以分为男人、女人和孩子。 分析：男人与孩子、女人与孩子都有交集。
④	不漏 各部分相加要等于原概念，不能比原概念外延小	划分不全	人类可以分为老年人、中年人和幼儿。 分析：老年人＋中年人＋幼儿＜人类。
⑤	不多 各部分相加要等于原概念，不能比原概念外延大	多出子项	孩子可分为婴儿、幼儿、少年和中年人。 分析：中年人不属于孩子。

典型例题

例 4 我最爱阅读外国文学作品，英国的、法国的、古典的，我都爱读。

以上陈述在逻辑上犯了哪项错误？

A. 划分外国文学作品的标准混乱，前者是按国别的，后者是按时代的。

B. 外国文学作品，没有分是诗歌、小说还是戏剧。

C. 没有说最喜好什么。

D. 没有说是外文原版还是翻译本。

E. 在"古典的"后面，没有紧接着指出"现代的"。

【解析】题干中"英国、法国"是按照国别划分的，而"古典"则是按照时代划分的。

故题干违反了划分的规则：每次划分只能根据一个标准，划分出来的各部分不能有交集。

【答案】A

例5 假设老吕弟子班的学员只考 MPAcc 和 MBA 两个专业，其中，MPAcc 考生多于 MBA 考生，南方学生多于北方学生。

如果上述断定是真的，则以下哪项关于弟子班学员的断定也一定是真的？

A. 北方的 MPAcc 考生多于北方的 MBA 考生。

B. 南方的 MBA 考生多于北方的 MBA 考生。

C. 南方的 MPAcc 考生多于北方的 MBA 考生。

D. 南方的 MPAcc 考生少于北方的 MBA 考生。

E. 无法比较南方的 MPAcc 考生与北方的 MBA 考生的数量多少。

【解析】本题涉及"老吕弟子班学员"这一概念，按照地区可将其划分为南方考生和北方考生，按照专业可将其划分为 MPAcc 专业考生和 MBA 专业考生。

设南方的 MPAcc 考生为 a 人，北方的 MPAcc 考生为 b 人，南方的 MBA 考生为 c 人，北方的 MBA 考生为 d 人。根据题干信息，可得表 1-3：

表 1-3

专业	地区	
	南方	北方
MPAcc	a	b
MBA	c	d

根据题意有：

①南方学生多于北方学生，即：$a+c>b+d$。

②MPAcc 考生多于 MBA 考生，即：$a+b>c+d$。

①+②得：$2a+b+c>2d+b+c$，故 $a>d$。

即：南方的 MPAcc 考生多于北方的 MBA 考生，故 C 项正确。

【答案】C

例6 某市优化投资环境，2010 年累计招商引资 10 亿元。其中外资 5.7 亿元，投资第三产业 4.6 亿元，投资非第三产业 5.4 亿元。

根据以上陈述，可以得出以下哪项结论？

A. 投资第三产业的外资大于投资非第三产业的内资。

B. 投资第三产业的外资小于投资非第三产业的内资。

C. 投资第三产业的外资等于投资非第三产业的内资。

D. 投资第三产业的外资和投资非第三产业的内资无法比较大小。

E. 投资第三产业的外资为 4.3 亿元。

【解析】本题涉及"总投资"这一概念，按照资金的来源可将其划分为外资和内资，按照投资的方向可将其划分为第三产业和非第三产业。

设投资非第三产业的外资 a 亿元，投资非第三产业的内资 b 亿元，投资第三产业的外资 c 亿元，投资第三产业的内资 d 亿元。根据题干信息，可得表 1-4：

表 1-4

总投资 10 亿元	外资 5.7 亿元	内资 4.3 亿元
非第三产业 5.4 亿元	a	b
第三产业 4.6 亿元	c	d

故有：$\begin{cases} a+c=5.7 \\ a+b=5.4 \end{cases}$，两式相减得：$c-b=0.3$。

即：第三产业外资－非第三产业内资＝0.3 亿元，可知：第三产业的外资大于非第三产业的内资，故 A 项正确。

【答案】A

2. 概念之间的关系

2.1 全同关系

两个概念的外延完全相同，称为全同关系。如图 1-1 所示：

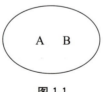

图 1-1

例如：

等边三角形　　所有角均为 60° 的三角形

2.2 种属关系

一个概念 A（种）的外延包含于另外一个概念 B（属）的外延，称为种属关系，也称为从属关系或者"真包含于"关系。如图 1-2 所示：

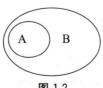

图 1-2

例如：

兔子是动物的一种。

2.3 交叉关系

两个概念在外延上有并且只有一部分是重合的，称为交叉关系。如图 1-3 所示：

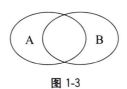

图 1-3

例如：

男人　　教授　　重合部分：男教授

2.4 全异关系

全异关系是指两个概念的外延没有重合。它包括两种：矛盾关系和反对关系。

(1)矛盾关系

矛盾关系是指两个概念的外延没有重合，并且两个概念的外延相加是全集。矛盾双方必为一真一假。如图 1-4 所示：

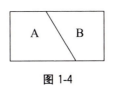

图 1-4

例如：

若规定"人"为全体，则"男人"和"女人"没有重合部分，相加又是全体，所以"男人"和"女人"是矛盾关系。一个人，要么是男人，要么是女人，必有一真一假。

(2)反对关系

反对关系是指两个概念的外延没有重合，并且两个概念的外延相加不是全集，至少还有一个事物不属于这两个概念。反对关系可以同假，不能同真。如图 1-5 所示：

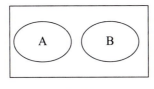

图 1-5

例如：

假设人按年龄阶段可以分为儿童、青年、中年、老年。儿童和中年是反对关系，他们没有公共部分，相加也不是全部人。可以有一个人，既不是儿童，也不是中年(可同假)，但不可能有一个人，既是儿童，又是中年(不可同真)。

典型例题

例7 概念 A 和概念 B 之间有交叉关系，当且仅当：(1)存在对象 x，x 既属于 A 又属于 B；(2)存在对象 y，y 属于 A 但是不属于 B；(3)存在对象 z，z 属于 B 但是不属于 A。

根据上述定义，以下哪项中画线的两个概念之间有交叉关系？

A. 国画按题材分主要有<u>人物画</u>、花鸟画、山水画等，按技法分主要有<u>工笔画</u>和写意画等。

B. 《<u>盗梦空间</u>》除了是<u>最佳影片</u>的有力争夺者外，它在技术类奖项的争夺中也将有所斩获。

C. 洛邑小学 30 岁的<u>食堂总经理</u>为了改善伙食，在食堂放了几个意见本，征求<u>学生们</u>的意见。

D. 在<u>微波炉清洁剂</u>中加入漂白剂，就会释放出<u>氯气</u>。

E. <u>高校教师</u>包括<u>教授</u>、副教授、讲师和助教等。

【解析】

A 项中的两个概念的外延有重合，是交叉关系。

B 项，《盗梦空间》和最佳影片的关系不定，如果《盗梦空间》最终是唯一的最佳影片，二者就是全同关系；如果不是，就是全异关系。

C、D 项，两个概念是全异关系。

E 项，两个概念是种属关系，教授包含于高校教师。

【答案】A

3. 四种与概念的关系有关的谬误

3.1 偷换概念

在同一个论证中，同一个概念的内涵和外延应该完全一致(即全同关系)。否则，就犯了**偷换**概念的逻辑错误。

例如：

象是动物，所以小象是小动物。

偷换概念："小象"中的"小"是指年龄小，"小动物"中的"小"是指体型小。

3.2 自相矛盾

相互矛盾的两个判断或概念，必然为一真一假；相互反对的两个判断或概念，至少一假。如果**同时肯定两个矛盾或反对的判断或概念，就犯了自相矛盾的逻辑错误**。

例如：

今年过节不收礼，收礼只收脑白金。

此例中，除了"不收礼"与"收脑白金"之外，还有别的选择，比如收红包。因此，"不收礼"与"收脑白金"是反对关系，故此例同时肯定了反对的双方。另外，"收礼"与"不收礼"是矛盾关系，故此例也同时肯定了矛盾的双方。因此，此例犯了自相矛盾的逻辑错误。

3.3　模棱两不可

相互矛盾的两个判断或概念，必然为一真一假；下反对的两个判断或概念，至少一真。如果**同时否定了矛盾或下反对的双方，就犯了模棱两不可的逻辑错误，也叫"两不可"**。（注意：此处涉及"下反对关系"的相关知识，详见本书第2章第3节）

例如：

老吕在课堂上问同学："这道题会的人举手"，冬雨没有举手；老吕又问："这道题不会的人举手"，冬雨也没有举手。

冬雨否定了矛盾的双方，犯了模棱两不可的逻辑错误。

模棱两可则是指对一个断定不表态，既不肯定也不否定，含糊其词。

3.4　非黑即白

黑色和白色是反对关系，而不是矛盾关系。因为，除了黑色和白色外，还有很多其他颜色，所以，不是黑色并不一定就是白色。

所以，**非黑即白就是误把反对关系当作矛盾关系，也称为非此即彼或不当二分。**

例如：

冬雨："你养宠物了吗？"

老吕："养了。"

冬雨："你养的是猫吗？"

老吕："不是。"

冬雨："那你养的一定是狗。"

猫和狗不是矛盾关系，没有养猫，不代表养的就是狗，可能养的是猪、骡子、蛇、虎，等等。所以，冬雨犯了非黑即白的逻辑错误。

典型例题

例8 对同一事物，有的人说"好"，有的人说"不好"，这两种人之间没有共同语言。可见，不存在全民族通用的共同语言。

以下除哪项外，都与题干推理所犯的逻辑错误类似？

A. 甲：厂里规定，工作时禁止吸烟。乙：当然，可我吸烟时从不工作。

B. 有的写作教材上讲，写作中应当讲究语言形式的美，我的看法不同。我认为语言就应该朴实，不应该追求那些形式主义的东西。

C. 象是动物，所以小象是小动物。

D. 这种观点既不属于唯物主义，又不属于唯心主义，我看两者都有点像。

E. 甲：李四一点担当都没有，真不够男人。乙：李四是男人呀，身份证上性别一栏写的"男"。

【解析】题干中的推理犯了<u>偷换概念</u>的逻辑错误。前一个"共同语言"，指的是对同一事物的评价；后一个"共同语言"，是指语言，如中国使用汉语，英国使用英语。

A项，前一句中的"工作"，指的是工作的时间段，是时间概念；后一句中的"工作"是动作概念，故此项犯了偷换概念的逻辑错误。

B 项，"形式"和"形式主义"是不同的概念，故此项犯了偷换概念的逻辑错误。

C 项，"小象"中的"小"是指年龄小，"小动物"中的"小"是指体型小，故此项犯了偷换概念的逻辑错误。

D 项，唯物主义与唯心主义是矛盾的概念，矛盾双方必有一真一假，不可能两者都像，故此项犯了自相矛盾的逻辑错误。

E 项，第一个"男人"指的是男人的担当和气概；第二个"男人"指的是生物学意义上的"男性"，，故此项犯了偷换概念的逻辑错误。

【答案】D

例 9 主持人：有网友称你为"国学巫师"，也有网友称你为"国学大师"。你认为哪个名称更适合你？

上述提问中的不当也存在于以下各项中，除了：

A. 你要社会主义的低速度，还是资本主义的高速度？

B. 你主张为了发展可以牺牲环境，还是主张宁可不发展也不能破坏环境？

C. 你认为人都自私，还是认为人都不自私？

D. 你认为"9·11"恐怖袭击必然发生，还是认为有可能避免？

E. 你认为中国队必然夺冠，还是认为不可能夺冠？

【解析】题干中"国学巫师"与"国学大师"是反对关系而非矛盾关系，提问不当，因为对方可能既不是"国学巫师"，也不是"国学大师"。主持人犯了非黑即白的逻辑错误。

A 项，"社会主义的低速度"和"资本主义的高速度"是反对关系而不是矛盾关系，比如还有"社会主义的高速度"。

B 项，"为了发展可以牺牲环境"和"宁可不发展也不能破坏环境"是反对关系而不是矛盾关系，比如还有"既发展又要保护环境"。

C 项，"人都自私"和"人都不自私"，即"所有人自私"和"所有人不自私"，显然是反对关系而不是矛盾关系。

D 项，"必然发生"和"可能避免"（即"可能不发生"）为矛盾关系，与题干不同。

E 项，"不可能夺冠"等价于"必然不夺冠"，与"必然夺冠"是反对关系。

（注意：本题的 C、D、E 项涉及"简单判断"的相关知识，详见本书第 2 章）

【答案】D

◆ 本节自测习题 ◆

1. 东方日出，西方日落；社会是发展的，生物是进化的。这些都反映了不以人的意志为转移的客观规律。小王对此不以为然。他说，有的规律是可以被改造的，人能改造一切，当然也能改造某些客观规律。比如价值规律不是乖乖地为精明的经营者服务了吗？人不是把肆虐的洪水控制住而变害为利了吗？

试问，以下哪项最为确切地揭示了小王上述议论中的错误？

A. 他过高地估计了人的力量。

B. 他认为"人能改造一切"是武断的。

C. 他混淆了"运用"与"改造"这两个概念。

D. 洪水并没有都被彻底制服。

E. 价值规律若被改造就不叫价值规律了。

2. 2010 年，某国学校为教师提供培训的具体情况为：38％的公立学校有 1％～25％的教师参加，18％的公立学校有 26％～50％的教师参加，13％的公立学校有 51％～75％的教师参加，30％的公立学校有 76％甚至更多的教师参加。与此相对照，37％的农村学校有 1％～25％的教师参加，20％的农村学校有 26％～50％的教师参加，12％的农村学校有 51％～75％的教师参加，29％的农村学校有 76％甚至更多的教师参加。这说明，该国农村学校教师和城市、市郊以及城镇的学校教师接受培训的概率几乎相当。

以下哪项如果为真，最能反驳上述论证？

A. 教师培训的内容丰富多彩，各不相同。

B. 教师培训的条件差异性很大，效果也不相同。

C. 有些教师既在公立学校任职，也在农村学校兼职。

D. 教师培训的时间，公立学校一般较长，农村学校一般较短。

E. 农村也有许多公立学校，市郊也有许多农村学校。

3. 某大学一寝室中住着若干个学生。其中，一个是哈尔滨人，两个是北方人，一个是广东人，两个在法律系，三个是进修生。该寝室中恰好住了 8 个人。

如果题干中关于身份的介绍涉及寝室中所有的人，则以下各项关于该寝室的断定都不与题干矛盾，除了：

A. 该校法律系每年都招收进修生。

B. 该校法律系从未招收过进修生。

C. 来自广东的室友在法律系就读。

D. 来自哈尔滨的室友在财政金融系就读。

E. 该寝室的三个进修生都是南方人。

4. 老吕暑假集训 1 班一共有 80 名学员，其中来自南方的学员有 45 位，过了六级的同学有 52 位，北方学员中没过六级的学员有 10 位。

根据上述陈述，该班级的南方学员中过了六级的有几人？

A. 15 人。　　　B. 18 人。　　　C. 25 人。　　　D. 27 人。　　　E. 32 人。

习题详解

1. C

【解析】小王在议论中混淆了"运用客观规律"与"改造客观规律"这两个概念。故 C 项正确。

2. E

【解析】题干：通过某国公立学校教师与农村学校教师参加培训的数据对比，得出"农村学校教师和城市、市郊以及城镇的学校教师接受培训的概率几乎相当"的结论。

题干中的问题是概念的划分标准不统一，学校按主办方划分可以分为公立学校和私立学校，按地理位置划分可以分为农村、乡镇、市郊和城市学校。

E 项指出题干中对学校的划分有重合之处。

3. C

【解析】根据题干可知，"哈尔滨人"和"北方人"为种属关系，即"哈尔滨人"包含于"北方人"。又知该寝室恰好住了 8 个人，而 2 个北方人＋1 个广东人＋2 个法律系学生＋3 个进修生＝8 个人，所以题干中的各个概念间为全异关系，不能交叉。

A、B 项，该校法律系是否招收进修生，与该寝室中 3 个进修生是否在法律系没有必然的联系，故 A、B 项与题干不矛盾。

C 项，说明"广东人"与"法律系学生"为交叉关系，则该寝室中不可能有 8 个人，故与题干矛盾。

D 项，题干并未涉及财政金融系的情况，故此项与题干不矛盾。

E 项，指出三个进修生都是南方人，但他们未必是"广东人"，故此项与题干不矛盾。

4. D

【解析】设老吕暑假集训 1 班的南方学员中过了六级的同学有 a 人，没有过了六级的同学有 c 人；北方学员中过了六级的同学有 b 人。根据题干信息，可得表 1-5：

表 1-5

学员 80 人	南方学员 45 人	北方学员 35 人
过六级 52 人	a	b
没过六级 28 人	c	10

故有：$\begin{cases} c=28-10=18, \\ a=45-c=27, \\ b=35-10=25。 \end{cases}$

所以，该班级的南方学员中过了六级的有 27 人。故 D 项正确。

◆ 本章知识总结 ◆

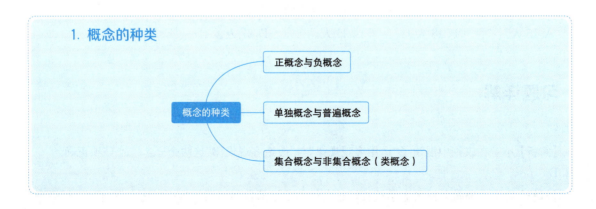

2. 概念的划分

编号	规则	违反规则的逻辑错误
①	标准要统一	划分标准不一致
②	层级要一致	不当并列
③	不重 各部分不能有交集	子项相容
④	不漏 各部分相加要等于原概念，不能比原概念外延小	划分不全
⑤	不多 各部分相加要等于原概念，不能比原概念外延大	多出子项

3. 概念之间的关系

编号	关系	图示	例子
①	全同关系		等边三角形 所有角均为60°的三角形
②	种属关系		兔子是动物的一种
③	交叉关系		男人　教授 重合部分：男教授
④	全异关系　矛盾关系		男人　女人
	全异关系　反对关系		儿童　中年

4. 与定义有关的逻辑谬误

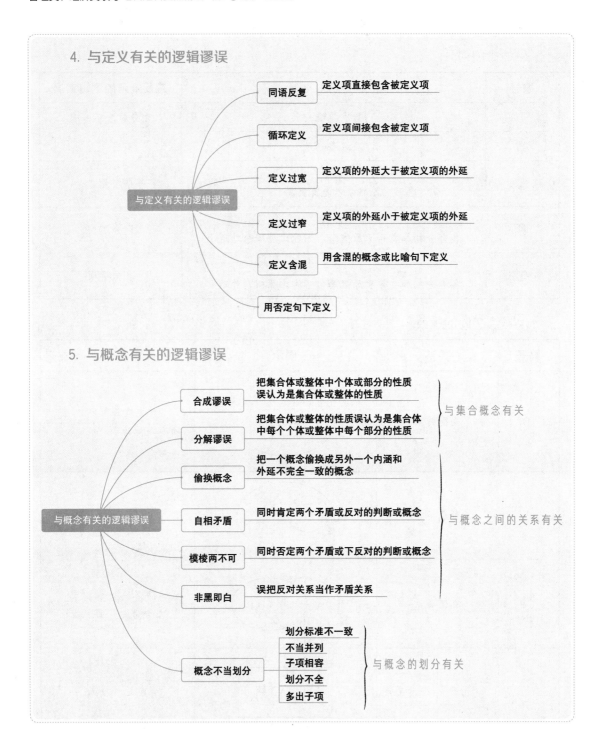

与定义有关的逻辑谬误
- 同语反复 —— 定义项直接包含被定义项
- 循环定义 —— 定义项间接包含被定义项
- 定义过宽 —— 定义项的外延大于被定义项的外延
- 定义过窄 —— 定义项的外延小于被定义项的外延
- 定义含混 —— 用含混的概念或比喻句下定义
- 用否定句下定义

5. 与概念有关的逻辑谬误

与概念有关的逻辑谬误
- 合成谬误 —— 把集合体或整体中个体或部分的性质误认为是集合体或整体的性质 ┐
- 分解谬误 —— 把集合体或整体的性质误认为是集合体中每个个体或整体中每个部分的性质 ┘ 与集合概念有关
- 偷换概念 —— 把一个概念偷换成另外一个内涵和外延不完全一致的概念 ┐
- 自相矛盾 —— 同时肯定两个矛盾或反对的判断或概念
- 模棱两不可 —— 同时否定两个矛盾或下反对的判断或概念
- 非黑即白 —— 误把反对关系当作矛盾关系 ┘ 与概念之间的关系有关
- 概念不当划分 ——
  - 划分标准不一致
  - 不当并列
  - 子项相容
  - 划分不全
  - 多出子项
  ┘ 与概念的划分有关

第2章 判断

判断就是对思维对象有所断定。这种断定可以是肯定的，也可以是否定的。

例如：

我爱你。（肯定判断）

你能考上研究生。（肯定判断）

康哥，永远的神。（肯定判断）

我不爱你。（否定判断）

年轻人不讲武德。（否定判断）

如果一个句子没有断定，就不是判断。

例如：

请坐！（这是一个祈使句，没有断定，因此不是判断。）

大郎，快吃药吧！（这是一个祈使句，没有断定，因此不是判断。）

老吕帅吗？（这是一个疑问句，没有断定，因此不是判断。）

判断可以分为以下类型，如图 2-1 所示：

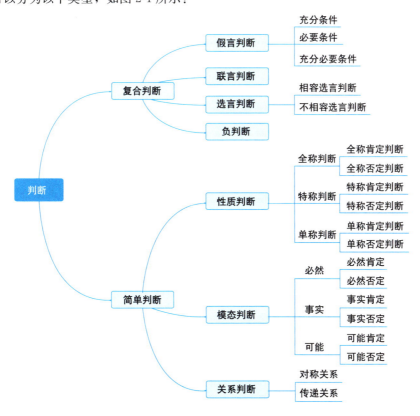

图 2-1

需要注意的是，逻辑学界对"判断"和"命题"的定义与关系一直存在争议。多数逻辑学著作认为，命题就是用语句来表达判断，也就是说判断就是在脑子里作了一个断定，而命题就是把这个断定表达了出来，那么命题就是对判断的表达，二者其实并无本质区别。另外，由于联考大纲明确规定"不考查逻辑学的专业知识"，因此，考生不必区分"判断"与"命题"在逻辑学上的细微差别，本书亦不区分二者的差别，近似地认为二者等同。

第❶节 假言判断

假言判断是表示某一事件是另一事件的条件的判断，又可称为假言命题。其中，"假"是指假设，"言"就是一句话，故假言判断是表示假设情况的一个断定。假言判断有三种：充分条件、必要条件、充分必要条件。

例如：

如果天下雨，那么地上湿。（充分条件）

只有我爱你，我才嫁给你。（必要条件）

当且仅当你有钱，你才任性。（充分必要条件）

Ⅰ. 充分条件（A → B）

1.1 什么是充分条件

先看两个例子。

例①：

张三说："只要女孩子漂亮，我就喜欢。"

【分析】

本例中，想让张三喜欢一个女孩子，她只要漂亮就足够了，不再需要别的条件了。"足够"我们又可以称为"充分"。因此，"女孩子漂亮"就是"张三喜欢"的充分条件。可以记为：

女孩子漂亮→张三喜欢。

其中，"→"读作"推出"，意思是：如果"女孩子漂亮"这件事情发生，就一定能推出"张三喜欢"这件事情发生。

例②：

如果下暴雨，那么地上会湿。

【分析】

本例中，对于"地上湿"来说，只要具备"下暴雨"这个条件就足够了。因此，"下暴雨"就是"地上湿"的充分条件。可以记为：

下暴雨→地上湿。

其中，"→"读作"推出"，意思是：如果"下暴雨"这件事情发生，就一定能推出"地上湿"这件事情发生。

如果我们用事件"A"代表上述两个例子中的"女孩子漂亮"或者"下暴雨"，用事件"B"代表"张三喜欢"或者"地上湿"，那么，上述两个例子均可以符号化为：

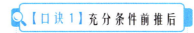

$$A→B。$$

也就是说，"如果 A，那么 B"表示充分条件，可符号化为"A→B"，读作"A 推 B"，它的含义是：对于 B 来说，有 A 这个条件就足够了（有它就行），即假如事件 A 发生了，事件 B 一定发生。其中，"A"称为前件，"B"称为后件。

【口诀1】充分条件前推后

1.2 逆否命题

看下面两个判断：

判断①：如果下暴雨，那么地上会湿。可符号化为：下暴雨→地上湿。

判断②：如果地上没湿，说明没下暴雨。可符号化为：地上没湿→没下暴雨，即：¬ 地上湿→¬ 下暴雨（"¬"读作"非"，即否定词）。

由判断①可知，若"下暴雨"这件事情发生，一定可以推出"地上湿"这件事情发生，那么，若"地上湿"这件事情没有发生，显然"下暴雨"这件事情也没有发生，可符号化为：¬ 地上湿→¬ 下暴雨。可见，判断①与判断②的含义等价，即（如图 2-2 所示）：

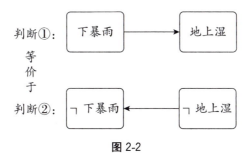

图 2-2

观察图 2-2，可知上面两个判断（判断①、②）中的箭头方向是反着的（逆），而"地上湿"变成了"¬ 地上湿"，"下暴雨"变成了"¬ 下暴雨"，因此，我们把判断②称为判断①的逆否命题，并有口诀如下：

【口诀2】逆否命题等价于原命题

典型例题

例1 请写出下列判断的逆否命题。

（1）只要不作死，就不会死。

（2）一旦摄入过多脂肪，就会变胖。

（3）水烧到了 100℃，就会沸腾。

【解析】

（1）符号化：不作死→不死，即：¬ 作死→¬ 死，等价于：作死←死，即：死→作死。

即：如果一个人死了，说明他作死。

（2）符号化：摄入过多脂肪→变胖，等价于：¬ 摄入过多脂肪←¬ 变胖，即：¬ 变胖→¬ 摄入过多脂肪。

即：如果没有变胖，说明没有摄入过多脂肪。

（3）符号化：烧到 100℃ →沸腾，等价于：¬ 烧到 100℃ ←¬ 沸腾，即：¬ 沸腾→¬ 烧到 100℃。

即：如果水没沸腾，说明没烧到 100℃。

1.3 箭头指向原则

如前文所述，充分条件"A→B"的含义是<u>"有它就行"</u>，意思是有了"事件 A"这个条件，"事件 B"一定会发生。那么，如果事件 A 不发生呢？

再次看之前的例子：

如果下暴雨，那么地上会湿。

即（如图 2-3 所示）：

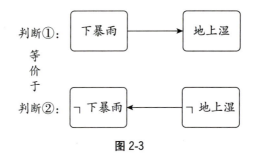

图 2-3

由图 2-3 可得表 2-1：

表 2-1

已知	箭头情况 （箭头读作"推出"，即代表推出的结论情况）	结论
下暴雨	有箭头从"下暴雨"指向"地上湿"	地上湿
¬ 地上湿	有箭头从"¬ 地上湿"指向"¬ 下暴雨"	¬ 下暴雨
¬ 下暴雨	"¬ 下暴雨"后面没有箭头指向任何结论	推不出结论 可见，如果没下暴雨，"地上湿"不确定真假
地上湿	"地上湿"后面没有箭头指向任何结论	推不出结论 可见，如果地上湿了，"下暴雨"不确定真假

由表 2-1 可知：

①如果"'下暴雨'这个事件不发生"，即如果没下暴雨，则地上可能不是湿的，也可能是湿的（比如其他原因导致地上湿）。所以，对于充分条件来说，有它就行，没它未必不行。

②如果地上湿了，则一定是下暴雨了吗？也未必，比如地上湿的原因可能是下雪、洒水等。

可见，"没下暴雨"和"地上湿"后面没有箭头，由此推不出任何结论。

总之，若已知一个假言判断为真，去判断另外一个假言判断的真假时，我们可以使用以上原则去判断，即"箭头指向原则"，口诀如下：

> 【口诀3】有箭头指向则为真，没有箭头指向则可真可假

1.4 充分条件的常见关联词

下列例句均表示充分条件。

例句	关联词	符号化
如果有钱，就任性	如果……就……	有钱→任性
只要不作死，就不会死	只要……就……	不作死→不死，即：¬作死→¬死
一旦我爱你，我就嫁给你	一旦……就……	爱你→嫁你
水烧到了 100℃，就会沸腾	……就……	水烧到 100℃→沸腾
想要下雨，必须有云	……必须……	下雨→云
欲速则不达	……则……	欲速→不达
听了老吕的课，一定能考上	……一定……	听老吕的课→考上
你行你上	省略关联词	你行→你上

以上句子都可以改写为"如果……，那么……"的句式：

如果有钱，那么任性。

如果不作死，那么不会死。

如果我爱你，那么我嫁给你。

如果水烧到了 100℃，那么会沸腾。

如果下雨，那么有云。

如果欲速，那么不达。

如果听了老吕的课，那么一定能考上。

如果你行，那么你上。

考试时，若无法确定一个句子是否为充分条件，可试一下其是否可以替换成"如果……，那么……"的句式，能写成此句式且仍不改变句子原意的，就可以断定其为充分条件。

典型例题

例 2 只要好好听课，就能提高成绩。

以下哪项准确地表达了上述断定？

Ⅰ. 如果成绩没有提高，说明没有好好听课。

Ⅱ. 如果成绩有所提高，说明一定好好听课了。

Ⅲ. 如果不好好听课，就无法提高成绩。

A. 仅Ⅰ。　　　　　　　B. 仅Ⅱ。　　　　　　　C. 仅Ⅲ。

D. 仅Ⅱ和Ⅲ。　　　　　E. Ⅰ、Ⅱ和Ⅲ。

【解析】

第1步：符号化。

由题干关联词"只要……就……"，可知题干为充分条件，根据口诀"充分条件前推后"，将题干符号化为：①好好听课→提高成绩。

第2步：写出题干的逆否命题。

题干的逆否命题为：②┐提高成绩→┐好好听课。

第3步：根据"箭头指向原则"，判断3个判断的真假情况。

Ⅰ项，┐提高成绩→┐好好听课，是题干的逆否命题（即②），又因为逆否命题等价于原命题，故本判断为真，准确地表达了题干的断定。

Ⅱ项，提高成绩→好好听课。由①可知，"提高成绩"后面没有箭头指向"好好听课"，故本判断可真可假，没有准确地表达题干的断定。

Ⅲ项，┐好好听课→┐提高成绩。由②可知，"┐好好听课"后面没有箭头指向"┐提高成绩"，故本判断可真可假，没有准确地表达题干的断定。

【答案】 A

2. 必要条件（┐A → ┐B）

2.1 什么是必要条件

先看下面的例子。

只有考到 240 分，才能上北大。

【分析】

本例的含义是：你必须得考到 240 分，才有上北大的可能，即如果你考不到 240 分，一定上不了北大。说明对于"上北大"来说，"考到 240 分"是一个必须具备的条件，缺少了这个条件（没它），你就不可能上北大（不行）。可见，必要条件的含义是"没它不行"。

可以将例子符号化为：

$$┐考到 240 分 → ┐上北大。$$

其逆否命题为：

$$考到 240 分 ← 上北大。$$

也就是说，"只有A，才B"表示必要条件，可符号化为：﹁A→﹁B，读作"非A推非B"。它的含义是：没有A这个条件，事件B就不可能发生（没它不行）。其逆否命题为：A←B。

为了使做题速度更快，当出现"只有A，才B"等表示必要条件的句式时，我们可以使用以下口诀：

【口诀4】必要条件后推前

2.2 箭头指向原则

先看一个例子：

只有你买房，我才嫁给你。

意思是：想让我嫁给你，你必须得买房子；如果你不买房子，我就不嫁给你。

将其符号化并写出逆否命题，如图2-4所示：

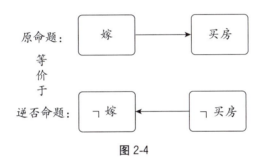

图 2-4

由图2-4可得表2-2：

表 2-2

已知	箭头情况 （箭头读作"推出"，即代表推出的结论情况）	结论
嫁	有箭头从"嫁"指向"买房"	买房
﹁买房	有箭头从"﹁买房"指向"﹁嫁"	﹁嫁
﹁嫁	"﹁嫁"后面没有箭头指向任何结论	推不出结论 可见，如果没嫁，"买房"不确定真假
买房	"买房"后面没有箭头指向任何结论	推不出结论 可见，如果买房了，"嫁"不确定真假

可见，如果想让我嫁给你，你必须买房；但你买了房，并不能推出我会嫁给你，即你买房了，我未必嫁。总之，对于必要条件来说，没它不行，有它未必行。

以上规律仍然符合"箭头指向原则"，即：有箭头指向则为真，没有箭头指向则可真可假。

2.3 必要条件的常见关联词

下列例句均表示必要条件。

例句	关联词	符号化
只有你买房，我才嫁给你	只有……才……	你买房←嫁给你
好好学习是考上大学的前提	……是……的前提	好好学习←考上大学
爱情是婚姻的基础	……是……的基础	爱情←婚姻
空气对于人类的生存是不可或缺的	……对于……不可或缺	空气←生存
除非我爱你，我才会嫁给你	除非……才……	爱你←嫁给你

以上句子都可以改写为"只有……，才……"的句式：

只有好好学习，才能考上大学。

只有有爱情，才会有婚姻。

只有有空气，人类才能生存。

只有我爱你，我才会嫁给你。

考试时，若无法确定一个句子是否为必要条件，可试一下其是否可以替换成"只有……，才……"的句式，能写成此句式且仍不改变句子原意的，就可以断定其为必要条件。

典型例题

例3 只有交了保释金，警局才会放人。

以下哪项准确地表达了上述断定？

Ⅰ. 如果交了保释金，则警局一定放人。

Ⅱ. 如果不交保释金，则警局一定不会放人。

Ⅲ. 如果想要警局放人，那么要交保释金。

A. 仅Ⅰ。　　　　　　　B. 仅Ⅱ。　　　　　　　C. 仅Ⅲ。

D. 仅Ⅱ和Ⅲ。　　　　　E. Ⅰ、Ⅱ和Ⅲ。

【解析】

第 1 步：符号化。

由题干关联词"只有……才……"，可知题干为必要条件，根据口诀"必要条件后推前"，将题干符号化为：①放人→交保释金。

第 2 步：写出题干的逆否命题。

题干的逆否命题为：②￢交保释金→￢放人。

第 3 步：根据"箭头指向原则"，判断 3 个判断的真假情况。

Ⅰ项，交保释金→放人，由①可知，"交保释金"后面没有箭头指向"放人"，故本判断可真可假，没有准确地表达题干的断定。

Ⅱ项，￢交保释金→￢放人，是题干的逆否命题（即②），又因为逆否命题等价于原命题，故本判断为真，准确地表达了题干的断定。

Ⅲ项，放人→交保释金，是题干判断①，故本判断为真，准确地表达了题干的断定。

【答案】D

3. 充要条件（A ↔ B）

3.1 什么是充要条件

先看两个例子。

例①：当且仅当你具有中华人民共和国国籍，你是中华人民共和国公民。

例②：一个三角形是等边三角形，当且仅当它是等角三角形。

【分析】

在例①中，根据"当且仅当"的意思可知，判断你是否是中华人民共和国公民的唯一条件就是你是否具有中华人民共和国国籍，即如果你具有中华人民共和国国籍，那么你一定是中华人民共和国公民，说明前者是后者的充分条件；如果你不具有中华人民共和国国籍，那么你一定不是中华人民共和国公民，说明前者又是后者的必要条件。这种既是充分条件又是必要条件的关系，简称充要条件，用符号"↔"来表示。

其实，充要条件可以认为是数学上的"等价关系"，以例②为例，一个三角形是等边三角形，等价于：一个三角形是等角三角形。二者要么都是真的，要么都是假的，是"同生共死"的关系，即"等边三角形↔等角三角形"，逆否之后等价于："¬ 等边三角形↔¬ 等角三角形"。

因此，充要条件可以写为"A↔B"，读作"A 等价于 B"，等价于："¬ A↔¬ B"。

【口诀5】充要条件两头推

3.2 充要条件的常见关联词

以下例句均表示充要条件。

例句	关联词	符号化
当且仅当你买房，我才跟你结婚	当且仅当	买房↔结婚
你心里只有我是我爱你的唯一条件	……是……的唯一条件	你心里只有我↔我爱你

典型例题

例4 你能进中央财经会计硕士复试的唯一条件是你的联考分数达到 240 分。

如果以上断定为真，则以下哪项也必然为真？

Ⅰ. 如果你的联考分数达到 240 分，你就能进中央财经会计硕士复试。

Ⅱ. 只有你的联考分数达到 240 分，你才能进中央财经会计硕士复试。

Ⅲ. 如果你的联考分数没达到 240 分，你就不能进中央财经会计硕士复试。

A. 仅Ⅰ。　　　　　　　B. 仅Ⅱ。　　　　　　　C. 仅Ⅲ。

D. 仅Ⅱ和Ⅲ。　　　　　E. Ⅰ、Ⅱ和Ⅲ。

【解析】

第1步：符号化。

由题干关联词"……的唯一条件是……"，可知题干为充要条件，根据口诀"充要条件两头推"，可将题干符号化为：①进中央财经会计硕士复试↔联考分数达到 240 分。

第 2 步：写出题干的逆否命题。

题干的逆否命题为：②┐进中央财经会计硕士复试↔┐联考分数达到 240 分。

第 3 步：根据"箭头指向原则"，判断 3 个判断的真假情况。

Ⅰ项，联考分数达到 240 分→进中央财经会计硕士复试，根据箭头指向原则，由①可知，此项为真。

Ⅱ项，进中央财经会计硕士复试→联考分数达到 240 分，根据箭头指向原则，由①可知，此项为真。

Ⅲ项，┐联考分数达到 240 分→┐进中央财经会计硕士复试，根据箭头指向原则，由②可知，此项为真。

【答案】E

4. 画"箭头"的特殊句式

4.1 三种性质判断

编号	句式	例句
句式①	A 是 B	冬雨是女神
句式②	有的 A 是 B	有的明星是女神
句式③	所有的 A 是 B	所有的明星都是女神

以上 3 个句式，都不是假言判断，句式①是性质判断中的单称判断，句式②是性质判断中的特称判断，句式③是性质判断中的全称判断(性质判断的相关知识见本书第 2 章第 3 节)。

但是，在很多题目中，如果我们用"→"把这些句式表示出来，就会使做题变得简单、快速、准确。因此，可以把上述 3 个例句符号化为：

句式①：冬雨→女神。

句式②：有的明星→女神。

句式③：明星→女神。

其中箭头可读作"是"，且句式③中的"所有的"可省略。

需要注意的是，虽然我们用箭头表示了这三个判断，但并不表示这三个判断是假言判断，也不代表这三个判断和句式①、②、③完全等价。我们这样做的目的仅仅是为了快速做题、快速得分、考上研究生。

4.2 A 必须 B

先看下面的例子：

想要考上研究生，必须努力学习。

【分析】

很多同学对这个例子会有疑问，因为"必须"这两个字显然是在表达"必要"的意思，然后再根据口诀"必要条件后推前"，得到"努力学习→考上研究生"。但其实这样是错误的。

"想要考上研究生，必须努力学习"的意思是："如果想要考上研究生，那么努力学习是必要的"，也就是说，"如果想要考上研究生，那么一定要努力"，即"考上研究生"是"努力学习"的充分条件。反之，"努力学习"是"考上研究生"的必要条件，只有努力学习才能考上研究生，不努力学习肯定考不上研究生。可见，"必须"确实在表达"必要"的含义，但是，这种"必要性"要看谁相对于谁来说。

即：

想要考上研究生，必须努力学习。

等价于：如果想要考上研究生，那么必须努力学习。

等价于：只有努力学习，才能考上研究生。

等价于：不努力学习，考不上研究生。

综上，如图 2-5 所示：

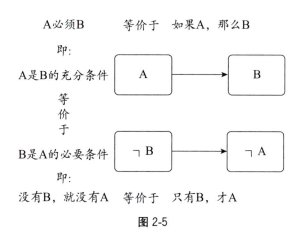

图 2-5

4.3 "﹁A→B"的三种句式

"﹁A→B"，读作"非 A 推 B"，有三种表达方式："除非 A，否则 B""A，否则 B""B，除非 A"。

(1)除非 A，否则 B。

例如：

除非你买房，否则我不嫁你。

这句话的意思是，买房是我嫁给你的必要条件，你必须得买房，如果你不买房，我就不嫁给你，即：﹁买房→不嫁。

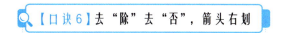

【口诀6】去"除"去"否"，箭头右划

(2)A，否则 B。

例如：

你买房，否则我不嫁你。

这句话的意思与"除非你买房，否则我不嫁你"相同，还是在强调买房的必要性。你得买房，如果你不买房，我就不嫁给你，即：￢ 买房→不嫁。

【口诀7】加"非"去"否"，箭头右划

(3)B，除非 A。

例如：

我不嫁你，除非你买房。

这句话的意思与"除非你买房，否则我不嫁你"相同，即：￢ 买房→不嫁。

【口诀8】"除"字去掉，箭头反划

综上，可得表2-3：

表2-3

"￢ A→B"的三个句式	口诀	例句
除非 A，否则 B	去"除"去"否"，箭头右划	除非通过期末考试，否则拿不到毕业证。 即：￢ 通过期末考试→￢ 拿到毕业证。
A，否则 B	加"非"去"否"，箭头右划	真心喜欢我，否则不要撩我。 即：￢ 喜欢→￢ 撩。
B，除非 A	"除"字去掉，箭头反划	冬天会很冷，除非有暖气。 即：￢ 暖气→冬天很冷。

【一个例外】

若想人不知，除非己莫为。

这句话的意思是：如果你不想让别人知道，那么你不要去做，即：不想让别人知道→不要做。因此，这句话不能用上述口诀。

典型例题

例5 只有认识错误，才能改正错误。

以下各项都准确地表达了上述断定的含义，除了：

A. 除非认识错误，否则不能改正错误。

B. 如果不认识错误，那么不能改正错误。

C. 如果改正错误，说明已经认识了错误。

D. 只要认识错误，就一定能改正错误。

E. 不能改正错误，除非认识错误。

【解析】题干：根据必要条件后推前，认识←改正＝¬认识→¬改正。

A项，去"除"去"否"，箭头右划，得：¬认识→¬改正，与原判断等价。

B项，充分条件前推后，得：¬认识→¬改正，与原判断等价。

C项，充分条件前推后，得：改正→认识，与原判断等价。

D项，充分条件前推后，得：认识→改正，根据"箭头指向原则"可知，与原判断不等价。

E项，"除"字去掉，箭头反划，得：¬认识→¬改正，与原判断等价。

【答案】D

5. 串联原则

已知：

条件①：冬雨是女神。

条件②：所有的女神都萌萌的。

可以推出什么结论？我相信你一定能看出来，结论是：冬雨萌萌的。但这其中的原理是什么呢？根据前面所学的知识，我们将以上条件符号化为：

条件①：冬雨→女神。

条件②：女神→萌萌的。

我们知道，"A→B"代表如果事件A发生，一定能推出事件B发生。那么，"冬雨"发生，就能推出"女神"发生；而"女神"发生，就能推出"萌萌的"发生。可见，"冬雨"可以推出"萌萌的"发生。

即：冬雨→女神→萌萌的。因此有结论：冬雨萌萌的。

我们将以上知识一般化：

$$已知 A→B，B→C，可得 A→B→C。$$

$$逆否可得：¬C→¬B→¬A。$$

可见，如果在一个题目的题干中出现了多次箭头的推理，可以将箭头连接起来再解题。串联之后仍可用逆否原则。

典型例题

例6 如果你犯了法，你就会受到法律制裁；如果你受到法律制裁，别人就会看不起你；如果别人看不起你，你就无法受到尊重；而只有得到别人的尊重，你才能过得舒心。

从以上叙述中，可以推出下列哪一个结论？

A. 你不犯法，日子就会过得舒心。

B. 你犯了法，日子就不会过得舒心。

C. 你日子过得不舒心，证明你犯了法。

D. 你日子过得舒心，表明你看得起别人。

E. 如果别人看得起你，你日子就能过得舒心。

【解析】

第 1 步：画箭头。

题干有以下判断：

①犯法→法律制裁。

②法律制裁→被人看不起。

③被人看不起→┐受到尊重。

④舒心→受到尊重＝┐受到尊重→┐舒心。

第 2 步：串联。

由①、②、③、④串联可得：⑤犯法→法律制裁→被人看不起→┐受到尊重→┐舒心。

第 3 步：逆否。

⑤逆否可得：⑥舒心→受到尊重→别人看得起你→┐法律制裁→┐犯法。

第 4 步：根据"箭头指向原则"找答案。

A 项，┐犯法→舒心，由⑥可知，"┐犯法"后面没有箭头指向"舒心"，故此项可真可假。

B 项，犯法→┐舒心，由⑤可知，此项为真。

C 项，┐舒心→犯法，由⑤可知，"┐舒心"后面没有箭头指向"犯法"，故此项可真可假。

D 项，舒心→看得起别人，题干中仅涉及"别人是否看得起你"，不涉及"你是否看得起别人"，因此，由题干无法判断本项的真假。

E 项，别人看得起你→舒心，由⑥可知，"别人看得起你"后面没有箭头指向"舒心"，故此项可真可假。

【答案】 B

例 7 一本小说要畅销，必须有可读性；一本小说，只有深刻触及社会的敏感点，才能有可读性；而一个作者如果不深入生活，他的作品就不可能深刻触及社会的敏感点。

以下哪项结论可以从题干的断定中推出？

Ⅰ. 一个畅销小说作者，不可能不深入生活。

Ⅱ. 一本不触及社会敏感点的小说，不可能畅销。

Ⅲ. 一本不具有可读性的小说的作者，一定没有深入生活。

A. 只有Ⅰ。   B. 只有Ⅱ。   C. 只有Ⅰ和Ⅱ。

D. 只有Ⅰ和Ⅲ。   E. Ⅰ、Ⅱ和Ⅲ。

【解析】

第 1 步：画箭头。

题干有以下判断：

①畅销→可读性。

②敏感点←可读性。

③┐深入生活→┐敏感点，等价于：敏感点→深入生活。

第 2 步：串联。

由①、②、③串联可得：④畅销→可读性→敏感点→深入生活。

第 3 步：逆否。

④逆否可得：⑤¬深入生活→¬敏感点→¬可读性→¬畅销。

第4步：根据"箭头指向原则"找答案。

Ⅰ项，畅销→深入生活，由④可知，为真。

Ⅱ项，¬敏感点→¬畅销，由⑤可知，为真。

Ⅲ项，¬可读性→¬深入生活，④和⑤均无此箭头指向，可能为真也可能为假。

【答案】C

6. 相同概念原则

进行串联推理时，作为桥梁的中间概念必须是同一概念，不能偷换概念，否则就不能串联。

例如：

条件①：我爱我老公。

条件②：我老公爱小三。

因此，我爱小三。

以上推理显然是错误的。为什么呢？我们不妨把这个例子符号化为：

条件①：我→爱我老公。

条件②：我老公→爱小三。

在进行串联推理时，中间的桥梁出现了问题："爱我老公"和"我老公"出现了概念的不一致，因此，无法进行串联。

如果我们将条件②改为：凡是爱我老公的人都爱小三，就可以符号化为：爱我老公→爱小三，这时就可以和条件①串联为：我→爱我老公→爱小三。因此，就可以推出：我爱小三。

典型例题

例8 鲁迅的著作不是一天能读完的。《阿Q正传》是鲁迅的著作，因此，《阿Q正传》不是一天能读完的。

下列哪项最为恰当地指出了上述推理的逻辑错误？

A. 张冠李戴。   B. 循环论证。   C. 以偏概全。

D. 偷换概念。   E. 自相矛盾。

【解析】题干看起来可以进行以下串联推理：

条件①：鲁迅的著作→不是一天能读完的。

条件②：《阿Q正传》→鲁迅的著作。

因此，《阿Q正传》→鲁迅的著作→不是一天能读完的，从而得到：《阿Q正传》不是一天能读完的。

但实际上，以上推理是错误的。因为，我们看两个概念是否一致，不能只看它的字面是不是用的相同文字，还要看它的含义是否相同。

条件①中，"鲁迅的著作"是指"鲁迅所有的著作"（集合概念）。条件②中，《阿Q正传》这本"鲁迅的著作"只是"鲁迅的著作之一"（非集合概念）。因此，两个"鲁迅的著作"并不等价，题干犯了偷换概念的逻辑错误。

【答案】D

● 本节自测习题 ●

1. 请将以下判断符号化。

　　(1)如果你爱我，你就抱抱我。

　　(2)小王是个好孩子。

　　(3)要想考上大学，必须努力学习。

　　(4)只有猫，才会狗。

　　(5)除非不是猫，否则是狗。

　　(6)大力神杯不是实心的，否则运动员不能举过头顶。

　　(7)你会很冷，除非穿上羽绒服。

　　(8)当且仅当你是个优秀党员，才会发你五四奖章。

2. 已知"如果下雨，那么打伞"为真，判断下面判断的真假。

　　(1)如果没打伞，那么没下雨。

　　(2)如果没下雨，那么打伞。

　　(3)如果没下雨，那么没打伞。

　　(4)如果没下雨，那么吃饭了。

　　(5)如果打伞，那么下雨了。

　　(6)如果打伞，那么没下雨。

3. 甲、乙、丙三人讨论"不劳动者不得食"这一原则所包含的意义。

　　甲说："不劳动者不得食，意味着得食者可以不劳动。"

　　乙说："不劳动者不得食，意味着得食者必须是劳动者。"

　　丙说："不劳动者不得食，意味着劳动者一定得食。"

　　以下哪项结论是正确的？

　　A. 甲的意见正确，乙和丙的意见不正确。

　　B. 乙的意见正确，甲和丙的意见不正确。

　　C. 丙的意见正确，甲和乙的意见不正确。

　　D. 乙和丙的意见正确，甲的意见不正确。

　　E. 甲、乙、丙三人的意见都不正确。

4. 只有较高艺术修养的学生，才能考上电影学院。

　　如果这个断定成立，则以下哪项一定为真？

　　A. 有较高艺术修养的学生，也可以考上其他大学。

　　B. 电影学院有时也招有较高艺术修养的成年人。

　　C. 王英没有较高的艺术修养，但她考上了电影学院。

　　D. 如果王英考上了电影学院，则她一定有较高的艺术修养。

　　E. 有较高艺术修养的学生，都能考上电影学院。

5. 一位医生对病人甲说："除非做手术，否则你的病好不了。"

从这句话中可以知道：

A. 医生给病人做了手术。

B. 病人的病被治好了。

C. 病人的病没被治好。

D. 医生认为，如果甲想治好自己的病，就必须准备做手术。

E. 医生认为，如果手术了，那么病会好。

6. 如果锡剧团今晚来村里演出，则全村的人不会外出。只有村主任今晚去县里，才能拿到化肥供应计划。只有拿到化肥供应计划，村里庄稼的夏收才有保证。事实上，锡剧团今晚来村里演出了。

如果上述断定都是真的，则下列各项都可能是真的，除了：

A. 村主任没有拿到化肥供应计划。

B. 村主任今晚去了县里。

C. 村里庄稼的夏收没有保证。

D. 全村人都没有外出。

E. 村主任今晚没去县里。

7. 一个心理健康的人，必须保持自尊；一个人只有受到自己所尊敬的人的尊敬才能保持自尊；而一个用"追星"的方式来表达自己尊敬情感的人，不可能受到自己所尊敬的人的尊敬。

以下哪项结论可以从题干的断定中推出？

A. 一个心理健康的人，不可能用"追星"的方式来表达自己的尊敬情感。

B. 一个心理健康的人，不可能接受用"追星"的方式所表达的尊敬。

C. 一个人如果受到了自己所尊敬的人的尊敬，他（她）一定是个心理健康的人。

D. 没有一个保持自尊的人，会尊敬一个用"追星"的方式来表达尊敬情感的人。

E. 一个用"追星"的方式来表达自己尊敬情感的人，完全可以同时保持自尊。

8. 当前，有学者指出，物业税改革会增加房屋的持有成本，从而增加房产市场的供给，进而对房价产生一定的调控作用。目前，开征物业税是我国财税体制改革必不可少的环节。而在我国很多房屋的所有权和使用权是分离的，在当前房产税的征收过程中，有相当一部分是房屋使用人纳税，但从税收理论上讲，财产税必须向财产的产权人征收，所以必须首先进行房屋产权的明晰，这是开征物业税的必要条件。因此，学者建议说，开征物业税要循序渐进，并且要分步骤实施。

如果上述学者的言论是正确的，则由此可以推出以下哪项？

A. 如果我国财税体制改革不能进行，则说明在我国没有开征物业税。

B. 如果房屋产权明晰，我国就可以开征物业税。

C. 如果房屋产权不明晰，我国财税体制改革就不能进行。

D. 如果在我国没有开征物业税，则说明房屋产权不明晰。

E. 如果房屋产权明晰，那么不具备开征物业税的条件。

习题详解

1.【解析】

(1)充分条件前推后：爱我→抱抱我。

(2)性质判断，可写成：小王→好孩子。

(3)充分条件前推后：考上大学→努力学习。

(4)必要条件后推前：猫←狗。

(5)去"除"去"否"，箭头右划，得：非不是猫→狗，即：猫→狗。

(6)加"非"去"否"，箭头右划，故：大力神杯不是实心的，否则运动员不能举过头顶＝┐大力神杯不是实心的→运动员不能举过头顶，即：实心→┐举过。

(7)"除"字去掉，箭头反划，故：冷，除非穿羽绒服＝冷←不穿＝┐穿→冷。

(8)充要条件两头推：优秀党员↔五四奖章。

2.【解析】题干：**根据充分条件前推后，下雨→打伞＝┐打伞→┐下雨。**

(1)┐打伞→┐下雨，为原判断的逆否命题，为真。

(2)┐下雨→打伞，在题干中，"┐下雨"后面没有箭头指向"打伞"，故此判断可真可假。

(3)┐下雨→┐打伞，在题干中，"┐下雨"后面没有箭头指向"┐打伞"，故此判断可真可假。

(4)┐下雨→吃饭，在题干中，"┐下雨"后面没有箭头指向"吃饭"，故此判断可真可假。

(5)打伞→下雨，在题干中，"打伞"后面没有箭头指向"下雨"，故此判断可真可假。

(6)打伞→┐下雨，在题干中，"打伞"后面没有箭头指向"┐下雨"，故此判断可真可假。

3. B

【解析】题干："不劳动者不得食"的意思是"如果不劳动，那么不得食"。

将题干符号化为：**┐劳动→┐得食＝得食→劳动**，即：得食者必须劳动。

甲：得食者可以不劳动，与题干矛盾，故甲的意见不正确。

乙：得食者必须是劳动者，正确。

丙：劳动→得食，根据箭头指向原则可知，题干没有从"劳动"指向"得食"的箭头，故劳动可能得食，也可能不得食，所以丙的意见不正确。

4. D

【解析】题干：**根据必要条件后推前，艺术修养高←考上电影学院＝┐艺术修养高→┐考上电影学院。**

A项，考上"其他大学"，题干没有提及，故此项可真可假。

B项，电影学院有时也招"成年人"，题干没有提及，故此项可真可假。

C项，题干的逆否命题为"艺术修养不高，不能考上电影学院"，此项说艺术修养不高也考上了电影学院，与题干矛盾，故此项为假。

D项，考上电影学院→艺术修养高，符合题干，故此项为真。

E项，艺术修养高→考上电影学院，根据箭头指向原则，可知此项可真可假。

5. D

【解析】根据口诀"去'除'去'否',箭头右划",可将题干符号化为：¬ 手术→¬ 好＝好→手术。

A、B、C项是现实情况，由题干无法确定其真假。

> 注意：
>
> 假言判断"A→B"仅代表一种假设关系，即假如事件 A 发生，那么事件 B 一定发生。但事实上事件 A 有没有发生呢？仅凭假言判断并不能作出断定。
>
> 例如：
>
> 如果下雨，那么地上会湿。
>
> 这句话说明，假如"下雨"这个事件发生，那么会出现"地上湿"这个事件。但是现实中有没有下雨呢，并没有对此作出断定。

D项，好→手术，根据箭头指向原则，可知此项为真。

E项，手术→好，在题干中，"手术"后面没有箭头指向"好"，故此项可真可假。

6. B

【解析】

第1步：画箭头。

题干有以下论断：

①演出→全村不外出，如果全村不外出，当然村主任不可能去县里。故有：演出→全村不外出→¬ 村主任去县里。

②村主任去县里←拿到计划，等价于：¬ 村主任去县里→¬ 拿到计划。

③拿到计划←夏收有保证，等价于：¬ 拿到计划→¬ 夏收有保证。

④事实上，演出了。

第2步：串联。

由④、①、②、③串联可得：演出→全村不外出→¬ 村主任去县里→¬ 拿到计划→¬ 夏收有保证。

第3步：根据"箭头指向原则"找答案。

根据箭头指向原则可知，A、C、D、E项均为真，B项为假。

> **本节自测习题第5题中我们提到：**
>
> 假言判断"A→B"仅代表一种假设关系，假如事件 A 发生了，那么事件 B 一定发生。但事实上事件 A 有没有发生呢？仅凭假言判断并不能作出断定。
>
> 但如果题干中已知"A→B"的前件"A"事实上为真，当然可以推出后件"B"事实上为真。
>
> 本题中，"锡剧团今晚来村里演出了"是一个事实，从这个事实出发，我们可以得到"全村不外出""村主任今晚没去县里""村主任没有拿到化肥供应计划""夏收没有保证"这4个事实。B项"村主任今晚去了县里"与我们推出来的事实"村主任今晚没去县里"矛盾，因此B项确定为假，而不是"可真可假"。

7. A

【解析】

第 1 步：画箭头。

题干存在以下论断：

①心理健康→自尊。

②受尊敬←自尊。

③追星→¬ 受尊敬，等价于：受尊敬→¬ 追星。

第 2 步：串联。

由①、②、③串联可得：④心理健康→自尊→受尊敬→¬ 追星。

第 3 步：逆否。

④逆否可得：⑤追星→¬ 受尊敬→¬ 自尊→¬ 心理健康。

第 4 步：根据"箭头指向原则"找答案。

A 项，心理健康→¬ 追星，由④可知为真，故此项正确。

B 项，题干中的概念是"用'追星'的方式来表达自己的尊敬情感"，此项偷换成了"接受用'追星'的方式所表达的尊敬"，偷换概念，排除。

C 项，受尊敬→心理健康，由题干可知，"受尊敬"后面没有箭头指向"心理健康"，可真可假，故排除。

D 项，等价于：所有保持自尊的人，不会尊敬一个用"追星"的方式来表达尊敬情感的人。由④可知，"自尊"后面没有这样的箭头，可真可假，故排除。（此项涉及第 2 章第 3 节的知识，看不懂此项的同学可在学完第 2 章第 3 节后再来看此项）。

E 项，由⑤可知，"追星"的人不可能保持自尊，故此项为假。

8. C

【解析】

第 1 步：画箭头。

根据题干"开征物业税是我国财税体制改革必不可少的环节"可得：①进行财税体制改革→开征物业税。

根据题干"进行房屋产权的明晰，是开征物业税的必要条件"可得：②开征物业税→房屋产权明晰。

第 2 步：串联。

由①、②串联可得：③进行财税体制改革→开征物业税→房屋产权明晰。

第 3 步：逆否。

③逆否可得：④房屋产权不明晰→没有开征物业税→财税体制改革不能进行。

第 4 步：根据"箭头指向原则"找答案。

A 项，财税体制改革不能进行→没有开征物业税，没有此箭头指向，可真可假。

B 项，房屋产权明晰→开征物业税，没有此箭头指向，可真可假。

C 项，房屋产权不明晰→财税体制改革不能进行，由④可知，有此箭头指向，为真。

D 项，没有开征物业税→房屋产权不明晰，没有此箭头指向，可真可假。

E 项，房屋产权明晰→不具备开征物业税的条件，没有此箭头指向，可真可假。

第2节 联言、选言判断

I. 联言判断（A∧B）

1.1 什么是联言判断

联言判断 A∧B，读作"A 并且 B"，它是指事件 A 和事件 B 都发生。其中 A、B 称为肢判断，A∧B 称为干判断。

例如：

冬雨又甜美又可爱。

它的含义是：冬雨是甜美的，并且是可爱的。

我们用符号"甜美∧可爱"来表示。

【例句】

例句	关联词	符号化
他既豪又横	既……又……	豪∧横
我想低调，但是实力不允许	……，但是……	想低调∧实力不允许
高端大气上档次	并列关系，省略了关联词	高端∧大气∧上档次
康哥很有才华，却没有头发	……，却……	有才华∧没有头发
我和我的小伙伴都惊呆了	……和……	我惊呆∧小伙伴惊呆

【注意】

"却""但是"等转折词，在形式逻辑中的意思等于"并且"；但在论证逻辑中，一般用于强调转折后的部分。

1.2 联言判断的真假

看下面的例子：

张三作案∧李四作案。

根据 A∧B 的定义，即 A、B 都发生，可知，如果张三和李四都作案了，则上述判断为真；如果张三和李四有一个没作案，或者两人都没作案，则上述判断为假。

可画成真值表，如表 2-4 所示：

表 2-4

A （张三作案）	B （李四作案）	A∧B （张三作案∧李四作案）
真	真	真
真	假	假
假	真	假
假	假	假

可见：

若已知 A 真∧B 真，可推出 A∧B 为真。

若已知(A 真∧B 假)或者(A 假∧B 真)或者(A 假∧B 假)，可推出 A∧B 为假。

1.3 联言判断的负判断

所谓"负判断"，即矛盾命题。

根据上述"联言判断的真值表"（即表 2-4），若已知干判断"A∧B"的真假情况，即真值表中从右往左推，可知：

①若已知 A∧B 为真，可推出 A 真∧B 真。

②若已知 A∧B 为假，则有三种可能：(A 真∧B 假)或者(A 假∧B 真)或者(A 假∧B 假)，但具体发生了哪种可能则无法确定。

可见，当"A∧B"为假时，A 假、B 假至少发生一个，即"﹁A""﹁B"至少发生一个。我们将"至少发生一个"记为"∨"，读作"或者"，可知：

"A∧B"为假，等价于，"﹁A""﹁B"至少发生一个，即：﹁(A∧B)＝﹁A∨﹁B。
故："A∧B"与"﹁A∨﹁B"矛盾。

故，若已知干判断"A∧B"的真假，则有表 2-5：

表 2-5

已知 A∧B	A	B
真	真	真
假 三种可能：A 真 B 假、A 假 B 真、A 假 B 假， 但无法判断具体发生了哪种可能	真假不定	真假不定

典型例题

例 9 已知"树木既能绿化环境，又能制造出新鲜空气"为真。

从以上信息无法确定以下哪项的真假？

A. 树木能绿化环境。

B. 树木不能绿化环境。

C. 树木能制造出新鲜空气。

D. 树木不能制造出新鲜空气。

E. 小草也能制造出新鲜空气。

【解析】已知 A∧B 为真，可知 A 真∧B 真。

由"树木既能绿化环境，又能制造出新鲜空气"为真，可知"树木能绿化环境"为真，"树木能制造出新鲜空气"也为真。故 A、C 项为真，B、D 项为假。

由于题干仅涉及"树木"，不涉及"小草"，故无法由题干判断 E 项的真假。

【答案】E

例10 已知"树木既能绿化环境，又能制造出新鲜空气"为假。

从以上信息可以断定以下哪项说法必然正确？

A. 树木不能制造出新鲜空气。

B. 树木能绿化环境，但不能制造出新鲜空气。

C. 树木不能绿化环境，但能制造出新鲜空气。

D. 树木既不能绿化环境，也不能制造出新鲜空气。

E. 树木不能绿化环境和树木不能制造出新鲜空气至少一个为真。

【解析】当"A∧B"为假时，"┐A"和"┐B"至少发生一个，有三种可能：A真B假、A假B真、A假B假。

因此，当"树木既能绿化环境，又能制造出新鲜空气"为假时，"树木不能绿化环境"和"树木不能制造出新鲜空气"至少发生一个，故E项为真。

有以下三种可能：

可能①：树木能绿化环境，但不能制造出新鲜空气。

可能②：树木不能绿化环境，但能制造出新鲜空气。

可能③：树木既不能绿化环境，也不能制造出新鲜空气。

但是，并不确定具体发生了这三种可能中的哪一种可能，因此，A、B、C、D项均不能确定真假。

【答案】E

2. 相容选言判断（A∨B）

2.1 什么是相容选言判断

"选"的意思就是选择，"相容"的意思是可以都选，因此，相容选言判断的意思就是你要选而且可以都选。

例如：

你男朋友或者是一博，或者是于晏。

这个判断的意思是你的男朋友要从一博和于晏中选择，而且，这两个选择是"相容"的，你可以都选。这个判断可以用"你男朋友是一博∨你男朋友是于晏"来表示。

可见，相容选言判断A∨B，读作"A或者B"，它的意思是事件A和事件B至少发生一个，也可能都发生。其中A、B称为肢判断，A∨B称为干判断。

【例句】

例句	关联词	符号化
或者张三作案，或者李四作案	或者……，或者……	张三作案∨李四作案
李四考不上清华，或者王五考上北大	……或者……	┐李四清华∨王五北大
张三和李四至少有一个人会考上	至少	张三考上∨李四考上
或者张三作案或者李四作案，二者至少其一	或者……，或者……，二者至少其一	张三作案∨李四作案

2.2 相容选言判断的真假

看下面的例子：

小王考上了∨小李考上了。

根据 A∨B 的定义，即 A、B 至少发生一个，也可能都发生，可知小王考上、小李考上这两个事件发生一件或发生两件，都可推出上述判断为真；而如果小王和小李都没考上，则上述判断为假。

可画成真值表，如表 2-6 所示：

表 2-6

A （小王考上了）	B （小李考上了）	A∨B （小王考上了∨小李考上了）
真	真	真
真	假	真
假	真	真
假	假	假

可见：

若已知(A真∧B假)或者(A假∧B真)或者(A真∧B真)，可推出 A∨B 为真。

若已知 A 假∧B 假，可推出 A∨B 为假。

2.3 相容选言判断的负判断

根据上述"相容选言判断的真值表"（即表 2-6），若已知干判断"A∨B"的真假情况，即真值表中从右往左推，可知：

①**若已知 A∨B 为真，则有三种可能：A 真 B 假、A 假 B 真、A 真 B 真，但不确定具体发生了哪种可能。**

②**若已知 A∨B 为假，则 A 假∧B 假。**

可见：

"A∨B"为假，等价于，"A假∧B假"，即：¬(A∨B)＝¬A∧¬B。

故："A∨B"与"¬A∧¬B"矛盾。

故，若已知干判断"A∨B"的真假，则有表 2-7：

表 2-7

已知 A∨B	A	B
真 三种可能：A真B假、A假B真、A真B真， 但无法判断具体发生了哪种可能	真假不定	真假不定
假	假	假

典型例题

例 11 已知"小王考上了北大，或者小李没考上清华"为假，判断下列判断的真假。

(1)小王考上了北大。

(2)小王没考上北大。

(3)小李考上了清华。

(4)小李没考上清华。

(5)小李考上了清华，或者小王考上了北大。

【解析】题干："小王考上了北大 $\lor$ 小李没考上清华"为假，故"￢(小王考上了北大 $\lor$ 小李没考上清华)"为真。

￢(小王考上了北大 $\lor$ 小李没考上清华)=(￢ 小王考上了北大 $\land$ ￢ 小李没考上清华)，即：￢ 小王考上了北大 $\land$ 小李考上了清华，故有：小王没考上北大、小李考上了清华。所以(2)、(3)为真，(1)、(4)为假。

(5)小李考上了清华 $\lor$ 小王考上了北大，已知"小李考上了清华"为真，故此判断为真。

德摩根定律

上文中我们学了两个公式：￢(A $\land$ B)=￢ A $\lor$ ￢ B 和￢(A $\lor$ B)=￢ A $\land$ ￢ B，这两个公式其实就是我们高中数学学过的德摩根定律。这里的 A 和 B 分别代表一个判断，A、B 既可以是肯定的判断，也可以是否定的判断。

例如：

￢(王考上 $\land$ 李没考上)=￢ 王考上 $\lor$ 李考上；

￢(王考上 $\lor$ 李没考上)=￢ 王考上 $\land$ 李考上；

￢(A $\land$ ￢ B)=￢ A $\lor$ B；

￢(A $\lor$ ￢ B)=￢ A $\land$ B。

观察规律可以有以下口诀：

> 【口诀 9】并且变或者，或者变并且。肯定变否定，否定变肯定。

2.4 箭头与或者的互换

(1)或者变箭头("$\lor$"变"→")

A 或者 B(A $\lor$ B)的意思是 A、B 至少发生一个。利用排除法，若 A 不发生，必有 B 发生；若 B 不发生，必有 A 发生。即：

$$(A \lor B)=(￢ A → B)=(￢ B → A)$$

例如：

已知这起谋杀案的凶手是张三，或者是李四。现又经调查得知凶手不是张三，可推知：凶手是李四。

符号化为：(张三∨李四)＝(¬ 张三→李四)。

(2)箭头变或者("→"变"∨")

矛盾的判断必有一真，必有一假，所以"A"和"¬ A"必有一真一假，无论"A"和"¬ A"哪个为真都能推出"A∨¬ A"为真，故"A∨¬ A"必然为真，是永真式。

例如：

你考上了研究生∨你没考上研究生，必为真。

这是一条狗∨这不是一条狗，必为真。

今天下雨∨今天不下雨，必为真。

永真式是永远为真的，相当于是个默认条件。

例如：

已知：如果下雨，那么地湿。

又有默认条件：或者"不下雨"发生，或者"下雨"发生。而如果下雨，地上一定会湿。故或者不下雨，或者下雨从而有地湿。

可写成如下公式：

$$下雨→地湿＝¬ 下雨∨地湿。$$

同理，如果已知 A→B，又有默认条件¬ A∨A。可知，或者¬ A 发生，或者 A 发生从而有 B 发生。故有：¬ A∨B。

即：

$$¬ A∨A;$$
$$A→B;$$
$$\overline{\qquad\qquad\qquad}$$
$$所以，¬ A∨B。$$

故有：

$$(A→B)＝(¬ A∨B)$$

典型例题

例12 除非调查，否则就没有发言权。

以下各项都符合题干的断定，除了：

A. 没有调查，就没有发言权。

B. 调查，才有发言权。

C. 或者调查，或者没有发言权。

D. 如果有发言权，则一定做过调查。

E. 如果调查，就一定有发言权。

【解析】题干：根据口诀"去'除'去'否'，箭头右划"，可得：¬ 调查→¬ 发言权＝发言权→调查。

A 项，¬ 调查→¬ 发言权，与题干相同。

B项，调查←发言权，与题干相同。

C项，调查∨￢发言权，等价于：￢调查→￢发言权，与题干相同。

D项，发言权→调查，与题干相同。

E项，调查→发言权，根据"箭头指向原则"，可知此项与题干不符。

【答案】E

例 13 并非雅典奥运会既成功又节俭。

如果上述判断为真，那么以下哪项也必为真？

A. 雅典奥运会成功但不节俭。

B. 雅典奥运会节俭但不成功。

C. 雅典奥运会既不节俭也不成功。

D. 如果雅典奥运会不节俭，那么一定成功了。

E. 如果雅典奥运会成功了，那么一定不节俭。

【解析】￢（成功∧节俭）＝（￢成功∨￢节俭）＝（成功→￢节俭）＝（节俭→￢成功）。

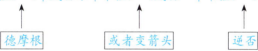

| 德摩根 | 或者变箭头 | 递否 |

故 E 项，"如果成功，那么不节俭"为真。

【答案】E

3. 不相容选言判断（A ∀ B）

3.1 什么是不相容选言判断

"选"的意思就是选择，"不相容"的意思是不能都选。因此，不相容选言判断的意思就是你要选而且不能都选，那么就是两个中选一个。

例如：

你老公要么是一博，要么是于晏。

这个判断的意思是你的老公要从一博和于晏中选择，而且，两个选择是"不相容"的，你只能二者择其一而不可以同时拥有这两个老公。这个判断可以用"你老公是一博 ∀ 你老公是于晏"来表示。

可见，不相容选言判断 A∀B，读作"A 要么 B"，它的含义是事件 A 和事件 B 发生且仅发生一个。其中 A、B 称为肢判断，A∀B 称为干判断。

【例句】

例句	关联词	符号化
要么是男人，要么是女人	要么……要么……	男人 ∀ 女人
他或者是唯心主义者，或者是唯物主义者，二者必居其一	或者……或者……二者必居其一	唯心 ∀ 唯物

【易错点】

"或者……或者……，二者至少其一"是相容选言判断。

"或者……或者……，二者必居其一"则是不相容选言判断。

3.2 不相容选言判断的真假

A 要么 B(A∀B)的含义是事件 A 和事件 B 发生且仅发生一个，故有两种可能情况：A 发生 B 不发生，B 发生 A 不发生。

所以，当 A、B 一个发生，另外一个不发生时，A∀B 为真；当 A、B 同时发生，或者 A、B 均不发生时，A∀B 为假。

可画成真值表，如表 2-8 所示：

表 2-8

A	B	A∀B
真	真	假
真	假	真
假	真	真
假	假	假

3.3 不相容选言判断的负判断

根据上述"不相容选言判断的真值表"（即表 2-8），若已知干判断"A∀B"的真假情况，即真值表中从右往左推，可知：

若已知 A∀B 为真，则有两种可能：A 真 B 假、A 假 B 真，但不确定具体发生了哪种可能。

若已知 A∀B 为假，则也有两种可能：A 真 B 真、A 假 B 假，但不确定具体发生了哪种可能。

可见：

"A∀B"为假，等价于，(A 真 B 真)或者(A 假 B 假)，即：

$$¬(A∀B)＝(A∧B)∨(¬A∧¬B)。$$

故："A∀B"与"(A∧B)∨(¬A∧¬B)"矛盾。

【注意】因为"A 真 B 真"与"A 假 B 假"不可能同时为真，故上述公式中的"或者"也可以写成"要么"。

故，若已知干判断"A∀B"的真假，则有表 2-9：

表 2-9

已知 A∀B	A	B
真 两种可能：A 真 B 假、A 假 B 真，但无法判断具体发生了哪种可能	真假不定	真假不定
假 两种可能：A 真 B 真、A 假 B 假，但无法判断具体发生了哪种可能	真假不定	真假不定

典型例题

例14 某个体户严重违反了经营条例，执法人员向他宣称："要么罚款，要么停业，二者必居其一。"他说："我不同意。"

如果他坚持自己意见的话，以下哪项断定是他在逻辑上必须同意的？

A. 罚款但不停业。

B. 停业但不罚款。

C. 既不罚款又不停业。

D. 既罚款又停业。

E. 如果既不罚款又不停业办不到的话，就必须接受既罚款又停业。

【解析】执法人员：罚款∀停业。

个体户：不同意（罚款∀停业），即¬（罚款∀停业）。

由公式"¬（A∀B）=（A∧B）∨（¬A∧¬B）"，可得：¬（罚款∀停业）=（罚款∧停业）∨（¬罚款∧¬停业）。

利用排除法，如果不能"¬罚款∧¬停业"，那么就有"罚款∧停业"。故E项正确。

【答案】E

3.4 排除法在不相容选言判断中的应用

A∀B的含义是发生且仅发生一个。

故，若已知A∀B为真，根据排除法，则可推出：

$$如果A，则¬B。$$
$$如果B，则¬A。$$
$$如果¬A，则B。$$
$$如果¬B，则A。$$

【易错点】

"A∨B"与"¬A→B"是等价关系。

"A∀B"可推出"¬A→B"，但二者并不等价。

这是因为：¬A→B=¬B→A。根据箭头指向原则，若已知A发生，则B可能发生也可能不发生。也就是说A、B有同时发生的可能性，是相容的。故"¬A→B"和相容选言判断"A∨B"等价，与不相容选言判断"A∀B"不等价。

典型例题

例15 某山区发生了较大面积的森林病虫害。在讨论农药的使用时，老许提出："要么使用甲胺磷等化学农药，要么使用生物农药。前者过去曾用过，价钱便宜，杀虫效果好，但毒性大；后者未曾使用过，效果不确定，价格贵。"

从老许的提议中，不可能推出的结论是：

A. 如果使用化学农药，那么就不使用生物农药。

B. 或者使用化学农药，或者使用生物农药，两者必居其一。

C. 如果不使用化学农药，那么就使用生物农药。

D. 化学农药比生物农药好，应该优先考虑使用。

E. 化学农药和生物农药是两类不同的农药，两类农药不要同时使用。

【解析】老许：化学农药 ∀ 生物农药，可知化学农药和生物农药使用且仅使用一种。

A 项，化学农药和生物农药使用且仅使用一种，故如果使用化学农药，就不使用生物农药，为真。但此项与老许的观点不等价。

B 项，化学农药 ∀ 生物农药，为真。此项与老许的观点等价。

C 项，化学农药和生物农药使用且仅使用一种，故如果不使用化学农药，则一定使用生物农药，为真。但此项与老许的观点不等价。

D 项，老许对于两种农药，只是给了一个客观评价，并没有给出倾向使用哪一种，故 D 项不正确。

E 项，老许的观点是化学农药和生物农药使用且仅使用一种，故可推出"不能两种同时使用"，为真。但此项与老许的观点不等价。

> **易错点：推出与等价**
>
> 如果 A 为真能推出 B 为真，则 A 和 B 是"推出"的关系，即前者是后者的充分条件。
>
> 如果 A 为真能推出 B 为真，并且 B 为真也能推出 A 为真，则 A 和 B 是"等价"的关系，即前者是后者的充分必要条件。
>
> 例如，本题中老许的观点是"化学农药 ∀ 生物农药"，它有两种可能："化学农药 ∧ ¬ 生物农药"和"¬ 化学农药 ∧ 生物农药"。而 E 项"不能同时使用化学农药和生物农药"，等价于："¬ 化学农药 ∨ ¬ 生物农药"，它有三种可能："化学农药 ∧ ¬ 生物农药""¬ 化学农药 ∧ 生物农药""¬ 化学农药 ∧ ¬ 生物农药"。故老许的话为真能推出 E 项为真，但二者并不等价。

【答案】D

4. 假言判断的负判断

负判断，即矛盾命题。那么假言判断的矛盾命题是什么呢？

4.1 充分条件的负判断

先看一个例子：

你男朋友对你承诺：等你毕业了，我一定娶你。

在什么情况下，你男朋友对你的承诺没有做到呢？显然是"你毕业了，但是他没娶你"，这个"大猪蹄子"说话不算话。

可见，"毕业了→娶你"与"毕业了 ∧ ¬ 娶你"矛盾。

通俗地说，充分条件 A→B 的含义是"有它就行"，与之矛盾的判断就是"有它，但是不行"，即"A ∧ ¬ B"。

综上：

充分条件"A→B"的矛盾命题是"A∧￢B"。

可见，"并非(A→B)"与"A∧￢B"等价，可得公式：

$$￢(A→B)=A∧￢B。$$

【证明】如图 2-6 所示。

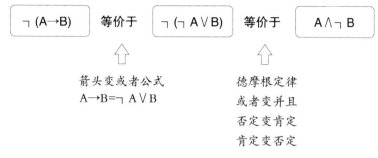

图 2-6

典型例题

例16 小张承诺：如果天不下雨，我一定去听音乐会。

以下哪项如果为真，说明小张没有兑现承诺？

Ⅰ. 天没下雨，小张没去听音乐会。

Ⅱ. 天下雨，小张去听了音乐会。

Ⅲ. 天下雨，小张没去听音乐会。

A. 仅Ⅰ。   B. 仅Ⅱ。   C. 仅Ⅲ。

D. 仅Ⅰ和Ⅱ。   E. Ⅰ、Ⅱ和Ⅲ。

【解析】小张承诺：￢下雨→听音乐会。

没有兑现承诺，即：￢(￢下雨→听音乐会)=￢下雨∧￢听音乐会，故Ⅰ项正确。

小张的承诺等价于：￢听音乐会→下雨。根据箭头指向原则，"下雨"后面没箭头，可见，如果下雨了，小张可以去听音乐会也可以不去，故Ⅱ项和Ⅲ项并不违背小张的承诺。

【答案】A

4.2 必要条件的负判断

先看一个例子：

不报老吕的班，一定考不上研究生。

在什么情况下，这句话为假呢？显然是"没报老吕的班，但是考上了研究生"。

可见："不报老吕的班→考不上研究生"与"不报老吕的班∧考上了研究生"矛盾。

通俗地说，必要条件的含义是"没它不行"，与之矛盾的判断就是"没它也行"，即"￢A∧B"。

综上：

必要条件"￢A→￢B"的矛盾命题为"￢A∧B"。

可见，"并非(￢A→￢B)"与"￢A∧B"等价，可得公式：

$$￢(￢A→￢B)=￢A∧B。$$

【证明】如图 2-7 所示。

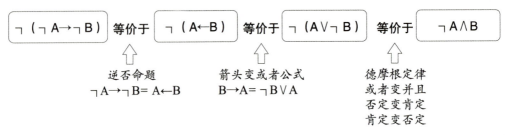

图 2-7

根据逆否原则"¬A→¬B"等价于"B→A"，而"¬A∧B"又等价于"B∧¬A"。

可见公式：¬（¬A→¬B）＝¬A∧B。

可以写成：¬（B→A）＝B∧¬A，即肯定了箭头前面的（前件），否定了箭头指向的（后件）。

再观察充分条件的负判断公式：¬（A→B）＝A∧¬B，也是肯定了箭头前面的（前件），否定了箭头指向的（后件）。

可见，不论是充分条件的矛盾命题还是必要条件的矛盾命题，都可以用以下口诀来记忆。

🔍 **【口诀 10】箭头的矛盾命题为：肯前且否后**

典型例题

例17 王颖："感情是婚姻的基础。"

李剑："我不同意。"

李剑的意思是：

A. 结婚，但没有感情。　　　　B. 没结婚，也没有感情。

C. 没结婚，但有感情。　　　　D. 如果有感情，就应该结婚。

E. 李剑不结婚。

【解析】王颖：感情是婚姻的基础＝只有有感情，才会有婚姻，符号化为：婚姻→感情。

李剑：¬（婚姻→感情）＝婚姻∧¬感情。所以，李剑的意思是结婚，但没有感情。

故 A 项正确。

【答案】A

4.3 充分必要条件的负判断

根据前面所学知识，充分必要条件"A↔B"，本质上来讲是个等价关系，A 和 B 或者都发生，或者都不发生。它与发生且仅发生一个正好矛盾，即：

①**A↔B 与 A∀B 矛盾**。

②¬**（A↔B）＝（A∧¬B）∀（¬A∧B）**。

【注意】

以上公式②也可以写成¬（A↔B）＝（A∧¬B）∨（¬A∧B）。这是因为，"A∧¬B"与"¬A∧B"不可能同时为真，此时用"∨"表示和用"∀"表示的含义是等同的。

典型例题

例18 张珊说："当且仅当天下雨，地上才会湿。"

以下哪项如果为真，说明张珊的话为假？

Ⅰ. 天下雨了，地上湿了。

Ⅱ. 天下雨了，地上没湿。

Ⅲ. 天没下雨，地上湿了。

A. 仅Ⅰ。   B. 仅Ⅱ。   C. 仅Ⅲ。

D. 仅Ⅱ和Ⅲ。   E. Ⅰ、Ⅱ和Ⅲ。

【解析】张珊：天下雨↔地上湿。

张珊的话为假，即¬（天下雨↔地上湿），等价于：（天下雨∧¬地上湿）∨（¬天下雨∧地上湿）。

故，如果出现"天下雨∧¬地上湿"或者"¬天下雨∧地上湿"，都可以说明张珊的话为假，故Ⅱ项和Ⅲ项均正确。

【答案】D

● 本节自测习题 ●

1. 已知"如果下雨，那么打伞"为假，判断下面判断的真假。

(1)如果没打伞，那么没下雨。

(2)如果没下雨，那么打伞。

(3)如果没下雨，那么没打伞。

(4)如果没下雨，那么吃饭了。

(5)如果打伞，那么下雨了。

(6)如果打伞，那么没下雨。

(7)打伞了。

(8)下雨了。

(9)没打伞。

(10)没下雨。

2. 并非蔡经理负责研发或者负责销售工作。

如果以上陈述为真，则以下哪项陈述也一定为真？

A. 蔡经理既不负责研发也不负责销售。

B. 蔡经理负责销售但不负责研发。

C. 蔡经理负责研发但不负责销售。

D. 如果蔡经理不负责销售，那么他负责研发。

E. 如果蔡经理负责销售，那么他不负责研发。

3. 鱼和熊掌不可兼得。

以下哪项断定符合题干的断定？

Ⅰ. 鱼和熊掌皆不可得。

Ⅱ. 鱼不可得或熊掌不可得。

Ⅲ. 如果鱼可得，则熊掌不可得。

A. 只有Ⅰ。   B. 只有Ⅱ。   C. 只有Ⅲ。

D. 只有Ⅱ和Ⅲ。   E. Ⅰ、Ⅱ和Ⅲ。

4. 董事长：如果提拔小李，就不提拔小孙。

以下哪项符合董事长的意思？

A. 如果不提拔小孙，就要提拔小李。

B. 不能小李和小孙都提拔。

C. 不能小李和小孙都不提拔。

D. 除非提拔小李，否则不提拔小孙。

E. 只有提拔小孙，才能提拔小李。

5. 总经理：根据本公司的实力，我主张环岛绿地和宏达小区这两个项目至少上马一个，但清河改造工程不能上马。

董事长：我不同意。

以下哪项最为准确地表达了董事长实际同意的意思？

A. 环岛绿地、宏达小区和清河改造这三个工程都上马。

B. 环岛绿地、宏达小区和清河改造这三个工程都不上马。

C. 环岛绿地、宏达小区这两个工程至多上马一个，但清河改造工程要上马。

D. 环岛绿地、宏达小区这两个工程至多上马一个，如果做不到这一点，那也要保证清河改造工程上马。

E. 环岛绿地、宏达小区这两个工程都不上马，如果做不到这一点，那也要保证清河改造工程上马。

6. 一桩投毒谋杀案，作案者要么是甲，要么是乙，二者必有其一；所用毒药或者是毒鼠强，或者是乐果，二者至少是其一。

如果上述断定为真，则以下哪项推断一定成立？

Ⅰ. 该投毒案不是甲投毒鼠强所为，因此一定是乙投乐果所为。

Ⅱ. 在该案侦破中发现甲投了毒鼠强，因此该案中的毒药不可能是乐果。

Ⅲ. 该投毒案的作案者不是甲，并且所投毒药不是毒鼠强，因此一定是乙投乐果所为。

A. 仅Ⅰ。   B. 仅Ⅱ。   C. 仅Ⅲ。

D. 仅Ⅰ和Ⅲ。   E. Ⅰ、Ⅱ和Ⅲ。

7. 在中国，只有富士山连锁店经营日式快餐。

如果上述断定为真，则以下哪项不可能为真？

Ⅰ. 苏州的富士山连锁店不经营日式快餐。

Ⅱ. 杭州的樱花连锁店经营日式快餐。

Ⅲ. 温州的富士山连锁店经营韩式快餐。

A. 只有Ⅰ。　　　　　　B. 只有Ⅱ。　　　　　　C. 只有Ⅲ。

D. 只有Ⅰ和Ⅱ。　　　　E. Ⅰ、Ⅱ和Ⅲ。

8. 张竞说："只有正式代表才可以发言。"

刘强说："不对吧！李贵也是正式代表，但他并没有发言。"

刘强的回答是把张竞的话错误地理解为以下哪项？

A. 所有发言的人都是正式代表。

B. 李贵要发言。

C. 所有正式代表都发言了。

D. 没有正式代表发言。

E. 李贵不是正式代表。

9. 正是因为有了充足的奶制品作为食物来源，生活在呼伦贝尔大草原的牧民才能摄入足够的钙质。很明显，这种足够的钙质，对于呼伦贝尔大草原的牧民拥有健壮的体魄是必不可少的。

以下哪种情况如果存在，最能削弱以上的断定？

A. 有的呼伦贝尔大草原的牧民从食物中能摄入足够的钙质，且有健壮的体魄。

B. 有的呼伦贝尔大草原的牧民不具有健壮的体魄，但从食物中摄入的钙质并不缺少。

C. 有的呼伦贝尔大草原的牧民不具有健壮的体魄，他们从食物中不能摄入足够的钙质。

D. 有的呼伦贝尔大草原的牧民有健壮的体魄，但没有充足的奶制品作为食物来源。

E. 有的呼伦贝尔大草原的牧民没有健壮的体魄，但有充足的奶制品作为食物来源。

习题详解

1.【解析】由题干可知：

①下雨→打伞＝￢下雨←￢打伞，原判断为假，故其逆否命题也必为假。

②"下雨→打伞"为假，则其矛盾命题"下雨∧￢打伞"为真，故有"下雨"为真，"￢打伞"为真。

(1)￢打伞→￢下雨，为原判断的逆否命题，为假。

(2)￢下雨→打伞，等价于：下雨∨打伞，因"下雨"为真，故此判断为真。

(3)￢下雨→￢打伞，等价于：下雨∨￢打伞，因"下雨∧￢打伞"为真，故此判断为真。

(4)￢下雨→吃饭，等价于：下雨∨吃饭，因"下雨"为真，故此判断为真。

(5)打伞→下雨，等价于：￢打伞∨下雨，因"下雨∧￢打伞"为真，故此判断为真。

(6)打伞→￢下雨，等价于：￢打伞∨￢下雨，因"￢打伞"为真，故此判断为真。

(7)因"￢打伞"为真，故"打伞"为假。

(8)"下雨"为真。

(9)"￢打伞"为真。

(10)因"下雨"为真，故"￢下雨"为假。

2. A

【解析】题干：¬（研发∨销售）＝¬ 研发∧¬ 销售。

因此，蔡经理既不负责研发也不负责销售，即 A 项正确。

3. D

【解析】由德摩根定律，可得：¬（鱼∧熊掌）＝¬ 鱼∨¬ 熊掌，故Ⅱ项为真，Ⅰ项可真可假。

根据"或者变箭头公式"，可得：¬ 鱼∨¬ 熊掌＝鱼→¬ 熊掌，故Ⅲ项为真。

故 D 项正确。

4. B

【解析】董事长：小李→¬ 小孙＝小孙→¬ 小李＝¬ 小李∨¬ 小孙＝¬（小李∧小孙）。

即：不能小李和小孙都提拔，故 B 项与董事长的意思相符。

A 项，¬ 小孙→小李，与董事长的意思不符。

C 项，¬（¬ 小李∧¬ 小孙）＝小李∨小孙，与董事长的意思不符。

D 项，¬ 小李→¬ 小孙，与董事长的意思不符。

E 项，小李→小孙，与董事长的意思不符。

5. E

【解析】总经理：（绿地∨宏达）∧¬ 清河。

董事长：并非［（绿地∨宏达）∧¬ 清河］＝¬（绿地∨宏达）∨清河＝（¬ 绿地∧¬ 宏达）∨清河＝¬（¬ 绿地∧¬ 宏达）→清河。

故有：如果不能做到环岛绿地和宏达小区这两个项目都不上马，那么清河改造工程要上马，即 E 项正确。

6. C

【解析】题干有两个判断：

①甲∀乙，即甲和乙有一个人作案，另外一个人没作案。

②毒鼠强∨乐果，即两种毒药至少使用一种，也可能两种都使用。

Ⅰ项，¬（甲∧毒鼠强）＝¬ 甲∨¬ 毒鼠强＝乙∨乐果。故Ⅰ项"乙∧乐果"可真可假。

"并且"与"或者"的关系

①已知"A∧B"为真，可以推出"A 真∧B 真"，故"A∨B"必然为真。

②已知"A∨B"为真，有三种可能"A 真∧B 真""A 真∧B 假""A 假∧B 真"，当第一种可能发生时，"A∧B"为真；当后两种可能发生时，"A∧B"为假。故，若已知"A∨B"为真，则"A∧B"真假不定。

此项也可以用排列组合的思维来求解：人有 2 种可能（甲、乙），药物有 3 种可能（乐果、毒鼠强、两个都用），所以一共有 2×3＝6（种）可能性，肯定任何 1 种可能，则可以排除另外 5 种可能；但只有否定 5 种可能，才能肯定另外 1 种可能。

Ⅱ项，由判断②可知，该投毒案可能同时使用两种毒药，故Ⅱ项"不可能是乐果"为假。

Ⅲ项，

$$
\begin{array}{l}
\urcorner \text{甲} \to \text{乙}; \\
\urcorner \text{毒鼠强} \to \text{乐果}; \\
\underline{\urcorner \text{甲} \land \urcorner \text{毒鼠强};} \\
\text{所以，乙} \land \text{乐果。}
\end{array}
$$

故Ⅲ项为真。

综上，C项正确。

7.B

【解析】题干：经营日式快餐→富士山连锁店，等价于：$\urcorner$ 富士山连锁店→$\urcorner$ 经营日式快餐。

Ⅰ项，苏州的富士山连锁店不经营日式快餐，由题干可知"富士山连锁店"后无箭头，故此项可真可假。

Ⅱ项，杭州的樱花连锁店(非富士山连锁店)经营日式快餐，即：$\urcorner$ 富士山连锁店 $\land$ 经营日式快餐，与题干矛盾，故此项为假。

Ⅲ项，温州的富士山连锁店经营韩式快餐，由题干可知"富士山连锁店"后无箭头，故此项可真可假。

综上，B项正确。

8.C

【解析】刘强：正式代表 $\land \urcorner$ 发言，与"正式代表→发言"矛盾。

所以，刘强误认为"所有正式代表都发言了"，即C项正确。

9.D

【解析】题干中的两句话均为必要条件，故有：

①足够的钙质→充足的奶制品。

②健壮的体魄→足够的钙质。

由②、①串联可得：健壮的体魄→足够的钙质→充足的奶制品。

故有：健壮的体魄→充足的奶制品。

D项，健壮的体魄 $\land \urcorner$ 充足的奶制品，与题干矛盾，D项若为真，题干必为假，故D项最能削弱题干。

第3节 性质判断

1. 性质判断的概念与分类

1.1 性质判断的概念

性质判断又称直言判断、性质命题，用来判断事物具有或者不具有某种性质。

例如：

(1)所有的小姐姐都萌萌的。

(2)所有的男人都不是好东西。

(3)有的土豪有钱。

(4)有的土豪不任性。

(5)冬雨很漂亮。

(6)超越不会跳舞。

1.2 性质判断的结构

性质判断是由三部分组成的，分别是主语、谓语、量词。

(1)主语，指性质判断的判断对象。

如上例中，"小姐姐""男人""土豪""冬雨""超越"。

(2)谓语，指判断对象所具有或不具有的性质。

如上例中，"萌萌的""不是好东西""有钱""不任性""很漂亮""不会跳舞"。

(3)量词，即数量词，逻辑中常用"所有"和"有的"表示。

数量关系为"所有"的，称为"全称判断"或"全称命题"。数量关系为"有的"的，称为"特称判断"或"特称命题"。仅仅对一个具体的对象作出判断的，称为"单称判断"或"单称命题"。

需要注意的是，"有的"的意思并不是"部分"，它是一个存在量词，**表示数量关系的范围是从"1"到"所有"**。

以上 6 个例子的结构如表 2-10 所示：

表 2-10

序号	量词	主语	谓语	名称
(1)	所有的	小姐姐	萌萌的	全称肯定判断
(2)	所有的	男人	不是好东西	全称否定判断
(3)	有的	土豪	有钱	特称肯定判断
(4)	有的	土豪	不任性	特称否定判断
(5)		冬雨	很漂亮	单称肯定判断
(6)		超越	不会跳舞	单称否定判断

1.3 特殊句式

(1)量词的位置

"全称判断"的量词"所有"和"特称判断"的量词"有的"，应该修饰主语，而不是宾语。看下面的例子：

老吕喜欢所有颜值高的女明星。

这是个单称判断，因为它的主语只有一个——"老吕"。

但如果我们把这个例子变成：所有颜值高的女明星都被老吕喜欢。那么，这句话就成了全称判断，它的主语(判断对象)变成了"颜值高的女明星"。

(2)"一个"是一个吗?

看下面两句话:

①一个男孩正在踢足球。

②一个男孩要经历很多事情,才能成长为男人。

第①句话中的"一个"的数量关系是"1",但第②句话中的"一个"其实指的是"任何一个"的意思,其数量关系相当于"所有"。

2. 性质判断的对当关系

性质判断之间的关系可以分为四类:矛盾关系、反对关系、下反对关系、推理关系,如图 2-8 所示:

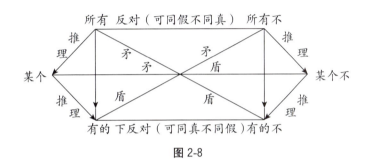

图 2-8

下面,我们用一个例子来说明上图。假定我们班共有 10 人,对于我们班的同学的考研情况,有以下 6 个判断,如表 2-11 所示:

表 2-11

编号	判断	简写	考上的同学的数量	名称
(1)	我们班所有人都考上了研究生。	所有	10	全称肯定判断
(2)	我们班所有人都没考上研究生。	所有不	0	全称否定判断
(3)	我们班有的人考上了研究生。	有的	(0,10] 大于0,小于等于10	特称肯定判断
(4)	我们班有的人没考上研究生。	有的不	[0,10) 大于等于0,小于10	特称否定判断
(5)	我们班的冬雨考上了研究生。	某个	至少有1人考上	单称肯定判断
(6)	我们班的冬雨没考上研究生。	某个不	至少有1人没考上	单称否定判断

我们把我们班考上研究生的同学的数量关系分为三类:全部都考上(10人考上)、全部没考上(0人考上)、一部分考上一部分没考上(1到9人考上),可知这三类囊括了我们班同学考上研究

生的所有可能情况。即可得表 2-12：

表 2-12

已知	判断			
	所有	所有不	有的	有的不
全部都考上（10 人）	真	假	真	假
全部没考上（0 人）	假	真	假	真
一部分考上一部分没考上（1 到 9 人，即[1, 9]）	假	假	真	真

观察表 2-12，可得以下四种关系。

2.1 矛盾关系

在表 2-12 中，"所有"和"有的不"这两列，永远为一真一假。"所有不"和"有的"这两列，永远为一真一假。

这种永远一真一假的关系，称为矛盾关系。故<u>"所有"和"有的不"矛盾</u>；<u>"有的"和"所有不"矛盾</u>。

当然，"冬雨考上了研究生"和"冬雨没考上研究生"显然是矛盾的。故<u>"某个"和"某个不"矛盾</u>。

总之，位于性质判断对当关系图（即图 2-8）中对角线上的判断是矛盾关系，二者必有一真一假，有如下三组：

"所有"与"有的不"；

"所有不"与"有的"；

"某个"与"某个不"。

【易错点】

①上述三组关系中的"所有"其实不是单纯的"所有"，后面应该是有主语和谓语的，比如"所有母鸡（主语）下蛋了（谓语）"；同理，"所有不"也不是单纯的"所有不"，后面应该是有主语和谓语的，只是为了快速做题，我们将后面的主谓部分省略了而已。其中"不"指的是谓语动词的否定。比如"所有母鸡（主语）没下蛋（否定的谓语）"。

同理，"有的"和"有的不"指的也是"有的 A（主语）怎么样（谓语）"和"有的 A（主语）没怎么样（否定的谓语）"。

②上述三组关系中的"某个"指的是一个具体的对象（the one），而不是不确定的一个（someone）。

③矛盾命题总是一真一假，故若有矛盾命题 A 和 B，已知 A 为真，则 B 必为假；已知 A 为假，则 B 必为真；反之亦然。当然，如果我们无法判断 A 的真假（即 A 可能为真也可能为假），那么也就无法判断它的矛盾命题 B 的真假（即 B 可能为假也可能为真）。

2.2 反对关系

观察表 2-12 中"所有"和"所有不"这两列。可知：

当"全部都考上(10人)"时,"所有"为真、"所有不"为假。

当"全部没考上(0人)"时,"所有"为假、"所有不"为真。

当"一部分考上一部分没考上(1到9人)"时,"所有"和"所有不"均为假。

即,"所有"和"所有不"的真假情况可能是一真一假,也可能是两假,即二者至少一假。我们把这种关系称为反对关系。

总之,"所有"和"所有不"是反对关系,二者至少有一假。已知一个为真,另外一个必为假;已知一个为假,另外一个可能为真也可能为假。

【口诀11】两个所有,至少一假;一真另必假,一假另不定

2.3 下反对关系

观察表2-12中"有的"和"有的不"这两列。可知:

当"全部都考上(10人)"时,"有的"为真、"有的不"为假。

当"全部没考上(0人)"时,"有的"为假、"有的不"为真。

当"一部分考上一部分没考上(1到9人)"时,"有的"和"有的不"均为真。

即,"有的"和"有的不"的真假情况可能是一真一假,也可能是两真,即二者至少一真。我们把这种关系称为下反对关系。

总之,"有的"和"有的不"是下反对关系,二者至少有一真。已知一个为假,另外一个必为真;已知一个为真,另外一个可能为真也可能为假。

【口诀12】两个有的,至少一真;一假另必真,一真另不定

2.4 推理关系

(1)所有→某个→有的

观察性质判断对当关系图(即图2-8六边形)的左侧,自上到下显然有如下推理关系(也叫从属关系),如图2-9所示:

图 2-9

①此处满足"箭头指向原则",即:有箭头指向则为真,没有箭头指向则可真可假。

如:已知"有的人考上了研究生"为真,那么,这个考上研究生的人是冬雨吗?不知道。是所有人考上了研究生吗?也不知道。

②此处满足"逆否原则",即"有的"为假→"某个"为假→"所有"为假,如图2-10所示:

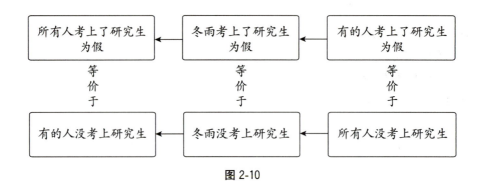

图 2-10

(2)所有不→某个不→有的不

观察性质判断对当关系图(即图2-8六边形)的右侧,自上到下显然有如下推理关系,如图2-11所示:

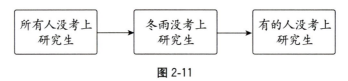

图 2-11

①此处满足"箭头指向原则",即:有箭头指向则为真,没有箭头指向则可真可假。

如:已知"有的人没考上研究生"为真,那么,这个没考上研究生的人是冬雨吗?不知道。是所有人都没考上研究生吗?也不知道。

②此处满足"逆否原则",即<u>"有的不"为假→"某个不"为假→"所有不"为假,</u>如图2-12所示:

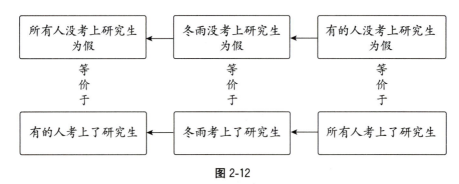

图 2-12

综上所述,在性质判断对当关系图(即图2-8六边形)中,无论是左侧还是右侧的推理关系都存在以下口诀:

> 🔍 **【口诀 13】上真下必真,下假上必假;反之则不定**

说明:"反之则不定"的意思是"下真上不定,上假下不定"。

典型例题

例19 已知"所有女明星颜值很高"为真,则以下判断哪些必然为真,哪些必然为假,哪些可真可假？

(1)有的女明星颜值不高。

(2)有的女明星颜值高。

(3)所有女明星颜值不高。

(4)女明星 baby 颜值不高。

(5)女明星冬雨颜值高。

【解析】根据矛盾关系可知，"所有"与"有的不"矛盾，故(1)项必为假。

根据"所有→某个→有的"可知，(5)、(2)项必为真。

根据反对关系口诀"两个所有，至少一假；一真另必假，一假另不定"，故(3)项必为假。

根据矛盾关系可知，"某个"和"某个不"矛盾，又知(5)项为真，故(4)项必为假。

【秒杀技巧】画一个六边形，代表性质判断对当关系图，已知"所有女明星颜值很高"为真，即左上角为真，画"√"(我们用黑色表示已知条件)，如图 2-13 所示：

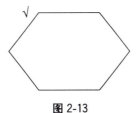

图 2-13

根据口诀"上真下必真"，可知六边形的左侧均为真，画"√"(我们用蓝色表示推理出来的情况)，如图 2-14 所示：

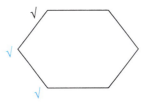

图 2-14

对角线为矛盾命题，故六边形的右侧均为假，画"×"(我们用蓝色表示推理出来的情况)，如图 2-15 所示：

图 2-15

即可迅速判断(1)项为假，(2)项为真，(3)项为假，(4)项为假，(5)项为真。

例 20 已知"有些留学生来自韩国"为真，则以下哪个判断必然为假？

A. 有些留学生不是来自韩国。

B. 所有留学生来自韩国。

C. 所有留学生都不是来自韩国。

D. 秀智是留学生，来自韩国。

E. 仲基是留学生，但不是来自韩国。

【解析】

A 项，根据下反对关系口诀"两个有的，至少一真；一假另必真，一真另不定"，可知此项可真可假。

B 项，根据"所有→某个→有的"和"箭头指向原则"可知，"有的"不能推"所有"，故此项可真可假。

C 项，根据"有的"和"所有不"是矛盾关系，二者必有一真一假，已知"有的"为真，故"所有不"为假，即此项必为假。

D 项，根据"所有→某个→有的"和"箭头指向原则"可知，"有的"不能推"某个"，故此项可真可假。

E 项，根据矛盾关系可知，"某个"和"某个不"矛盾，已知"某个"可真可假，故此项可真可假。

【秒杀技巧】画一个六边形，代表性质判断对当关系图，已知"有些留学生来自韩国"为真，即左下角为真，画"√"（我们用黑色表示已知条件），如图 2-16 所示：

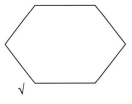

图 2-16

对角线为矛盾命题，故六边形的右上角为假，画"×"（我们用蓝色表示推理出来的情况），如图 2-17 所示：

图 2-17

根据口诀"下真上不定"，可知六边形左上和左中均为可真可假，其对角线也为可真可假，画"?"（我们用蓝色表示推理出来的情况），如图 2-18 所示：

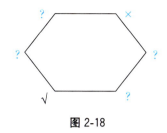

图 2-18

即可迅速判断 A 项可真可假，B 项可真可假，C 项为假，D 项可真可假，E 项可真可假。

【答案】C

例 21 培光街道发现有保姆未办暂住证。

如果上述断定为真，则以下哪项不能确定真假？

Ⅰ. 培光街道所有保姆都未办暂住证。

Ⅱ. 培光街道所有保姆都办了暂住证。

Ⅲ. 培光街道有保姆办了暂住证。

Ⅳ. 培光街道的保姆陈秀英办了暂住证。

A. Ⅰ、Ⅱ、Ⅲ、Ⅳ。　　　　B. 仅Ⅰ、Ⅲ和Ⅳ。　　　　C. 仅Ⅰ。

D. 仅Ⅰ和Ⅳ。　　　　　　　E. 仅Ⅳ。

【解析】根据"所有不→某个不→有的不"和"箭头指向原则"可知，"有的不"为真，则"所有不"真假不定，故Ⅰ项可真可假。

"有的不"和"所有"是矛盾关系，二者必有一真一假，已知"有的不"为真，故"所有"为假，即Ⅱ项必为假。

根据下反对关系口诀"两个有的，至少一真；一假另必真，一真另不定"，已知"有的不"为真，故"有的"真假不定，即Ⅲ项可真可假。

从题干无法知道陈秀英有没有办暂住证，故Ⅳ项可真可假。

【秒杀技巧】画一个六边形，代表性质判断对当关系图，已知"有的保姆未办暂住证"为真，即右下角为真，画"√"（我们用黑色表示已知条件），如图 2-19 所示：

图 2-19

对角线为矛盾命题，故六边形的左上角为假，画"×"（我们用蓝色表示推理出来的情况），如图 2-20 所示：

图 2-20

根据口诀"下真上不定"，可知六边形的右上和右中均为可真可假，其对角线也为可真可假，画"?"（我们用蓝色表示推理出来的情况），如图 2-21 所示：

图 2-21

即可迅速判断Ⅰ项可真可假，Ⅱ项为假，Ⅲ项可真可假，Ⅳ项可真可假。

综上，B 项正确。

【答案】B

3. 性质判断的负判断

3.1 性质判断的负判断的原理

(1)"并非所有"等价于"有的不"

矛盾关系必为一真一假，因此，在性质判断对当关系图（六边形）中，我们否定了左上角的"所有"，相当于肯定了右下角的矛盾命题"有的不"，如图 2-22 所示：

图 2-22

例①：

并非 "所有人 考上 研究生"。

等价于：有的人 没考上 研究生。

（2）"并非所有不"等价于"有的"

矛盾关系必为一真一假，因此，在性质判断对当关系图（六边形）中，我们否定了右上角的"所有不"，相当于肯定了左下角的矛盾命题"有的"，如图 2-23 所示：

图 2-23

例②：

并非 "所有人 没考上 研究生"。

等价于：有的人 考上了 研究生。

（3）"并非有的"等价于"所有不"

矛盾关系必为一真一假，因此，在性质判断对当关系图（六边形）中，我们否定了左下角的"有的"，相当于肯定了右上角的矛盾命题"所有不"，如图 2-24 所示：

图 2-24

例③：

并非 "有的人 考上了 研究生"。

等价于：所有人 没考上 研究生。

（4）"并非有的不"等价于"所有"

矛盾关系必为一真一假，因此，在性质判断对当关系图（六边形）中，我们否定了右下角的"有的不"，相当于肯定了左上角的矛盾命题"所有"，如图 2-25 所示：

图 2-25

例④：

3.2 性质判断的负判断的替换法口诀

观察例①、②、③、④可知，四个例子都有以下规律：

"并非"＋"性质判断"，等价于去掉前面的"并非"，再将原"性质判断"进行如下变化：

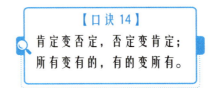

【口诀 14】
肯定变否定，否定变肯定；
所有变有的，有的变所有。

【易错点】

①性质判断前面加"并非"或者其他否定词以后，做口诀 14 中的变化会出现这个"并非＋性质判断"的等价判断。如果性质判断前面没有"并非"或者其他否定词，直接用口诀 14 就会变成原性质判断的矛盾命题。

②口诀 14 中的"肯定""否定"指的是谓语动词。定语部分的肯定、否定不能变化。

例如：

本例中的判断对象"不漂亮的女孩子"是不能变化的，如果变成了"漂亮的女孩子"就偷换了论证对象。

③涉及负判断的题目，还有一些其他特殊的使用技巧，老吕将在本书的"母题篇"中给大家讲解。

典型例题

例 22 写出下列判断的等价判断。

(1)并非所有地铁都在地下开。

(2)并非所有地铁都不在地下开。

(3)并非有的地铁在地下开。

(4)并非有的地铁不在地下开。

【解析】

(1)并非 所有 地铁 在 地下开。

等价于： 有的 地铁 不在 地下开。

(2)并非 所有 地铁 不在 地下开。

等价于：有的 地铁 在 地下开。

(3)并非 有的 地铁 在 地下开。

等价于：所有 地铁 不在 地下开。

(4)并非 有的 地铁 不在 地下开。

等价于：所有 地铁 在 地下开。

例23 写出下列判断的等价判断。

(1)鸟不都会飞。

(2)并非鸟不都会飞。

(3)并非鸟都会飞。

(4)并非鸟都不会飞。

【解析】

"都"的含义

①当"所有"和"都"连用时，"都"其实是个语气助词。

如：所有鸟都会飞。把这个"都"去掉以后，不影响原意。

②当"都"被独立使用时，"都"等价于"所有"。

如："鸟都会飞"等价于"所有鸟会飞"。

---

(1)"都"＝"所有"，"不都"＝"不是所有"＝"有的不"。

故原判断等价于：不是所有鸟都会飞＝有的鸟不会飞。

(2)"不都"＝"不是所有"，"并非不都"＝"并非不是所有"＝"所有"(双重否定表示肯定)。

故原判断等价于：所有鸟会飞。

(3)"都"＝"所有"，"并非都"＝"并非所有"＝"有的不"。

故原判断等价于：不是所有鸟都会飞＝有的鸟不会飞。

(4)"都"＝"所有"，"并非都不"＝"并非所有不"＝"有的"。

故原判断等价于：并非所有鸟不会飞＝有的鸟会飞。

本节自测习题

1. 有人说："哺乳动物都是胎生的。"

以下哪项最能驳斥以上判断？

A. 也许有的非哺乳动物是胎生的。

　　B. 可能有的哺乳动物不是胎生的。

　　C. 没有见到过非胎生的哺乳动物。

　　D. 非胎生的动物不大可能是哺乳动物。

　　E. 鸭嘴兽是哺乳动物，但不是胎生的。

2. 并非明星不都是女神。

　　以下哪项最接近于上述断定的含义？

　　A. 所有的明星不是女神。

　　B. 所有的明星是女神。

　　C. 有的明星不是女神。

　　D. 有的明星是女神。

　　E. 不是所有明星都是女神。

3. 课间休息的时候，大家都在热烈地讨论今年的 MBA 考试录取问题。其中一个名叫金燕西的男同学说："我们班不会有人考不上 MBA。"另一个名叫冷清秋的女同学说："不对。"

　　请问冷清秋的真正意思是什么？

　　A. 所有人都必然考上 MBA。

　　B. 所有人都可能考不上 MBA。

　　C. 有人考不上 MBA。

　　D. 所有人都可能考上 MBA。

　　E. 有人可能考不上 MBA。

4. 所有的零部件都被检查过了。

　　如果上述断定为真，则在下述三个断定中哪项可确定为假？

　　Ⅰ. 没有零部件被检查过。

　　Ⅱ. 有的零部件被检查过。

　　Ⅲ. 有的零部件没有被检查过。

　　A. 仅Ⅰ。　　　　　　　　　B. 仅Ⅱ。　　　　　　　　　C. 仅Ⅰ、Ⅱ。

　　D. 仅Ⅰ、Ⅲ。　　　　　　　E. 仅Ⅱ、Ⅲ。

● 习题详解

1. E

【解析】题干：所有的哺乳动物都是胎生的。

E 项，鸭嘴兽是哺乳动物，但不是胎生的(举反例)，可得：有的哺乳动物不是胎生的，与题干矛盾，故最能驳斥题干的判断。

2. B

【解析】方法一：双重否定表示肯定，故"并非明星不都是女神"="明星都是女神"="所有明星是女神"。所以，B 项正确。

方法二："明星不都是女神"="不是所有明星是女神"="有的明星不是女神"。

故：并非"明星不都是女神"＝并非"有的明星不是女神"＝"所有明星是女神"。

所以，B 项正确。

3. C

【解析】金燕西：不会有人考不上 MBA。

冷清秋：并非不会有人考不上 MBA＝有人考不上 MBA。

所以，C 项正确。

4. D

【解析】题干：所有的零部件都被检查过了。

Ⅰ项，等价于"所有的零部件都没有被检查过"，"所有"与"所有不"是反对关系，一真另必假，所以Ⅰ项为假。

Ⅱ项，根据推理关系"所有"可以推出"有的"，所以Ⅱ项为真。

Ⅲ项，"所有"和"有的不"是矛盾关系，一真另必假，所以Ⅲ项为假。

所以，D 项正确。

第❹节 模态判断

Ⅰ. 模态判断的概念与数学意义

1.1 模态判断的概念

模态判断又称模态命题，用来陈述事件发生的必然性和可能性。一般用"必然""可能""必然不""可能不"这四个"模态词"来表示模态判断。

例如：

冬雨必然爱老吕。

杀手必然不会藏匿于此处。

嫌疑人可能具备作案动机。

你可能不是一个凡人。

1.2 模态判断的数学意义

如果我们用概率来表达模态判断，那么可得表 2-13：

表 2-13

模态判断	事件 A 发生的概率 P
事件 A 必然发生	$P=1$
事件 A 必然不发生	$P=0$
事件 A 可能发生	$P\in(0,1]$
事件 A 可能不发生	$P\in[0,1)$

由表 2-13 可知，"可能"和"可能不"含义不同：

一个事件必然发生（$P=1$），那么它"可能发生"是真的；一个事件必然不发生（$P=0$），那么它"可能发生"是假的，因此，可能事件的概率为 $P \in (0, 1]$，为左开右闭区间。

一个事件必然发生（$P=1$），那么它"可能不发生"是假的；一个事件必然不发生（$P=0$），那么么它"可能不发生"是真的，因此，可能不事件的概率为 $P \in [0, 1)$，为左闭右开区间。

1.3 易错点："必然"和"事实"等价吗？

"事件 A 必然发生"和"事件 A 事实发生"并不等价。

"事件 A 必然发生"的意思是事件 A 发生的概率为百分之百，但这并不代表事件 A 已经发生了。比如，"张三必然会死"这句话为真，并不代表"张三事实上死了"。

那么，一件事发生了，这件事发生的概率是 1（必然）吗？也不对。因为"可能事件"也是有可能发生成为事实的。比如，我扔一枚硬币出现了正面，并不代表扔一枚硬币出现正面的概率是 1。

通过数学知识我们知道，"扔一枚硬币出现正面"是一个概率为 $\frac{1}{2}$ 的可能事件，只不过这一次刚好出现了正面而已。

2. 模态判断的对当关系

与性质判断一样，模态判断之间的关系也可以分为四类：矛盾关系、反对关系、下反对关系、推理关系，如图 2-26 所示：

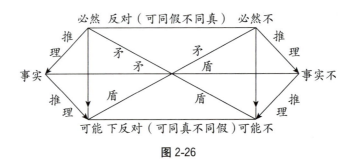

图 2-26

我们知道，一个事件发生的可能性只有三种：必然发生（即概率 $P=1$），必然不发生（即概率 $P=0$），可能发生也可能不发生[即概率 $P \in (0, 1)$]。这样，可得表 2-14：

表 2-14

已知： 事件 A 的概率	判断			
	事件 A 必然发生 $P=1$	事件 A 必然不发生 $P=0$	事件 A 可能发生 $P \in (0, 1]$	事件 A 可能不发生 $P \in [0, 1)$
$P=0$	假	真	假	真
$P=1$	真	假	真	假
$P \in (0, 1)$	假	假	真	真

2.1 矛盾关系

在表 2-14 中，"必然"和"可能不"这两列，永远为一真一假。"必然不"和"可能"这两列，永远为一真一假。

这种永远一真一假的关系，称为矛盾关系。故"必然"和"可能不"矛盾；"必然不"和"可能"矛盾。

集合视角看矛盾关系

从集合的角度来看，矛盾的两个集合没有交集而且加起来是全集。

"事件 A 必然发生 $P=1$"和"事件 A 可能不发生 $P \in [0, 1)$"没有交集而且加起来是全集 $[0, 1]$，故二者是矛盾关系。

同理，"事件 A 必然不发生 $P=0$"和"事件 A 可能发生 $P \in (0, 1]$"没有交集而且加起来是全集 $[0, 1]$，故二者也是矛盾关系。

当然，"事实上事件 A 发生"和"事实上事件 A 不发生"显然是矛盾的。故"事实"和"事实不"矛盾。

总之，位于模态判断对当关系图(即图 2-26)中对角线上的判断是矛盾关系，二者必有一真一假，有如下三组：

"必然"与"可能不"；

"必然不"与"可能"；

"事实"与"事实不"。

2.2 反对关系

观察表 2-14 中"必然"和"必然不"这两列。可知：

当"$P=0$"时，"必然"为假、"必然不"为真。

当"$P=1$"时，"必然"为真、"必然不"为假。

当"$P \in (0, 1)$"时，"必然"和"必然不"均为假。

即，"必然"和"必然不"的真假情况可能是一真一假，也可能是两假，即二者至少一假。我们把这种关系称为反对关系。

总之，"必然"和"必然不"是反对关系，二者至少有一假。已知一个为真，另外一个必为假；已知一个为假，另外一个可能为真也可能为假。

> 【口诀15】两个必然，至少一假；一真另必假，一假另不定

2.3 下反对关系

观察表 2-14 中"可能"和"可能不"这两列。可知：

当"$P=0$"时，"可能"为假、"可能不"为真。

当"$P=1$"时，"可能"为真、"可能不"为假。

当"$P \in (0, 1)$"时，"可能"和"可能不"均为真。

即，"可能"和"可能不"的真假情况可能是一真一假，也可能是两真，即二者至少一真。我们把这种关系称为下反对关系。

总之，"可能"和"可能不"是下反对关系，二者至少有一真。已知一个为假，另外一个必为真；已知一个为真，另外一个可能为真也可能为假。

【口诀 16】两个可能，至少一真；一假另必真，一真另不定

2.4 推理关系

(1)必然→事实→可能

观察模态判断对当关系图（即图 2-26 六边形）的左侧，自上到下显然有如下推理关系（也叫从属关系），如图 2-27 所示：

事件A 必然发生 → 事件A 事实上发生 → 事件A 可能发生

图 2-27

①此处满足"箭头指向原则"，即：有箭头指向则为真，没有箭头指向则可真可假。

如：已知"事件 A 可能发生"为真，那么事件 A 发生了吗？不知道。事件 A 必然发生吗？也不知道。

②此处满足"逆否原则"，即**"可能"为假→"事实"为假→"必然"为假**，如图 2-28 所示：

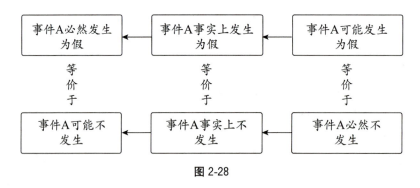

图 2-28

(2)必然不→事实不→可能不

观察模态判断对当关系图（即图 2-26 六边形）的右侧，自上到下显然有如下推理关系，如图 2-29所示：

图 2-29

①此处满足"箭头指向原则"，即：有箭头指向则为真，没有箭头指向则可真可假。

如：已知"事件A可能不发生"为真，那么事件A没发生吗？不知道。事件A必然不发生吗？也不知道。

②此处满足"逆否原则"，即"可能不"为假→"事实不"为假→"必然不"为假，如图2-30所示：

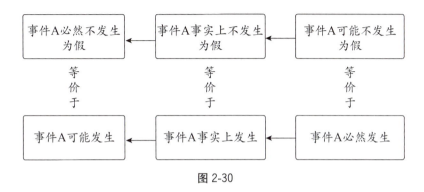

图 2-30

综上所述，在模态判断对当关系图(即图2-26六边形)中，无论是左侧还是右侧的推理关系都存在以下口诀：

【口诀17】上真下必真，下假上必假；反之则不定

说明："反之则不定"的意思是"下真上不定，上假下不定"。

综上所述，模态判断和性质判断的对当关系原理完全相同，解题方法也完全相同。

典型例题

例24 已知"他必然会拿冠军"为真，则以下判断哪些必然为真，哪些必然为假，哪些可真可假？

(1)他必然不会拿冠军。

(2)他可能会拿冠军。

(3)他可能不会拿冠军。

(4)事实上，他会拿冠军。

(5)事实上，他不会拿冠军。

【解析】

(1)项，根据口诀"两个必然，至少一假；一真另必假，一假另不定"，已知"他必然会拿冠军"为真，则"他必然不会拿冠军"为假。

(2)项，根据"必然→事实→可能"，可知"必然→可能"，故此项为真。

(3)项，"必然"与"可能不"矛盾，根据矛盾关系，二者必有一真一假，已知"他必然会拿冠军"为真，则"他可能不会拿冠军"为假。

(4)项，根据"必然→事实→可能"，可知"必然→事实"，故此项为真。

(5)项，"事实"与"事实不"矛盾，根据矛盾关系，二者必有一真一假，已知(4)项"事实上，

他会拿冠军"为真，则"事实上，他不会拿冠军"为假。

【秒杀技巧】画一个六边形，代表模态判断对当关系图，已知"他必然会拿冠军"为真，即左上角为真，画"√"（我们用黑色表示已知条件），如图 2-31 所示：

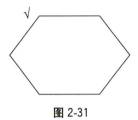

图 2-31

根据口诀"上真下必真"，可知六边形的左侧均为真，画"√"；对角线为矛盾命题，故六边形的右侧均为假，画"×"（我们用蓝色表示推理出来的情况），如图 2-32 所示：

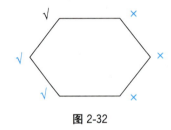

图 2-32

即可迅速判断(1)项为假，(2)项为真，(3)项为假，(4)项为真，(5)项为假。

例 25 已知"豆豆可能是网红"为假，则以下判断哪些必然为真，哪些必然为假，哪些可真可假？

(1)豆豆必然是网红。

(2)豆豆必然不是网红。

(3)豆豆可能不是网红。

(4)豆豆是网红。

(5)豆豆不是网红。

【解析】

(1)项，根据**"'可能'为假→'事实'为假→'必然'为假"**，可知"可能"为假→"必然"为假，已知"豆豆可能是网红"为假，则"豆豆必然是网红"为假，即此项为假。

(2)项，**"可能"与"必然不"矛盾**，根据矛盾关系，二者必有一真一假，已知"豆豆可能是网红"为假，则"豆豆必然不是网红"为真，即此项为真。

(3)项，根据**必然不→事实不→可能不**，结合(2)项，可知此项为真。

(4)项、(5)项，根据**必然不→事实不→可能不**，结合(2)项，可知(4)项为假，(5)项为真。

【秒杀技巧】画一个六边形，代表模态判断对当关系图，已知"豆豆可能是网红"为假，即左下角为假，画"×"（我们用黑色表示已知条件），如图 2-33 所示：

图 2-33

根据口诀"下假上必假"，可知六边形的左侧均为假，画"×"；对角线为矛盾命题，故六边形的右侧均为真，画"√"(我们用蓝色表示推理出来的情况)，如图 2-34 所示：

图 2-34

即可迅速判断(1)项为假，(2)项为真，(3)项为真，(4)项为假，(5)项为真。

3. 模态判断的负判断

3.1 模态判断的负判断的原理

(1)"不必然"等价于"可能不"

矛盾关系必为一真一假，因此，在模态判断对当关系图(六边形)中，我们否定了左上角的"必然"，相当于肯定了右下角的矛盾命题"可能不"，如图 2-35 所示：

图 2-35

例①：

(2)"不必然不"等价于"可能"

矛盾关系必为一真一假，因此，在模态判断对当关系图(六边形)中，我们否定了右上角的

"必然不"，相当于肯定了左下角的矛盾命题"可能"，如图 2-36 所示：

图 2-36

例②：

(3)"不可能"等价于"必然不"

矛盾关系必为一真一假，因此，在模态判断对当关系图（六边形）中，我们否定了左下角的"可能"，相当于肯定了右上角的矛盾命题"必然不"，如图 2-37 所示：

图 2-37

例③：

(4)"不可能不"等价于"必然"

矛盾关系必为一真一假，因此，在模态判断对当关系图（六边形）中，我们否定了右下角的"可能不"，相当于肯定了左上角的矛盾命题"必然"，如图 2-38 所示：

图 2-38

例④：

并非　"明天 可能 不下雨"。

等价于：明天 必然 下雨。

3.2 模态判断的负判断的替换法口诀

观察例①、②、③、④可知，四个例子都有以下规律：

"并非"＋"模态判断"，等价于去掉前面的"并非"，再将原"模态判断"进行如下变化：

【口诀18】
肯定变否定，否定变肯定；
必然变可能，可能变必然。

【易错点】

①模态判断前面加"并非"或者"不"等否定词以后，做口诀18中的变化会出现这个"并非＋模态判断"的等价判断。如果模态判断前面没有"并非"，直接用口诀18就会变成原模态判断的矛盾命题。

②口诀18中的"肯定""否定"指的是谓语动词。

典型例题

例26 小仙女："从现在开始，你只许疼我一个人，要宠我，不能骗我，答应我的每一件事都要做到，对我讲的每一句话都要真心，不许欺负我、骂我，要相信我，别人欺负我，你要在第一时间出来帮我，我开心了，你就要陪着我开心，我不开心了，你就要哄我开心，永远都要觉得我是最漂亮的，梦里也要见到我，在你的心里面只有我，就是这样了。你能做到吗？"

大猪蹄子："我不一定能做到。"

请问，大猪蹄子的意思是什么？

A. 他可能能做到，也可能做不到。

B. 他可能能做到。

C. 他可能做不到。

D. 他做不到的可能性比做到的可能性大。

E. 他想分手。

【解析】

题干：　不 一定 做到。

等价于：可能 做不到。

故大猪蹄子的意思是：他可能做不到。因此，C项正确。

【答案】C

例27 最近一段时期，有关要发生地震的传言很多。一天傍晚，小明问在院子里乘凉的爷爷："爷爷，他们都说明天要地震了。"爷爷说："根据我的观察，明天不必然不地震。"小明说："那您的意思是明天不会地震了？"爷爷说："不对。"小明陷入了迷惑。

以下哪句话与爷爷的意思最为接近？

A. 明天必然不地震。　　　　　　B. 明天可能地震。

C. 明天可能不地震。　　　　　　D. 明天不可能地震。

E. 明天不可能不地震。

【解析】

题干：不 [必然] [不地震]。

等价于：[可能] [地震]。

故爷爷的意思是：明天可能地震。因此，B 项正确。

【答案】B

例28 人都不可能不犯错误，不一定所有人都会犯严重错误。

以下哪项断定最符合题干的意思？

A. 人都可能犯错误，但有的人可能不犯严重错误。

B. 人都可能犯错误，但所有的人都可能不犯严重错误。

C. 人都一定会犯错误，但有的人可能不犯严重错误。

D. 人都一定会犯错误，但所有的人都可能不犯严重错误。

E. 人都可能会犯错误，但有的人一定不犯严重错误。

【解析】

题干：人都 不 [可能] [不犯] 错误，不 [一定] [所有人] 都 [会] 犯严重错误。

等价于：人都 [必然] [犯] 错误， [可能] [有的人] [不会] 犯严重错误。

故，人都一定会犯错误，可能有的人不犯严重错误，即 C 项正确。

注意：最前面的"都"由于前面没有否定词，故不变为"有的"。

【答案】C

● 本节自测习题 ●

1. 所有公共政策的后续效应可能是难以预料的。

下列哪项判断的含义与上述判断最为接近？

A. 所有公共政策的后续效应必然是难以预料的。

B. 所有公共政策的后续效应不必然不是难以预料的。

C. 有的公共政策的后续效应必然不是难以预料的。

D. 有的公共政策的后续效应可能不是难以预料的。

　　E. 所有公共政策的后续效应可能不是难以预料的。

2. 并非所有出于良好愿望的行为必然会导致良好的结果。

　　如果以上断定为真，则以下哪项断定也必为真？

　　A. 所有出于良好愿望的行为必然不会导致良好的结果。

　　B. 所有出于良好愿望的行为可能不会导致良好的结果。

　　C. 有的出于良好愿望的行为不会导致良好的结果。

　　D. 有的出于良好愿望的行为可能不会导致良好的结果。

　　E. 有的出于良好愿望的行为一定不会导致良好的结果。

3. 并非任何战争都必然导致自然灾害，但不可能有不阻碍战争的自然灾害。

　　以下哪一项与上述断定的含义最为接近？

　　A. 有的战争可能不导致自然灾害，但任何自然灾害都可能阻碍战争。

　　B. 有的战争可能不导致自然灾害，但任何自然灾害都必然阻碍战争。

　　C. 任何战争都不可能导致自然灾害，但有的自然灾害可能阻碍战争。

　　D. 任何战争都可能不导致自然灾害，但有的自然灾害必然阻碍战争。

　　E. 有的战争可能不导致自然灾害，但有的自然灾害可能阻碍战争。

4. 若"所有灵长类动物的大脑可能都具有额叶皮质"为真，则以下哪项一定为真？

　　A. 并非所有灵长类动物的大脑都具有额叶皮质，这是不必然的。

　　B. 所有灵长类动物的大脑都具有额叶皮质，这是必然的。

　　C. 所有灵长类动物的大脑都具有额叶皮质。

　　D. 并非所有灵长类动物的大脑都具有额叶皮质，这是可能的。

　　E. 有的灵长类动物的大脑一定不具有额叶皮质。

●习题详解

1. B

【解析】题干：所有公共政策的后续效应可能是难以预料的。

B项，所有公共政策的后续效应**不必然不是**难以预料的，等价于：所有公共政策的后续效应**可能是**难以预料的，与题干的意思相同。

C项，**有的**公共政策的后续效应**必然不是**难以预料的，等价于：**并非所有**公共政策的后续效应**可能是**难以预料的，与题干的意思矛盾。

其余各项均与题干的意思不同。

2. D

【解析】

题干：并非 所有 出于良好愿望的行为 必然 会 导致良好的结果。

等价于： 有的 出于良好愿望的行为 可能 不会 导致良好的结果。

故 D 项正确。

3. B

【解析】题干：并非任何战争都必然导致自然灾害，但不可能有不阻碍战争的自然灾害。

等价于：并非 任何 战争都 必然 导致 自然灾害，但不 可能 有的 自然灾害 不阻碍 战争。

等价于： 有的 战争 可能 不导致 自然灾害，但 必然 所有 自然灾害都 阻碍 战争。

故 B 项正确。

4. A

【解析】题干：所有灵长类动物的大脑可能都具有额叶皮质。

A 项，不必然（并非 所有 灵长类动物的大脑 具有 额叶皮质）。

等价于：不必然（ 有的 灵长类动物的大脑 不具有 额叶皮质）；

等价于： 可能 所有 灵长类动物的大脑 具有 额叶皮质。

即，所有灵长类动物的大脑可能都具有额叶皮质，与题干相同，为真。

B 项，根据"必然→事实→可能"，可知"可能"无法推出"必然"，可真可假。

C 项，根据"必然→事实→可能"，可知"可能"无法推出"事实"，可真可假。

D 项，可能并非所有灵长类动物的大脑都具有额叶皮质，等价于：可能有的灵长类动物的大脑不具有额叶皮质，可真可假。

注意，此项与题干并不矛盾，因为题干中的模态词是"可能"，本项化为等价判断后的模态词是"可能不"。

E 项，有的灵长类动物的大脑一定不具有额叶皮质，等价于：并非（所有灵长类动物的大脑可能都具有额叶皮质），与题干矛盾，为假。

第 **5** 节　关系判断

关系判断就是断定事物与事物之间的关系的判断。

例如：

(1)中国人口数量比美国人口数量多。

(2)老吕的鼻孔比康哥的鼻孔大。

上述两个例子都是关系判断。第一个断定了"中国人口数量"和"美国人口数量"之间有"多少"的关系；第二个断定了"老吕的鼻孔"和"康哥的鼻孔"之间有"大小"的关系。

事物之间的关系是非常复杂的，很难进行一一列举。历年真题考查过大小关系、匹配关系、方位关系，等等，一般以推理题的形式出现。本节我们只讲关系判断的两种最重要的性质：对称性和传递性。关系判断的推理在本书第 3 章进行讲解。

1. 关系的对称性

1.1 对称关系

什么是对称关系呢？先看两个例子。

例①：老吕认识冬雨。

【分析】

在这个例子中，老吕认识冬雨，但是冬雨未必认识老吕。

例②：老吕和康哥一起吃饭。

【分析】

在这个例子中，老吕和康哥一起吃饭，那么康哥肯定也是和老吕一起吃饭的，这与例①有很大的区别。我们把例②所反映的这种关系叫作对称关系。

由此可见，所谓对称关系是指：**对于两个事物 A 和 B，如果 A 与 B 存在着某种关系，那么 B 与 A 也一定存在着同样的关系时，我们就把这两个事物之间的关系称为对称关系。**

当然，除了我们上述的示例之外，诸如"同桌（老吕是康哥的同桌，康哥也一定是老吕的同桌）""同事""矛盾关系"等都是最常见的对称关系的实例。

1.2 反对称关系

什么是反对称关系呢？先看一个例子。

例③：老吕的鼻孔比康哥的鼻孔大。

【分析】

在这个例子中，老吕的鼻孔比康哥的鼻孔大，那么康哥的鼻孔一定不可能比老吕的鼻孔大。其中的"大"就是一种反对称关系。

所谓反对称关系是指：**对于两个事物 A 和 B，如果 A 与 B 存在着某种关系，那么 B 与 A 肯定不存在这种关系时，我们就把这两个事物之间的关系称为反对称关系。**

例如："侵略""压迫""宽于""胖于""高于"等关系都是反对称关系。

1.3 非对称关系

什么是非对称关系呢？先看一个例子：

例④：老吕喜欢冬雨。

【分析】

在这个例子中，"喜欢"不是对称关系，也不是反对称关系。因为，老吕喜欢冬雨时，冬雨可能喜欢老吕，也可能不喜欢老吕。因此，"喜欢"是一种非对称关系。

所谓非对称关系是指：**对于两个事物 A 和 B，如果 A 与 B 存在着某种关系，那么 B 与 A 可能存在这种关系，也可能不存在这种关系时，我们就把这两个事物之间的关系称为非对称关系。**

例如："尊重""认识""欣赏"等关系都是非对称关系。

典型例题

例 29 老吕喜欢冬雨；冬雨喜欢每一个喜欢老吕的人。

如果上述判断为真，则以下哪一项可能为真？

Ⅰ．冬雨喜欢老吕。

Ⅱ．冬雨不喜欢老吕。

Ⅲ．每一个喜欢老吕的人都喜欢冬雨。

A. 仅Ⅰ。　　　　　　　　B. 仅Ⅱ。　　　　　　　　C. 仅Ⅲ。

D. 仅Ⅰ和Ⅱ。　　　　　　E. Ⅰ、Ⅱ和Ⅲ。

【解析】"老吕喜欢冬雨"中的"喜欢"这种关系是一种非对称关系，因此，冬雨可能喜欢老吕，也可能不喜欢老吕。

"冬雨喜欢每一个喜欢老吕的人"中的"喜欢"这种关系也是一种非对称关系，因此，每一个喜欢老吕的人可能喜欢冬雨，也可能不喜欢冬雨。

综上，Ⅰ、Ⅱ、Ⅲ项都是可能为真的。

【答案】E

2. 关系的传递性

2.1 传递关系

什么是传递关系呢？我们看下面的例子。

例①：张三比李四年纪大，李四比王五年纪大，因此，张三比王五年纪大。

【分析】

在这个例子中，"年纪大"就是一种传递关系。根据张三的年纪比李四大，而李四的年纪又比王五大，推出张三的年纪比王五大。再比如："甲得分比乙高，乙得分比丙高，因此，甲得分比丙高"。在这个例子中，"得分高"也是一种传递关系。

可见，所谓传递关系是指：**如果 A 对 B 有某种关系，B 对 C 也有某种关系，那么 A 对 C 也有这种关系时，我们就称这种关系为传递关系。**

例如："先于""小于""在前""在后"等关系都是传递关系。

2.2 反传递关系

什么是反传递关系呢？我们看下面的例子。

例②：老郭是谦哥的爸爸，谦哥是大林的爸爸，那老郭一定不是大林的爸爸。

【分析】

在这个例子中，"是爸爸"就是一种反传递关系。

所谓反传递关系是指：**如果 A 对 B 有某种关系，B 对 C 也有某种关系，那么 A 对 C 一定没有这种关系时，我们就称这种关系为反传递关系。**

除了该例中的"是爸爸"以外，"是儿子""是妈妈"等关系也都是反传递关系。

2.3 非传递关系

什么是非传递关系呢？

比如说：根据"康哥认识老吕，老吕认识冬雨"，无法去判断康哥是不是认识冬雨，因为，康哥可能确实认识冬雨，但也可能就是不认识冬雨。在这个例子中，"认识"关系就是一种非传递关系。

所谓非传递关系是指：**如果 A 对 B 有某种关系，B 对 C 也有某种关系，那么 A 对 C 可能具有这种关系，也可能不具有这种关系时，我们就称这种关系为非传递关系。**

除此以外，"相邻""朋友"等关系都是非传递关系。

典型例题

例 30 和政治学导论、世界史导论相比，杨林更喜欢物理学和数学。和政治学导论相比，杨林更不喜欢体育。

除了下列哪项，其余各项都能从上述论述中推出？

A. 和体育相比，杨林更喜欢政治学导论。

B. 和体育相比，杨林更喜欢数学。

C. 和世界史导论相比，杨林更不喜欢体育。

D. 和体育相比，杨林更喜欢物理学。

E. 和数学相比，杨林更不喜欢世界史导论。

【解析】

杨林的喜欢度：①物理学和数学＞政治学导论、世界史导论。

②政治学导论＞体育。

根据传递关系的性质可得：

(1)物理学＞政治学导论＞体育。

(2)数学＞政治学导论＞体育。

根据(1)可知，A、D 项能从上述论述中推出。

根据(2)可知，B 项能从上述论述中推出

根据①可知，E 项能从上述论述中推出。

综上，C 项无法从上述论述中推出。

【答案】C

本节自测习题

1. 甘蓝比菠菜更有营养。但是，因为绿芥蓝比莴苣更有营养，所以甘蓝比莴苣更有营养。

以下各项作为新的前提分别加入题干的前提中，都能使题干的推理成立，除了：

A. 甘蓝与绿芥蓝同样有营养。

B. 菠菜比莴苣更有营养。

C. 菠菜比绿芥蓝更有营养。

D. 菠菜与绿芥蓝同样有营养。

E. 绿芥蓝比甘蓝更有营养。

2. 在 LH 公司，从董事长、总经理、总会计师到每个员工，没有人信任所有的人。董事长信任总经理，总会计师不信任董事长，总经理信任所有信任董事长的人。

如果上述断定为真，则以下哪项可能为真？

Ⅰ. 总经理不信任董事长。

Ⅱ. 总经理信任董事长。

Ⅲ. 董事长信任总会计师。

A. 只有Ⅰ。

B. 只有Ⅱ。

C. 只有Ⅲ。

D. 只有Ⅰ和Ⅱ。

E. Ⅰ、Ⅱ和Ⅲ。

3. 居委会举行社区居民代表会议，会议结束后，与会人员坐在一起闲聊。根据闲聊的内容，居委会主任得知：小王和小张是邻居，小张和小李是邻居；小赵和小李是好友，小李和小钱是好友。

若以上居委会主任得知的内容都是真实的，则以下哪项一定为真？

Ⅰ. 小张和小王是邻居。

Ⅱ. 小王和小李是邻居。

Ⅲ. 小赵和小钱是好友。

A. 只有Ⅰ。

B. 只有Ⅱ。

C. 只有Ⅲ。

D. 只有Ⅰ和Ⅱ。

E. Ⅰ、Ⅱ和Ⅲ。

习题详解

1. E

【解析】题干中的关系是一种传递关系，可以认为是排序题，用不等式求解即可。

将题干信息符号化：甘蓝＞菠菜。绿芥蓝＞莴苣，所以，甘蓝＞莴苣。

A 项，甘蓝＝绿芥蓝，又因为绿芥蓝＞莴苣，所以可以得到甘蓝＞莴苣，故此项能使题干的推理成立。

B 项，菠菜＞莴苣，又因为甘蓝＞菠菜，所以可以得到甘蓝＞莴苣，故此项能使题干的推理成立。

C 项，菠菜＞绿芥蓝，与题干信息串联可得：甘蓝＞菠菜＞绿芥蓝＞莴苣，所以可以得到甘蓝＞莴苣，故此项能使题干的推理成立。

D项，菠菜＝绿芥蓝，与题干信息串联可得：甘蓝＞菠菜＝绿芥蓝＞莴苣，所以可以得到甘蓝＞莴苣，故此项能使题干的推理成立。

E项，绿芥蓝＞甘蓝，又由题干可知，绿芥蓝＞莴苣，所以无法判断甘蓝与莴苣的关系。

2. E

【解析】题干已知下列信息：

(1)没有人信任所有的人。

(2)董事长信任总经理。

(3)总会计师不信任董事长。

(4)总经理信任所有信任董事长的人。

"信任"是非对称关系，故由题干信息(2)"董事长信任总经理"，根据非对称关系的性质可知，总经理可能信任董事长，也可能不信任董事长。因此，Ⅰ项和Ⅱ项可能为真。

同理，题干信息(3)"总会计师不信任董事长"，根据非对称关系的性质可知，董事长可能信任总会计师，也可能不信任总会计师。因此，Ⅲ项可能为真。

综上，Ⅰ项、Ⅱ项和Ⅲ项都可能为真，即E项正确。

3. A

【解析】"小王和小张是邻居"中的"邻居"是对称关系，由对称关系的性质可知，小张和小王也是邻居。故Ⅰ项一定为真。

在"小王和小张是邻居，小张和小李是邻居"这两句话中，如果单看某一句中的"邻居"是对称关系；但如果把这两句话当作一个整体来看的话，"邻居"则是非传递关系，根据非传递关系的含义，可知，小王和小李可能是邻居，也可能不是邻居。故Ⅱ项可能为真，即不是一定为真。

同理，"好友"是一种对称关系，但也是一种非传递关系，因此，Ⅲ项可能为真，即不是一定为真。

综上，A项正确。

◦ 本章知识总结 ◦

1. 三种条件关系

编号	条件关系	含义	典型关联词
①	充分条件 (A→B)	有它就行，没它未必不行	如果……那么…… 只要……就…… 一旦……就…… ……就…… ……必须…… ……则…… ……一定……

续表

编号	条件关系	含义	典型关联词
②	必要条件 （¬A→¬B）	没它不行，有它未必行	只有……才…… ……是……的前提 ……是……的基础 ……对于……不可或缺 除非……才……
③	充要条件 （A↔B）	等价关系，"同生共死"	当且仅当 ……是……的唯一条件

2. 箭头的使用原则

编号	原则	口诀	公式
①	逆否原则	逆否命题等价于原命题	A→B，等价于：¬B→¬A ¬A→¬B，等价于：B→A A↔B，等价于¬A↔¬B
②	箭头指向原则	有箭头指向则为真； 没有箭头指向则可真可假	无
③	串联原则	无	已知A→B，B→C，可得A→B→C， 逆否可得：¬C→¬B→¬A
④	相同概念原则	相同概念才能串联， 串联推理过程中不得偷换概念	无

3. 三类特殊句式

分类	句式	公式
性质判断	A是B	A→B
	有的A是B	有的A→B
	所有A是B	A→B
充分条件	A必须B	A→B
除非否则	除非A，否则B	¬A→B
	A，否则B	
	B，除非A	

4. 并且、或者、要么的含义

名称	符号	读作	含义
联言判断	A∧B	A并且B	事件A和事件B都发生
相容选言判断	A∨B	A或者B	事件A和事件B至少发生一个， 也可能都发生
不相容选言判断	A∀B	A要么B	事件A和事件B发生且仅发生一个

5. 并且、或者、要么的真值表

已知		判断真假			
A	B	A∧B	A∨B	A∀B	A→B=￢A∨B
真	真	真	真	假	真
真	假	假	真	真	假
假	真	假	真	真	真
假	假	假	假	假	真

6. 或者、要么与箭头的关系

①箭头变或者：(A→B)=(￢A∨B)。

②或者变箭头：(A∨B)=(￢A→B)=(￢B→A)。

③要么推箭头：

A∀B可推出：

$$A→￢B;$$
$$B→￢A;$$
$$￢A→B;$$
$$￢B→A。$$

7. 假言判断的真值表

A	B	A→B (￢A∨B)	A←B (A∨￢B)	A↔B (A∧B)∀(￢A∧￢B)
真	真	真	真	真
真	假	假	真	假
假	真	真	假	假
假	假	真	真	真

8. 性质判断的四种对当关系

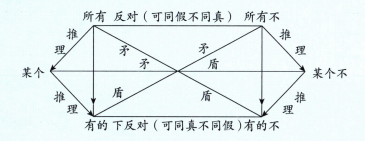

编号	关系	判断	真假情况
①	矛盾关系	"所有"与"有的不" "所有不"与"有的" "某个"与"某个不"	一真一假
②	反对关系	"所有"与"所有不"	两个所有，至少一假； 一真另必假，一假另不定
③	下反对关系	"有的"与"有的不"	两个有的，至少一真； 一假另必真，一真另不定
④	推理关系 （此处满足逆否原则）	所有→某个→有的 所有不→某个不→有的不	上真下必真，下假上必假； 反之则不定

9. 模态判断的四种对当关系

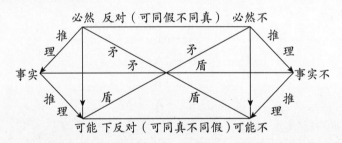

编号	关系	判断	真假情况
①	矛盾关系	"必然"与"可能不" "必然不"与"可能" "事实"与"事实不"	一真一假
②	反对关系	"必然"与"必然不"	两个必然，至少一假； 一真另必假，一假另不定
③	下反对关系	"可能"与"可能不"	两个可能，至少一真； 一假另必真，一真另不定
④	推理关系 （此处满足逆否原则）	必然→事实→可能 必然不→事实不→可能不	上真下必真，下假上必假； 反之则不定

10. 负判断

判断	负判断的公式或口诀
假言判断	﹁(A→B)=A∧﹁B ﹁(﹁A→﹁B)=﹁A∧B ﹁(A↔B)=(A∧﹁B)∨(﹁A∧B)。此处中间的"∨"也可以写为"∀"

续表

判断	负判断的公式或口诀
联言、选言判断	① ¬(A∧B)＝(¬A∨¬B) ② ¬(A∨B)＝(¬A∧¬B) ③ ¬(A∀B)＝(¬A∧¬B)∨(A∧B)。此处中间的"∨"也可以写为"∀"
性质、模态判断	"并非"＋"性质判断"或"模态判断"，等价于去掉前面的"并非"，再将原判断进行如下变化： 肯定变否定，否定变肯定； 所有变有的，有的变所有； 必然变可能，可能变必然。

11. 关系的对称性

编号	关系	含义	示例
①	对称关系	对于两个事物A和B，如果A与B存在着某种关系，那么B与A也一定存在着同样的关系时，我们就把这两个事物之间的关系称为对称关系。	同事、同学、邻居、矛盾关系等
②	反对称关系	对于两个事物A和B，如果A与B存在着某种关系，那么B与A肯定不存在这种关系时，我们就把这两个事物之间的关系称为反对称关系。	大于、高于、侵略、压迫、胖于等
③	非对称关系	对于两个事物A和B，如果A与B存在着某种关系，那么B与A可能存在这种关系，也可能不存在这种关系时，我们就把这两个事物之间的关系称为非对称关系。	喜欢、认识、尊重等

12. 关系的传递性

编号	关系	含义	示例
①	传递关系	如果A对B有某种关系，B对C也有某种关系，那么A对C也有这种关系时，我们就称这种关系为传递关系。	先于、小于、在前、在后等
②	反传递关系	如果A对B有某种关系，B对C也有某种关系，那么A对C一定没有这种关系时，我们就称这种关系为反传递关系。	是爸爸、是妈妈、是儿子等
③	非传递关系	如果A对B有某种关系，B对C也有某种关系，那么A对C可能具有这种关系，也可能不具有这种关系时，我们就称这种关系为非传递关系。	相邻、认识、朋友等

第3章 推理

听本章课程

推理就是根据一个或一些判断(命题),去推断其他判断(命题)的过程。

其实,判断是推理的基础,推理离不开判断。前文中我们讲判断时已经多次使用了推理关系。比如,已知"A∧B"为真,可以推出"A真",这就是推理。

关于推理,大纲规定的考查内容有:"1.演绎推理;2.综合推理;3.归纳推理与类比推理"。

1. 演绎推理

演绎推理就是利用假言判断、联言判断、选言判断、性质判断、模态判断进行的推理。

具体可分为复合判断推理、串联推理、二难推理、真假话推理等。

2. 综合推理

在逻辑学术界,并没有"综合推理"这个概念。那么,什么是综合推理呢?其实就是我们将在本章中学到的关系推理,如方位关系、排序关系、匹配关系、数量关系等推理。由于这些题目往往涉及多个知识点,因此也被称为综合推理。综合推理仍然归类于形式逻辑,常与演绎推理一起考查。

3. 归纳推理与类比推理

归纳与类比既是推理的方法,也是论证的方法。

比如,金岳霖先生所著的《形式逻辑》一书中,就把归纳与类比划入了推理的范畴,将其作为形式逻辑的一部分进行讲解。

美国学者柯维(David A. Conway)和蒙森(Ronald Munson)则认为逻辑可分为演绎逻辑(形式逻辑)和非演绎逻辑(论证逻辑)。非演绎逻辑(论证逻辑),包括归纳论证、类比论证、因果论证、统计论证等,将归纳与类比作为论证的知识进行讲解。

从联考历年真题来看,归纳和类比都是以论证的形式出题的,因此,本书编写按照柯维(David A. Conway)和蒙森(Ronald Munson)的分类方式,将归纳和类比纳入论证部分,在本书第4章进行讲解。

综上所述,推理包括(如图3-1所示):

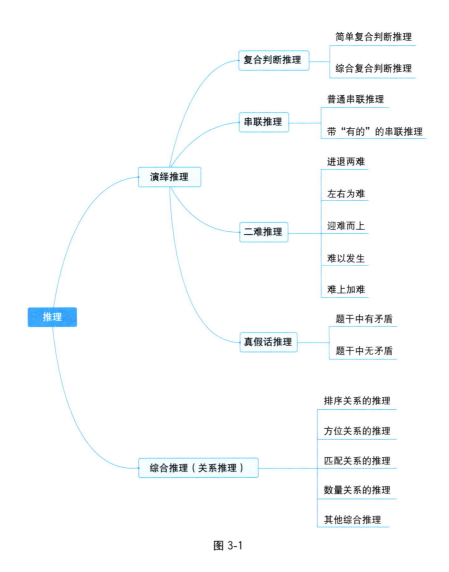

图 3-1

其中，综合推理的具体题型以及演绎推理中的一些其他常见题型，老吕将在本书母题篇中一一为大家讲解。

第❶节 演绎推理

考点 1 复合判断推理

所谓复合判断推理，就是基于假言判断、联言判断、选言判断等知识进行的推理。

1.1 简单复合判断推理

简单复合判断推理即用较简单的方式考查假言判断的推理、德摩根定律、箭头与或者的互换等知识。

常考以下公式：

(1)逆否命题

$(A \rightarrow B) = (\neg B \rightarrow \neg A)$。

(2)德摩根定律

①$\neg (A \wedge B) = (\neg A \vee \neg B)$。

②$\neg (A \vee B) = (\neg A \wedge \neg B)$。

③$\neg (A \veebar B) = (\neg A \wedge \neg B) \veebar (A \wedge B)$。【此处也可以写为：$\neg (A \veebar B) = (\neg A \wedge \neg B) \vee (A \wedge B)$】

(3)箭头与或者的互换公式

①箭头变或者：$(A \rightarrow B) = (\neg A \vee B)$。

②或者变箭头：$(A \vee B) = (\neg A \rightarrow B) = (\neg B \rightarrow A)$。

典型例题

例1 任何国家，只有稳定，才能发展。

以下各项都符合题干的条件，除了：

A. 任何国家，如果得到发展，则一定稳定。

B. 任何国家，除非稳定，否则不能发展。

C. 任何国家，不可能稳定但不发展。

D. 任何国家，或者稳定，或者不发展。

E. 任何国家，不可能发展但不稳定。

【解析】本题考查了 7 个小知识点。

由题干的关联词"只有……，才……"，可知题干为必要条件，根据口诀"必要条件后推前"（知识点 1），形式化为：稳定←发展＝￢稳定→￢发展。

　　　　　　　　　　逆否命题（知识点 2）

A 项，由关联词"如果……，则……"，可知此项为充分条件，根据口诀"充分条件前推后"（知识点 3），形式化为：发展→稳定，根据箭头指向原则（知识点 4），可知此项符合题干。

B 项，此项有关联词"除非……，否则……"，根据口诀"去'除'去'否'，箭头右划"（知识点 5），故有：￢稳定→￢发展，根据箭头指向原则，可知此项符合题干。

C 项，不可能稳定但不发展＝￢（稳定 $\wedge$ ￢发展）＝￢稳定 $\vee$ 发展＝稳定→发展。

　　　　　　　　德摩根定律（知识点 6）　　或者变箭头（知识点 7）

根据箭头指向原则，可知此项不符合题干。

D 项，稳定 $\vee$ ￢发展＝￢稳定→￢发展，根据箭头指向原则，可知此项符合题干。

或者变箭头

E项，不可能发展但不稳定＝¬（发展∧¬稳定）＝¬发展∨稳定＝发展→稳定。

　　　　德摩根定律　　或者变箭头

根据箭头指向原则，可知此项符合题干。

【答案】C

例2　只要不起雾，飞机就能按时起飞。

以下哪项正确地表达了上述断定？

Ⅰ. 如果飞机按时起飞，则一定没有起雾。

Ⅱ. 如果飞机不按时起飞，则一定起雾。

Ⅲ. 除非起雾，否则飞机按时起飞。

A. 仅Ⅰ。　　　　　　　　　B. 仅Ⅱ。　　　　　　　　　C. 仅Ⅲ。

D. 仅Ⅱ和Ⅲ。　　　　　　　E. Ⅰ、Ⅱ和Ⅲ。

【解析】题干：充分条件前推后，¬起雾→起飞＝¬起飞→起雾。

Ⅰ项，起飞→¬起雾，根据箭头指向原则，可知此项不符合题干。

Ⅱ项，¬起飞→起雾，根据箭头指向原则，可知此项符合题干。

Ⅲ项，¬起雾→起飞，根据箭头指向原则，可知此项符合题干。

【答案】D

例3　总经理：我主张小王和小李两人中最多提拔一人。

董事长：我不同意。

以下哪项最为准确地表述了董事长实际的意思？

A. 小王和小李两人都得提拔。

B. 小王和小李两人都不提拔。

C. 小王和小李两人中至多提拔一人。

D. 如果提拔小王，那么不提拔小李。

E. 如果提拔小李，那么不提拔小王。

【解析】总经理的主张中，"最多提拔一人"的可能性包括：只提拔小王、只提拔小李、两人都不提拔，即：¬小王∨¬小李。

董事长：¬（¬小王∨¬小李）＝小王∧小李，即小王和小李两人都得提拔，故A项正确。

【答案】A

1.2　综合复合判断推理

　　综合复合判断推理主要是综合考查假言判断与联言、选言判断，常常以"箭头＋德摩根定律"的方式出题。

例如：

A∧B→C，等价于：¬C→¬（A∧B），等价于：¬C→¬A∨¬B。

A∨B→C，等价于：¬C→¬（A∨B），等价于：¬C→¬A∧¬B。

A→B∧C，等价于：¬（B∧C）→¬A，等价于：¬B∨¬C→¬A。

A→B∨C，等价于：¬（B∨C）→¬A，等价于：¬B∧¬C→¬A。

典型例题

例4 只要有足够的勇气和智慧，就没有办不成的事。

如果上述断定为真，则以下哪项一定为真？

A. 如果有事办不成，说明既缺乏足够的勇气，又缺乏足够的智慧。

B. 如果有事办不成，说明缺乏足够的勇气，或者缺乏足够的智慧。

C. 如果没有办不成的事，说明至少有足够的勇气。

D. 如果缺乏足够的勇气和智慧，那就办不成任何事。

E. 如果缺乏足够的勇气和智慧，就总有事办不成。

【解析】"和"的意思是"并且"，故题干：勇气∧智慧→没有办不成的事。

题干等价于：有办不成的事→¬（勇气∧智慧）。[知识点：逆否命题]

又等价于：有办不成的事→¬勇气∨¬智慧。[知识点：德摩根定律]

所以，如果有事办不成，说明缺乏足够的勇气，或者缺乏足够的智慧，故B项正确。

根据箭头指向原则，可知其余各项均可真可假。

【答案】B

例5 一个产品要畅销，产品的质量和经销商的诚信缺一不可。

以下各项都符合题干的断定，除了：

A. 一个产品滞销，说明它或者质量不好，或者经销商缺乏诚信。

B. 一个产品，只有质量高并且诚信经销，才能畅销。

C. 一个产品畅销，说明它质量高并有诚信的经销商。

D. 一个产品，除非有高的质量和诚信的经销商，否则不能畅销。

E. 一个质量好并且由诚信者经销的产品不一定畅销。

【解析】根据题干关键词"缺一不可"，可知"产品的质量和经销商的诚信"是"产品要畅销"的必要条件，故有：畅销→质量∧诚信。

等价于：¬（质量∧诚信）→¬畅销，即：¬质量∨¬诚信→¬畅销。

A项，滞销，即不畅销，根据箭头指向原则，可知"不畅销"的后面没有箭头指向，故此项可真可假。

B项，质量∧诚信←畅销，为真。

C项，畅销→质量∧诚信，为真。

D项，去"除"去"否"，箭头右划，故有：¬（质量∧诚信）→¬畅销，为真。

E项，根据"箭头指向原则"，可知"质量∧诚信"的后面没有箭头指向，所以可能畅销也可能不畅销，此项说不一定畅销，故为真。

【答案】A

考点 2 串联推理

2.1 普通串联推理

若已知 A→B，B→C，可得 A→B→C。逆否可得：￢C→￢B→￢A。这种推理方式，我们称为串联推理。

串联推理一般采用以下四步解题法。

第 1 步：画箭头。

第 2 步：串联。

第 3 步：逆否。

第 4 步：根据"箭头指向原则"找答案。

【说明】

四步解题法是解串联推理题的基本方法，在基础篇，老吕要求大家严格按照上述四步解题法进行解题，在母题篇，老吕会为大家讲授更多快速解题技巧。

典型例题

例6 中国要拥有一流的国家实力，必须有一流的教育。只有拥有一流的国家实力，中国才能作出应有的国际贡献。

以下各项都符合题干的意思，除了：

A. 中国难以作出应有的国际贡献，除非拥有一流的教育。

B. 只要中国拥有一流的教育，就能作出应有的国际贡献。

C. 如果中国拥有一流的国家实力，就不会没有一流的教育。

D. 不能设想中国作出了应有的国际贡献，但缺乏一流的教育。

E. 中国面临选择：或者放弃应尽的国际义务，或者创造一流的教育。

【解析】

第 1 步：画箭头。

题干有以下判断：

①国家实力→教育。

②国家实力←国际贡献。

第 2 步：串联。

由②、①串联可得：③国际贡献→国家实力→教育。

第 3 步：逆否。

③逆否可得：￢教育→￢国家实力→￢国际贡献。

第 4 步：根据"箭头指向原则"找答案。

A 项，￢教育→￢国际贡献，与题干相同。

B 项，教育→国际贡献，不符合题干的意思。

C 项，国家实力→教育，与题干相同。

D 项，￢（国际贡献∧￢教育）＝￢国际贡献∨教育＝国际贡献→教育，与题干相同。

E 项，"放弃应尽的国际义务"，即，没有作出应有的国际贡献，故有：ㄱ 国际贡献 ∨ 教育 ＝ 国际贡献→教育，与题干相同。

【答案】B

例7 以下是《潜伏》中余则成和翠平的一段对话。

翠平："你比我来的时候老了，……"

则成："人总会老的吧。"

翠平："要是神仙就不会老。"

则成："等和平了，大家都是神仙。"

问题：如果上述两人所说的话均为真，那么，能推出以下哪个结论？

A. 人要想长生不老，只有变成神仙。

B. 如果余则成在变老中，那么肯定还没有实现和平。

C. 战乱中，翠平不可能做到长生不老。

D. 即使在战乱中，只要两人抛开纷争，找一处世外桃源，也可以白头到老。

E. 除非成为神仙，否则人都会变老。

（说明：此题来源于百度贴吧《潜伏》吧，有改动。）

【解析】

第 1 步：画箭头。

题干有以下判断：

①翠平：神仙→ㄱ 会老。

②则成：和平→神仙。

第 2 步：串联。

由②、①串联可得：③和平→神仙→ㄱ 会老。

第 3 步：逆否。

③逆否可得：会老→ㄱ 神仙→ㄱ 和平。

第 4 步：根据"箭头指向原则"找答案。

A 项，ㄱ 会老→神仙，可真可假。

B 项，会老→ㄱ 和平，为真。

C 项，ㄱ 和平→会老，可真可假。

D 项，ㄱ 和平→会老，可真可假。

E 项，ㄱ 神仙→会老，可真可假。

【答案】B

例8 一个花匠正在配制插花。可供配制的花共有苍兰、玫瑰、百合、牡丹、海棠和秋菊 6 个品种，一件合格的插花必须至少由两种花组成，并同时满足以下条件：如果有苍兰或海棠，则不能有秋菊；如果有牡丹，则必须有秋菊；如果有玫瑰，则必须有海棠。

以下各项所列的两种花都可以单独或与其他花搭配，组成一件合格的插花，除了：

A. 苍兰和玫瑰。　　　　　B. 苍兰和海棠。　　　　　C. 玫瑰和百合。

D. 玫瑰和牡丹。　　　　　E. 百合和秋菊。

【解析】题干有以下论断：

①苍兰∨海棠→ ¬ 秋菊。

②牡丹→秋菊，等价于：¬ 秋菊→ ¬ 牡丹。

③玫瑰→海棠。

由③、①、②串联可得：玫瑰→海棠→ ¬ 秋菊→ ¬ 牡丹。

故：玫瑰和牡丹不能共同使用，即 D 项正确。

【答案】D

2.2 带"有的"的串联推理

2.2.1 "有的 A 是 B"的含义

特称判断"有的 A 是 B"，常被误认为"部分 A 是 B"，这是不对的。

"有的"是一个存在量词，它等于"有"，等于"存在"，等于"至少一个"。因此，"有的 A 是 B"的含义是"存在 A 是 B 这种情况"，具体有以下四种情况，如表 3-1 所示：

表 3-1

编号	描述	图示
①	A、B 有交集，且 A 中有不属于 B 的部分，B 中有不属于 A 的部分	A B
②	A 是 B 的真子集	A B
③	B 是 A 的真子集	A B
④	A、B 相等	A B

2.2.2 "有的 A 是 B"的互换原则

观察表 3-1 中的"图示"可知，"有的 A 是 B"的四种情况中，无论是哪一种，都存在 A 是 B 这种情况，也都存在 B 是 A 这种情况。因此，"有的 A 是 B"等价于"有的 B 是 A"，即 A 和 B 互换位置，老吕称之为"'有的'互换原则"。

"有的 A 是 B"＝"有的 B 是 A"

符号化为：

"有的 A→B"＝"有的 B→A"

例如：

有的明星是女神＝有的女神是明星。

但要注意：

①"有的 A 是 B"并不是假言判断，因此它不适用假言判断中的"逆否原则"，即它没有逆否命题。

【口诀 19】有的互换不逆否

②"所有的 A 是 B"在解题时可以写成"A→B"的形式，而且可以写出其逆否命题"┐B→┐A"，即"不是 B 的一定不是 A。"

2.2.3 "有的"开头原则

(1)"有的"不能放中间

看这个例子：

条件①：老吕是山东人。将其符号化为：老吕→山东人。

条件②：有的山东人酒量很大。将其符号化为：有的山东人→酒量很大。

根据在本书第 2 章第 1 节中所学的"相同概念原则"，"山东人"和"有的山东人"概念不同，无法作为桥梁串联条件①、②，因此无法得出"老吕酒量很大"的结论。

如果用欧拉图来表示，那么在如图 3-2 所示的情况下，就无法得出"老吕酒量很大"的结论。

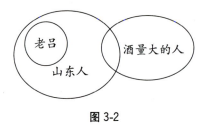

图 3-2

可见，在串联推理中，"有的"是无法放在中间作为桥梁的。

(2)"有的"只能放开头

如果我们把带"有的"的词项放在串联推理的开头，就不会出现上述问题。

例如：

条件①：有的黄种人是山东人。将其符号化为：有的黄种人→山东人。

条件②：所有的山东人酒量都很大。将其符号化为：山东人→酒量很大。

根据在本书第 2 章第 1 节中所学的"相同概念原则"，将"山东人"这个词项放在中间作为桥梁没问题，故可以串联成："有的黄种人→山东人→酒量很大"，从而可以推出："有的黄种人酒量很大"。

如果用欧拉图来表示上述逻辑关系，可如图 3-3 所示：

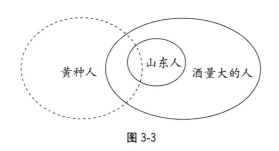

图 3-3

由上文所学知识可知,"有的黄种人是山东人"存在四种可能,具体是哪一种可能我们并不清楚,因此图 3-3 中"黄种人"和"山东人"的关系用了虚线来表示。

综上所述,用箭头进行串联推理时,一个逻辑串只能有一个"有的",并且带"有的"的词项只能放在这一逻辑串的最开头。

🔍 **【口诀 20】一串一"有的","有的"放开头**

典型例题

例9 所有教授都是博学多才的学者,所有博学多才的学者都读了很多书,有一些南方人当了教授。

以下哪项不能从上述断定中得出?

A. 有些南方人读了很多书。

B. 有些读了很多书的人是南方人。

C. 读了很多书的人都当了教授。

D. 没读很多书的人不是教授。

E. 有些博学多才的学者是南方人。

【解析】

第 1 步:画箭头。

题干有以下论断:

①教授→博学多才的学者。

②博学多才的学者→读了很多书。

③有的南方人→教授。

第 2 步:从"有的"开始串联。

由③、①、②串联可得:④有的南方人→教授→博学多才的学者→读了很多书。

第 3 步:逆否,但要注意带"有的"的词项不逆否。

④逆否可得:⑤¬读很多书→¬博学多才的学者→¬教授。

第 4 步:根据"箭头指向原则"和"'有的'互换原则"找答案。

A 项,有的南方人→读了很多书,由④可知,为真。

B 项,有的读了很多书→南方人,根据"'有的'互换原则"可知,此项等价于:有的南方人→

读了很多书，由④可知，为真。

C 项，读了很多书→教授，由④可知，没有此箭头指向，可真可假。

D 项，¬读很多书→¬教授，由⑤可知，为真。

E 项，有的博学多才的学者→南方人，根据"'有的'互换原则"可知，此项等价于：有的南方人→博学多才的学者，由④可知，为真。

【注意】

本题还可以用欧拉图法，感兴趣的同学可以尝试使用这种解法。但因为这种解法解多数题都比串联四步解题法更复杂，故本书除此题外，不再介绍这种方法。

根据概念之间的关系，依据"先画'所有'，再画'有的'"的原则，其中带"有的"的词项画虚线。故先画题干的论断①和②，再画③，可得欧拉图，如图 3-4 所示：

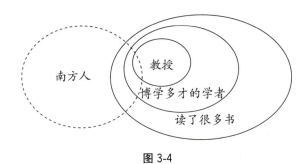

图 3-4

根据图示可知：A、B、D、E 项均为真，C 项可真可假。

【答案】C

例 10 有些具有良好效果的护肤化妆品是诺亚公司生产的。所有诺亚公司生产的护肤化妆品都价格昂贵，而价格昂贵的护肤化妆品无一例外得到女士们的青睐。

以下各项都能从题干的断定中推出，除了：

A. 有些效果良好的护肤化妆品得到女士们的青睐。

B. 得到女士们青睐的护肤化妆品中，有些实际效果并不好。

C. 所有诺亚公司生产的护肤化妆品都得到女士们的青睐。

D. 有些价格昂贵的护肤化妆品是效果良好的。

E. 所有不被女士们青睐的护肤化妆品都便宜。

【解析】题干有以下断定：

①有的具有良好效果的化妆品→诺亚公司生产。

②诺亚公司生产→昂贵。

③昂贵→得到青睐。

由①、②、③串联可得：有的具有良好效果的化妆品→诺亚公司生产→昂贵→得到青睐。

逆否可得：¬得到青睐→¬昂贵→¬诺亚公司生产。

根据"箭头指向原则"和"'有的'互换原则"，A、C、D、E 项都可以被推出，B 项不能被推出。

【答案】B

2.2.4 "有的 A 是 B"的 5 个易错点

易错点 1　互换与逆否

(1)"有的 A 是 B"只能使用互换原则,不能逆否。

(2)假言判断只能用逆否原则,不能因为假言判断中出现了"有的"的字样就认为是有的互换。

【口诀21】假言逆否不互换

例如:

如果有的人考上了研究生,那么我就涂上口红讲课。

这是一个假言判断,可以符号化为:

有的人考上研究生→我涂上口红讲课。

可逆否为:

┐我涂上口红讲课→┐有的人考上研究生。

又等价于:

我没有涂上口红讲课→所有人没考上研究生。

易错点 2　有的 A 不是 B

"有的 A 不是 B",不等价于"有的 B 不是 A"。

例如:

有的中国人不是山东人,不能互换为:有的山东人不是中国人。

这是因为,"有的 A 不是 B"的含义其实是"有的 A 是非 B"。

符号化为:"有的 A→┐B"="有的┐B→A"。

以上例子可以符号化为:

有的中国人→┐山东人,等价于:有的┐山东人→中国人。

即:有些不是山东人的人是中国人。

易错点 3　"有的 A 是 B"不能推出"有的 A 不是 B"

根据前文所学内容,"有的 A 是 B"有四种情况。

当出现以下两种情况(如图 3-5、图 3-6 所示)时,"有的 A 不是 B"成立。

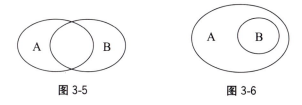

图 3-5　　　　　　　　　图 3-6

当出现以下两种情况(如图 3-7、图 3-8 所示)时,"有的 A 不是 B"不成立。

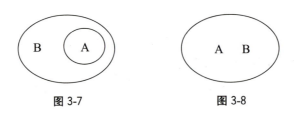

图 3-7　　　　　　　　　　图 3-8

因此，"有的 A 是 B"无法推出"有的 A 不是 B"（二者是下反对关系）。换句话说，当"有的 A 是 B"为真时，"有的 A 不是 B"真假不定。同理，"有的 A 不是 B"也无法推出"有的 A 是 B"。同学们可以自己画欧拉图证明一下。

典型例题

例 11　在某住宅小区的居民中，大多数中老年教员都办理了人寿保险，所有买了四居室以上住房的居民都办理了财产保险，而所有办理了人寿保险的都没办理财产保险。

如果上述断定为真，则以下哪项关于该小区居民的断定必定为真？

Ⅰ. 有的中老年教员买了四居室以上的住房。

Ⅱ. 有的中老年教员没办理财产保险。

Ⅲ. 买了四居室以上住房的居民都没办理人寿保险。

A. Ⅰ、Ⅱ和Ⅲ。　　　　　B. 仅Ⅰ和Ⅱ。　　　　　C. 仅Ⅱ和Ⅲ。

D. 仅Ⅰ和Ⅲ。　　　　　E. 仅Ⅱ。

【解析】

第 1 步：画箭头。

题干存在以下判断：

①有的中老年教员→办理人寿保险。

②买四居室以上→办理财产保险，等价于：￢办理财产保险→￢买四居室以上。

③办理人寿保险→￢办理财产保险。

第 2 步：从"有的"开始串联。

由①、③、②串联可得：④有的中老年教员→办理人寿保险→￢办理财产保险→￢买四居室以上。

第 3 步：逆否，但要注意带"有的"的词项不逆否。

④逆否可得：⑤买四居室以上→办理财产保险→￢办理人寿保险。

第 4 步：根据"箭头指向原则"和"'有的'互换原则"找答案。

Ⅰ项，有的中老年教员→买四居室以上，无此箭头指向，可真可假。要注意，由④可知，"有的中老年教员→￢买四居室以上"为真，但这并不能推出"有的中老年教员→买四居室以上"为真。

Ⅱ项，有的中老年教员→￢办理财产保险，由④可知，有此箭头指向，为真。

Ⅲ项，买四居室以上→￢办理人寿保险，由⑤可知，有此箭头指向，为真。

【答案】C

易错点 4 "有的"数量不定，是谁不定

"有的"是一个存在量词，"有的 A 是 B"的含义是"存在 A 是 B"，或者说，"至少有一个 A 是 B"。但不能确定具体数量有多少，可能部分 A 是 B，也有可能全部 A 都是 B。

例如：

有人考上清华。

我们可以确定至少有一个人考上了清华，但到底有几个人我们不清楚(数量不定，范围从 1 到全部都有可能)；是哪个人，是张三还是李四，我们也不清楚(是谁不定)。

易错点 5 "大部分"等词汇

"有的"的数量范围是"从 1 到所有"，根据数学集合关系中的"小集合可以推出大集合"或者从"有的"的定义中我们都能得出：

"大部分 A 是 B"为真，可以推出"有的 A 是 B"为真，但它们之间并不等价。也就是说，"有的 A 是 B"为真，不能反推出"大部分 A 是 B"为真。

同理，(小部分、绝大部分、许多、很少一部分、全部)A 是 B，都可以推出"有的 A 是 B"为真，但它们之间并不等价。

典型例题

例12 大多数独生子女都有以自我为中心的倾向，有些非独生子女同样有以自我为中心的倾向。以自我为中心倾向的产生有各种原因，但有一个共同原因是缺乏父母的正确引导。

如果上述断定为真，则以下哪项也一定为真？

A. 每个缺乏父母正确引导的家庭都有独生子女。

B. 有些缺乏父母正确引导的家庭有不止一个子女。

C. 有些家庭虽然缺乏父母的正确引导，但子女并不以自我为中心。

D. 大多数缺乏父母正确引导的家庭都有独生子女。

E. 缺乏父母正确引导的多子女家庭，少于缺乏父母正确引导的独生子女家庭。

【解析】题干存在以下判断：

①大多数独生子女➜以自我为中心。

②有的非独生子女➜以自我为中心。

③"以自我为中心倾向的产生有各种原因，但有一个共同原因是缺乏父母的正确引导"的意思是"以自我为中心"这件事情如果发生，"缺乏父母的正确引导"这件事情必然发生，符号化为：以自我为中心➜缺乏父母的正确引导。

由②、③串联可得：有的非独生子女➜以自我为中心➜缺乏父母的正确引导。

故有：有的非独生子女➜缺乏父母的正确引导。

根据"'有的'互换原则"，可得：有的缺乏父母的正确引导➜非独生子女，即：有的缺乏父母正确引导的孩子是非独生子女。

即 B 项：有的缺乏父母正确引导的家庭有不止一个子女，正确。

【注意】

由于"大多数 A 是 B"可以推出"有的 A 是 B"，故①可以推出：有的独生子女➜以自我为中心，从而与③串联可得：有的独生子女→以自我为中心→缺乏父母的正确引导。

故有结论：有的独生子女→缺乏父母的正确引导。根据"'有的'互换原则"可知：有的缺乏父母正确引导的家庭中有独生子女。但这并不能推出 D 项为真，因为<u>"大多数"可以推出"有的"，但"有的"不能反推出"大多数"</u>。

【答案】B

考点 3 二难推理

二难推理就是指一项决策进入了两难的处境，常见有以下几种类型。

3.1 进退两难

有一件事，我干也难(进也难)，不干也难(退也难)。

例如：

考研吧，挺难的，学习挺痛苦；不考研吧，也挺难的，就业上很痛苦，难以找到好工作。可见，对于考研这件事，我进退两难。

我们将这个例子符号化：

故：学习痛苦∨就业痛苦。

公式(1)：

$$A \vee \neg A;$$
$$A \rightarrow B;$$
$$\neg A \rightarrow C;$$

$$\text{所以，} B \vee C。$$

3.2 左右为难

对某件事，你现在面临两种选择，但这两种选择都有难处，左右为难。

例如：

你找男朋友有两个选择，或者找小宋，或者找晓明。如果选小宋，太丑；如果选晓明，太矮，所以你面临二难选择：或者找个丑男友，或者找个矮男友。

我们将这个例子符号化：

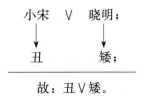

故：丑∨矮。

公式(2)：

$$A \vee B;$$
$$A \to C;$$
$$B \to D;$$

所以，$C \vee D$。

"进退两难"和"左右为难"的公式在本质上是一样的，都是面临两种选择（进退、左右），且两种选择都会带来难题。

典型例题

例 13 2013 年 7 月 16 日，美国"棱镜门"事件的揭秘者斯诺登正式向俄罗斯提出避难申请。美国一直在追捕斯诺登。如果俄罗斯接受斯诺登的申请，必将导致俄美两国关系恶化。但俄罗斯国内乃至世界各国有很高呼声认为斯诺登是全球民众权利的捍卫者，如果拒绝他的申请，俄罗斯在道义和国家尊严方面都会受损。

如果以上陈述为真，则以下哪项也一定为真？

A. 俄罗斯不希望斯诺登事件损害俄美两国关系。

B. 俄罗斯不会将斯诺登交给美国，而可能将他送往第三国。

C. 如果接受斯诺登的避难申请，俄罗斯在道义或国家尊严方面就不会受损。

D. 如果俄罗斯不想使俄美两国关系恶化，它在道义和国家尊严方面就会受损。

E. 俄罗斯不应该接受斯诺登的避难申请。

【解析】题干有两个论断：

①接受申请→俄美关系恶化。

②¬接受申请→道义和国家尊严方面受损。

方法一：根据二难推理的公式(1)，由①、②可得：俄美关系恶化∨道义和国家尊严方面受损，等价于：¬俄美关系恶化→道义和国家尊严方面受损。

方法二：①等价于：¬俄美关系恶化→¬接受申请，与②串联可得：¬俄美关系恶化→¬接受申请→道义和国家尊严方面受损。

故有：¬俄美关系恶化→道义和国家尊严方面受损。

因此，D 项正确。

【答案】D

3.3 迎难而上

有一件很难的事，你退也得做，进也得做，那么迎难而上吧。

例如：

如果一个女孩子长得好看，你得考研呀，因为考上研才能找到更优秀的能配得上你的男孩子；如果一个女孩子长得不好看，你也得考研呀，考上研让自己变得更加优秀从而找到更优秀的男孩子。所以，考研虽然很难，但你必须要考，迎难而上吧。

我们将这个例子符号化：

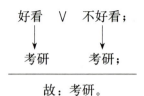

故：考研。

公式(3)：

$$A \lor \neg A;$$
$$A \to B;$$
$$\neg A \to B;$$

所以，B。

3.4 难以发生

如果一个事件 A 的发生会推出矛盾，说明这个事件 A 不可能发生（难以发生）。

即**公式(4)：**

$$A \to B;$$
$$A \to \neg B;$$

所以，¬A。

"难以发生"这一公式可以用"迎难而上"的公式去理解，它们在本质上是相同的。因为：

$$A \to B，等价于：\neg B \to \neg A;$$
$$A \to \neg B，等价于：B \to \neg A;$$

所以，¬A。

典型例题

例14 如果李生喜欢表演，则他报考戏剧学院。如果他不喜欢表演，则他可以成为戏剧理论家。如果他不报考戏剧学院，则他不能成为戏剧理论家。

由此可推出李生将：

A. 不喜欢表演。

B. 成为戏剧理论家。

C. 不报考戏剧学院。

D. 报考戏剧学院。

E. 不能成为戏剧理论家。

【解析】题干存在以下断定：

①喜欢表演→报考戏剧学院。

②¬喜欢表演→成为戏剧理论家。

③¬报考戏剧学院→¬成为戏剧理论家，等价于：成为戏剧理论家→报考戏剧学院。

由②、③串联可得：④¬喜欢表演→成为戏剧理论家→报考戏剧学院。

根据二难推理的公式(3)，由①、④可得：报考戏剧学院。

故 D 项正确。

【答案】D

3.5 难上加难

对某件事，你现在面临两种选择，但这两种选择都有难处且需要同时选择，难上加难。

例如:

张三和李四两个男孩子追求你，张三爱和你吵架让你生气，李四太丑了让你吃不下饭。结果呢，你接受了两个人的追求，那么你既要面临让自己生气的问题，也要面对吃不下饭的问题。难上加难呀。

我们将这个例子符号化:

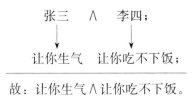

$$张三 \land 李四;$$

$$让你生气\quad 让你吃不下饭;$$

$$\text{故:让你生气}\land \text{让你吃不下饭。}$$

公式(5):

$$A\land B;$$
$$A\to C;$$
$$B\to D;$$
$$\text{所以,} C\land D。$$

典型例题

例15 如果他勇于承担责任，那么他就一定会直面媒体，而不是选择逃避；如果他没有责任，那么他就一定会聘请律师，捍卫自己的尊严。可是事实上，他不仅没有聘请律师，现在逃得连人影都不见了。

根据以上陈述，可以得出以下哪项结论?

A. 即使他没有责任，也不应该选择逃避。

B. 虽然选择了逃避，但是他可能没有责任。

C. 如果他有责任，那么他应该勇于承担责任。

D. 如果他不敢承担责任，那么说明他责任很大。

E. 他不仅有责任，而且他没有勇气承担责任。

【解析】 题干有以下论断:

①勇于承担责任→¬逃避，等价于:逃避→¬勇于承担责任。

②¬责任→聘请律师，等价于:¬聘请律师→责任。

③¬聘请律师∧逃避。

根据二难推理的公式(5)，由③、②、①可得:责任∧¬勇于承担责任，即:他不仅有责任，而且他没有勇气承担责任。故 E 项正确。

【答案】 E

考点 4 真假话推理

4.1 什么是真假话推理

真假话推理是管理类、经济类联考的常见题型。它的题干一般由多个判断构成，已知这些判断有几个为真、几个为假（如：只有一真、只有一假、有两真两假），由此来判断选项的真假。

典型例题

例16 以下是关于某中学甲班同学参加夏令营的三个断定：

(1)甲班有学生参加了夏令营。

(2)甲班所有学生都没有参加夏令营。

(3)甲班的蔡明没有参加夏令营。

如果这三个断定中只有一个为真，则以下哪项一定为真？

A. 甲班同学并非都参加了夏令营。　　　　B. 甲班同学并非都没有参加夏令营。

C. 甲班参加夏令营的学生超过半数。　　　D. 甲班仅蔡明没有参加夏令营。

E. 甲班仅蔡明参加了夏令营。

【解析】题干给出了三个判断，又已知这三个判断中只有一个为真，要求考生判断哪个选项为真，因此本题是真假话推理题。

第1步，找矛盾：判断(1)和判断(2)为矛盾关系，必有一真一假。

第2步，推真假：由题干"三个判断中只有一个为真"可知，判断(3)必为假。

第3步，判断真实情况：由判断(3)为假可知，甲班的蔡明参加了夏令营。故判断(1)为真，甲班有学生参加了夏令营。

B项，甲班同学并非都没有参加夏令营，等价于：甲班有学生参加了夏令营，故此项为真。

【答案】B

4.2 真假话推理题的常见解法

(1)找矛盾关系法

遇到真假话推理题，首先要找题干中是否有矛盾。因为矛盾的判断必有一真一假，再结合题干已知判断的真假情况(几真几假)，即可迅速判断其他判断的真假。

典型例题

例17 在宏达杯足球联赛前，四个球迷有如下预测：

甲：红队必然不能夺冠。

乙：红队可能夺冠。

丙：如果蓝队夺冠，那么黄队是第三名。

丁：冠军是蓝队。

如果四人的断定中只有一个断定为假，则可推出以下哪项结论？

A. 冠军是红队。　　　　B. 甲的断定为假。　　　　C. 乙的断定为真。

D. 黄队是第三名。　　　E. 丁的断定为假。

【解析】第1步，找矛盾：甲与乙的预测相互矛盾，必为一真一假。

第2步，推真假：由题干"四人的断定中只有一个断定为假"可知，丙和丁的预测都是真的。

第3步，判断真实情况：所以，冠军是蓝队，黄队是第三名。

故 D 项为真。

【答案】D

例18 莎士比亚在《威尼斯商人》中，写富家少女鲍细娅品貌双全，贵族子弟、公子王孙纷纷向她求婚。鲍细娅按照其父遗嘱，由求婚者猜盒订婚。鲍细娅有金、银、铅三个盒子，分别刻有三句话，其中只有一个盒子中放有鲍细娅肖像。求婚者通过这三句话，谁猜中肖像放在哪只盒子里，鲍细娅就嫁给谁。三个盒子上刻的三句话分别是：

①金盒子："肖像不在此盒中。"

②银盒子："肖像在铅盒中。"

③铅盒子："肖像不在此盒中。"

鲍细娅告诉求婚者，上述三句话中，最多只有一句是真的。

如果你是一位求婚者，鲍细娅的肖像究竟放在哪一个盒子里？

A. 金盒子。　　　　　B. 银盒子。　　　　　C. 铅盒子。

D. 要么金盒子，要么银盒子。E. 无法判断肖像在哪个盒子中。

【解析】由题干可知，②和③矛盾，则必有一真一假，又知三句话中最多只有一句是真的，所以①为假。

由①为假可知，肖像在金盒子中，故 A 项正确。

【答案】A

(2)找下反对关系和推理关系法

真假话推理题中，如果题干中没有矛盾，并且已知题干中的判断只有一真，则有两种解题方法：

①找下反对关系。

因为若两个判断是下反对关系，则这两个判断至少一真，从而可以得出题干中的其他判断皆为假。

②找推理关系。

因为若判断1和判断2是推理关系，判断1为真能推出判断2必为真。此时，与题干中的判断"只有一真"矛盾，故判断1必为假。

典型例题

例19 某公司共有包括总经理在内的20名员工。有关这20名员工，以下三个断定中只有一个是真的。

Ⅰ. 有人在该公司入股。

Ⅱ. 有人没在该公司入股。

Ⅲ．总经理没在该公司入股。

根据以上信息，以下哪项是真的？

A. 20 名员工都入了股。　　　　　　　B. 20 名员工都没入股。

C. 只有一人入了股。　　　　　　　　D. 只有一人没入股。

E. 无法确定入股员工的人数。

【解析】题干中的三个判断之间没有矛盾关系，并且已知题干中的判断<u>只有一真</u>，故可以找下反对关系或推理关系。

方法一：找下反对关系。

Ⅰ项和Ⅱ项为下反对关系，至少一真。又由三个断定中只有一个为真，故Ⅲ项为假，可得：总经理在该公司入股。

由"某个→有的"可知Ⅰ项为真，故Ⅱ项为假。由Ⅱ项为假可知，本公司所有人都入了股，即 20 名员工都入了股。

方法二：找推理关系。

Ⅲ项和Ⅱ项为推理关系，若Ⅲ项为真，则Ⅱ项必为真，与"三个断定中只有一个是真的"矛盾。故Ⅲ项为假，可得：总经理在该公司入股。

由"某个→有的"可知Ⅰ项为真，故Ⅱ项为假。由Ⅱ项为假可知，本公司所有人都入了股，即 20 名员工都入了股。

【答案】A

例 20 甲、乙、丙和丁进入某围棋邀请赛半决赛，最后要决出一名冠军。张、王和李三人对结果作了如下预测：

张：冠军不是丙。

王：冠军是乙。

李：冠军是甲。

已知张、王、李三人中恰有一人的预测正确，则以下哪项为真？

A. 冠军是甲。　　　　　　　　　　　B. 冠军是乙。

C. 冠军是丙。　　　　　　　　　　　D. 冠军是丁。

E. 无法确定冠军是谁。

【解析】题干中的三个判断之间没有矛盾关系，并且已知题干中的判断<u>只有一真</u>，故可以找下反对关系或推理关系。

题干中有三个断定：

①张：非丙，可得：甲∨乙∨丁。

②王：乙。

③李：甲。

②和①是推理关系，若②为真，则①必为真，与"恰有一人的预测正确"矛盾。故②为假，即冠军不是乙。

同理，③和①是推理关系，若③为真，则①必为真，与"恰有一人的预测正确"矛盾。故③为假，即冠军不是甲。

所以，①为真，即张的预测正确，即冠军不是丙，从而可知冠军是丁。

【答案】D

(3)找反对关系法

真假话推理题中，如果题干中没有矛盾，并且已知题干中的判断只有一假，则可以找反对关系。因为若两个判断是反对关系，则这两个判断至少一假，从而可以得出题干中的其他判断皆为真。

典型例题

例 21 有五位同学张珊、李思、王伍、赵陆、孙七参加了北京大学哲学系的博士招生，最终只录取了一人。对于录取结果，有以下四条议论：

(1)被录取者是赵陆。

(2)被录取者不是张珊。

(3)被录取者不是张珊，就是李思。

(4)被录取者既不是王伍，也不是赵陆。

结果显示，只有一条议论是假的。那么获得录取的人是：

A. 张珊。　　　B. 赵陆。　　　C. 王伍。　　　D. 李思。　　　E. 孙七。

【解析】题干中的四个判断之间没有矛盾关系，并且已知题干中的判断只有一假，故可以找反对关系。

第1步：将题干信息符号化。

(1)赵陆。

(2)￢张珊。

(3)￢张珊→李思，等价于：张珊∨李思。

(4)￢王伍∧￢赵陆。

第2步：找反对关系。

(1)和(4)是反对关系。因为：若"赵陆"为真，则(4)为假；若"赵陆"为假，则(1)为假；若"赵陆"为假且"王伍"为真，则(1)、(4)皆为假。可见，(1)和(4)至少一假，是反对关系。

第3步：推知其他判断的真假。

由题干知，只有一条议论是假的，故(2)和(3)均为真。

第4步：确定真实情况，判断选项真假。

由(2)为真可知：￢张珊。

又由(3)为真可知：李思。故李思是被录取者，即D项正确。

【答案】D

● 本节自测习题 ●

1. 生活节俭应当成为选拔国家干部的标准。一个不懂得节俭的人，怎么能尽职地为百姓当家理财呢？

　　以下各项都符合题干的断定，除了：

　　A. 一个生活节俭的人，一定能成为称职的国家干部。

B. 只有生活节俭，才能尽职地为社会服务。

C. 一个称职的国家干部，一定是一个生活节俭的人。

D. 除非生活节俭，否则不能成为称职的国家干部。

E. 不存在生活不节俭却又合格的国家干部。

2. 除非不把理论当作教条，否则就会束缚思想。

以下各项都表达了与题干相同的含义，除了：

A. 如果不把理论当作教条，就不会束缚思想。

B. 如果把理论当作教条，就会束缚思想。

C. 只有束缚思想，才会把理论当作教条。

D. 只有不把理论当作教条，才不会束缚思想。

E. 除非束缚思想，否则不会把理论当作教条。

3. 蟋蟀是一种非常有趣的小动物。宁静的夏夜，草丛中传来阵阵清脆悦耳的鸣叫声。那是蟋蟀在唱歌。蟋蟀优美动听的歌声并不是出自它的好嗓子，而是来自它的翅膀。左右两翅一张一合，相互摩擦，就可以发出悦耳的响声了。蟋蟀还是建筑专家，与它那柔软的挖掘工具相比，蟋蟀的住宅真可以算得上是伟大的工程了。在其住宅门口，有一个收拾得非常舒适的平台。夏夜，除非下雨或者刮风，否则蟋蟀肯定会在这个平台上唱歌。

根据以上陈述，以下哪项是蟋蟀在无雨的夏夜所做的？

A. 修建住宅。   B. 收拾平台。

C. 在平台上唱歌。   D. 如果没有刮风，它就在抢修工程。

E. 如果没有刮风，它就在平台上唱歌。

4. 某公司员工都具有理财观念。有些购买基金的员工买了股票，凡是购买地方债券的员工都买了国债，但所有购买股票的员工都不买国债。

根据以上断定，以下哪项一定为真？

A. 有些购买了基金的员工没有买地方债券。

B. 有些购买了地方债券的员工没有买基金。

C. 有些购买了地方债券的员工买了基金。

D. 有些购买了基金的员工买了国债。

E. 有些购买了基金的员工没有购买股票。

5. 超过 20 年使用期限的汽车都应当报废。某些超过 20 年使用期限的汽车存在不同程度的设计缺陷。在应当报废的汽车中有些不是 H 国进口车。所有的 H 国进口车都不存在设计缺陷。

如果上述断定为真，则以下哪项也一定为真？

A. 有些 H 国进口车不应当报废。

B. 有些 H 国进口车应当报废。

C. 有些存在设计缺陷的汽车应当报废。

D. 所有应当报废的汽车的使用期限都超过 20 年。

E. 有些超过 20 年使用期限的汽车不应当报废。

6. 所有安徽来京打工人员都办理了居住证。所有办理了居住证的人员都获得了就业许可证。有些安徽来京打工人员当上了门卫。有些业余武术学校的学员也当上了门卫。所有的业余武术学校的学员都未获得就业许可证。

如果上述断定都为真，则以下哪项不可能为真？

A. 所有安徽来京打工人员都获得了就业许可证。

B. 没有一个业余武术学校的学员办理了居住证。

C. 有些安徽来京打工人员是业余武术学校的学员。

D. 有些门卫没有就业许可证。

E. 有些门卫有就业许可证。

7. 关于确定商务谈判代表的人选，甲、乙、丙三位公司老总的意见分别是：

甲：如果不选派李经理，那么也不选派王经理。

乙：如果不选派王经理，那么选派李经理。

丙：要么选派李经理，要么选派王经理。

以下选项中，同时满足甲、乙、丙三人意见的方案是：

A. 选派李经理，不选派王经理。　　B. 选派王经理，不选派李经理。

C. 两人都选派。　　　　　　　　　D. 两人都不选派。

E. 不存在这样的方案。

8. 国内以三国历史为背景的游戏《三国杀》《三国斩》《三国斗》《三国梦》等，都借鉴了美国西部牛仔游戏《bang!》。中国网络游戏的龙头企业盛大公司状告一家小公司，认为后者的《三国斩》抄袭了自己的《三国杀》。如果盛大公司败诉，则《三国斩》必定知名度大增，这等于培养了自己的竞争对手；如果盛大公司胜诉，则为《bang!》将来状告《三国杀》抄袭提供了一个非常好的案例。

如果以上陈述为真，则以下哪项也一定为真？

A. 著名的大公司与默默无闻的小公司打官司，可以提高小公司的知名度。

B. 如果盛大公司胜诉，那么它会继续打击以三国历史为背景的其他游戏。

C. 盛大公司不愿意培养自己的竞争对手，也不愿意为《bang!》将来状告自己抄袭提供好的案例。

D. 国内以三国历史为背景的游戏都将面临美国西部牛仔游戏《bang!》的侵权诉讼。

E. 盛大公司在培养自己的竞争对手，或者在为《bang!》将来状告自己抄袭提供好的案例。

9. 爱因斯坦发表狭义相对论时，有人问他：预计公众会有什么反应？他答道：很简单，如果我的理论是正确的，那么，德国人会说我是德国人，法国人会说我是欧洲人，美国人会说我是世界公民；如果我的理论不正确，那么，美国人会说我是欧洲人，法国人会说我是德国人，德国人会说我是犹太人。

如果爱因斯坦的话为真，则以下哪项陈述一定为真？

A. 有人会说爱因斯坦是德国人。　　B. 有人会说爱因斯坦是世界公民。

C. 有人会说爱因斯坦是犹太人。　　D. 德国人会说爱因斯坦是欧洲人。

E. 法国人会说爱因斯坦是德国人。

10. 某县领导参加全县的乡计划生育干部会，临时被邀请上台讲话。由于事先没有做调查研究，也不熟悉县里计划生育的具体情况，只能说些模棱两可、无关痛痒的话。他讲道："在我们县

14个乡中，有的乡完成了计划生育指标；有的乡没有完成计划生育指标；李家集乡就没有完成嘛。"在领导讲话时，县计划生育委员会主任手里捏了一把汗，因为领导讲的三句话中有两句不符合实际，真后悔临时拉领导来讲话。

以下哪项正确表示了该县计划生育工作的实际情况？

A. 在 14 个乡中至少有一个乡没有完成计划生育指标。

B. 在 14 个乡中除李家集乡外还有别的乡没有完成计划生育指标。

C. 在 14 个乡中没有一个乡没有完成计划生育指标。

D. 在 14 个乡中只有一个乡没有完成计划生育指标。

E. 在 14 个乡中只有李家集乡完成了计划生育指标。

11. 黄某说张某胖，张某说范某胖，范某和李某都说自己不胖。

如果四人的陈述中只有一个是错的，那么谁一定胖？

A. 黄某。   B. 张某。   C. 范某。

D. 张某和范某。   E. 张某和黄某。

12. 在某次考试结束后，四位老师各有如下结论：

甲：所有学生都没有及格。

乙：一年级学生王某没有及格。

丙：学生不都没有及格。

丁：有的学生没有及格。

如果四位老师中只有一人的断定属实，那么以下哪项是真的？

A. 甲的断定属实，王某没有及格。   B. 丙的断定属实，王某及格了。

C. 丙的断定属实，王某没有及格。   D. 丁的断定属实，王某没有及格。

E. 丁的断定属实，王某及格了。

● 习题详解

1. A

【解析】题干：一个不懂得节俭的人，怎么能尽职地为百姓当家理财呢？即，一个不懂得节俭的人，不能尽职地为百姓当家理财。形式化为：┐节俭→┐尽职＝尽职→节俭。

A项，节俭→尽职，根据箭头指向原则，可知此项与题干不同。

B项，节俭←尽职，根据箭头指向原则，可知此项与题干相同。

C项，尽职→节俭，根据箭头指向原则，可知此项与题干相同。

D项，┐节俭→┐尽职，根据箭头指向原则，可知此项与题干相同。

E项，┐（┐节俭∧尽职）＝节俭∨┐尽职＝┐尽职→┐节俭，根据箭头指向原则，可知此项与题干相同。

2. A

【解析】根据口诀"去'除'去'否'，箭头右划"，可得：非不把理论当作教条→束缚思想。

"非不"，双重否定表示肯定，故有：把理论当作教条→束缚思想＝┐束缚思想→┐把理论当作教条。

A项，┐把理论当作教条→┐束缚思想，与题干不同。

B项，把理论当作教条→束缚思想，与题干相同。

C项，束缚思想←把理论当作教条，与题干相同。

D项，┐把理论当作教条←┐束缚思想，与题干的逆否命题相同。

E项，┐束缚思想→┐把理论当作教条，与题干的逆否命题相同。

3. E

【解析】题干：夏夜，除非下雨或者刮风，否则蟋蟀肯定会在这个平台上唱歌。

符号化：夏夜→[┐（下雨∨刮风）→蟋蟀唱歌]。

等价于：夏夜→[（下雨∨刮风）∨蟋蟀唱歌]。

等价于：┐夏夜∨[（下雨∨刮风）∨蟋蟀唱歌]。

等价于：┐夏夜∨下雨∨刮风∨蟋蟀唱歌。

等价于：夏夜∧┐下雨∧┐刮风→蟋蟀唱歌。

所以，无雨的夏夜，如果不刮风，则蟋蟀在平台上唱歌，故E项正确。

4. A

【解析】题干存在以下判断：

①有的基金→股票。

②地方债券→国债，逆否可得：┐国债→┐地方债券。

③股票→┐国债。

由①、③、②串联可得：有的基金→股票→┐国债→┐地方债券。

故A项"有些购买了基金的员工没有买地方债券"为真。

5. C

【解析】题干存在以下判断：

①超过20年的汽车→应当报废。

②有的超过20年的汽车→存在设计缺陷，等价于：有的存在设计缺陷的汽车→超过20年。

③有的应当报废的汽车→┐H国进口车。

④H国进口车→┐存在设计缺陷。

由②、①串联可得：⑤有的存在设计缺陷的汽车→超过20年→应当报废。

A、B项，各已知判断中都不存在关于"有些H国进口车"后面的箭头指向，故此项可真可假。

C项，由⑤可知，有的存在设计缺陷的汽车应当报废，故此项为真。

D项，由⑤可知，"应当报废"后面无箭头指向"超过20年"，故此项可真可假。

E项，由⑤可知，所有超过20年使用期限的汽车都应当报废，"所有"和"有的不"为矛盾关系，二者必有一真一假，已知"所有"为真，故此项为假。

6. C

【解析】题干存在以下判断：

①打工→居住证，逆否可得：┐居住证→┐打工。

②居住证→就业许可证，逆否可得：┐就业许可证→┐居住证。

③有的打工→门卫，根据"'有的'互换原则"，可互换为：有的门卫→打工。

④有的武校学员→门卫，根据"'有的'互换原则"，可互换为：有的门卫→武校学员。

⑤武校学员→¬ 就业许可证，逆否可得：就业许可证→¬ 武校学员。

> **解题思路点拨：**
>
> 在解答串联推理题时，"'有的'开头原则"告诉我们要从带"有的"的词项出发进行串联，但此题中，③和④均不能直接和其他条件进行串联，故可使用"'有的'互换原则"，即将③互换为"有的门卫→打工"、将④互换为"有的门卫→武校学员"，再从"有的"开始串联，即可解决问题。

由③、①、②、⑤串联可得：⑥有的门卫→打工→居住证→就业许可证→¬ 武校学员。

由④、⑤、②、①串联可得：⑦有的门卫→武校学员→¬ 就业许可证→¬ 居住证→¬ 打工。

A 项，打工→就业许可证，由⑥可知，有此箭头指向，必为真。

B 项，此项等价于：业余武术学校的学员都没有办理居住证，即：武校学员→¬ 居住证，由⑦可知，有此箭头指向，必为真。

C 项，由⑥可知，打工→¬ 武校学员，即：所有的安徽来京打工者均不是武校学员，"有的"和"所有不"矛盾，故此项必为假。

D 项，有的门卫→¬ 就业许可证，由⑦可知，有此箭头指向，必为真。

E 项，有的门卫→就业许可证，由⑥可知，有此箭头指向，必为真。

7. A

【解析】将题干信息形式化：

甲：¬ 李经理→¬ 王经理，逆否可得：王经理→李经理。

乙：¬ 王经理→李经理。

丙：李经理 ∀ 王经理。

根据二难推理的公式(3)，由甲、乙的意见可得：选派李经理。

再由丙的意见可知，李经理和王经理只能选派一人，故不选派王经理。

综上，A 项正确。

8. E

【解析】题干有以下信息：

①败诉→培养竞争对手。

②胜诉→为《bang！》将来状告自己抄袭提供了好的案例。

③败诉 ∨ 胜诉。

根据二难推理的公式(1)，由③、①、②可得：培养竞争对手 ∨ 为《bang！》将来状告自己抄袭提供了好的案例。

故 E 项正确。

9. A

【解析】题干有以下信息：

①爱因斯坦的理论正确→德国人会说爱因斯坦是德国人。

②爱因斯坦的理论错误→法国人会说爱因斯坦是德国人。

又知：③爱因斯坦的理论正确∨爱因斯坦的理论错误。

根据二难推理的公式(1)，由③、①、②可得：德国人会说爱因斯坦是德国人∨法国人会说爱因斯坦是德国人。

故一定有人会说爱因斯坦是德国人，即 A 项正确。

10. C

【解析】县领导的发言有以下断定：

①有的乡完成了计划生育指标。

②有的乡没有完成计划生育指标。

③李家集乡没有完成计划生育指标。

①和②是下反对关系，至少一真，又知三句话中只有一句为真，故③为假，所以李家集乡完成了计划生育指标。由"某个→有的"可知①为真，故②为假。

由②为假可得：所有乡都完成了计划生育指标，即没有一个乡没有完成计划生育指标。

故 C 项正确。

11. B

【解析】题干有以下信息：

黄某：张某胖。

张某：范某胖。

范某：ㄱ 范某胖。

李某：ㄱ 李某胖。

由"范某胖"和"范某不胖"矛盾可知，张某和范某的话必有一真一假。又已知四人的陈述中只有一个是错的，故黄某和李某的话均为真话，即张某胖、李某不胖，所以 B 项正确。

12. B

【解析】丙：学生不都没有及格，等价于：有的学生及格了。

故，甲与丙的话矛盾，必有一真一假。又已知四位老师中只有一人的断定属实，故乙和丁的话都为假。

由丁的话为假可知，所有学生都及格了，故王某也及格了。

根据"所有→某个→有的"可知，有的学生及格了，故丙的话为真。

故 B 项正确。

第❷节 关系推理（综合推理）

关系推理就是对关系判断的考查，常考的内容有：排序关系、方位关系、匹配关系、数量关系，等等。

由于关系推理题一般比较复杂，又常涉及演绎推理的知识，因此，也称为综合推理题。可见，综合推理题的考点就是形式逻辑中的关系判断，仍然属于形式逻辑的推理题的范畴。

演绎推理题与关系推理(综合推理)题的区别与联系如下：

演绎推理题	类型 1. 已知条件全部是假言判断、联言判断、选言判断、性质判断等内容。 类型 2. 已知条件以假言判断、联言判断、选言判断、性质判断等内容为主，涉及匹配关系、数量关系等内容。
关系推理题	类型 1. 已知条件全部是排序关系、方位关系、匹配关系、数量关系等内容。 类型 2. 已知条件以排序关系、方位关系、匹配关系、数量关系等内容为主，少量涉及假言判断、联言判断、选言判断等内容。

关系推理所依赖的基础知识，本书第 2 章第 5 节已有讲述；关系推理的题型分类，将在本书母题篇进行详细总结。本节我们来总结关系推理(综合推理)题的常用解题方法。

关系推理(综合推理)题最常用的解题方法可总结为"1345 解题法"，具体内容如下。

1：一个解题核心：重复元素

当题干中出现多个已知条件重复涉及同一元素时，这一重复元素一般是解题的突破口。无论是演绎推理，还是综合推理，重复元素都是我们进行推理的解题核心。

典型例题

例22 甲、乙、丙在北京、南京和成都工作，他们的职业是医生、演员和教师。已知：甲不在北京工作；乙不在南京工作；在北京工作的不是教师；在南京工作的是医生；乙不是演员。

那么，甲、乙、丙分别在哪里工作？

A. 南京、成都和北京。　　B. 成都、北京和南京。　　C. 南京、北京和成都。

D. 成都、南京和北京。　　E. 北京、成都和南京。

【解析】题干信息整理如下：

①甲不在北京工作。

②乙不在南京工作。

③在北京工作的不是教师。

④在南京工作的是医生。

⑤乙不是演员。

观察已知条件，发现 5 个已知条件中①、②、③、⑤是不确定信息(四个判断中均有否定词)，只有条件④是确定事实，因此优先分析条件④(确定事实起步)。

条件④"在南京工作的是医生"中有两个元素，即"南京"和"医生"，观察这两个元素，发现条件②中涉及"南京"(重复元素)，但没其他条件涉及"医生"。因此，分析条件②、④，可知⑥乙不是医生。

条件⑤中涉及"乙"(重复元素)，因此，分析⑤、⑥，可知乙不是医生且乙不是演员，那么⑦乙只能是教师。

条件③中涉及"教师"(重复元素)，因此，分析③、⑦，可知⑧乙不在北京工作。

条件①中涉及"北京"(重复元素)，因此，分析①、⑧，可知丙在北京工作。

条件②、⑧中涉及"乙"（重复元素），因此，分析②、⑧，可知乙不在北京且乙不在南京，故乙在成都工作，是一位教师。

综上，甲在南京工作，是一位医生；丙在北京工作，是一位演员。

【答案】A

3：三个解题起点

起点 1 确定事实起步

当题干的已知条件中出现确定事实时（如例22中的"在南京工作的是医生"），确定事实一般是我们解题的起点。

典型例题

例23 某海军部队有甲、乙、丙、丁、戊、己、庚7艘舰艇，拟组成两个编队出航，第一编队编列3艘舰艇，第二编队编列4艘舰艇。编列需满足以下条件：

(1)航母己必须编列在第二编队。

(2)戊和丙至多有一艘编列在第一编队。

(3)甲和丙不在同一编队。

(4)如果乙编列在第一编队，则丁也必须编列在第一编队。

如果甲在第二编队，则下列哪项中的舰艇一定也在第二编队？

A. 乙。　　　　B. 丙。　　　　C. 丁。　　　　D. 戊。　　　　E. 庚。

【解析】确定事实起步："甲在第二编队"是一个确定事实，因此，从这一事实开始进行推理。

已知甲在第二编队，由条件(3)可得：丙不在第二编队，又因为只有第一和第二两个编队，故丙在第一编队。

又由条件(2)可得：戊不在第一编队，故戊在第二编队（根据推出的新事实找答案）。

【答案】D

例24 黄瑞爱好书画收藏，他收藏的书画作品只有"真品""精品""名品""稀品""特品""完品"，它们之间存在如下关系：

(1)若是"完品"或"真品"，则是"稀品"。

(2)若是"稀品"或"名品"，则是"特品"。

现知道黄瑞收藏的一幅画不是"特品"，则可以得出以下哪项？

A. 该画是"稀品"。　　　　B. 该画是"精品"。　　　　C. 该画是"完品"。

D. 该画是"名品"。　　　　E. 该画是"真品"。

【解析】本题是一道演绎推理题而不是关系推理题，但解题原则与上题完全相同，因此，我们将此题放在本节供大家比较学习。

题干由 2 个假言判断和 1 个确定事实组成，可由这个确定事实出发直接进行串联：

已知黄瑞收藏的一幅画不是"特品"，由(2)逆否可得：¬"特品"→¬"稀品"∧¬"名品"。故这幅画不是"稀品"，也不是"名品"。

由这幅画不是"稀品"，并且(1)逆否可得：¬"稀品"→¬"完品"∧¬"真品"。故这幅画不是"完品"，也不是"真品"。

所以，该画是"精品"。

【答案】B

起点 2 题干问题起步

(1)若题干的问题中给出新的确定事实，一般可作为解题起点。如前文例 24。

(2)题干的问题有时可以作为解题起点。如下文例 25。

典型例题

例 25 下面两题基于以下题干：

某校四位女生施琳、张芳、王玉、杨虹与四位男生范勇、吕伟、赵虎、李龙进行中国象棋比赛。他们被安排在四张桌上，每桌一男一女对弈，四张桌从左到右分别记为 1、2、3、4 号，每对选手需要进行四局比赛。比赛规定：选手每胜一局得 2 分，和一局得 1 分，负一局得 0 分。前三局结束时，按分差大小排列，四对选手的总积分分别是 6∶0、5∶1、4∶2、3∶3。已知：

①张芳跟吕伟对弈，杨虹在 4 号桌比赛，王玉的比赛桌在李龙比赛桌的右边。

②1 号桌的比赛至少有一局是和局，4 号桌双方的总积分不是 4∶2。

③赵虎前三局总积分并不领先他的对手，他们也没有下成过和局。

④李龙已连输三局，范勇在前三局总积分上领先他的对手。

(1)根据上述信息，前三局比赛结束时谁的总积分最高？

A. 杨虹。　　　B. 施琳。　　　C. 范勇。　　　D. 王玉。　　　E. 张芳。

(2)如果下列有位选手前三局均与对手下成和局，那么他(她)是谁？

A. 施琳。　　　B. 杨虹。　　　C. 张芳。　　　D. 范勇。　　　E. 王玉。

【解析】此题比较复杂，如果由条件一步一步推理会很浪费时间，可以从题干的问题出发，来减小推理的难度。

第(1)题题干的问题为：前三局比赛结束时谁的总积分最高？

总积分最高，可知此人与其对手的比分为 6∶0，即此人三胜，其对手三负。

由条件④可知，李龙连输 3 局，故女方有一人连胜 3 局，此人即为本题答案。

由条件①可知，"王玉的比赛桌在李龙比赛桌的右边"，故王玉不是李龙的对手，且李龙不在 4 号桌。而"杨虹在 4 号桌比赛"，故杨虹也不是李龙的对手。

再由条件①可知，"张芳跟吕伟对弈"，故张芳也不是李龙的对手。

因此，施琳是李龙的对手，施琳与李龙的比分为 6∶0。

故施琳的总积分最高。

第(2)题题干的问题中提供了一个关键信息：有位选手前三局均与对手下成和局。

可知，此选手与其对手前三局的比分为 3∶3。

由条件③可知，此人不是赵虎，又由条件④可知，此人不是李龙和范勇，故此人只能是吕伟。但选项中无吕伟，继续推理，由条件①"张芳跟吕伟对弈"可知，此人是张芳。

【答案】(1)B；(2)C

起点3 数量关系起步

关系推理(综合推理)题的题干中常常出现一些简单的数量关系，这些数量关系一般来说需要优先计算出来。

比如说5个人分为4组，每组至少1人，则需要优先计算出这四个组的人数分别为2人、1人、1人、1人。

再比如说7个人中有3位女生、4位男生，现在需要选出5人评为"三好学生"，其中有2位女生，则需要优先计算出女生是3选2、男生是4选3。

典型例题

例26 甲、乙、丙、丁、戊5人是某校美学专业2019级研究生，第一学期结束后，他们在张、陆、陈3位教授中选择导师，每人只能选择1人作为导师，每位导师都有1至2人选择，并且得知：

(1)选择陆老师的研究生比选择张老师的多。

(2)若丙、丁中至少有1人选择张老师，则乙选择陈老师。

(3)若甲、丙、丁中至少有1人选择陆老师，则只有戊选择陈老师。

根据以上信息，可以得出以下哪项？

A. 甲选择陆老师。

B. 乙选择张老师。

C. 丁、戊选择陆老师。

D. 乙、丙选择陈老师。

E. 丙、丁选择陈老师。

【解析】数量关系起步：题干中出现5位研究生选择3位导师，需要优先计算出其中的数量关系。

因为每位导师都有1至2人选择，故5位研究生的分组情况为2、2、1。

由题干信息(1)"选择陆老师的研究生比选择张老师的多"可知，选择陆老师的研究生人数为2位，选择张老师的研究生人数为1位，故选择陈老师的研究生人数为2位。所以，"只有戊选择陈老师"为假。

由题干信息(3)逆否可得："甲、丙、丁中至少有1人选择陆老师"为假，即甲、丙、丁三人都不选择陆老师，故乙、戊选择陆老师。所以，"乙选择陈老师"为假。

由题干信息(2)逆否可得："丙、丁中至少有1人选择张老师"为假，即丙、丁二人都不选择张老师。

综上，甲选择张老师，丙、丁选择陈老师。

【答案】E

4：四种解题方法

方法 1　选项排除法

在关系推理(综合推理)题中，当题干的提问方式如下时，常常使用选项排除法。

(1)以下哪项<u>可能</u>为真？

(2)以下哪项<u>可能</u>符合题干？

(3)以下哪项<u>可以</u>符合题干？

(4)以下哪项<u>不符合</u>题干？

典型例题

例27 李赫、张岚、林宏、何柏、邱辉 5 位同事近日各自买了一台不同品牌的小轿车，分别为雪铁龙、奥迪、宝马、奔驰、桑塔纳。这 5 辆车的颜色分别与 5 人名字最后一个字谐音的颜色不同。已知，李赫买的是蓝色的雪铁龙。

以下哪项排列可能依次对应张岚、林宏、何柏、邱辉所买的车？

A. 灰色奥迪、白色宝马、灰色奔驰、红色桑塔纳。

B. 黑色奥迪、红色宝马、灰色奔驰、白色桑塔纳。

C. 红色奥迪、灰色宝马、白色奔驰、黑色桑塔纳。

D. 白色奥迪、黑色宝马、红色奔驰、灰色桑塔纳。

E. 黑色奥迪、灰色宝马、白色奔驰、红色桑塔纳。

【解析】本题中，题干的提问方式为"以下哪项排列<u>可能</u>依次对应张岚、林宏、何柏、邱辉所买的车"，故使用选项排除法。

A 项，可能为真。

B 项，不可能为真，因为林宏不买红色的车。

C 项，不可能为真，因为何柏不买白色的车。

D 项，不可能为真，因为邱辉不买灰色的车。

E 项，不可能为真，因为何柏不买白色的车。

【答案】A

例28 在夏夜星空的某一区域，有 7 颗明亮的星星：A 星、B 星、C 星、D 星、E 星、F 星、G 星，它们由北至南排列成一条直线。同时发现：

(1)C 星与 E 星相邻。

(2)B 星和 F 星相邻。

(3)F 星与 C 星相邻。

(4)G 星与位于最南侧的那颗星相邻。

据此推断，7 颗星由北至南的顺序可以是以下哪项？

A. D 星、B 星、C 星、A 星、E 星、F 星、G 星。

B. A 星、F 星、B 星、C 星、E 星、G 星、D 星。

C. D星、B星、F星、E星、C星、G星、A星。

D. A星、E星、C星、F星、B星、G星、D星。

E. E星、C星、A星、B星、F星、G星、D星。

【解析】本题中，题干的提问方式为"7颗星由北至南的顺序可以是以下哪项"，故使用选项排除法。

根据题干信息(1)"C星与E星相邻"，可排除A项。

根据题干信息(3)"F星与C星相邻"，可排除B、C、E项。

故D项正确。

【答案】D

方法2 表格连线法

元素的匹配关系问题，可使用表格法或连线法，一般来说：

(1)两组元素的匹配问题，推荐使用表格法。

(2)三组元素的匹配问题，推荐使用连线法。

表格法和连线法呈现在书上会看起来很复杂，但听课时会发现表格法和连线法简单易用，建议大家认真听本书的配套课程。

典型例题

例29 大学新生张强、史宏和黎明同住一个宿舍，他们分别来自东北三省(辽宁、黑龙江和吉林)中的某一省份。其中，张强不比来自黑龙江的同学个子矮，史宏比来自辽宁的同学个子高，黎明的个子和来自辽宁的同学一样高。

如果上述断定为真，则以下哪项也为真？

A. 张强来自辽宁，史宏来自黑龙江，黎明来自吉林。

B. 张强来自辽宁，史宏来自吉林，黎明来自黑龙江。

C. 张强来自黑龙江，史宏来自辽宁，黎明来自吉林。

D. 张强来自吉林，史宏来自黑龙江，黎明来自辽宁。

E. 张强来自黑龙江，史宏来自吉林，黎明来自辽宁。

【解析】将题干信息整理如下：

①张强≥黑龙江。

②黎明=辽宁。

③史宏>辽宁。

方法一：连线法。

重复元素分析：观察已知条件，发现条件②和条件③中均涉及"辽宁"(重复元素)，故分析条件②和条件③。

由②可知，黎明不是来自辽宁；由③可知，史宏不是来自辽宁，所以张强来自辽宁。

画连线图(实线表示确定有对应关系，虚线表示确定无对应关系)，如图3-9所示：

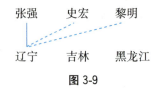

图 3-9

已知史宏＞辽宁（张强），又知张强≥黑龙江，故史宏＞张强≥黑龙江。所以，史宏不是来自黑龙江，故史宏来自吉林。

画连线图（实线表示确定有对应关系，虚线表示确定无对应关系），如图 3-10 所示：

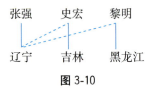

图 3-10

综上，张强来自辽宁，史宏来自吉林，黎明来自黑龙江。

<u>方法二</u>：<u>表格法</u>。

两组元素的匹配问题，推荐使用表格法，将两组元素分别列在表格的横列和纵列。

<u>重复元素分析</u>：观察已知条件，发现条件②和条件③中均涉及"辽宁"（重复元素），故分析条件②和条件③。

由②可知，黎明不是来自辽宁；由③可知，史宏不是来自辽宁，所以张强来自辽宁。

得表 3-2：

表 3-2

姓名	地点		
	辽宁	吉林	黑龙江
张强	√	×	×
史宏	×		
黎明	×		

已知史宏＞辽宁（张强），又知张强≥黑龙江，故史宏＞张强≥黑龙江。所以，史宏不是来自黑龙江，故史宏来自吉林，黎明来自黑龙江。

补充完表格，得表 3-3：

表 3-3

姓名	地点		
	辽宁	吉林	黑龙江
张强	√	×	×
史宏	×	√	×
黎明	×	×	√

【答案】B

例 30　三位美丽的姑娘王铁锤、小卷毛和赵大宝到帝都旅游，她们每人为自己选购了一件心爱的礼物。她们分别到大悦城、王府井和国贸购买了香水、戒指和项链。已知：

(1)王铁锤没到国贸去购买项链。

(2)小卷毛没有购买大悦城的任何商品。

(3)购买香水的那个姑娘没有到王府井去。

(4)购买项链的并非小卷毛。

(5)只有国贸卖项链。

根据以上已知条件，可以推断以下哪项为真？

A. 小卷毛在大悦城买的东西。

B. 小卷毛买的是项链。

C. 赵大宝在王府井买的东西。

D. 王铁锤买的是香水。

E. 王铁锤在王府井买的东西。

【解析】观察已知条件，发现条件(5)是确定事实，故优先分析条件(5)(确定事实起步)。

重复元素分析：条件(5)"只有国贸卖项链"中涉及两个元素"国贸"和"项链"，观察已知条件，发现条件(1)也涉及"国贸"和"项链"，故分析条件(1)和条件(5)，可知：王铁锤没买项链。

条件(4)中涉及"项链"(重复元素)，所以，由条件(4)可知，小卷毛没买项链，故赵大宝去国贸买项链。画连线图(实线表示确定有对应关系)，如图 3-11 所示：

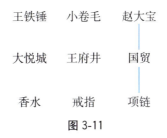

图 3-11

条件(2)中涉及"小卷毛"(重复元素)，所以由条件(2)可知，小卷毛没去大悦城，故小卷毛去王府井。

条件(3)涉及信息"王府井"，故由条件(3)可知，王府井没有卖香水。画连线图(实线表示确定有对应关系，虚线表示确定无对应关系)，如图 3-12 所示：

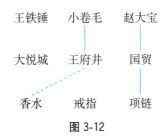

图 3-12

可见，小卷毛去王府井买戒指，故王铁锤去大悦城买香水。画连线图(实线表示确定有对应关系，虚线表示确定无对应关系），如图 3-13 所示：

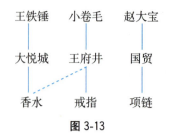

图 3-13

【答案】D

例 31 下面三题基于以下题干：

F、G、H、J、K 和 L 六位运动员参加 4 支球队：足球队、排球队、篮球队和乒乓球队。已知：

①每人恰加入一个队，每个队至少有一人加入。

②H 和 F 加入同一个队。

③恰有一个人和 L 加入同一个队。

④G 加入的是足球队。

⑤J 加入的是足球队或乒乓球队。

⑥H 没加入乒乓球队。

(1)以下哪项一定为假？

A. K 加入的是足球队。　　　B. L 加入的是足球队。　　　C. L 加入的是排球队。

D. K 加入的是篮球队。　　　E. J 加入的是乒乓球队。

(2)如果 L 加入的是篮球队，则以下哪项一定为真？

A. H 加入的是排球队。　　　B. G 加入的是篮球队。　　　C. K 加入的是足球队。

D. K 加入的是排球队。　　　E. K 加入的是乒乓球队。

(3)如果 K 没加入篮球队，则以下哪项一定为真？

A. L 加入的是足球队。　　　B. L 加入的是排球队。　　　C. L 加入的是篮球队。

D. F 和 H 加入的是排球队。　　E. F 和 H 加入的是篮球队。

【解析】

由题干中的确定事实起步：

由条件④可知，G 加入的是足球队。

条件⑤看起来不是事实，但从反面考虑，可得：J 没有加入排球队和篮球队。

由条件⑥可知，H 没有加入乒乓球队。又由条件②可知，F 也没有加入乒乓球队。故有：H 和 F 均没有加入乒乓球队。

注意：H 和 F 加入同一个队，可将"H"和"F"这两个元素称为"双胞胎"，捆绑起来，在使用表格法时，列入同一单元格。

综上，可得表 3-4：

表3-4

运动员	球队			
	足球队	排球队	篮球队	乒乓球队
F 和 H				×
G	√	×	×	×
J		×	×	
K				
L				

题干中涉及数量关系，计算出数量关系：

根据条件②H 和 F 加入同一个队，由条件③可知，恰有一人和 L 加入同一个队，结合条件①可得：6 个人在四支队伍的人数分布只能是 2 人、2 人、1 人、1 人。

故 F 和 H 不能加入足球队，否则会出现 3 人同在足球队。

J 和 K 不能加入足球队，否则会出现 J 和 K 中的一人和 G 同在足球队，另外一人和 L 在同一队，F 和 H 在同一队，此时四支队伍的人数分布为 2 人、2 人、2 人、0 人，与条件①"每个队至少有一人加入"矛盾。

综上，可得表3-5：

表3-5

运动员	球队			
	足球队	排球队	篮球队	乒乓球队
F 和 H	×			×
G	√	×	×	×
J	×	×	×	
K	×			
L				

故 J 加入乒乓球队。此时 K 不能加入乒乓球队，否则四支队伍的人数分布又出现 2 人、2 人、2 人、0 人的情况。

综上，可得表3-6：

表3-6

运动员	球队			
	足球队	排球队	篮球队	乒乓球队
F 和 H	×			×
G	√	×	×	×
J	×	×	×	√
K	×			×
L				

第(1)题：

由上述分析可知，"K 加入足球队"为假。故 A 项正确。

第(2)题：

本题题干的问题中给出了新事实："L 加入的是篮球队"，由这一事实出发，在表格中填入相应信息。需要注意的是，考试时，总题干中已知的确定事实建议用中性笔填写，每个小题中新给出的事实建议用铅笔填写，这样在做第(3)题时，可擦去铅笔部分。

由于"L 加入的是篮球队"，故 F 和 H 不能加入篮球队，否则会出现 3 人同在篮球队，与上述分析矛盾。可得表 3-7：

表 3-7

运动员	球队			
	足球队	排球队	篮球队	乒乓球队
F 和 H	×		×(铅笔)	×
G	√	×	×	×
J	×	×	×	√
K	×			×
L			√(铅笔)	

故 F 和 H 只能加入排球队。所以 A 项正确。

第(3)题：

首先，擦去上题中铅笔填写的部分。

本题题干的问题中给出了新事实："K 没加入篮球队"，故 K 只能加入排球队。可得表 3-8：

表 3-8

运动员	球队			
	足球队	排球队	篮球队	乒乓球队
F 和 H	×			×
G	√	×	×	×
J	×	×	×	√
K	×	√(铅笔)	×(铅笔)	×
L				

此时，F 和 H 不能加入排球队，否则会出现 3 人同在排球队，与上述分析矛盾。故 F 和 H 只能加入篮球队。所以 E 项正确。

【答案】(1)A；(2)A；(3)E

方法 3　假设归谬法

假设一种情况发生，推出与已知条件矛盾，则说明假设错误，假设的情况不能发生。

例如：

已知：①甲、乙、丙、丁四人中要选出两位评为"三好学生"。②若甲入选，则乙入选。③若乙入选，则丙入选。

分析：假设甲入选，由②可知，乙也入选；又由③可知，丙也入选。此时有三人入选，与"选出两位评为'三好学生'"矛盾，故甲不可能入选。

典型例题

例32 下面两题基于以下题干：

某公司年度审计期间，审计人员发现一张发票，上面有赵义、钱仁礼、孙智、李信4个签名，签名者的身份各不相同，是经办人、复核、出纳或审批领导之中的一个，且每个签名都是本人所签。询问四位相关人员，得到以下答案：

赵义："审批领导的签名不是钱仁礼。"

钱仁礼："复核的签名不是李信。"

孙智："出纳的签名不是赵义。"

李信："复核的签名不是钱仁礼。"

已知上述每个回答中，如果提到的人是经办人，则该回答为假；如果提到的人不是经办人，则为真。

(1)根据以上信息，可以得出经办人是：

A. 赵义。　　　　　　　　B. 钱仁礼。　　　　　　　　C. 孙智。

D. 李信。　　　　　　　　E. 无法确定。

(2)根据以上信息，该公司的复核与出纳分别是：

A. 李信、赵义。　　　　　B. 孙智、赵义。　　　　　　C. 钱仁礼、李信。

D. 赵义、钱仁礼。　　　　E. 孙智、李信。

【解析】题干中提及"如果提到的人是经办人，则该回答为假；如果提到的人不是经办人，则为真"，但谁是经办人呢？并不能直接得知，因此可使用假设归谬法。

第(1)题：

假设经办人是赵义，则孙智"出纳的签名不是赵义"为真，与题干"如果提到的人是经办人，则该回答为假"矛盾，故经办人不是赵义。

假设经办人是钱仁礼，则赵义"审批领导的签名不是钱仁礼"与李信"复核的签名不是钱仁礼"均为真，与题干"如果提到的人是经办人，则该回答为假"矛盾，故经办人不是钱仁礼。

假设经办人是李信，则钱仁礼"复核的签名不是李信"为真，与题干"如果提到的人是经办人，则该回答为假"矛盾，故经办人不是李信。

所以，经办人必为孙智。

第(2)题：

由上题分析可知，经办人是孙智，四人说的话都没有提到孙智，根据题干"如果提到的人不是经办人，则为真"可知，四人说的话均为真。

所以，钱仁礼不是审批领导、不是复核、不是经办人，则钱仁礼必为出纳。

复核不是李信、不是钱仁礼、不是孙智，则复核必为赵义。

【答案】(1)C；(2)D

方法 4　大小串联法

如果题干中给出如身高、得分、比赛名次等可以进行大小排序的内容，可认为是排序关系题，这类题的解题技巧是利用不等式的性质进行串联，即：

$$a>b，b>c，因此，a>b>c。$$

典型例题

例 33　在一次管综模考中，陈文的分数比朱莉低，但是比李强的分数高；宋颖的分数比朱莉和李强的分数低；王平的分数比宋颖的高，但是比朱莉的低。

如果以上陈述为真，那么根据下列哪项能够推出张明的分数比陈文的分数低？

A. 陈文的分数和王平的分数一样高。

B. 王平的分数和张明的分数一样高。

C. 张明的分数比宋颖的高，但比王平的低。

D. 张明的分数比朱莉的分数低。

E. 王平的分数比张明的高，但比李强的分数低。

【解析】此题涉及分数的大小关系，可以使用不等式法。

根据题干信息可得：朱莉＞陈文＞李强＞宋颖；朱莉＞王平＞宋颖。

题干的结论为：陈文＞张明。

使用选项代入法：

A 项，陈文＝王平，代入题干无法推出结论，故排除此项。

B 项，王平＝张明，代入题干无法推出结论，故排除此项。

C 项，王平＞张明＞宋颖，代入题干无法推出结论，故排除此项。

D 项，朱莉＞张明，代入题干无法推出结论，故排除此项。

E 项，李强＞王平＞张明，代入题干可得：朱莉＞陈文＞李强＞王平＞张明，可以推出陈文＞张明，故此项正确。

【答案】E

5: 五种条件定式

关系推理题常与演绎推理题联合考查，由于这类题的解题基础是演绎推理，尤其常以串联推理和二难推理为基础，因此，我们称这类题为综合演绎推理，并归类到演绎推理中。定式 1"肯前否后式"、定式 2"二难推理式"其实考的都是演绎推理的知识。在本节中，我们将综合演绎推理和关系推理一起进行总结。

定式 1　肯前否后式

若在关系推理题或综合演绎推理题中，已知条件或选项中出现假言判断，则：

(1)若能确定已知条件中假言判断的前件为真，则可继续向后推出新的事实。如前面内容中的例 23。

（2）若能确定已知条件中假言判断的后件为假，则可通过逆否推出新的事实。如前面内容中的例24、后面内容中的例34。

（3）若选项中出现新的假言判断，则选项中假言判断的前件可作为已知条件使用；或者否定其后件作为已知条件使用。如后面内容中的例35。

典型例题

例34 下面两题基于以下题干：

江海大学的校园美食节开幕了，某女生宿舍有5人积极报名参加此次活动，她们的姓名分别为金粲、木心、水仙、火珊、土润。举办方要求，每位报名者只做一道菜品参加评比，但需自备食材。限于条件，该宿舍所备食材仅有5种：金针菇、木耳、水蜜桃、火腿和土豆，要求每种食材只能有2人选用，每人又只能选用2种食材，并且每人所选食材名称的第一个字与自己的姓氏均不相同。已知：

①如果金粲选水蜜桃，则水仙不选金针菇。

②如果木心选金针菇或土豆，则她也须选木耳。

③如果火珊选水蜜桃，则她也须选木耳和土豆。

④如果木心选火腿，则火珊不选金针菇。

（1）根据上述信息，可以得出以下哪项？

A. 木心选用水蜜桃、土豆。　　　　　　　B. 水仙选用金针菇、火腿。

C. 土润选用金针菇、水蜜桃。　　　　　　D. 火珊选用木耳、水蜜桃。

E. 金粲选用木耳、土豆。

（2）如果水仙选用土豆，则可以得出以下哪项？

A. 木心选用金针菇、水蜜桃。　　　　　　B. 金粲选用木耳、火腿。

C. 火珊选用金针菇、土豆。　　　　　　　D. 水仙选用木耳、土豆。

E. 土润选用水蜜桃、火腿。

【解析】 将题干信息形式化：

①金粲选水蜜桃→﹁水仙选金针菇。

②木心：金针菇∨土豆→木耳。

③火珊：水蜜桃→木耳∧土豆。

④木心选火腿→﹁火珊选金针菇。

第（1）题：

题干给出的条件几乎都是假言判断，要想推出新的事实，常常考虑肯定假言判断的前件，或否定假言判断的后件。

突破口1：否定后件式。

由"每人所选食材名称的第一个字与自己的姓氏均不相同"可知，木心不能选木耳，即否定了题干信息②的后件，故由②逆否可得，木心：﹁木耳→﹁金针菇∧﹁土豆。又由"每人只能选用2种食材"可知，木心：火腿∧水蜜桃。

由题干信息④可知，木心选火腿→﹁火珊选金针菇。

突破口2：假设归谬法（找矛盾）。

由题干信息③可得，若火珊选水蜜桃，则她也必须选木耳和土豆，与题干信息"每人只能选用 2 种食材"矛盾，故火珊不能选水蜜桃。

由于此题涉及两组元素的匹配，可使用表格法。根据上述分析，可得表 3-9：

表 3-9

食材	报名者				
	金粲	木心	水仙	火珊	土润
金针菇	×	×		×	
木耳		×			
水蜜桃		√	×	×	
火腿		√		×	
土豆		×			×

根据题干信息"要求每种食材只能有 2 人选用，每人又只能选用 2 种食材"可得，木心：火腿∧水蜜桃；火珊：木耳∧土豆；水仙选金针菇∧土润选金针菇。

由题干信息①可知，金粲选水蜜桃→¬水仙选金针菇＝水仙选金针菇→金粲不选水蜜桃，可得表 3-10：

表 3-10

食材	报名者				
	金粲	木心	水仙	火珊	土润
金针菇	×	×	√	×	√
木耳		×		√	
水蜜桃	×	√	×	×	
火腿		√		×	
土豆		×	×	√	×

根据题干信息"要求每种食材只能有 2 人选用，每人又只能选用 2 种食材"可得：土润选用金针菇和水蜜桃，即 C 项正确。

第(2)题：

本题题干的问题中给出了新事实："水仙选用土豆"，故从这一事实出发。

结合上题分析可知，水仙：土豆→¬木耳∧¬火腿。根据题干信息"要求每种食材只能有 2 人选用，每人又只能选用 2 种食材"可知，金粲：木耳∧火腿，故 B 项正确。

综上，可得表 3-11：

表 3-11

食材	报名者				
	金粲	木心	水仙	火珊	土润
金针菇			✓		✓
木耳	✓			✓	
水蜜桃		✓			✓
火腿	✓	✓			
土豆			✓	✓	

【答案】(1)C;(2)B

例35 甲、乙、丙、丁、戊和己6人围坐在一张正六边形的小桌前,每边各坐1人。已知:

(1)甲与乙正面相对。

(2)丙与丁不相邻,也不正面相对。

如果己与乙不相邻,则以下哪项一定为真?

A. 如果甲与戊相邻,则丁与己正面相对。

B. 甲与丁相邻。

C. 戊与己相邻。

D. 如果丙与戊不相邻,则丙与己相邻。

E. 己与乙正面相对。

【解析】题干中有以下信息:

(1)甲与乙正面相对。

(2)丙与丁不相邻,也不正面相对。

(3)己与乙不相邻。

由题干信息(1)可得图 3-14:

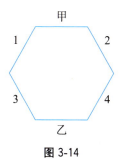

图 3-14

由题干信息(2)可知,丙和丁的座次只可能是:1和2、3和4、4和3、2和1。

由题干信息(3)可知,己只能在1或2。故丙和丁的座次只可能为:3和4、4和3,如图 3-15 和图 3-16 所示:

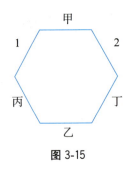

图 3-15

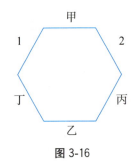

图 3-16

由以上分析可排除 B、C、E 三项。

此时，将 A、D 两项的前件作为已知条件进行分析：

A 项，若甲与戊相邻，则己与丁可能正面相对，也可能不正面相对，故排除此项。

D 项，若丙与戊不相邻，则戊只能在丙的对面，则己与丙相邻，故此项正确。

【答案】D

定式 2 　二难推理式

在综合演绎推理题中，当已知条件中出现两个或两个以上的假言判断时，考虑使用二难推理推出事实。

这类已知条件常见有两种：

(1)一真一假式。

如果已知条件中两个假言判断的前件分别为 A 和非 A，即一真一假，考虑使用二难推理公式。

例如：

已知：①若甲入选，则乙入选。②若甲不入选，则乙也入选。

分析：甲→乙，￢甲→乙。由二难推理公式可知，乙为真，即乙入选。

(2)前后相同式。

两真：如果已知条件中出现两个假言判断，其中一个假言判断的前件为"A"，另外一个假言判断的后件也为"A"。此时有两种解法：①将这两个条件直接串联；②将后件为"A"的假言判断逆否，就可能使用二难推理。

两假：如果已知条件中出现两个假言判断，其中一个假言判断的前件为"非 A"，另外一个假言判断的后件也为"非 A"。此时有两种解法：①将这两个条件直接串联；②将后件为"非 A"的假言判断逆否，就可能使用二难推理。

例如：

已知：①￢A→B。②B→C。③C→A。

分析：观察条件②、③，发现条件②的后件为"C"，条件③的前件也为"C"。将后件为"C"的条件②逆否可得：￢C→￢B，再由条件①逆否可得：￢B→A。

故有：￢C→￢B→A，结合条件③C→A，由二难推理公式(3)可得：A 必然为真。

【注意】这种题有时候也可以直接串联。将条件①、②、③串联可得：￢A→B→C→A。可见，由"￢A"出发推出了矛盾，所以"￢A"不成立，因此，"A"必然为真。

典型例题

例 36　第 23 届"沃边得"艺术节在北京举行。现有四个人张珊、李思、王伍、赵陆是最佳导演、最佳主角、最佳配角、最佳编剧的有力竞争者。评选结果出来后，发现每人恰好赢得了一个奖项。

已知：

①若张珊不是最佳导演，则李思是最佳主角。

②若李思是最佳主角，则赵陆是最佳编剧。

③若王伍或赵陆是最佳配角，则李思也是最佳配角。

④若赵陆是最佳编剧，则张珊是最佳导演。

根据以上信息，可以得出以下哪项？

A. 张珊是最佳主角。　　　　B. 张珊是最佳编剧。　　　　C. 李思是最佳配角。

D. 王伍是最佳导演。　　　　E. 赵陆是最佳编剧。

【解析】观察条件②、④，发现条件②的后件为"赵陆是最佳编剧"，条件④的前件也为"赵陆是最佳编剧"。

将后件为"赵陆是最佳编剧"的条件②逆否可得：￢赵陆是最佳编剧→￢李思是最佳主角。再由条件①逆否可得：￢李思是最佳主角→张珊是最佳导演。

串联可得：￢赵陆是最佳编剧→￢李思是最佳主角→张珊是最佳导演。

联合条件④：赵陆是最佳编剧→张珊是最佳导演。由二难推理公式(3)可知，张珊是最佳导演。

由条件③可知，若王伍或赵陆是最佳配角，则李思也是最佳配角，与题干"每人恰好赢得了一个奖项"矛盾，故王伍、赵陆均不是最佳配角，又由于张珊是最佳导演，故最佳配角只能是李思。

【答案】C

定式 3　是B不C式

关系推理(综合推理)题中，常有这样的条件：A 是 B，从而得到 A 不是 C，老吕称之为"是 B 不 C 式"。

例如：

若张珊是南京人(A 是 B)，则张珊肯定不是北京人(A 不是 C)。

再如：

条件①：如果李研究员来自复旦大学，则张教授来自北京大学。

条件②：如果张教授不是来自清华大学，则李研究员来自中科大。

分析：若张教授来自北京大学，可知，张教授不是来自清华大学。

因此，条件①和②可进行搭桥串联，可得：李研究员来自复旦大学→张教授来自北京大学→张教授不是来自清华大学→李研究员来自中科大。

从而推出了矛盾，故李研究员不是来自复旦大学。

典型例题

例 37　因业务需要，某公司欲将甲、乙、丙、丁、戊、己、庚 7 个部门合并到丑、寅、卯 3 个子公司。已知：

(1)一个部门只能合并到一个子公司。

(2)若丁和丙中至少有一个未合并到丑公司，则戊和甲均合并到丑公司。

(3)若甲、己、庚中至少有一个未合并到卯公司，则戊合并到寅公司且丙合并到卯公司。

根据上述信息，可以得出以下哪项？

A. 甲、丁均合并到丑公司。

B. 乙、戊均合并到寅公司。

C. 乙、丙均合并到寅公司。

D. 丁、丙均合并到丑公司。

E. 庚、戊均合并到卯公司。

【解析】本题的已知条件以假言判断为主，是一道综合演绎推理题，其解题方法必然会以串联推理、二难推理等知识为基础。

题干已知信息如下：

①￢丁丑∨￢丙丑→戊丑∧甲丑。

②￢甲卯∨￢己卯∨￢庚卯→戊寅∧丙卯。

因为：甲丑→￢甲卯（是 B 不 C 式）。

由②可知：③甲丑→戊寅∧丙卯。

故由①、③串联可得：￢丁丑∨￢丙丑→戊丑∧甲丑→￢甲卯→戊寅∧丙卯。

故，若有"￢丁丑∨￢丙丑"，可推出"戊丑"且"戊寅"，与题干"一个部门只能合并到一个子公司"矛盾。故"￢丁丑∨￢丙丑"为假，即有："丁丑∧丙丑"为真。

【答案】D

定式 4　两两互斥式

关系推理(综合推理)题中，常有构成互斥关系的条件。具体又可分为以下两种：

(1)两个条件之间形成互斥。

例如：

条件①：张珊打过三场比赛。

条件②：南京人仅打过两场比赛。

可得：张珊不是南京人。

再如：

条件①：张珊学历最高。

条件②：山东人的学历比河南人低。

可得：张珊不是山东人。

(2)同一个条件内部两两互斥。

例如：

张珊和南京人一起吃过饭。说明张珊不是南京人。

张珊、南京人、作家一起吃过饭。说明张珊、南京人、作家两两互斥，可推出三个事实：张珊不是南京人、张珊不是作家、南京人不是作家。

典型例题

例38 赵嘉、钱宜和秦玲三个同学共报名六门注册会计师考试课程：会计、税法、经济法、财务管理、审计、公司战略。每人报名两门，且三人报的科目均不相同。他们的情况如下：

(1)报名经济法的同学和报名税法的同学是室友。

(2)秦玲最年轻。

(3)赵嘉经常和报名财务管理的同学以及报名税法的同学交流学习心得。

(4)报名财务管理的同学的年纪比报名会计的同学的年纪大。

(5)秦玲、报名审计的同学和报名会计的同学经常下自习后一起去吃晚饭。

根据以上条件，请判断以下哪项是正确的？

A. 赵嘉报名会计和审计。

B. 秦玲报名经济法和财务管理。

C. 钱宜报名公司战略和经济法。

D. 秦玲报名税法和公司战略。

E. 赵嘉报名经济法和审计。

【解析】条件(1)内部形成互斥关系，故有：(6)报名经济法的同学和报名税法的同学不是同一人。

条件(2)和条件(4)形成互斥关系，故有：(7)秦玲没有报名财务管理。

条件(3)内部形成互斥关系，故有：(8)赵嘉、报名财务管理的同学、报名税法的同学两两互斥。

条件(4)内部形成互斥关系，故有：(9)报名财务管理的同学和报名会计的同学不是同一人。

条件(5)内部形成互斥关系，故有：(10)秦玲、报名审计的同学、报名会计的同学两两互斥。

由条件(7)、(8)可知，秦玲、赵嘉均没有报名财务管理，故钱宜报名财务管理，再由条件(8)可知，钱宜没有报名税法，又由条件(9)可知，钱宜没有报名会计。

又由条件(8)可知，赵嘉没有报名税法，故秦玲报名税法。

又由条件(7)、(10)可知，秦玲没有报名财务管理、审计、会计。故报名会计的是赵嘉。

此时可得表3-12：

表3-12

同学	课程					
	会计	税法	经济法	财务管理	审计	公司战略
赵嘉	√	×		×		
钱宜	×	×		√		
秦玲	×	√		×	×	

由条件(10)可知，报名会计、审计的同学不是同一人，所以赵嘉没有报名审计，故报名审计的是钱宜。

由条件(6)可知，秦玲没有报名经济法。根据题干信息"每人报名两门，且三人报的科目均不相同"可知，秦玲报名公司战略，赵嘉报名经济法。

综上，可得表3-13：

表3-13

同学	课程					
	会计	税法	经济法	财务管理	审计	公司战略
赵嘉	√	×	√	×	×	×
钱宜	×	×	×	√	√	×
秦玲	×	√	×	×	×	√

【答案】D

定式5 情况分类式

当从已知条件中无法确定事实，但能确定某一元素的情况较少时，可按这一元素的情况进行分类讨论。

例如：

已知张珊是南京人或北京人。可分别假设她是南京人、北京人，按这两种情况进行分类讨论。

典型例题

例39 某海军部队有甲、乙、丙、丁、戊、己、庚7艘舰艇，拟组成两个编队出航，第一编队编列3艘舰艇，第二编队编列4艘舰艇。编列需满足以下条件：

(1)航母己必须编列在第二编队。

(2)戊和丙至多有一艘编列在第一编队。

(3)甲和丙不在同一编队。

(4)如果乙编列在第一编队，则丁也必须编列在第一编队。

如果丁和庚在同一编队，则可以得出以下哪项？

A. 甲在第一编队。　　　　B. 乙在第一编队。　　　　C. 丙在第一编队。

D. 戊在第二编队。　　　　E. 庚在第二编队。

【解析】题干已知"丁和庚在同一编队"，但无法确定丁和庚具体在第几编队，因此，可按两种情况进行分类讨论。

假设丁和庚在第一编队，由条件(3)可知，甲和丙不在同一编队，又知"第一编队有3艘舰艇"，所以第一编队的最后一个位置给甲或丙，则戊、乙、己都在第二编队。

假设丁和庚在第二编队，由条件(1)可知，己也在第二编队，又由条件(3)可知，甲和丙不在同一编队，又由于"第二编队有4艘舰艇"，所以，第二编队的最后一个位置给甲或丙，则乙在第一编队，再由条件(4)可知，丁必须编列在第一编队，与假设矛盾，故丁和庚不可能在第二编队。

因此，第一种假设成立，戊在第二编队。

【答案】D

例40 某宿舍住着四位研究生，分别是四川人、安徽人、河北人和北京人。他们分别在中文、国政和法律三个系就学。其中：

Ⅰ. 北京籍研究生单独在国政系。

Ⅱ. 河北籍研究生不在中文系。

Ⅲ. 四川籍研究生和另外某个研究生同在一个系。

Ⅳ. 安徽籍研究生不和四川籍研究生同在一个系。

由以上条件可以推出四川籍研究生所在的系为：

A. 中文系。　　　　　　　　B. 国政系。　　　　　　　　C. 法律系。

D. 中文系或法律系。　　　　E. 无法确定。

【解析】由条件Ⅰ、Ⅱ可知，河北籍研究生不在中文系、不在国政系，故有：①河北籍研究生在法律系。

由条件Ⅰ可知，四川籍研究生不在国政系，只能在中文系或者法律系。

假设四川籍研究生在中文系，由条件Ⅲ可知，还有一名研究生在中文系，由条件Ⅰ和①可知，这名研究生不是北京籍和河北籍，故只能是安徽籍，与条件Ⅳ矛盾，所以四川籍研究生不在中文系。

故四川籍研究生只能在法律系。

【答案】C

● 本节自测习题 ●

1. 甲、乙、丙、丁、戊分别住在同一个小区的1、2、3、4、5号房子内。现已知：

(1)甲与乙不是邻居。

(2)乙的房号比丁小。

(3)丙住的房号是双数。

(4)甲的房号比戊大3。

根据上述条件，丁所住的房号是：

A. 1号。　　　　B. 2号。　　　　C. 3号。　　　　D. 4号。　　　　E. 5号。

2. 花坛中栽种着三个品种的花，已知：

(1)菊花右边的两种花中至少有一种是月季花。

(2)月季花左边的两种花中至少有一种是月季花。

(3)红色花左边的两种花中至少有一种是黄色的。

(4)黄色花右边的两种花中至少有一种是白色的。

如果上述断定是真实的，那么这三种花从左向右排列，下面哪项判断是正确的？

A. 黄色菊花、白色菊花、白色月季花。

B. 白色菊花、白色月季花、红色月季花。

C. 红色菊花、红色月季花、红色月季花。

D. 黄色菊花、白色月季花、红色月季花。

E. 黄色月季花、白色菊花、红色月季花。

3. 甜甜、芳芳、小冰、大表姐、小表妹、然然姐六人中有人要去参加老吕粉丝见面会。已知：

(1)甜甜、芳芳两人中至少去一人。

(2)甜甜、大表姐不能一起去。

(3)甜甜、小表妹、然然姐三人中有两人去。

(4)芳芳、小冰两人都去或都不去。

(5)小冰、大表姐两人中去一人。

(6)若大表姐不去，则小表妹也不去。

下面哪项符合题干中的人员配备要求？

A. 小冰、大表姐、小表妹三个人去。

B. 小表妹、然然姐两个人去。

C. 芳芳、大表姐、然然姐三个人去。

D. 甜甜、芳芳、小冰、然然姐四个人去。

E. 六个人都去。

4. 孔智、庄聪、孟慧三人是某单位的处长、副处长和科长。已知以下信息：

①庄聪至今尚未去过长江村调研。

②孟慧虽未去过长江村，但是他曾经就调研这件事和处长商量过。

③科长曾经去长江村调研多次，写过专门的调查报告。

据此，可以推断担任处长、副处长和科长职务的人依次是：

A. 孔智、孟慧和庄聪。

B. 庄聪、孟慧和孔智。

C. 孟慧、庄聪和孔智。

D. 孔智、庄聪和孟慧。

E. 庄聪、孔智和孟慧。

5～6 题基于以下题干：

某公司甲、乙、丙、丁、戊 5 人爱好出国旅游。去年，在日本、韩国、英国和法国 4 国中，他们每人都去了其中的 2 个国家旅游，且每个国家总有他们中的 2 到 3 人去旅游。已知：

①如果甲去韩国，则丁不去英国。

②丙和戊去年总是结伴出国旅游。

③丁和乙只去欧洲国家旅游。

5. 根据以上信息，可以得出以下哪项？

A. 甲去了韩国和日本。　　　　B. 乙去了英国和日本。　　　　C. 丙去了韩国和英国。

D. 丁去了日本和法国。　　　　E. 戊去了韩国和日本。

6. 如果 5 人去欧洲国家旅游的总人次与去亚洲国家的一样多，则可以得出以下哪项？

A. 甲去了日本。　　　　　　　B. 甲去了英国。　　　　　　　C. 甲去了法国。

D. 戊去了英国。　　　　　　　E. 戊去了法国。

习题详解

1. C

【解析】排序关系题。

根据条件(4)可知，甲只能住在 4 号或 5 号。

若甲住在 4 号，则戊住在 1 号；由条件(3)可知，丙住在 2 号；再由条件(2)可知，乙只能住在 3 号，且与甲相邻，与条件(1)矛盾，故甲不住在 4 号。

所以甲住在 5 号，戊住在 2 号；由条件(3)可知，丙住在 4 号；又由条件(2)可知，乙的房号比丁小，故乙住在 1 号，丁住在 3 号。

2. D

【解析】方位关系题。

由条件(1)可知，最左边为菊花；又由条件(4)可知，最左边为黄色花。故最左边为黄色菊花。

由条件(2)可知，最右边为月季花；又由条件(3)可知，最右边为红色花。故最右边为红色月季花。

由条件(1)、(2)可知，中间为月季花；由条件(3)、(4)可知，中间为白色花。故中间为白色月季花。

综上，D 项正确。

3. D

【解析】选人问题。

题干的提问方式为"下面哪项符合题干中的人员配备要求"，故使用选项排除法。

根据条件(1)，可排除 A、B 项。

根据条件(2)，可排除 E 项。

根据条件(3)，可排除 C 项。

故 D 项正确。

4. B

【解析】两组元素的匹配题。

重复元素分析：①、②、③中涉及重复元素"长江村"，因此，"长江村"可作为解题的突破口。

根据①、②可知，庄聪和孟慧均未去过长江村，即去长江村的是孔智。

又根据③可知，孔智是科长。

根据②可知，孟慧不是处长，故孟慧是副处长。

因此，庄聪是处长。

综上所述：庄聪是处长，孟慧是副处长，孔智是科长。

故 B 项正确。

5. E

【解析】两组元素的匹配题。

题干中出现数量关系，需要优先计算出数量关系。

由题干信息，可知甲、乙、丙、丁、戊 5 人每人去其中的 2 个国家旅游，因此，总计出国次数为 10 次，共有 4 个国家可选，且每个国家只有 2 到 3 人去，故本题是 10 人分 4 组的模型，且每组人数只能为 3 人、3 人、2 人、2 人。

题干中另有以下信息：

①甲去韩国→¬丁去英国。

②丙和戊去同一个国家。

③丁和乙只去欧洲国家。

由于每人去 2 个不同的国家，结合条件③可得：丁和乙一定去英国和法国。

由条件②可知，丙和戊去同一个国家。假设他们去的是英国或法国，则与每个国家最多去 3 人矛盾，故丙和戊不可能去英国或法国，因此二人只能去韩国和日本。故 E 项正确。

6. A

【解析】两组元素的匹配题。

由于丁去了英国，由条件①逆否可得，甲没去韩国，即甲去了日本、法国、英国中的 2 个国家。

结合上题分析可得表 3-14：

表 3-14

国家	人员			
	甲	乙	丙和戊	丁
日本		×	√	×
韩国	×	×	√	×
英国	√	×		√
法国		√	×	√

又由"5 人去欧洲国家旅游的总人次与去亚洲国家的一样多"，即去欧洲国家旅游和去亚洲国家旅游的总人次应各 5 次，故甲必须去日本，才能满足此条件，即 A 项正确。

◈ 本章知识总结 ◈

1. 复合判断推理

(1) 逆否命题

$(A \to B) = (\neg B \to \neg A)$。

(2) 德摩根定律

① $\neg (A \land B) = (\neg A \lor \neg B)$。

② $\neg (A \lor B) = (\neg A \land \neg B)$。

③ $\neg (A \veebar B) = (\neg A \land \neg B) \veebar (A \land B)$。【此处也可以写为：$\neg (A \veebar B) = (\neg A \land \neg B) \lor (A \land B)$】

(3)箭头与或者的互换公式

①箭头变或者：(A→B)＝(¬A∨B)。

②或者变箭头：(A∨B)＝(¬A→B)＝(¬B→A)。

(4)箭头＋德摩根定律

A∧B→C，等价于：¬C→¬(A∧B)，等价于：¬C→¬A∨¬B。

A∨B→C，等价于：¬C→¬(A∨B)，等价于：¬C→¬A∧¬B。

A→B∧C，等价于：¬(B∧C)→¬A，等价于：¬B∨¬C→¬A。

A→B∨C，等价于：¬(B∨C)→¬A，等价于：¬B∧¬C→¬A。

2. 串联推理

(1)箭头使用的6大原则总结

编号	原则	口诀或公式
①	递否原则	递否命题等价于原命题 "A→B"等价于"¬B→¬A" "¬A→¬B"等价于"B→A" "A↔B"等价于"¬A↔¬B"
②	箭头指向原则	有箭头指向则为真； 没有箭头指向则可真可假
③	串联原则	已知A→B，B→C，可得A→B→C； 逆否可得：¬C→¬B→¬A
④	相同概念原则	相同概念才能串联，串联推理过程中不得偷换概念
⑤	"有的"互换原则	"有的A是B"＝"有的B是A" "有的A不是B"＝"有的A是非B"＝"有的非B是A"
⑥	"有的"开头原则	一串一"有的"，"有的"放开头

(2)串联推理的解题步骤

普通串联推理	带"有的"的串联推理
第1步：画箭头。 第2步：串联。 第3步：逆否。 第4步：根据"箭头指向原则"找答案。	第1步：画箭头。 第2步：从"有的"开始串联。 第3步：逆否，但要注意带"有的"的词项不逆否。 第4步：根据"箭头指向原则"和"'有的'互换原则"找答案。

(3)"有的 A 是 B"的 5 个易错点

编号	易错点	口诀或公式
①	互换与逆否	"有的"互换不逆否 假言逆否不互换
②	有的 A 不是 B	"有的 A→¬ B"="有的¬ B→A"
③	"有的 A 是 B"与 "有的 A 不是 B"	"有的 A 是 B"不能推出"有的 A 不是 B" "有的 A 不是 B"不能推出"有的 A 是 B"
④	"有的"数量不定， 是谁不定	数量不定，1 到全部都有可能 是谁不定，张三李四都有可能
⑤	"大部分"等词汇	"大部分 A 是 B"可以推出"有的 A 是 B" "有的 A 是 B"不能反推出"大部分 A 是 B" "大部分 A 不是 B"可以推出"有的 A 不是 B" "有的 A 不是 B"不能反推出"大部分 A 不是 B"

3. 二难推理

编号	名称	公式
①	进退两难	$A\lor ¬ A$； $A→B$； $¬ A→C$； ——————— 所以，$B\lor C$。
②	左右为难	$A\lor B$； $A→C$； $B→D$； ——————— 所以，$C\lor D$。
③	迎难而上	$A\lor ¬ A$； $A→B$； $¬ A→B$； ——————— 所以，B。
④	难以发生	$A→B$，等价于：$¬ B→¬ A$； $A→¬ B$，等价于：$B→¬ A$； ——————— 所以，$¬ A$。
⑤	难上加难	$A\land B$； $A→C$； $B→D$； ——————— 所以，$C\land D$。

4. 真假话推理

命题特点		解题方法
题干中有矛盾		找矛盾关系法
题干中无矛盾	已知"只有一真"	找下反对关系法 找推理关系法
	已知"只有一假"	找反对关系法

5. 关系推理（综合推理）

1345解题法		
名称	**内容**	**详细解释**
1： 一个解题核心	重复元素一般是解题核心	当题干中出现多个已知条件重复涉及同一元素时，这一重复元素一般是解题的突破口。
3： 三个解题起点	起点1 确定事实起步	确定事实，一般是我们解题的起点。
	起点2 题干问题起步	(1)若题干的问题中给出新的确定事实，一般可作为解题起点。 (2)题干的问题有时可以作为解题起点。
	起点3 数量关系起步	题干中出现简单的数量关系时，需要优先计算出数量关系。
4： 四种解题方法	方法1 选项排除法	当题干的提问方式如下时，常常使用选项排除法。 (1)以下哪项可能为真？ (2)以下哪项可能符合题干？ (3)以下哪项可以符合题干？ (4)以下哪项不符合题干？
	方法2 表格连线法	(1)两组元素的匹配问题，推荐使用表格法。 (2)三组元素的匹配问题，推荐使用连线法。
	方法3 假设归谬法	假设一种情况发生，推出与已知条件矛盾，则说明假设错误，假设的情况不能发生。
	方法4 大小串联法	$a>b$，$b>c$，因此，$a>b>c$。

续表

1345 解题法		
名称	内容	详细解释
5： 五种条件定式	定式 1　肯前否后式	(1)若能确定已知条件中假言判断的前件为真，则可继续向后推出新的事实。 (2)若能确定已知条件中假言判断的后件为假，则可通过逆否推出新的事实。 (3)若选项中出现新的假言判断，则选项中假言判断的前件可作为已知条件使用；或者否定其后件作为已知条件使用。
	定式 2　二难推理式	(1)一真一假式。 如果已知条件中两个假言判断的前件分别为 A 和非 A，即一真一假，考虑使用二难推理公式。 (2)前后相同式。 两真：如果已知条件中出现两个假言判断，其中一个假言判断的前件为"A"，另外一个假言判断的后件也为"A"。此时有两种解法：①将这两个条件直接串联；②将后件为"A"的假言判断逆否，就可能使用二难推理。 两假：如果已知条件中出现两个假言判断，其中一个假言判断的前件为"非 A"，另外一个假言判断的后件也为"非 A"。此时有两种解法：①将这两个条件直接串联；②将后件为"非 A"的假言判断逆否，就可能使用二难推理。
	定式 3　是 B 不 C 式	A 是 B，从而得到 A 不是 C。
	定式 4　两两互斥式	(1)两个条件之间形成互斥。 (2)同一个条件内部两两互斥。
	定式 5　情况分类式	当从已知条件中无法确定事实，但能确定某一元素的情况较少时，可按这一元素的情况进行分类讨论。

第二部分
论证逻辑

如前文所述，考试大纲规定的考查内容可分为形式逻辑（概念、判断、推理）和论证逻辑（论证）两部分。

1. 论证与论证逻辑

所谓论证，就是用一些已知为真的事实或其他证据，来证明一个观点的过程。其中，前者被称为"论据"，后者被称为"论点"。

即：

$$论据 \xrightarrow{\text{证明}} 论点。$$

例如：

①康哥的头发很少而且脸盘儿很大（论据），因此，康哥长得特别丑（论点）。

②康哥的英语单词、长难句、阅读理解和写作都讲得特别好（论据），因此，康哥是个好的英语老师（论点）。

论证逻辑研究什么是论证、如何进行论证、如何支持或反驳一个论证等内容。

2. 论证逻辑的知识框架

美国学者柯维（David A. Conway）和蒙森（Ronald Munson）认为逻辑可分为演绎逻辑（形式逻辑）和非演绎逻辑（论证逻辑）。非演绎逻辑（论证逻辑），包括归纳论证、类比论证、因果论证、统计论证等。但也有学者认为论证可分为演绎论证、归纳论证和类比论证。本书结合这两种体系进行讲解，知识框架如图 1 所示：

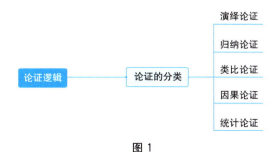

图 1

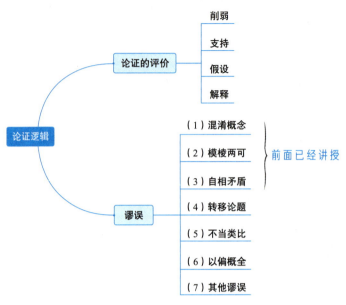

图 1(续)

3. 论证逻辑的命题数量统计(近 10 年真题)

(1)管理类联考命题数量统计

年份	2012	2013	2014	2015	2016	2017	2018	2019	2020	2021	平均
论证逻辑	9	7	12	10	18	11	7	12	11	12	10.9道

(2)经济类联考命题数量统计

年份	2012	2013	2014	2015	2016	2017	2018	2019	2020	2021	平均
论证逻辑	11	8	17	13	11	17	18	13	13	7	12.8道

第4章 论证

听本章课程

第❶节 论证的辨识与结构

I. 论证的辨识

如前文所述，论证就是用一些已知为真的事实或其他证据，来证明一个观点的过程。

其结构为：

$$论据 \xrightarrow[证明]{} 论点。$$

1.1 论点

(1)什么是论点

论点是论证者所要证明的观点，它是论证的核心，也是做论证逻辑题的起点。

论点代表了论证者对某一问题的看法、见解、主张、态度，要明确地表示论证者赞成什么、反对什么。因此，论点一定要<u>有所断定</u>。

例如：

近年来，我国海外代购业务量快速增长。代购者们通常从海外购买产品，通过各种渠道避开关税，再卖给内地顾客从中牟利，却让政府损失了税收收入。某专家由此指出，<u>政府应该严厉打击海外代购行为</u>(有所断定)。

【分析】

在本例中，专家作出了一个断定：政府应该严厉打击海外代购行为。这就是专家的论点。

(2)论点的标志词

根据语言习惯，一般情况下，论证会有一些明显的标志词，用来提示语句间的关系，帮助读者理解语义及论证关系。

上例中，"某专家由此指出"就是其论点的标志词。

再如：

据调查，滨州市有24%的家庭拥有电脑，但拥有电脑的家庭中的12%每周编写程序2小时以上，23%在1至2小时，其余的每周都不到1小时。可见(论点标志词)，<u>滨州市大部分购买电脑的家庭并没有充分利用他们的家庭电脑</u>(有所断定)。

【分析】

在本例中，"可见"是论点标志词，其后跟着一个断定："滨州市大部分购买电脑的家庭并没有充分利用他们的家庭电脑"，这个断定就是论点。

常见的论点标志词

因此……，所以……，可见……，这表明……，实验表明……，据此推断……，由此认为……，我认为……，这样说来……，简而言之……，显然……，等等。

1.2 论据

(1)什么是论据

论据是用来证明论点的理由和证据。它一般包括两大类：一是事实论据，二是理论论据。

事实论据是对客观事物的真实的描述和概括，包括具体事例、概括事实、统计数字、亲身经历，等等。

理论论据是指那些来源于实践，并且已被长期实践证明和检验过，断定为正确的观点。比如原理、定律、公式等。

在历年联考逻辑真题的论证中，很少出现理论论据，多数为事实论据，即论据表现为一段**事实描述**。

例如：

近年来，我国海外代购业务量快速增长。代购者们通常从海外购买产品，通过各种渠道避开关税，再卖给内地顾客从中牟利，却让政府损失了税收收入（事实描述）。某专家由此指出，政府应该严厉打击海外代购行为。

【分析】

在本例中，专家之所以提出"政府应该严厉打击海外代购行为"这一观点，其理由是"海外代购让政府损失了税收收入"这一事实描述，故这一事实就是专家的论据。

再如：

据调查，滨州市有24％的家庭拥有电脑，但拥有电脑的家庭中的12％每周编写程序2小时以上，23％在1至2小时，其余的每周都不到1小时（事实描述）。可见，滨州市大部分购买电脑的家庭并没有充分利用他们的家庭电脑。

【分析】

在本例中，画线部分是一段调查数据（事实描述），通过这些数据得出了一个观点："滨州市大部分购买电脑的家庭并没有充分利用他们的家庭电脑"，因此，画线部分是论据。

(2)论据的标志词

根据语言习惯，论据也会有一些明显的标志词，如上例中的"据调查"。

常见的论据标志词

(1)论据标志词后接论据：例如……，因为……，由于……，依据……，据统计……，等等。

(2)论点标志词前接论据：……据此推断，……研究人员据此认为，……因此，……专家由此认为，等等。

1.3 隐含假设

隐含假设就是对方在论述中虽未言明，但是其结论要想成立所必须具有的一个前提。隐含假设实际上是论点的隐含论据。

例如：

曹操文治武功卓越，是一代明君。

【分析】

在本例中，曹操是明君的前提（隐含假设）是"曹操是君主"。如果这个前提不成立，那么"曹操是明君"这一观点就不可能成立。

1.4 背景介绍

我们知道，论据一般表现为一段事实描述。那么，出现一段事实描述就是论据吗？未必如此。

例如2012年经济类联考的论证有效性分析真题中曾出现这样一段话：

从今年开始，教育部、国家语委将在某些城市试点推出一项针对国人的汉语水平考试——"汉语能力测试（HNC）"。该测试主要考以汉语为母语的人的听、说、读、写四方面的综合能力，并将按照难度分为各个等级，其中最低等级相当于小学四年级水平（扫盲水平），最高等级相当于大学中文专业毕业水平。考生不设职业、学历、年龄限制，可直接报考。

【分析】

在这段话中，仅仅描述了什么是"汉语能力测试（HNC）"，并没有通过这段事实描述提出观点，因此，这段话不存在论证，而是背景介绍。

总之，背景介绍是一段事实描述，比如描述论证的社会背景、经济背景、事件背景等。背景介绍并不是论证本身，既不是论据也不是论点，它只是相关论证的一个引子。一般情况下，背景介绍不会命题。

1.5 逻辑题的常见结构

通过以上学习可知，联考中关于论证的题目的题干通常由三部分组成，即：背景介绍、论据（可能会有隐含假设）与论点。

例如：

①近年来，我国海外代购业务量快速增长（事实描述：背景介绍）。代购者们通常从海外购买产品，通过各种渠道避开关税，再卖给内地顾客从中牟利，却让政府损失了税收收入（事实描述：是得出观点的理由，因此是论据）。某专家由此指出，政府应该严厉打击海外代购行为（有所断定：论点）。

②据碳-14检测，卡皮瓦拉山岩画的创作时间最早可追溯到3万年前。在文字尚未出现的时代，岩画是人类沟通交流、传递信息、记录日常生活的主要方式。于是今天的我们可以在这些岩画中看到：一位母亲将孩子举起嬉戏，一家人在仰望并试图碰触头上的星空……动物是岩画的另一个主角，比如巨型犰狳、马鹿、螃蟹等（事实描述：背景介绍）。在许多画面中，人们手持长

矛，追逐着前方的猎物(事实描述：是得出观点的理由，因此是论据)。由此可以推断，此时的人类已经居于食物链的顶端(有所断定：论点)。

【分析】

由于背景介绍并不影响论证的成立性，一般也不会命题，所以考试时，考生可以忽略不看或者快速浏览。现在，我们将上述例①、例②的论据和论点做简要概括，可得：

①代购者们避开关税的行为让政府损失了税收收入(论据)，因此，政府应该严厉打击海外代购行为(论点)。

②在 3 万年前的岩画中，人们手持长矛，追逐着前方的猎物(论据)，因此，此时的人类已经居于食物链的顶端(论点)。

训练快速寻找题干论证关系并进行简要概括的能力，对于联考的考生来说相当重要，这是提高做题速度的第一步。

2. 论证结构与图示

2.1 论证的结构与图示

按照论点在段落中的位置划分，常见的论证结构有论点前置型(即论点在段落开头)、论点后置型(即论点在段落结尾)和论点中置型(即论点在段落中间)。上文的几个例子都是论点后置型的结构。

美国的著名逻辑学家欧文·M·柯匹和卡尔·科恩在他们合著的《逻辑学导论》一书中，介绍了如何用图示的方法表示论证。用图示的方法，可以直观地展示论证的结构，帮助我们去理解论证。

老吕将两位前辈的图示方法略做优化，约定如下：

(1)用带圈号的数字①、②、③、④……标志段落中的句子。

(2)论据总是在左边，论点总是在右边。

(3)论据对论点的支持用"→"标示，若有多个论据支持同一论点，则用"}"标示。

注意：此处的箭头与形式逻辑中的箭头含义不同，此处的"→"仅仅表示论据对论点具有支持作用，但这些论据未必能保证论点一定成立；而形式逻辑中的"A→B"则表示"如果有 A，一定有 B"。

(4)同级论据写成一列。

我们来看一个例子：

有经验的司机完全有能力并习惯以每小时 120 千米的速度在高速公路上安全行驶。因此，高速公路上的最高时速不应由 120 千米改为现在的 110 千米，因为这既会不必要地降低高速公路的使用效率，也会使一些有经验的司机违反交规。

【分析】

第 1 步：先找论证结构标志词："因此"和"因为"。一般来讲，"因此"的前面是论据，而后面是论点；"因为"后面接论据。这样就基本上可以断定论据和论点了。

第 2 步：根据"事实描述"来进一步判断论据，根据"有所断定"来进一步判断论点。可知：

①有经验的司机完全有能力并习惯以每小时 120 千米的速度在高速公路上安全行驶(在"因

此"之前，且为事实描述，可知是论据）。<u>因此</u>，②<u>高速公路上的最高时速不应由 120 千米改为现在的 110 千米</u>（在"因此"之后，且有所断定，可知是论点），③<u>因为</u><u>这既会不必要地降低高速公路的使用效率</u>（在"因为"之后，且为事实描述，可知是论据），④<u>也</u>（"也"表示并列关系）<u>会使一些有经验的司机违反交规</u>（在"因为"之后，且为事实描述，可知是论据）。

本段是论点中置型的论证，其论证结构图示如下：

$$
\begin{array}{c}
① \\
③ \\
④
\end{array}\bigg\}②
$$

再看一个例子：

①再美好的神仙眷侣也敌不过庸常的柴米油盐。②无论是仲基和慧乔，抑或是柏然和妮妮，又或是承宪和亦菲，还有清子和凌尘，都以分手而告终。

【分析】

本段中没有明显的论证结构标志词。第①句给了一个观点（有所断定），第②句给了四个例子（事实描述）来证明这个观点，因此，这是一个论点前置型的论证。

其论证结构图示如下：

$$②\rightarrow①$$

2.2　含有隐含假设的论证的图示

如果一个论证含有隐含假设，我们可以将这个隐含假设补充完整，写入论证的结构图示中，结构如图 4-1 所示：

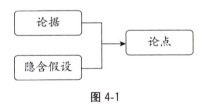

图 4-1

例如：

和谐的本质是多样性。因此，克隆人是破坏社会和谐的一种潜在危险。

【分析】

本例的论据是"和谐的本质是多样性"，逆否可知："如果不具备多样性，就不和谐"。

而本例的论点是"克隆人破坏和谐"，显然其隐含假设是"克隆人不具备多样性"。因此，本例的论证结构如图 4-2 所示：

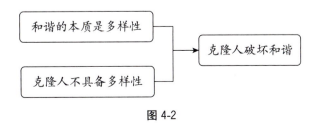

图 4-2

• 本节自测习题 •

1. 画出下列论证的结构图示。

一段时间以来，国产洗发液在国内市场的占有率逐渐减小。研究发现，国外公司的产品广告比国内的广告更吸引人。因此，国产洗发液生产商需要加大广告投入，以增加市场占有率。

2. 画出下列论证的结构图示。

国产影片《英雄》显然是前两年最好的古装武打片。这部电影是由著名导演、演员、摄影师、武打设计师参与的一部国际化大制作的电影，票房收入明显领先，说明观看该片的人数远多于观看进口的美国大片《卧虎藏龙》的人数，尽管《卧虎藏龙》也是精心制作的中国古装武打片。

3. 纯种赛马是昂贵的商品。一种由遗传缺陷引起的疾病威胁着纯种赛马，使它们轻则丧失赛跑能力，重则瘫痪甚至死亡。因此，赛马饲养者认为，一旦发现有此种缺陷的赛马应停止饲养。这种看法是片面的。因为一般地说，此种疾病可以通过伙食和医疗加以控制。另外，有此种遗传缺陷的赛马往往特别美，这正是马术表演特别看重的。

以下哪项最为准确地概括了题干所要论证的结论？

A. 美观的外表对于赛马来说特别重要。

B. 有遗传缺陷的赛马不一定丧失比赛能力。

C. 不应当绝对禁止饲养有遗传缺陷的赛马。

D. 一些有遗传缺陷的赛马的疾病未得到控制，是由于缺乏合理的伙食或必要的医疗。

E. 遗传疾病虽然是先天的，但其病变可以通过后天的人为措施加以控制。

•习题详解

1.【解析】分析如下：

①一段时间以来，国产洗发液在国内市场的占有率逐渐减小(背景介绍)。②研究发现，国外公司的产品广告比国内的广告更吸引人(论据)。③因此(**论点标志词**)，国产洗发液生产商需要加大广告投入，以增加市场占有率(论点)。

故，论证结构为：

②→③。

2.【解析】分析如下：

①国产影片《英雄》显然是前两年最好的古装武打片(有所断定：论点)。②这部电影是由著名导演、演员、摄影师、武打设计师参与的一部国际化大制作的电影(事实描述：论据)，③票房收入明显领先(事实描述：论据)，④说明(论点标志词)观看该片的人数远多于观看进口的美国大片《卧虎藏龙》的人数，尽管《卧虎藏龙》也是精心制作的中国古装武打片(背景介绍)。

题干中的第①句话显然是核心论点。但为什么后面又出现了"④"这个"论点"呢？其实④是个过渡论点，即用③这一论据来证明④，再用④来证明核心论点①，即："票房收入明显领先"证明"观影人数多"，从而说明《英雄》是前两年最好的古装武打片"。

故，论证结构为：

$$③→④\brace②\} ①$$

3. C

【解析】

第1步：读问题。

"以下哪项最为准确地概括了题干所要论证的结论"，确定本题为"概括论点题"，即寻找题干的论点。

第2步：分析论证结构。

题干中有两个论证结构标志词。

第一个是"因此"，这个词的前面是"论据"，后面是"论点"。

第二个是"因为"，这个词的后面接论据。

本题是让我们找论点，故论据部分其实不重要。因此，我们应该这样读题：

纯种赛马是昂贵的商品。①一种由遗传缺陷引起的疾病威胁着纯种赛马，使它们轻则丧失赛跑能力，重则瘫痪甚至死亡。②**因此**(论点标志词)，**赛马饲养者认为，一旦发现有此种缺陷的赛马应停止饲养。这种看法是片面的**(论点)。③因为一般地说，此种疾病可以通过伙食和医疗加以控制。④另外，有此种遗传缺陷的赛马往往特别美，这正是马术表演特别看重的。

第3步：确定论点。

通过以上分析，可知题干的论点是："一旦发现有此种缺陷的赛马应停止饲养，这种看法是片面的"，即：不应该绝对禁止饲养有遗传缺陷的赛马。故 C 项正确。

另外，我们可以画出题干论证的结构图示：

$$①\atop③←②\atop④\}$$

第❷节 演绎论证

1. 演绎论证的概念

1.1 演绎的概念

演绎是由一般到个别的论证方法，它由一般原理出发，推导出关于个别情况的结论。演绎是必然性的论证，即：如果前提为真，则其结论一定为真。

例如：

①如果我爱你，那么我会嫁给你。我爱你，因此，我会嫁给你。

②如果你努力学习，那么你一定能考上研究生。现在你学习很努力，因此，你能考上研究生。

有的同学可能会有疑问：老师，上面的例子不是假言判断推理吗？你为什么又说它是论证呢？为了解释这个问题，我们来看下面的两个例子。

例如：

①如果我爱你，那么我会嫁给你。

②如果我爱你，那么我会嫁给你。我爱你，因此，我会嫁给你。

例①是个假言判断，它表示的是一种假设情况：假如我爱你的话，我会嫁给你。但事实上我爱不爱你？例①中并没有作出断定。

例②是个假言论证，这一论证有两个前提："如果我爱你，那么我会嫁给你"和"我爱你"。通过这两个前提得出了一个结论：我会嫁给你。

可见，演绎论证是一种基于形式逻辑（判断和推理）的论证方法。

1.2 推理与论证的区别

推理和论证并不等同，其区别是：

推理是从一些已知判断推出另外一个判断，这些已知的判断，不论其真假如何，都可以作为推理的前提。也就是说，推理不要求推理前提的正确性，只要求前提与结论存在逻辑联系。

论证是根据一些确定真实的前提（论据）来断定一个观点的正确性。它不仅要求有前提（论据），还要求这个前提（论据）是真实的。

例如：

推理：若已知"所有美女都喜欢自拍，康哥是美女"，那么可以推出：康哥喜欢自拍。

论证：所有美女都喜欢自拍，康哥是美女，因此，康哥喜欢自拍。

上面是一个三段论推理，它是个正确的推理，因为推理不要求前提的正确性，只看两个前提能否推出结论。

下面是一个三段论论证，它是个错误的论证，因为论证要求论据为真，而论据"康哥是美女"是假的，而且"所有美女都喜欢自拍"也不必然为真。

2. 常见的演绎论证

2.1 假言论证

假言论证是依据充分、必要条件关系作出一个断定的论证方法。

例如：

①已知 A→B，A，因此 B。

②已知 ¬A→¬B，¬A，因此 ¬B。

③如果下暴雨的话，我们小区的地下车库就会进水。今天下暴雨了，我推断我们小区的地下车库进水了。

典型例题

例1 新冠肺炎疫情暴发以来，疫情防控成为社会生活的重中之重。江东市疾病预防控制中心表示，来自高风险地区的人口，只有核酸检测结果为阴性者，才能进入江东市。张珊来自广州，核酸检测结果为阳性，因此，根据江东市疾病预防控制中心的要求，她不能进入江东市。

以下哪项如果为真，将给上述结论以最强的支持？

A. 核酸检测结果为阳性者，身上携带新冠肺炎病毒，可能会传染给其他人。

B. 核酸检测的结果并不是百分之百准确。

C. 中国某医科大学的传染病专家黄教授认为，核酸检测结果为阳性者应该至少隔离十四天。

D. 目前科学家还未完全弄清新冠肺炎的传染途径。

E. 广州是高风险地区。

【解析】江东市疾控中心：来自高风险地区∧核酸检测结果不是阴性→不能进入江东市。

可见，根据江东市疾控中心的要求，想得出张珊不能进入江东市，需要有两个前提：①张珊来自高风险地区；②张珊的核酸检测结果不是阴性。

现已知张珊来自广州，若补充 E 项"广州是高风险地区"，则可以得出：张珊来自高风险地区。

又知，张珊的核酸检测结果为阳性(不是阴性)，故可以得出：张珊不能进入江东市。

A 项和 C 项，可以作为张珊不能进入江东市的理由，但和江东市疾控中心的要求无关。

B 项和 D 项，显然是无关选项。

【答案】E

2.2 选言论证

选言论证是已知几个论断中必有一真，通过排除其他几个论断为真的可能性，从而确定论点为真的论证方法。选言论证可看作排除法。

其公式是：

已知 A∨B，又已知￢A，所以 B。

例如：

你男朋友或者是小宋，或者是小岳岳。经调查发现，小宋长得挺黑而你不喜欢黑的，排除小宋是你男朋友，因此，你男朋友是小岳岳。

【注意】

在公式(A∨B)＝(￢A→B)中，￢A→B 是一个假言判断，即如果非 A，那么 B。但"非 A"是否真实并不确定。而在选言论证中，"非 A"是已知为真的。

典型例题

例2 松鼠在树干中打洞吮食树木的浆液。因为树木的浆液成分主要是水加上一些糖分，所以松鼠的目标是水或糖分。又因为树木周边并不缺少水源，松鼠不必费那么大劲打洞取水。因此，松鼠打洞的目的是摄取糖分。

以下哪项最为恰当地概括了上述的论证方法？

A. 通过否定两种可能性中的一种，来肯定另一种。

B. 通过某种特例，来概括一般性的结论。

C. 在已知现象与未知现象之间进行类比。

D. 通过反例否定一般性的结论。

E. 通过否定某种现象存在的必要条件，来断定此种现象不存在。

【解析】题干：松鼠的目标是水或糖分，又因为树木周边并不缺少水源，松鼠不必费那么大劲打洞取水（即松鼠的目标不是水），所以松鼠的目标是糖分。

符号化为：水∨糖分，￢水，所以糖分。

故题干采用的是选言证法（排除法），一共有两种可能，否定其中的一种，肯定另外一种，所以 A 项恰当。

B 项，归纳法，通过某种特例，来概括一般性的结论，不恰当。

C 项，类比论证，不恰当。

D 项，反例削弱，不恰当。

E 项，通过指出缺少一个事件发生的必要条件，来证明这个事件不发生，不恰当。

注意：B、C、D 项涉及的知识将在本书后文中讲解。

【答案】A

2.3 反证法与归谬法

2.3.1 反证法

反证法是通过论证与论点矛盾的观点不成立（矛盾命题不成立），来论证论点的真实性。
反证法的一般步骤是：

原命题为 A，先假设其不正确（即￢A），发现推出了矛盾，所以￢A 不成立，故 A 成立。
即（如图 4-3 所示）：

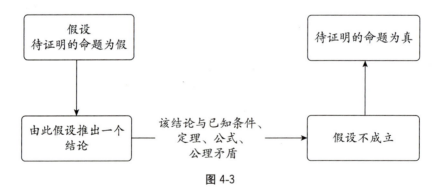

图 4-3

例如：

证明：老吕的课讲得很好。

证明过程：假设老吕的课讲得不好，就不应该有这么多他的学生考上研究生，而事实上，他有很多学生考上研究生，因此，老吕的课讲得很好。

2.3.2 归谬法

归谬法是一种反驳方法，它的一般步骤是：**先假设对方论点为真，从而推出荒谬的结论，以此证明对方论点虚假。**

即(如图 4-4 所示)：

图 4-4

例如：

老吕：这一次孙杨的 400 米自由泳游得不好，只拿了银牌。

冬雨：你有什么资格评价孙杨？你行你上呀。

老吕：只有自己行，才能评价别人吗？照你这么说，篮球评论员恐怕只有乔丹能胜任，足球评论员恐怕也只能由贝利来当啦。

【分析】

老吕从冬雨的论证出发，推出了显然荒谬的结论，使用了归谬法。

再如：

据冯梦龙《古今笑史·塞语部》记载：东汉南昌人徐孺子十一岁的时候，有一次同太原人郭林宗出游，游毕回到郭家时，因郭宅庭中有一树，郭欲将树伐去。郭伐树的理由是："为宅之法，正如方口，口中有木，困字不详。"徐孺子对此进行了反驳，他说："为宅之法，正如方口，口中有人，囚字何殊？"意思是：如果因"困"字不详要砍树，岂不是要因为"囚"字不详而把家中人杀掉吗？

【分析】

徐孺子从郭林宗的逻辑出发，推出了荒谬的结论，从而说服郭林宗不要砍树。徐孺子使用的是归谬法。

2.3.3 反证法与归谬法的区别

反证法与归谬法的原理具有类似性，都是先进行一个假设，继而推出矛盾，从而说明假设不成立。但二者又有以下两个区别：

(1)目的不同。

反证法的目的是为了证明一个观点，而归谬法的目的是为了反驳一个观点。

(2)过程不同。

反证法是"证真设假"，即为了证明一个判断为真，先假设这个判断为假。

归谬法是"证假设真"，即为了证明一个判断为假，先假设这个判断为真。

● 本节自测习题 ●

1. 济南市政府有关负责人表示，誓将今年的拆违拆临工作进行到底，凡是违法建筑均应拆除，绝不姑息。因此，矸石桥下的这片建筑均应拆除。

   以下哪项如果为真，最能削弱上述论证？

   A. 矸石桥下的这片建筑已经得到相关部门的默许。

   B. 矸石桥下的这片建筑都是违法建筑。

   C. 矸石桥下的这片建筑均有经营许可证。

   D. 矸石桥下的这片建筑有些没有得到相关部门的批准。

   E. 矸石桥下的这片建筑有些不是违法建筑。

2. 你要努力学习，因为如果你不努力学习，就难以考上研究生。

   下面哪项论证在方式上与上述论证最类似？

   A. 人在自己的生活中不能不尊重规律，如果违背规律，就会受到规律的无情惩罚。

   B. 加强税法宣传十分重要，这样做可以普及税法知识，增强人们的纳税意识，增加国家的财政收入。

   C. 有些近体诗是要求对仗的，因为有些近体诗是律诗，而所有律诗都要求对仗。

   D. 风水先生惯说空，指南指北指西东，倘若真有龙虎地，何不当年葬乃翁。

   E. 金属都具有导电的性质，因为，我们研究了金、银、铜、铁、铅这些金属，发现它们都能导电。

● 习题详解

1. E

【解析】题干是一个三段论论证：凡是违法建筑均应拆除，因此，矸石桥下的这片建筑均应拆除。题干暗含了一个假设：矸石桥下的这片建筑都是违法建筑。

A 项，无关选项，相关部门是否默许与这片建筑是否违法不相关。

B 项，支持题干，此项就是题干的隐含假设。

C 项，无关选项，是否拥有"经营许可证"与这片建筑是否违法不相关。

D 项，"有些建筑"没有得到相关部门的批准，并不能推出这整片建筑的违法情况，因此此项不能削弱题干。

E 项，削弱题干的隐含假设，矸石桥下的这片建筑有些不是违法建筑，与隐含假设"矸石桥下的这片建筑都是违法建筑"是矛盾命题，故此项最能削弱题干的论证。

2. A

【解析】题干使用了反证法：为了证明论点"你要努力学习"为真，假设"你不努力学习"为真，从而推出了"难以考上研究生"这样的恶果，从而反推出论点为真。

A 项，"不能不"尊重规律，即要尊重规律。此项为了证明论点"要尊重规律"为真，假设"违背规律"为真，从而推出了"受到规律的无情惩罚"这样的恶果，从而反推出论点为真。故此项也使用了反证法，与题干的论证方式最为类似。

B项，直接用论据证明论点，与题干不同。

C项，三段论论证，与题干不同。

D项，风水先生不是总说有风水宝地吗？如果有的话，当年你为什么不把你家老人葬在这里？用<u>归谬法</u>说明风水先生所指为虚。

E项，不完全归纳法。不完全归纳法的相关知识将在本章第3节讲解。

第❸节 归纳论证

归纳就是通过个别性、特殊性认识概括出一般性认识的推理。归纳可分为两种：一种叫完全归纳，另一种叫不完全归纳。

1. 完全归纳法

例①：

水星绕着太阳转；金星绕着太阳转；地球绕着太阳转；火星绕着太阳转；木星绕着太阳转；土星绕着太阳转；天王星绕着太阳转；海王星绕着太阳转。太阳系一共只有这八大行星，因此，太阳系内的所有大行星都绕着太阳转。

在本例中，考察了一类事物的全部对象(太阳系中的全部八大行星)，这叫作完全归纳法。其结论是必然性的，即如果前提是正确的，那么结论一定是正确的。

的确，完全归纳法是严谨的，可是在现实生活中，完全归纳法往往很难实现。比如我们要评估中国大学生的月均消费水平，如果用完全归纳法来调查每一位大学生的消费情况，一是不现实，二是成本太高。因此，在现实生活中，我们经常用问卷调查、数据统计，甚至是典型事例等方式来推测一般性结论，即不完全归纳法。

2. 不完全归纳法

2.1 不完全归纳法的定义

例②：

超超参加了《奔跑吧，兄弟》，人气爆棚了。

baby参加了《奔跑吧，兄弟》，人气爆棚了。

祖蓝参加了《奔跑吧，兄弟》，人气爆棚了。

宝强参加了《奔跑吧，兄弟》，人气爆棚了。

小猎豹参加了《奔跑吧，兄弟》，人气爆棚了。

......

所以，参加了《奔跑吧，兄弟》的明星都人气爆棚了。

在本例中，超超、baby、祖蓝、宝强、小猎豹仅仅是参加该节目的一部分明星，即论证的前提只考察了一类事物中的一部分对象，结论却是这一类事物的全体的性质（参加了《奔跑吧，兄弟》的明星），这叫作不完全归纳法。这一结论扩大了论证对象的范围，结果是或然性的，即使其前提为真，结论也不一定为真。

2.2 不完全归纳法的有效性

不完全归纳法其实是用样本去推测全体的一种论证方法。

(1)样本的代表性

不完全归纳法的有效性，主要体现在样本的代表性上，而样本的代表性又体现在以下三个方面：

①样本的数量。

仅仅因为我认识一个山东人喜欢喝酒，我就认为山东人都是酒中豪杰；仅仅因为我认识的几个海南人都会打排球，我就以为海南人都是排球精英；仅仅因为我对我们宿舍的三位同学做了个生活费调查，我就得出了全校师生月均消费的结论。这样的结论很难有说服力，因为样本数量太少了。

所以，在进行一个统计、调查时，相对较大的样本数量是一个基本要求。

②样本的广度。

一般来说，样本的数量越多，样本的说服力就越强，但大样本有时候也会出现问题，也未必具有普遍的代表性。

例如：

某市亲子鉴定中心的调查表明，前来做亲子鉴定的 10 000 组样本中，有接近一半的男人的孩子不是自己亲生的。因此，该市有一半的男人"喜当爹"，他们养的并不是自己的亲生孩子。

在本例中，"10 000 组样本"已经算是一个大样本了，但这个样本仍然可能不具有普遍的代表性。因为根据中国人的风俗习惯，一般正常的亲子关系是不需要进行亲子鉴定的。很可能是本来就怀疑孩子不是自己亲生的，所以才去做亲子鉴定。因此，亲子鉴定中心的样本情况，并不能代表那些没来做亲子鉴定的人的情况，所以这个样本虽然数量够多，但广度不够大。

再比如，你要调查中国大学生的月均生活费，那么一线城市、二线城市、三线城市、其他小城镇的大学，都应该选一些样本，这样的样本才能有说服力。

③样本的随机性。

随机抽样法就是调查对象总体中每个部分都有同等被抽中的可能，是一种完全依照机会均等的原则进行的抽样调查。如果一个样本不是随机选取的，那么这个调查就可能存在系统性、人为性的偏差。

总之，一组有代表性的样本，至少要符合三个特点：第一，样本是随机选取的；第二，样本的数量要足够多；第三，样本的广度要足够宽。否则，这个样本就不具有足够的代表性，犯了"不当归纳或以偏概全"的逻辑错误。

典型例题

例3 《花与美》杂志受 A 市花鸟协会委托，就 A 市评选市花一事对杂志读者群进行了民意调查，结果 60% 以上的读者将荷花选为市花，于是编辑部宣布，A 市大部分市民赞成将荷花定为市花。

以下哪项如果属实，最能削弱该编辑部的结论？

A. 有些《花与美》的读者并不喜欢荷花。

B.《花与美》杂志的读者主要来自 A 市一部分收入较高的女性市民。

C.《花与美》杂志的有些读者并未在调查中发表意见。

D. 市花评选的最后决定权是 A 市政府而非花鸟协会。

E.《花与美》杂志的调查问卷将荷花放在十种候选花的首位。

【解析】

第 1 步：分析论证结构。

题干：《花与美》杂志受 A 市花鸟协会委托，就 A 市评选市花一事对杂志读者群进行了民意调查(背景介绍)，结果 60% 以上的读者将荷花选为市花(论据：是一组样本)，于是编辑部宣布，A 市大部分市民赞成将荷花定为市花(论点：是一个一般性结论)。

即：《花与美》杂志 60% 以上的读者将荷花选为市花 —— 证明 —— 大部分市民赞成将荷花定为市花。

第 2 步：分析选项。

A 项，不能削弱，个别人的情况不能削弱大部分人的情况。

B 项，削弱题干，指出调查对象的广度不够，样本没有代表性。

C 项，不能削弱，对于一个调查来说，只需要样本有代表性即可，没必要调查所有对象。

D 项，题干调查的是市民的意见，而不是市政府的意见，故此项与题干不相关(我们常把和题干论证不相关的选项简称为无关选项)。

E 项，此项如果要削弱题干，必须有一个假设，即大部分读者会选放在首位的，但这一假设未必成立，故此项不能削弱题干。

【答案】 B

(2)调查者的中立性

一项调查应由中立方来主持。如果一个论据的来源并不中立，那么这个论据的真实性就会受到质疑。

比如，一场中国队和韩国队的比赛，如果选用韩国的裁判执法，即使这个裁判确实秉公执法了，也往往会被球迷骂黑哨，因为这样的裁判不具备中立性。

同样，"老王卖瓜，自卖自夸"，他夸得再好，你也不一定相信，因为他可能为了赚钱而把不甜的瓜说成是甜的。他同样不具备中立性。

类似地，老吕宣传自己的课讲得好，让你报班，你可能会半信半疑；但如果你的师兄师姐大力推荐老吕的课，你可能会更加相信。这是因为老吕和你师兄师姐的中立性不同。

典型例题

例4 丈夫和妻子讨论孩子上哪所小学为好。丈夫称：根据当地教育局最新的教学质量评估报告，青山小学教学质量不高。妻子却认为：此项报告未必客观准确，因为撰写报告的人中有来自绿水小学的人员，而绿水小学在青山小学附近，两所学校有生源竞争的利害关系，因此青山小学的教学质量其实是较高的。

以下哪项最能弱化妻子的推理？

A. 撰写评估报告的人中也有来自青山小学的人员。

B. 对青山小学盲目信任，主观认为质量评估报告不可信。

C. 用有偏见的论据论证"教学质量评估报告是错误"的。

D. 并没有提供确切的论据，只是猜测评估报告有问题。

E. 没有证明青山小学和绿水小学的教学质量有显著差异。

【解析】

丈夫认为：根据当地教育局最新的教学质量评估报告，青山小学教学质量不高。

妻子认为：撰写教学质量评估报告的人中有来自绿水小学的人员，而绿水小学与青山小学有竞争关系————→教育局关于"青山小学教学质量不高"的结论未必准确。
（证明）

妻子认为调查机构的人员构成有问题，导致调查机构不中立。

A 项，撰写教学质量评估报告的人中也有来自青山小学的人员，所以，妻子认为的人员构成问题不存在，削弱了妻子的论证。

B 项，是对妻子的质疑，但此项没有提供任何论据，故此项的质疑力度有限。

C 项，妻子质疑人员构成问题不属于"偏见"，故此项的质疑不成立。

D 项，妻子提供了相关论据，故此项的质疑不成立。

E 项，题干中妻子的论证仅涉及"青山小学的教学质量是不是较高的"，不涉及"青山小学和绿水小学的教学质量差异"，故此项与题干不相关，为无关选项。

【答案】A

● 本节自测习题 ●

1. 周清打算请一个钟点工，于是上周末她来到惠明家政公司。但公司工作人员粗鲁的接待方式使她得出结论：这家公司的员工缺乏教养，不适合家政服务。

   以下哪项如果为真，最能削弱上述论证？

   A. 惠明家政公司员工通过有个性的服务展现其与众不同之处。

   B. 惠明家政公司员工有近千人，绝大多数为外勤人员。

   C. 周清是一个爱挑剔的人，她习惯于否定他人。

   D. 教养对家政公司而言并不是最主要的。

   E. 周清对家政公司员工的态度既傲慢又无礼。

2. 为了估计当前人们对基本管理知识掌握的水平，《管理者》杂志为读者开展了一次管理知识有奖答卷活动。答卷评分后发现，60％的参加者对于基本管理知识掌握的水平很高，30％左右的参加者也表现出了一定的水平。《管理者》杂志因此得出结论：目前社会群众对于基本管理知识的掌握还是不错的。

   以下哪项如果为真，最能削弱以上结论？

   A. 基本管理知识的范围很广，仅凭一次答卷就得出结论，未免过于草率。

B. 基本管理知识的掌握与管理水平的真正提高之间还有相当的差距。

C. 并非所有《管理者》的读者都参加了此次答卷活动。

D. 从定价、发行渠道等方面看，《管理者》的读者主要集中在高学历知识阶层。

E. 可能有几位杂志社工作人员的亲戚也参加了此次答卷，并获了奖。

3. 某论坛发起了一项针对考研英语老师教学水平的调查，调查结果表明，与张、王、李、赵四位老师相比，康哥的教学水平更高、更受同学们的欢迎。

以下哪项如果为真，最能削弱以上结论？

A. 考研英语老师不仅要阅读理解讲得好，完形填空、翻译、写作等题型也要讲得好。

B. 仅凭一次调查就得出结论，未免过于草率。

C. 有些学生并不考研。

D. 存在其他英语老师在某类题型上的教学水平比康哥高的可能。

E. 该调查得到了康哥的资助。

习题详解

1. B

【解析】题干：惠明家政公司工作人员粗鲁地接待周清 —— 证明→ 这家公司的员工缺乏教养，不适合家政服务。

A项，"个性的服务"无法解释"粗鲁"，不能削弱题干。

B项，样本没有代表性，说明周清遇到的现象为个别现象，相对于公司员工数量来说，样本数量太少，可以削弱题干。

C、E项，诉诸人身，通过指责顾客性格或态度来进行反驳，缺乏说服力（注意："诉诸人身"相关知识在本章第8节讲解）。

D项，教养对家政公司而言并不是"最主要"的，不代表教养对家政公司而言不重要，故不能削弱题干。

2. D

【解析】题干：《管理者》杂志的调查 —— 证明→ 目前社会群众对于基本管理知识的掌握还是不错的。

A项，不能削弱，一次问卷调查只要有代表性是可以得出结论的。

B项，无关选项，题干只涉及"基本管理知识的掌握"，不涉及"管理水平的真正提高"。

C项，不能削弱，"并非所有"＝"有的没有"，"有的没有参加"只能削弱"所有人都参加"，但题干没有表达"所有人都参加"。

D项，样本没有代表性，可以削弱。

E项，个别人的情况不能削弱整体的调查结果。

3. E

【解析】题干：某论坛的调查结果表明，康哥的教学水平高于张、王、李、赵。

A项，由此项无法确定各位老师的教学水平，故不能削弱。

B项，表达了质疑，但此质疑没有依据，故此项削弱力度弱。

C项，无关选项，有的学生不考研与康哥的英语教学水平无关。

D项，表达了质疑，但是，第一，此质疑没有依据，第二，其他老师在某些题型上比康哥教学水平高，与康哥整体的教学水平高并不矛盾，故此项削弱力度弱。

E项，该调查得到了康哥的资助，说明调查机构不中立，故此项最能削弱题干。

第**4**节 类比论证

1. 类比论证的概念

类比是根据两个或两类相关对象具有某些相似或相同的属性，从而推测他们在另外的属性上也相同或者相似。

类比论证其实在日常生活中很常见，同学们也经常用，只是没有把它上升到逻辑的高度。

先看一个例子：

东哥：小天是我心中最纯洁最善良的人，希望可以牵手而行。

神回复：幼儿园小朋友是我心中最纯洁最善良的人。

在这个回复中，其实应用了类比论证。小天和小朋友都具有"最纯洁最善良"这个性质，所以在"牵手而行"这个性质上也应该是一致的，所以，其结论应该是："希望和小朋友牵手而行"。

再如：

思聪：我交朋友，从来不在乎对方有没有钱，反正都没有我有钱。

老吕：我交朋友，从来不在乎对方丑不丑。

你是不是笑了呢，然后在心里得出了一个结论：反正都没老吕丑？所以，类比论证是日常生活中常用的一个论证方法，多观察多总结，我们能找到很多这样的例子。

总结上面两个例子，我们可以发现，类比论证的结构为：

对象 1：有性质 A，有性质 B；

对象 2：也有性质 A；

———————————

所以，对象 2 也有性质 B。

2. 类比论证的有效性

类比论证是或然性论证，如果前提为真，其结论不一定为真。前提中类比对象的共同属性越多，共同属性越本质，前提中的属性和结论中的属性相关度越高，结论的可靠性就越大。所以，指出类比对象之间具有本质差异，或者指出前提属性与结论属性之间不相关（即指出犯了"不当类比"的逻辑错误），就可以削弱类比论证的有效性。

例如：

鱼是有生命的，人也是有生命的，鱼能在水里长期生存，所以，人也能在水里长期生存。

【分析】

鱼在水里长期生存，是因为鱼用鳃呼吸，而人是用肺呼吸的，这是鱼和人的差异，所以人并不能在水里长期生存(类比对象有本质差异)。

再如：

故不积跬步，无以至千里；不积小流，无以成江海。骐骥一跃，不能十步；驽马十驾，功在不舍。锲而舍之，朽木不折；锲而不舍，金石可镂。蚓无爪牙之利，筋骨之强，上食埃土，下饮黄泉，用心一也。蟹六跪而二螯，非蛇鳝之穴无可寄托者，用心躁也。

——荀子《劝学》

【分析】

荀子的这一段论证名传千古。从逻辑上分析，把天才比喻为"骐骥"，把普通人比喻为"驽马"，算是巧妙的比喻。但是，将"蚓"和"蟹"与人类相比真的妥当吗？其一，蚓和蟹的行为出于各自的本能，生存环境不同而已，不存在高下之别，更与"用心一""用心躁"无关；其二，蚓、蟹与人类行为方式的巨大差异，使得二者之间并不存在可比性。

所以，当我们看到一个类比或者比喻时，我们要思考：二者是否存在本质上的差异，二者之间存在可比性吗？如果二者之间不存在可比性，就称之为<u>不当类比</u>。

典型例题

例5 某中学发现有学生在课余时间用扑克玩带有赌博性质的游戏，因此规定学生不得带扑克进入学校，不过即使是硬币，也可以用作赌具，但禁止学生带硬币进入学校是不可思议的，因此，禁止学生带扑克进入学校是荒谬的。

以下哪项如果为真，最能削弱上述论证？

A. 禁止带扑克进入学校不能阻止学生在校外赌博。

B. 硬币作为赌具远不如扑克方便。

C. 很难查明学生是否带扑克进入学校。

D. 赌博不但败坏校风，而且影响学生的学习成绩。

E. 有的学生玩扑克不涉及赌博。

【解析】题干采用类比论证：

$$硬币：可以用作赌具，不禁止；$$
$$扑克：可以用作赌具；$$
$$所以，不禁止扑克。$$

A项，无关选项，题干中的建议是约束学生在校内的行为，与"校外赌博"无关。

B项，指出硬币和扑克有差异(类比对象有差异)，题干不当类比，故削弱题干。

C项，"很难查明"不代表"不能查明"，故此项不能削弱题干。

D项，无关选项，赌博有什么坏处与学生会不会用硬币赌博无关。

E项，"有的"学生玩扑克不涉及赌博，并不排斥其他人会用扑克赌博，故此项不能削弱题干。

【答案】B

● 本节自测习题 ●

1. 核战争将导致漫长的"核冬季"包围地球，这种预测是不可相信的。大气科学家和天气专家无法可靠而准确地预测明天的天气。而核爆炸对本地和世界范围大气情况的影响一定遵循那些控制着日常天气变化的规律。如果天气无法用目前的知识预测，那么"核冬季"这一假设用目前的知识也不能预测。

下面哪一项如果正确，将严重削弱上述论断：如果科学家无法准确地预测日常天气，那么他们对"核冬季"的预测也不可相信？

A. "核冬季"的理论使用的是那些预报日常天气的人可以得到的数据。

B. 科学家对"核冬季"的预测只能是凭空构想的，因为这些预测无法通过不造成伤害的实验加以证实。

C. 天气预报人员通常不坚持说他们的预报不会出错。

D. 对灾难性自然事件，如火山爆发、地震，所做的科学预测比日常天气预报的可信度要低。

E. "核冬季"这一理论与剧烈的天气变化而非日常天气变化相关。

2. 高脂肪、高含糖量的食物有害人的健康。因此，既然越来越多的国家明令禁止未成年人吸烟和喝含酒精的饮料，那么，为什么不能用同样的方法对待那些有害健康的食品呢？应该明令禁止 18 岁以下的人食用高脂肪、高糖食品。

以下哪一项如果为真，最能削弱上述建议？

A. 许多国家已经把未成年人的标准定为 16 岁以下。

B. 烟、酒对人体的危害比高脂肪、高糖食物的危害要大。

C. 并非所有的国家都禁止未成年人吸烟、喝酒。

D. 禁止有害健康食品的生产，要比禁止有害健康食品的食用更有效。

E. 高脂肪、高糖食品主要危害中老年人的健康。

3. 婚礼看得见，爱情看不见；情书看得见，思念看不见；花朵看得见，春天看不见；水果看得见，营养看不见；帮助看得见，关心看不见；刮风看得见，空气看不见；文凭看得见，水平看不见。有人由此得出结论：看不见的东西比看得见的东西更有价值。

下面哪个选项使用了与题干同样的推理方法？

A. 三角形可以分为直角三角形、钝角三角形和锐角三角形三种。直角三角形的三内角之和等于 180°，钝角三角形的三内角之和等于 180°，锐角三角形的三内角之和等于 180°。所以，所有三角形的三内角之和都等于 180°。

B. "偶然"胜过"必然"。你看，奥运会比赛中充满了悬念，比赛因此激动人心；艺术家的创作大多出自"灵机一动"；科学家的发现与发明常常与"直觉""顿悟""机遇"连在一起；在茫茫人海中偶然碰到"他"或"她"，互相射出丘比特之箭，成就人生中最美好的一段姻缘。因此，我爱"偶然"，我要高呼"偶然性万岁"！

C. 金受热后体积膨胀，银受热后体积膨胀，铜受热后体积膨胀，金、银、铜是金属的部分小类对象，它们受热后分子的凝聚力减弱，分子运动加速，分子彼此距离加大，从而导致体积膨胀。所以，所有的金属受热后都体积膨胀。

D. 外科医生在给病人做手术时可以看 X 光片，律师在为被告辩护时可以查看辩护书，建筑师在盖房子时可以对照设计图，教师备课时可以看各种参考书，那么，为什么不允许学生在考试时看教科书及其他相关资料？

E. 玫瑰花好看，因为所有的花都好看。

习题详解

1. E

【解析】题干使用类比论证：日常天气无法用目前的知识预测 ——证明—→ "核冬季"也不能预测。

A 项，支持题干，指出类比对象有相似性。

B 项，此项对题干论证的反驳并没有具体的依据，诉诸无知。

C 项，无关选项，题干的论证与天气预报人员是否说他们的预报出错无关。

D 项，支持题干，说明灾难性自然事件难以预测。

E 项，削弱题干，指出类比对象有差异，因此不能由"日常天气"无法用目前的知识预测，推论出"核冬季"也不能预测。

2. E

【解析】题干使用类比论证：越来越多的国家明令禁止未成年人吸烟和喝含酒精的饮料 ——证明—→ 应该明令禁止 18 岁以下的人食用高脂肪、高糖食品。

A 项，无关选项。

B 项，有一定的削弱作用，但是力度不大，高脂肪、高糖食物的危害比烟、酒的危害小，不代表没有危害，甚至有可能这样的危害很严重，只是不如烟、酒的危害更大而已。

C 项，等价于：有的国家不禁止未成年人吸烟、喝酒，不排斥题干中"越来越多的国家禁止未成年人吸烟、喝酒"，故此项不能削弱题干。

D 项，无关选项，有其他措施不代表题干中的措施无效。

E 项，指出了类比对象的差异，烟、酒会对未成年人带来危害，但高脂肪、高糖食品主要危害中老年人的健康，削弱题干。

3. B

【解析】题干通过对几个例子的归纳，得出了"看不见的东西比看得见的东西更有价值"这样的一般性结论，使用的是不完全归纳法。

A 项，三角形一共只有三类，且都满足内角之和等于 180°，故题干穷举了所有可能，使用的是完全归纳法，与题干不同。

B 项，通过 4 个例子得出了"'偶然'胜过'必然'"的一般性结论，使用了不完全归纳法，与题干相同。

C 项，此项的确使用了不完全归纳法，但此项还分析了"金属受热后体积膨胀"的科学原理，因此，此项与题干不同。

D项，由几个具体事例类比到另外一个具体事例，使用了类比法，与题干不同。

E项，由"所有的花都好看"这个一般性结论来论证"玫瑰花好看"这个个别结论，使用了演绎论证的方法，与题干不同。

第 **5** 节 因果论证

1. **因果关系**

1.1 定义

如果一种（或一些）现象的发生，导致了另外一种（或一些）现象的发生，那么这两种（或两类）现象之间就存在因果关系，并将前面的现象称为因，后面的现象称为果。

例如：

他给了她一刀，她死了。

显然，"他给了她一刀"这个事件的发生，导致了"她死了"这个事件的发生，我们将前者称为因，后者称为果，二者之间的联系称为因果关系。

因果关系用符号"$\xrightarrow[\text{导致}]{}$"来表示。所以上面的例子，我们可以表示为：

$$他给了她一刀\xrightarrow[\text{导致}]{}她死了。$$

作为因和果的两个事件，必须要有强关联性，确实存在一个事件的发生引发另外一个事件的发生这种关系。如果仅仅是因为现象上有所联系，就把没有因果关系的两个事件误认为有因果关系，就犯了"强拉因果"的逻辑错误。

1.2 前因后果

因果关系的两个现象，一定是原因先发生，结果后发生，即 **前因后果**。

比如说，下雨这个原因导致了地上泥泞不堪这个结果，那么，"下雨"这个事件一定发生在"地上泥泞不堪"这个事件之前。

再比如说上面的例子，"他给了她一刀"这个事件一定要出现在"她死了"这个事件之前，否则，如果"他给了她一刀"这个事件发生在"她死了"这个事件之后，那这一刀就不是她死亡的原因。

虽然因果关系一定是前因后果，但这并不意味着有先后关系的事件之间一定有因果关系。

例如：

冬雨感冒了几天，坚持了一周没吃药。到了第八天，她喝了一天热水，感冒就好了。于是冬雨认为喝热水能够治感冒。

【分析】

在这个例子中，"喝热水"确实发生在"感冒好转"之前，但"喝热水"真的是治好感冒的原因吗？未必如此。其实，感冒属于一种"自限性疾病"，所谓自限性疾病，就是一种自己就能好的疾病，它的好转主要靠人体自身的免疫力，因此，无论你吃药还是不吃药，感冒一般都可以在 7 天左右痊愈。感冒药的主要作用其实是缓解症状，而不是"治好"感冒。

仅仅依据两种现象在时间上的相继连续，就确定它们之间存在因果关系的逻辑错误，叫**以先后为因果**。以先后为因果也是强拉因果的一种。

1.3 复杂因果

因果关系未必是一对一的，有一些事件的发生，可能是多个原因共同的结果。

例如：

我喜欢冬雨，既因为她的颜值高，又因为她的演技好。

再如：

行人张三过马路时闯了红灯，而驾驶员李四经过这个路口时刚好在打电话，他没看到张三，刹车不及撞伤了张三。

【分析】

在这个案例中，张三受伤这个结果，既有他自身的原因——闯红灯，也有李四的原因——边开车边打电话。可见，这是一个多因一果的案例。至于哪个原因是主要原因，哪个原因是次要原因，我国《道路交通安全法》是有相关界定依据的，当然，这并不在此书讨论的范围。

如果一个结果是由多种原因造成的，但论证者误认为只有一种原因，就犯了"单因谬误"的逻辑错误。简单来说，单因谬误就是忽略了他因。

2. 因果论证

2.1 执果索因的论证（找原因）

在现实生活中，我们经常先观察到现象，然后再去寻找出现这种现象的原因。比如，长江下游发现一具女尸，警方会来调查她的死因是什么：是死于溺水，还是先死亡后又被抛尸？等等。这种以现象（果）作为研究对象，寻找导致其产生的原因的过程，称为"溯因推理"或"执果索因"，简单地说，就是找原因。

当然，我们在找原因时并不能保证总是正确，有时候也会把原因找错，这就犯了归因不当的逻辑错误。

典型例题

例6 H国赤道雨林的面积每年以惊人的比例减少，引起了全球的关注。但是，卫星照片的数据显示，去年H国赤道雨林面积缩小的比例明显低于往年。去年，H国政府支出数百万美元用以制止滥砍滥伐和防止森林火灾。H国政府宣称，上述卫星照片的数据说明，本国政府保护赤道雨林的努力取得了显著成效。

以下哪项如果为真，最能削弱H国政府的上述结论？

A. 去年H国用以保护赤道雨林的财政投入明显低于往年。

B. 与H国毗邻的G国的赤道雨林的面积并未缩小。

C. 去年H国的旱季出现了异乎寻常的大面积持续降雨。

D. H 国用于保护赤道雨林的费用只占年度财政支出的很小比例。

E. 森林面积的萎缩是全球性的环保问题。

【解析】题干中的论证关系：去年 H 国赤道雨林面积缩小的比例低于往年（论据）$\xrightarrow[\text{证明}]{}$ 本国政府保护赤道雨林的努力取得了显著成效（论点）。

题干中的论据是现象（结果），题干中的结论是产生这一现象的原因，所以这是一个执果索因的论证。可以用下列因果关系来表示：

本国政府保护赤道雨林的努力 $\xrightarrow[\text{导致}]{}$ 去年 H 国赤道雨林面积缩小的比例低于往年。

A 项，不能削弱，题干的论证不涉及去年和往年财政投入的比较。

B 项，无关选项，题干的论证只涉及 H 国，与 G 国无关。

C 项，去年 H 国的旱季出现了异乎寻常的大面积持续降雨，这就有利于雨林的生长，从而说明去年 H 国赤道雨林面积缩小的比例低于往年的真正原因，可能是旱季降雨而不是政府保护赤道雨林的努力。即，指出是其他原因导致了题干中的现象，这叫<u>另有他因</u>。

D 项，不能削弱，因为即使 H 国用于保护赤道雨林的费用占年度财政支出的比例很小，也无法说明费用不够用或者无效果。

E 项，无关选项，不涉及题干的论证。

【答案】C

例7 经过对最近十年的统计资料分析，大连市因癌症死亡的人数比例比全国城市的平均值要高两倍。而在历史上大连市一直是癌症特别是肺癌的低发病地区。看来，大连市最近这十年对癌症的防治出现了失误。

以下哪项如果为真，最能削弱上述论断？

A. 十年来大连市的人口增长和其他城市比起来并不算快。

B. 大连市的气候和环境适合疗养，很多癌症病人在此地走过了最后一段人生之路。

C. 大连市最近几年医疗保健的投入连年上升，医疗设施有了极大的改善。

D. 大连市医学院在以中医理论探讨癌症机理方面取得了突破性的进展。

E. 尽管肺癌的死亡率上升，但大连市的肺结核死亡率几乎降到了零。

【解析】题干先描述了一个现象，然后找到这个现象的原因是：大连市对癌症的防治出现了失误。

故题干中的因果关系可以写为：

大连市对癌症的防治出现了失误 $\xrightarrow[\text{导致}]{}$ 大连市因癌症死亡的人数比例比全国城市的平均值要高两倍。

A 项，题干说的是得病比例高，而不是得病人数多，所以与人口总数量没有关系，不能削弱题干。

B 项，指出是因为其他原因（气候和环境适合疗养）导致题干中的结果，而不是题干中的原因。**另有他因**，削弱题干。

C 项，削弱力度弱，医疗保健的投入范围很广，不确定是否用于防治癌症。

D 项，削弱力度弱，不知道这样的进展是否已经用于防治癌症。

E 项，无关选项，题干的论证只涉及"肺癌"，与"肺结核"无关。

【答案】B

2.2 执因索果的论证（猜结果）

除了找原因外，我们还会预测结果。

例如：

赵四学习很努力，我猜测他会考上研究生。

王五总是酒后驾驶，我猜测他早晚有一天会因酒驾被拘留。

赵六得了癌症，医生预测他命不久矣。

其基本结构如下：

$$原因 \xrightarrow[\text{预测}]{} 结果。$$

大多数情况下，预测未来的结果是一件非常难的事情，因为影响未来结果的变量有很多。

那么，如何判断结果的预测准确与否呢？最准确的方式是等待这件事情发生，然后观察结果是否符合预测。但是，更多时候，我们需要在事情发生之前就做出对结果预测的评价，以此来调整我们的工作方案或其他行为。这个时候，我们就需要一些论据来支持或反驳这种结果预测。

典型例题

例8 在期货市场上，粮食可以在收获前就"出售"，如果预测歉收，粮价就上升；如果预测丰收，粮价就下跌。目前粮食作物正面临严重干旱，今晨气象学家预测，一场足以解除旱情的大面积降雨将在傍晚开始。因此，近期期货市场上的粮价会大幅度下跌。

以下哪项如果为真，最能削弱上述论证？

A. 气象学家气候预测的准确性并不稳定。

B. 气象学家同时提醒做好防涝准备，防备这场大面积降雨延续过长。

C. 农业学家预测，一种严重的虫害将在本季粮食作物的成熟期出现。

D. 和期货市场上的某些商品相比，粮食价格的波动幅度较小。

E. 干旱不是对粮食作物生长最严重的威胁。

【解析】题干：①预测歉收，粮价上升；②预测丰收，粮价下跌；③一场足以解除旱情的大面积降雨将在傍晚开始(原因)$\xrightarrow[\text{预测}]{}$粮价会大幅度下跌(结果预测)。

A项，气象学家气候预测的准确性并"不稳定"，但"不稳定"可以是高准确率水平上的不稳定，比如准确率在85%～95%之间波动；也可以是低水平上的不稳定，比如准确率在15%～25%之间波动。因此，仅由预测的准确性"不稳定"不代表预测的准确性"低"，也不能说明这次预测不正确，故此项不能削弱题干。

B项，削弱题干，若大面积降雨延续过长，可能会导致预测歉收，引起粮价上升，削弱题干中"粮价会大幅度下跌"这一预测。

C项，严重虫害导致预测歉收，引起粮价上升，削弱题干中"粮价会大幅度下跌"这一预测。比较B、C两项的削弱程度，B项是"防备"，C项是"严重"，故C项削弱力度大。

D项，无关选项，题干的论证不涉及粮食价格波动幅度与其他商品价格波动幅度的比较。

E项，不能削弱，干旱不是"最严重的威胁"，不代表干旱不是"威胁"。

【答案】C

3. 求因果五法

　　1843 年，约翰·斯图亚特·穆勒在其著作《逻辑体系》中提出了著名的"归纳五法"，对探求现象产生的原因的方法进行了系统概括，即现在被普遍使用的"求因果五法"，也叫"穆勒五法"。

3.1 求同法

(1)什么是求同法

　　如果在某个现象出现的两个或两个以上的场合中，仅有一个因素是共同出现的，则这个共同因素可能与该现象存在因果关系。

　　例如：

　　冬雨瘦瘦的很好看，找到了男朋友。

　　甲玲胖胖的很好看，找到了男朋友。

　　晓彤高高的很好看，找到了男朋友。

　　丽颖矮矮的很好看，找到了男朋友。

　　根据求同法，观察本例中的 4 种情况都有一个共同因素"好看"，那么"好看"可能是"找到男朋友"的原因。

　　求同法的基本结构是：

第一组对象：有 A，有 B；

第二组对象：有 A，有 B；

故有：A $\xrightarrow{\text{导致}}$ B。

(2)求同法的评价

　　求同法得到的是或然性的结论，结论不一定是正确的。比如上例中，我们只能断定"好看"有可能是"找到男朋友"的原因，但也存在"好看"与"找到男朋友"无关的可能。

　　另外，使用求同法，必须注意这些场合中只能有一个共同因素。如果这些场合中还有其他共同因素未被发觉，结论就很可能出现误差。

　　例如：

　　某人第一天看了 2 小时的书，喝了咖啡，失眠了；第二天他又看了 2 小时的书，喝了浓茶，又失眠了。根据求同法，他认为是看了 2 小时的书导致其失眠。实际上，浓茶和咖啡都具有兴奋神经的作用，这可能是导致他失眠的真正原因。

3.2 求异法

(1)什么是求异法

　　如果在某个现象出现和不出现的两个场合中，只有一个因素不同，那么，这个不同的因素可能是此现象出现和不出现的原因。求异法的使用相当广泛，医学中普遍采用的对比试验用的就是求异法的原理。

求异法一般可分为两种情况：

①两类对象作横向对比。

例如：

将两个闹钟分别置于两个密闭的罩子中。

第一个罩子，保留里面的空气，传出了闹钟的响声；

第二个罩子，抽成真空，没有传出闹钟的响声；

因此，声音是通过空气传播出来的，证明空气是声音传播的介质。

其基本结构是：

第一组对象：有 A，有 B；

第二组对象：无 A，无 B；

故有：A ——导致——→ B。

②同一对象在某因素出现前和出现后的情况进行纵向对比。

例如：

老李以前是个胖子，跳了两年广场舞，变成了瘦子。因此，跳广场舞可能是他减肥成功的原因。

其基本结构是：

同一对象有因素 A 前：没有 B；

同一对象有因素 A 后：有 B；

故有：A ——导致——→ B。

(2)求异法的评价

求异法得到的是或然性的结论，结论不一定是正确的。

使用求异法，必须注意只能有一个差异因素影响实验结果。如果相比较的两个场合中还有其他差异因素，实验结果就很可能出现误差。

例如：

张三试图证明空气是声音传播的介质，于是他将两个闹钟分别置于两个密闭的罩子中。

第一个罩子，保留里面的空气，传出了闹钟的响声；

第二个罩子，抽成真空，没有传出闹钟的响声；

实验完成后，张三发现第二个罩子里的闹钟是坏的。

【分析】

在这个实验中出现了两个差异因素：闹钟和空气。到底是闹钟坏了影响了实验结果？还是空气影响了实验结果？

(3)双盲实验

2020 年上半年"新冠"疫情暴发后，"双盲实验"这个词被很多人看到和了解到。我们知道，医学中的对比试验用的是求异法的原理，而双盲实验则是对对比试验的优化。

什么是"双盲"呢？就是指在试验过程中，测验者与被测验者都不知道被测验者所属的组别

（实验组或对照组），分析者在分析资料时，通常也不知道正在分析的资料属于哪一组。双盲实验经常用于<u>防止</u>研究结果被<u>安慰剂效应</u>（Placebo Effect，指病人虽然获得无效的治疗，但却"预料"或"相信"治疗有效，而让病患症状得到舒缓的现象）或者<u>观察者偏见</u>（observer bias，是由于观察者个人的动机和预期导致的错误）影响，也就是说，它旨在消除可能出现在实验者和参与者意识当中的主观偏差和个人偏好。

典型例题

例9 在村庄东、西两块玉米地中，东面的地施过磷酸钙单质肥料，西面的地则没有。结果，东面的地亩产玉米 300 公斤，西面的地亩产玉米仅 150 公斤。因此，东面的地比西面的地产量高的原因是施用了过磷酸钙单质肥料。

以下哪项如果为真，最能削弱上述论证？

A. 给东面的地施用的过磷酸钙是过期的肥料。

B. 北面的地施用过硫酸钾单质化肥，亩产玉米 220 公斤。

C. 每块地种植了不同种类的四种玉米。

D. 两块地的田间管理无明显不同。

E. 东面和西面两块地的土质不同。

【解析】题干使用对比试验：

东面地块：施过磷酸钙单质肥料，亩产玉米 300 公斤；

西面地块：没施过磷酸钙单质肥料，亩产玉米仅 150 公斤；

故：施用了过磷酸钙单质肥料 —————→ 玉米产量高。
　　　　　　　　　　　　　　　导致

A 项，过期的肥料都可以增产，可能不过期的肥料的效果会更好，不能削弱题干。

B 项，题干的论证对象是"过磷酸钙"，此项的论证对象是"过硫酸钾"，无关选项。

C 项，东、西地块都种了四种玉米，说明东、西地块之间没有差异，不能削弱。

D 项，指出东、西地块的田间管理无差异，即排除其他有可能影响试验结论的差异因素，说明结论可能为真，故支持题干中"东面的地比西面的地产量高的原因是施用了过磷酸钙单质肥料"这一结论。

E 项，<u>存在其他差异因素影响实验结果</u>，削弱题干。

【答案】E

3.3 求同求异共用法

如果某现象出现的各个场合（正面场合）只有一个共同的因素，而这个现象不出现的各个场合（反面场合）都没这个共同因素，那么，这个共同的因素可能就是此现象发生的原因。

例如：

中午老吕请大家吃饭，吃完饭后有一些人拉肚子。

经过调查发现，所有吃了辣条的同学都拉肚子（正面场合使用求同法）；所有没吃辣条的同学都没拉肚子（反面场合使用求同法）。两组对比可知，可能是吃了不合格的辣条导致了拉肚子的发生（正反两个场合使用求异法）。

【分析】

在本例中，先使用了两次求同法，后使用了一次求异法，是求同法和求异法的结合，所以此例中的方法被称作求同求异共用法。

3.4 共变法

(1)什么是共变法

在其他条件不变的情况下，如果一个现象发生变化，另一个现象就随之发生变化，那么，这两个现象之间可能存在因果关系。

例如：

300 多年前，法国有个名叫丹尼斯·巴本的人，他是一个物理学家，也是一位医生，还是一位机械师。由于那时法国国王亨利四世对新教徒的迫害，巴本不得已逃往国外。在跋山涉水的路途中，他发现：在高山上煮马铃薯时，尽管锅里的水哗哗地沸腾，马铃薯还是煮不软。在帕斯卡由实验证实的"高山上的大气压比海平面低"的启示下，巴本猜想：液体的沸点是否随大气压的减小而降低呢？到了国外以后，他便从事这方面的研究工作。终于用实验证实了"液体的沸点随大气压强的减小而降低"的猜想。

巴本进一步想，如果把问题倒过来，用人工加压的方法增大气压，那么水的沸点不就会升高了吗？1681 年，巴本根据这个道理设计并制成了世界上第一个高压锅，当时人们把它叫作"巴本锅"。

【分析】

在本例中，巴本观察到了"液体的沸点"与"大气压强"之间存在共变关系，从而猜测二者之间存在因果关系，这就是共变法的原理。

(2)共变法的评价

共变法的结论是或然性的。有时两种现象共变，但实际并无因果关系；也有可能二者都是另一现象引起的结果，例如闪电与雷鸣两种现象经常伴随出现，但二者之间并没有因果关系，二者的出现都是因为云层间的放电所致(共因)。

典型例题

例10 一般认为，出生地间隔较远的夫妻所生子女的智商较高。有资料显示，夫妻均是本地人，其所生子女的平均智商为 102.45；夫妻是省内异地的，其所生子女的平均智商为 106.17；而隔省婚配的，其所生子女的智商则高达 109.35。因此，异地通婚可提高下一代的智商水平。

以下哪项如果为真，最能削弱上述结论？

A. 统计孩子平均智商的样本数量不够多。

B. 不难发现，一些天才儿童的父母均是本地人。

C. 不难发现，一些低智商儿童的父母的出生地间隔较远。

D. 能够异地通婚者是智商比较高的，他们自身的高智商促成了异地通婚。

E. 一些情况下，夫妻双方出生地间隔很远，但他们的基因可能接近。

【解析】题干使用共变法，见表 4-1：

表 4-1

夫妻的距离	子女的平均智商
夫妻均是本地人	102.45
夫妻是省内异地	106.17
夫妻是隔省婚配	109.35

可见，"夫妻的距离"与"子女的平均智商"之间出现了共变关系，因此题干认为：异地通婚可提高下一代的智商水平。

A 项，质疑样本的数量，可以削弱。

B 项和 C 项的错误相同，个体数据不能削弱全体的平均数。

D 项，夫妻的高智商促成了他们异地通婚，又生下了智商较高的孩子。可见，夫妻的高智商是题干中两种现象的共同因素（共因削弱），可以削弱题干。因为此项直接反驳了题干中的因果关系，故力度更大。

E 项，题干的论证不涉及基因的相近与否，无关选项。

【答案】D

(3)因果倒置

"因果倒置"是一种逻辑错误，即误把原因当成了结果，误把结果当成了原因。为什么会出现这种情况呢？因为，原因和结果总是一起出现的，往往容易被混淆。在使用共变法求因果时，因果倒置就更容易出现，因为共变法的基本原理是 A、B 两个事件一起发生变化，那么，到底是事件 A 导致了事件 B 的发生，还是事件 B 导致了事件 A 的发生呢？这就需要更多的分析以免产生因果倒置的逻辑错误。当然，也有可能像前文所说，事件 A、B 其实是另外一个原因（共因）所导致的一起出现的现象。

例如：

盲人的听力一般比正常人好，所以听力好的人容易失明。

【分析】

上述论证很可能犯了因果倒置的逻辑错误。盲人因为失明，导致只能用耳朵来接收外在信息，从而使得他们的听力比正常人显得要好。而不是像上述论证中那样因为听力好导致失明。

典型例题

例 11 一项关于婚姻的调查显示，那些起居时间明显不同的夫妻之间，虽然每天相处的时间相对要少，但每月爆发激烈争吵的次数，比起那些起居时间基本相同的夫妻明显要多。因此，为了维护良好的夫妻关系，夫妻之间应当注意尽量保持基本相同的起居规律。

以下哪项如果为真，最能削弱上述论证？

A. 夫妻间不发生激烈争吵不一定关系就好。

B. 夫妻间闹矛盾时，一方往往用不同时起居的方式以示不满。

C. 个人的起居时间一般随季节变化。

D. 起居时间的明显变化会影响人的情绪和健康。

E. 起居时间的不同很少是夫妻间争吵的直接原因。

【解析】题干：起居时间明显不同的夫妻每月爆发激烈争吵的次数，比起那些起居时间基本相同的夫妻明显要多。因此，为了维护良好的夫妻关系，夫妻之间应当注意尽量保持基本相同的起居规律。

可见，题干认为：起居时间不同——导致——夫妻争吵。

A 项，无关选项，题干的论证只涉及"夫妻争吵"，不涉及夫妻关系是不是好。

B 项，指出题干犯了因果倒置的逻辑错误，不是起居时间不同导致夫妻间争吵，而是夫妻间争吵导致起居时间不同，故削弱题干。

C 项，无关选项，题干的论证不涉及"季节变化"。

D 项，无关选项，题干的论证不涉及起居时间的变化是否会"影响人的情绪和健康"。

E 项，不能削弱，因为不是直接原因，可能是间接原因。

【答案】B

3.5 剩余法

如果某一复合现象已确定是由某种复合原因引起的，把其中已确认有因果关系的部分减去，那么，剩余部分也可能有因果关系。用通俗的话说，剩余法就是排除法。

例如：

1885 年，德国夫顿堡矿业学院的矿物学教授威斯巴克发现了一种新矿石。他首先请当时著名的化学家李希特对矿石作定性分析，发现其中含有银、硫和微量的汞等。后来，他又请文克勒作一次精确的定量分析，一方面证明李希特对矿物成分的分析是正确的，但另一方面又发现，把各种化验出来的已知成分按百分比加起来，始终只得到 93％，还有 7％的含量找不到下落。文克勒认为，既然已知成分之和只得 93％，那么剩余的 7％必定是由矿物中含有的某种未知元素所构成。于是，他对矿石进行分离和提纯，终于得到了新元素。

典型例题

例12 化学课上，张老师演示了两个同时进行的教学实验：一个实验是 $KClO_3$，有 O_2 缓慢产生；另一个实验是 $KClO_3$，加热后迅速撒入少量 MnO_2，这时立即有大量的 O_2 产生。张老师由此指出：MnO_2 是 O_2 快速产生的原因。

以下哪项与张老师得出结论的方法类似？

A. 同一个品牌的化妆品，价格越高，卖得就越火。由此可见，消费者喜欢价格高的化妆品。

B. 居里夫人在沥青矿物中提取放射性元素时发现，从一定量的沥青矿物中提取的全部纯铀的放射性强度比同等数量的沥青矿物的放射性强度低数倍。她据此推断，沥青矿物中还存在其他放射性更强的元素。

C. 统计分析发现，在 30 岁至 60 岁之间，年纪越大，胆子越小。因此，有理由相信：岁月是勇敢的腐蚀剂。

D. 将闹钟放在玻璃罩里，使它打铃，可以听到铃声；然后把玻璃罩里的空气抽空，再使闹钟打铃，就听不到铃声了。由此可见，空气是声音传播的介质。

E. 人们通过对绿藻、蓝藻、红藻的大量观察，发现结构简单、无根叶是藻类植物的主要特征。

【解析】题干使用求异法：

$$没有 MnO_2 时，有 O_2 缓慢产生；$$

$$加入少量 MnO_2 时，立即有大量的 O_2 产生；$$

$$所以，MnO_2 是 O_2 快速产生的原因。$$

A 项，价格越高，卖得就越火，说明价格和销量之间存在共变关系，故此项使用了共变法，与题干不同。

B 项，居里夫人排除了已知放射性元素"铀"，推断还有其他未知元素，故此项使用了排除法（剩余法），与题干不同。

C 项，年纪越大，胆子越小，说明年纪和胆子之间存在共变关系，故此项使用了共变法，与题干不同。

D 项，有空气时有铃声，没有空气时没有铃声，两组对比是求异法，与题干相同。

E 项，结构简单、无根叶是绿藻、蓝藻、红藻等藻类的共同特征，故此项使用了求同法，与题干不同。

【答案】D

● 本节自测习题 ●

1. 一位社会学家对两组青少年做了研究。第一组成员每周看暴力内容的影视的时间平均不少于 10 小时；第二组则不多于 2 小时。结果发现：第一组成员中举止粗鲁者所占的比例要远高于第二组。因此，此项研究认为，多看暴力内容的影视容易导致青少年举止粗鲁。

以下哪项如果为真，将对上述研究的结论提出质疑？

A. 第一组中有的成员的行为并不粗鲁。

B. 第二组中有的成员的行为比第一组中有的成员的行为粗鲁。

C. 第二组中很多成员的行为很文明。

D. 第一组中有的成员的文明行为是父母从小教育的结果，这使得他们能抵制暴力影视的不良影响。

E. 第一组中很多成员的粗鲁举止是从小养成的，这使得他们特别爱看暴力影视。

2. 硕鼠通常不患血癌。在一项实验中发现，给 300 只硕鼠同等量的辐射后，将它们平均分为两组：第一组可以不受限制地吃食物；第二组限量吃食物。结果，第一组 75 只硕鼠患血癌，第二组 5 只硕鼠患血癌。因此，通过限制硕鼠的进食量，可以控制由实验辐射导致的硕鼠血癌的发生。

以下哪项如果为真，则最能削弱上述实验的结论？

A. 硕鼠与其他动物一样，有时原因不明就患有血癌。

B. 第一组硕鼠的食物易于使其患血癌，而第二组的食物不易使其患血癌。

C. 第一组硕鼠体质较弱，第二组硕鼠体质较强。

D. 对其他种类的实验动物，实验辐射很少导致其患血癌。

E. 不管是否控制进食量，暴露于实验辐射的硕鼠都可能患有血癌。

3. 对东江中学全校学生进行调查发现，拥有 MP3 播放器人数最多的班集体同时也是英语成绩最佳的班集体。由此可见，利用 MP3 播放器可以提高英语水平。

  以下哪项如果为真，则最能加强上述结论？

  A. 拥有 MP3 播放器的同学英语学习热情比较高。

  B. 喜欢使用 MP3 播放器的同学都是那些学习自觉性较高的学生。

  C. 随着 MP3 播放器性能的提高，其提高英语水平的作用将更加明显。

  D. 拥有 MP3 播放器人数最多的班级是最会利用 MP3 播放器的班级。

  E. 拥有 MP3 播放器人数最多的班上的同学更多地利用 MP3 进行英语学习。

4. 一种流行的看法是：人们可以通过动物的异常行为来预测地震。实际上，这种看法是基于主观类比，不一定能揭示客观联系。一条狗在地震前行为异常，这自然会给它的主人留下深刻印象；但事实上，这个世界上的任何一刻，都有狗出现行为异常。

  为了评价上述论证，回答以下哪个问题最不重要？

  A. 两种不同类型的动物，在地震前的异常行为是否类似？

  B. 被认为是地震前兆的动物异常行为，在平时是否也同样出现过？

  C. 地震前有异常行为的动物在整个动物中所占的比例是多少？

  D. 在地震前有异常行为的动物中，此种异常行为未被注意的比例是多少？

  E. 同一种动物，在两次地震前的异常行为是否类似？

5. 人体在晚上分泌的镇痛荷尔蒙比白天多，因此，在晚上进行手术的外科病人需要较少的麻醉剂。既然较大量的麻醉剂对病人的风险更大，那么，如果经常在晚上做手术，手术的风险也就可以降低了。

  下列哪项如果为真，最能反驳上述结论？

  A. 医院晚上能源的费用比白天低。

  B. 多数的新生儿在半夜和早上七点之间出生。

  C. 晚上的急症病人比白天多，包括那些急需外科手术的病人。

  D. 护士和医疗技师晚上每小时薪金比白天高。

  E. 手的灵巧和脑的警觉晚上比白天低，即使对习惯晚上工作的人也如此。

6. 由于工业废水的污染，淮河中下游水质恶化，有害物质的含量大幅度提高，这引起了多种鱼类的死亡。但由于蟹有适应污染水质的生存能力，因此，上述沿岸的捕蟹业和蟹类加工业将不会像渔业同行那样受到严重影响。

  以下哪项如果是真的，将严重削弱上述论证？

  A. 许多鱼类已向淮河上游及其他水域迁移。

  B. 上述地区渔业的资金向蟹业转移，激化了蟹业的竞争。

  C. 作为幼蟹主要食物来源的水生物蓝藻无法在污染水质中继续存活。

  D. 蟹类适应污染水质的生理机制尚未得到科学的揭示。

  E. 在鱼群分布稀少的水域中蟹类繁殖较快。

习题详解

1. E

【解析】题干使用求异法：

第一组：每周看暴力内容的影视的时间平均不少于 10 小时；

第二组：每周看暴力内容的影视的时间平均不多于 2 小时；

第一组成员中举止粗鲁者所占的比例要远高于第二组；

故：多看暴力内容的影视容易导致青少年举止粗鲁。

注意：对于求异法的题目，常用两种削弱方式：另有其他差异因素、因果倒置。

E 项，指出举止粗鲁导致他们爱看暴力内容的影视，而不是多看暴力内容的影视容易导致青少年举止粗鲁，指出题干因果倒置，削弱题干。

A、B、C 项，个别人的情况，不能削弱或支持题干中"举止粗鲁者所占的比例"。

D 项，说明暴力内容的影视还是有不良影响，支持题干。

2. B

【解析】题干使用求异法：

第一组硕鼠：接受同等量的辐射后，不受限制地吃食物，75 只患血癌；

第二组硕鼠：接受同等量的辐射后，限量吃食物，5 只患血癌；

因此，限制硕鼠的进食量，可以控制由实验辐射导致的硕鼠血癌的发生。

使用求异法时，要保证只有一个差异因素，B 项说明是食物原因导致第一组硕鼠易患血癌，有其他差异因素（另有他因），削弱题干。

A 项，用"有时原因不明"来质疑题干，即把没有证据当证据来质疑题干，诉诸无知。

C 项，无法确定体质强弱与是否患血癌的直接关系，故此项的削弱力度不如 B 项。

D 项，无关选项，题干不涉及硕鼠与其他动物的比较。

E 项，不能削弱，可能性大和可能性小都是"有可能"。

3. E

【解析】题干使用共变法：

拥有 MP3 播放器人数最多的班集体同时也是英语成绩最佳的班集体；

所以，利用 MP3 播放器可以提高英语水平。

题干是用共变法求因果，"拥有 MP3 播放器人数多"和"英语成绩佳"是同时存在的现象，但同时存在的现象之间未必有因果关系，所以需要建立二者的因果关系。E 项建立了这种因果关系，故 E 项正确。

A 项，指出是另外一个原因（即学习热情）导致英语水平提高，另有他因，削弱题干。

B 项，指出是另外一个原因（即学习自觉性高）导致英语水平提高，另有他因，削弱题干。

C 项，无关选项，题干的论证与 MP3 播放器的性能是否提高无关。

D 项，无关选项，"利用 MP3 播放器"和题干中"利用 MP3 播放器学英语"是两回事，偷换概念。

4. A

【解析】题干的问题是"为了评价上述论证，回答以下哪个问题最不重要?"也就是说，除了"不重要"的那个选项外，其他选项中问题的回答会影响到题干中论证的成立性。

要评价的题干中的论证是：是否可以通过动物的异常行为来预测地震。

A项，无关选项，例如：青蛙在地震前异常大叫，鸡在地震前异常上树，二者并不类似，却可能都可以预测地震。

B项，如果认为是地震前兆的动物异常行为，在平时没有出现过，根据求异法，则可以预测；反之，则不能预测。所以此问题对于题干中论证的成立与否有重要作用。

C项，若地震前有异常行为的动物在整个动物中所占的比例大，根据求同法，则可以预测；若比例很小，则不能预测。所以此问题对于题干中论证的成立与否有重要作用。

D项，若在地震前有异常行为的动物中，此种异常行为未被注意的比例小，根据求异法，则可以预测；反之，则不能预测。所以此问题对于题干中论证的成立与否有重要作用。

E项，同一种动物，在两次地震前的异常行为若类似，根据求同法，则可以预测；反之，则不能预测。所以此问题对于题干中论证的成立与否有重要作用。

5. E

【解析】这道题的论据是原因，论点是对结果的预测，故论证关系如下：

题干：在晚上进行手术的外科病人需要较少的麻醉剂，而较大量的麻醉剂对病人的风险更大（原因）——预测→在晚上做手术会降低手术风险（对结果的预测）。

A项，无关选项，此项可以支持晚上做手术，但与手术的风险无关。

B项，无关选项，题干涉及的是"外科病人"，而此项涉及的是"新生儿"。

C项，无关选项，题干不涉及白天和晚上急症病人数量的比较。

D项，无关选项，此项说明晚上做手术会有更高的成本，但与手术的风险无关。

E项，用新论据说明医生在晚上做手术会带来更大的手术风险，说明"晚上做手术会降低手术风险"这一结果推断不当。

6. C

【解析】题干：蟹有适应污染水质的生存能力（原因）——预测→捕蟹业和蟹类加工业将不会像渔业同行那样受到严重影响（对结果的预测）。

A项，无关选项，题干仅涉及"淮河中下游"的"捕蟹业和蟹类加工业"情况。

B项，指出蟹业的竞争加大了，说明捕蟹业和蟹类加工业也会受到水质污染的影响，削弱题干。

C项，因为水质污染，幼蟹的主要食物无法存活，这就可能使得幼蟹失去了食物来源而影响生存，故捕蟹业和蟹类加工业会受到水质污染的严重影响，削弱力度大。

D项，无关选项，题干的论证只涉及"蟹类有适应污染水质的生存能力"，至于这种能力的原理是什么不影响题干的成立性。

E项，鱼类死亡给蟹类带来了更好的生存环境，这是捕蟹业的利好条件，支持题干。

第**6**节 统计论证

美国学者柯维（David A. Conway）和蒙森（Ronald Munson）认为，统计论证是论证的一种，但国内的逻辑学学者较少把统计论证作为一种单独的论证方式进行讲解。从联考历年真题来看，与统计有关的真题出现次数较多。因此，老吕认为有必要对统计论证进行专门的讲解。

所谓统计论证，就是依据对数据的搜集、整理、分析，得出论点的过程。

真题中可能涉及的统计数据主要包括：平均值、方差、增长率、占有率（占比）、利润率等。

1. 平均值与方差

(1)什么是平均值和方差？

平均值用来表示一组数据的集中趋势，它是指在一组数据中所有数据之和再除以这组数据的个数。

即：

$$\overline{x} = \frac{x_1 + x_2 + \cdots + x_n}{n}。$$

方差用来衡量一组数据的离散程度。换言之，方差其实反映的是某组数据的稳定性。

即：

$$S^2 = \frac{1}{n}\big[(x_1 - \overline{x})^2 + (x_2 - \overline{x})^2 + \cdots + (x_n - \overline{x})^2\big]。$$

(2)平均值与方差的区别

关于平均值和方差的区别，我们举例来说明。

例如：

工业中学的两名学生小张和小赵，两人成绩都十分优秀。本学期的五次模考，小张均是95分，小赵的五次模考成绩分别为91、99、92、98、95分。学校准备从两人中选出一人参加山钢市的学科竞赛。班主任老李计算平均分时发现两人的平均分相等，但是考虑到小赵的最高分是98分，比小张的最高分更高，由此他断定，小赵是参加此次学科竞赛的最佳人选。

【分析】

上例中的基本结构如下：

小张和小赵两人的平均分相等，但是小赵的最高分比小张的最高分更高——证明——小赵是参加此次学科竞赛的最佳人选。

在平均成绩都一样的情况下，老李断定最高分更高的小赵是最佳的参赛人选，看似合乎情理，实则老李得出结论的过程存在问题。因为，小张的最高分虽然不如小赵，但他的稳定性更强，有可能小张才是最佳的参赛人选。

通过上述例子，让大家明白，方差和平均值在实际应用中的区别之处在于：方差能反映离散程度（稳定性），平均值只是反映一个趋势。

典型例题

例13 东升商城公关部职工的平均工资是营业部职工的2倍，因此，公关部职工比营业部职工普遍有较高的收入。

以下哪项如果是真的，将最能削弱上述论证？

A. 公关部职工的人均周实际工作时数要超过营业部职工的50%。

B. 按可比因素计算，公关部职工为商城创造的人均价值是营业部职工的近10倍。

C. 公关部职工中最高工资与最低工资间的差别要远大于营业部职工。

D. 公关部职工的人数只是营业部职工的10%。

E. 公关部职工中有20%享受商城的特殊津贴，营业部职工中则有25%享受此种津贴。

【解析】题干：东升商城公关部职工的"平均工资"是营业部职工的2倍 $\xrightarrow{\text{证明}}$ 公关部职工比营业部职工"普遍有较高的收入"。

东升商城公关部职工的平均工资高，可能是由于少数人的工资特别高从而拉高了所有人的平均值，并不能说明他们的职工"普遍有较高的收入"，因此C项能很好地削弱题干。

C项其实表达的就是方差的含义：方差越大，说明样本的离散程度越大；反之，样本的离散程度越大，方差越大。

【答案】C

例14 陈娜和杨玲一起上了五门课，但其中只有一门课她俩的成绩相同——金融市场，她们每门课的成绩都在60~100分之间。

以下哪项如果为真，可以断定陈娜的总成绩高于杨玲？

A. 陈娜的某科成绩高于杨玲的任何一科。

B. 杨玲的最高成绩低于陈娜的最高成绩。

C. 陈娜有三门课的成绩比杨玲的高。

D. 陈娜的金融市场这门课的成绩最低，而杨玲的金融市场这门课的成绩最高。

E. 陈娜的最高成绩和杨玲的最高成绩都是经济学。

【解析】由题干可知，陈娜和杨玲只有金融市场这门课的成绩相同，结合D项，陈娜的金融市场这门课的成绩最低，而杨玲的金融市场这门课的成绩最高，说明除了金融市场这门课的成绩相同外，陈娜所有科目的成绩都比杨玲高，可以推出陈娜的总成绩高于杨玲，故D项正确。

【答案】D

2. 增长率

增长率就是现值与原值的比值减去1所得的值。通过增长率数值的正负，我们可以去断定这个数值是增加了还是减少了。

$$一次增长问题：增长率 = \frac{现值 - 原值}{原值} \times 100\%。$$

复利问题/多次增长问题：现值 = 原值 $\times (1 + 增长率)^n$。

例如：

按照联合国开发计划署2007年的统计，统计了1990年以来不同国家生活质量改善的情况。17年来，非洲东南部国家莫桑比克的生活质量提高最快，2007年其生活质量指数比1990年提高了50%。作为世界上最受瞩目的发展中国家，中国的生活质量指数在过去17年中也提高了27%。

【分析】

上例中，对比了17年这个周期内不同国家生活质量指数的变化情况。非洲东南部国家莫桑比克在2007年的生活质量指数比1990年提高了50%；50%就是这17年间莫桑比克生活质量指数的增长率。同理，27%也是中国这17年间生活质量指数的增长率。

通过进一步的分析，我们可以发现，**增长率反映的仅仅是某个个体自身在两个相异的时间节点上关于某个数值的变化情况，我们可以近似地理解为它其实就是关于某个数值的纵向对比的结果。**

> 注意：
>
> 在根据增长率作不同个体之间的同一数值的对比时，需要额外注意的是不同事物的原始基数。如果不考虑原始基数，仅仅根据增长率去比较不同个体之间的同一数值变化后的大小情况，得出的结论是有问题的。

典型例题

例15 在过去的10年中，由美国半导体工业生产的半导体增加了200%，但日本半导体工业生产的半导体增加了500%，因此，日本现在比美国制造的半导体多。

以下哪项如果为真，最能削弱上述论证？

A. 在过去的5年中，由美国半导体工业生产的半导体仅增长100%。

B. 在过去的10年中，美国生产的半导体的美元价值比日本生产的高。

C. 今天美国半导体出口在整个出口产品中所占的比例比10年前高。

D. 10年前，美国生产的半导体占世界半导体的90%，而日本仅占2%。

E. 10年前，日本生产半导体是世界第4位，而美国列第1位。

【解析】题干：在过去的10年中，由美国半导体工业生产的半导体增加了200%，但日本半导体工业生产的半导体增加了500% $\xrightarrow[\text{证明}]{}$ 日本现在比美国制造的半导体多。

本题是增长率问题，不仅要看增长率的大小，还要看基数的大小。

A项，这一数据并不能支持或削弱10年以来美国生产的半导体增加了200%。

B、C项，无关选项。

D项，不妨设10年前美国生产90个单位的半导体，日本生产2个单位的半导体，那么现在美国生产270个单位的半导体，而日本生产12个单位的半导体，所以美国的半导体产量比日本大，削弱题干。

E项，只知道排名，无法确定10年前两国生产的半导体的数量，故不能削弱题干。

【答案】D

3. 占有率(占比)

占有率指的是个体在总样本中所占的比例。在涉及占有率的题型时，需要注意以下几点：

(1)"占比"和"数量"不能混淆。

(2)分析比例的变化时，需要同时注意分子和分母的变化情况，不能单看某一个。

(3)只有比率没有原始基数时，无法断定数量的大小。

例如：

2000 年，宏发投资基金的基金总值 40% 用于债券的购买。近几年来，由于股市比较低迷，该投资基金更加重视投资债券，在 2004 年，其投资基金总值的 60% 都用于购买债券。因此，认为该投资基金购买债券比过去减少的观点是站不住脚的。

【分析】

$$购买债券数额＝基金总额×债券占比。$$

所以，如果基金总额变少的话，即使债券的占比由 40% 增加到了 60%，也难以说明购买债券的数额增加。

总之，仅知道比例的变化，不知道基数的情况，是无法判断数量的变化的。

典型例题

例 16 去年春江市的汽车月销售量一直保持稳定。在这一年中，"宏达"车的月销售量较前年翻了一番，它在春江市的汽车市场上所占的销售份额也有相应的增长。今年一开始，尾气排放新标准开始在春江市实施。在该标准实施的头三个月中，虽然"宏达"车在春江市的月销售量仍然保持在去年年底达到的水平，但在春江市的汽车市场上所占的销售份额明显下降。

如果上述断定为真，则以下哪项不可能为真？

A. 在实施尾气排放新标准的头三个月中，除了"宏达"车以外，所有品牌的汽车在春江市的月销售量都明显下降。

B. 在实施尾气排放新标准之前的三个月中，除了"宏达"车以外，所有品牌的汽车销售量在春江市汽车市场所占的份额明显下降。

C. 如果汽车尾气排放新标准不实施，"宏达"车在春江市汽车市场上所占的销售份额会比题干所断定的情况更低。

D. 如果汽车尾气排放新标准继续实施，春江市的汽车月销售总量将会出现下降。

E. 由于实施了汽车尾气排放新标准，在春江市销售的每辆"宏达"汽车的平均利润有所上升。

【解析】题干：在尾气排放新标准实施的头三个月中，"宏达"车在春江市的月销售量仍然保持在去年年底达到的水平，但在春江市的汽车市场上所占的销售份额明显下降。

$$市场份额＝\frac{本品牌销售额}{所有品牌销售额}×100\%。$$

结论："宏达"车的销售额没变，但市场占有率下降，说明这三个月中，其他品牌的销售额上升。

A 项，与上述结论矛盾，不可能为真。

B 项，在实施尾气排放新标准"之前的三个月"的情况，题干没有提及，可真可假。

其余各项，题干均没有提及，可真可假。

【答案】A

例 17 联香和花为都是经营个人电脑的公司。为了在个人电脑市场方面与几家国际大公司较量，联香公司和花为公司在加强管理、降低成本、提高质量和改善服务几方面实行了有效的措施，2021 年的个人电脑销售量比 2020 年分别增加了 15 万台和 12 万台，令国际大公司也不敢小看它们。

根据以上事实，最能得出下面哪项结论？

A. 在 2021 年联香公司与花为公司的个人电脑销售量超过了国外公司在中国的个人电脑销售量。

B. 在 2021 年联香公司和花为公司用降价倾销的策略扩大了市场份额。

C. 在 2021 年联香公司的个人电脑销售量的增长率超过花为公司的增长率。

D. 在价格、质量相似的条件下，中国的许多消费者更喜欢买进口电脑。

E. 在个人电脑市场上，2021 年联香公司的市场份额增长量超过了花为公司的市场份额增长量。

【解析】题干：联香公司和花为公司在加强管理、降低成本、提高质量和改善服务几方面实行了有效的措施，2021 年的个人电脑销售量比 2020 年分别增加了 15 万台和 12 万台，令国际大公司也不敢小看它们。

A 项，题干中没有国外公司个人电脑的销售数据，故此项无法确定真假。

B 项，题干中的两个公司采取了四方面的措施，而不仅仅是"降价倾销"。

C 项，不必然为真，因为增长率 $= \dfrac{增长量}{原销量} \times 100\%$，只知道增长量，不知道原来的销售量，无法判断增长率。

D 项，题干中无此信息，故此项无法确定真假。

E 项，必然为真，因为市场份额增长率 $= \dfrac{本公司销售增长量}{市场总销量} \times 100\%$，联香公司和花为公司处于同一市场，即市场总销量是固定的，所以，联香公司的销量增长量更大，则其市场份额的增长量也更大。

【答案】E

4. 利润与利润率

利润和利润率是逻辑考试中最常见的几种数量关系之一，其基本等量关系如下：

$$利润 = 收入（销售总额） - 成本。$$

$$利润率 = \frac{利润}{成本} \times 100\% = \frac{收入 - 成本}{成本} \times 100\%。$$

命题时，题干通常不会直接给出利润的变化，一般而言，都是根据利润的计算公式，在收入和成本方面设置命题陷阱。尤其是在论证逻辑的试题中，仅仅根据收入或成本的变动，去得出利润或者利润率的某种变化。通常而言，这种论证过程是存在缺陷的。

例如：

今年年初，天河公司为扩大公司产品的市场占有率，决定第二季度在全国各地进行大量宣传。公司的董事长在述职会议上说道："公司内部最新的统计数据报告显示，相比第一季度的销售额，宣传后的第二季度公司的销售总额呈现出了明显的上升。"公司股东王某由此断定，第二季度的利润也必将上升，利润上升给他带来的个人分红也将更多。

【分析】

上例中的基本结构如下：

第二季度公司的销售总额相比第一季度呈现出了明显的上升 $\xrightarrow[\text{预测}]{}$ 第二季度的利润也必将上升，给他带来的个人分红也将更多。

很明显，上例中的论证过程是存在缺陷的。股东王某仅仅依据销售总额的上升就断定公司的利润也必将上升，很明显王某忽略了成本问题。如果成本保持不变，或者成本的增加较小，那么公司的利润是可能上升的；如果成本的增加较大，超过了销售额的增加，那么公司的利润是下降的。

典型例题

例18 2012年入夏以来，美国遭遇了50多年来最严重的干旱天气，本土48个州有三分之二的区域遭受中度以上旱灾，预计玉米和大豆将大幅度减产。然而，美国农业部8月28日发布的报告预测，2012年美国农业净收入有望达到创纪录的1 222亿美元，比去年增加3.7％。

如果以下陈述为真，则哪一项最好地解释了上述看似矛盾的两个预测？

A. 2012年，全球许多地方遭遇干旱、高温、暴雨、台风等自然灾害。

B. 目前玉米和大豆的国际价格和美国国内价格均出现暴涨。

C. 美国农场主可以获得农业保险的赔款，抵消一部分减产的影响。

D. 为应对干旱，美国政府对农场主采取了诸如紧急降低农业贷款利率等一系列救助措施。

E. 美国农业基础较好，在全球有广泛的影响力。

【解析】 待解释的现象：美国遭遇了50多年来最严重的干旱天气，预计玉米和大豆将大幅度减产，但是2012年美国农业净收入有望达到创纪录的1 222亿美元，比去年增加3.7％。

净收入＝总收入－成本。

总收入＝单价×数量。

B项，根据"总收入＝单价×数量"，虽然玉米和大豆将大幅度减产，但是由于价格的暴涨，收入是可能增加的，故此项可以解释题干的预测。

C、D项中的措施可以减少农场主的部分损失，但无法解释收入提高，甚至"创纪录"。

其余各项均为无关选项。

【答案】 B

● 本节自测习题 ●

1. 2020 年，中国约有 14 亿总人口。而中国互联网络信息中心（CNNIC）发布的第 47 期《中国互联网发展统计报告》显示，2020 年，中国互联网用户数量已达到 9.89 亿，其中，短视频用户有 8.73 亿，超过 50% 的网民年龄在 40 岁以下，21% 的网民为学生。

   根据以上资料，最能推出以下哪项？

   A. 现在投资短视频领域将有利可图。

   B. 老年人在中国网民中的占比接近 50%。

   C. 学生中经常上网的人不足 25%。

   D. 我国网民数量已占全国总人口的 70% 以上。

   E. 无聊的人经常上网。

2. 广告：世界上最好的咖啡豆产自哥伦比亚。在咖啡的配方中，哥伦比亚咖啡豆的含量越高，则配制的咖啡越好。克力莫公司购买的哥伦比亚咖啡豆最多，因此，有理由相信，如果你购买了一罐克力莫公司的咖啡，那么，你就买了世界上配制最好的咖啡。

   以下哪项如果为真，最能削弱上述广告中的论证？

   A. 克力莫公司配制及包装咖啡所使用的设备和其他咖啡制造商的不一样。

   B. 不是所有克力莫公司的竞争者在他们销售的咖啡中，都使用哥伦比亚咖啡豆。

   C. 克力莫公司销售的咖啡比任何别的公司销售的咖啡多得多。

   D. 克力莫公司咖啡的价格是现在配制的咖啡中最高的。

   E. 大部分没有配制过的咖啡比配制最好的咖啡好。

3. 去年 MBA 入学考试的五门课程中，王海天和李素云只有数学成绩相同，其他科目的成绩互有高低，但所有课程的分数都在 60 分以上。在录取时只能比较他们的总成绩了。

   下列哪项如果为真，能够使你判断出王海天的总成绩高于李素云？

   A. 王海天的最低分是数学，而李素云的最低分是英语。

   B. 王海天的最高分比李素云的最高分高。

   C. 王海天的最低分比李素云的最低分高。

   D. 王海天的最低分比李素云的两门课分别的成绩高。

   E. 王海天的最低分比李素云的平均成绩高。

4. 一种新型的石油燃烧器——在沥青工厂中使用——是如此的有效率，以至于向沥青工厂出售一台这样的燃烧器，其价格是这样计算的：用过去两年该沥青厂家使用以前的石油燃烧器实际支付的成本总数减去将来两年该沥青厂家使用这种新型的石油燃烧器将支付的成本总数的差额。当然，在安装时，工厂会进行一次估计支付，两年以后再将其调整为与实际的成本差额相等。

   下面哪项如果发生的话，会对新型的石油燃烧器的销售计划造成不利？

   A. 另一个制造商把有相似效率的石油燃烧器引入市场。

   B. 该沥青厂家的规模需要不止一台新型的石油燃烧器。

   C. 该沥青厂家原有的石油燃烧器效率非常差。

D. 市场上对沥青的需求下降。

E. 新型的石油燃烧器安装后不久，石油价格持续上涨。

习题详解

1. D

【解析】占比问题。

题干中有以下信息：

①2020 年，中国约有 14 亿总人口。

②2020 年，中国网民数量已达到 9.89 亿。

③中国网民中的短视频用户有 8.73 亿。

④超过 50% 的网民年龄在 40 岁以下。

⑤21% 的网民为学生。

A 项，由题干信息③可知，短视频用户有 8.73 亿，但这并不能保证投资该领域一定获利，故此项不能被推出。

B 项，由题干信息④可知，40 岁以上的人在中国网民中的占比低于 50%，但无法确定其中的老年人的比例，故此项不能被推出。

C 项，由题干信息⑤可知，21% 的网民为学生，但无法确定其中有多大比例的学生会经常上网，故此项不能被推出。

D 项，网民占比 $=\dfrac{\text{网民数量}}{\text{总人口}}=\dfrac{9.89\ \text{亿}}{14\ \text{亿}}\approx 70.6\%$，故此项为真。

E 项，无关选项，题干没有提及"无聊的人"。

2. C

【解析】占比问题。

题干：①在咖啡的配方中，哥伦比亚咖啡豆的含量越高，则配制的咖啡越好。

②克力莫公司购买的哥伦比亚咖啡豆最多 $\xrightarrow[\text{证明}]{}$ 克力莫公司的咖啡是世界上配制最好的咖啡。

$$\text{哥伦比亚咖啡豆的含量}=\frac{\text{哥伦比亚咖啡豆的使用量}}{\text{生产的咖啡总量}}\times 100\%。$$

C 项，说明克力莫公司虽然用的哥伦比亚咖啡豆最多（分子大），但是，这家公司生产的咖啡总量也比其他公司多得多（分母大），那么，哥伦比亚咖啡豆的含量就不一定高了，从而说明咖啡的质量也未必是最好的，削弱题干。

其余各项均不能削弱题干。

3. E

【解析】平均值问题。

E 项，王海天的最低分比李素云的平均成绩高，所以王海天的每门课程都比李素云的平均成绩高，那么王海天的平均成绩一定高于李素云，当然在总成绩上也高于李素云。

其余各项都不能确定王海天的总成绩高于李素云。

4. E

【解析】数量关系的削弱。

题干：新型的石油燃烧器价格＝过去两年使用旧石油燃烧器实际支付的成本总数－将来两年使用新型石油燃烧器实际支付的成本总数。

A项，有竞争对手出现，能造成一定程度的不利，但和题干中的定价策略并不直接相关。

B项，对销售有利，因为厂家需求量越大，越有利于新型的石油燃烧器的销售。

C项，原有的石油燃烧器效率越低，新型的石油燃烧器就越有吸引力，即对其销售有利。

D项，需求下降能造成一定程度的不利，但和题干中的定价策略并不直接相关。

E项，如果石油价格持续上涨，会导致将来两年的石油成本上涨，从而降低新型的石油燃烧器的价格，从而降低利润，故 E 项正确。

第 **7** 节 论证的评价

根据前文的学习，我们知道论证的基本结构如下（见图 4-5）：

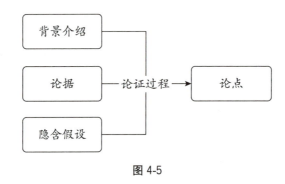

图 4-5

那么如何评价一个论证的成立性呢？我们可以从以下几个方面思考：

论据成立吗？

论点明确吗？

论据可以支持论点吗？

隐含假设成立吗？

论证过程有无不当之处？

······

典型例题

例 19 据报道，某科学家在一块 60 万年前来到地球的火星陨石上发现了有机生物的痕迹，因为该陨石由二氧化碳化合物构成，该化合物产生于甲烷，而甲烷可以是微生物受到高压和高温作用时产生的。由此可以推断火星上曾经有过生物，甚至可能有过像人一样的高级生物。

以下条件除了哪项外，都能对上文的结论提出质疑？

A. 火星陨石在地球上的 60 万年间可能产生了很多的化学变化，要界定其中哪些物质仍完全保留着在火星上的性质不是那么容易的。

B. 60 万年的时间与宇宙的年龄相比是微不足道的，但在这一期间的生物进化历史可以是丰富多彩的。

C. 微生物受到高压和高温作用时可以产生甲烷，但甲烷是否可以由其他方法产生是有待探讨的一个问题。

D. 由微生物进化到人类需要足够的时间和合适的条件，其复杂性及其中的一些偶然性可能是现在的人们难以想象的。

E. 所说的二氧化碳化合物可以从甲烷产生，但也不能绝对排除从其他物质产生的可能性。

【解析】

第 1 步：读问题。

"以下条件除了哪项外，都能对上文的结论提出质疑"，确定本题为"削弱题"。

第 2 步：分析论证结构。

据报道，①某国科学家在一块 60 万年前来到地球的火星陨石上发现了有机生物的痕迹，因为(论据标志词)②该陨石由二氧化碳化合物构成，③该化合物产生于甲烷，④而甲烷可以是微生物受到高压和高温作用时产生的。由此可以推断(论点标志词)⑤火星上曾经有过生物，⑥甚至可能有过像人一样的高级生物。

"因为"是论据标志词，可知②、③、④是本段的论据。那么，"因为"用来解释说明哪句话呢？当然是断定①。

"由此可以推断"是论点标志词，而且从句子上分析⑤、⑥"有所断定"，可知⑤、⑥是论点。但问题在于"由此可以推断"的"此"指代的是什么呢？很多同学误认为是②、③、④，但通过上文的分析，我们知道②、③、④的目的是得出断定①，从而再由断定①推论出断定⑤、⑥，所以"由此可以推断"的"此"指的是断定①。

故本段的论证结构为：

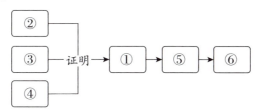

第 3 步：削弱思路。

论据②、③、④成立吗？如果论据②、③、④成立的话，能推断出①吗？①能推断出⑤吗？⑤能推断出⑥吗？

第 4 步：分析选项。

A 项，质疑①→⑤，说明即使在"火星陨石"上发现有机生物，也无法推断"火星"上曾经有过生物。

B 项，支持⑤→⑥，说明如果火星上有过"生物"，就可能推断出火星上有过像人一样的"高级生物"。

C 项，质疑④→①，说明即使发现了"甲烷"，也无法推断出火星陨石上存在"有机生物"。

D 项，质疑⑤→⑥，说明即使火星上有过"生物"，也无法推断出火星上有过像人一样的"高级生物"。

E 项，质疑论据③，说明该二氧化碳化合物未必是从甲烷产生的。

【答案】B

I. 论据的评价

1.1 真实性

论据既然是作为证据来证明一个论点的，它就必须是已知真实的。如果论据本身就是有问题的，甚至是虚假的或捏造的，它又如何证明论点成立呢？法庭上的"伪证"其实就是这种情况。在此情况下，论证者犯了**"虚假论据"**的逻辑错误。

例如：

隔夜的白开水中亚硝酸盐会严重超标，因此，喝隔夜的白开水会致癌。

【分析】

在上述论证中，论据是"隔夜的白开水中亚硝酸盐会严重超标"，如果这一论据本身是假的，当然就无法证明其观点的成立性。实际上，老吕查阅的资料显示：水中亚硝酸盐含量极低，家庭饮用水一般都是市政自来水，需经过沉淀、消毒、过滤等工艺流程，微生物、亚硝酸盐等指标均在检测标准内。如果水质合格，硝酸盐含量很少，它所产生的亚硝酸盐相应也就很少。

典型例题

例20 李教授：目前的专利事务所工作人员很少有科技专业背景，但专利审理往往要涉及专业科技知识。由于本市现有的专利律师没有一位具有生物学的学历和工作经验，因此，难以处理有关生物方面的专利。

以下哪项如果为真，最能削弱李教授的结论？

A. 大部分科技专利事务仅涉及专利政策和一般科技知识，不需要太多的专门技术知识。

B. 生物学专家对专利工作不感兴趣，因此专利事务所很少与生物学专家打交道。

C. 既熟悉生物知识，又熟悉专利法规的人才十分缺乏。

D. 技术专家很难有机会成为本专业以外的行家。

E. 专利律师的收入和声望不及高科技领域的专家，因此难以吸引他们加入。

【解析】

第1步：读问题。

"以下哪项如果为真，最能削弱李教授的结论"，确定本题为"削弱题"。

第2步：分析论证结构。

李教授：目前的专利事务所工作人员很少有科技专业背景，但专利审理往往要涉及专业科技知识(论据①)。由于本市现有的专利律师没有一位具有生物学的学历和工作经验(论据②)，因此(论点标志词)，难以处理有关生物方面的专利(论点)。

第3步：分析选项。

A 项，说明专利审理不需要专业知识，质疑李教授的论据①的真实性，从而削弱题干。

B、C、E项，说明了专利事务所缺少生物科技人员的原因，这是对论据②的解释，而不是削弱。

D项，指出技术专家很难有机会成为本专业以外的行家，那么既然本专利事务所缺少生物学专家，就很难让其他专家来处理有关生物方面的专利，支持题干。

【答案】A

1.2 相关性

论据作为证明论点的依据，与论点须具备必然的相关性。

比如，老吕的颜值高低，与老吕的逻辑课程好坏没有必然关系；康哥的头发多少，与康哥的英语课程好坏也没有必然关系；同样，一个男明星是不是小鲜肉，与他的演技好坏也没有必然关系。

然而，我们却经常把一些在情感上、历史上、人格上等方面相关，在逻辑上并不相关的内容作为论据使用。如果这样，就会犯逻辑谬误。

(1)诉诸权威

权威的观点可以被认为是真实的吗？

诚然，宝马汽车的技术人员有资格讨论宝马汽车的优劣，律师有资格分析案情，老师有资格评价一个学校的教学体系，医生有资格讨论病情和治疗方案。这些人是某一领域的专家，具备在某一领域的权威性，因此，向他们咨询相关领域的问题、获取相关领域的建议是合理的。

但是，我们要清醒地认识到，专家或者权威者的意见有时候也并不足信。首先，专家或权威者有时候是利益相关者，有可能会为了利益而掩盖真相；其次，专家或权威者不是万能的，他们也会犯错。因此，仅仅因为专家或权威者的权威地位，就认为他们的观点正确，这是不符合逻辑的，犯了"<u>诉诸权威</u>"的逻辑错误，其中"诉诸"的意思是"借助于"，"诉诸权威"的意思是借助于权威的身份来说服别人。总之，一个人的观点是否可信，与他的身份关系不大，关键还是要看他的论据是否足以证明他的结论。

例如：

任正非是中国最成功的企业家之一，因此，他说的话都是真理。

【分析】

在上述论证中，仅仅因为任正非的成功人士的身份，就认为他的观点是正确的，这就犯了"<u>诉诸权威</u>"的逻辑错误。

(2)诉诸人身

诉诸人身，即在论证过程中，将立论或反驳的重心指向提出论点的人，而不是论点本身，因人立言或因人废言。

例如：

像谦谦这样花心的男人，人品都有问题，怎么可能写出脍炙人口的歌曲呢？

【分析】

其实，一个人人格高尚与否，与其是否有足够的才华写出好歌曲之间在逻辑上并不相关。比如唐诗《悯农》中有一句流传千古的名句："谁知盘中餐，粒粒皆辛苦"，其作者李绅因此被称为"悯农诗人"。然而在生活中，李绅是一个生活奢侈、为政残暴的酷吏。可见一个人高尚与否，与其作品是否伟大之间并不具备必然的相关性。如果仅仅依据一个人的人格好坏就对他的作品或观点妄下论断，就犯了"**诉诸人格（诉诸人身）**"的逻辑错误。

(3)诉诸众人

诉诸众人，即在论证过程中，以众人的意见、见解来进行论证，大家都认为是对的，那一定就是对的。

《战国策》中记载了一个"三人成虎"的故事：

庞葱要陪太子到邯郸去做人质，庞葱对魏王说："现在，如果有一个人说大街上有老虎，大王相信吗？"魏王说："不相信。""如果是两个人说呢？大王相信吗？"魏王说："那我就要怀疑了。""如果增加到三个人呢，大王相信吗？"魏王说："我相信了。"庞葱说："大街上不会有老虎那是很清楚的，但是三个人说有老虎，就像真有老虎了。如今邯郸离大梁，比我们到街市远得多，如果毁谤我的人超过了三个，希望您能明察秋毫。"魏王说："我知道该怎么办。"于是庞葱告辞而去，而毁谤他的话很快传到了魏王那里。后来太子结束了人质的生活，庞葱果真不能再见魏王了。

【分析】

"三人成虎"其实就是诉诸众人，即误认为大家都这么说，看来就是真的了。庞葱讲的这个故事，算是准确地预言了自己的命运，而魏王也没有摆脱诉诸众人这一逻辑谬误，还是听信了他人对庞葱的诋毁。我们是学逻辑的人，凡事要看论据，不能当"魏王"。

(4)诉诸情感

很多人会以激发人的怜悯、愤怒、畏惧等情绪，来代替理智论证，但是这些情绪仅仅是在情感上相关，在逻辑上并不相关。

例如：

你妈妈常会这么说：我一把屎一把尿把你拉扯大，你不好好学习，对得起我的心血吗？

【分析】

这句话其实是妈妈对孩子的一种情感绑架，孩子是否应该好好学习，更多的是和孩子自己的发展相关，而和父母的辛苦程度关系不大。

(5)诉诸无知

如果把没有证据证明一个观点成立或不成立，当作这个观点成立或不成立的理由，就犯了"**诉诸无知**"的逻辑谬误。

想避免这种谬误，就要求我们无论是证明自己的观点，还是反驳别人的观点，都要有充足的论据，不能仅仅因为自己的猜测来断定一个观点是否正确。法律上所说的"谁主张谁举证"和"疑罪从无"就体现了这一点。

例如：

世界上有鬼，因为没有人能证明没有鬼。

世界上没有鬼，因为没有人能证明有鬼。

典型例题

例21 人们经常使用微波炉给食品加热。有人认为，微波炉加热时食物的分子结构发生了改变，产生了人体不能识别的分子。这些奇怪的新分子是人体不能接受的，有些还具有毒性，甚至可能会致癌。因此，经常吃微波食品的人或动物，体内会发生严重的生理变化，从而造成严重的健康问题。

以下哪项最能质疑上述观点？

A. 微波加热不会比其他烹调方式导致更多的营养流失。

B. 我国微波炉生产标准与国际标准、欧盟标准一致。

C. 发达国家使用微波炉也很普遍。

D. 微波只是加热食物中的水分子，食品并未发生化学变化。

E. 自 1947 年发明微波炉以来，还没有因微波食品导致癌变的报告。

【解析】

第 1 步：读问题。

"以下哪项最能质疑上述观点"，确定本题为"削弱题"。

第 2 步：分析论证结构。

题干：人们经常使用微波炉给食品加热（背景介绍）。有人认为，微波炉加热时食物的分子结构发生了改变，产生了人体不能识别的分子。这些奇怪的新分子是人体不能接受的，有些还具有毒性，甚至可能会致癌（论据）。因此（论点标志词），经常吃微波食品的人或动物，体内会发生严重的生理变化，从而造成严重的健康问题（论点）。

第 3 步：分析选项。

A 项，题干讨论的是微波食品的"危害"，此项讨论的是微波食品的"营养"，故此项与题干的论证不相关。

B、C 项，试图借助于"欧盟""发达国家"等权威的情况来说服人，诉诸权威，不能削弱题干的论证。另外，C 项中的"也很普遍"有诉诸众人的嫌疑。

D 项，质疑论据的真实性，微波只加热食物中的水分子，食品并未发生化学变化，即食物的分子结构并没有发生变化。故此项可以削弱题干的论证。

E 项，把没有证据证明发生了癌变，当作没有发生癌变的证据，诉诸无知，不能削弱题干的论证。

【答案】D

例 22 办公室主任：本办公室不打算使用循环再利用纸张。给用户的信件必须能留下好的印象，不能打印在劣质纸张上。

文具供应商：循环再利用纸张不一定是劣质的。事实上，最初的纸张就是用可回收材料制造的。一直到 19 世纪 50 年代，由于碎屑原料供不应求，才使用木纤维作为造纸原料。

以下哪项最为恰当地概括了文具供应商的反驳中存在的漏洞？

A. 没有意识到办公室主任对于循环再利用纸张的偏见是由于某种无知。

B. 使用了不相关的事实来证明一个关于产品质量的断定。

C. 不恰当地假设办公室主任了解纸张的制造工艺。

D. 忽视了办公室主任对产品质量关注的合法权利。

E. 不恰当地假设办公室主任忽视了环境保护。

【解析】办公室主任：本办公室不打算使用循环再利用纸张，因为这种纸张是劣质纸张。

文具供应商：循环再利用纸张不一定是劣质的，因为最初的纸张就是用可回收材料制造的。

文具供应商指出了"最初的纸张是用可回收材料制造的"这一个事实，但这仅仅介绍了这类纸张的发展历史，并没有涉及这类纸张的质量。因此，文具供应商的论据和他的观点<u>不相关</u>。

故 B 项恰当地指出了文具供应商的反驳中存在的漏洞。

【答案】B

例 23 计算机科学家已经发现被称为"阿里巴巴"和"四十大盗"的两种计算机病毒。这些病毒常常会侵入计算机系统文件中，阻碍计算机文件的正确存储。幸运的是，目前还没有证据证明这两种病毒能够完全删除计算机文件，所以，发现这两种病毒的计算机用户不必担心自己的文件被清除掉。

以上论证是错误的，因为它：

A. 用仅仅是对结论加以重述的证据来支持它的结论。

B. 没有考虑这一事实：没被证明的因果关系，人们也可以假定这种关系的存在。

C. 没有考虑这种可能性：即使尚未证明因果关系的存在，这种关系也是存在的。

D. 并没有说明计算机病毒删除文件的技术机制。

E. 没有说明这两种病毒是通过哪种方式侵害计算机。

【解析】题干的论证结构分析：

计算机科学家已经发现被称为"阿里巴巴"和"四十大盗"的两种计算机病毒。这些病毒常常会侵入计算机系统文件中，阻碍计算机文件的正确存储(背景介绍)。幸运的是，<u>目前还没有证据证明这两种病毒能够完全删除计算机文件</u>(论据)，所以(论点标志词)，<u>发现这两种病毒的计算机用户不必担心自己的文件被清除掉</u>(论点)。

可见，题干由"没有证据证明这两种病毒能够完全删除计算机文件"得出"发现这两种病毒的用户不必担心自己的文件被删除"，犯了<u>诉诸无知</u>的逻辑错误，故 C 项正确。

【答案】C

例 24 学生：IQ 和 EQ 哪个更重要？您能否给我指点一下？

学长：你去书店问问工作人员关于 IQ 和 EQ 的书，哪类销得快，哪类就更重要。

以下哪项与题干中的问答方式最为相似？

A. 员工：我们正制定一个度假方案，你说是在本市好，还是去外地好？

经理：现在年终了，各公司都在安排出去旅游，你去问问其他公司的同行，他们计划去哪里，我们就不去哪里，不凑热闹。

B. 平平：母亲节那天我准备给妈妈送一份礼物，你说是送花好，还是送巧克力好？

佳佳：你在母亲节前一天去花店看一下，看看买花的人多不多不就行了嘛？

C. 顾客：我准备买一件毛衣，你看颜色是鲜艳一点好，还是素一点好？

店员：这个需要结合自己的性格与穿衣习惯，各人可以有自己的选择与喜好。

D. 游客：我们前面有两条山路，走哪一条更好？

导游：你仔细看看，哪一条山路上车马的痕迹深，我们就走哪一条。

E. 学生：我正在准备期末复习，是做教材上的练习重要，还是理解教材内容更重要？

老师：你去问问高年级得分高的同学，他们是否经常背书做练习。

【解析】

第1步：读问题。

"以下哪项与题干中的问答方式最为相似"，确定此题为"结构相似题"，即确定一个论证方式与题干最相似的选项。

第2步：分析论证结构。

学长：关于 IQ 和 EQ 的书，哪类销得快，哪类就更重要。

可见，学长犯了<u>诉诸众人</u>的逻辑错误。

第3步：分析选项。

A项，"他们计划去哪里，我们就<u>不去</u>哪里"，不是诉诸众人，与题干不同。

B项，<u>诉诸众人</u>，但是题干还进行了两类对象的比较，而此项没有比较，因此类似度不高。

C项，顾客问毛衣颜色是鲜艳一点好还是素一点好，店员却说每个人都有自己的喜好，其实并没有正面回答顾客的问题，答非所问。

D项，<u>诉诸众人</u>，且有两类对象的比较，故与题干最为相似。

E项，"高年级得分高的同学"可视为权威，故此项犯了<u>诉诸权威</u>的逻辑错误，与题干不同。

【答案】D

1.3 充分性

有的论据是论点的充分条件，有了这个论据当然就能证明论点成立。但很多时候，一个或少量论据很难足够地证明论点成立，我们就要用多个论据从不同的侧面来证明论点。

例如：

情况①：某高校发生一起凶杀案，凶杀现场有康哥的指纹，因此，康哥是杀人凶手。

情况②：某高校发生一起凶杀案，凶杀现场发现大量康哥的指纹。现场发现一把匕首，匕首的形状与死者的致命伤口吻合，在匕首上也同样发现了康哥的指纹；现场出现打斗痕迹，而且经尸检发现，死者指甲缝中存在一些人体的表皮组织，经 DNA 鉴定，与康哥的 DNA 吻合。据此，调查人员立即抓捕了康哥，发现康哥的脖子上有被人抓伤的痕迹。经调查，死者与康哥存在感情纠纷，因此康哥始终怀恨在心。经调查人员的突击审问，康哥对自己的犯罪行为供认不讳，并指认了现场。因此，可以确认，康哥是杀人凶手。

【分析】

以上案例中，情况①仅由一个孤立的证据，就断定康哥是杀人凶手，论据并不充分。情况②中，大量物证、杀人动机、口供、指认现场等形成了完整的证据链条，可以算是"铁证如山"了，即构成了得出观点的充分论据。

典型例题

例25 在两座"甲"字形大墓与圆形夯土台基之间，集中发现了五座马坑和一座长方形的车马坑。其中两座马坑各葬 6 匹马。一座坑内骨架分南北两排摆放整齐，前排 2 匹、后排 4 匹，由西向东依序摆放；另一座坑内马骨架摆放方式较特殊，6 匹马两两成对或相背放置，头向不一。比较特殊的现象是在马坑的中间还放置了一个牛角，据此推测该马坑可能和祭祀有关。

以下哪项如果为真，最能支持上述推测？

A. 牛角是古代祭祀时的重要物件。

B. 祭祀时殉葬的马匹必须头向一致基本形制。

C. 6 匹马是古代王公祭祀时的一种基本形制。

D. 只有在祭祀时，才在马坑中放置牛角。

E. 如果马骨摆放得比较杂乱，那一定是由于祭祀时混乱的场面造成的。

【解析】

第 1 步：读问题。

"以下哪项如果为真，最能支持上述推测"，确定此题为"支持题"，即帮助题干证明题干论点的成立性。

第 2 步：分析论证结构。

在两座"甲"字形大墓与圆形夯土台基之间，集中发现了五座马坑和一座长方形的车马坑。其中两座马坑各葬 6 匹马。一座坑内骨架分南北两排摆放整齐，前排 2 匹、后排 4 匹，由西向东依序摆放；另一座坑内马骨架摆放方式较特殊，6 匹马两两成对或相背放置，头向不一（背景介绍）。比较特殊的现象是在马坑的中间还放置了一个牛角（论据），据此推测（论点标志词）该马坑可能和祭祀有关（论点）。

题干的论证关系为：马坑的中间放置了一个牛角 ——证明→ 该马坑可能和祭祀有关。

第 3 步：分析选项。

A 项，牛角是古代祭祀时的重要物件，能够佐证牛角的出现可能和祭祀有关，故此项支持题干。

B、C、E 项，涉及的都是"马"的情况，与题干中"牛角"和"祭祀"的关系不相关。

D 项，只有在祭祀时，才在马坑中放置牛角，形式化为：牛角→祭祀。即牛角是祭祀的充分条件，只要出现牛角，一定是用于祭祀（论据是充分的）。因此，若此项成立，则题干必然成立，故此项支持力度最大，为正确答案。

【答案】D

1.4 其他对论据的要求

对归纳论证来说，我们要求样本要有"代表性"，调查机构具有"中立性"；对类比论证来说，我们要求类比对象具有"可比性"。由于这些内容前面已有讲述，因此，本节不再赘述。

2. 对隐含假设的评价

隐含假设就是对方在论述中虽未言明，但是其结论要想成立所必须具有的一个前提。如果隐含假设不成立，那么这个论点也就无法成立了。

典型例题

例 26 张林是奇美公司的总经理，潘洪是奇美公司的财务主管。奇美公司每年生产的紫水晶占全世界紫水晶产品的 2%。潘洪希望公司通过增加产量使公司利润增加。张林却认为，增加产量将会导致全球紫水晶价格下降，反而会导致利润减少。

以下哪项最为恰当地指出了张林的逻辑推断中存在的漏洞？

A. 将长期需要与短期需要互相混淆。

B. 将未加工的紫水晶与加工后的紫水晶的价格互相混淆。

C. 不当地假设奇美公司的产品是与全球的紫水晶市场紧密联系的。

D. 不当地假设奇美公司的生产目标与财务目标不一定是一致的。

E. 不当地假设奇美公司的产品供给变化会显著改变整个水晶市场产品的总供给。

【解析】题干的问题是"以下哪项最为恰当地指出了张林的逻辑推断中存在的漏洞"，故着重看张林的观点。

张林：增加产量将会导致全球紫水晶价格下降，会导致利润减少。

张林的论证假设了奇美公司紫水晶产量的提高会使得全球紫水晶的供给量增加，从而导致价格下降，利润减少，但是此假设未必成立，该公司的产品供给不一定会对全球水晶市场的产品总供给产生较大影响。故 E 项正确地指出了张林的逻辑推断中存在的漏洞。

【答案】E

例27 2005 年打捞公司在南川岛海域调查沉船时意外发现一艘载有中国瓷器的古代沉船，该沉船位于海底的沉积层上。据调查，南川岛海底沉积层在公元 1000 年形成，因此，水下考古人员认为，此沉船不可能是公元 850 年开往南川岛的"征服号"沉船。

以下哪项如果为真，最能严重地弱化上述论证？

A. 历史学家发现，"征服号"既未到达其目的地，也未返回其出发的港口。

B. 通过碳素技术测定，在南川岛海底沉积层发现的沉船是在公元 800 年建造的。

C. 经检查发现，"征服号"船的设计有问题，出海数周内几乎肯定会沉船。

D. 公元 700—公元 900 年间某些失传的中国瓷器在南川岛海底沉船中被发现。

E. 在南川岛海底沉积层发现的沉船可能是搁在海底礁盘数百年后才落到沉积层上的。

【解析】题干：2005 年打捞公司在南川岛海域调查沉船时意外发现一艘载有中国瓷器的古代沉船，该沉船位于海底的沉积层上（背景介绍）。据调查（论据标志词），南川岛海底沉积层在公元 1000 年形成（论据），因此（论点标志词），水下考古人员认为，此沉船不可能是公元 850 年开往南川岛的"征服号"沉船（论点）。

题干用沉积层的年代来推断沉船的年代，故题干暗含了一个假设：沉积层的年代和沉船的年代相同。

A 项，说明了"征服号"可能确实沉没，但与沉船年代不相关。

B 项，不能削弱，如果该沉船在公元 800 年建造，不能反驳它可能沉没于 50 年后的公元 850 年。

C 项，说明了沉船的原因，但与沉船年代不相关。

D 项，若该沉船上有公元 900 年的某些失传的中国瓷器，自然不可能是 50 年前（公元 850 年）就沉船了，支持题干的结论。

E 项，削弱隐含假设，指出沉积层的年代和沉船的年代可能不同。

【答案】E

3. 对论点的评价

3.1 明确性

论点中所使用概念的内涵和外延都是明确的。构成论点的判断不能有歧义，否则会犯"论点模糊"或"歧义谬误"的逻辑错误。

例如：

前几天，老吕约一位同学吃饭，发生了如下对话：

老吕："晚上一起吃饭吧？"

同学："我住得远，所以，我不一定能去吃饭。"

老吕："住得有多远？"

同学："有点远。"

老吕："具体在什么位置？"

同学："南边。"

老吕："那到底能不能来吃饭？"

同学："看情况。"

我同学的"委婉"让我费解：第一，到底来不来吃饭？第二，"有点远"到底是有多远？第三，"南边"是什么位置？北京南站？广州？还是澳大利亚？

当然，我们之间的对话并不是严谨的论证。但是，如果我们将这种模糊性甚至有歧义的语言用在论证中，这个论证就很难有效。

3.2 一致性

一致性体现在以下三个方面：

第一，论证对象要一致。即在同一个论证中，论证对象应该是前后一致的。否则，就犯了"偷换论证对象"的逻辑错误。

第二，论题要一致。即在同一个论证中，论证的核心问题应该保持前后一致。否则，就犯了"转移论题"的逻辑错误。

第三，概念的使用要一致。即在同一个论证中，同一个概念的内涵和外延应该完全一致。否则，就犯了"偷换概念"的逻辑错误。

例如：

老吕："我比你帅。"

康哥："你再帅能有吴彦祖帅？"

转移论题：老吕说的是"老吕比康哥帅"，康哥说的是"老吕不如吴彦祖帅"，不是同一个话题。

典型例题

例28 实验发现，口服少量某种类型的安定药物，可使人们在测谎器的测验中撒谎而不被发现。测谎器对人们所产生的心理压力能够被这类安定药物有效地抑制，同时没有显著的副作用。因此，这类药物同样可有效地减少日常生活中的心理压力而无显著的副作用。

以下哪项最能削弱题干中的论证？

A. 任何类型的安定药物都有抑制心理压力的效果。

B. 如果禁止测试者服用任何药物，测谎器就有完全准确的测试结果。

C. 测谎器对人们所产生的心理压力与日常生活中人们面临的心理压力有比较大的差异。

D. 大多数药物都有副作用。

E. 越来越多的人在日常生活中面临日益加重的心理压力。

【解析】题干：测谎器对人们所产生的心理压力能够被这类安定药物有效地抑制，同时没有显著的副作用(论据)。因此(论点标志词)，这类药物同样可有效地减少日常生活中的心理压力而无显著的副作用(论点)。

论据中的论证对象是"测谎器对人们所产生的心理压力"，而论点的论证对象是"日常生活中的心理压力"。题干中出现了论证对象的偷换，因此，我们只要指出二者并不相同，就可以削弱题干，故C项正确。

另外，本题也可以理解为两种不同心理压力的类比，根据前文中类比论证的知识，我们也可以通过指出类比对象有差异进行质疑，C项指出了二者之间的差异，故C项正确。

A项，支持题干，如果"任何类型的安定药物"都可以抑制心理压力，那么题干中的"这种类型的安定药物"也可以起到有效抑制心理压力的效果。

B项，无关选项，题干的论证不涉及测谎器测试结果的准确性。

D项，不能削弱题干，因为，即使"大多数药物"都有副作用，也存在题干中的药物没有显著的副作用的可能性。

E项，无关选项，题干的论证不涉及有多少人存在日常生活中的心理压力。

【答案】C

3.3 成立性

反驳对方的论证，可以采用直接反驳对方论点的方式。但是，如果对论点的反驳缺少理由或依据，则这种反驳就没有力度。

例如：

皇后：我是世界上最漂亮的女人。

魔镜：你不是世界上最漂亮的女人，冬雨才是。

皇后：我是我是我是，冬雨才不是。

【分析】

无论是皇后自认为自己漂亮，还是魔镜认为冬雨漂亮，争论的双方都缺少论据来支持自己而反驳对方，所以，这种争论是无效的争论。

(1)有反面论据吗？

一般来说，判断对方论点的成立性，除了看对方的论据是否足以说明论点外，也可以看有无反面论据证明对方的观点是错的。

例①：

康哥：我真的很帅。

老吕：你不帅。

例②：

康哥：我真的很帅。

老吕：你不帅，因为你没头发。

【分析】

在例②中，老吕对康哥的反驳比例①力度大，因为它给出了一个反面论据"你没头发"，这样当然比没有理由的质疑更好。

典型例题

例 29 魏先生：计算机对于当代人类的重要性，就如同火对于史前人类，因此，普及计算机知识应当从孩子抓起。从小学甚至幼儿园开始就应当介绍计算机知识，一进中学就应当学习计算机语言。

贾女士：你忽视了计算机技术的一个重要特点：这是一门知识更新和技术更新最为迅速的科学。童年时代所了解的计算机知识，中学时代所学的计算机语言，到需要运用的成年时代早已陈旧过时了。

以下哪项作为魏先生对贾女士的反驳最为有力？

A. 快速发展和更新并不仅是计算机技术的特点。

B. 孩子具备接受不断发展的新知识的能力。

C. 在中国，算盘早已被计算机取代，但这并不能说明有关算盘的知识已毫无价值。

D. 学习计算机知识和熟悉某种计算机语言，有利于提高理解和运用计算机的能力。

E. 计算机课程并不是中小学教育的主课。

【解析】

第 1 步：读问题。

"以下哪项作为魏先生对贾女士的反驳最为有力"，可见需要帮助魏先生来反驳贾女士的论证。

第 2 步：分析论证结构。

魏先生：计算机对于当代人类的重要性，就如同火对于史前人类，因此，普及计算机知识应当从孩子抓起。从小学甚至幼儿园开始就应当介绍计算机知识，一进中学就应当学习计算机语言。

贾女士：你忽视了计算机技术的一个重要特点：<u>这是一门知识更新和技术更新最为迅速的科学。童年时代所了解的计算机知识，中学时代所学的计算机语言，到需要运用的成年时代早已陈旧过时了。</u>（论据）

贾女士的话全部都是论据，她的论点是什么呢？当然是为了反驳魏先生的观点，即，她想证明不应从小学习计算机知识。

故贾女士的论证结构为：童年和中学时代所了解的计算机知识到成年时代就过时了 ———→ 不
证明
应从小学习计算机知识。

第3步：分析选项。

A项，快速发展和更新并"不仅是"计算机技术的特点，肯定了快速发展和更新确实是计算机技术的特点，因此，此项看起来是在削弱贾女士，实则支持了贾女士的论据。

B项，无关选项，孩子是否具备接受不断发展的新知识的能力，与要从小学习计算机知识没有必然联系。

C项，试图通过"算盘"这样一个类似的例证（类比）来反驳贾女士，但由于算盘和计算机的差异过大，因此，此项削弱力度弱。

D项，可以削弱，提出反面论据，说明从小学习计算机知识，不仅仅是为了学识，还有利于提高理解和运用计算机的能力。

E项，无关选项，计算机课程是不是主课，与是否要从小学习计算机知识没有关系。

【答案】D

(2)有反例吗？

所谓反例，是指具备命题的条件而不具有命题的结论的一个例子。

例如：

如果下雨，那么地上一定会湿。

反例：昨天下雨了，但是地上没有湿。

如果对方的论点是一个一般性结论，那么，如果存在反例，这个论点就无法成立；但对于一个或然性结论来说，反例的存在并不能说明该或然性结论不成立。

例如：

命题①：所有的哺乳动物都生活在陆地上。

命题②：有的哺乳动物生活在陆地上。

命题③：哺乳动物可能生活在陆地上。

反例：鲸鱼是哺乳动物，但它生活在海洋中。

【分析】

根据形式逻辑中"对当关系"的知识，由"鲸鱼这种哺乳动物不是生活在陆地上"为真，可以画出以下对当关系图，其中"√"表示判断为真，"×"表示判断为假，"?"表示判断真假不定，如图4-6所示：

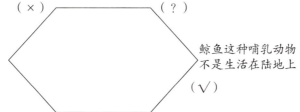

图4-6

可见，存在哺乳动物不是生活在陆地上，会使判断①为假，但判断②和③真假不定。因此，上述反例可以很好地反驳判断①，但无法反驳判断②和③。

典型例题

例30 张先生：常年吸烟可能有害健康。

李女士：你的结论反映了公众的一种误解。我的祖父活了 96 岁，但他从年轻时就一直吸烟。

以下哪项最为恰当地指出了李女士的反驳中存在的漏洞？

A. 试图依靠一个反例推翻一个一般性结论。

B. 试图诉诸个例在不相关的现象之间建立因果联系。

C. 试图运用一个反例反驳一个可能性结论。

D. 不当地依据个人经验挑战流行见解。

E. 忽视了这种可能：她的祖父如果不常年吸烟可能会更为长寿。

【解析】张先生提出一个可能性结论：常年吸烟可能有害健康。

李女士举出一个反例：我的祖父活了 96 岁，但他从年轻时就一直吸烟。

根据上文中的分析，我们可以知道，反例是无法反驳可能性结论的，因此，C 项恰当地指出了李女士的反驳中存在的漏洞。

【答案】C

4. 对论证过程的评价

4.1 符合推理规则吗？

一个论证过程必须符合形式逻辑的基本规则，否则，就是一个无效的论证。

例如：

我喜欢冬雨，我喜欢美女。因此，冬雨是美女。

【分析】

这个论证是一个无效的论证，因为它不符合形式逻辑中三段论的基本逻辑。

4.2 存在循环论证吗？

论据的真实性在先，论点的真实性在后，如果论据的真实性依赖于论点的真实性，就犯了"循环论证"的逻辑错误。简单地说，用 A 来证明 A，就犯了"循环论证"的逻辑错误。

例如：

有一首歌这么唱：因为爱，所以爱，温柔经不起安排。

"因为爱，所以爱"犯了循环论证的逻辑错误。

典型例题

例31 张珊：雄孔雀的羽毛主要是吸引雌孔雀的。但问题是：为什么拥有一身漂亮羽毛的雄孔雀能在求偶中具有竞争的优势呢？

李思：这不难解释，因为雌孔雀更愿意与拥有漂亮羽毛的雄孔雀为偶。

以下哪项陈述准确地概括了李思应答中的错误？

A. 把属于人类的典型特征归属于动物。

B. 把所要解释的现象本身作为对这一现象的一种解释。

C. 基于少数个例得出一般性的结论。

D. 所使用的一个关键概念的含义未和问题中的保持一致。

E. 忽略了两个统计相关的现象之间不一定有因果关系。

【解析】张珊的问题：为什么拥有一身漂亮羽毛的雄孔雀能在求偶中具有竞争的优势呢？即：为什么雌孔雀喜欢拥有漂亮羽毛的雄孔雀？

李思的回答：因为雌孔雀更愿意与拥有漂亮羽毛的雄孔雀为偶，即，因为雌孔雀喜欢拥有漂亮羽毛的雄孔雀。

因此，李思的回答实际上是对张珊问题的重复，李思犯了循环论证的逻辑错误，故 B 项正确。

【答案】B

● 本节自测习题 ●

1. 某国对吸烟情况进行了调查，结果表明，最近三年，中学生吸烟人数在逐年下降。于是，调查组得出结论：吸烟的青少年人数在逐年减少。

下列哪项如果为真，则调查组的结论将受到怀疑？

A. 由于经费紧张，下一年不再对中学生做此调查。

B. 国际上的香烟打进国内市场，香烟的价格在下降。

C. 许多吸烟的青少年不是中学生。

D. 近三年来，反对吸烟的中学生人数在增加。

E. 近三年来，帮助吸烟者的戒烟协会数量在增加。

2. 自然界的水因与大气、土壤、岩石等接触，所以含有多种"杂质"，如钙、镁、钾、钠、铁、氟等。现代人趋向于饮用越来越纯净的水，如蒸馏水、纯水、太空水等。殊不知，长期饮用这种超纯净的水会不利于健康。

下列哪个选项如果为真，则最能支持上述论断？

A. 人们对饮食卫生越注重，人体的健康就会越脆弱。

B. 只有未经处理的自然界的水，才符合人体健康的需要。

C. 超纯净水之所以大受欢迎，是因为它更加卫生、口感更好。

D. 自然界水中的所谓"杂质"，可能是人体必需微量元素的重要来源。

E. 纯净水中所含对人体有害的细菌很少。

3. 我国正常婴儿在 3 个月时的平均体重在 5～6 公斤。因此，如果一个 3 个月的婴儿的体重只有 4 公斤，则说明其间他（她）的体重增长低于平均水平。

以下哪项如果为真，最有助于说明上述论证存在的漏洞？

A. 婴儿的体重增长低于平均水平不意味着发育不正常。

B. 上述婴儿在 6 个月时的体重高于平均水平。

C. 上述婴儿出生时的体重低于平均水平。

D. 母乳喂养的婴儿体重增长较快。

E. 我国婴儿的平均体重较 20 年前有了显著的增加。

4. 我国多数软件开发工作者的"版权意识"十分淡漠，不懂得通过版权来保护自己的合法权益。最近对 500 多位软件开发者的调查表明，在制订开发计划时也同时制订了版权申请计划的仅占 20%。

以下哪项如果为真，最能削弱上述结论？

A. 制订了版权申请计划并不代表有很强的"版权意识"，是否有"版权意识"要看实践。

B. 有许多软件开发者事先没有制订版权申请计划，但在软件完成后申请了版权。

C. 有些软件开发者不知道应该到什么地方去申请版权。有些版权受理机构的服务态度也很差。

D. 版权意识的培养需要有一个好的法制环境。人们既要保护自己的版权，也要尊重他人的版权。

E. 在被调查的 500 名软件开发者以外还有上万名计算机软件开发者，他们的"版权意识"如何，有待进一步调查。

▶习题详解

1. C

【解析】题干：调查结果表明，中学生吸烟人数在逐年下降 ——证明—→ 吸烟的青少年人数在逐年减少。

调查对象是"中学生"，结论是"青少年"，二者显然有区别，C 项指出了这一区别，故 C 项最能削弱题干的结论。

2. B

【解析】题干：自然界的水含有多种"杂质" ——证明—→ 长期饮用纯净水会不利于健康。

A 项，支持题干，但"饮食卫生"与"饮用纯净水"不是同一个概念，支持力度弱。

B 项，搭桥法，符合人体健康的需要→未经处理的自然界的水，等价于：经处理的自然界的水→不符合人体健康的需要。故，若此项为真，则"长期饮用纯净水会不利于健康"这一结论必然为真，支持力度大。

C 项，无关选项，此项解释了人们喜欢饮用超纯净水的原因，但未能说明超纯净的水与健康之间的关系。

D 项，支持题干，提出新论据，说明自然界的水可以为人体提供微量元素，如果长期饮用纯净水会导致人体必需微量元素的缺乏，不利于人体健康，但"可能"是弱化词，故支持力度不如 B 项。

E 项，削弱题干，说明纯净水对人体健康有利。

3. C

【解析】题干：我国正常婴儿在 3 个月时的平均体重在 5～6 公斤 —证明→ 如果一个 3 个月的婴儿的体重只有 4 公斤，则他(她)的体重增长低于平均水平。

前提中比较的是"体重"，结论是"体重增长"，指出二者的差异即可削弱题干。

A 项，无关选项，题干没有涉及如何判断婴儿的发育是否正常。

B 项，无关选项，题干讨论的是婴儿在 3 个月时的情况，与 6 个月时的情况无关。

C 项，若上述婴儿出生时的体重低于平均水平，则这 3 个月内此婴儿的体重增长不一定低于平均水平，削弱题干的结论。

D 项，无关选项，题干没有涉及母乳喂养的问题。

E 项，无关选项，出现了与题干无关的新比较。

4. B

【解析】题干：对 500 多位软件开发者的调查表明，在制订开发计划时也同时制订了版权申请计划的仅占 20% —证明→ 我国多数软件开发工作者的"版权意识"十分淡漠，不懂得通过版权来保护自己的合法权益。

A 项，说明 20% 制订了版权申请计划的软件开发者，也未必有版权意识，加强了题干。

B 项，许多软件开发者在软件完成后申请了版权，说明他们是有版权意识的，削弱题干。

C 项，"有的"人或机构的情况未必有代表性，削弱力度弱。

D 项，无关选项。

E 项，诉诸未知，现在的调查已经是个大样本，另外，进一步的调查，也有可能得出进一步加强题干论点的结论。

第 8 节　谬误

联考考试大纲明确规定要考的谬误有 6 种，即：混淆概念、转移论题、自相矛盾、模棱两可、不当类比、以偏概全。另外，大纲还规定考"其他谬误"，那么"其他谬误"包括什么呢？老吕精研了历史上考过的所有管理类、经济类联考真题，总结了所有考过的谬误并呈现在本节之中。

另外，在本书前面，老吕已经带领大家把常见的谬误学过一遍了，因此，本节的内容重在总结，对前面已有讲解的知识则不再进行详细讲解。

I · 概念型谬误

类型	含义	示例
偷换概念	偷换概念是将两个貌似一样的概念进行代换，实际上改变了概念的修饰语、适用范围、所指对象，等等。当偷换的是对方的论点时，我们也叫"转移论题"。	象是动物，所以小象是小动物。

续表

类型	含义	示例
循环定义	下定义时，定义项中不得直接或间接地包含被定义项，否则就会犯"循环定义"的逻辑错误。	什么是男人？男人就是不是女人的人。 什么是女人？女人就是不是男人的人。

典型例题

例32 临床试验显示，对偶尔食用一定量的牛肉干的人而言，大多数品牌的牛肉干的添加剂并不会导致动脉硬化。因此，人们可以放心食用牛肉干而无须担心对健康的影响。

以下哪项如果为真，最能削弱上述论证？

A. 食用大量牛肉干不利于动脉健康。

B. 动脉健康不等于身体健康。

C. 肉类都含有对人体有害的物质。

D. 喜欢吃牛肉干的人往往也喜欢食用其他对动脉健康有损害的食品。

E. 题干所述的临床试验大都是由医学院的实习生在医师指导下完成的。

【解析】题干：对偶尔食用一定量的牛肉干的人而言，大多数品牌的牛肉干的添加剂并不会导致动脉硬化 —证明→ 人们可以放心食用牛肉干而无须担心对健康的影响。

论据是"不会导致动脉硬化"，结论是"健康"，偷换概念，动脉健康不等于身体健康，故 B 项正确。

A 项，削弱题干，但题干中涉及的是"偶尔食用一定量的牛肉干"，此项涉及的是"食用大量的牛肉干"，因此削弱力度弱。

C 项，偷换论证对象，题干只涉及"牛肉干"，此项涉及的是"肉类"。

D 项，偷换论证对象，题干只涉及"牛肉干"，与其他食品无关。

E 项，显然是无关选项。

【答案】B

例33 什么是奇数？奇数就是偶数加 1。什么是偶数？偶数就是奇数减 1。

下列哪项最为恰当地指出了上述推理的逻辑错误？

A. 偷换概念。

B. 自相矛盾。

C. 以偏概全。

D. 因果倒置。

E. 循环定义。

【解析】题干用偶数来定义奇数，又用奇数来定义偶数，犯了"循环定义"的逻辑错误。

【答案】E

2. 相关型谬误

相关型谬误是指用在逻辑上不相关的而在感情、情绪、态度和信念等心理因素上相关的论据进行论证而导致的思维错误。论证应当重视情感因素的作用，但不能以情感来代替逻辑的合理性。最常见的相关型谬误包含：诉诸无知、诉诸人身、诉诸权威、诉诸情感、诉诸众人等。

类型	含义	示例
诉诸无知	人们断定一件事物正确，只是因为它未被证明是错误的，或断定一件事物错误，只是因为它未被证明是正确的，都属于诉诸无知，即把没有证据当作论据进行论证。	这世界有外星人存在，因为没有理由证明外星人不存在。
诉诸人身	在论证过程中，将立论或反驳的重心指向提出论点的人，而不是论点本身，因人立言或因人废言。	这个人品行不端，坐过牢，说的话一定是假话。
诉诸权威	在论证过程中，以本人或他人的权威为根据来论证某一论点。	物体下落速度和重量成比例，因为伟大的哲学家亚里士多德认为物体下落速度和重量成比例。
诉诸情感	在论证过程中，借助于打动人们的同情心等感情，以诱使人们相信其论点。	我一把屎一把尿把你拉大，让你上学、让你读书，你居然连研究生都不考！
诉诸众人	在论证过程中，以众人的意见、见解来进行论证，大家都认为是对的，那一定就是对的。	三个人谎报市上有虎，于是听者就信以为真。

典型例题

例 34 在几十位考古人员历经半年的挖掘下，规模宏大、内涵丰富的泉州古城门遗址——德济门重现于世。考古人员在此发现了一些古代寺院建筑构件。考古学家据此推测：元明时期该地附近曾有寺院存在。

下列哪项如果为真，最能质疑上述推测？

A. 考古人员未发现任何寺院遗址。

B. 民居也常使用同样的建筑构件。

C. 发掘出的寺庙建筑构件较少。

D. 关于德济门的古代典籍未提到附近有寺院。

E. 现在泉州境内的所有僧人都认为他们所在的寺院是从李唐时期一直延续下来的。

【解析】题干：考古人员在此发现了一些古代寺院建筑构件 ——证明→ 元明时期该地附近曾有寺院存在。

A 项，诉诸无知。

B 项，说明题干中发现的建筑构件有可能是民居的，直接削弱论证。

C 项，此项虽然说"发掘出的寺庙建筑构件较少"，但承认了这些东西是"寺庙建筑构件"，故支持题干。

D 项，诉诸无知，如果有古代典籍记载德济门附近有寺院，可以作为有寺院的证据。但没有古代典籍记载德济门附近有寺院，并不能作为没有寺院的证据。

E 项，以所有僧人的想法作为依据进行论证，此项犯了诉诸众人的逻辑错误。

【答案】B

3. 归纳与类比型谬误

3.1 不当归纳

不当归纳，又称以偏概全，是指以一些样本去推测全体的情况时，由于样本不具备代表性而引起的逻辑谬误。

例如：

据报道，今年长三角地区频频出现"用工荒"现象，2015 年第二季度我国岗位空缺与求职人数的比率约为 1.06，表明 2015 年我国劳动力市场需求大于供应。

【分析】

在本例中，仅根据长三角地区的"用工荒"和 2015 年第二季度我国的岗位空缺与求职人数的比率去断定全年的情况。很明显，犯了以偏概全的逻辑错误，长三角地区仅仅是我国的一个地区，无法代表全国的情况，第二季度的实际情况也无法代表全年的实际情况。

典型例题

例 35 为了调查当前人们的识字水平，某实验者列举了 20 个词语，请 30 位文化人士识读，这些人的文化程度都在大专以上。识读结果显示，多数人只读对 3 到 5 个词语，极少数人读对 15 个以上，甚至有人全部读错。其中，"蹒跚"的辨识率最高，30 人中有 19 人读对；"呱呱坠地"所有人都读错。20 个词语的整体误读率接近 80%。该实验者由此得出，当前人们的识字水平并没有提高，甚至有所下降。

以下哪项如果为真，最能对该实验者的结论构成质疑？

A. 实验者选取的 20 个词语不具有代表性。

B. 实验者选取的 30 位识读者均没有博士学位。

C. 实验者选取的 20 个词语在网络流行语言中不常用。

D. "呱呱坠地"这个词的读音有些大学老师也经常读错。

E. 实验者选取的 30 位识读者中约有 50% 大学成绩不佳。

【解析】题干：实验者列举了"20 个词语"，请"30 位文化人士"识读，误读率很高 ——→ 当前证明 "人们"的"识字水平"并没有提高，甚至有所下降。

题干中的推论要成立，30 位文化人士的识字水平必须能代表当前人们的识字水平，实验中对 20 个词语的识别情况必须能代表对所有词语的识别情况。

A 项，指出所选的词语没有代表性，可以削弱。

其余各项中，识读者是不是拥有博士学位、大学成绩如何，以及这些词在网络流行语中是否常用、是否经常被大学老师读错，对"当前人们的识字水平"的影响不大，是无关选项，无法削弱题干。

【答案】A

3.2 不当类比

类比的结构为：事物1、2都具有某些性质A，事物1又具有性质B，所以，事物2也具有性质B。

如果类比不恰当，我们就将其称为不当类比或机械类比。**不当类比的表现有以下两种：**

(1)类比对象有差异。

(2)前提属性与结论属性不相关。

例如：

《庄子·外篇·至乐》所载鲁侯养鸟的故事，就是机械类比的典型。鲁侯把飞到鲁国城郊的一只海鸟看作神鸟，就用招待贵宾的办法，把它迎到庙堂里，献酒供奉。海鸟被吓得惊慌失措，不吃不喝，三天之后就死了。

鲁侯以自己之所好，推之于鸟，忽略了人与鸟的本质区别，犯了机械类比的逻辑错误。

典型例题

例36　某市繁星商厦服装部在前一阵疲软的服装市场中打了一个反季节销售的胜仗。据统计，繁星商厦皮服的销售额在6、7、8三个月连续成倍数增长，6月527件，7月1 269件，8月3 218件。该市有关主管部门希望在今年冬天向全市各大商场推广这种反季节销售的策略，力争今年11、12月和明年1月全市的夏衣销售有一个大的突破。

以下哪项如果为真，能够最好地说明该市有关主管部门的这种希望可能会落空？

A. 皮衣的价格可以在夏天一降再降，是因为厂家可以在皮衣淡季的时候购买厚材料，其价格可以降低30％。

B. 皮衣的生产企业为了使生产—销售可以正常循环，宁愿自己保本或者微利，把利润压缩了55％。

C. 在盛夏里搞皮衣反季节销售的不只是繁星商厦一家，但只有繁星商厦同时推出了售后服务时间由消协规定的3个月延长到7个月，打消了很多消费者的顾虑，所以在诸商家中独领风骚。

D. 今年夏天繁星商厦的冬衣反季节销售并没有使该商厦夏衣的销售获益，反而略有下降。

E. 根据最近进行的消费者心理调查的结果，买夏衣重流行、买冬衣重实惠是消费者极为普遍的心理。

【解析】题干：皮服的反季节销售取得成功——证明——应对夏衣进行反季节销售。

此题是由"皮服"的反季节销售情况，类推到"夏衣"也应该进行反季节销售，是类比论证。我们只要指出类比对象之间的足以影响到类比结果的差异性就可以削弱了（也可以认为是拆桥法，因为题干的论证对象是"皮服"，论点的论证对象是"夏衣"，出现了论证对象的跳跃，我们就说论证对象有差异）。

A、B项，说明了皮服能进行反季节销售的原因，但并未指出为什么夏衣不能进行反季节销售，无关选项。

C项，说明了繁星商厦皮服反季节销售成功的原因，但并未指出为什么夏衣不能进行反季节销售，无关选项。

D项，无关选项，题干的计划是在冬天时卖夏衣，与夏天卖夏衣是否成功无关。

E项，说明夏衣和冬衣（包含皮服）消费者的购买心理有很大区别（类比对象有差异），对夏衣进行反季节销售未必可以取得成功，故该市有关主管部门的希望可能会落空。

【答案】E

4. 矛盾与反对型谬误

矛盾与反对型谬误是常见的谬误类型之一，通常会以以下三种形式出现：自相矛盾、模棱两不可和非黑即白。

类型	含义	示例
自相矛盾	同时肯定两个矛盾或反对的判断或概念。	今年过节不收礼，收礼只收脑白金。
模棱两不可	同时否定两个矛盾或下反对的判断或概念。	老吕在课堂上问同学："这道题会的人举手"，冬雨没有举手；老吕又问："这道题不会的人举手"，冬雨也没有举手。 （冬雨否定了矛盾的双方，犯了模棱两不可的逻辑错误。）
非黑即白	误把反对关系当作矛盾关系，误认为否定一方，就肯定了另外一方，也称为非此即彼。	你如果不讨厌它，那就是你喜欢它。 （不讨厌和喜欢是反对关系；不讨厌和讨厌是矛盾关系。）

典型例题

例37 这次预测只是一次例行的科学预测。这样的预测已经做过很多次，既不能算成功，也不能算不成功。

以上表述的谬误，也存在于下列哪项中？

A. 在即将举行的大学生辩论赛中，我不认为我校代表队一定能进入前四名，我也不认为我校代表队可能进不了前四名。

B. 这次关于物价问题的社会调查结果，既不能说完全反映了民意，也不能说一点也没有反映民意。

C. 这次考前辅导，既不能说完全成功，也不能说彻底失败。

D. 人有特异功能，既不是被事实证明的科学结论，也不是纯属欺诈的伪科学结论。

E. 王局长曾坦言不可能接受礼物，春节期间，王局长接受了他的司机小王给他的两条香烟。

【解析】题干："成功"和"不成功"是矛盾关系，题干中同时否定了"成功"和"不成功"，犯了模棱两不可的逻辑错误。

A项，"一定能进入前四名"和"可能进不了前四名"是矛盾关系，选项同时否定了两者，犯了模棱两不可的逻辑错误，与题干所犯的谬误类型一致，正确。

B、C、D三项中的对应概念都是反对关系，不是矛盾关系，与题干不同。

E项，王局长说了不收礼物，却又收了司机小王的香烟，犯了自相矛盾的逻辑错误，与题干不同。

【答案】A

5. 论证型谬误

论证的重要规则是要求从论据出发能合乎逻辑地推出论点，即论据和论点之间要有必然的联系。违反这条规则就会犯"推不出"或"推断不当"的逻辑错误。有以下几种常见类型：

类型	含义	示例
虚假论据	论据不真实。	小羊站在下游喝水污染了狼在上游的水，所以狼要吃小羊。
推理形式不正确	从论据不能必然地推出论点。	所有的聪明人都是近视眼，他近视得很厉害，所以，他一定很聪明。
论据和论点不相干	论据和论点在内容上毫无关系。	康哥头发很少，所以，他一定帅气多金。
论据不充分	论据虽然为真，但不足以推出结论。	张三和李四不和，张三一定是杀李四的凶手。
不当假设	如果论证中存在隐含假设，但隐含假设不成立，就称之为不当假设。	如果将"孝"作为选拔官员的标准，就会将很多有识之士、有志之才拒之门外，使庸才占据领导岗位。（此例的隐含假设为：人才多为不孝之人，庸才才会孝敬老人，这显然是不妥当的。）
循环论证	用A来证明A，就犯了"循环论证"的逻辑错误。	因为爱，所以爱。

典型例题

例38 或者当你的孩子变坏时你严厉地惩罚他，或者他长大后将成为罪犯。你的孩子已经学坏了，因此，你必须严厉地惩罚他。

除了哪项，以下各项都能构成对上述论证的质疑？

A. 什么是你看来可以称之为严厉的惩罚？

B. 什么是你所说的"学坏"的确切含义？

C. 你的第一个前提是否过于简单化了？

D. 你的第二个前提的断定有什么事实根据？

E. 你的孩子是怎么学坏的？

【解析】题干：①变坏时严厉惩罚∨长大后成为罪犯；②孩子已经学坏————→必须严厉地惩罚他。
                                                          证明

A 项，对前提①提出质疑，即对"严厉惩罚"的定义不够清晰。

B 项，对前提②提出质疑，指出未对"学坏"进行准确定义。

C 项，质疑前提①过于简单，除了所列示的两种可能外，或许还存在其他可能。

D 项，质疑了前提②的准确性。

E 项，无关选项，不能构成质疑，题干只涉及孩子变坏后如何，不涉及孩子如何变坏。

【答案】E

例39 许多人并不了解自己，也不去试图了解自己。这些人可能会去试图了解别人，但很少会成功，因为连自己都不了解的人是不可能了解别人的。所以，缺乏自我了解的人是不会了解别人的。

以上论述的逻辑错误是：

A. 错误地把某一事件的必要条件作为这一事件的充分条件。

B. 没有估计到并非每个人都想了解自己。

C. 指责人们没有做到他们不可能做到的事。

D. 在没有定义"自我了解"的情况下使用了这个名词。

E. 只在结论中重复了论述中的一个前提。

【解析】题干：因为连自己都不了解的人是不可能了解别人的，所以，缺乏自我了解的人是不会了解别人的。

题干犯了循环论证的逻辑错误，即用"连自己都不了解的人是不可能了解别人的"来证明"缺乏自我了解的人是不会了解别人的"（用 A 来证明 A）。E 项指出了结论就是在重复前提。

【答案】E

例40 郑兵的孩子即将上高中，郑兵发现，在当地中学，学生与老师的比例低的学校，学生的高考成绩普遍都比较好，郑兵因此决定，让他的孩子选择学生总人数最少的学校就读。

以下哪项最为恰当地指出了郑兵上述决定的漏洞？

A. 忽略了学校教学质量既和学生与老师的比例有关，也和生源质量有关。

B. 仅注重高考成绩，忽略了孩子的全面发展。

C. 不当地假设：学生总人数少就意味着学生与老师的比例低。

D. 在考虑孩子的教育时忽略了孩子本人的愿望。

E. 忽略了学校教学质量主要与教师的素质而不是数量有关。

【解析】题干先指出学生与老师的比例低的学校，学生的高考成绩普遍较好，但是郑兵选择的是学生总人数较少的学校。

对于学生与老师的比例，需要考虑学生的总人数和老师的总人数，很明显，郑兵的决定忽略了老师总人数这一点。一个学生总人数少的学校，如果老师人数也相应较少，则学生与老师的比例不一定低。

C 项，正确地指出了郑兵做决定时所犯的错误：郑兵不当地预设了学生总人数少就意味着学生与老师的比例低。

【答案】C

6. 因果型谬误

原因和结果的联系是事物或现象之间引起和被引起的联系。引起一定现象的现象是原因，由原因引起的现象是结果。原因和结果是互相对应的。

类型	含义	示例
因果倒置	事件的原因和结果总是紧密联系的，呈现正相关的关系。因此，事件 B 本来是事件 A 的原因，往往会被误认为事件 A 是事件 B 的原因，这就犯了因果倒置的逻辑错误。	盲人的听力一般比正常人好，所以听力好的人容易失明。
强拉因果	把没有因果关系的两个事件，误认为有因果关系，这就犯了强拉因果的逻辑错误。	我刚打开电视机，巴西队就进球了，我真是巴西队的幸运之神。
单因谬误	如果一个结果是由多种原因造成的，但论证者误认为只有一种原因，这就犯了"单因谬误"的逻辑错误。简单来说，单因谬误就是忽略了他因。	正是寒冷的天气导致了"挑战者"号航天飞机爆炸这一不幸事件。（事实上造成"挑战者"号爆炸的原因还有 O 型环的安装错误。）

典型例题

例 41 都乐市勤劳的人民都拥有两头牛，张先生认为，给那些懒惰的人发两头牛，都乐市所有的人都将变得勤劳。

以下哪项是对张先生的论证的恰当评价？

A. 张先生的论证是正确的。

B. 张先生的论证是错误的，其漏洞与下文中上官柳的相似：古时候，上官柳整天只顾读书，却不赚钱谋生，妻子无法忍受，决定和他离婚。几年后，上官柳成为大官，衣锦还乡，妻子要求和他复合，上官柳把水泼在地上说："我们的关系就像这水一样，再也收不回来了。"

C. 张先生的论证是错误的，其漏洞与下文中李先生的相似：李先生认为，艺术创作和色情书刊都有性和裸体，艺术创作没有过多的禁忌，所以色情书刊也不该有过多的禁忌。

D. 张先生的论证是错误的，其漏洞与下文中王先生的相似：王先生认为，盲人的听力一般比明眼人好，可见听力好的人容易失明。

E. 张先生的论证是错误的，其漏洞与下文中小杨的相似：小刘问："左"是什么意思？小杨答："左"即是和"右"相反的方向。

【解析】题干论证的漏洞是因果倒置，即：是因为勤劳，所以拥有两头牛；并不是因为拥有两头牛所以勤劳 。

A 项，张先生的论证有漏洞，故排除。

B、C 项，采用的是类比推理，与题干论证不相似，故排除。

D 项，因果倒置，是因为失明的人听力好，而不是听力好的人容易失明，与题干论证的漏洞相似，故此项正确。

E 项，此项是用"右"来定义"左"，但此项中不存在因果关系，当然也没有因果倒置，与题干论证不相似，故排除。

【答案】D

例 42 哈佛大学某学者调查研究发现：威胁美国大陆的飓风是由非洲西海岸高气压的触发形成的。每当在撒哈拉沙漠以南的地区有大量的降雨之后，美国大陆就会受到特别频繁的飓风袭击。所以，大量的降雨一定是提升气流的压力而构成飓风的原因。

上述的论证推理最易受以下哪项的批评？

A. 仅仅依据现象间有联系就推断出有因果关系。

B. 依据一个过于狭隘的范例得出一般结论。

C. 将获得结论的充分条件当作必要条件。

D. 将获得结论的必要条件当作充分条件。

E. 该调查研究不太可信。

【解析】题干仅仅是根据两个时间发生的先后顺序，就断定两个事件之间存在因果联系，犯了强拉因果的逻辑错误，以先后论因果。故 A 项正确。

【答案】A

7. 充分条件与必要条件混用或误用

7.1 强置充分条件

强置充分条件就是误把不充分的条件当作充分条件来使用，认为只要有了 A，一定会有 B。这类错误的句子中，常出现"一定""就""必然"等绝对化的词句。

例如：

(2020 年管理类联考论证有效性分析真题)北京与张家口共同举办冬奥会，必然会在中国掀起一股冰雪运动热潮。

【分析】

材料认为"北京与张家口共同举办冬奥会，必然会在中国掀起一股冰雪运动热潮"，过于绝对化。冰雪运动与其他常规运动方式相比，需要更专业的场地条件，还需要天气的保障，仅仅依靠冬奥会的带动就能掀起冰雪运动热潮未免过于乐观和绝对。

7.2 强置必要条件

强置必要条件就是把普通条件当作必要条件来使用的错误，认为只有有了 A，才会有 B；没有 A，就一定没有 B。

与强置充分条件一样，此类谬误在逻辑真题中出现较少，但是在论证有效性分析真题里大量出现。

(2010年在职MBA联考论证有效性分析真题)市场营销也是如此,如果希望推动人们接受某种新商品,应当首先影响引领时尚的文体明星。如果位于时尚高端的消费者对于某种新商品不接受,该商品一定会遭遇失败。

【分析】

"位于时尚高端的消费者"接受某种商品,可能影响普通消费者,但前者并非后者的必要条件。高端消费者与普通消费者的消费需求和消费能力显然是有很大差别的,可能高端消费者更注重品牌和品位,普通消费者更注重实用和价格。所以,高端消费者不接受的产品,可能普通消费者反而非常喜欢。

7.3 充分条件与必要条件混用

逻辑考试中常出现的条件关系型谬误是,误把充分条件当成必要条件,或者误把必要条件当成充分条件。

典型例题

例 43 如果一个瓶内的东西可以被安全地喝下,那么这个瓶子就不会被标为"毒品",所以,既然一个瓶子没被标为"毒品",那么它里面的东西就可以被安全地喝下。

以下除了哪项外,都犯了与上述论证同样的错误?

A. 如果一个社会能够促进思想和言论的自由,那么在这一段能自由表达思想的时间内,这个社会的创造性将会得到激发,美国在18世纪时创造性得到了极大的激发。因此,很明显美国在18世纪时思想自由得到了极大的激励。

B. 没有一个所谓的西方民主是真正的民主,因为如果一个国家是真正的民主的话,每个公民的见解就一定会对政府产生有意义的影响,而这些国家中没有一个国家的每一个公民的意见会有这样的效果。

C. 真正对保护野生动植物感兴趣的人很明显是不会猎取大猎物的;既然老张从未猎取过大猎物,并从未打算去猎取它们,因此很明显,他是一个真正关心、保护野生动植物的人。

D. 我们可以推断出H警察局已提高了它的工作效率。因为H警察局的犯罪率有所下降,众所周知,当警察局的工作效率提高时,犯罪率就会下降。

E. 对航空公司来说,要使航空旅行更安全,机票价格就必须上涨,既然机票刚涨价过,因此我们可以非常确信地认为航空旅行比以前变得更安全了。

【解析】题干:可以安全地喝下→¬毒品,所以,¬毒品→可以安全地喝下。

题干的漏洞在于将充分条件误用为必要条件。

A项,促进→激发,所以,激发→促进,与题干的漏洞一致,故排除。

B项,真正民主→产生影响,所以,¬产生影响→¬真正民主,推理未出现错误。

C项,保护→¬猎取,所以,¬猎取→保护,与题干的漏洞一致,故排除。

D项,效率提高→犯罪率下降,所以,犯罪率下降→效率提高,与题干的漏洞一致,故排除。

E 项，更安全→价格上涨，所以，价格上涨→更安全，与题干的漏洞一致，故排除。

【答案】B

8. 合成谬误与分解谬误

合成谬误与分解谬误是由著名经济学家萨缪尔森提出来的，指的是将部分具有的性质，误认为整体也具有（合成谬误），或者将整体具有的性质，误认为部分也具有（分解谬误）。

类型	含义	示例
合成谬误	将部分具有的性质误认为整体也具有；或者将个体具有的性质误认为集体也具有。	这只狗比这只老鼠吃得多，所以，所有的狗比所有的老鼠吃得多。
分解谬误	将整体具有的性质误认为每个部分也具有；或者将集体具有的性质误认为个体也具有。	这个公司是家非常优秀的公司，所以，公司里的每个员工也是优秀的。

典型例题

例 44 山钢律师事务所的一名律师小赵辩护胜率高于工业律师事务所的小王，所以，山钢律师事务所的辩护胜率高于工业律师事务所。

以下哪项指出了上述论证的错误？

A. 没有提供山钢律师事务所辩护胜率高于工业律师事务所数据的来源。

B. 仅注意到辩护胜率，没有注意到参与辩护的次数。

C. 将个体具有的性质误认为集体也具有。

D. 题干忽视了一种可能性：小赵是山钢律师事务所辩护胜率最高的，但是，小王是工业律师事务所辩护胜率最低的。

E. 以只适合于某一个个体的陈述来描述这个个体所属的群体特征。

【解析】题干根据"山钢律师事务所的一名律师'小赵'"辩护胜率高于"工业律师事务所的'小王'"，推出"山钢律师事务所"的辩护胜率高于"工业律师事务所"。

明显是根据个体的特征推断出整体也具有该特征，犯了合成谬误的逻辑错误，故 C 项准确地指出了题干论证的错误所在。

【答案】C

❖ 本章知识总结 ❖

1. 论证的基本结构

$$论据 \xrightarrow[证明]{} 论点。$$

2. 常见论证逻辑的完整结构

3. 演绎、归纳与类比

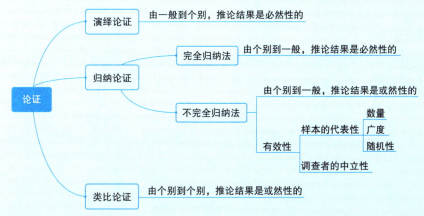

4. 因果论证

(1)因果论证的两个基本结构：

①现象 ——→ 原因。
      推测

②原因 ——→ 结果。
      预测

(2)求因果五法

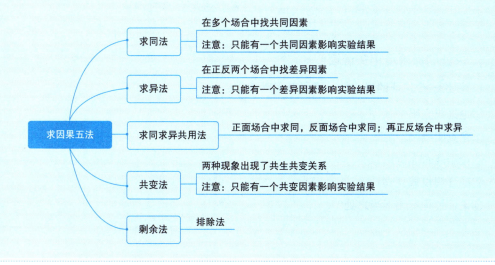

(3)与因果有关的逻辑谬误

编号	谬误	解释
①	强拉因果	仅仅因为现象之间有一些联系，就把没有因果关系的两个事件误认为有因果关系，这就是强拉因果。强拉因果的一种常见表现是：以先后为因果。
②	因果倒置	误把原因当成了结果，误把结果当成了原因，这就是因果倒置。
③	单因谬误	如果一个结果是由多种原因造成的，但论证者误认为只有一种原因，这就犯了"单因谬误"的逻辑错误。简单来说，单因谬误就是忽略了他因。

5. 统计论证

所谓统计论证，就是依据对数据的搜集、整理、分析，得出论点的过程。联考真题中可能涉及的统计数据主要包括：平均值、方差、增长率、占有率(占比)、利润率等。

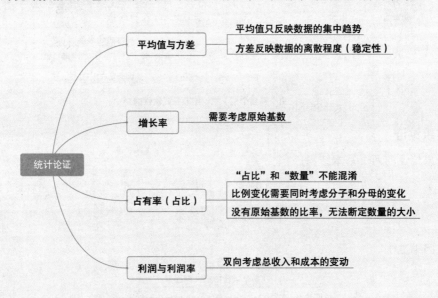

6. 论证的评价及相关谬误

(1)评价一个论证的成立性，需要考虑以下几点：

①论据成立吗？

②论点明确吗？

③论据能否支持论点？

④隐含假设成立吗？

⑤论证过程有无不当之处？

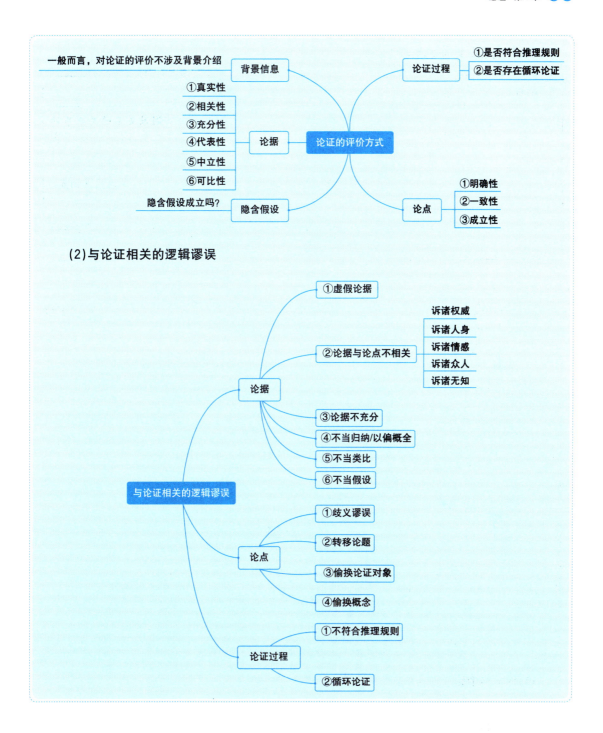

(2)与论证相关的逻辑谬误

图书配套服务使用说明

一、图书配套工具库：喵屋

扫码下载"乐学喵 App"
(安卓/iOS 系统均可扫描)

下载乐学喵App后，底部菜单栏找到"喵屋"，在你备考过程中碰到的所有问题在这里都能解决。可以找到答疑老师，可以找到最新备考计划，可以获得最新的考研资讯，可以获得最全的择校信息。

二、各专业配套官方公众号

可扫描下方二维码获得各专业最新资讯和备考指导。

老吕考研
(所有考生均可关注)

老吕教你考MBA
(MBA/MPA/MEM/MTA
专业考生可关注)

会计专硕考研喵
(会计专硕、审计
专硕考生可关注)

图书情报硕士考研喵
(图书情报硕士考生可关注)

物流与工业工程考研喵
(物流工程、工业工程
考生可关注)

396经济类联考
(金融、应用统计、税务、
国际商务、保险及资产评估
考生可关注)

三、视频课程 💻

扫码观看
逻辑全书精讲课程

四、图书勘误 📖

这里是勘误区，如需答疑，请在"喵屋"首页带话题#数学答疑#或#逻辑答疑#，会有助教老师帮您解答。

扫描获取图书勘误

管理类、经济类联考

老吕逻辑
要点精编

主编 ◎ 吕建刚

编委：张杰、毋亮

母题篇

全新
改版升级

北京理工大学出版社
BEIJING INSTITUTE OF TECHNOLOGY PRESS

图书在版编目（CIP）数据

管理类、经济类联考·老吕逻辑要点精编/吕建刚
主编 . -- 8 版 . -- 北京：北京理工大学出版社，
2021.10

ISBN 978 - 7 - 5763 - 0594 - 4

Ⅰ . ①管… 　 Ⅱ . ①吕… 　 Ⅲ . ①逻辑－研究生－入学考
试－自学参考资料 　 Ⅳ . ①B81

中国版本图书馆 CIP 数据核字（2021）第 215802 号

出版发行 / 北京理工大学出版社有限责任公司
社　　址 / 北京市海淀区中关村南大街 5 号
邮　　编 / 100081
电　　话 / （010）68914775（总编室）
　　　　　 （010）82562903（教材售后服务热线）
　　　　　 （010）68944723（其他图书服务热线）
网　　址 / http://www.bitpress.com.cn
经　　销 / 全国各地新华书店
印　　刷 / 保定市中画美凯印刷有限公司
开　　本 / 787 毫米×1092 毫米　1/16
印　　张 / 34.5　　　　　　　　　　　　　　　责任编辑 / 多海鹏
字　　数 / 809 千字　　　　　　　　　　　　　文案编辑 / 多海鹏
版　　次 / 2021 年 10 月第 8 版　2021 年 10 月第 1 次印刷　　责任校对 / 周瑞红
定　　价 / 99.80 元（全两册）　　　　　　　　责任印制 / 李志强

每份努力都值得

现在是凌晨三点，刚刚写完《老吕逻辑要点精编》的最后一个字，我抬头看看窗外，一弯新月遥挂空中，几点星光若隐若现。偌大的一栋写字楼，空无一人，除了我。这样静谧的夜色，会让人想起很多。

二十年前。

我在武汉大学读书的时候，学校里有两位非常受学生欢迎的老师，一位是教西方哲学史的赵林教授，一位是我的经济学老师程虹教授。

那时候，赵林教授是武大辩论队的主教练，口才一流、学识渊博。每周一晚上，他在学校当时最大的教室（教三101室）开讲他那门最受欢迎的选修课——西方哲学史。我也凑热闹，听了几节课，不过说实话，没听懂几句。一是课上讲了好多外国人的名字，太难记；二是那些抽象的哲学思想，难理解。尽管如此，赵老师上课的场景直到现在仍犹在眼前：从各校区慕名而来的同学挤满了教室，讲台边、过道里，坐着的、站着的，满满当当，人山人海。

程虹教授的名字像个女生，但却是位温文尔雅的男教授。程教授是我们的经济学老师，他的经济学课，既能把高深的经济学理论讲得通俗易懂，又能结合商业案例进行分析。我们班多数同学都是他的迷弟迷妹，我也不例外。当然，程教授不可能认识我，班上同学太多了，我只是其中最平凡的一个。

两位优秀的老师让我一下子找到了人生理想——我要成为大学里一位最受欢迎的教授，用学生们最喜欢的方式传授知识。

大三时候的我，为了这份理想，信誓旦旦地说我要考上北大的研究生。但是，复习了不到3天，就把书置之一旁，这份理想变成了空想。毕竟，努力学习多累呀，玩游戏比学习更加快乐，不是吗？

十五年前。

这一年，我经历了一次严重的创业失败。

可能是因为第一次创业太顺利了，顺利到我一边创业买房买车，还一边考上了研究生。又因为自己那个成为名教授的理想，还兼职成了一位考研讲师。总之，我觉得创业太容易了，于是头脑一热，和一位朋友开了一家在线超市，比天猫超市差不多早两年。

回头想来，这次创业完全不具备任何成功的可能性——自身能力不足、资源有限；外部环境也还不成熟。这次创业让我负债累累，但我特别感谢这次失败。

这次失败之前，我最专注的时候，就是玩网游的时候。上大学时，我本来可以保研的，但因为沉迷了几个月的网游，导致有一门专业课挂科，所以保研失败了；大学毕业后，曾经有过近一年的时间，我迷恋于魔兽世界之中，常常为了开荒魔兽世界的副本而彻夜不眠。

这次失败之后，我成了一个极为勤奋的人。我发现老天爷又给了我一次机会，他给了我一份我喜欢而且我也能干好的工作，讲课不再是我的爱好和理想，而是一份实实在在的职业。当又一次机会摆在面前的时候，我能不珍惜吗？我敢不努力吗？

于是，我立志成为中国最好的讲师。

十年前。

那时，我还是考研培训界一个寂寂无名的小辈，没有名气，只有勤奋。我记得那一年我出差了近300天，不是在出差，就是在出差的路上。但是我想写书，想写出自己的书，于是我只能在火车上写、在酒店里写，没课时白天写，有课时晚上加班写。那一年我每天都工作到晚上12点左右，没有一天休息。

一年过后，我写出了3本书，其中有2本书的完成稿和1本书的初稿。但是，出版商拒绝出版，理由是我名气不够。

第二年，我又疯狂写了一年，又是白天写、晚上写，又是路上写、酒店里写。三百多个日夜后，我又写出了3本书，加上去年的3本，形成了最早的"老吕专硕"系列图书。这一年，经一位朋友的推荐，在北京理工大学出版社编辑的帮助下，"老吕专硕"系列图书得以出版。可惜的是，由于出版进度的原因，6本书在当年只出版了4本。唉，"满纸荒唐言，一把辛酸泪。都云作者痴，谁解其中味？"

一年又一年……

近十年来，我几乎没有过周末。一年有大约三百三十天到三百四十天，我都是早上9点之前到公司，晚上10点左右回家。没有任何疑问，我就是全公司最勤奋的人。

可能很多作者的书写完以后，就可以一年又一年地复印了，但我坚持图书每年改版。最近半年，我重写了《老吕写作要点精编》80%的内容，更新了《老吕逻辑要点精编》70%的内容，新增了《老吕数学要点精编》近100页的母题技巧。尤其是最近两个月，为了赶书稿，我每天工作12个小时以上。

累吗？
累。
苦吗？
不觉得，我乐在其中吧。

驱动我不停前进的力量，我觉得是责任感和成就感吧。

首先是责任感。一个考研学生买了我的书，其实不仅仅是花了几十块上百块钱，而是要在这套书上付出半年甚至一年的努力。他是把自己的未来，或者至少是自己未来的一小部分寄托在了这套书上。如此沉重的托付，让我时有任重才轻之感，让我战战兢兢、如履薄冰。即使水平不高、能力有限，也得贡献出自己最大的力量吧。所以，这么一份职业，敢不努力吗？

其次是成就感。老师这个职业真的太好了，既能成就别人，又能养家糊口，讲好课还是我的理想和爱好，上天真心待我不薄！所以，当一本一本的书摆在我面前时，当一张又一张的好成绩截图发给我时，当一份又一份录取通知书接踵而至时，成就感油然而生。所以，这么一份职业，不值得努力吗？

回想年轻时候的我，和你们一样，不光逃课、打游戏，还会逃课打游戏。现在，四十岁的我，终于懂得了每份努力都有它的价值。我愿意把自己这些小小的奋斗经历分享给大家，因为我知道，考研不是我一个人的事，也不是你一个人的事，是我们要一起努力的事。

让我们一起努力，
好吗？

好了，啰嗦半天了，言归正传，接下来我要给你介绍一下"老吕专硕"系列图书的体系、特点以及你应该怎么用这些书。

1 "老吕专硕"系列图书的适用范围

"老吕专硕"系列图书适合199管理类联考和396经济类联考的所有考生。 具体专业如下：

考试	专业
199 管理类联考	工商管理硕士(MBA)、公共管理硕士(MPA)、工程管理硕士(MEM，含四个方向：工程管理、项目管理、工业工程与管理、物流工程与管理)、旅游管理硕士(MTA)、会计硕士(MPAcc)、审计硕士(MAud)以及图书情报硕士(MLIS)
396 经济类联考	金融硕士(MF)、税务硕士(MT)、应用统计硕士(MAS)、国际商务硕士(MIB)、保险硕士(MI)以及资产评估硕士(MV)

2 "老吕专硕"系列图书的体系

"老吕专硕"系列图书，是以最新考试大纲为准绳，以近10年联考真题为依据编写的。 建议你认真阅读本书的"大纲解读与命题趋势分析"部分，以便了解考试内容和命题趋势。

"老吕专硕"系列图书包括联考教材、母题专训、真题精解、冲刺押题四大体系，涵盖从基础到提高到冲刺的全过程。

"老吕专硕"系列图书的体系及使用阶段如下：

图书体系	书名	内容介绍
联考教材 （第1轮）	《老吕数学要点精编》 或《396数学要点精编》 《老吕逻辑要点精编》 《老吕写作要点精编》	①本套书是必做教材，是备考的起点。 ②数学和逻辑分基础篇和母题篇2个分册(396数学为一本书)。基础篇从零起步，讲解大纲规定的所有基础知识；母题篇归纳总结为101类数学题型、26类逻辑题型，囊括所有考点，教你做一道会一类。 ③写作分论证有效性分析、论说文和技巧总结3个分册，手把手教你学会写作套路、提供写作素材。
母题专训 （第2轮）	《老吕数学母题800练》 或《396数学母题800练》 《老吕逻辑母题800练》	①本套书是对"母题"的强化训练。 ②与"要点精编"一脉相承，用来总结题型、训练题型。
真题精解 （第3轮）	《老吕综合真题超精解(试卷版)》 或《396综合真题超精解(试卷版)》	以考试大纲为依据、以官方答案为标准，详尽细致解析历年真题。

续表

图书体系	书名	内容介绍
冲刺押题 （第4轮）	《老吕综合冲刺8套卷》 《老吕综合密押6套卷》 或《396综合密押6套卷》 《老吕写作考前必背母题33篇》	①紧扣最新大纲，精编全真模考卷，适合冲刺阶段提分使用。 ②每题均设母题索引，回归母题，查漏补缺，冲刺拔高。 ③密押6套卷＋写作33篇，具有考前押题性质。近9年7次押中写作论说文；基本囊括数学逻辑原型题。

注意："老吕专硕"系列图书有统一的母题编号，针对薄弱考点，可查看母题编号，回归"要点精编"（母题篇）作总结，回归"母题800练"做练习。

3 "老吕专硕"系列图书的备考思路

如果我们只看题目，联考的总题量是非常大的，比如仅逻辑一科，历年真题就有1 500多道，但如果我们分析这些题目的内在逻辑，对其分门别类进行总结，则这些逻辑题型只有26类。同理，数学题型只有101类，论证有效性分析只有6大类12种常见题型，论说文只有3大类33个常见主题。

因此，老吕的教研体系的核心就是找到这些题目的内在规律，找到题源、题根，把它化成可以被重复使用、重复命题的"母题"。那么，何谓"母题"？"母题者，题妈妈也；一生二，二生四，以至无穷。"

有一些不了解老吕的学生误以为母题就是指《老吕数学母题800练》和《老吕逻辑母题800练》这两本书，甚至因此忽略了最关键的"要点精编"系列教材和独创性、实用性非常强的"老吕写作"系列图书。其实，母题是一套完整的考研解决方案，是一套系统化的解题逻辑。它始于"联考教材"，终于"冲刺押题"。这一套备考逻辑的思路如图1所示：

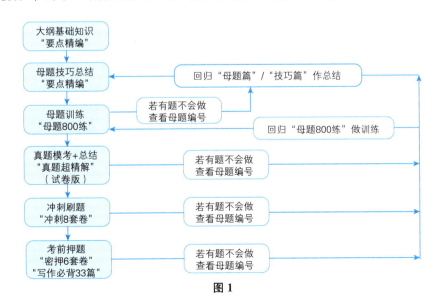

图1

④ 配套课程或赠送课程

书名	适用人群	配套或赠送课程
《老吕逻辑要点精编》	管理类、经济类联考所有专业	基础班课程：配套"基础篇"，精讲每个知识点、每道例题、每道习题、每个选项，巩固基础知识，建立扎实基本功。
《老吕数学要点精编》	管理类联考各专业	母题班课程：配套"母题篇"，精讲每个母题、每个变化、每个技巧、每道习题、每个选项，掌握系统解题方法，全面提高解题能力。
《老吕写作要点精编》	管理类、经济类联考所有专业	论证有效性分析写作技巧精讲： 一、大纲解读与真题样题 二、全文结构 三、正文写法的三级进阶 论说文写作技巧精讲： 一、大纲解读与命题类型分析 二、1342 写作法
《396 数学要点精编》	经济类联考各专业	赠送基础班课程，精讲大纲考点，扫除知识盲区；配发课程讲义，方便对照做笔记，巩固基础知识。

⑤ 交流方式

备考过程中有什么疑问，可以通过以下方式联系老吕。 由于学员众多，老吕并不能保证 100％回复。 但老吕在力所能及的范围内，还是会做大量的回复的。

微博：@老吕考研吕建刚-MBAMPAcc

微信：miao-lvlv1   miao-lvlv2

微信公众号：老吕考研（MPAcc、MAud、图书情报专用）

老吕教你考 MBA（MBA、MPA、MEM 专用）

396 经济类联考（经济类联考各专业通用）

199 管理类联考备考 QQ 群：798505287   173304937   799367655   747997204   797851440

396 经济类联考备考 QQ 群：660395901   854769093

最后，老吕想引用苏轼的一句话："古之立大事者，不惟有超世之才，亦必有坚忍不拔之志。"我们也许很难成为"立大事者"，但我们也可以有一份属于普通人的小小梦想。 对我而言，这个小小梦想就是写出更好的书、讲出更好的课，帮你考上研究生；对你来说，现在这个小小梦想就是考上研究生。 让我们一起努力吧，因为，每份努力都值得！

吕建刚

2021 年 9 月 10 日教师节之际

目录

下部：母题篇

母题篇学习指南　/ 2

第一部分　形式逻辑母题精讲 　/ 3

【本部分题型思维导图】　/ 3

【管理类联考真题考点统计与命题趋势】　/ 4

【经济类联考真题考点统计与命题趋势】　/ 5

第 1 章　概念与定义

题型 1　定义题　/ 7

题型 2　概念的划分　/ 9

变化 1　概念的两次划分问题　/ 10

变化 2　概念的三次划分问题　/ 12

变化 3　配对问题　/ 13

题型 3　概念间的关系　/ 14

本章模考题　概念与定义　/ 16

本章模考题　参考答案　/ 21

第 2 章　演绎推理

题型 4　复合判断推理　/ 24

变化 1　假言判断推理　/ 26

变化 2　联言、选言判断推理　/ 28

变化 3　箭头＋德摩根定律的推理　/ 31

变化 4　大嘴鲈鱼陷阱　/ 33

变化 5　多重复合判断　/ 35

题型 5　串联推理　/ 36

变化 1　普通串联推理　/ 37

变化 2　带"有的"的串联推理　/ 40

题型 6　推理结构相似题　/ 43

变化 1　普通的推理结构相似题　/ 44

变化 2　结构相似＋归谬法　/ 45

题型 7　假言判断的负判断　/ 46

变化 1　假言判断的负判断的基本问题　/ 47

变化 2　串联推理＋负判断　/ 49

题型 8　二难推理　/ 50

变化 1　选言型二难推理　/ 51

变化 2　联言型二难推理　/ 54

题型 9　简单判断推理　/ 55

变化 1　基本的对当关系问题　/ 56

变化 2　对当关系在假言判断推理中的考查　/ 58

变化 3　关系判断的对称性　/ 59

题型 10　简单判断的负判断　/ 60

变化 1　负判断的基础题（替换）　/ 62

变化 2　宾语上有量词　/ 66

题型 11　隐含三段论与补充条件题　/ 67

变化 1　普通隐含三段论问题　/ 67

变化 2　隐含三段论＋负判断　/ 69

变化 3　隐含三段论＋串联推理　/ 69

变化 4　基于复合判断的补充条件题　/ 70

题型 12　真假话推理　/ 71

变化 1　题干中有矛盾　/ 72

变化 2　题干中无矛盾　/ 74

变化 3　每个人有多个判断的问题　/ 77

题型 13　综合演绎推理　/ 79

变化 1　题干中有确定事实　/ 80

变化 2　题干中无确定事实　/ 82

变化 3　可能符合题干与反驳题干　/ 86

本章模考题　演绎推理　/ 88

本章模考题　参考答案　/ 95

第 3 章　关系推理（综合推理）

题型 14　排序关系推理　/ 105

变化 1　简单排序问题　/ 106

变化 2　排序匹配题　/ 107

题型 15　方位关系推理　/ 109

变化 1　一字形方位题（前后、左右、上下）　/ 110

变化 2　东南西北问题　/ 112

变化 3　围桌而坐问题　/ 113

题型 16　匹配关系推理　/ 116

变化 1　两组元素的匹配　/ 117

变化 2　三组元素的匹配　/ 118

变化 3　简单数量关系＋匹配　/ 122

变化 4　与日期有关的匹配问题　/ 125

变化 5　分类匹配问题　/ 126

题型 17　选人问题　/ 128

变化 1　只选一个　/ 129

变化 2　可选多个　/ 130

题型 18　数量关系推理　/ 132

变化 1　平均值问题　/ 134

变化 2　增长率问题　/ 135

变化 3　占比问题　/ 137

变化 4　定比例问题　/ 138

变化 5　时间、日期与星期的计算　/ 139

题型 19　数独问题及其他综合推理　/ 141

变化 1　普通数独问题　/ 142

变化 2　特殊形状的数独问题　/ 143

本章模考题　关系推理（综合推理）　/ 145

本章模考题　参考答案　/ 152

第二部分 论证逻辑母题精讲 /161

【本部分题型思维导图】 / 161

【管理类联考真题考点统计与命题趋势】 / 162

【经济类联考真题考点统计与命题趋势】 / 162

第4章 论证

题型 20 论证的削弱 / 164

变化 1 论证的削弱 / 165

变化 2 演绎论证的削弱 / 170

变化 3 归纳论证的削弱 / 171

变化 4 类比论证的削弱 / 174

变化 5 因果论证的削弱：找原因 / 175

变化 6 因果论证的削弱：求异法 / 179

变化 7 因果论证的削弱：共变法 / 183

变化 8 因果论证的削弱：预测结果 / 185

变化 9 措施目的的削弱 / 186

变化 10 统计论证的削弱 / 190

题型 21 论证的支持 / 195

变化 1 论证的支持 / 196

变化 2 演绎论证的支持 / 199

变化 3 归纳论证的支持 / 202

变化 4 类比论证的支持 / 202

变化 5 因果论证的支持：找原因 / 204

变化 6 因果论证的支持：求异法 / 206

变化 7 因果论证的支持：预测结果 / 208

变化 8 措施目的的支持 / 210

变化 9 统计论证的支持 / 211

题型 22 论证的假设 / 213

变化 1 必要型假设 / 215

变化 2 充分型假设 / 217

变化 3 可能型假设 / 218

变化 4 搭桥法 / 220

变化 5 演绎论证的假设 / 222

变化 6 归纳论证的假设 / 223

变化 7 类比论证的假设 / 224

变化 8　因果论证的假设：找原因　/ 225

变化 9　因果论证的假设：求异法　/ 226

变化 10　因果论证的假设：预测结果　/ 227

变化 11　措施目的的假设　/ 229

变化 12　统计论证的假设　/ 231

题型 23　论证的推论　/ 233

变化 1　概括论点题　/ 234

变化 2　普通推论题　/ 237

变化 3　因果关系的推论　/ 243

题型 24　论证的评价　/ 247

变化 1　评价逻辑漏洞　/ 248

变化 2　评价论证与反驳方法　/ 251

变化 3　评价论证结构　/ 254

变化 4　评价成立性：哪个问题最重要　/ 255

变化 5　论证的争议：争论焦点题　/ 256

题型 25　解释题　/ 259

变化 1　解释现象　/ 260

变化 2　解释差异　/ 262

变化 3　解释数量关系　/ 264

题型 26　论证结构相似题　/ 267

变化 1　论证方法相似　/ 268

变化 2　逻辑谬误相似　/ 269

本章模考题　论证　/ 271

本章模考题　参考答案　/ 279

下部
母题篇

母题者，题妈妈也。一生二，二生四，以至无穷。

母题篇学习指南

1. 母题篇的内容

(1)本书母题篇总结了联考历年逻辑真题中所有出现过的题型及其变化，并给出了详尽的解题思路。

(2)对于近年的考试热点"演绎推理""关系推理（综合推理）"这两个部分，本书母题篇进行了全新的编写，在解题技巧上，进行了更好的总结。

(3)论证逻辑是很多考生的学习难点，尤其是削弱题、支持题、假设题等题型。本书母题篇针对这些题型提供了系统的解题思维和较多的例题。

2. 哪些题型更重要?

本书母题篇统计了联考逻辑真题的详细题型分布。根据近10年逻辑真题，尤其是近5年逻辑真题的统计规律，本书认为，以下题型是重点题型，应该予以重点训练：

复合判断推理、串联推理、假言判断的负判断、二难推理、综合演绎推理、匹配关系推理、削弱题、支持题、假设题、解释题、结构相似题。

但需要注意的是，此处没有提的题型不代表不需要掌握。比如说简单判断推理，虽然很少单独命题，但它每年必然出现在多道推理题的已知条件和选项设计中。因此，备考时可以对重点题型给予一些时间上的倾斜，但不能忽视非重点题型。

3. 母题篇的学习步骤

(1)本书母题篇建议用于第二轮学习。

(2)本书母题篇的学习步骤建议为：预习——听课——复习总结——模考。

(3)听课十分重要。一是要听推理题的解题思路；二是论证逻辑比较难以理解，仅看文字有时候会产生对题目及解析的误解，听课可以解决这一问题。

(4)模考一定要限时，做一套30道题的模考题建议时间为60分钟。

4. 母题篇的例题来源及难度

本书母题篇的例题来源：有代表性的真题、GCT及公务员考试真题中与联考命题思路相同的真题、老吕原创题。

本书母题篇的例题难度与真题的难度基本相当。

第一部分
形式逻辑母题精讲

本部分题型思维导图

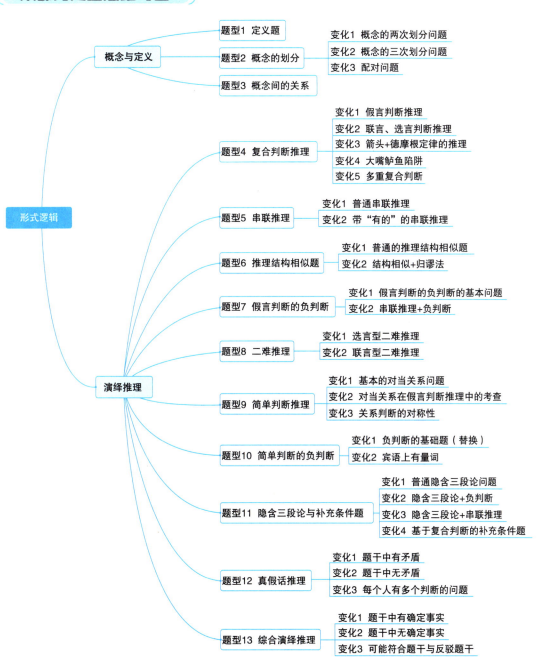

形式逻辑

概念与定义
- 题型1 定义题
- 题型2 概念的划分
  - 变化1 概念的两次划分问题
  - 变化2 概念的三次划分问题
  - 变化3 配对问题
- 题型3 概念间的关系

演绎推理
- 题型4 复合判断推理
  - 变化1 假言判断推理
  - 变化2 联言、选言判断推理
  - 变化3 箭头+德摩根定律的推理
  - 变化4 大嘴鲈鱼陷阱
  - 变化5 多重复合判断
- 题型5 串联推理
  - 变化1 普通串联推理
  - 变化2 带"有的"的串联推理
- 题型6 推理结构相似题
  - 变化1 普通的推理结构相似题
  - 变化2 结构相似+归谬法
- 题型7 假言判断的负判断
  - 变化1 假言判断的负判断的基本问题
  - 变化2 串联推理+负判断
- 题型8 二难推理
  - 变化1 选言型二难推理
  - 变化2 联言型二难推理
- 题型9 简单判断推理
  - 变化1 基本的对当关系问题
  - 变化2 对当关系在假言判断推理中的考查
  - 变化3 关系判断的对称性
- 题型10 简单判断的负判断
  - 变化1 负判断的基础题（替换）
  - 变化2 宾语上有量词
- 题型11 隐含三段论与补充条件题
  - 变化1 普通隐含三段论问题
  - 变化2 隐含三段论+负判断
  - 变化3 隐含三段论+串联推理
  - 变化4 基于复合判断的补充条件题
- 题型12 真假话推理
  - 变化1 题干中有矛盾
  - 变化2 题干中无矛盾
  - 变化3 每个人有多个判断的问题
- 题型13 综合演绎推理
  - 变化1 题干中有确定事实
  - 变化2 题干中无确定事实
  - 变化3 可能符合题干与反驳题干

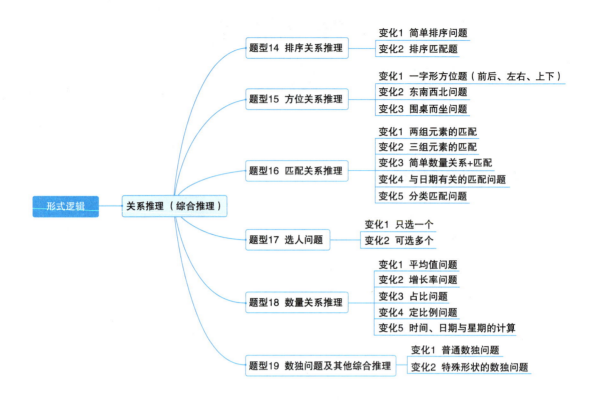

管理类联考真题考点统计与命题趋势

(1)管理类联考近10年真题考点统计(形式逻辑部分)

	题型名称	2012	2013	2014	2015	2016	2017	2018	2019	2020	2021	合计	平均
概念	定义题	0	1	0	0	0	1	0	0	1	0	3	0.3
	概念的划分	0	1	0	0	0	0	0	0	1	0	2	0.2
	概念间的关系	1	0	0	1	0	0	0	0	0	0	2	0.2
演绎推理	复合判断推理	4	1	1	3	1	0	4	2	2	1	19	1.9
	串联推理	3	5	2	2	1	2	2	1	2	2	22	2.2
	推理结构相似题	1	2	0	0	0	3	1	0	1	0	8	0.8
	假言判断的负判断	3	3	1	3	1	0	0	0	0	1	12	1.2
	二难推理	2	0	1	0	0	1	0	1	0	0	5	0.5
	简单判断推理	0	1	0	0	0	0	1	1	0	0	3	0.3
	简单判断的负判断	2	1	2	0	0	0	0	1	0	0	6	0.6
	隐含三段论与 补充条件题	1	0	0	1	0	0	0	1	0	1	4	0.4
	真假话推理	1	1	1	1	0	2	0	0	1	1	8	0.8
	综合演绎推理	3	2	3	3	3	5	7	7	4	9	46	4.6

题型名称		2012	2013	2014	2015	2016	2017	2018	2019	2020	2021	合计	平均
综合推理	排序关系推理	0	0	0	0	0	2	1	0	1	0	4	0.4
	方位关系推理	0	1	1	1	2	0	0	2	0	0	7	0.7
	匹配关系推理	0	4	2	2	1	3	5	2	7	1	27	2.7
	选人问题	0	0	2	2	0	0	0	0	0	1	5	0.5
	数量关系推理	0	0	2	1	1	1	1	0	0	0	6	0.6
	数独问题及其他综合推理	0	0	0	0	0	0	0	1	0	1	2	0.2
合计		21	23	18	20	12	19	23	18	19	18	191	19.1

(2)管理类联考命题趋势分析(形式逻辑部分)

近10年的管理类联考真题中,形式逻辑部分试题的总数为191道,平均每年19.1道,占近10年逻辑真题总数的64%。其中:

概念部分的内容相对而言考查得较少,近10年仅考查了7道,平均每年0.7道。

演绎推理部分的内容是考试的重点,近10年总共考查了133道,占逻辑试题总数的44.3%,占形式逻辑试题总数的69.6%,平均每年13.3道。

综合推理部分,近10年总共考查了51道,占逻辑试题总数的17%,占形式逻辑试题总数的26.7%,平均每年5.1道。

重点题型方面:

复合判断推理近10年考了19道;串联推理近10年考了22道;综合演绎推理近10年考了46道;匹配关系推理近10年考了27道。这是考试题量最大的4类题型。

经济类联考真题考点统计与命题趋势

(1)经济类联考近10年真题考点统计(形式逻辑部分)

题型名称		2012	2013	2014	2015	2016	2017	2018	2019	2020	2021	合计	平均
概念	定义题	0	0	0	0	0	0	0	0	1	1	2	0.2
	概念的划分	0	0	0	0	0	0	0	0	0	0	0	0
	概念间的关系	0	0	0	0	0	0	0	0	1	1	2	0.2
演绎推理	复合判断推理	1	0	1	3	2	0	0	2	1	1	11	1.1
	串联推理	3	2	1	2	0	0	1	0	1	0	10	1
	推理结构相似题	0	0	0	0	0	1	0	1	0	1	3	0.3
	假言判断的负判断	2	2	0	0	1	1	0	1	1	0	8	0.8
	二难推理	0	0	0	1	0	1	0	0	0	1	3	0.3

题型名称		2012	2013	2014	2015	2016	2017	2018	2019	2020	2021	合计	平均
演绎推理	简单判断推理	1	1	0	1	1	0	1	0	1	0	6	0.6
	简单判断的负判断	1	1	0	0	0	0	0	1	0	0	3	0.3
	隐含三段论与补充条件题	0	1	0	0	0	0	0	0	0	0	1	0.1
	真假话推理	0	0	0	0	1	0	0	0	0	2	3	0.3
	综合演绎推理	0	0	0	0	0	0	0	0	0	4	4	0.4
综合推理	排序关系推理	0	1	0	0	0	0	0	0	0	0	1	0.1
	方位关系推理	0	0	0	0	0	0	0	0	0	2	2	0.2
	匹配关系推理	0	3	0	0	0	0	0	1	0	1	5	0.5
	选人问题	0	0	0	0	0	0	0	0	0	1	1	0.1
	数量关系推理	1	1	1	0	2	1	0	1	0	0	7	0.7
	数独问题及其他综合推理	0	0	0	0	0	0	0	0	0	0	0	0
合计		9	12	3	7	9	3	2	7	7	13	72	7.2

(2)经济类联考命题趋势分析(形式逻辑部分)

近10年的经济类联考真题中,形式逻辑部分试题的总数为72道,平均每年7.2道,占近10年经济类联考逻辑真题总数的36%。

需要注意的是,在2020年及以前,经济类联考的逻辑试题是由高校自主进行命题,试题存在"重复出现"以及选用其他考试真题原题(比如管理类联考)的情况。而自2021年开始,经济类联考的逻辑试题由教育部考试中心统一命题。

在2021年经济类联考的逻辑真题中,形式逻辑部分的试题总数达到了13道,占比为65%,与管理类联考中形式逻辑部分的占比非常接近(64%),与2020年及以前的命题形成了较大的反差。

可见,2021年经济类联考逻辑真题反映出来的命题趋势同近几年管理类联考逻辑的命题趋势较为一致。因此,在后续的复习过程中,演绎推理和综合推理仍是各位考生需要着重掌握的知识点。

第1章 概念与定义

听本章课程

题型1 定义题

[母题综述]

(1)命题特点。

题干中给出某一概念的定义，要求判断哪个选项符合这一定义。

(2)解题方法。

第1步：确定定义中的关键条件有几个。

第2步：将选项与定义中的关键条件一一对应，看是否完全符合定义。

[母题精讲]

母题1 丈夫：你不要因为这次交通事故埋怨我。你完全知道，这次驾车出问题，是我的视力近日明显减退造成的。我不应当对自己的视力减退负责。

妻子：但是你应当对这次交通事故负责。一个人，如果明明知道某种行为有风险，仍然自愿去做，他就要对此种行为及其结果负责。

如果上述妻子的陈述为真，则最能支持以下哪项推断？

A. 李小姐误了从巴黎返回北京的航班，她本人应当对此结果负责，因为她不听导游的安排，明明知道会耽误航班，仍然擅自增加游览埃菲尔铁塔的项目。

B. 张先生见一老人猝然倒地，立即将其背往医院急救，不期老人中途死亡。张先生不应对此负责，因为当时他并不知道老人是急性心肌梗死，正确的处理应该是就地平躺，立即呼120急救。

C. 赵女士的新车在两周前被盗，她本人应当对此负责，因为她未听从厂家的劝告安装机动车自动防盗系统。

D. 赵局长明明知道官员受贿要被追究，但迫于妻子的压力还是接受了商家的钱财，结果受到了纪检部门的查处。赵局长自然要对自己的这一行为及其后果负责。

E. 王医生在和某患者发生争执的过程中被暴力袭击致伤，该患者当然要负法律责任，但王医生也要吸取教训，注意改进服务态度和提高医护质量。

【解析】题干：①知道某种行为有风险，②自愿去做，那么，他就要对此种行为及其结果负责。

A项，符合题干。

B、C项，不符合条件①。

D项，赵局长是迫于妻子的压力才受贿的，不是自愿去做的，不符合条件②。

E项，伤人的行为不是医生自己做的，不需要为对方的行为负责。

【答案】A

[典型例题]

例1　经济学家区别正常品和低档品的唯一方法，就是看消费者对收入变化的反应如何。如果人们的收入增加了，对某种东西的需求反而变小，这样的东西就是低档品。类似地，如果人们的收入减少了，他们对低档品的需求就会变大。

以下哪项陈述与经济学家区别正常品与低档品的描述最相符？

A. 学校里的穷学生经常吃方便面，他们毕业找到工作后就经常下饭馆了。对这些学生来说，方便面就是低档品。

B. 在家庭生活中，随着人们收入的减少，对食盐的需求并没有变大，毫无疑问，食盐是一种低档品。

C. 在一个日趋老龄化的社区，对汽油的需求越来越小，对家庭护理服务的需求越来越大。与汽油相比，家庭护理服务属于低档品。

D. 当人们的收入增加时，家长会给孩子多买几件名牌服装，收入减少时就少买点。名牌服装不是低档品，也不是正常品，而是高档品。

E. 高档社区的大人经常给孩子买昂贵的汽车模型作玩具，而棚户区的孩子几乎没有玩具。

【解析】题干：收入增加，低档品的需求量减少；收入减少，低档品的需求量增加。

A项，穷的时候，方便面的需求量增加，有钱后，方便面的需求量减少，符合题干的描述。

B项，收入减少，食盐的需求量没有增加，不符合题干的描述。

C项，只体现需求，没有说明收入情况，不符合题干的描述。

D项，说明了名牌服装是高档品，没有涉及正常品和低档品，不符合题干的描述。

E项，有钱的人买玩具，没有钱的人不买玩具，不符合题干的描述。

【答案】A

例2　美国政府决策者面临的一个头痛的问题就是所谓的"别在我家门口"综合征。例如，尽管民意测验一次又一次地显示大多数公众都赞成建造新的监狱，但是，当决策者正式宣布计划要在某地建造一所新的监狱时，总遭到附近居民的抗议，并且抗议者往往总有办法使计划搁浅。

以下哪项也属于上面所说的"别在我家门口"综合征？

A. 某家长主张，感染了艾滋病毒的孩子不能被允许进入公共学校；当知道一个感染艾滋病毒的孩子进入了他孩子的学校，他立即办理了自己孩子的退学手续。

B. 某政客为主张所有政府官员必须履行个人财产公开登记，他自己递交了一份虚假的财产登记表。

C. 某教授主张宗教团体有义务从事慈善事业，但自己拒绝捐款资助索马里饥民。

D. 某汽车商主张国际汽车自由贸易，以有利于各国经济，但要求本国政府限制外国制造的汽车进口。

E. 某军事战略家认为核战争会毁灭人类，但主张本国保持足够的核能力以抵御外部可能的核袭击。

【解析】"别在我家门口"综合征：我赞同此项目，但是不要在我家附近做。

A项，该家长并不赞同感染艾滋病毒的孩子进入学校，因此其行为不符合该综合征的特征。

B项，该政客并未反对自身进行财产公开登记，不符合该综合征的特征。

C项，该教授并不属于宗教团体，因此其行为不符合该综合征的特征。

D项，符合该综合征的特征。

E项，该军事战略家支持核防卫与其所反对的核战争并非同一个概念，因此不符合该综合征的特征。

【答案】D

题型 2　概念的划分

〔母题综述〕

(1)命题特点。

将一个概念按照是否具备某一性质进行分类，就是概念的划分问题。

(2)概念的划分规则。

编号	规则	违反规则的逻辑谬误
①	标准要统一	划分标准不一致
②	层级要一致	不当并列
③	不重 各部分不能有交集	子项相容
④	不漏 各部分相加要等于原概念，不能比原概念外延小	划分不全
⑤	不多 各部分相加要等于原概念，不能比原概念外延大	多出子项

〔母题精讲〕

母题2 某综合性大学只有理科与文科，理科学生多于文科学生，女生多于男生。

如果上述断定为真，则以下哪项关于该大学学生的断定也一定为真？

Ⅰ．文科的女生多于文科的男生。

Ⅱ．理科的男生多于文科的男生。

Ⅲ．理科的女生多于文科的男生。

A．仅Ⅰ和Ⅱ。　　　　　　　B．仅Ⅲ。　　　　　　　C．仅Ⅱ和Ⅲ。

D. Ⅰ、Ⅱ和Ⅲ。   E. Ⅰ、Ⅱ和Ⅲ都不一定是真的。

【解析】观察题干，可知题干将"学生"这个概念按照"理科文科"和"男生女生"进行了两次分类。这类题我们称为一个概念的两次划分问题，可以使用九宫格法解题。

设该综合性大学的理科女生为 a，文科女生为 b，理科男生为 c，文科男生为 d，根据题干信息可得表1-1：

表 1-1

学生	理科	文科
女生	a	b
男生	c	d

根据题意有：

①理科学生多于文科学生，即：$a+c>b+d$。

②女生多于男生，即：$a+b>c+d$。

①+②得：$2a+b+c>2d+b+c$，故 $a>d$。

即：理科女生多于文科男生，故Ⅲ项一定为真。

从已知条件中无法判断Ⅰ项和Ⅱ项的真假。

【答案】B

[母题变化]

变化 1   **概念的两次划分问题**

技巧总结

（1）命题特点。

将一个概念按照两个标准进行两次分类，称为概念的两次划分问题。

（2）解题方法。

①秒解方法。

一个概念的两次划分问题中存在规律：大交大＞小交小。比如母题2中，理科学生（大）多于文科学生（小），女生（大）多于男生（小），因此，理科女生（大交大）多于文科男生（小交小）。

②常规方法。

概念的两次划分问题可以使用九宫格法解题。

例3   某综合性大学只有理科与文科，已知该大学一共有360名学生，其中理科生有200人，男生有190人。

如果上述断定为真，则以下哪项关于该大学学生的断定也一定为真？

A. 文科的女生多于文科的男生。

B. 理科的男生多于文科的男生。

C. 理科的女生多于文科的男生。

D. 理科的女生等于文科的男生。

E. 理科的女生少于文科的男生。

【解析】一个概念的两次划分问题，可以使用九宫格法。

由题干可知，该大学文科生＝360－200＝160（人），该大学女生＝360－190＝170（人）。

设该综合性大学理科男生为 a 人，文科男生为 b 人，理科女生为 c 人，文科女生为 d 人，根据题干信息可得表 1-2：

表 1-2

学生 360 人	理科 200 人	文科 160 人
男生 190 人	a	b
女生 170 人	c	d

由表 1-2 可知，理科学生多于文科学生，男生多于女生，故有：理科男生多于文科女生（大交大＞小交小），但题干中没有这个选项。

由表 1-2 可知：

$$\begin{cases} a+c=200 \\ a+b=190 \end{cases},$$

两式相减可得：$c-b=10$，故 $c>b$，即理科女生多于文科男生。

故 C 项正确。

【答案】C

例 4　某综合性大学只有理科与文科，已知该大学一共有 360 名学生，其中理科生有 200 人，男生有 190 人，理科女生有 30 人。

则文科男生有多少人？

A. 20。　　　　B. 30。　　　　C. 140。　　　　D. 270。　　　　E. 无法确定。

【解析】一个概念的两次划分问题，可以使用九宫格法。

由题干可知，该大学文科生＝360－200＝160（人），该大学女生＝360－190＝170（人）。

设该综合性大学理科男生为 a 人，文科男生为 b 人，理科女生为 c 人，文科女生为 d 人，根据题干信息可得表 1-3：

表 1-3

学生 360 人	理科 200 人	文科 160 人
男生 190 人	a	b
女生 170 人	$c=30$	d

故有：

$a = 200 - c = 200 - 30 = 170$。

$b = 190 - a = 190 - 170 = 20$。

$d = 170 - c = 170 - 30 = 140$。

所以，文科男生有 20 人，即 A 项正确。

【答案】A

变化 2　概念的三次划分问题

> **技巧总结**
>
> （1）命题特点。
>
> 将一个概念按照三个标准进行三次分类，称为概念的三次划分问题。
>
> （2）解题方法。
>
> 概念的三次划分问题可以使用双九宫格法求解。

例 5　某综合性大学共有 1 000 名学生，其中理科生有 600 人，文科女生有 200 人，南方文科生有 150 人，南方男生有 350 人，南方文科女生有 100 人。

由此可见，去年在该校学生中：

A. 南方理科男生有 300 人。

B. 北方理科男生有 300 人。

C. 南方文科女生多于 100 人。

D. 南方文科女生少于 70 人。

E. 北方理科女生有 250 人。

【解析】此题将"该校学生"这个概念按照"理科文科""男生女生""南方北方"这三个标准进行了三次分类，是概念的三次划分问题，可以使用双九宫格法。

由题干信息可知，理科生有 600 人，则文科生有 400 人。其中南方文科生有 150 人，故北方文科生有 250 人；文科女生有 200 人，故文科男生有 200 人。又知南方文科女生有 100 人，故北方文科女生有 100 人。

结合题意可得下面两个九宫格表（见表 1-4、表 1-5）：

表 1-4

理科 600 人	男生	女生
南方	a	b
北方	c	d

表 1-5

文科 400 人	男生 200 人	女生 200 人
南方 150 人	x	$y = 100$
北方 250 人	z	$w = 100$

故有：

$z=250-w=250-100=150$。

$x=200-z=200-150=50$。

已知南方男生有 350 人，即 $a+x=350$，$a=350-x=350-50=300$，故南方理科男生有 300 人。

【答案】A

变化 3　配对问题

技巧总结

（1）命题特点。

①两类对象进行配对；②每类对象又可细分为两类。

（2）解题方法。

可以使用九宫格法。

例6　在丈夫或妻子至少有一个是中国人的夫妻中，中国女性比中国男性多 2 万人。

如果上述断定为真，则以下哪项一定为真？

Ⅰ. 恰有 2 万名中国女性嫁给了外国人。

Ⅱ. 在和中国人结婚的外国人中，男性多于女性。

Ⅲ. 在和中国人结婚的人中，男性多于女性。

A. 仅Ⅰ。　　　　　　B. 仅Ⅱ。　　　　　　C. 仅Ⅲ。

D. 仅Ⅱ和Ⅲ。　　　　E. Ⅰ、Ⅱ和Ⅲ。

【解析】设在和中国男性结婚的人中，中国女性为 a 万人，外国女性为 b 万人；在和外国男性结婚的人中，中国女性为 c 万人，外国女性为 d 万人。

根据题意，可得表1-6：

表 1-6

男性	女性	
	中国女性	外国女性
中国男性	a	b
外国男性	c	d

已知中国女性比中国男性多 2 万人，故有：$(a+c)-(a+b)=c-b=2$（万人）。

Ⅰ项，显然不成立。

Ⅱ项，由"$c-b=2$"可知，$c>b$，即在和中国人结婚的外国人中，男性多于女性，故此项成立。

Ⅲ项，由"$(a+c)-(a+b)=2$"可知，在和中国人结婚的人中，男性多于女性，故此项成立。

【答案】D

题型3 概念间的关系

[母题综述]

(1)命题概况。

历年真题中对概念间的关系问题考查较少，近10年真题中，管理类联考和经济类联考分别考了2道。

(2)概念间的关系。

编号	关系		图示	例子
①	全同关系		A B	等边三角形 所有角均为60°的三角形
②	种属关系		A B	兔子是动物的一种
③	交叉关系		A B	男人　　教授 重合部分：男教授
④	全异关系	矛盾关系	A B	男人　　女人
		反对关系	A B	儿童　　中年

[母题精讲]

母题3　某个饭店中，一桌人边用餐边谈生意。其中，一个人是哈尔滨人，两个人是北方人，一个人是广东人，两个人只做电脑生意，三个人只做服装生意。

根据以上信息，以下说法不正确的是哪项？

A. 哈尔滨人与北方人是种属关系。　　B. 广东人与北方人是全异关系。

C. 广东人与哈尔滨人是矛盾关系。　　D. 做电脑生意和做服装生意是全异关系。

E. 北方人和做服装生意可能是交叉关系。

【解析】

A项，哈尔滨属于北方，因此，哈尔滨人与北方人是种属关系，正确。

B项，广东人是南方人，与北方人没有交集，因此，广东人与北方人是全异关系，正确。

C项，广东人与哈尔滨人没有交集，而且这两类人组合起来并不构成所有人，因此，广东人与哈尔滨人是反对关系而不是矛盾关系，故此项错误。

D项，题干中，两个人"只"做电脑生意，三个人"只"做服装生意，因此二者没有交集，是全异关系，正确。

E项，北方人和做服装生意有可能有交集也可能没有交集，因此，可能是交叉关系，正确。

【答案】C

[典型例题]

> **技巧总结**
> 第1步：判断题干中几个概念之间的关系。
> 第2步：根据概念之间的关系进行数量计算。

例7 某个饭店中，一桌人边用餐边谈生意。其中，一个人是哈尔滨人，两个人是北方人，一个人是广东人，两个人只做电脑生意，三个人只做服装生意。

假设以上的介绍涉及这餐桌上所有的人，那么，这一餐桌上最少可能是几个人？最多可能是几个人？

A. 最少可能是3人，最多可能是9人。　　B. 最少可能是5人，最多可能是8人。

C. 最少可能是5人，最多可能是9人。　　D. 最少可能是3人，最多可能是8人。

E. 无法确定。

【解析】题干中，哈尔滨人是北方人（种属关系），广东人不是北方人（全异关系），所以地理位置一定涉及3个人。

两个人只做电脑生意，三个人只做服装生意（全异关系），所以职业一定涉及5个人。

若地理位置涉及的3个人和职业涉及的5个人重合（有交叉），则最少有5人；若不重合（无交叉），则最多有8人。

【答案】B

例8 在某校新当选的校学生会的七名委员中，有一个大连人，两个北方人，一个福州人，两个特长生（即有特殊专长的学生），三个贫困生（即有特殊经济困难的学生）。

假设上述介绍涉及了该学生会中的所有委员，则以下各项关于该学生会委员的断定都与题干不矛盾，除了：

A. 两个特长生都是贫困生。　　B. 贫困生不都是南方人。　　C. 特长生是南方人。

D. 大连人是特长生。　　　　　　E. 福州人不是贫困生。

【解析】A项的断定与题干矛盾。因为，如果两个特长生都是贫困生，又由于大连人一定是北方人，则题干中的介绍最多只能涉及六个人，与题干信息矛盾。

其余各项均与题干不矛盾。

【答案】A

本章模考题 ▶ 概念与定义

（共 15 题，每题 2 分，限时 30 分钟）

1. 误解性危机，是指企业自身的工作或产品质量等方面没有什么问题，并且没有出现任何损害公众的事件，但是由于种种原因，被公众误解怀疑，受到公众无端指责，企业由此而陷入危机之中。受害性危机，是指他人未经许可，假冒企业的包装式样、商标、名义推销伪劣产品，使企业的形象受到损害，名誉遭受损失。事故性危机，是指由于企业自身的失职、失误，或者管理工作中出现问题，或者产品质量上出现问题，而引发的危机事件。
   根据上述定义，下列属于误解性危机的是：
   A. 某品牌奶粉因含有过量的三聚氰胺而遭到公众退货。
   B. 某工厂的许多生产设备在玉树大地震中严重受损，导致该工厂停产。
   C. 甲企业仿造乙企业商标生产了大量的不合格产品，导致公众排斥该品牌产品。
   D. 在许多杂志转载了种植花卉可能对人体造成伤害的不实报道后，花卉行业惨遭损失。
   E. 某牛集团因使用违规原料，导致其生产的纯牛奶致癌物严重超标，引起了社会上的公愤。

2. 如果能有效地利用互联网、能快速方便地查询世界各地的信息，对科学研究、商业往来乃至寻医求药都能带来很大的好处。然而，如果上网成瘾，就会有许多弊端，还可能带来严重的危害。尤其是青少年，上网成瘾可能荒废学业、影响工作。为了解决这一问题，某个网点上登载了"互联网瘾"自我测试办法。
   以下各项提问，除了哪项，都与"互联网瘾"的表现形式有关？
   A. 你是否有时上网到深夜并为链接某个网站时间过长而着急？
   B. 你是否曾一再试图限制、减少或停止上网而无果？
   C. 你试图减少或停止上网时，是否会感到烦躁、压抑或容易动怒？
   D. 你是否曾因上网而危及一段重要关系或一份工作机会？
   E. 你是否曾向家人、治疗师或其他人谎称你并未沉迷互联网？

3. 我国的文化中十分尊重弱势群体，比如说给老、弱、病、残、孕让座。
   上述陈述在逻辑上犯了哪项错误？
   A. 划分标准混乱，既按年龄划分，又按身体状态、是否怀孕等标准划分。
   B. 没有指出尊重弱势群体的其他论据。
   C. 没有指出尊重弱势群体的法律法规。
   D. 没有指出尊重弱势群体的具体行动。
   E. 没有指出有怀孕的残疾人。

4. 甲：什么是奇数？
   乙：奇数就是偶数加 1。
   甲：什么是偶数？
   乙：偶数就是奇数减 1。

以下哪项与题干中的逻辑错误最为类似?

A. 甲：什么是战争？

乙：战争就是和平的中断。

甲：什么是和平？

乙：和平就是战争的中断。

B. 甲：什么是人？

乙：人就是哺乳动物的一种。

甲：什么是哺乳动物？

乙：哺乳动物就是动物的一种。

C. 甲：什么是循环小数？

乙：循环小数就是一个数的小数部分从某一位起，一个或几个数字依次重复出现的无限小数。

甲：什么是无限不循环小数？

乙：无限不循环小数就是一个数的小数点后有无数位，但没有周期性的重复的数。

D. 甲：什么是商品？

乙：商品就是为交换生产的劳动产品。

甲：什么是劳动产品？

乙：劳动产品就是价值的载体。

E. 甲：什么是家庭？

乙：家庭就是一种以婚姻、血缘或收养关系为基础组成的社会群体。

甲：什么是血缘？

乙：血缘就是由于生育所天然形成的具有相似基因的人们之间的关系。

5. "客文化"是随着网络传媒的形成和发展而出现的一种虚拟文化，具有个性、即时性、开放性、交互性、合作性，是民生文化的一种形式。它包括的形态多样，比如博客、播客、微博客、维客、黑客、红客、换客、晒客、拍客等。

根据上述定义，以下哪项不属于"客文化"？

A. 小晴是个新潮的大学生，热衷于用文字和照片将自己的生活点滴展现在网上，以获得一种心理满足。

B. 小谢是个"北漂"，刚工作不久，积蓄也不多，喜欢用自己的一些闲置小物品换取别人的闲置物品来满足自己的使用需求。

C. 小温是个计算机高手，常在工作之余的闲暇时间，主动找寻国内一些政府部门重要网站的系统漏洞，并告知对方弥补的方法。

D. 导游小黄提醒前来旅游观光的游人，注意尊重客家人的文化习俗。

E. 小刘爱好公益，他喜欢带着摄像机四处转，看到一些文明的或者不文明的行为会拍下到微博曝光。

6. 元宵夜，一女子想到灯市观灯。其丈夫说道："家中已点灯了。"该女子答道："我不仅想观灯，而且还想观人。"她的丈夫怒吼道："难道我是鬼吗？"

试分析上述议论中出现了什么逻辑谬误？

A. 转移论题。

B. 自相矛盾。

C. 偷换概念。

D. 论据不足。

E. 循环定义。

7. 过去，我们在道德宣传上有很多不切实际的高调，以至于不少人口头说一套，背后做一套，发生人格分裂现象。通过对此种现象的思考，有的学者提出，我们只应该要求普通人遵守"底线伦理"。

根据你的理解，以下哪一选项作为"底线伦理"的定义最合适？

A. 底线伦理就是不偷盗、不杀人。

B. 底线伦理是作为一个社会普通人所应遵守的一些最起码、最基本的行为规范和准则。

C. 底线伦理不是要求人无私奉献的伦理。

D. 如果把人的道德比作一座大厦，底线伦理就是该大厦的基础部分。

E. 以上选项均不合适。

8. 依照 8 小时工作制，一个人每天工作的时间不超过 1/3，依此以一年 365 天计，一个人每年工作的时间不超过全年的 1/3，即不超过 122 天。去年在某企业供职的张珊除了每周休息 2 天外（合计 104 天），只在法定节假日休息（合计 27 天），这样，张珊去年实际工作的天数是 234 天，明显超过上述 122 天。因此，去年该企业一定没有严格执行 8 小时工作制。

以下哪项对上述论证的评价最为恰当？

A. 上述论证成立。

B. 上述论证有漏洞，它忽略了上述 122 天不包括周末和节假日。

C. 上述论证有漏洞，它忽略了上述 122 天并不是指 122 个工作日。

D. 上述论证有漏洞，它忽略了闰年有 366 天。

E. 上述论证有漏洞，它忽略了除了法定节假日外，企业一般都有公休假。

9. 在经济学中，系统内部个别效率较高的组织的出现，会对其他效率较低的组织的存在和发展构成破坏或抑制，人们把这种作用称为"顶尖效应"。由于个人之间、地区之间、国家之间的发展不平衡，因此"顶尖效应"是普遍存在的。

根据上述定义，下列有助于避免"顶尖效应"的是：

A. 发达国家甲与经济落后国家乙之间的贸易交易费用下降，导致乙国的资金外流。

B. 某地制定新政，加大对中小企业的扶持力度，同时对垄断企业进行调控，限制规模。

C. 某粮食生产企业一直不景气，在采用先进栽培技术后，企业生产规模扩大，销售份额开始提升。

D. 某地规定，对于优秀留学归国人员可参照其学历或专业水平直接授予相应等级的专业技术职称，不受任职年限等限制。

E. 某国家规定，对于引进人才，可以直接安排获得永久居住绿卡。

10. 甲认为在新生婴儿中，男婴的出生率总是摆动于 22/43 这个数值，而不是 1/2。乙认为不对，许多资料都表明，多数国家和地区，例如苏联、日本、美国、我们国家的台湾，都是女人比男人多。可见，认为男婴的出生率总在 22/43 上下波动是不成立的。

试分析甲乙的对话，指出下列哪一个选项能说明甲或乙的逻辑错误？

A. 甲所说的统计规律不存在。

B. 甲的统计调查不符合科学。

C. 乙的资料不可信。

D. 乙混淆了概念。

E. 乙自相矛盾。

11. 促销就是营销者向消费者传递有关本企业及产品的各种信息，说服或吸引消费者购买其产品，以达到扩大销售量的目的。赠送促销，即通过向消费者赠送小包装的新产品或其他便宜的商品，来介绍某种产品的性能、特点、功效，以达到促进销售的目的。

根据上述定义，下列不属于赠送促销的是：

A. 花语洗发水产品在 1 月举办品牌十周年庆祝活动，凡购买 600 毫升花语洗发水的消费者均可再获得 200 毫升花语洗发水一瓶。

B. 某糖果公司在百货商场举办活动，所有顾客均可免费得到一颗新开发的榴梿口味软糖。

C. 某大型 IT 企业为向消费者介绍其新操作系统产品，在电脑商场里赠送小饰品，每个饰品上都写着该操作系统的新功能。

D. 某食品品牌为推动新产品的销售，随原有产品赠送新产品的试吃品，取得了良好的市场效果。

E. 某护肤品公司在某企业园区搭建临时售卖点，向所有到场人员赠送小包装新面膜，新面膜包装袋上印有面膜配套组合产品的名称、功效和使用说明。

12. 伪造货币罪，是指仿照国家货币的票面、颜色、形状等特征，采用各种方法制作假币，冒充真币的行为。而非法持有使用伪造货币罪是指行为人明知是伪造的货币而持有、使用，且数额较大的行为。

下列选项中，属于非法持有使用伪造货币罪的是：

A. 老刘将 100 张 100 元的人民币揭层加工，变成 200 张 100 元的人民币。

B. 苏某在一次销售物品时不慎收到了两张 100 元的假币，为避免损失，之后又用其购物。

C. 王某为炫耀本人画技，精心绘制了一张逼真的百元人民币，将其带到办公室向他人展示。

D. 李某利用在印刷厂的亲戚关系印刷了大量缅币，并用其在边境上购得货物。

E. 小江在违法假币作坊以 800 元的价格购进假币 5 000 元，用于研究假币和真币的区别。

13. 遗忘，是对识记过的材料不能正确地再认与回忆，即记忆丧失。动机性遗忘是指人为避免不愉快的情绪或内心冲突而遗忘某些事件或人物的现象，这种遗忘是个体心理自我保护的一种手段。

根据上述定义，下列属于动机性遗忘的是：

A. 张某小时候在一次恐怖袭击事件中幸存了下来，长大以后，他却已经不记得这件事了。

B. 李某与赵某交往了五年后黯然分手，她现在一点都不想回忆起与赵某有关的所有事情。

C. 乙今年已经 90 岁了，身体依然硬朗，只是比较健忘，有时刚看完书就忘了其中的内容。

D. 甲在一次严重的车祸中活了下来，但由于遭受了脑震荡，已经记不得事故发生前后的事情了。

E. 小李高考后查分喜知自己是全省状元，他已经努力克制自己不去想这件事。

14. 政府信息公开是指国家行政机关和法律、法规以及规章授权和委托的组织，在行使国家行政管理职权的过程中，通过法定形式和程序，主动将政府信息向社会公众或依申请而向特定的个人或组织公开的制度。

根据上述定义，下列属于政府信息公开的是：

A. 某镇在一次镇政府日常会议上公布了前一阶段执行计划生育政策的情况。

B. 某上市公司在《中国证券报》上公布了 2010 年年度报告。

C. 某乡在网上公示政府公务开支明细。

D. 张森要求市政府公布正副市长及其配偶的电话。

E. 某市公安局在网上公布某特大刑事案件嫌疑人的基本信息。

15. 医院里的医生和护士，包括我在内，总共是 16 名，下面讲到的人员情况，无论是否把我计算在内，都不会有任何变化。在这些医护人员中，已知：

(1)护士人数多于医生。

(2)男医生人数多于男护士。

(3)男护士人数多于女护士。

(4)至少有一位女医生。

请问：这位说话者是什么性别和职务？

A. 男医生。　　　B. 女护士。　　　C. 男护士。　　　D. 女医生。　　　E. 无法确定。

本章模考题 ▶ 参考答案

1. D

【解析】定义题。

误解性危机的定义要点是：①企业自身的工作或产品质量等方面没有什么问题；②没有出现任何损害公众的事件；③被公众误解怀疑，受到公众无端指责，企业由此而陷入危机之中。

A 项，指出企业的产品质量存在问题，不符合①，故排除。

B 项，该工厂遭遇地震后并没有被公众误解或者怀疑，不符合③，故排除。

C 项，此项属于受害性危机，故排除。

D 项，符合误解性危机的定义，故此项正确。

E 项，此项属于事故性危机，故排除。

2. A

【解析】定义题。

"互联网瘾"：上网成瘾，而且可能荒废学业、影响工作。

A 项，"'有时'上网到深夜"显然不是"上网成'瘾'"的表现形式，而且没有由此产生荒废学业、影响工作等危害，故此项正确。

B、C 项，讲的是对上网欲罢不能（即上网成瘾），显然与"互联网瘾"的表现形式有关。

D 项，讲的是因上网而危及了一段重要关系或工作，即上网成瘾的危害，故与"互联网瘾"的表现形式有关。

E 项，"谎称你并未沉迷互联网"，说明"你正沉迷于互联网"，故与"互联网瘾"的表现形式有关。

3. A

【解析】概念的划分。

题干划分标准混乱，"老"是按照年龄划分，"弱、病、残"是按照身体状态划分，"孕"是按照是否怀孕划分，故 A 项正确。

4. A

【解析】概念间的关系。

题干中乙用偶数解释奇数，又用奇数解释偶数，犯了循环定义的逻辑错误。

A 项，乙用和平解释战争，又用战争解释和平，犯了与题干相同的逻辑错误。

5. D

【解析】定义题。

A 项，小晴是晒客；B 项，小谢是换客；C 项，小温是红客；E 项，小刘是拍客。故 A、B、C、E 项均属于"客文化"。

D 项中"客家人的文化习俗"不属于"客文化"。

6. C

【解析】概念间的关系。

题干中"想到灯市观灯"中的"灯"是指元宵夜灯市中的花灯，"家中已点灯了"中的"灯"是指家中的灯；题干中"还想观人"中的"人"是指灯市中的人群，不包含女子的丈夫，"难道我是鬼吗？"是指丈夫本人。因此，上述议论中均犯了偷换概念的逻辑错误，故 C 项正确。

7. B

【解析】定义题。

A 项，犯了"定义过窄"的逻辑错误，故排除此项。

B 项，符合定义的规则，故此项正确。

C 项，不符合"定义不应当是否定的"这个规则，故排除此项。

D 项，不符合"定义不得运用比喻"这个规则，故排除此项。

E 项，明显是错误的。

8. C

【解析】概念间的关系。

题干：①依照 8 小时工作制，一个人每年工作的时间不超过 122 天；②张珊去年实际工作的天数是 234 天，明显超过上述 122 天 ———证明———> 去年该企业一定没有严格执行 8 小时工作制。

前提①中的"122 天"是指工作时间（每天的工作时间是按照 24 小时计算的，即总时长÷24 小时/天），②中的"122 天"是指工作天数（每天依照 8 小时工作制，即进行工作的总天数）。所以，前者是工作总时长，后者是工作总天数，在论证过程中犯了"混淆概念"的逻辑谬误，因此 C 项正确。

9. B

【解析】定义题。

题干："顶尖效应"的关键信息是由于发展不平衡，效率较高的组织会对效率较低的组织的存在和发展构成破坏或抑制。

A 项，属于顶尖效应，但题干问的是有助于避免顶尖效应，故排除此项。

B 项，对中小企业的扶持和对垄断企业的调控，属于避免顶尖效应的手段，故此项正确。

C、D、E 项，均不存在效率较高的组织对效率较低的组织的破坏或抑制，故排除。

10. D

【解析】概念间的关系。

甲：在新生婴儿中，男婴的出生率总是摆动于 22/43 这个数值。

乙：多数国家和地区，都是女人比男人多，因此，甲的看法不成立。

甲说的是"新生婴儿男女比例"，乙用的是"男女比例"进行反驳，故乙犯了混淆概念的逻辑错误。

11. A

【解析】定义题。

赠送促销的定义要点是：①向消费者赠送小包装的新产品或其他便宜的商品；②介绍某种产品的性能、特点、功效；③促进销售。

A 项，"再获得"指的是购买之后获得，并没有起到介绍产品性能、特点、功效的作用，不符合②，因此不属于赠送促销。

其余各项均属于赠送促销。

12. D

【解析】定义题。

非法持有使用伪造货币罪的定义要点是：①明知是伪造的货币而持有、使用；②数额较大。

A项，将100张100元的人民币加工变成200张100元的人民币，属于"伪造"货币，而不是"持有使用"伪造货币，故排除此项。

B项，苏某收到假币后为避免损失用其购物，符合①，但是，"两张100元"数额小，不符合②，故排除此项。

C项，精心绘制一张逼真的百元人民币画，并向他人展示，并非"非法持有使用伪造货币"，故排除此项。

D项，印刷缅币，并用其购得货物，符合①，而且，印刷"大量"缅币，符合②，故此项正确。

E项，购买假币用于研究，并非"非法持有使用伪造货币"，故排除此项。

13. A

【解析】定义题。

动机性遗忘的定义要点是：①为避免不愉快的情绪或内心冲突；②遗忘某些事件或人物。

A项，张某为避免不愉快的情绪而遗忘了恐怖袭击事件，符合动机性遗忘的定义要点。

B项，一点都"不想回忆起"，不代表"已经遗忘"，不符合②，故排除此项。

C项，因年老而健忘，不是为了避免不愉快的情绪或内心冲突，不符合①，故排除此项。

D项，因遭受脑震荡而忘记，不是为了避免不愉快的情绪或内心冲突，不符合①，故排除此项。

E项，"喜知"不符合①中的"不愉快的情绪"，而且，"克制自己不去想"不代表"已经遗忘"，故排除此项。

14. C

【解析】定义题。

政府信息公开的定义要点是：①国家行政机关和法律、法规以及规章授权和委托的组织；②法定形式和程序；③政府信息。

A项，在政府日常会议上公布，不属于法定形式和程序，不符合②，故排除此项。

B项，某上市公司，不是国家行政机关和法律、法规以及规章授权和委托的组织，不符合①，故排除此项。

C项，符合政府信息公开的定义要点，故此项正确。

D项，正副市长及其配偶的电话，不是政府信息，不符合③，故排除此项。

E项，嫌疑人的基本信息，不是政府信息，不符合③，故排除此项。

15. B

【解析】概念的划分。

先考虑不把说话者计算在内的情况，这时医生和护士共有15名。首先由条件(1)可知，护士至少应有8名；再由条件(3)可知，男护士至少有5名；接着由条件(2)可知，男医生至少有6名；结合条件(4)可知，医生至少有7名，则护士至多有8名。所以，要满足所有条件，只能是护士有8名，其中男护士有5名，女护士有3名；医生有7名，其中男医生有6名，女医生有1名。

A项，若说话者是男医生，则护士人数＝医生人数，与条件(1)矛盾，故排除此项。

B项，若说话者是女护士，与题干不矛盾，故此项正确。

C项，若说话者是男护士，则男医生人数＝男护士人数，与条件(2)矛盾，故排除此项。

D项，若说话者是女医生，则护士人数＝医生人数，与条件(1)矛盾，故排除此项。

第2章 演绎推理

联考大纲规定的逻辑考试内容为"概念、判断、推理、论证"。"判断"是构成推理和论证的基本元素，任何推理、论证其实都包含了判断的知识。但是，"判断"无法单独命题，真题中也从未单独考查过"判断"的知识。

本书母题篇的目的是总结真题中可能出现的所有题型。既然判断不会单独命题，那么母题篇就没有必要出现"判断"这一章节。

另外，近年联考真题中，推理题考得越来越多，而且，推理题可以分为"演绎推理"和"关系推理（综合推理）"两部分，因此，我们将"推理"这部分划分为两个独立的章节进行详细讲解。

题型 4 复合判断推理

【母题综述】

1. 三种条件关系（假言判断）

编号	条件关系	含义	典型关联词
①	充分条件 （A→B）	有它就行，没它未必不行	如果……那么…… 只要……就…… 一旦……就…… ……就…… ……必须…… ……则…… ……一定……
②	必要条件 （¬A→¬B）	没它不行，有它未必行	只有……才…… ……是……的前提 ……是……的基础 ……对于……不可或缺 除非……才……
③	充要条件 （A↔B）	等价关系，"同生共死"	当且仅当 ……是……的唯一条件

2. 并且、或者、要么的含义（联言、选言判断）

名称	符号	读作	含义
联言判断	A∧B	A并且B	事件A和事件B都发生
相容选言判断	A∨B	A或者B	事件A和事件B至少发生一个，也可能都发生
不相容选言判断	A∀B	A要么B	事件A和事件B发生且仅发生一个

[母题精讲]

母题4.1 已知"如果我爱你，我就嫁给你"为真，请完成下表：

已知"如果我爱你，我就嫁给你"为真			
序号	判断	符号化	真假情况
（1）	如果我爱你，我不嫁给你。		
（2）	只有我爱你，我才嫁给你。		
（3）	如果我嫁给你，说明我爱你。		
（4）	如果我嫁给你，说明我不爱你。		
（5）	如果我不爱你，我就不会嫁给你。		
（6）	如果我不爱你，我就嫁给你。		
（7）	如果我不嫁给你，说明我不爱你。		
（8）	我爱你，并且我不嫁给你。		
（9）	除非我爱你，否则我不嫁给你。		
（10）	我不爱你，否则我嫁给你。		
（11）	我嫁你，除非我不爱你。		
（12）	或者我不爱你，或者我嫁给你。		

【解析】

题干：爱→嫁＝¬嫁→¬爱＝¬爱∨嫁。			
序号	判断	符号化	真假情况
（1）	如果我爱你，我不嫁给你。	爱→¬嫁＝¬爱∨¬嫁 注意：此项与题干不矛盾，因为，当"¬爱"为真时，此项与题干均为真。	可真可假
（2）	只有我爱你，我才嫁给你。	嫁→爱	可真可假
（3）	如果我嫁给你，说明我爱你。	嫁→爱	可真可假
（4）	如果我嫁给你，说明我不爱你。	嫁→¬爱	可真可假
（5）	如果我不爱你，我就不会嫁给你。	¬爱→¬嫁	可真可假
（6）	如果我不爱你，我就嫁给你。	¬爱→嫁	可真可假
（7）	如果我不嫁给你，说明我不爱你。	¬嫁→¬爱	真
（8）	我爱你，并且我不嫁给你。	爱∧¬嫁	假

续表

题干：爱→嫁＝¬嫁→¬爱＝¬爱∨嫁。			
序号	判断	符号化	真假情况
（9）	除非我爱你，否则我不嫁给你。	¬爱→¬嫁	可真可假
（10）	我不爱你，否则我嫁给你。	爱→嫁	真
（11）	我嫁你，除非我不爱你。	爱→嫁	真
（12）	或者我不爱你，或者我嫁给你。	¬爱∨嫁	真

母题 4.2 请将下表补充完整：

已知		判断真假			
A	B	A∧B	A∨B	A∀B	A→B
真	真				
真	假				
假	真				
假	假				

【解析】

已知		判断真假			
A	B	A∧B	A∨B	A∀B	A→B （¬A∨B）
真	真	真	真	假	真
真	假	假	真	真	假
假	真	假	真	真	真
假	假	假	假	假	真

〔母题变化〕

变化 1 假言判断推理

技巧总结

常考以下公式：

（1）逆否命题。

$$（A→B）=（¬B→¬A）。$$

（2）箭头与或者的互换公式。

①箭头变或者：$（A→B）=（¬A∨B）$。

②或者变箭头：（A∨B）＝（¬A→B）＝（¬B→A）。

③要么推箭头：

A∀B可推出：

$$A→¬B。$$

$$B→¬A。$$

$$¬A→B。$$

$$¬B→A。$$

例1 理智的人不会暴力抗法，除非抗法的后果不比服法更差，由此孤注一掷。

以下哪一项表达的意思与题干所表达的意思不一致？

A. 只有暴力抗法的后果不比服法更差，理智的人才会孤注一掷而暴力抗法。

B. 如果暴力抗法的后果比服法更差，理智的人就不会孤注一掷而暴力抗法。

C. 如果服法的后果比暴力抗法要好，理智的人就不会孤注一掷而暴力抗法。

D. 只有暴力抗法的后果比服法更差，理智的人才不会孤注一掷而暴力抗法。

E. 或者抗法的后果不比服法差，或者理智的人不会孤注一掷而暴力抗法。

【解析】将题干信息符号化：抗法的后果比服法差→理智的人不会暴力抗法，逆否可得：理智的人暴力抗法→抗法的后果不比服法差。

A项，理智的人暴力抗法→抗法的后果不比服法差，是题干的逆否命题，为真。

B项，抗法的后果比服法差→理智的人不会暴力抗法，为真。

C项，服法的后果比抗法好→理智的人不会暴力抗法，即：抗法的后果比服法差→理智的人不会暴力抗法，为真。

D项，理智的人不会暴力抗法→抗法的后果比服法差，与题干不同，可真可假。

E项，抗法的后果不比服法差∨理智的人不会暴力抗法，等价于：抗法的后果比服法差→理智的人不会暴力抗法，为真。

【答案】D

例2 环境污染已经成为全世界普遍关注的问题。科学家和环境保护组织不断发出警告：如果我们不从现在起就重视环境保护，那么人类总有一天将无法在地球上生存。

以下哪项解释最符合以上警告的含义？

A. 如果从后天而不是从明天起就重视环境保护，人类的厄运就要早一天到来。

B. 如果我们从现在起开始重视环境保护，人类就可以在地球上永久地生存下去。

C. 只要我们从现在起就重视环境保护，人类就不至于在这个地球上无法生存下去。

D. 由于科学技术发展迅速，在厄运到来之前人类就可能移居到别的星球上去了。

E. 对污染问题的严重性要有高度的认识，并且要尽快采取行动做好环保工作。

【解析】题干：不从现在起就重视环境保护→人类总有一天将无法在地球上生存，等价于：人类要想长久地在地球上生存→从现在起就要重视环境保护。

E项，对污染问题的严重性要有高度的认识（重视），并且要尽快采取行动（从现在起）做好环保工作，符合题干的意思，故 E 项正确。

【答案】E

例 3 小林因未戴泳帽被拒绝进入深水池。小林出示深水合格证说："根据规定我可以进入深水池。"游泳池的规定是：未戴游泳帽者不得进入游泳池，只有持有深水合格证，才能进入深水池。

小林最可能把游泳池的规定理解为：

A. 除非持有深水合格证，否则不得进入深水池。

B. 只有持有深水合格证的人，才不需要戴游泳帽。

C. 如果持有深水合格证，就能进入深水池。

D. 准许进入游泳池的，不一定准许进入深水池。

E. 有了深水合格证，就不需要戴游泳帽。

【解析】游泳池的规定：只有持有深水合格证，才能进入深水池。

小林认为：只要持有深水合格证，就能进入深水池。小林误把必要条件当充分条件。

【答案】C

变化 2 联言、选言判断推理

> **技巧总结**
>
> （1）特殊句式。
>
> ①A、B 至少一真 =（A∨B）。
>
> ②A、B 至多一真 =（¬A∨¬B）。
>
> ③不是 A，就是 B =（¬A→B）=（A∨B）。
>
> （2）并且、或者、要么之间的关系。
>
> 已知 A∧B 为真，可以推出：A∨B 为真，A∀B 为假。
>
> 已知 A∀B 为真，可以推出：A∨B 为真，A∧B 为假。
>
> 已知 A∨B 为真，则 A∧B 真假不定，A∀B 真假不定。
>
> （3）德摩根定律。
>
> ①¬（A∧B）=（¬A∨¬B）。
>
> ②¬（A∨B）=（¬A∧¬B）。
>
> ③¬（A∀B）=（¬A∧¬B）∀（A∧B）
>
> 【此处也可以写为：¬（A∀B）=（¬A∧¬B）∨（A∧B）】。

例 4 请将下表补充完整：

已知	判断真假					
	A	B	A∧B	A∨B	A∀B	A→B
A∧B 为真						

续表

已知	判断真假					
	A	B	A∧B	A∨B	A∀B	A→B
A∨B为真						
A∀B为真						
A∧B为假						
A∨B为假						
A∀B为假						

【解析】

已知	判断真假					
	A	B	A∧B	A∨B	A∀B	A→B (⌐A∨B)
A∧B为真	真	真	真	真	假	真
A∨B为真	可真可假	可真可假	可真可假	真	可真可假	可真可假
A∀B为真	可真可假	可真可假	假	真	真	可真可假
A∧B为假	可真可假	可真可假	假	可真可假	可真可假	可真可假
A∨B为假	假	假	假	假	假	真
A∀B为假	可真可假	可真可假	可真可假	可真可假	假	真

例5 张珊：鱼和熊掌不可兼得。

以下哪项与张珊的意思相同？

A. 鱼和熊掌皆可得。　　　　　　　　B. 可得鱼，不可得熊掌。

C. 不可得鱼，可得熊掌。　　　　　　D. 要么不可得鱼，要么不可得熊掌。

E. 除非不可得鱼，否则不可得熊掌。

【解析】张珊：⌐（鱼∧熊掌）＝⌐鱼∨⌐熊掌。

A项，鱼∧熊掌，与张珊的意思不同。

B项，鱼∧⌐熊掌，与张珊的意思不同。

C项，⌐鱼∧熊掌，与张珊的意思不同。

D项，⌐鱼∀⌐熊掌，与张珊的意思不同。

E项，⌐不鱼→⌐熊掌，等价于：鱼→⌐熊掌，又等价于：⌐鱼∨⌐熊掌，与张珊的意思相同。

【答案】E

例6 今年中国南方地区出现"民工荒"。究其原因，或者是由于民工在家乡已找到工作；或者是由于南方地区民工工资太低，不再具有吸引力；或者是由于新农村建设进展加快，农民在农村既能增收，又能过上稳定的家庭生活。今年中国新农村建设确实进展加快，农民在农村既能增收，又能过上稳定的家庭生活。

据此，可以推出今年南方地区出现"民工荒"的原因是以下哪项？

A. 是由于民工在家乡已找到工作。

B. 可能是由于民工在家乡已找到工作。

C. 不是由于民工在家乡已找到工作。

D. 是由于南方地区民工工资太低，不再具有吸引力。

E. 是由于南方地区民工工资太低，不再具有吸引力，或者由于民工在家乡已找到工作。

【解析】"民工荒"的原因：民工在家乡已找到工作 ∨ 南方地区民工工资太低 ∨ 新农村建设进展加快，农民在农村既能增收，又能过上稳定的家庭生活。

分析可知，肯定相容选言判断的一个选言肢，无法确定其余选言肢的真假情况，只有 B 项是可能性推理，故 B 项正确。

【答案】B

例7 《高山流水》是任何人都极为欣赏的古典音乐，而每个人对任何一种古典音乐的态度是要么着迷，要么不欣赏。

由此可以推出以下哪项？

A. 任何人都欣赏古典音乐。　　　　　　B. 任何人都不欣赏古典音乐。

C. 任何人都对《高山流水》着迷。　　　　D. 有些人对《高山流水》不着迷。

E. 有些人对《高山流水》不欣赏。

【解析】题干：着迷 ∀ 不欣赏，可得：欣赏→着迷。

由题干可知，《高山流水》是任何人都极为欣赏的古典音乐，故任何人都对《高山流水》着迷，即 C 项正确。

【答案】C

例8 由于硼是唯一和碳一样具有可以无限延伸自身的能力（连接能力仅略弱于碳），同时氢化物稳定性不受原子数目制约的元素，并拥有比碳更高的成键多样性，因此有人认为可能存在以硼为核心元素的硼基生命。与此同时，也有人认为存在硅基生命，这种生命是以含有硅以及硅的化合物为主的物质构成的生命。两位研究人员对这两种生命作出了如下断定：

①要么存在硼基生命，要么存在硅基生命。

②或者不存在硼基生命，或者不存在硅基生命。

如果上述两种断定中只有一种为真，则可以推出以下哪项结论？

A. 存在硼基生命，并且存在硅基生命。

B. 不存在硼基生命，但是存在硅基生命。

C. 存在硼基生命，但是不存在硅基生命。

D. 既不存在硼基生命，也不存在硅基生命。

E. 如果存在硼基生命，就不存在硅基生命。

【解析】题干中有两个断定：

①存在硼基生命 ∀ 存在硅基生命。

②不存在硼基生命∨不存在硅基生命。

假设断定①为真,则硼基生命与硅基生命存在且仅存在一种,故必有一种不存在,可以推出断定②为真,与题干中"两种断定中只有一种为真"矛盾,故断定①为假。

由断定①为假可推出:存在硼基生命∧存在硅基生命,或者,¬存在硼基生命∧¬存在硅基生命。

又由于断定②为真,说明两种生命中至少有一种不存在。

综上所述,必有:不存在硼基生命∧不存在硅基生命,即D项正确。

【答案】D

变化 3　箭头＋德摩根定律的推理

技巧总结

(1)德摩根定律。

①¬（A∧B）=（¬A∨¬B）。

②¬（A∨B）=（¬A∧¬B）。

③¬（A∀B）=（¬A∧¬B）∀（A∧B）

【此处也可以写为:¬（A∀B）=（¬A∧¬B）∨（A∧B）】。

(2)箭头＋德摩根定律。

例如:

A∧B→C,等价于:¬C→¬（A∧B）,等价于:¬C→¬A∨¬B。

A∨B→C,等价于:¬C→¬（A∨B）,等价于:¬C→¬A∧¬B。

A→B∧C,等价于:¬（B∧C）→¬A,等价于:¬B∨¬C→¬A。

A→B∨C,等价于:¬（B∨C）→¬A,等价于:¬B∧¬C→¬A。

例9　已知"只有你初试和复试都通过了,你才能考上研究生"为真,请完成下表:

序号	已知"只有你初试和复试都通过了,你才能考上研究生"为真	符号化	真假情况
	判断		
(1)	你考上了研究生。		
(2)	你初试和复试都通过了。		
(3)	如果你初试和复试都通过了,就能考上研究生。		
(4)	如果你考上了研究生,说明你初试和复试都通过了。		
(5)	如果你考上了研究生,那么或者你初试通过了,或者你复试通过了。		
(6)	如果你初试没通过,那么你考不上研究生。		
(7)	或者你没考上研究生,或者你初试和复试都通过了。		
(8)	如果你初试通过了但复试没通过,那么你考不上研究生。		

续表

序号	判断	符号化	真假情况
	已知"只有你初试和复试都通过了，你才能考上研究生"为真		
(9)	如果你没考上研究生，那么或者你初试没通过或者你复试没通过。		
(10)	你考上了研究生，但是你初试没通过。		
(11)	你考上了研究生，但是你或者初试没通过或者复试没通过。		
(12)	你考上了研究生，但是你初试和复试都没通过。		

【解析】

序号	判断	符号化	真假情况
	题干：考上→初∧复， 等价于：¬初∨¬复→¬考上，等价于：¬考上∨（初∧复）。		
(1)	你考上了研究生。	考上	可真可假
(2)	你初试和复试都通过了。	初∧复	可真可假
(3)	如果你初试和复试都通过了，就能考上研究生。	初∧复→考上	可真可假
(4)	如果你考上了研究生，说明你初试和复试都通过了。	考上→初∧复	真
(5)	如果你考上了研究生，那么或者你初试通过了，或者你复试通过了。	考上→初∨复	真
(6)	如果你初试没通过，那么你考不上研究生。	¬初→¬考上	真
(7)	或者你没考上研究生，或者你初试和复试都通过了。	¬考上∨（初∧复）	真
(8)	如果你初试通过了但复试没通过，那么你考不上研究生。	初∧¬复→¬考上	真
(9)	如果你没考上研究生，那么或者你初试没通过或者你复试没通过。	¬考上→（¬初∨¬复）	可真可假
(10)	你考上了研究生，但是你初试没通过。	考上∧¬初	假
(11)	你考上了研究生，但是你或者初试没通过或者复试没通过。	考上∧（¬初∨¬复）	假
(12)	你考上了研究生，但是你初试和复试都没通过。	考上∧（¬初∧¬复）	假

例 10　要使中国足球队真正跻身世界强队之列，至少必须解决两个关键问题：一是提高队员的基本体能，二是讲究科学训练。不切实解决这两点，即使临战时拼搏精神发挥得再好，也不可能取得突破性的进展。

下列各项都表达了上述议论的原意，除了：

A. 只有提高队员的基本体能和讲究科学训练，才能取得突破性的进展。

B. 除非提高队员的基本体能和讲究科学训练，否则不能取得突破性的进展。

C. 如果取得了突破性的进展，说明一定提高了队员的基本体能并且讲究了科学训练。

D. 如果不能提高队员的基本体能，即使讲究了科学训练，也不可能取得突破性的进展。

E. 只要提高了队员的基本体能并且讲究了科学训练，再加上临战时拼搏精神发挥得好，就一定能取得突破性的进展。

【解析】题干：¬（基本体能∧科学训练）→¬突破性进展，即：¬基本体能∨¬科学训练→¬突破性进展，等价于：突破性进展→基本体能∧科学训练。

A项，突破性进展→基本体能∧科学训练，符合题干。

B项，¬（基本体能∧科学训练）→¬突破性进展，符合题干。

C项，突破性进展→基本体能∧科学训练，符合题干。

D项，¬基本体能∧科学训练→¬突破性进展，符合题干。

E项，基本体能∧科学训练∧拼搏→突破性进展，不符合题干。

【答案】E

例11 如果有谁没有读过此份报告，那么或者是他对报告的主题不感兴趣，或者是他对报告的结论持反对态度。

如果上述断定是真的，则以下哪项也一定是真的？

Ⅰ．一个读过此份报告的人，一定既对报告的主题感兴趣，也对报告的结论持赞成态度。

Ⅱ．一个对报告的主题感兴趣，并对报告的结论持赞成态度的人，一定读过此份报告。

Ⅲ．一个对报告的主题不感兴趣，并且对报告的结论持反对态度的人，一定没有读过此份报告。

A. 只有Ⅰ。　　　　　　　B. 只有Ⅱ。　　　　　　　C. 只有Ⅲ。

D. 只有Ⅰ和Ⅲ。　　　　　E. Ⅰ、Ⅱ和Ⅲ。

【解析】题干：¬读过→¬感兴趣∨反对，其逆否命题为：感兴趣∧赞成→读过。

Ⅰ项，读过→感兴趣∧赞成，无法由题干推出，故可真可假。

Ⅱ项，感兴趣∧赞成→读过，是题干的逆否命题，故必然为真。

Ⅲ项，¬感兴趣∧反对→¬读过，无法由题干推出，故可真可假。

综上，仅Ⅱ项为真，故B项正确。

【答案】B

变化 4　大嘴鲈鱼陷阱

技巧总结

大嘴鲈鱼陷阱（1）

A→B∧C，等价于：¬（B∧C）→¬A，等价于：¬B∨¬C→¬A。

A→B∨C，等价于：¬（B∨C）→¬A，等价于：¬B∧¬C→¬A。

由于上面两个公式中，"¬A"后面没有箭头，因此，由它无法推出任何结论。

大嘴鲈鱼陷阱（2）

已知，A→B∨C，又已知A，可以推出B∨C，即B和C至少一个为真，但B真假不定，C真假不定。

例 12　大嘴鲈鱼只在有鲦鱼出现的河中、长有浮藻的水域里生活。漠亚河中没有大嘴鲈鱼。

从上述断定能得出以下哪项结论？

Ⅰ. 鲦鱼只在长有浮藻的河中才能被发现。

Ⅱ. 漠亚河中既没有浮藻，又发现不了鲦鱼。

Ⅲ. 如果在漠亚河中发现了鲦鱼，则其中肯定不会有浮藻。

A. 仅Ⅰ。　　　　　　　　B. 仅Ⅱ。　　　　　　　　C. 仅Ⅲ。

D. 仅Ⅰ和Ⅱ。　　　　　　E. Ⅰ、Ⅱ和Ⅲ都不能从题干推出。

【解析】题干有以下断定：

①大嘴鲈鱼→鲦鱼∧浮藻，等价于：②¬鲦鱼∨¬浮藻→¬大嘴鲈鱼。

③漠亚河中没有大嘴鲈鱼。

根据箭头指向原则：有箭头指向则为真，没有箭头指向则可真可假。

Ⅰ项，由题干断定①可知，"鲦鱼"后面没有箭头，故Ⅰ项可真可假。

Ⅱ项，由题干断定②可知，"¬大嘴鲈鱼"后面没有箭头，故Ⅱ项可真可假。

Ⅲ项，由题干断定①可知，"鲦鱼"后面没有箭头，故Ⅲ项可真可假。

【答案】E

例 13　大嘴鲈鱼只在有鲦鱼或者长有浮藻的水域里生活。漠亚河中有大嘴鲈鱼。

从上述断定能得出以下哪项结论？

A. 漠亚河中有浮藻。

B. 漠亚河中有鲦鱼。

C. 漠亚河中有浮藻，也有鲦鱼。

D. 如果在漠亚河中有鲦鱼，则其中肯定不会有浮藻。

E. 如果在漠亚河中没有鲦鱼，则其中肯定有浮藻。

【解析】题干有以下断定：

①大嘴鲈鱼→鲦鱼∨浮藻。

②漠亚河中有大嘴鲈鱼。

故由②、①可得：漠亚河中有鲦鱼或者浮藻。

即，漠亚河中鲦鱼或者浮藻至少有一种，但是否有鲦鱼不确定，是否有浮藻也不确定。故A、B项皆可真可假。

由漠亚河中鲦鱼或者浮藻至少有一种，可知也有可能既有鲦鱼又有浮藻，故C项可真可假。

由①可知，"鲦鱼"后面没有箭头，故D项可真可假。

由鲦鱼∨浮藻＝¬鲦鱼→浮藻，可知E项正确。

【答案】E

例 14　除非年龄在 50 岁以下，并且能持续游泳 3 000 米以上，否则不能参加下个月举行的花样横渡长江活动。同时，高血压和心脏病患者不能参加。老黄能持续游泳 3 000 米以上，但没被批准参加这项活动。

以上断定能推出以下哪项结论？

Ⅰ. 老黄的年龄至少50岁。

Ⅱ. 老黄患有高血压。

Ⅲ. 老黄患有心脏病。

A. 仅Ⅰ。　　　　　　　　B. 仅Ⅱ。　　　　　　　　C. 仅Ⅲ。

D. Ⅰ、Ⅱ和Ⅲ至少有一项。　　E. Ⅰ、Ⅱ和Ⅲ都不能从题干推出。

【解析】题干有两个断定：

①¬（50岁以下∧游3 000米以上）→不能参加。

②高血压不能参加∧心脏病不能参加。

其中断定②的意思是，得了高血压的人是不能参加的，得了心脏病的人也不能参加；也就是说，这两种病你得了其中任何一种都不能参加，当然两种病都得了也是不能参加的。故断定②也可以写成：高血压∨心脏病→不能参加。

根据箭头指向原则，"不能参加"后面没有任何箭头指向，所以，从"不能参加"推不出任何论断。故E项正确。

【答案】E

变化5　多重复合判断

技巧总结

多重复合判断可用以下方式进行推导：

（1）如果A，那么B，除非C。

符号化为：¬C→（A→B）。

等价于：¬C→（¬A∨B）；

等价于：C∨（¬A∨B）；

等价于：C∨¬A∨B；

等价于：¬（C∨¬A）→B；

等价于：¬C∧A→B。

（2）只有A，才B，否则C。

符号化为：¬（B→A）→C。

等价于：¬（¬B∨A）→C；

等价于：B∧¬A→C。

例15　如果飞行员严格遵守操作规程，并且飞机在起飞前经过严格的例行技术检验，那么，飞机就不会失事，除非出现例如劫机这样的特殊意外。这架波音747在金沙岛上空失事。

如果上述断定为真，则以下哪项也一定为真？

A. 如果失事时无特殊意外发生，则飞行员一定没有严格遵守操作规程，并且飞机在起飞前没有经过严格的例行技术检验。

B. 如果失事时有特殊意外发生，则飞行员一定严格遵守了操作规程，并且飞机在起飞前经过了严格的例行技术检验。

C. 如果飞行员没有严格遵守操作规程，并且飞机起飞前没有经过严格的例行技术检验，则失事时一定没有特殊意外发生。

D. 如果失事时没有特殊意外发生，则可得出结论：只要飞机失事的原因是飞行员没有严格遵守操作规程，那么飞机在起飞前一定经过了严格的例行技术检验。

E. 如果失事时没有特殊意外发生，则可得出结论：只要飞机失事的原因不是飞机在起飞前没有经过严格的例行技术检验，那么一定是飞行员没有严格遵守操作规程。

【解析】题干的意思是：遵守操作规程∧例行技术检验∧¬特殊意外→¬失事。

> 推导过程如下：
>
> ¬特殊意外→（遵守操作规程∧例行技术检验→¬失事）；
>
> 等价于：¬特殊意外→（¬遵守操作规程∨¬例行技术检验∨失事）；……括号内箭头变或者
>
> 等价于：特殊意外∨¬遵守操作规程∨¬例行技术检验∨失事。……括号外箭头变或者
>
> 故，四种可能中排除三种，可推出另外一种可能。
>
> 即：遵守操作规程∧例行技术检验∧¬特殊意外→失事。……或者变箭头

等价于：失事→¬遵守操作规程∨¬例行技术检验∨特殊意外。……逆否命题

已知这架波音 747 在金沙岛上空失事，故必有：¬遵守操作规程∨¬例行技术检验∨特殊意外。

等价于：¬特殊意外∧例行技术检验→¬遵守操作规程。……或者变箭头

【答案】E

题型 5 串联推理

【母题综述】

> 已知 A→B，B→C，可得 A→B→C。
>
> 逆否可得：¬C→¬B→¬A。

【母题精讲】

母题 5 下面两题基于以下题干：

本问题发生在一所学校内。学校的教授中有一些是足球迷。学校预算委员会的成员们一致要求把学校的足球场改建为一个科贸写字楼，以改善学校的收入状况。所有的足球迷都反对将学校的足球场改建为科贸写字楼。

(1)如果以上各句陈述均为真，则下列哪项也必为真？

A. 学校所有的教授都是学校预算委员会的成员。

B. 学校有的教授不是学校预算委员会的成员。

C. 学校预算委员会中有的成员是足球迷。

D. 并不是所有的学校预算委员会的成员都是学校的教授。

E. 有的足球迷是学校预算委员会的成员。

(2)如果作为上面陈述的补充，明确以下条件：学校所有的教授都是足球迷，那么下列哪项一定不可能是真的？

A. 学校有的教授不是学校预算委员会的成员。

B. 学校预算委员会的成员中有的是学校教授。

C. 并不是所有的足球迷都是学校教授。

D. 学校所有的教授都反对将学校的足球场改建为科贸写字楼。

E. 有的足球迷不是学校预算委员会的成员。

【解析】

第(1)题：带"有的"的串联推理。

题干存在如下判断：

①有的教授→足球迷。

②委员→改建，等价于：ㄱ改建→ㄱ委员。

③足球迷→ㄱ改建。

由①、③、②串联可得：有的教授→足球迷→ㄱ改建→ㄱ委员，逆否可得：委员→改建→ㄱ足球迷(注意：带"有的"的词项不逆否)。

根据箭头指向原则，可知：B项，有的教授→ㄱ委员，为真。

第(2)题：普通串联推理。

题干中的判断①被修改为：④教授→足球迷。

由④、③、②串联可得：教授→足球迷→ㄱ改建→ㄱ委员。

可知：所有的教授都不是委员。

B项等价于：有的教授是委员，与以上结论矛盾，必为假。

【答案】(1)B；(2)B

[母题变化]

变化 1　普通串联推理

> **技巧总结**
>
> 普通串联推理的解题步骤。
>
> 第1步：符号化。
>
> 用箭头表达题干中的每个判断。

第 2 步：串联。

将箭头统一成右箭头"→"并串联成"A→B→C→D"的形式（注意：不能串联的箭头就不需要串联）。

第 3 步：逆否。

如有必要，写出其逆否命题：┐D→┐C→┐B→┐A。

第 4 步：判断选项真假。

根据箭头指向原则，判断各选项的真假情况。

例 16　陕西出土的秦始皇兵马俑，其表面涂有生漆和彩绘。这为研究秦代军人的服色提供了重要信息。但兵马俑出土后，表面的生漆会很快发生起翘和卷曲，造成整个彩绘层脱落，因此，必须用防护液和单体渗透两套方法进行保护，否则不能供研究使用。而一旦采用这两套方法对兵马俑进行保护，就会破坏研究者可能从中获得的有关秦代彩绘技术的全部信息。

如果以上陈述为真，则以下哪项必然为真？

A. 采取保护措施后的秦始皇兵马俑只能提供秦代军人服色方面的信息。

B. 一个供研究秦代军人服色的兵马俑，不能成为了解秦代彩绘技术的新信息的来源。

C. 秦始皇兵马俑是了解秦代彩绘技术的唯一信息来源。

D. 一个没有采取保护措施的兵马俑能够比采取保护措施后的兵马俑提供更多信息。

E. 如果对秦始皇兵马俑进行研究，则不能借此了解秦代彩绘技术的全部信息。

【解析】题干有以下信息：

①不保护→无法研究＝研究→保护。

②保护→无法获得全部信息。

由①、②串联可得：**研究→保护→无法获得全部信息。**

故如果对秦始皇兵马俑进行研究，就无法获得关于秦代彩绘技术的全部信息，即 E 项正确。

【答案】E

例 17　下面两题基于以下题干：

如果"红都"娱乐宫在同一天既开放交谊舞厅又开放迪斯科舞厅，那么它也一定开放保龄球厅。该娱乐宫星期二不开放保龄球厅，李先生只有当开放交谊舞厅时才去"红都"娱乐宫。

(1)如果上述断定是真的，那么以下哪项也一定是真的？

A. 星期二李先生不会光顾"红都"娱乐宫。

B. 李先生不会同一天在"红都"娱乐宫既光顾交谊舞厅又光顾迪斯科舞厅。

C. "红都"娱乐宫在星期二不开放迪斯科舞厅。

D. "红都"娱乐宫只在星期二不开放交谊舞厅。

E. 如果"红都"娱乐宫在星期二开放交谊舞厅，那么这天它一定不开放迪斯科舞厅。

(2)如果题干的断定是真的，并且事实上李先生星期二光顾"红都"娱乐宫，则以下哪项一定是真的？

A."红都"娱乐宫在李先生光顾的那天没开放迪斯科舞厅。

B."红都"娱乐宫在李先生光顾的那天没开放交谊舞厅。

C."红都"娱乐宫在李先生光顾的那天开放了保龄球厅。

D."红都"娱乐宫在李先生光顾的那天既开放了交谊舞厅，又开放了迪斯科舞厅。

E."红都"娱乐宫在李先生光顾的那天既没开放交谊舞厅，又没开放迪斯科舞厅。

【解析】

第(1)题：

题干有以下信息：

①交谊舞∧迪斯科→保龄球，等价于：¬保龄球→¬交谊舞∨¬迪斯科。

②星期二→¬保龄球。

③李先生→交谊舞。

由②、①串联可得：④星期二→¬保龄球→¬交谊舞∨¬迪斯科。

又因为⑤：¬交谊舞∨¬迪斯科＝交谊舞→¬迪斯科。

所以，周二如果开放交谊舞厅，那么这天它一定不开放迪斯科舞厅，即E项为真。

其余各项均可能为真，也可能为假。

第(2)题：

根据题干"李先生星期二光顾'红都'娱乐宫"，并结合上题③可知，星期二开放交谊舞厅，再由⑤可知，星期二没开放迪斯科舞厅，故A项为真。

【答案】(1)E；(2)A

例18 当且仅当苹果是绿色的，辣椒是红色时，浆果不是蓝色的；当且仅当浆果是蓝色时，樱桃是不成熟的；当且仅当樱桃不成熟时，草是褐色的，或叶子是小的，或两者都出现。

如果草是褐色的，则下面哪项一定正确？

A. 苹果不是绿色的，或者辣椒不是红色的。

B. 浆果不是蓝色的。

C. 辣椒是红色的。

D. 樱桃是红色的。

E. 叶子是小的。

【解析】将题干信息形式化：

①苹果绿∧辣椒红↔¬浆果蓝，等价于：¬苹果绿∨¬辣椒红↔浆果蓝。

②浆果蓝↔¬樱桃熟。

③¬樱桃熟↔草褐∨叶子小。

④草褐。

由④、③、②、①串联可得：草褐→¬樱桃熟→浆果蓝→¬苹果绿∨¬辣椒红，故A项正确。

【答案】A

例19 所有爱斯基摩土著人都是穿黑衣服的。所有北婆罗洲土著人都是穿白衣服的。没有既穿白衣服又穿黑衣服的人。H是穿白衣服的。

基于以上事实，下列哪个判断必为真？

A. H是北婆罗洲土著人。　　　　　　B. H不是爱斯基摩土著人。

C. H不是北婆罗洲土著人。　　　　　D. H是爱斯基摩土著人。

E. H既不是爱斯基摩土著人，也不是北婆罗洲土著人。

【解析】题干中有以下判断：

①爱斯基摩→黑衣服＝¬ 黑衣服→¬ 爱斯基摩。

②北婆罗洲→白衣服。

③¬（白衣服∧黑衣服）＝¬ 白衣服∨¬ 黑衣服＝白衣服→¬ 黑衣服。

④H 穿白衣服。

当题干中出现确定事实时，一般由这个确定事实开始串。由于④是确定事实，直接从④开始串，故由④、③、①串联可得：H→白衣服→¬ 黑衣服→¬ 爱斯基摩，故 H 不是爱斯基摩土著人，即 B 项正确。

【答案】B

例20 所有校学生会委员都参加了大学生电影评论协会。张珊、李斯和王武都是校学生会委员。大学生电影评论协会不吸收大学一年级学生参加。

如果上述断定为真，则以下哪项一定为真？

Ⅰ．张珊、李斯和王武都不是大学一年级学生。

Ⅱ．所有校学生会委员都不是大学一年级学生。

Ⅲ．有些大学生电影评论协会的成员不是校学生会委员。

A. 仅Ⅰ。　　　　　　　　B. 仅Ⅱ。　　　　　　　　C. 仅Ⅲ。

D. 仅Ⅰ和Ⅱ。　　　　　　E. Ⅰ、Ⅱ和Ⅲ。

【解析】

第1步：符号化。

①校学生会委员→电影评论协会。

②张珊、李斯和王武→校学生会委员。

③电影评论协会→¬ 大学一年级学生。

第2步：串联。

当题干中出现确定事实时，一般由这个确定事实开始串。由于②是确定事实，直接从②开始串，故由②、①、③串联可得：张珊、李斯和王武→校学生会委员→电影评论协会→¬ 大学一年级学生。

第3步：根据箭头指向原则，判断各选项的真假情况。

Ⅰ项，张珊、李斯和王武→¬ 大学一年级学生，为真。

Ⅱ项，校学生会委员→¬ 大学一年级学生，为真。

Ⅲ项，有的电影评论协会→¬ 校学生会委员，可真可假。

【答案】D

变化 2　带"有的"的串联推理

技巧总结

（1）带"有的"的串联推理的解题步骤。

第1步：符号化。

用箭头表达题干中的每个判断。

第 2 步：串联。

将箭头统一成右箭头 "→" 并串联成 "有的 A→B→C→D" 的形式（注意："有的"放开头）。

第 3 步：逆否。

如有必要，写出其逆否命题：¬ D→¬ C→¬ B（注意：带 "有的" 的词项不逆否）。

第 4 步：判断选项真假。

根据箭头指向原则和 "有的" 互换原则，判断各选项的真假情况。

（2）技巧。

带 "有的" 的串联问题，一般都是从 "有的" 开始串，这样会提高做题的速度。

（3）注意。

① （有的 A→B）=（有的 B→A）。

② （所有 A→B），可以推出，（有的 A→B），从而推出，（有的 B→A）。

③有的 A 不是 B=（有的 A→¬ B）=（有的 ¬ B→A）。

例 21　某班学生全都是足球迷。在 2014 年世界杯足球赛期间，所有支持阿根廷队的学生都不支持德国队，凡是支持阿根廷队的学生也都不支持巴西队。有些支持美国队的学生支持阿根廷队，有些支持美国队的学生支持德国队，有些支持美国队的学生支持巴西队。

如果以上陈述为真，则以下哪一项关于该班学生的陈述必然为真？

A. 有些支持德国队的学生既不支持巴西队，也不支持美国队。

B. 有些支持美国队的学生既不支持德国队，也不支持巴西队。

C. 所有支持美国队的学生或支持阿根廷队，或支持德国队，或支持巴西队。

D. 有些支持巴西队的学生支持德国队。

E. 有些支持德国队的学生支持巴西队。

【解析】题干有以下信息：

①支持阿根廷→¬ 支持德国。

②支持阿根廷→¬ 支持巴西。

③有的支持美国→支持阿根廷。

④有的支持美国→支持德国。

⑤有的支持美国→支持巴西。

由题干信息①、②可得：⑥支持阿根廷→¬ 支持巴西∧¬ 支持德国。

由题干信息③、⑥串联可得：有的支持美国→支持阿根廷→¬ 支持巴西∧¬ 支持德国。

故有：有的支持美国→¬ 支持巴西∧¬ 支持德国，即 B 项为真。

【答案】B

例 22　某戒毒所收容了一批当地吸毒犯。其中发现有艾滋病毒感染者。另据有关统计数据显示，近年来当地艾滋病毒感染和发病率呈明显上升趋势。其感染途径，按其感染率，第一位是静脉注射吸毒，其次是同性恋，再次是卖淫嫖娼。除此以外，没有其他感染途径。

如果上述断定为真，并且上述统计数据是准确反映事实的，则以下哪项断定也一定为真？

Ⅰ. 该批吸毒犯中有用静脉注射方式吸毒的。

Ⅱ. 该批吸毒犯中有同性恋者。

Ⅲ. 该批吸毒犯中有卖淫嫖娼者。

A. Ⅰ、Ⅱ和Ⅲ。　　　　B. 仅Ⅰ。　　　　　　　C. 仅Ⅱ。

D. 仅Ⅲ。　　　　　　　E. Ⅰ、Ⅱ和Ⅲ都不一定是真的。

【解析】将题干信息符号化：

①有的吸毒犯→感染艾滋病毒。

②感染艾滋病毒→静脉注射∨同性恋∨卖淫嫖娼。

由①、②串联可得：有的吸毒犯→感染艾滋病毒→静脉注射∨同性恋∨卖淫嫖娼。

故"静脉注射""同性恋""卖淫嫖娼"这三种情况都有可能发生，但具体发生哪一种并不确定，即 E 项为真。

【答案】E

例23　下面两题基于以下题干：

有些新雇员一进厂就当了机关干部。在该厂的整顿改造中，所有的上海籍员工都支持孙阳当选厂长，所有的机关干部都反对孙阳当选厂长。

(1)如果上述断定为真，则以下哪项关于该厂的断定也为真？

A. 所有的新雇员都是上海籍。

B. 有些上海籍员工是机关干部。

C. 有些新雇员不是上海籍。

D. 并非所有上海籍员工都是新雇员。

E. 某些机关干部是上海籍。

(2)如果在上述断定中再增加以下断定："所有的新雇员一进厂就都当了机关干部"，并肯定这些断定均为真，那么以下哪项必定为假？

A. 某些新雇员不是上海籍。

B. 并非所有机关干部都是新雇员。

C. 某些上海籍员工是新雇员。

D. 所有的新雇员都反对孙阳当选。

E. 某些机关干部不是上海籍。

【解析】

第(1)题：

题干信息整理如下：

①有的新雇员→机关干部。

②上海籍→支持孙阳，等价于：反对孙阳→￢上海籍。

③机关干部→反对孙阳。

由①、③、②串联可得：④有的新雇员→机关干部→反对孙阳→￢上海籍。

根据箭头指向原则可知，有些新雇员不是上海籍，故 C 项为真。

第（2）题：

根据题干条件，联合上题④可得：新雇员→机关干部→反对孙阳→¬上海籍。

逆否可得：上海籍→支持孙阳→¬机关干部→¬新雇员。

故，上海籍员工都不是新雇员，与C项矛盾，所以，C项必为假。

【答案】（1）C；（2）C

例24 绝大部分优秀运动员具有良好的心理素质，绝大部分优秀运动员在比赛中取得过好成绩，而所有在比赛中取得过好成绩的运动员都是训练刻苦的。

以下哪项陈述可以从上面的陈述中适当地推出？

A. 大部分训练刻苦的运动员具有良好的心理素质。

B. 某些具有良好心理素质的优秀运动员是训练刻苦的。

C. 所有优秀的运动员都是训练刻苦的。

D. 某些不具有良好心理素质的运动员在比赛中取得过好成绩。

E. 具有良好心理素质的优秀运动员都是训练刻苦的。

【解析】题干信息整理如下：

①绝大部分优秀运动员具有良好的心理素质。

②绝大部分优秀运动员取得过好成绩。

③取得过好成绩→训练刻苦。

由①、②可得，"良好的心理素质"和"取得过好成绩"都占"绝大部分"，即都超过了优秀运动员的一半，所以这两者之间必有交集，得：④某些具有良好心理素质的优秀运动员→取得过好成绩。

由④、③串联可得：某些具有良好心理素质的优秀运动员→取得过好成绩→训练刻苦。

故B项正确。

【答案】B

题型 6 推理结构相似题

[母题综述]

推理结构相似题，常见提问方式如下：

"以下哪项的推理结构和题干的推理结构最为类似？"

"以下哪项论证和题干的错误最为相似？"

[母题精讲]

母题6 所有的聪明人都是近视眼，我近视得很厉害，所以我很聪明。

以下哪项与上述推理的逻辑结构一致？

A. 我是个笨人，因为所有的聪明人都是近视眼，而我的视力那么好。

B. 所有的猪都有四条腿，但这种动物有八条腿，所以它不是猪。

C. 小陈十分高兴，所以小陈一定长得很胖，因为高兴的人都能长胖。

D. 所有的天才都高度近视，我一定是高度近视，因为我是天才。

E. 所有的鸡都是尖嘴，这种总在树上待着的鸟是尖嘴，因此它是鸡。

【解析】题干信息形式化：所有的 A 都是 B，B，所以 A。

A、C 项，显然与题干不同。

B 项，所有的 A 都是 B，┐B，所以┐A，与题干不同。

D 项，所有的 A 都是 B，B，因为 A，与题干不同。

E 项，所有的 A 都是 B，B，所以 A，与题干相同。

【答案】E

[母题变化]

变化 1　普通的推理结构相似题

技巧总结

（1）解题步骤。

①读题干，寻找有没有简单判断或复合判断的关联词，如果有的话，则为推理结构相似题。反之，为论证结构相似题。

②写出题干的推理结构，如有必要，将其符号化。

③依次对照选项，找出推理结构与题干相同的选项。

（2）注意。

题干中的推理可能是正确的，也可能是错误的。如果题干的推理正确，则选项应该选正确的；如果题干的推理错误，则选项应该选和题干犯了相同错误的。

例25　有些自然物品具有审美价值，所有的艺术品都有审美价值，因此，有些自然物品也是艺术品。

以下哪个推理具有和上述推理最为类似的结构？

A. 有些有神论者是佛教徒，所有的基督教徒都不是佛教徒，因此，有些有神论者不是基督教徒。

B. 某些律师喜欢钻牛角尖，李小鹏是律师，因此，李小鹏喜欢钻牛角尖。

C. 有些南方人爱吃辣椒，所有的南方人都习惯吃大米，因此，有些习惯吃大米的人爱吃辣椒。

D. 有些进口货是假货，所有国内组装的 APR 空调机的半成品都是进口货，因此，有些 APR 空调机的半成品是假货。

E. 有些小保姆接受过专业培训，所有的保安人员都接受过专业培训，因此，有些小保姆兼当保安。

【解析】题干：有些自然物品→审美，所有的艺术品→审美，因此，有些自然物品→艺术品。

这是一个错误的推理。

形式化：有的 A 是 B，所有 C 是 B，因此，有的 A 是 C。

A 项，有的 A 是 B，所有 C 不是 B，因此，有的 A 不是 C。故与题干不同。

B 项，有的 A 是 B，C 是 A，因此，C 是 B。故与题干不同。

C 项，有的 A 是 B，所有 A 是 C，因此，有的 C 是 B。故与题干不同。

D 项，有的 A 是 B，所有 C 是 A，因此，有的 C 是 B。故与题干不同。

E 项，有的 A 是 B，所有 C 是 B，因此，有的 A 是 C。故与题干相同。

【答案】E

变化 2　结构相似＋归谬法

技巧总结

有一些结构相似题，其题干的问题如下：

"以下哪项推理明显说明上述论证不成立？"

"以下哪项推理作类比能说明上述推理不成立？"

这类题目，我们不仅要找到与题干推理结构相似的选项，而且这一选项的结论还必须是不成立的或者荒谬的，这样才能说明题干的推理不成立。

例26　桃桃是相声演员，桃桃是曲艺演员。所以，相声演员都是曲艺演员。

以下哪项推理明显说明上述论证不成立？

A. 人都有思想，狗不是人。所以，狗没有思想。

B. 商品都有价值，商品都是劳动产品。所以，劳动产品都有价值。

C. 所有技术骨干都刻苦学习，小张不是技术骨干。所以，小张不是刻苦学习的人。

D. 犯罪行为都是违法行为，犯罪行为都应受到社会的谴责。所以，违法行为都应受到社会的谴责。

E. 黄金是金属，黄金是货币。所以，金属都是货币。

【解析】题干：桃桃→相声演员，桃桃→曲艺演员。所以，相声演员→曲艺演员。

即：A→B，A→C。所以，B→C。这是错误的推理。

D 项、E 项与题干的论证具有相同的推理结构。但是，D 项的结论是合理的，E 项的结论是荒谬的，所以，E 项最能说明题干的论证不成立。

【答案】E

例27　有些好货不便宜，因此，便宜货不都是好货。

以下哪项推理作类比能说明上述推理不成立？

A. 湖南人不都爱吃辣椒，因此，有些爱吃辣椒的不是湖南人。

B. 有些人不自私，因此，人并不自私。

C. 好的动机不一定有好的效果，因此，好的效果不一定都产生于好的动机。

D. 金属都导电，因此，导电的都是金属。

E. 有些南方人不是广东人，因此，广东人不都是南方人。

【解析】题干：有的好货→不便宜，因此，便宜货不都是好货。

形式化：有的 A 不是 B，因此，B 不都是 A（等价于：有的 B 不是 A）。

A 项，A 不都是 B（等价于：有的 A 不是 B），因此，有的 B 不是 A。推理结构与题干相同，但是此选项的结论"有些爱吃辣椒的不是湖南人"并不荒谬，因此不能作为类比来说明题干的推理不成立。

B 项，有的 A 不是 B，因此，A 不是 B。故与题干不同。

C 项，A 不一定有 B，因此，B 不一定产生于 A。故与题干不同。

D 项，A 都是 B，因此，B 都是 A。故与题干不同。

E 项，有的 A 不是 B，因此，B 不都是 A。与题干相同，而且，此项的结论"广东人不都是南方人"是荒谬的，因此，能作为类比来说明题干的推理不成立。

【答案】E

题型 7　假言判断的负判断

[母题综述]

假言判断的负判断是考试中考查的重点题型，常以削弱题的形式出现。题干中出现假言判断，且提问方式如下时，一般就是考查假言判断的负判断。

①"以下哪项如果为真，说明上述断定不成立？"

②"以下哪项如果为真，最能质疑题干的论述？"

③"如果上述命题为真，则以下哪项不可能为真？"

[母题精讲]

母题 7　只要不起雾，飞机就能按时起飞。

以下哪项如果为真，说明上述断定不成立？

Ⅰ. 没起雾，但飞机没按时起飞。

Ⅱ. 起雾，但飞机仍然按时起飞。

Ⅲ. 起雾，飞机航班延期。

A. 仅Ⅰ。　　　　　　B. 仅Ⅱ。　　　　　　C. 仅Ⅲ。

D. 仅Ⅱ和Ⅲ。　　　　E. Ⅰ、Ⅱ和Ⅲ。

【解析】题干：¬起雾→起飞。

否定题干，即：¬(¬起雾→起飞)＝¬起雾∧¬起飞，故仅Ⅰ项符合题意。

【答案】A

【母题变化】

变化 1　假言判断的负判断的基本问题

技巧总结

（1）假言判断的负判断的常用公式。

$$¬（A→B）= A∧¬B。$$

$$¬（¬A→¬B）=¬（A←B）=¬A∧B。$$

$$¬（A↔B）=（A∧¬B）∀（¬A∧B）。（此处中间的"∀"也可以写为"∨"）$$

（2）易错点。

"A→B"的负判断是"A∧¬B"，不是"A→¬B"。

因为：（A→B）=（¬A∨B），（A→¬B）=（¬A∨¬B）。 所以，当出现¬A时，"A→B"和"A→¬B"均为真，所以二者并非矛盾关系。

例28　天降大雪，多条高速公路纷纷关闭。有些高速公路管理者认为，如果不关闭高速公路，就会发生重大交通事故，给人民生命财产带来巨大损失。但是，很多司机并不同意这种观点。

据此，下列哪项判断最有可能是这些司机所同意的观点？

A. 如果关闭高速公路，同样会发生重大交通事故。

B. 如果不关闭高速公路，就不会发生重大交通事故。

C. 关闭高速公路，但不发生重大交通事故。

D. 不关闭高速公路，但发生重大交通事故。

E. 不关闭高速公路，而且也不发生重大交通事故。

【解析】根据题意，这些司机同意的观点为：

¬（不关闭高速公路→发生重大事故）=不关闭高速公路∧¬发生重大事故。

注意：¬（不关闭高速公路→发生重大事故）≠不关闭高速公路→¬发生重大事故。

故 E 项正确。

【答案】E

例29　如果小张来开会，则小李来开会或小赵不来开会。小李没来开会。

如果上述信息为真，则下列哪项一定为假？

A. 小张来开会了。　　　　　B. 小张没来开会。　　　　　C. 小赵没来开会。

D. 小张和小赵都没来开会。　　E. 小张和小赵都来开会了。

【解析】题干信息整理如下：

①小张→小李∨¬小赵。

②¬小李。

因为，小李∨¬小赵=¬小李→¬小赵，联合题干信息①可得：小张→¬小赵。

因此其矛盾命题"小张∧小赵"必然为假，故 E 项必然为假。

【答案】E

例30　麦老师：只有博士生导师才能担任学校"高级职称评定委员会"评委。

宋老师：不对。董老师是博士生导师，但不是"高级职称评定委员会"评委。

宋老师的回答说明他将麦老师的话错误地理解为：

A. 有的"高级职称评定委员会"评委是博士生导师。

B. 董老师应该是"高级职称评定委员会"评委。

C. 只要是博士生导师，就是"高级职称评定委员会"评委。

D. 并非所有的博士生导师都是"高级职称评定委员会"评委。

E. 董老师不是学科带头人，但他是博士生导师。

【解析】

麦老师：博士生导师←评委。

宋老师：博士生导师∧¬评委，与"博士生导师→评委"矛盾，故宋老师错把必要条件当成充分条件，认为只要是博士生导师，就是"高级职称评定委员会"评委，即 C 项为真。

【答案】C

例31

A	B	4	7

如果以上是四张卡片，一面是大写英文字母，另一面是阿拉伯数字。主持人断定，如果一面是 A，则另一面是 4。

如果试图推翻主持人的断定，但只允许翻动以上两张卡片，则正确的选择是：

A. 翻动 A 和 4。　　　　B. 翻动 A 和 7。　　　　C. 翻动 A 和 B。

D. 翻动 B 和 7。　　　　E. 翻动 B 和 4。

【解析】主持人：A→4。

推翻主持人的断定，即：¬（A→4）＝A∧¬4，也就是说，卡片的一面是 A，并且另外一面不是 4，这样就推翻了主持人的断定。

因此，翻动 A，另一面不是 4，那么，翻动 7（不是 4），另一面是 A，就推翻了主持人的断定。故 B 项正确。

【答案】B

例32　在近 20 年世界杯上，凡是淘汰阿根廷队的球队，都会在下一轮比赛中输掉，这被称为"阿根廷魔咒"。1994 年，罗马尼亚在 1/8 决赛中干掉了失去老马的阿根廷，紧接着就被瑞典挡在 4 强之外；1998 年，荷兰靠博格坎普灵光一现淘汰阿根廷，下一轮他们就点球负于巴西；2002 年，瑞典在小组赛末轮淘汰阿根廷，一出线就被塞内加尔打败；2006 年和 2010 年，德国两次淘汰阿根廷，但都在随后的决赛或半决赛中输掉了。

下面各项都没有反驳或削弱"阿根廷魔咒"，除了：

A. 在 2002 年世界杯上，阿根廷队在小组赛中没有出线。

B. 在2014年世界杯上，德国队淘汰阿根廷队，最终赢得冠军。

C. 1990年，阿根廷队在首战输给喀麦隆队之后，最后获得亚军。

D. 2006年，意大利队获得冠军，但比赛过程中未遭遇阿根廷队。

E. 2002年，中国队进入日韩世界杯决赛圈，小组赛即被淘汰。

【解析】"阿根廷魔咒"：淘汰阿根廷队的球队→在下一轮比赛中输掉。

其矛盾命题为：淘汰阿根廷队的球队∧￢在下一轮比赛中输掉。

B项，德国队淘汰阿根廷∧最终赢得冠军（没有在下一轮比赛中输掉），反驳了"阿根廷魔咒"。

其余各项均不能反驳"阿根廷魔咒"。

【答案】B

变化2　串联推理＋负判断

> **技巧总结**
>
> （1）如果已知：
>
> $$A→B→C→D 为真，$$
>
> 则：
>
> $$A∧￢B，A∧￢C，A∧￢D 均为假。$$
>
> （2）如果题干中出现：
>
> $$A→B→C→D，$$
>
> 则：
>
> $$选项中出现 A∧￢B，A∧￢C，A∧￢D 中的任何一个均可反驳题干。$$

例33　期末考试后，有人预测：如果张珊的成绩保持稳定，那么李思的成绩保持稳定；如果王伍的成绩不稳定，那么李思的成绩也将出现波动。班主任由此断定：张珊的成绩保持稳定，但是赵六的成绩提高。

根据上述预测，以下哪项如果为真，最能对班主任的观点提出质疑？

A. 如果王伍的成绩稳定，那么赵六的成绩会提高。

B. 如果王伍的成绩稳定，那么赵六的成绩不会提高。

C. 如果赵六的成绩不会提高，那么王伍的成绩提高。

D. 如果王伍的成绩出现波动，那么赵六的成绩不会提高。

E. 只有王伍的成绩稳定，赵六的成绩才不会提高。

【解析】题干信息整理如下：

①张珊稳定→李思稳定。

②￢王伍稳定→￢李思稳定，等价于：李思稳定→王伍稳定。

由①、②串联可得：③张珊稳定→李思稳定→王伍稳定。

班主任：张珊稳定∧赵六提高。

B 项，王伍稳定→﹁赵六提高，再结合③可得：张珊稳定→李思稳定→王伍稳定→﹁赵六提高，即：张珊稳定→﹁赵六提高，与班主任的观点是矛盾关系，故能削弱班主任的观点。

其余各项均不能对班主任的观点提出质疑。

【答案】B

例34 只有具备足够的资金投入和技术人才，一个企业的产品才能拥有高科技含量。而这种高科技含量，对于一个产品长期稳定地占领市场是必不可少的。

以下哪项情况如果存在，最能削弱以上断定？

A. 苹果牌电脑拥有高科技含量，并长期稳定地占领着市场。

B. 西门子洗衣机没能长期稳定地占领市场，但该产品并不缺乏高科技含量。

C. 长江电视机没能长期稳定地占领市场，因为该产品缺乏高科技含量。

D. 清河空调长期稳定地占领着市场，但该产品的厂家缺乏足够的资金投入。

E. 开开电冰箱没能长期稳定地占领市场，但该产品的厂家有足够的资金投入和技术人才。

【解析】将题干信息形式化：

①资金投入∧技术人才←高科技含量。

②高科技含量←长期稳定地占领市场。

由②、①串联可得：长期稳定地占领市场→高科技含量→资金投入∧技术人才。

故有：长期稳定地占领市场→资金投入∧技术人才。

其矛盾命题为：长期稳定地占领市场∧﹁（资金投入∧技术人才）。

即：长期稳定地占领市场∧（﹁资金投入∨﹁技术人才）。

故 D 项最能削弱题干中的结论。

【答案】D

题型 8 二难推理

【母题综述】

当一项决策陷入了两难的处境时，就称之为二难推理问题。

这类题的题干常常会出现一组矛盾关系："A"和"﹁A"，继而由"A"和"﹁A"进行一系列推理。

【母题精讲】

母题8 关于财务混乱的错误谣言损害了一家银行的声誉。如果管理人员不试图反驳这些谣言，它们就会传播开来并最终摧毁顾客的信心。但如果管理人员努力驳斥这种谣言，这种驳斥使怀疑增加的程度比使它减少的程度更大。

如果以上的陈述都为真，则根据这些陈述，下列哪项也一定为真？

A. 银行的声誉不会受到猛烈的广告宣传活动的影响。

B. 管理人员无法阻止已经出现的威胁银行声誉的谣言。

C. 面对错误的谣言，银行经理的最佳对策是直接说出财务的真实情况。

D. 关于财务混乱的正确的传言，对银行储户对该银行的信心的影响没有错误的流言大。

E. 管理人员可以有效遏制谣言，以维护银行的声誉。

【解析】题干：

①不反驳谣言→谣言传播开来并摧毁顾客的信心。

②反驳谣言→谣言增加的程度比减少的程度大。

根据二难推理：　　　反驳谣言 ∨ 不反驳谣言

谣言增加的程度比减少的程度大 ∨ 谣言传播开来并摧毁顾客的信心

所以，无论管理人员是否反驳谣言，银行的声誉都会受到谣言的威胁，即 B 项正确。

【答案】B

〔母题变化〕

变化 1　选言型二难推理

技巧总结

公式(1)：进退两难

$$A \vee \neg A;$$
$$A \rightarrow B;$$
$$\neg A \rightarrow C;$$
$$\overline{}$$
$$所以，B \vee C。$$

公式(2)：左右为难

$$A \vee B;$$
$$A \rightarrow C;$$
$$B \rightarrow D;$$
$$\overline{}$$
$$所以，C \vee D。$$

公式(3)：迎难而上

$$A \vee \neg A;$$
$$A \rightarrow B;$$
$$\neg A \rightarrow B;$$
$$\overline{}$$
$$所以，B。$$

公式(4)：难以发生

$$A \to B，等价于：\neg B \to \neg A；$$

$$A \to \neg B，等价于：B \to \neg A；$$

$$\overline{\qquad\qquad\qquad\qquad}$$

$$所以，\neg A。$$

例35　威尼斯面临的问题具有典型意义。一方面，为了解决市民的就业，增加城市的经济实力，必须保留和发展它的传统工业，这是旅游业所不能替代的经济发展的基础；另一方面，为了保护其独特的生态环境，必须杜绝工业污染，但是，发展工业将不可避免地导致工业污染。

以下哪项能作为结论从上述的断定中推出？

A. 威尼斯将不可避免地面临经济发展的停滞或生态环境的破坏。

B. 威尼斯市政府的正确决策应是停止发展工业以保护生态环境。

C. 威尼斯市民的生活质量只依赖于经济和生态环境。

D. 旅游业是威尼斯经济收入的主要来源。

E. 如果有一天威尼斯的生态环境受到了破坏，这一定是它为发展经济所付出的代价。

【解析】题干中有以下断定：

①经济发展→发展工业。

②保护环境→ ¬ 工业污染＝工业污染→ ¬ 保护环境。

③发展工业→工业污染。

方法一：二难推理法。

由①、③串联可得：经济发展→发展工业→工业污染，逆否可得：④ ¬ 工业污染→ ¬ 发展工业→ ¬ 经济发展。

根据二难推理公式(1)，由④、②可得：¬ 保护环境 ∨ ¬ 经济发展。

方法二：串联推理法。

由①、③、②串联可得：经济发展→发展工业→工业污染→ ¬ 保护环境。

故有，经济发展→ ¬ 保护环境，等价于：¬ 保护环境 ∨ ¬ 经济发展。

即：不能保护环境或者不能发展经济，故 A 项正确。

【答案】A

例36　如果这项改革措施不受干部的欢迎，我们就应该进行修改。如果它不受工人们的欢迎，我们就应该采用一项新的改革措施，并且这项措施必定是，要么不受干部的欢迎，要么不受工人们的欢迎。

如果以上陈述为真，则以下哪项也一定为真？

A. 我们应当修改这项改革措施，当且仅当这样做不会降低该措施在工人中的声望。

B. 我们应该在干部或工人中间努力推广这项改革措施。

C. 如果修改这项改革措施不会影响它在干部中受欢迎的程度，我们就应该立即进行修改。

D. 如果这项改革措施受到了工人们的欢迎，我们就应该采取一项新的改革措施。

E. 如果这项改革措施受到了干部们的欢迎，我们就应该采取一项新的改革措施。

【解析】题干信息整理如下：

①不受干部欢迎→修改。

②不受工人欢迎→新的措施。

③不受干部欢迎∀不受工人欢迎。

由题干信息③可得：④受干部欢迎→不受工人欢迎。

由④、②串联可得：受干部欢迎→不受工人欢迎→新的措施。故 E 项必然为真。

【答案】E

例 37 某中药配方有如下要求：

①如果有甲药材，那么也要有乙药材。

②如果没有丙药材，那么必须有丁药材。

③人参和天麻不能都有。

④如果没有甲药材而有丙药材，则需要有人参。

如果含有天麻，则关于该中药配方的断定哪项为真？

A. 含有甲药材。　　　　　B. 含有丙药材。　　　　　C. 没有丙药材。

D. 没有乙药材和丁药材。　　　E. 含有乙药材或丁药材。

【解析】题干有以下断定：

①甲→乙。

②￢丙→丁。

③￢(人参∧天麻)，等价于：￢人参∨￢天麻，等价于：天麻→￢人参。

④(￢甲∧丙)→人参，等价于：￢人参→甲∨￢丙。

⑤天麻。

由⑤、③、④串联可得：⑥天麻→￢人参→甲∨￢丙。

根据二难推理的公式(2)，由⑥、①、②可得：乙∨丁。故 E 项正确。

【答案】E

例 38 储存在专用电脑中的某财团的商业核心机密被盗窃。该财团的三名高级雇员甲、乙、丙涉嫌被拘审。经审讯，查明了以下事实：

①机密是在电脑密码被破译后窃取的，破译电脑密码必须受过专门训练。

②如果甲作案，那么丙一定参与。

③乙没有受过破译电脑密码的专门训练。

④作案者就是这三人中的一人或一伙。

从上述条件可推出以下哪项结论？

A. 作案者中有甲。　　　　　B. 作案者中有乙。　　　　　C. 作案者中有丙

D. 作案者中有甲和丙。　　　E. 甲、乙和丙都是作案者。

【解析】题干存在以下断定：

①作案者→受过训练，等价于：￢受过训练→￢作案者。

②甲→丙。

③乙→¬ 受过训练。

④甲∨乙∨丙。

由③、①串联可得：乙→¬ 受过训练→¬ 作案者，即：⑤乙不是作案者，或者乙伙同他人作案。

若乙不是作案者，则由④可得：甲∨丙，等价于：⑥¬ 甲→丙。

根据二难推理的公式(3)，由②、⑥可得：丙。故作案者中有丙。

若乙伙同他人作案，如果他的同伙是甲，由②知，丙也作案。如果他的同伙不是甲，那同伙一定是丙。

综上所述，丙一定作案。

【答案】C

变化 2　联言型二难推理

技巧总结

公式(5)：难上加难

$$A \land B;$$
$$A \to C;$$
$$B \to D;$$
$$\overline{}$$
$$所以，C \land D。$$

例39 公司董事会决定调整公司的经理层，现有 A、B、C、D、E、F、G 七个合格人选，可供董事会挑选 4 名进入新组建的经理层，如何选定此 4 人，公司人力资源部门经过充分调查论证，已形成下列意见：

(1)如果选择 A，也要同时选择 B。

(2)如果决定 C 不进入经理层，那么让 D 进入。

(3)如果 A 不进入，或者 C 进入，那么让 E 进入。

(4)不能让 E 和 F 同时进入经理层。

(5)要让 F 成为新经理层的总经理。

根据以上意见，理想的人选方案是以下哪项？

A. F、A、B、E。　　　　B. F、D、E、C。　　　　C. F、C、E、A。

D. F、C、B、D。　　　　E. F、D、B、A。

【解析】题干存在以下断定：

①A→B。

②¬ C→D。

③¬ A∨C→E，等价于：¬ E→A∧¬ C。

④¬ (E∧F)=¬ E∨¬ F，等价于：F→¬ E。

⑤F。

由⑤、④、③串联可得：⑥F→¬E→A∧¬C。即A进入，C和E都不进入，排除A、B、C、D项。

根据二难推理的公式(5)，由⑥、①、②可得：B∧D。

故E项是理想的人选方案。

【答案】E

题型9 简单判断推理

〔母题综述〕

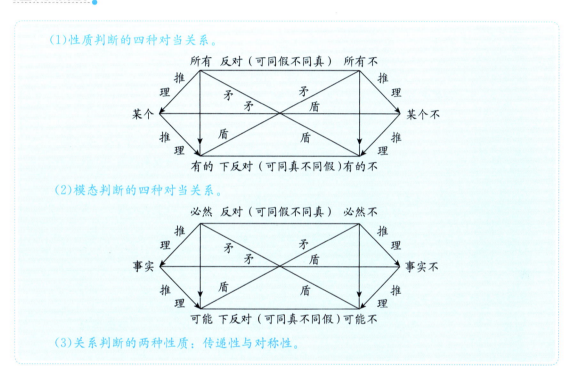

(1)性质判断的四种对当关系。

(2)模态判断的四种对当关系。

(3)关系判断的两种性质：传递性与对称性。

〔母题精讲〕

母题9 在中唐公司的中层干部中，王宜获得了由董事会颁发的特别奖。

如果上述断定为真，则以下哪项断定不能确定真假？

Ⅰ.中唐公司的中层干部都获得了特别奖。

Ⅱ.中唐公司的中层干部都没有获得特别奖。

Ⅲ.中唐公司的中层干部中，有人获得了特别奖。

Ⅳ.中唐公司的中层干部中，有人没获得特别奖。

A. 仅Ⅰ。　　　　　　　B. 仅Ⅲ和Ⅳ。　　　　　　　C. 仅Ⅱ和Ⅲ。

D. 仅Ⅰ和Ⅳ。　　　　　E. Ⅰ、Ⅱ和Ⅲ。

【解析】根据"*所有→某个→有的*"可知：王宜获得了特别奖→有人获得了特别奖，故Ⅲ项必然为真。

又已知Ⅲ项和Ⅱ项矛盾，故Ⅱ项必为假。

Ⅰ项和Ⅱ项为<u>反对关系，至少一假，"一假另不定"</u>，已知Ⅱ项为假，故Ⅰ项可真可假。

Ⅲ项和Ⅳ项为<u>下反对关系，至少一真，"一真另不定"</u>，已知Ⅲ项为真，故Ⅳ项可真可假。

【答案】D

〔母题变化〕

变化 1 基本的对当关系问题

技巧总结

(1)性质判断对当关系。

编号	关系	判断	真假情况
①	矛盾关系	"所有"与"有的不" "所有不"与"有的" "某个"与"某个不"	一真一假
②	反对关系	"所有"与"所有不"	两个所有，至少一假； 一真另必假，一假另不定
③	下反对关系	"有的"与"有的不"	两个有的，至少一真； 一假另必真，一真另不定
④	推理关系 （此处满足逆否原则）	所有→某个→有的 所有不→某个不→有的不	上真下必真，下假上必假； 反之则不定

(2)模态判断对当关系。

编号	关系	判断	真假情况
①	矛盾关系	"必然"与"可能不" "必然不"与"可能" "事实"与"事实不"	一真一假
②	反对关系	"必然"与"必然不"	两个必然，至少一假； 一真另必假，一假另不定
③	下反对关系	"可能"与"可能不"	两个可能，至少一真； 一假另必真，一真另不定
④	推理关系 （此处满足逆否原则）	必然→事实→可能 必然不→事实不→可能不	上真下必真，下假上必假； 反之则不定

例40 在一次歌唱竞赛中，每一名参赛选手都有评委投了优秀票。

如果上述断定为真，则以下哪项不可能为真？

Ⅰ. 有的评委投了所有参赛选手优秀票。

Ⅱ. 有的评委没有给任何参赛选手投优秀票。

Ⅲ. 有的参赛选手没有得到一张优秀票。

A. 仅Ⅰ。   B. 仅Ⅱ。   C. 仅Ⅲ。

D. 仅Ⅰ和Ⅱ。   E. Ⅰ和Ⅲ。

【解析】题干：每一名参赛选手都有评委投了优秀票，即所有的参赛选手都有评委投了优秀票。

"所有都有"与"有的没有"矛盾，故Ⅲ项必然为假。

Ⅰ、Ⅱ项的情况题干没有判断，故可能为真也可能为假。

【答案】C

例41　某考场已发现有考生违纪。

如果上述断定为真，那么在下述三个断定中不能确定真假的是：

Ⅰ. 这个考场没有考生不违纪。

Ⅱ. 这个考场有的考生没有违纪。

Ⅲ. 这个考场的所有考生都没有违纪。

A. 只有Ⅰ和Ⅱ。   B. Ⅰ、Ⅱ和Ⅲ。   C. 只有Ⅱ和Ⅲ。

D. 只有Ⅱ。   E. 只有Ⅰ。

【解析】题干：有考生违纪。

Ⅰ项，此项等价于：所有考生都违纪，"有的"无法推"所有"，故不能判断此项的真假。

Ⅱ项，有的考生没有违纪，"两个'有的'，至少一真，一真另不定"，故不能判断此项的真假。

Ⅲ项，所有考生都没有违纪，是题干的矛盾命题，故此项为假。

【答案】A

例42　古罗马的西塞罗曾说："优雅和美不可能与健康分开。"意大利文艺复兴时代的人道主义者洛伦佐·巴拉强调说，健康是一种宝贵的品质，是"肉体的天赋"，是大自然的恩赐。他写道："很多健康的人并不美，但是没有一个美的人是不健康的。"

以下各项都可以从洛伦佐·巴拉的论述中推出，除了：

A. 有些不美的人是健康的。　　B. 有些美的人不是健康的。

C. 有些健康的人是美的。　　　D. 没有一个不健康的人是美的。

E. 不可能美但是不健康。

【解析】题干信息整理如下：

①很多健康的人并不美，即：有的健康的人不美。

②没有一个美的人是不健康的，即：所有美的人都是健康的。

A项，由题干信息①和"有的"互换原则可知，有的健康的人不美＝有的不美的人健康，为真。

B项，与题干信息②矛盾，为假。

C项，由题干信息②和"所有→有的"可知，"有的美的人是健康的"为真，再根据"'有的'互换原则"可知，有的美的人是健康的＝有的健康的人是美的，为真。

D 项，此项等价于：不健康的人都是不美的。由题干信息②可知，美→健康，等价于：￢健康→￢美，为真。

E 项，￢（美∧￢健康）＝￢美∨健康＝美→健康，由题干信息②可知，为真。

【答案】B

变化 **2** 对当关系在假言判断推理中的考查

> **技巧总结**
>
> 在假言判断推理、串联推理等题型的选项中，也会考查到对当关系问题。

例 43 每一个政客都不得不取悦他的选民。尽管马英九是一位诚实的人，但他也是一位政客。如果不偶尔说出一些含糊其词的话，任何人都不能取悦他的选民。

如果以上陈述为真，则以下哪项陈述一定为真？

A. 马英九不会说出含糊其词的话。　　B. 马英九会说出一些含糊其词的话。

C. 说含糊其词话的政客不是诚实的人。　　D. 有的诚实的人不是政客。

E. 有的政客不说含糊其词的话。

【解析】将题干信息形式化：

①政客→取悦选民。

②马英九→诚实的人。

③马英九→政客。

④￢说含糊其词的话→￢取悦选民＝取悦选民→说含糊其词的话。

由③、①、④串联可得：⑤马英九→政客→取悦选民→说含糊其词的话。

A 项，与⑤矛盾，为假。

B 项，由⑤可知，为真。

C 项，由题干可知，马英九是说含糊其词的话的政客，但他是诚实的人，故此项为假。

D 项，由"马英九是诚实的人，是政客"可得出"有的诚实的人是政客"，与"有的诚实的人不是政客"为下反对关系，一真另不定，故此项可真可假。

E 项，与⑤矛盾，为假。

【答案】B

例 44 藏獒是世界上最勇猛的狗，1 只壮年的藏獒能与 5 只狼搏斗。所有的藏獒都对自己的主人忠心耿耿，而所有忠实于自己主人的狗也为人所珍爱。

如果以上陈述为真，则以下哪项陈述不一定为真？

A. 有些藏獒为人所珍爱。

B. 任何不为人所珍爱的狗不是藏獒。

C. 世界上有些最勇猛的狗为人所珍爱。

D. 有些忠实于自己主人的狗是世界上最勇猛的狗。

E. 有些为人所珍爱的狗不是藏獒。

【解析】将题干信息形式化：

①藏獒→世界上最勇猛的狗。

②藏獒→对自己的主人忠心耿耿。

③忠实于自己主人的狗→为人所珍爱。

由②、③串联可得：④藏獒→对自己的主人忠心耿耿→为人所珍爱。

A项，由④可知，所有藏獒为人所珍爱，故"有些藏獒为人所珍爱"为真。

B项，"¬为人所珍爱的狗→¬藏獒"，等价于："藏獒→为人所珍爱"，由④可知，为真。

C项，由①、④可推出"有些世界上最勇猛的狗为人所珍爱"，为真。

D项，由①、②可推出"有些忠实于自己主人的狗是世界上最勇猛的狗"，为真。

E项，由④得"有些为人所珍爱的狗是藏獒"，与E项是下反对关系，一真另不定，故E项可真可假。

【答案】E

变化 3　关系判断的对称性

技巧总结

（1）对称关系：A与B存在着某种关系，B与A也一定存在着同样的关系。

（2）反对称关系：A与B存在着某种关系，B与A肯定不存在这种关系。

（3）非对称关系：A与B存在着某种关系，B与A可能存在这种关系，也可能不存在这种关系。

例45　老吕不是爱每一个人；康哥和志玲是同学；冬雨讨厌每一个爱老吕的人；冬雨是康哥的妹妹。

如果以上陈述为真，则下列哪项可能为真？

Ⅰ. 每一个人都爱老吕。

Ⅱ. 志玲和康哥是同学。

Ⅲ. 每一个人爱老吕的人都讨厌冬雨。

Ⅳ. 康哥是冬雨的妹妹。

A. 仅Ⅰ。　　　　　　　　B. 仅Ⅱ。　　　　　　　　C. 仅Ⅲ。

D. 仅Ⅰ和Ⅱ。　　　　　　E. Ⅰ、Ⅱ和Ⅲ。

【解析】题干中"爱"是非对称关系，故由题干信息"老吕不是爱每一个人"可知，可能每一个人都爱老吕，故Ⅰ项可能为真。

题干中"同学"是对称关系，故由题干信息"康哥和志玲是同学"可知，"志玲和康哥是同学"为真，即Ⅱ项必然为真。

题干中"讨厌"是非对称关系，故由题干信息"冬雨讨厌每一个爱老吕的人"可知，"每一个爱老吕的人都讨厌冬雨"可真可假，即Ⅲ项可真可假。

题干中"妹妹"是反对称关系，故由"冬雨是康哥的妹妹"可知，"康哥是冬雨的妹妹"为假，即

Ⅳ项为假。

故可能为真的选项有Ⅰ、Ⅱ和Ⅲ，即E项正确。

【答案】E

题型 10 简单判断的负判断

[母题综述]

> 负判断，即矛盾命题。

[母题精讲]

母题 10 写出下列判断的等价判断。

(1)不可能所有运动员有洪荒之力。

(2)运动员不可能都有洪荒之力。

(3)运动员可能不都有洪荒之力。

(4)运动员都不可能有洪荒之力。

(5)并非不可能运动员都有洪荒之力。

(6)并非不必然有的运动员有洪荒之力。

(7)并非有的运动员不可能有洪荒之力。

(8)并非所有运动员不必然有洪荒之力。

(9)没有洪荒之力的运动员不可能夺金牌。

(10)不可能所有没有洪荒之力的运动员夺金牌。

【解析】

(1) 不 可能 所有 运动员 有 洪荒之力。

= 必然 有的 运动员 没有 洪荒之力。

(2) 运动员不可能都有洪荒之力。

= 不 可能 所有 运动员 有 洪荒之力（"都"等于"所有"）。

= 必然 有的 运动员 没有 洪荒之力。

(3) 运动员可能不都有洪荒之力。

= 可能不是 所有 运动员 有 洪荒之力。

= 可能 有的 运动员 没有 洪荒之力。

注意："可能"前面没有否定词，不用变。

（4）运动员都不可能有洪荒之力。

= 所有运动员 不 可能 有 洪荒之力（"都"等于"所有"）。

= 所有运动员 必然 没有 洪荒之力。

注意："所有"前面没有否定词，不用变。

（5）并非不 可能 运动员 都有 洪荒之力。

= 可能 运动员 都有 洪荒之力。

注意：连续两个否定词，双重否定表示肯定，直接约掉，后面的不用变。

（6）并非不 必然 有的 运动员 有 洪荒之力。

= 必然 有的 运动员 有 洪荒之力。

注意：此题原理同第（5）题。

（7）并非 有的 运动员 不 可能 有 洪荒之力。

= 并非 有的 运动员 必然 没有 洪荒之力。

= 所有 运动员 可能 有 洪荒之力。

注意："有的"前面只有一个否定词"并非"，所以变了一次，变成了"所有"；而"可能有洪荒之力"前面有两个否定词"并非"和"不"，所以变了两次，相当于没变。所以，遇到此类问题，可以将前两个否定词中间的部分变掉，第二个否定词后面的部分不变即可。

（8）并非 所有 运动员 不 必然 有 洪荒之力。

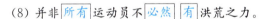

= 并非 所有 运动员 可能 没有 洪荒之力。

= 有的 运动员 必然 有 洪荒之力。

注意：此题原理同第（7）题。

（9）没有洪荒之力的运动员不 可能 夺 金牌。

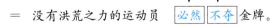

= 没有洪荒之力的运动员 必然 不夺 金牌。

注意：此题中"没有洪荒之力的"作为形容词修饰"运动员"，即"没有洪荒之力的运动员"是这句话的主语，也就是我们的判断对象（主项），所以，它作为一个整体来出现，相当于"A是B"中的"A"，不用考虑它的变化和否定问题。

(10) 不 可能 所有 没有洪荒之力的运动员 夺 金牌。

= 必然 有的 没有洪荒之力的运动员 不夺 金牌。

注意：此题原理同第(9)题。

[母题变化] •

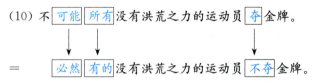

技巧总结

求简单判断的负判断的等价判断，使用关键词替换法即可迅速求解。具体口诀如下：

"不"＋"原判断"，等价于，去掉原判断前面的"不"，再将"原判断"进行如下变化：

肯定变否定，否定变肯定；

并且变或者，或者变并且；

所有变有的，有的变所有；

必然变可能，可能变必然。

例 46 不可能宏达公司和亚鹏公司都没有中标。

以下哪项最为准确地表达了上述断定的意思？

A. 宏达公司和亚鹏公司可能都中标。

B. 宏达公司和亚鹏公司至少有一个可能中标。

C. 宏达公司和亚鹏公司必然都中标。

D. 宏达公司和亚鹏公司至少有一个必然中标。

E. 如果宏达公司中标，那么亚鹏公司不可能中标。

【解析】

题干：不 可能 宏达公司 和 亚鹏公司 都没有中标 。

等价于： 必然 宏达公司 或者 亚鹏公司 中标 。

故：宏达公司和亚鹏公司至少有一个必然中标，即 D 项为正确选项。

【答案】D

例 47 某公司人力资源管理部人士指出：由于本公司招聘职位有限，本招聘考试中不可能所有的应聘者都被录用。

基于以下哪项可以得出该人士的上述结论？

A. 在本次招考中必然有应聘者被录用。

B. 招聘考试中可能有应聘者被录用。

C. 招聘考试中可能有应聘者不被录用。

D. 招聘考试中必然有应聘者不被录用。

E. 招聘考试中可能有应聘者被录用，也可能有应聘者不被录用。

【解析】

题干：不 可能 所有的 应聘者都 被录用 。

等价于：必然 有的 应聘者 不被录用 。

【答案】D

例48　所有的错误决策都不可能不付出代价，但有的错误决策可能不造成严重后果。

如果上述断定为真，则以下哪项一定为真？

A. 有的正确决策也可能付出代价，但所有的正确决策都不可能造成严重后果。

B. 有的错误决策必然要付出代价，但所有的错误决策都不一定造成严重后果。

C. 所有的正确决策都不一定付出代价，但有的正确决策也可能造成严重后果。

D. 有的错误决策必然要付出代价，但所有的错误决策都可能不造成严重后果。

E. 所有的错误决策都必然要付出代价，但有的错误决策不一定造成严重后果。

【解析】

题干：所有的错误决策都不 可能 不付出 代价，但有的错误决策 可能不 造成严重后果。

等价于：所有的错误决策 必然 付出 代价，但有的错误决策 不一定 造成严重后果。

【答案】E

例49　一方面确定法律面前人人平等，同时又允许有人触犯法律而不受制裁，这是不可能的。

以下哪项最符合题干的断定？

A. 或者允许有人凌驾于法律之上，或者任何人触犯法律都要受到制裁，这是必然的。

B. 任何人触犯法律都要受到制裁，这是必然的。

C. 有人凌驾于法律之上，触犯法律而不受制裁，这是可能的。

D. 如果不允许有人触犯法律而可以不受制裁，那么法律面前人人平等是可能的。

E. 一方面允许有人凌驾于法律之上，同时又声称任何人触犯法律都要受到制裁，这是可能的。

【解析】题干：不可能(法律面前人人平等∧有人触犯法律而不受制裁)。

等价于：必然(¬法律面前人人平等∨¬有人触犯法律而不受制裁)。

等价于：必然(有人凌驾于法律之上∨所有人触犯法律都要受制裁)。

【答案】A

例50　对所有产品进行了检查，并没有发现假冒伪劣产品。

如果上述断定为假，则以下哪项为真？

Ⅰ. 有的产品尚未进行检查，但发现了假冒伪劣产品。

Ⅱ. 或者有的产品尚未进行检查，或者发现了假冒伪劣产品。

Ⅲ. 如果对所有产品进行了检查，则可发现假冒伪劣产品。

A. 仅Ⅰ。　　　　　　　B. 仅Ⅱ。　　　　　　　C. 仅Ⅲ。

D. 仅Ⅰ和Ⅱ。　　　　　E. 仅Ⅱ和Ⅲ。

【解析】题干：对所有产品进行检查∧没有发现假冒伪劣产品。

题干的断定为假，可知：¬（对所有产品进行检查∧没有发现假冒伪劣产品）为真。

等价于：没有对所有产品进行检查∨发现了假冒伪劣产品。

等价于：有的产品未进行检查∨发现了假冒伪劣产品。

等价于：对所有产品进行检查→发现了假冒伪劣产品。

故Ⅱ项和Ⅲ项为真，即E项正确。

【答案】E

例51　北方人不都爱吃面食，但南方人都不爱吃面食。

如果已知上述第一个断定为真，第二个断定为假，则以下哪项据此不能确定真假？

Ⅰ. 北方人都爱吃面食，有的南方人也爱吃面食。

Ⅱ. 有的北方人爱吃面食，有的南方人不爱吃面食。

Ⅲ. 北方人都不爱吃面食，南方人都爱吃面食。

A. 仅Ⅰ。　　　　　　　B. 仅Ⅱ。　　　　　　　C. 仅Ⅲ。

D. 仅Ⅱ和Ⅲ。　　　　　E. Ⅰ、Ⅱ和Ⅲ。

【解析】题干有以下信息：

①北方人不都爱吃面食＝有的北方人不爱吃面食。

②并非"南方人都不爱吃面食"＝并非"所有南方人不爱吃面食"＝有的南方人爱吃面食。

Ⅰ项，北方人都爱吃面食，与①矛盾，为假；有的南方人也爱吃面食，符合②，为真。联言判断必须两个联言肢都为真才真，故Ⅰ项为假。

Ⅱ项，有的北方人爱吃面食，与①为下反对关系，真假不定；有的南方人不爱吃面食，与②为下反对关系，真假不定。故Ⅱ项真假不定。

Ⅲ项，北方人都不爱吃面食，由①可知，真假不定；南方人都爱吃面食，由②可知，真假不定。故Ⅲ项真假不定。

所以，D项正确。

【答案】D

例52　我想说的都是真话，但真话我未必都说。

如果上述断定为真，则以下各项都可能为真，除了：

A. 我有时也说假话。

B. 我不是想啥说啥。

C. 有时说某些善意的假话并不违背我的意愿。

D. 我说的都是我想说的话。

E. 我说的都是真话。

【解析】题干：①想说→真话。

②真话我未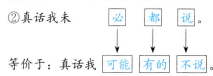

等价于：真话我 可能 有的 不说 。

①的矛盾命题为：想说∧﹁真话，等价于：想说∧假话。

C项，有时说某些善意的假话并不违背我的意愿，即：想说∧假话，是①的矛盾命题，必然为假。

其余各项都有可能为真。

【答案】C

例53 没有一个人尊重不自重的人。

以下哪项符合上述题干的断定？

Ⅰ. 所有人不尊重自重的人。

Ⅱ. 所有人不尊重不自重的人。

Ⅲ. 不自重的人不被所有人尊重。

A. 仅Ⅰ。　　　　　　B. 仅Ⅱ。　　　　　　C. 仅Ⅲ。

D. 仅Ⅰ和Ⅱ。　　　　E. 仅Ⅱ和Ⅲ。

【解析】

题干：没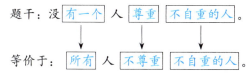

等价于： 所有 人 不尊重 不自重的人 。

等价于：不自重的人不被所有人尊重。

【答案】E

例54 家园小区的每栋住宅楼旁边都有地面停车位，并且都是按照与住户1∶1的比例设置的。

如果上述断定为真，则以下哪项一定为真？

Ⅰ. 家园小区有住宅楼有停车位。

Ⅱ. 如果一栋住宅楼的旁边有按照与住户1∶1的比例的地面停车位，那么这栋住宅楼就是家园小区。

Ⅲ. 如果一栋住宅楼的旁边有按照与住户1∶2的比例的地面停车位，那么这栋住宅楼就不是家园小区。

A. 仅Ⅱ。　　　　　　B. 仅Ⅰ和Ⅱ。　　　　C. 仅Ⅰ和Ⅲ。

D. Ⅰ、Ⅱ和Ⅲ。　　　E. 仅Ⅰ。

【解析】题干：家园小区→（每栋住宅楼旁边都有地面停车位∧与住户1∶1设置）。

其逆否命题为：（﹁ 每栋住宅楼旁边都有地面停车位∨﹁ 与住户1∶1设置）→﹁ 家园小区。

Ⅰ项，由"家园小区的每栋住宅楼旁边都有地面停车位"可知，"家园小区有住宅楼有停车位"为真。

Ⅱ项，根据箭头指向原则，可知此项可真可假。

Ⅲ项，根据题干的逆否命题，可知此项为真。

【答案】C

变化 2　宾语上有量词

技巧总结

替换法口诀针对的是特称判断和全称判断，根据特称判断和全称判断的定义，量词"所有"和"有的"应该修饰主语，当量词修饰的是宾语时，量词仅作宾语的形容词，不属于句子的主干，这个时候，替换法口诀不见得适用，要根据句子的意思进行判断。

当然，这时可以将此句子（或分句）变成被动句，这时宾语将变成主语，再使用替换法口诀。

例 55　世界上最勤奋的人也不可能读完天下所有的书。

以下哪项准确地表达了题干的断定？

Ⅰ. 世界上最勤奋的人必然读不完天下所有的书。

Ⅱ. 世界上最勤奋的人也必然有的书读不完。

Ⅲ. 世界上最勤奋的人可能读不完天下所有的书。

A. 仅Ⅰ。　　　　　　B. 仅Ⅱ。　　　　　　C. 仅Ⅲ。

D. 仅Ⅰ和Ⅱ。　　　　E. 仅Ⅱ和Ⅲ。

【解析】

题干：世界上最勤奋的人　不 可能 读完 天下所有的书 。

等价于：世界上最勤奋的人 必然 读不完 天下所有的书 。

等价于：世界上最勤奋的人必然有的书读不完。

注意："有的书读不完"的意思是"有的书不能被读完"，即在这个分句中，把"书"提到了"读"前面做了主语。

【答案】D

例 56　一把钥匙能打开天下所有的锁。这样的万能钥匙是不可能存在的。

以下哪项最符合题干的断定？

A. 任何钥匙都必然有它打不开的锁。

B. 至少有一把钥匙必然打不开天下所有的锁。

C. 至少有一把锁天下所有的钥匙都必然打不开。

D. 任何钥匙都可能有它打不开的锁。

E. 至少有一把钥匙可能打不开天下所有的锁。

【解析】

题干：不 可能 有一把 钥匙 能打开 天下 所有的 锁。

等价于：必然 任何 钥匙 不能打开 天下 所有的 锁。

等价于：任何 钥匙 必然 有一些 锁 打不开 。

即：任何钥匙都必然有它打不开的锁。

【答案】A

题型 11 隐含三段论与补充条件题

[母题综述]

隐含三段论是一种常见题型，本质上来讲，它属于补充条件题。即题干中给出一个条件，让你补充一个选项作为条件，从而推出题干中的结论。

另外，论证逻辑里面的搭桥法题型，有很多题本质上来讲也是隐含三段论问题。

[母题精讲]

母题 11 某些理发师留胡子，因此，某些留胡子的人穿白衣服。

下述哪项如果为真，足以佐证上述论断的正确性？

A. 某些理发师不喜欢穿白衣服。

B. 某些穿白衣服的理发师不留胡子。

C. 所有理发师都穿白衣服。

D. 某些理发师不喜欢留胡子。

E. 所有穿白衣服的人都是理发师。

【解析】题干的前提：有的理发师→留胡子，等价于：有的留胡子→理发师。

题干的结论：有的留胡子→穿白衣服。

只需要补充一个条件：理发师→穿白衣服，即可得到：有的留胡子→理发师→穿白衣服，故C项正确。

【答案】C

[母题变化]

变化 1 普通隐含三段论问题

技巧总结

1. 常见命题形式

（1）A→B，因此，A→C。要求补充一个条件，使上述结论成立。

显然需要补充：B→C，串联得：A→B→C。

（2）有的A→B，因此，有的A→C。要求补充一个条件，使上述结论成立。

显然需要补充：B→C，串联得：有的A→B→C。

（3）有的 A→B，因此，有的 B→C。 要求补充一个条件，使上述结论成立。

由"有的 A→B"＝"有的 B→A"；需要补充：A→C，串联得：有的 B→A→C。

2. 解题技巧

观察以上三个命题形式，可以发现，隐含三段论中的"A""B""C"总是成对出现；"有的"可以不出现，若出现则成对出现，且前提中有一个"有的"，结论中有一个"有的"。 根据这一规律可以迅速解出很多题。

例 57　某些经济学家是大学数学系的毕业生，因此，某些大学数学系的毕业生是对企业经营很有研究的人。

下列哪项如果为真，则能够保证上述论断的正确性？

A. 某些经济学家专攻经济学的某一领域，对企业经营没有太多的研究。

B. 某些对企业经营很有研究的经济学家不是大学数学系毕业的。

C. 所有对企业经营很有研究的人都是经济学家。

D. 某些经济学家不是大学数学系的毕业生，而是学经济学的。

E. 所有的经济学家都是对企业经营很有研究的人。

【解析】

题干的前提：有的经济学家→数学系＝有的数学系→经济学家。

题干的结论：有的数学系→对企业经营很有研究。

显然需要补充一个条件：经济学家→对企业经营很有研究，即可得到：有的数学系→经济学家→对企业经营很有研究。

故 E 项正确。

【答案】E

例 58　大山中学所有骑自行车上学的学生都回家吃午饭，因此，有些家在郊区的大山中学的学生不骑自行车上学。

为使上述论证成立，以下哪项关于大山中学的断定是必须假设的？

A. 骑自行车上学的学生家都不在郊区。

B. 回家吃午饭的学生都骑自行车上学。

C. 家在郊区的学生都不回家吃午饭。

D. 有些家在郊区的学生不回家吃午饭。

E. 有些不回家吃午饭的学生家不在郊区。

【解析】题干的前提：骑车上学→回家吃午饭，等价于：①￢回家吃午饭→￢骑车上学。

题干的结论：有的郊区→￢骑车上学。

要使此结论成立，需要补充条件：有的郊区→￢回家吃午饭。

与①串联可得：有的郊区→￢回家吃午饭→￢骑车上学，即可得题干的结论。

【答案】D

变化 2 　隐含三段论＋负判断

技巧总结

第1步：写出题干中结论的负判断。

第2步：利用串联推理解出隐含三段论问题。

例59　有些低碳经济是绿色经济，因此，低碳经济都是高技术经济。

以下哪项如果为真，最能反驳上述论证？

A. 绿色经济都不是高技术经济。　　　　　B. 绿色经济有些是高技术经济。

C. 有些低碳经济不是绿色经济。　　　　　D. 有些绿色经济不是低碳经济。

E. 低碳经济就是绿色经济。

【解析】题干的前提：①有的低碳经济→绿色经济。

题干的结论：低碳经济是高技术经济。

此结论的矛盾命题为：有的低碳经济不是高技术经济，即：②有的低碳经济→┑高技术经济。

显然需要补充一个条件：③绿色经济→┑高技术经济。

由①、③串联可得：有的低碳经济→绿色经济→┑高技术经济，故可得到题干结论的矛盾命题（即②）。故 A 项最能反驳题干中的论证。

【答案】A

变化 3 　隐含三段论＋串联推理

技巧总结

第1步：将题干中的已知条件进行串联。

第2步：利用串联推理解出隐含三段论问题。

例60　张华是甲班学生，对围棋感兴趣。该班学生或者对国际象棋感兴趣，或者对军棋感兴趣；如果对围棋感兴趣，则对军棋不感兴趣。因此，张华对中国象棋感兴趣。

以下哪项最可能是上述论证的假设？

A. 如果对国际象棋感兴趣，则对中国象棋感兴趣。

B. 甲班对国际象棋感兴趣的学生都对中国象棋感兴趣。

C. 围棋和中国象棋比军棋更具挑战性。

D. 甲班学生感兴趣的棋类只限于围棋、国际象棋、军棋和中国象棋。

E. 甲班所有学生都对中国象棋感兴趣。

【解析】题干的前提：

①张华是甲班学生，对围棋感兴趣。

②甲班学生→对国际象棋感兴趣∨对军棋感兴趣。

③对围棋感兴趣→对军棋不感兴趣。

题干的结论：张华对中国象棋感兴趣。

由①、③得：张华对围棋感兴趣→张华对军棋不感兴趣。

由①、②得：张华是甲班学生→对国际象棋感兴趣∨对军棋感兴趣，又因为张华对军棋不感兴趣，故得：④张华必然对国际象棋感兴趣。

要由④推出题干中的结论，必须有：对国际象棋感兴趣→对中国象棋感兴趣，即 B 项正确。

注意，此题不能选 A 项，因为 A 项的主体是"所有人"，只要"甲班的同学对国际象棋感兴趣的，对中国象棋感兴趣"，就能得到题干结论，故不需要"所有人"。

【答案】B

变化 **4**　基于复合判断的补充条件题

> **技巧总结**
>
> 基于假言、联言、选言判断的补充条件题，示例和解法如下：
>
> 已知 A→B∨C，那么补充什么条件可以得到 C？
>
> 解法：
>
> 已知 A，可以推出 B∨C。又由 B∨C=￢B→C，故再补充￢B，即可推出 C。
>
> 因此，需要补充的条件为 A∧￢B。

例 61　假设"如果甲是经理或乙不是经理，那么丙是经理"为真，则由以下哪个前提可推出"乙是经理"的结论？

A. 丙不是经理。　　　　　　　　　　B. 甲和丙都是经理。

C. 丙是经理。　　　　　　　　　　　D. 甲不是经理。

E. 甲或丙有一个不是经理。

【解析】题干：甲∨￢乙→丙=￢丙→￢甲∧乙。

故有：￢丙→乙。

所以，只要"丙不是经理"，就可以得出"乙是经理"的结论，即 A 项正确。

【答案】A

例 62　如果品学兼优，就能获得奖学金。

假设以下哪项为真，能依据上述断定得出结论：李桐学习欠优？

A. 李桐品行优秀，但未能获得奖学金。　　B. 李桐品行优秀，并获得了奖学金。

C. 李桐品行欠优，未获得奖学金。　　　　D. 李桐品行欠优，但获得了奖学金。

E. 李桐并非品学兼优。

【解析】

方法一：

题干：品优∧学优→获奖学金。

等价于：¬ 获奖学金→¬（品优∧学优）=¬ 获奖学金→¬ 品优∨¬ 学优。

故，如果已知"没获得奖学金"为真，可知"品行欠优或学习欠优"至少发生一个，但无法确定"学习欠优"的真假。

又因为：¬ 品优∨¬ 学优＝品优→¬ 学优。

故，再加一个已知条件"品行优秀"，即可推出"学习欠优"。

综上，¬ 获奖学金∧品优→¬ 学优。

方法二：

根据"箭头变或者"公式"A→B=¬ A∨B"，可知：

题干：品优∧学优→获奖学金。

等价于：¬（品优∧学优）∨获奖学金。

等价于：¬ 品优∨¬ 学优∨获奖学金。

"¬ 品优""¬ 学优""获奖学金"三者至少发生一个，故排除其中两个，就可以肯定另外一个，可知，排除"获奖学金"和"¬ 品优"，就可推出"¬ 学优"。

故：¬ 获奖学金∧品优→¬ 学优。

综上所述，若李桐没获奖学金，并且品行优秀，则能推出其学习欠优。故 A 项正确。

【答案】A

题型 12 真假话推理

〔母题综述〕

真假话推理题是管理类、经济类联考考试中的常见题型。它的题干一般由多个判断构成，已知这些判断中有几个为真、几个为假（如：只有一真、只有一假、有两真两假等），由此判断各选项的真假。

解真假话问题的基本方法：优先找题干中的矛盾关系；如果没有矛盾关系，则找反对、下反对或推理关系。

〔母题精讲〕

母题 12 在某部队为期 2 天的征兵体检结束后，四位教官有如下结论：

张教官：所有应征者都没有及格。

李教官：第 2 天早上的应征者中赵某没有及格。

王教官：应征者不都没有及格。

陆教官：有的应征者没有及格。

如果四位教官中只有一人的断定属实，那么以下哪项是真的？

A. 张教官的断定属实，赵某没有及格。

B. 王教官的断定属实，赵某及格了。

C. 王教官的断定属实，赵某没有及格。

D. 陆教官的断定属实，赵某未及格。

E. 陆教官的断定属实，赵某及格了。

【解析】

第1步：找矛盾。

王教官：应征者不都没有及格，等价于：有的应征者及格了。

故，张教官与王教官的话矛盾，必有一真一假。

第2步：推真假。

已知四位教官中只有一人的断定属实，故李教官和陆教官的话都为假。

第3步：确定真实情况，从而判断各选项的真假。

由陆教官的话为假可知，所有应征者都及格了，故赵某也及格了。

根据"所有→某个→有的"可知，有的应征者及格了，故王教官的话为真，即B项正确。

【答案】B

〔母题变化〕

变化 1 题干中有矛盾

技巧总结

题干中有矛盾的真假话问题的解题步骤：

第1步：找矛盾。

①"A"与"¬A"。

②"所有"与"有的不"。

③"所有不"与"有的"。

④"必然"与"可能不"。

⑤"必然不"与"可能"。

⑥A→B 与 A∧¬B。

⑦A∧B 与 ¬A∨¬B。

⑧A∨B 与 ¬A∧¬B。

⑨A∀B 与（A∧B）∀（¬A∧¬B）。

第2步：矛盾关系的双方必有一真一假，从而根据题干中的"只有一真"或"只有一假"等条件，推出题干中其他判断的真假。

第3步：根据题干中判断的真假，推理出各选项的真假。

例63 以下关于某案件的四个断定中只有一个为真。

Ⅰ. 如果甲作案，则乙是同案犯。

Ⅱ. 作案者是丙。

Ⅲ. 作案者是甲，但乙没作案。

Ⅳ. 作案者是甲或丁。

则这一真的断定是：

A. Ⅰ。   B. Ⅱ。   C. Ⅲ。   D. Ⅳ。   E. 无法确定。

【解析】

第1步：符号化。

①甲→乙＝￢甲∨乙。

②丙。

③甲∧￢乙。

④甲∨丁。

第2步：找矛盾。

断定①和断定③矛盾，必有一真一假。

第3步：推知其他判断的真假。

根据题干"四个断定中只有一个为真"，可知断定②和断定④均为假。

第4步：确定真实情况，判断各选项的真假。

由断定④为假可得：￢甲∧￢丁，故可知断定①为真，断定③为假。

【答案】A

例64   小王参加了某公司的招工面试。不久，他得知以下消息：

(1)公司已决定，他与小陈至少录用一人。

(2)公司可能不录用他。

(3)公司一定录用他。

(4)公司已录用小陈。

其中两条消息为真，两条消息为假。

如果上述断定为真，则以下哪项也为真？

A. 公司已录用小王，未录用小陈。   B. 公司未录用小王，已录用小陈。

C. 公司既录用了小王，也录用了小陈。   D. 公司未录用小王，也未录用小陈。

E. 不能确定录用结果。

【解析】消息(2)和消息(3)矛盾，必有一真一假，又已知"两条消息为真，两条消息为假"，故消息(4)和消息(1)也为一真一假。

假设消息(4)为真，则消息(1)也为真，与"消息(4)和消息(1)为一真一假"矛盾，故消息(4)为假，即公司没有录用小陈。因此，消息(1)为真，则小王∨小陈＝￢小陈→小王，所以公司录用了小王。

【答案】A

例65   当代商城年终特别奖的评定结果即将揭晓。该商城营业部的四位职工在对本部门的评定结果进行推测。

张艳说："如果营业部经理能评上，那么李霞也能评上。"

李霞说："我看我们营业部没人能评上。"

于平说："我看营业部经理评不上。"

赵蓉说："恕我直言，我看李霞评不上，但营业部经理能评上。"

结果证明，四位职工中只有一人的推测成立。

如果上述断定为真，则以下哪项也一定为真？

A. 张艳的推测成立。

B. 李霞的推测成立。

C. 如果李霞评不上年终特别奖，则赵蓉的推测成立。

D. 赵蓉的推测成立。

E. 如果李霞评不上年终特别奖，则张艳的推测成立。

【解析】将四人所说的话符号化可得：

①经理→李霞。

②所有人都没评上。

③┐经理。

④┐李霞∧经理。

①和④矛盾，必有一真一假。又因"四位职工中只有一人的推测成立"，故②和③均为假。

根据②为假可知，有人能评上。

根据③为假可知，经理能评上。

若李霞能评上，则①真④假；若李霞未评上，则①假④真。

【答案】C

变化 2　题干中无矛盾

技巧总结

1. 题干中无矛盾的真假话问题的解题步骤

第 1 步：找反对、下反对或推理关系。

①反对关系（至少一假）。

"所有"与"所有不"；"必然"与"必然不"；A 与 ┐A∧B。

②下反对关系（至少一真）。

"有的"与"有的不"；"可能"与"可能不"；A 与 A→B（等价于 ┐A∨B）。

③推理关系。

所有→某个→有的；所有不→某个不→有的不；必然→事实→可能；必然不→事实不→可能不。

第 2 步：推知其他判断的真假。

第 3 步：根据判断的真假，判断真实情况，即可判断各选项的真假。

2. 真假话推理的其他方法：假设法或选项代入法

假设某种情况为真，看能否推出矛盾。若能推出矛盾，则此假设为假；若不能推出矛盾，则此假设为真。

假设某选项为真，代入题干看是否成立。

例66 在一次对全省小煤矿的安全检查后，甲、乙、丙三个安检人员有如下结论：

甲：有小煤矿存在安全隐患。

乙：有小煤矿不存在安全隐患。

丙：大运和宏通两个小煤矿不存在安全隐患。

如果上述三个结论中只有一个正确，则以下哪项一定为真？

A. 大运和宏通煤矿都不存在安全隐患。

B. 大运和宏通煤矿都存在安全隐患。

C. 大运存在安全隐患，但宏通不存在安全隐患。

D. 大运不存在安全隐患，但宏通存在安全隐患。

E. 上述断定都不一定为真。

【解析】

方法一：归谬法（假设法）。

假设丙的话为真，根据"某个→有的"可知乙的话也为真，与题干"三个结论中只有一个正确"矛盾，所以，丙的话为假。

方法二：反对关系。

第1步：找矛盾或反对关系。

"有小煤矿存在安全隐患"与"有小煤矿不存在安全隐患"为下反对关系，至少一真。

第2步：推知其他判断的真假。

已知三个结论中只有一个正确，所以，丙的话必为假。

第3步：确定真实情况，判断各选项的真假。

由丙的话为假可知，大运和宏通两个小煤矿至少有一个煤矿存在安全隐患。所以甲的话为真，乙的话为假。

由乙的话为假可知：并非有小煤矿不存在安全隐患，等价于：所有的小煤矿都存在安全隐患。故大运和宏通煤矿都存在安全隐患。

【答案】B

例67 关于某案件的作案者有以下猜测：

(1)如果甲是作案者，则乙肯定是作案者。

(2)甲是作案者。

(3)甲或丙是作案者。

(4)丁是作案者。

已知甲、乙、丙、丁中一定有作案者，并且上述四个猜测中只对了一个，则以下哪项正确？

A. 甲是作案者，其他人不是。

B. 乙是作案者，其他人不是。

C. 丙是作案者，其他人不是。

D. 丁是作案者，其他人不是。

E. 可以确定四人中有两人作案，但无法确定具体是谁作案。

【解析】

第 1 步：符号化。

(1)甲→乙，等价于：¬甲∨乙。

(2)甲。

(3)甲∨丙。

(4)丁。

方法一：找至少一真。

第 2 步：四句话中无矛盾，找至少一真。

如果甲是作案者，则(2)为真；如果甲不是作案者，则(1)为真。故(1)和(2)至少一真。

第 3 步：确定其他判断的真假。

又由于四句话中只有一句为真，所以(1)和(2)为一真一假，(3)和(4)均为假。

第 4 步：确定真实情况，判断各选项的真假。

由(3)和(4)为假可知，甲、丙、丁均不是作案者。

又知甲、乙、丙、丁中一定有作案者，故乙是作案者。

方法二：做假设。

第 2 步：四句话中无矛盾，做假设。

假设(2)为真，则甲是作案者，那么(3)也为真，与题干中"四句话中只有一句为真"矛盾，故(2)为假，即甲不是作案者。故(1)为真。

第 3 步：确定其他判断的真假。

又由于四句话中只有一句为真，又知(1)为真，故(2)、(3)、(4)均为假。

第 4 步：确定真实情况，判断各选项的真假。

由(3)和(4)为假可知，甲、丙、丁均不是作案者。

又知甲、乙、丙、丁中一定有作案者，故乙是作案者。

【答案】B

例68 有五个国家的足球队参加了中国杯足球赛，对于比赛结果，观众有如下议论：

(1)冠军队不是韩国队，就是日本队。

(2)冠军队既不是中国队，也不是伊朗队。

(3)冠军队只能是伊朗队。

(4)冠军队不是韩国队。

比赛结果显示，只有一条议论是正确的。那么获得冠军队的是：

A. 韩国队。　　B. 伊朗队。　　C. 中国队。　　D. 日本队。　　E. 巴西队。

【解析】

第 1 步：符号化。

(1)¬韩国→日本，等价于：韩国∨日本。

(2)¬中国∧¬伊朗。

(3)伊朗。

(4)¬韩国。

方法一：找至少一真。

第2步：四句话中无矛盾，找至少一真。

"韩国队是冠军"和"韩国队不是冠军"矛盾，若韩国队是冠军，则(1)为真；若韩国队不是冠军，则(4)为真。故(1)、(4)至少一真。

第3步：推知其他判断的真假。

由题干知，只有一条议论为真，故(2)和(3)均为假。

第4步：确定真实情况，判断各选项的真假。

由(2)为假可知：中国∨伊朗，等价于：￢伊朗→中国。

由(3)为假可知：￢伊朗。

故中国队是冠军队。

方法二：选项排除法。

若A项为真，即韩国队是冠军，则(1)和(2)均为真，与题干中"只有一条议论是正确的"矛盾，故排除。

若B项为真，即伊朗队是冠军，则(3)和(4)均为真，与题干中"只有一条议论是正确的"矛盾，故排除。

若D项为真，即日本队是冠军，则(1)、(2)、(4)均为真，与题干中"只有一条议论是正确的"矛盾，故排除。

若E项为真，即巴西队是冠军，则(2)和(4)均为真，与题干中"只有一条议论是正确的"矛盾，故排除。

故C项正确，即中国队是冠军队。

【答案】C

变化3　每个人有多个判断的问题

技巧总结

1. 命题特点

（1）题干中有多个人，每个人都做了两个或两个以上的判断。

（2）已知每个人的判断有几真几假。

2. 解题方法

（1）选项排除法。

（2）假设法。

例69　赵明、钱红、孙杰三人被北京大学、清华大学和北京师范大学录取。关于他们分别是被哪个学校录取的，同学们作了如下的猜测：

同学甲：赵明被清华大学录取，孙杰被北京师范大学录取。

同学乙：赵明被北京师范大学录取，钱红被清华大学录取。

同学丙：赵明被北京大学录取，孙杰被清华大学录取。

结果，同学们的猜测各对了一半。

那么，他们的录取情况是：

A. 赵明、钱红、孙杰分别被北京大学、清华大学和北京师范大学录取。

B. 赵明、钱红、孙杰分别被清华大学、北京师范大学和北京大学录取。

C. 赵明、钱红、孙杰分别被北京师范大学、清华大学和北京大学录取。

D. 赵明、钱红、孙杰分别被北京大学、北京师范大学和清华大学录取。

E. 赵明、钱红、孙杰分别被清华大学、北京大学和北京师范大学录取。

【解析】

方法一：选项排除法。

若 A 项为真，则满足题干。

若 B 项为真，则乙、丙的两句话均为假，故排除。

若 C 项为真，则甲、丙的两句话均为假，乙的两句话均为真，故排除。

若 D 项为真，则甲、乙的两句话均为假，丙的两句话均为真，故排除。

若 E 项为真，则乙、丙的两句话均为假，甲的两句话均为真，故排除。

方法二：假设法。

假设甲的前半句话"赵明被清华大学录取"为真，则乙和丙的前半句话皆为假。

由乙的前半句话为假，得他的后半句话"钱红被清华大学录取"为真。

由丙的前半句话为假，得他的后半句话"孙杰被清华大学录取"为真。

此时，三人都被清华大学录取，与已知条件矛盾。故以上假设不成立。

所以，甲的后半句话"孙杰被北京师范大学录取"为真。

故，乙的前半句话"赵明被北京师范大学录取"为假，他的后半句话"钱红被清华大学录取"为真。

故丙的后半句话"孙杰被清华大学录取"为假，他的前半句话"赵明被北京大学录取"为真。

综上：赵明、钱红、孙杰分别被北京大学、清华大学和北京师范大学录取。

【答案】 A

例70 赛马场上，三匹马的夺冠呼声最高，它们分别是赤兔、的卢和乌骓。

观众甲说："我认为冠军不会是赤兔，也不会是的卢。"

观众乙说："我觉得冠军不会是赤兔，而乌骓一定是冠军。"

观众丙说："可我认为冠军不会是乌骓，而是赤兔。"

比赛结果很快出来了，他们中有一个人的两个判断都对；另一个人的两个判断都错了；还有一个人的判断是一对一错。

则以下说法正确的是哪一项？

A. 冠军是赤兔。

B. 冠军是的卢。

C. 冠军是乌骓。

D. 甲的话均为假。

E. 丙的话均为假。

【解析】假设冠军是的卢，则甲一对一错；乙一对一错；丙一对一错，不符合题意。

假设冠军是乌骓，则甲两个都对；乙两个都对；丙两个都错，不符合题意。

假设冠军是赤兔，则甲一对一错；乙两个都错；丙两个都对，符合题意。

故冠军是赤兔，即A项正确。

【答案】A

题型 13 综合演绎推理

〔母题综述〕

　　综合推理题的题干中一般会出现匹配关系、方位关系等关系判断，但是，有一些涉及关系判断的题目中会出现多个假言判断、选言判断，这类题的内核是演绎推理，解题也是使用演绎推理中的串联推理、二难推理等方法，因此，我们将这类题称为综合演绎推理。

　　综合演绎推理题近年来考得极多，管理类联考近5年总共考了32道；2021年经济类联考考了4道。近5年的管理类联考真题中，综合演绎推理题的命题数量统计见表2-1：

表 2-1

年份	2017 年	2018 年	2019 年	2020 年	2021 年	合计	平均
命题数量	5	7	7	4	9	32	6.4

　　需要注意的是，有人在统计历年真题时，把真假话推理和综合演绎推理归类于综合推理部分，导致历年真题中综合推理的题量极大，让很多同学对综合推理产生了畏惧心理，但实际上这种归类方法不妥当。因为：第一，从考试大纲来看，综合推理与演绎推理在考试大纲中是并列关系，它们均属于推理。第二，真假话推理的考点是对当关系，而综合推理的考点是关系判断，二者没有联系，因此，真假话推理不属于综合推理。第三，综合演绎推理虽然确实会涉及匹配关系等综合推理的知识，但它的解题方法是基于演绎推理的，因此，本书认为此类题应该归类于演绎推理。

〔母题精讲〕

　　母题 13 "冈萨雷斯""埃尔南德斯""施米特""墨菲"这4个姓氏是且仅是卢森堡、阿根廷、墨西哥、爱尔兰四国中其中一国常见的姓氏。已知：

(1)"施米特"是阿根廷或卢森堡常见姓氏。

(2)若"施米特"是阿根廷常见姓氏，则"冈萨雷斯"是爱尔兰常见姓氏。

(3)若"埃尔南德斯"或"墨菲"是卢森堡常见姓氏，则"冈萨雷斯"是墨西哥常见姓氏。

根据以上信息，可以得出以下哪项？

A."施米特"是卢森堡常见姓氏。

B. "埃尔南德斯"是卢森堡常见姓氏。

C. "冈萨雷斯"是爱尔兰常见姓氏。

D. "墨菲"是卢森堡常见姓氏。

E. "墨菲"是阿根廷常见姓氏。

【解析】本题中出现了两组元素（姓氏、国家）的匹配关系，很容易被误认为考的是综合推理题。但实际上，本题虽然出现匹配关系，但题干给出的三个条件均由选言判断和假言判断构成，所以，可以确定本题主要考查演绎推理。

题干已知下列信息：

(1)施阿 ∨ 施卢。

(2)施阿→冈爱。

(3)埃卢 ∨ 墨卢→冈墨，等价于：￢冈墨→￢埃卢 ∧ ￢墨卢。

找到重复元素"施阿"，故优先分析重复元素"施阿"。(1)等价于：￢施卢→施阿，与(2)、(3)串联可得：￢施卢→施阿→冈爱→￢冈墨→￢埃卢 ∧ ￢墨卢。

故如果"￢施卢"为真，则有"冈爱（可得￢冈卢）""￢埃卢""￢墨卢"，因此没有常见姓氏与卢森堡对应，故"￢施卢"不可能为真，即"施卢"为真，所以"施米特"是卢森堡常见姓氏。

【答案】A

[母题变化]

变化 1 题干中有确定事实

技巧总结

当题干中的已知条件是由假言判断和确定事实来构成时，一般可由确定事实出发直接进行串联。

作为出发点的事实可以是：

（1）题干中给出的确定事实。

（2）选项中出现假言判断时，可把这个假言判断的前件当作已知条件，看是否能推出后件。

例71　某市已开通运营一、二、三、四号地铁线路，各条地铁线每一站运行加停靠所需时间均彼此相同。小张、小王、小李三人是同一单位的职工，单位附近有北口地铁站。某天早晨，三人同时都在常青站乘一号线上班，但三人关于乘车路线的想法不尽相同。已知：

(1)如果一号线拥挤，小张就坐 2 站后转三号线，再坐 3 站到北口站；如果一号线不拥挤，小张就坐 3 站后转二号线，再坐 4 站到北口站。

(2)只有一号线拥挤，小王才坐 2 站后转三号线，再坐 3 站到北口站。

(3)如果一号线不拥挤，小李就坐 4 站后转四号线，坐 3 站之后再转三号线，坐 1 站到达北口站。

(4)该天早晨地铁一号线不拥挤。

假定三人换乘及步行总时间相同，则以下哪项最可能与上述信息不一致？

A. 小王和小李同时到达单位。　　　　　　　B. 小张和小王同时到达单位。

C. 小王比小李先到达单位。　　　　　　　　D. 小李比小张先到达单位。

E. 小张比小王先到达单位。

【解析】本题题干由3个假言判断和1个确定事实构成，因此，应该从确定事实出发解题。

由条件（4）可知，该天早晨地铁一号线不拥挤，故由条件（1）可知，小张需要坐7站，换乘一次。

由条件（3）可知，小李需要坐8站，换乘两次。

故根据题干信息"各条地铁线每一站运行加停靠所需时间均彼此相同"可知，小张应该比小李先到达单位。所以D项与题干信息不一致。

由题干无法推出小王的乘车路线情况，故A、B、C、E项均有可能为真。

【答案】D

例72　下面两题基于以下题干：

一江南园林拟建松、竹、梅、兰、菊5个园子。该园林拟设东、南、北3个门，分别位于其中的3个园子。这5个园子的布局满足如下条件：

①如果东门位于松园或菊园，那么南门不位于竹园。

②如果南门不位于竹园，那么北门不位于兰园。

③如果菊园在园林的中心，那么它与兰园不相邻。

④兰园与菊园相邻，中间连着一座美丽的廊桥。

（1）根据以上信息，可以得出以下哪项？

A. 兰园不在园林的中心。　　　　　　　　　B. 菊园不在园林的中心。

C. 兰园在园林的中心。　　　　　　　　　　D. 菊园在园林的中心。

E. 梅园不在园林的中心。

（2）如果北门位于兰园，则可以得出以下哪项？

A. 南门位于菊园。　　　　　　　　　　　　B. 东门位于竹园。

C. 东门位于梅园。　　　　　　　　　　　　D. 东门位于松园。

E. 南门位于梅园。

【解析】

第（1）题：

本题题干由3个假言判断和1个确定事实构成，因此，应该从确定事实出发解题。

由条件④可知，兰园与菊园相邻。

由条件③逆否可得：兰园与菊园相邻→菊园不在园林的中心，故B项正确。

第（2）题：

本题题干给出了新的确定事实，即"北门位于兰园"，因此直接找相关信息。

由条件②逆否可得：北门位于兰园→南门位于竹园。

再由条件①逆否可得：南门位于竹园→东门不位于松园∧东门不位于菊园。

又由于3个门分别位于3个不同的园子，而北门位于兰园，南门位于竹园，即东门不在兰园也不在竹园，故东门只能位于梅园。

【答案】(1)B；(2)C

例73　在某次综合性学术年会上，物理学会作学术报告的人都来自高校；化学学会作学术报告的人有些来自高校，但是大部分来自中学；其他作学术报告的人均来自科学院。来自高校的学术报告者都具有副教授以上职称，来自中学的学术报告者都具有中教高级以上职称。李默、张豪参加了这次综合性学术年会，李默并非来自中学，张豪并非来自高校。

以上陈述如果为真，可以得出以下哪项结论？

A. 张豪不是物理学会的。

B. 李默不是化学学会的。

C. 张豪不具有副教授以上职称。

D. 李默如果作了学术报告，那么他不是化学学会的。

E. 张豪如果作了学术报告，那么他就不是物理学会的。

【解析】本题题干信息过多，如果从头开始推，太浪费时间。

观察题干，发现题干中有两个事实：①李默并非来自中学；②张豪并非来自高校。

再观察选项，发现D、E两项均是假言判断，其实前件相当于已知条件，故由D、E两项及事实①、②出发解题。

由D项及事实①可知，李默作了学术报告∧李默并非来自中学。

根据题干信息"来自中学的学术报告者都具有中教高级以上职称"，可知由"并非来自中学"推不出任何结论，故排除D项。

由E项及事实②可知，张豪作了学术报告∧张豪并非来自高校。

由题干信息"物理学会作学术报告的人都来自高校"可知，物理∧作报告→高校，逆否可得：￢高校→￢作报告∨￢物理，等价于：高校∨￢作报告∨￢物理，等价于：￢高校∧作报告→￢物理，故E项为真。

【答案】E

变化 2　**题干中无确定事实**

技巧总结

当题干中的已知条件都是不确定信息，甚至都是假言判断，但是却要求你推出确定事实时，一般有以下三个突破口。

（1）找矛盾。

如果某个判断推出了矛盾，说明这一判断不成立，从而推出事实。题干中如果有数量关系，一般都能找到矛盾。

（2）找二难推理。

二难推理可以推出事实，如：

$$A \lor \lnot A;$$
$$A \to B;$$
$$\lnot A \to B;$$
$$\overline{}$$
$$所以，B。$$

（3）某种事实不成立。

如果已知或能推出"某种事实不成立"，则可把"这一事实不成立"当成已知信息去推理。

例74 下面两题基于以下题干：

冬奥组委会官网开通全球招募系统，正式招募冬奥会志愿者。张明、刘伟、庄敏、孙兰、李梅5人在一起讨论报名事宜。他们商量的结果如下：

①如果张明报名，则刘伟也报名。

②如果庄敏报名，则孙兰也报名。

③只要刘伟和孙兰两人中至少有1人报名，则李梅也报名。

后来得知，他们5人中恰有3人报名了。

(1)根据以上信息，可以得出以下哪项？

A. 张明报名了。　　　　　　　　　　B. 刘伟报名了。

C. 庄敏报名了。　　　　　　　　　　D. 孙兰报名了。

E. 李梅报名了。

(2)如果增加条件"若刘伟报名，则庄敏也报名"，那么可以得出以下哪项？

A. 张明和刘伟都报名了。　　　　　　B. 刘伟和庄敏都报名了。

C. 庄敏和孙兰都报名了。　　　　　　D. 张明和孙兰都报名了。

E. 刘伟和李梅都报名了。

【解析】题干有以下信息：

①张明→刘伟。

②庄敏→孙兰。

③刘伟∨孙兰→李梅。

第(1)题：

由于题干信息都是假言判断，没有提供确定事实，故可以考虑二难推理法或找矛盾法。

方法一：二难推理法。

由题干信息①逆否可得：¬刘伟→¬张明。又由"5人中恰有3人报名"可知，其余3人皆报名，即李梅报名。故有：¬刘伟→李梅。

由题干信息③可知：刘伟→李梅。

故根据二难推理可得：李梅报名。

方法二：找矛盾法。

当题干出现类似"5选3"这样的数量关系时，数量关系处一般会推出矛盾。

由题干信息③逆否可得：¬李梅→¬刘伟∧¬孙兰。故若李梅不报名，则刘伟和孙兰也不报名，与题干信息"5人中恰有3人报名"矛盾，故李梅报名。

第(2)题：

题干又给了一个条件④：刘伟→庄敏。

由①、④、②、③串联可得：张明→刘伟→庄敏→孙兰→李梅。故若张明报名，则5人全部报名，与题干信息"5人中恰有3人报名"矛盾，所以张明不报名。

故若刘伟报名，则有刘伟、庄敏、孙兰、李梅4人报名，与题干信息"5人中恰有3人报名"矛盾，故刘伟不报名。

综上，庄敏、孙兰、李梅3人报名。

【答案】(1)E；(2)C

例75 下面两题基于以下题干：

某剧团拟将历史故事"鸿门宴"搬上舞台，该剧有项王、沛公、项伯、张良、项庄、樊哙、范增7个主要角色，甲、乙、丙、丁、戊、己、庚7名演员每人只能扮演其中一个角色，且每个角色只能由其中一人扮演。根据各演员的特点，角色安排如下：

①如果甲不扮演沛公，则乙扮演项王。

②如果丙或己扮演张良，则丁扮演范增。

③如果乙不扮演项王，则丙扮演张良。

④如果丁不扮演樊哙，则庚或戊扮演沛公。

(1)根据上述信息，可以得出以下哪项？

A. 甲扮演沛公。　　　　B. 乙扮演项王。　　　　C. 丙扮演张良。

D. 丁扮演范增。　　　　E. 戊扮演樊哙。

(2)若甲扮演沛公而庚扮演项庄，则可以得出以下哪项？

A. 丙扮演项伯。　　　　B. 丙扮演范增。　　　　C. 丁扮演项伯。

D. 戊扮演张良。　　　　E. 戊扮演樊哙。

【解析】

第(1)题：

由于题干信息都是假言判断，没有提供确定事实，故可以考虑二难推理法或找矛盾法。

方法一：找矛盾法。

由题干信息①逆否可得：¬乙项王→甲沛公。

由题干信息③、②、④串联可得：¬乙项王→丙张良→丁范增→¬丁樊哙→庚沛公∨戊沛公。

故若乙不扮演项王，会出现多人扮演沛公，与"每个角色只能由其中一人扮演"矛盾，故乙扮演项王。

方法二：二难推理法。

思路：观察题干信息②的前件有"丙扮演张良"，题干信息③的后件也有"丙扮演张良"，故由题干信息③逆否即可出现"丙不扮演张良"，进而形成"丙扮演张良∨丙不扮演张良"的永真式，从而可以使用二难推理法解题。

解法：由题干信息②、④、①串联可得：丙张良→丁范增→¬丁樊哙→庚沛公∨戊沛公→¬甲沛公→乙项王。

由题干信息③逆否得：¬丙张良→乙项王。

故根据二难推理可得："乙项王"为真，即乙扮演项王。

第（2）题：

本题题干给出了新的确定事实，即"甲扮演沛公"和"庚扮演项庄"。

由"甲扮演沛公"并结合题干信息④、②可得：甲沛公→¬庚沛公∧¬戊沛公→丁樊哙→¬丁范增→¬丙张良∧己张良。

综上，已确定的信息为：乙扮演项王，庚扮演项庄，甲扮演沛公，丁扮演樊哙。

又由"¬丙张良∧¬己张良"可知，戊扮演张良。

【答案】（1）B；（2）D

例76 下面两题基于以下题干：

某高校有数学、物理、化学、管理、文秘、法学等6个专业毕业生需要就业，现有风云、怡和、宏宇三家公司前来学校招聘。已知，每家公司只招聘该校上述2至3个专业的若干毕业生，且需要满足以下条件：

①招聘化学专业的公司也招聘数学专业。

②怡和公司招聘的专业，风云公司也招聘。

③只有一家公司招聘文秘专业，且该公司没有招聘物理专业。

④如果怡和公司招聘管理专业，那么也招聘文秘专业。

⑤如果宏宇公司没有招聘文秘专业，那么怡和公司招聘文秘专业。

(1)如果只有一家公司招聘物理专业，那么可以得出以下哪项？

A. 宏宇公司招聘数学专业。   B. 怡和公司招聘管理专业。

C. 怡和公司招聘物理专业。   D. 风云公司招聘化学专业。

E. 风云公司招聘物理专业。

(2)如果三家公司都招聘3个专业的若干毕业生，那么可以得出以下哪项？

A. 风云公司招聘数学专业。   B. 怡和公司招聘物理专业。

C. 宏宇公司招聘化学专业。   D. 风云公司招聘化学专业。

E. 怡和公司招聘法学专业。

【解析】

第（1）题：

题干有以下信息：

①化学→数学。

②怡和→风云。

③只有一家公司招聘文秘专业，且该公司没有招聘物理专业。

④怡和管理→怡和文秘。

⑤¬宏宇文秘→怡和文秘。

由题干信息②可知，若怡和公司招聘物理专业，则风云公司也招聘物理专业，与"只有一家公司招聘物理专业"矛盾，故怡和公司没有招聘物理专业。

由题干信息③可知，只有一家公司招聘文秘专业，又由题干信息②可知，怡和公司招聘的专业，风云公司也招聘，故有⑥怡和公司没有招聘文秘专业。

又由题干信息⑤可得：⑦¬怡和文秘→宏宇文秘，再由题干信息③可知，宏宇公司没有招聘物理专业。

综上，招聘物理专业的必然为风云公司。

第(2)题：

由上题的分析可知，怡和公司没有招聘文秘专业。

由题干信息④可知：¬怡和文秘→¬怡和管理。故怡和公司没有招聘管理专业。

由题干信息①可知：化学→数学＝¬数学→¬化学，故如果怡和公司没有招聘数学专业，则怡和公司也没有招聘化学专业，此时，6 个专业中，怡和公司有 4 个专业没有招聘，与"三家公司都招聘 3 个专业"矛盾，故怡和公司招聘数学专业。

又由题干信息②可知，怡和公司招聘数学专业，则风云公司也招聘数学专业。

【答案】(1)E；(2)A

变化 3 可能符合题干与反驳题干

技巧总结

1. 当题干的提问方式如下时，常常使用选项排除法。

(1) 以下哪项可能为真？

(2) 以下哪项可能符合题干？

(3) 以下哪项可以符合题干？

(4) 以下哪项不符合题干？

2. 如果题干中的已知条件都是假言判断，而题干的问题如下时，常考假言判断的负判断。

(1) 以下哪项能反驳题干？

(2) 以下哪项能说明题干不成立？

例 77 下面三题基于以下题干：

东宁大学公开招聘 3 个教师职位，哲学学院、管理学院和经济学院各 1 个，每个职位都有分别来自南山大学、西京大学、北清大学的候选人，有位"聪明"人士李先生对招聘结果作出了如下预测：

如果哲学学院录用北清大学的候选人，那么管理学院录用西京大学的候选人；

如果管理学院录用南山大学的候选人，那么哲学学院也录用南山大学的候选人；

如果经济学院录用北清大学或者西京大学的候选人，那么管理学院录用北清大学的候选人。

(1)如果哲学学院、管理学院和经济学院最终录用的候选人的大学归属信息依次如下，则哪项符合李先生的预测？

A. 南山大学、南山大学、西京大学。　　B. 北清大学、南山大学、南山大学。

C. 北清大学、北清大学、南山大学。　　D. 西京大学、北清大学、南山大学。

E. 西京大学、西京大学、西京大学。

(2)若哲学学院最终录用西京大学的候选人，则以下哪项表明李先生的预测错误？

A. 管理学院录用北清大学候选人。　　　　B. 管理学院录用南山大学候选人。

C. 经济学院录用南山大学候选人。　　　　D. 经济学院录用北清大学候选人。

E. 经济学院录用西京大学候选人。

(3)如果三个学院最终录用的候选人来自不同的大学，则以下哪项符合李先生的预测？

A. 哲学学院录用西京大学候选人，经济学院录用北清大学候选人。

B. 哲学学院录用南山大学候选人，管理学院录用北清大学候选人。

C. 哲学学院录用北清大学候选人，经济学院录用西京大学候选人。

D. 哲学学院录用西京大学候选人，管理学院录用南山大学候选人。

E. 哲学学院录用南山大学候选人，管理学院录用西京大学候选人。

【解析】

第(1)题：

题干的提问方式为"哪项符合李先生的预测"，故使用选项排除法。

将各选项代入题干，可知D项符合李先生的预测。

第(2)题：

题干中的已知条件都是假言判断，问哪个选项能说明题干错误时，考查的知识点一般是假言判断的负判断。

题干：如果管理学院录用南山大学的候选人，那么哲学学院也录用南山大学的候选人；

其负判断为：管理学院录用南山大学的候选人∧¬哲学学院录用南山大学的候选人。

根据题干，每个学院只录用一个候选人，所以哲学学院录用了西京大学的候选人，则没有录用南山大学的候选人，根据负判断可知，管理学院录用南山大学的候选人，说明李先生的预测错误，故B项正确。

第(3)题：

题干的提问方式为"以下哪项符合李先生的预测"，故使用选项排除法。

题干有以下信息：

①哲学北清→管理西京。

②管理南山→哲学南山。

③经济北清∨经济西京→管理北清。

④三名候选人来自不同的大学。

A项，由题干信息③可知，经济北清→管理北清，与题干信息④矛盾，故排除此项。

B项，符合条件。

C项，由题干信息③、①串联可得：经济西京→管理北清→¬管理西京→¬哲学北清，故如果经济学院录用西京大学的候选人，则哲学学院不能录用北清大学的候选人，故排除此项。

D项，由题干信息②可知，管理南山→哲学南山，与题干信息④矛盾，故排除此项。

E项，由题干信息③可知，¬管理北清→¬经济北清∧¬经济西京，即经济学院只能录用南山大学的候选人，而此项中哲学学院也录用了南山大学的候选人，与题干信息④矛盾，故排除此项。

综上，B项正确。

【答案】(1)D；(2)B；(3)B

本章模考题 ▶ 演绎推理

（共 30 题，每题 2 分，限时 60 分钟）

1. 有球迷喜欢所有参赛球队。

   如果上述断定为真，则以下哪项不可能为真？

   A. 所有参赛球队都有球迷喜欢。　　　　B. 有球迷不喜欢所有参赛球队。

   C. 所有球迷都不喜欢某个参赛球队。　　D. 有球迷不喜欢某个参赛球队。

   E. 每个参赛球队都有球迷不喜欢。

2. 学校为了提高学生的素质，开设文理两类选修课。统计表明，有学生选修了全部文科类选修课，也有学生选修了全部理科类选修课。

   那么，以下哪项一定为真？

   A. 有学生选修了全部选修课。　　　　　B. 每门选修课都有学生选修。

   C. 有一门选修课，选修它的学生不止一个。　D. 有人只选修理科类选修课。

   E. 不可能有人只选修一门选修课。

3. 乒乓球单打决赛在甲、乙、丙、丁四位选手中进行。赛前，有些人预测比赛的结果：

   老吕说："甲第四。"

   冬雨说："乙不是第二，也不是第四。"

   若楠说："丙的名次在乙的前面。"

   彦祖说："丁将得第一。"

   比赛结果表明，四个人中只有一个人预测错了。

   那么，以下哪项是甲、乙、丙、丁四位选手的名次？

   A. 二、三、四、一。　　　　　　　　　B. 一、二、四、三。

   C. 一、三、四、二。　　　　　　　　　D. 四、三、一、二。

   E. 三、二、一、四。

4. 张三到某店买巧克力，店主领他看四个箱子，每个箱子都写着一句话。第一个箱子："所有箱中都是荔枝。"第二个箱子："本箱中有苹果。"第三个箱子："本箱中没有巧克力。"第四个箱子："有些箱子中没有荔枝。"店主对张三说："四句话中只有一句真话，您看巧克力在哪个箱子里？"

   以下哪项是正确的答案？

   A. 巧克力在第一个箱子里。　　　　　　B. 巧克力在第二个箱子里。

   C. 巧克力在第三个箱子里。　　　　　　D. 巧克力在第四个箱子里。

   E. 所有箱子里都没有巧克力。

5. 世界上不可能有某种原则适用于所有不同的国度。

   以下哪项与上述断定的含义最为接近？

   A. 有某种原则可能不适用于世界上所有不同的国度。

   B. 任何原则都可能有它不适用的国度。

C. 任何原则都必然有它所适用的国度。

D. 任何原则都必然有它不适用的国度。

E. 有些原则可能有它不适用的国度。

6. 没有脊索动物是导管动物，所有的翼龙都是导管动物，所以，没有翼龙属于类人猿家族。

以下哪项陈述是上述推理所必须假设的？

A. 所有类人猿都是导管动物。　　　　B. 所有类人猿都是脊索动物。

C. 没有类人猿是脊索动物。　　　　　D. 没有脊索动物是翼龙。

E. 有的类人猿是导管动物。

7. 林园小区有住户发现了白蚁。除非有住户发现白蚁，否则任何小区都不能免费领取高效杀蚁灵。

如果上述断定为真，则以下哪项据此不能判断真假？

Ⅰ. 林园小区所有的住户都发现了白蚁。

Ⅱ. 林园小区所有的住户都没有发现白蚁。

Ⅲ. 林园小区有的住户没有发现白蚁。

Ⅳ. 林园小区能免费领取高效杀蚁灵。

Ⅴ. 尽管有住户发现了白蚁，但林园小区仍不能免费领取高效杀蚁灵。

A. 只有Ⅰ、Ⅲ、Ⅳ和Ⅴ。　　　　　B. 只有Ⅰ和Ⅱ。

C. 只有Ⅳ和Ⅴ。　　　　　　　　　D. 只有Ⅰ。

E. 只有Ⅰ和Ⅲ。

8. 在某次全校学生身体健康检查后，校医院四个医生各有如下结论：

甲：所有学生都没有携带乙肝病毒。

乙：一年级学生王某没有携带乙肝病毒。

丙：学生不都没有携带乙肝病毒。

丁：有的学生没有携带乙肝病毒。

如果四个医生中只有一人断定属实，那么以下哪项是真的？

A. 甲断定属实，王某没有携带乙肝病毒。

B. 丙断定属实，王某携带了乙肝病毒。

C. 丙断定属实，但王某没有携带乙肝病毒。

D. 丁断定属实，王某未携带乙肝病毒。

E. 丁断定属实，但王某携带了乙肝病毒。

9. 所有向日葵都是向阳的，这棵植物是向阴的，所以，这棵植物不是向日葵。

上述推理的形式结构与以下哪项最为类似？

A. 所有的职业短跑运动员都穿钉鞋，小李不是职业短跑运动员，所以，小李不穿钉鞋。

B. 所有的纳税人都有存款，这位姑娘有存款，所以，这位姑娘是纳税人。

C. 所有的法警都在法院工作，小王在法院工作，所以，小王是法警。

D. 所有铅笔的外壳都是木头做的，这支笔是铝做的，所以，这支笔不是铅笔。

E. 有的教授是党员，李老师不是党员，所以，李老师不是教授。

10. 某发展中国家所面临的问题是：要维持它的经济发展，必须不断加强国内企业的竞争力；要保持社会稳定，必须不断建立健全养老、医疗、失业等社会保障体系。而要建立健全社会保障体系，则需要企业每年为职工缴纳一定比例的社会保险费。如果企业每年为职工缴纳这样比例的社会保险费，则会降低企业的竞争力。

以下哪项结论可以从上面的陈述中推出？

A. 这个国家无法维持它的经济发展，或者不能保持它的社会稳定。

B. 这个国家或者可以维持它的经济发展，或者可以保持它的社会稳定。

C. 如果降低企业每年为职工缴纳社会保险费的比例，则可以保持企业的竞争力量。

D. 这个国家的经济发展会受到一定影响。

E. 这个国家无法维持它的经济发展，并且不能保持它的社会稳定。

11. 某实验室一共有 A、B、C 三种类型的机器人，A 型能识别颜色，B 型能识别形状，C 型既不能识别颜色也不能识别形状。实验室用红球、蓝球、红方块和蓝方块对 1 号和 2 号机器人进行实验，命令它们拿起红球，但 1 号拿起了红方块，2 号拿起了蓝球。

根据上述实验，以下哪项判断一定为真？

A. 1 号和 2 号都是 C 型。　　　　　　　　B. 1 号和 2 号中有且只有一个是 C 型。

C. 1 号是 A 型且 2 号是 B 型。　　　　　　D. 1 号不是 B 型且 2 号不是 A 型。

E. 1 号可能不是 A、B、C 三种类型中的任何一种。

12. 知名度和美誉度反映了社会公众对一个组织的认知和赞许的程度，两者都是公共关系学所强调追求的目标。一个组织形象如何，取决于它的知名度和美誉度。公共关系策划者需要明确的是：只有不断提高知名度，才能不断提高组织的美誉度。知名度只有以美誉度为基础才能产生积极的效应。同时，美誉度要以知名度为条件，才能充分显示其社会价值。

由此可知，以下哪项是知名度和美誉度的关系？

A. 知名度高，美誉度必然高。　　　　　　B. 知名度高，美誉度必然低。

C. 只有美誉度高，知名度才能高。　　　　D. 只有知名度高，美誉度才能高。

E. 以美誉度为基础，知名度一定可以产生积极的效应。

13. 粤西酒店如果既有清蒸石斑，又有白灼花螺，则一定会有盐焗花蟹；酒店在月尾从不卖盐焗花蟹；只有当粤西酒店卖白灼花螺时，老王才会与朋友到粤西酒店吃海鲜。

如果上述断定为真，则以下哪项一定为真？

A. 粤西酒店在月尾不会卖清蒸石斑。

B. 老王与朋友到粤西酒店不会既吃清蒸石斑，又吃白灼花螺。

C. 粤西酒店只有在月尾才不卖白灼花螺。

D. 老王不会在月尾与朋友到粤西酒店吃海鲜，因为那里没有盐焗花蟹。

E. 如果老王在月尾与朋友到粤西酒店吃海鲜，他们肯定吃不到清蒸石斑。

14. 只要前提正确且逻辑推理结构有效，则结论必然正确。

根据以上判断，以下哪几种情况是不可能出现的？

Ⅰ. 前提正确且逻辑推理结构有效，但结论是错误的。

Ⅱ. 逻辑推理结构有效且结论正确，但前提是错误的。

Ⅲ. 前提错误且逻辑推理结构无效, 但结论正确。

Ⅳ. 前提错误且逻辑推理结构无效, 结论也是错误的。

A. Ⅰ、Ⅱ、Ⅲ和Ⅳ。   B. 仅仅Ⅰ和Ⅳ。

C. 仅仅Ⅰ、Ⅱ和Ⅳ。   D. 仅仅Ⅰ、Ⅲ和Ⅳ。

E. 仅仅Ⅰ。

15. 某个团队去西藏旅游, 除拉萨市之外, 还有6个城市或景区可供选择: E市、F市、G湖、H山、I峰、J湖, 考虑时间、经费、高原环境、人员身体状况等因素, 可知:

(1)G湖和J湖至少要去一处。

(2)如果不去E市或者不去F市, 则不能去G湖游览。

(3)如果不去E市, 也就不能去H山游览。

(4)只有越过I峰, 才能到达J湖。

如果由于气候的原因, 这个团队不去I峰, 则以下哪项一定为真?

A. 该团去E市和J湖游览。

B. 该团去E市而不去F市游览。

C. 该团去G湖和H山游览。

D. 该团去F市和G湖游览。

E. 该团不去J湖和F市游览。

16. 在一次考试中, 试卷上画了五大洲的图形, 每个图形都编了号, 要求填出其中任意两个洲名, 分别有五名学生填了如下编号:

甲: 3是欧洲, 2是美洲。

乙: 4是亚洲, 2是大洋洲。

丙: 1是亚洲, 5是非洲。

丁: 4是非洲, 3是大洋洲。

戊: 2是欧洲, 5是美洲。

结果他们每人只填对一半, 请根据以上条件判断以下哪项正确?

A. 1是亚洲, 2是欧洲。   B. 2是大洋洲, 3是非洲。

C. 3是欧洲, 4是非洲。   D. 4是美洲, 5是非洲。

E. 4是亚洲, 5是非洲。

17. 有以下几个条件成立:

(1)如果小王是工人, 那么小张不是医生。

(2)或者小李是工人, 或者小王是工人。

(3)如果小张不是医生, 那么小赵不是学生。

(4)或者小赵是学生, 或者小周不是经理。

以下哪项如果为真, 可得出"小李是工人"的结论?

A. 小周不是经理。   B. 小王是工人。

C. 小赵不是学生。   D. 小周是经理。

E. 小周是工人。

18. 某市发生了肇事逃逸事件，警方逮捕了四位嫌疑人。对于四位嫌疑人有以下断定：

    (1)如果甲和乙是肇事者，丙就不是肇事者。

    (2)如果丁是肇事者，那么乙就是肇事者。

    (3)甲和丙都是肇事者。

    若以上三个断定都为真，则以下哪项一定为真？

    A. 乙和丁都是肇事者。   B. 乙和丁都不是肇事者。

    C. 乙是肇事者，丁不是肇事者。   D. 乙不是肇事者，丁是肇事者。

    E. 乙和丁至少有一个是肇事者。

19. 所有硕士研究生都具有较强的研究能力。有的来福州的硕士毕业生当上了大学老师。有的来福州的博士毕业生也成为大学老师。因为某种原因，所有来福州的博士毕业生的妻子户口都没有迁入福州。

    根据这段文字，不能判断正误的是：

    A. 有的硕士研究生具有较强的研究能力。

    B. 有些大学老师具有较强的研究能力。

    C. 有些大学老师的妻子户口没有迁入福州。

    D. 有些硕士毕业生的妻子的户口也没有迁入福州。

    E. 有的妻子户口没有迁入福州的人是大学老师。

20. 第二次世界大战期间，法国海外流亡政府委派约瑟夫、汤姆、杰克和刘易斯四位特工返回巴黎，获取情报。这四人分别选择了飞机、汽车、轮船和火车四种不同的出行方式，已知：

    (1)明天或者刮风或者下雨。

    (2)如果明天刮风，那么约瑟夫就选择火车出行。

    (3)假设明天下雨，那么汤姆就选择火车出行。

    (4)假设杰克、刘易斯不选择火车出行，那么杰克、汤姆也不会选择飞机或者汽车出行。

    根据以上陈述，可以得出以下哪项结论？

    A. 刘易斯选择汽车出行。   B. 刘易斯不选择汽车出行。

    C. 杰克选择轮船出行。   D. 约瑟夫选择飞机出行。

    E. 汤姆选择轮船出行。

21. 某市的红光大厦工程建设任务正在进行招标，有四个建筑公司投标，为简便起见，称它们为公司甲、乙、丙、丁。在标底公布之前，各公司经理分别作出预测。甲公司经理说："我们公司最有可能中标，其他公司不可能。"乙公司经理说："中标的公司一定出自乙和丙两个公司之中。"丙公司经理说："中标的若不是甲公司就是我们公司。"丁公司经理说："如果四个公司中必有一个中标，那就非我们莫属了！"当标底公布后发现，四人中只有一个人的预测成真了。

    以下哪项判断最可能为真？

    A. 甲公司经理猜对了，甲公司中标了。   B. 乙公司经理猜对了，丙公司中标了。

    C. 甲公司和乙公司的经理都说错了。   D. 乙公司和丁公司的经理都说错了。

    E. 乙公司、丙公司和丁公司的经理都说错了。

22. 只要上班期间工作认真，就能获得好职员奖。张芳芳获得了好职员奖，所以，张芳芳在上班期间一定是工作认真的。

以下哪项与上述论证方式最为相似？

A. 如果每天锻炼身体，就能打好篮球。李明没有每天锻炼身体，所以，李明篮球打得不好。

B. 李明每天锻炼身体，但是篮球打得不好，所以，每天锻炼身体不一定篮球打得好。

C. 每天锻炼身体，就可以打好篮球。李明篮球打得好，所以，李明一定每天锻炼身体。

D. 每天锻炼身体，就可以打好篮球。李明没有打好篮球，所以，李明一定没有每天锻炼身体。

E. 只有每天锻炼身体，才能打好篮球。李明篮球打得好，所以，李明一定每天锻炼身体。

23. 某人拟在1～5号5个抽屉里放置薯片、巧克力、果冻、辣条和面包5种零食，每个抽屉里仅放置一种零食，每种零食仅放置在一个抽屉里。已知：

(1)只有1号抽屉放置薯片，3号抽屉才放置辣条、巧克力或面包。

(2)如果4号抽屉放置巧克力或面包，则2号或5号抽屉放置果冻。

(3)1号抽屉放置果冻。

根据以上信息，可以得出以下哪项？

A. 1号抽屉放置辣条。　　　　　　　　B. 2号抽屉放置巧克力。

C. 3号抽屉放置面包。　　　　　　　　D. 4号抽屉放置辣条。

E. 5号抽屉放置薯片。

24. 某机关甲、乙、丙、丁4个处室准备深入基层调研。他们准备调研的地方是红星乡、朝阳乡、永丰街道、幸福街道。每个处室恰好选择其中一个地方，各不重复。已知：

(1)或者甲选幸福街道，或者乙选幸福街道，两者必居其一。

(2)要么甲选红星乡，要么丙选永丰街道，两者必居其一。

(3)如果丙选永丰街道，则丁选幸福街道。

根据以上陈述，可以得出以下哪项？

A. 甲选朝阳乡。　　　　　　　　　　　B. 乙选红星乡。

C. 丙选幸福街道。　　　　　　　　　　D. 丁选永丰街道。

E. 丁不选永丰街道。

25. 甲、乙、丙三人大学毕业后选择从事各不相同的职业：教师、律师、医生。

其他同学做了如下猜测：

小李：甲是医生，乙是教师。

小王：甲是教师，丙是医生。

小方：甲是律师，乙是医生。

后来证实，小李、小王和小方都只猜对了一半。那么，甲、乙、丙分别从事何种职业：

A. 甲是教师、乙是律师、丙是医生。

B. 甲是医生、乙是律师、丙是教师。

C. 甲是律师、乙是医生、丙是教师。

D. 甲是律师、乙是教师、丙是医生。

E. 甲是教师、乙是医生、丙是律师。

26～28 题基于以下题干：

黑茶、白茶、黄茶等 5 种茶叶装在 1～5 号 5 个盒子中，每个盒子中只装 1 种茶叶。

已知：

(1)黄茶装在 2 号或者 4 号盒子中。

(2)只有绿茶装在 5 号盒子中，白茶才装在 3 号盒子中。

(3)红茶装在 1 号或者 2 号盒子中，当且仅当黑茶装在 5 号盒子中。

26. 如果白茶装在 3 号盒子中，则黑茶装在哪个盒子中？

    A. 1 号。   B. 2 号。   C. 4 号。

    D. 5 号。   E. 无法确定。

27. 如果绿茶装在 2 号盒子中，白茶没有装在 1 号盒子中，则黑茶装在哪个盒子中？

    A. 1 号。   B. 3 号。   C. 4 号。

    D. 5 号。   E. 6 号。

28. 如果黑茶装在 5 号盒子中，黄茶没有装在 4 号盒子中，则绿茶装在哪个盒子中？

    A. 1 号。   B. 2 号。   C. 3 号。

    D. 4 号。   E. 6 号。

29. 周日下午，小刘、小陈和小李一起约会，聊起了年龄问题。小刘说："我 22 岁，比小陈小 2 岁，比小李大 1 岁。"小陈说："我不是年龄最小的，小李和我差 3 岁。小刘是 22 岁。"小李说："我比小刘年纪小，小刘 23 岁，小陈比小刘大 3 岁。"这三个人爱开玩笑，他们每个人的回答都故意说错了一句。

    由此，可以推出他们的具体年龄是：

    A. 小刘 24 岁，小陈 23 岁，小李 22 岁。   B. 小刘 25 岁，小陈 22 岁，小李 23 岁。

    C. 小刘 22 岁，小陈 24 岁，小李 25 岁。   D. 小刘 23 岁，小陈 25 岁，小李 22 岁。

    E. 小刘 25 岁，小陈 23 岁，小李 22 岁。

30. 某城市开展音乐节，音乐类型安排如下：

    (1)爵士乐、古典乐至少选择一种。

    (2)如果不选民族乐，就要选流行乐。

    (3)如果选爵士乐，那么就要选摇滚乐。

    (4)摇滚乐、流行乐至少舍弃一种。

    如果遵循艺术总监的建议，以下哪项是不可能的？

    A. 不选古典乐，也不选流行乐。   B. 不选民族乐，但要选古典乐。

    C. 古典乐和民族乐不都不选。   D. 没选古典乐，也没选民族乐。

    E. 爵士乐和民族乐不都选。

本章模考题 ▶ 参考答案

1. C

【解析】简单判断推理。

选不可能为真的，即选题干的矛盾命题。

题干：有的球迷喜欢所有参赛球队，等价于：所有参赛球队都有球迷喜欢。

题干的矛盾命题为：并非 所有 参赛球队都 有 球迷喜欢。

等价于：　　　　　　　　 有的 参赛球队 没有 球迷喜欢。

等价于：　　　　　　　　 有的 参赛球队 所有 球迷不喜欢。

根据对当关系图可知，C 项不可能为真。

A 项，由题干可知，此项一定为真。

B 项，"有的"与"有的不"是下反对关系，一真另不定，故此项可真可假。

D 项，可真可假。

E 项，等价于"所有参赛球队都有球迷不喜欢"，可真可假。

2. B

【解析】简单判断推理(对当关系问题)。

题干有以下信息：

①有学生选修了全部文科类选修课，可知所有的文科类选修课都有学生选修。

②有学生选修了全部理科类选修课，可知所有的理科类选修课都有学生选修。

故，全部选修课都有学生选修，即 B 项为真。

A 项，有可能有学生选修了全部选修课，故此项可真可假。

C 项，由题干中的"有的"无法判断具体的学生人数，故此项可真可假。

D 项，有可能有人只选修理科类选修课，故此项可真可假。

E 项，有可能有人只选修一门选修课，故此项为假。

3. D

【解析】真假话推理。

选项代入法：

若 A 项为真，则老吕预测错误，若楠也预测错误，与题干"四个人中只有一个人预测错了"矛盾，故排除此项。

若 B 项为真，则四人预测均错误，与题干"四个人中只有一个人预测错了"矛盾，故排除此项。

若 C 项为真，则老吕、若楠、彦祖三个人都预测错误，与题干"四个人中只有一个人预测错了"矛盾，故排除此项。

若 D 项为真，则仅彦祖一个人预测错误，与题干不矛盾，故 D 项正确。

若 E 项为真，则老吕、冬雨、彦祖三个人都预测错误，与题干"四个人中只有一个人预测错了"矛盾，故排除此项。

4. C

【解析】真假话推理。

题干有以下信息：

①所有箱中都是荔枝。

②第二个箱子里有苹果。

③第三个箱子里没有巧克力。

④有些箱子中没有荔枝。

①和④是矛盾关系，必有一真一假，又由题干可知"四句话中只有一句真话"，则③为假，所以巧克力在第三个箱子里，故 C 项正确。

5. D

【解析】简单判断的负判断。

不可能有某种原则适用于所有不同的国度

=¬（可能有的原则适用于所有国度）

=必然所有原则不适用于有的国度。

故 D 项与题干意思最为接近。

6. B

【解析】隐含三段论。

"没有脊索动物是导管动物"等价于"所有的脊索动物都不是导管动物"；

"没有翼龙属于类人猿家族"等价于"所有的翼龙都不属于类人猿家族"。

题干的前提：

①脊索动物→¬导管动物，等价于：导管动物→¬脊索动物。

②翼龙→导管动物。

由②、①串联可得：③翼龙→导管动物→¬脊索动物。

要推出题干的结论：④翼龙→¬类人猿。

所以，需补充的条件为：¬脊索动物→¬类人猿，等价于：类人猿→脊索动物。

故 B 项正确。

7. A

【解析】简单判断推理（对当关系问题）。

将题干信息形式化：

①林园小区有的住户发现白蚁。

②无住户发现白蚁→不能领取杀蚁灵=领取杀蚁灵→有住户发现白蚁。

Ⅰ项，"有的"推不出"所有"，故由①可知，此项可真可假。

Ⅱ项，"有的"和"所有不"矛盾，必有一真一假，故由①可知，此项为假。

Ⅲ项，"有的"和"有的不"为下反对关系，一真另不定，故由①可知，此项可真可假。

Ⅳ项，根据箭头指向原则，"有住户发现白蚁"后面无箭头，推不出任何结论，故此项可真可假。

Ⅴ项，有住户发现白蚁∧不能领取杀蚁灵。其中"有住户发现白蚁"为真，但无法判断"不能领取杀蚁灵"的真假，故此项可真可假。

综上，A项正确。

8. B

【解析】真假话推理。

丙：学生不都没有携带乙肝病毒＝有的学生携带了乙肝病毒。

故甲与丙的话矛盾，必有一真一假。又知四个医生中只有一人断定属实，故乙和丁的话都为假。

由丁的话为假可知，所有学生均携带了乙肝病毒，故王某也携带了乙肝病毒。

根据"所有→某个→有的"可知，有的学生携带了乙肝病毒，故丙的话为真。

故B项正确。

9. D

【解析】推理结构相似题。

将题干信息符号化：A→B，C→￢B，所以，C→￢A。

A项，A→B，C→￢A，所以，C→￢B，与题干不同。

B项，A→B，C→B，所以，C→A，与题干不同。

C项，A→B，C→B，所以，C→A，与题干不同。

D项，A→B，C→￢B，所以，C→￢A，与题干相同。

E项，有的A→B，C→￢B，所以，C→￢A，与题干不同。

10. A

【解析】二难推理。

将题干信息形式化：

①维持经济发展→加强企业竞争力。

②保持社会稳定→建立健全社会保障体系→缴纳社会保险费→降低企业竞争力。

由①逆否可得：￢加强企业竞争力→￢维持经济发展。

由②逆否可得：加强企业竞争力→￢保持社会稳定。

根据二难推理可知：加强企业竞争力∨降低企业竞争力（永真式）

$$\downarrow \qquad\qquad \downarrow$$

￢保持社会稳定∨￢维持经济发展

所以A项正确。

11. D

【解析】假言判断推理。

题干有以下论断：

A型→识别颜色，等价于：￢识别颜色→￢A型。

B型→识别形状，等价于：￢识别形状→￢B型。

1 号拿起了红方块，说明 1 号不能识别形状，可知 1 号不是 B 型。

2 号拿起了蓝球，说明 2 号不能识别颜色，可知 2 号不是 A 型。

所以，1 号不是 B 型，2 号不是 A 型，即 D 项为真。

12. D

【解析】假言判断推理。

将题干信息形式化：

①只有不断提高知名度，才能不断提高组织的美誉度，即：提高美誉度→提高知名度。

②知名度只有以美誉度为基础才能产生积极的效应，即：知名度产生积极效应→以美誉度为基础。

③美誉度要以知名度为条件，才能充分显示其社会价值，即：美誉度充分显示社会价值→以知名度为条件。

D 项，高美誉度→高知名度，由题干信息①可知，为真。

其余各项均不一定为真。

13. E

【解析】串联推理。

题干有以下论断：

①清蒸石斑∧白灼花螺→盐焗花蟹，等价于：¬ 盐焗花蟹→¬ 清蒸石斑∨¬ 白灼花螺。

②酒店在月尾→¬ 盐焗花蟹。

③白灼花螺←老王与朋友到粤西酒店吃海鲜。

由②、①串联可得：酒店在月尾→¬ 盐焗花蟹→¬ 清蒸石斑∨¬ 白灼花螺。

故有：④酒店在月尾→¬ 清蒸石斑∨¬ 白灼花螺。

¬ 清蒸石斑∨¬ 白灼花螺，等价于：⑤白灼花螺→¬ 清蒸石斑。

由条件③、⑤可知，老王在月尾与朋友到粤西酒店吃海鲜→白灼花螺→¬ 清蒸石斑。

即：如果老王在月尾与朋友到粤西酒店吃海鲜，则他们吃不到清蒸石斑，故 E 项为真。

14. E

【解析】假言判断的负判断。

题干：前提正确∧逻辑结构有效→结论正确。

其矛盾命题为：¬（前提正确∧逻辑结构有效→结论正确）＝前提正确∧逻辑结构有效∧¬ 结论正确，故 I 项与题干矛盾，不可能出现。

其余各项均可能出现。

15. D

【解析】串联推理。

将题干信息符号化：

(1)G 湖∨J 湖，等价于：¬ J 湖→G 湖。

(2)¬ E 市∨¬ F 市→¬ G 湖，等价于：G 湖→E 市∧F 市。

(3)¬ E 市→¬ H 山。

(4)J湖→I峰，等价于：￢I峰→￢J湖。

由(4)、(1)、(2)串联可得：￢I峰→￢J湖→G湖→E市∧F市。

所以，D项正确。

16. C

【解析】真假话推理。

假设甲的前半句为真，即"3是欧洲"，又已知他们每人只填对一半，由此可得：4是非洲，2是大洋洲，5是美洲，1是亚洲。

假设甲的后半句为真，即"2是美洲"，又已知他们每人只填对一半，由此可得：戊的前半句为假，后半句为真，那么"5是美洲"和"2是美洲"相矛盾，假设不成立。

故C项正确。

17. D

【解析】串联推理。

将题干信息符号化：

①小王工人→￢小张医生＝小张医生→￢小王工人。

②小李工人∨小王工人＝￢小王工人→小李工人。

③￢小张医生→￢小赵学生＝小赵学生→小张医生。

④小赵学生∨￢小周经理＝小周经理→小赵学生。

由④、③、①、②串联可得：小周经理→小赵学生→小张医生→￢小王工人→小李工人。

故D项正确。

18. B

【解析】复合判断推理。

将题干信息符号化：

(1)甲∧乙→￢丙＝丙→￢甲∨￢乙。

(2)丁→乙＝￢乙→￢丁。

(3)甲∧丙。

由条件(3)可知，丙；故由条件(1)可知，￢甲∨￢乙。

再由条件(3)可知，甲；又由"￢甲∨￢乙＝甲→￢乙"，可知乙不是肇事者。

再由条件(2)可知，丁也不是肇事者。

故B项正确。

19. D

【解析】串联推理。

将题干信息形式化：

①硕士研究生→具有较强的研究能力。

②有的来福州的硕士毕业生→大学老师＝有的大学老师→来福州的硕士毕业生。

③有的来福州的博士毕业生→大学老师＝有的大学老师→来福州的博士毕业生。

④来福州的博士毕业生→妻子户口没有迁入福州。

A项，"所有"可以推"有的"，故由①可知，此项为真。

B项，由②、①串联可得：有的大学老师→硕士毕业生→具有较强的研究能力，故此项为真。

C项，由③、④串联可得：有的大学老师→来福州的博士毕业生→妻子户口没有迁入福州，故此项为真。

D项，"硕士毕业生的妻子"在题干中没有提到，所以D项不能从题干中判断正误。

E项，由③、④可得：有的大学老师→妻子户口没有迁入福州，等价于：有的妻子户口没有迁入福州→大学老师，故此项为真。

20. C

【解析】综合演绎推理。

将题干信息形式化：

①刮风∨下雨。

②刮风→约瑟夫火车。

③下雨→汤姆火车。

④¬杰克火车∧¬刘易斯火车→杰克、汤姆不会选择飞机或者汽车出行。

根据二难推理，由题干信息①、②、③可知：⑤约瑟夫火车∨汤姆火车。

已知四人选择的出行方式不同，故：¬杰克火车∧¬刘易斯火车。

又由题干信息④可知：杰克和汤姆都不选择飞机或汽车出行。

故，杰克和汤姆只能选择火车或轮船出行。

又由题干信息⑤可知：杰克和汤姆二人中只有汤姆可以选择火车出行，故杰克选择轮船出行，即C项正确。

21. C

【解析】真假话推理。

题干中有以下判断：

①甲：甲。

②乙：乙∨丙。

③丙：¬甲→丙＝甲∨丙。

④丁：丁。

⑤只有一个人的话是真的。

假设甲中标，则甲、丙的话都是真的，与⑤矛盾，故甲一定没中标，甲的话是假的，排除A项。

假设乙中标，则乙的话是真的，其余三人的话是假的，无矛盾，故有可能成立。

假设丙中标，则乙、丙的话都是真的，与⑤矛盾，故丙一定没中标，排除B项。

假设丁中标，则丁的话是真的，其余三人的话是假的，无矛盾，故有可能成立。

由以上分析可知，乙和丁的话必有一真，排除D、E项，故C项正确。

22. C

【解析】推理结构相似题。

题干：工作认真→好职员奖。好职员奖，所以，工作认真。

形式化：A→B。B，所以，A。

A项，A→B。┐A，所以，┐B。与题干不同。

B项，A∧┐B，所以，A，不一定B。与题干不同。

C项，A→B。B，所以，A。与题干相同。

D项，A→B。┐B，所以，┐A。与题干不同。

E项，A←B。B，所以，A。与题干不同。

23. D

【解析】综合演绎推理。

题干有以下信息：

①3号辣条∨3号巧克力∨3号面包→1号薯片。

②4号巧克力∨4号面包→2号果冻∨5号果冻。

③1号果冻。

④每个抽屉里仅放置一种零食，每种零食仅放置在一个抽屉里。

由③、④可知，1号没有放置薯片，及2号且5号都没有放置果冻。

由①逆否可得：┐1号薯片→┐3号辣条∧┐3号巧克力∧┐3号面包。再结合③、④可知：⑤3号只能放置薯片。

由②逆否可得：┐2号果冻∧┐5号果冻→┐4号巧克力∧┐4号面包。再结合③、④、⑤可知：⑥4号只能放置辣条。

综上，2号和5号只能放置巧克力和面包，但根据题干条件，无法推知2号和5号的具体放置情况。

故D项正确。

24. D

【解析】综合演绎推理。

题干有以下信息：

①甲选幸福街道∀乙选幸福街道。

②甲选红星乡∀丙选永丰街道。

③丙选永丰街道→丁选幸福街道。

④每个处室所选地方各不重复。

观察题干已知条件，有2个不相容选言判断(有两种情况)，故使用假设法。

假设"甲选幸福街道"为真，故甲不选红星乡，由②可知，丙选永丰街道，再由③可知，丁选幸福街道，由④可知，与假设矛盾，因此"甲选幸福街道"为假。

故由①可知，"乙选幸福街道"为真，则丁不选幸福街道，由③逆否可得，丙不选永丰街道，再由②可知，甲选红星乡。

由"乙选幸福街道""甲选红星乡""丙不选永丰街道"，可知丙选朝阳乡，丁选永丰街道。

因此，D项正确。

25. D

【解析】真假话推理。

题干有以下信息：

①小李：甲是医生，乙是教师。

②小王：甲是教师，丙是医生。

③小方：甲是律师，乙是医生。

④小李、小王和小方都只猜对了一半。

假设小李的前半句话为真，即甲是医生，则小王的前半句话错误，结合④可知，小王的后半句话为真，即丙是医生，与假设矛盾，故小李的前半句话为假，后半句话为真，即：乙是教师。

结合④可知，小王的后半句话"丙是医生"为真，小方的前半句话"甲是律师"为真。

故 D 项正确。

26. A

【解析】综合演绎推理。

题干有以下信息：

①黄茶 2 号∨黄茶 4 号。

②白茶 3 号→绿茶 5 号。

③红茶 1 号∨红茶 2 号↔黑茶 5 号。

④每个盒子中只能装 1 种茶叶。

已知白茶装在 3 号盒子中，由②可知，绿茶装在 5 号盒子中。又由④可知，黑茶不会装在 5 号盒子中，故由③可知，红茶不会装在 1 号和 2 号盒子中，所以红茶只能装在 4 号盒子中。

再由①可知，黄茶 2 号∨黄茶 4 号=¬ 黄茶 4 号→黄茶 2 号，故黄茶装在 2 号盒子中。

综上，黄茶装在 2 号盒子中，白茶装在 3 号盒子中，红茶装在 4 号盒子中，绿茶装在 5 号盒子中，所以黑茶装在 1 号盒子中。故 A 项正确。

27. A

【解析】综合演绎推理。

已知绿茶装在 2 号盒子中，由①可知，黄茶 2 号∨黄茶 4 号=¬ 黄茶 2 号→黄茶 4 号，故黄茶装在 4 号盒子中。

由于绿茶装在 2 号盒子中，则绿茶不会装在 5 号盒子中。由②逆否可得，¬ 绿茶 5 号→¬ 白茶 3 号，故白茶不会装在 3 号盒子中，又知"白茶没有装在 1 号盒子中"，故白茶装在 5 号盒子中。

再由④可知，黑茶不会装在 5 号盒子中，由③逆否可推知，红茶不会装在 1 号和 2 号盒子中，故红茶只能装在 3 号盒子中。

综上，绿茶装在 2 号盒子中，红茶装在 3 号盒子中，黄茶装在 4 号盒子中，白茶装在 5 号盒子中，所以黑茶装在 1 号盒子中。故 A 项正确。

28. C

【解析】综合演绎推理。

已知"黄茶没有装在 4 号盒子中"，由①可知，黄茶装在 2 号盒子中。

已知"黑茶在 5 号盒子中"，由④可知，红茶装在 1 号或 2 号盒子中，由于 2 号盒子中装的是黄茶，所以红茶装在 1 号盒子中。

由于黑茶装在 5 号盒子中，那么绿茶不可能装在 5 号盒子中，由②逆否可推知，白茶不会装在 3 号盒子中，所以白茶装在 4 号盒子中。

综上：红茶装在 1 号盒子中，黄茶装在 2 号盒子中，白茶装在 4 号盒子中，黑茶装在 5 号盒子中，所以绿茶只能装在 3 号盒子中。故 C 项正确。

29. D

【解析】真假话推理。

使用选项排除法。

A 项，小刘所说都是错误的，与题干"他们每个人的回答都故意说错了一句"矛盾，故排除此项。

B 项，小刘所说都是错误的，与题干"他们每个人的回答都故意说错了一句"矛盾，故排除此项。

C 项，小李所说都是错误的，与题干"他们每个人的回答都故意说错了一句"矛盾，故排除此项。

D 项，每人仅有一句判断错误，符合题意，故此项正确。

E 项，小刘所说都是错误的，与题干"他们每个人的回答都故意说错了一句"矛盾，故排除此项。

30. D

【解析】假言判断的负判断。

将题干信息符号化：

①爵士乐∨古典乐，等价于：￢爵士乐→古典乐。

②￢民族乐→流行乐。

③爵士乐→摇滚乐，等价于：￢摇滚乐→￢爵士乐。

④￢摇滚乐∨￢流行乐，等价于：流行乐→￢摇滚乐。

由②、④、③、①串联可得：⑤￢民族乐→流行乐→￢摇滚乐→￢爵士乐→古典乐。

D 项，"￢古典乐∧￢民族乐"，即"￢民族乐∧￢古典乐"，与⑤矛盾，故 D 项是不可能的。

其余各项均有可能为真。

第3章 关系推理(综合推理)

听本章课程

关系推理就是对关系判断的考查，常考的内容有：排序关系、方位关系、匹配关系、数量关系，等等。由于关系推理题一般比较复杂，又常涉及演绎推理的知识，因此，也称为综合推理题。

需要注意的是，很多题目既涉及演绎推理，又涉及关系推理，因此，演绎推理题和关系推理题无法完全割裂。

关系推理(综合推理)题的常用解题方法，在本书基础篇中已有总结。由于这些方法特别重要，故再次总结见表3-1：

表3-1

1345 解题法		
名称	内容	详细解释
1： 一个解题核心	重复元素一般是解题核心	当题干中出现多个已知条件重复涉及同一元素时，这一重复元素一般是解题的突破口。
3： 三个解题起点	起点1　确定事实起步	确定事实，一般是我们解题的起点。
	起点2　题干问题起步	(1)若题干的问题中给出新的确定事实，一般可作为解题起点。 (2)题干的问题有时可以作为解题起点。
	起点3　数量关系起步	题干中出现简单的数量关系时，需要优先计算出数量关系。
4： 四种解题方法	方法1　选项排除法	当题干的提问方式如下时，常常使用选项排除法。 (1)以下哪项可能为真？ (2)以下哪项可能符合题干？ (3)以下哪项可以符合题干？ (4)以下哪项不符合题干？
	方法2　表格连线法	(1)两组元素的匹配问题，推荐使用表格法。 (2)三组元素的匹配问题，推荐使用连线法。
	方法3　假设归谬法	假设一种情况发生，推出与已知条件矛盾，则说明假设错误，假设的情况不能发生。
	方法4　大小串联法	$a > b$，$b > c$，因此，$a > b > c$。

1345 解题法		
名称	内容	详细解释
5： 五种条件定式	定式 1　肯前否后式	(1)若能确定已知条件中假言判断的前件为真，则可继续向后推出新的事实。 (2)若能确定已知条件中假言判断的后件为假，则可通过逆否推出新的事实。 (3)若选项中出现新的假言判断，则选项中假言判断的前件可作为已知条件使用；或者否定其后件作为已知条件使用。
	定式 2　二难推理式	(1)一真一假式。 如果已知条件中两个假言判断的前件分别为 A 和非 A，即一真一假，考虑使用二难推理公式。 (2)前后相同式。 两真：如果已知条件中出现两个假言判断，其中一个假言判断的前件为"A"，另外一个假言判断的后件也为"A"。此时有两种解法：①将这两个条件直接串联；②将后件为"A"的假言判断逆否，就可能使用二难推理。 两假：如果已知条件中出现两个假言判断，其中一个假言判断的前件为"非 A"，另外一个假言判断的后件也为"非 A"。此时有两种解法：①将这两个条件直接串联；②将后件为"非 A"的假言判断逆否，就可能使用二难推理。
	定式 3　是 B 不 C 式	A 是 B，从而得到 A 不是 C。
	定式 4　两两互斥式	(1)两个条件之间形成互斥。 (2)同一个条件内部两两互斥。
	定式 5　情况分类式	当从已知条件中无法确定事实，但能确定某一元素的情况较少时，可按这一元素的情况进行分类讨论。

题型 14　排序关系推理

[母题综述]

　　如果题干中给出如身高、得分、比赛名次等可以进行大小排序的内容，可认为是排序关系题，这类题的解题技巧是利用不等式的性质进行串联，即：

$$a>b，b>c，因此，a>b>c。$$

[母题精讲]

母题 14 李惠个子比胡戈高；张凤元个子比邓元高；邓元个子比陈小曼矮；胡戈和陈小曼的身高相同。

如果上述断定为真，则以下哪项也一定为真？

A. 胡戈比邓元矮。　　　　B. 张凤元比李惠高。　　　　C. 张凤元比陈小曼高。

D. 李惠比邓元高。　　　　E. 胡戈比张凤元矮。

【解析】将题干信息形式化：

①李惠＞胡戈。

②张凤元＞邓元。

③陈小曼＞邓元。

④胡戈＝陈小曼。

由①、④、③串联可得：李惠＞胡戈＝陈小曼＞邓元。

故李惠比邓元高，即 D 项一定为真。

【答案】D

[母题变化]

变化 1 **简单排序问题**

> **技巧总结**
>
> （1）解题步骤。
>
> ①转化为不等式。
>
> ②将能串联的不等式串联，不能串联的放一边。
>
> ③判断各选项的正确性。
>
> （2）优先考虑选项排除法。

例 1 王园获得的奖金比梁振杰的高。得知魏国庆获得的奖金比苗晓琴的高后，可知王园获得的奖金也比苗晓琴的高。

以下各项假设都能使上述推断成立，除了：

A. 魏国庆获得的奖金比王园的高。

B. 梁振杰获得的奖金比苗晓琴的高。

C. 梁振杰获得的奖金比魏国庆的高。

D. 梁振杰获得的奖金和魏国庆的一样。

E. 王园获得的奖金和魏国庆的一样。

【解析】

题干的前提：王园＞梁振杰，魏国庆＞苗晓琴。

题干的结论：王园＞苗晓琴。

A项，魏国庆＞王园，又已知魏国庆＞苗晓琴，不能推出王园＞苗晓琴，故此项不能使题干的推断成立。

B项，梁振杰＞苗晓琴，又已知王园＞梁振杰，可推出王园＞梁振杰＞苗晓琴，故此项能使题干的推断成立。

C项，梁振杰＞魏国庆，又已知王园＞梁振杰，魏国庆＞苗晓琴，可推出王园＞梁振杰＞魏国庆＞苗晓琴，故此项能使题干的推断成立。

D项，梁振杰＝魏国庆，又已知王园＞梁振杰，魏国庆＞苗晓琴，可推出王园＞梁振杰＝魏国庆＞苗晓琴，故此项能使题干的推断成立。

E项，王园＝魏国庆，又已知魏国庆＞苗晓琴，可推出王园＝魏国庆＞苗晓琴，故此项能使题干的推断成立。

【答案】A

例2 药监局对五种消炎药进行药效比较，结果如下：甲与乙药效相同；丙比甲有效；丁副作用最大；戊药效最差。

如果以上陈述为真，则以下哪项必然为真？

A. 丙最有效。　　　　　　B. 丁比戊药效好。　　　　　　C. 甲比戊副作用大。

D. 甲和乙副作用相同。　　E. 乙比丙有效。

【解析】由"戊药效最差"可知，丁比戊药效好，故B项正确。

题干没有对丁和丙的药效进行比较，故A项可真可假。

题干没有对药物的副作用大小进行比较，故C、D项均可真可假。

由丙＞甲，甲＝乙，可知丙比乙有效，即E项错误。

【答案】B

变化2 **排序匹配题**

技巧总结

（1）命题特点。

①题干中出现身高、年龄等大小关系。

②题干中涉及两组元素的匹配，如姓名与职业匹配、姓名与国籍匹配、姓名与学历匹配等。

（2）解题思路。

①重复元素。

优先寻找重复元素，通过重复元素用不等号串联起题干给出的已知信息。

②互斥关系。

同一串不等号里面的元素之间无匹配关系。 如已知：广东人的身高＞张三的身高＞湖南人的身高＞博士的身高，则广东人、张三、湖南人、博士之间两两无匹配关系。

③表格连线法。

使用表格法或者连线法确定最终的匹配关系。

例3 老张、老王、老李、老赵四人的职业分别是司机、教授、医生、工人。已知：

(1)老张比教授个子高。

(2)老李比老王个子矮。

(3)工人比司机个子高。

(4)医生比教授个子矮。

(5)工人不是老赵就是老李。

根据以上信息，以下哪项一定为真？

A. 四个人的职业都可以确定。　　　　B. 四个人的职业只能确定三个。

C. 四个人的职业只能确定两个。　　　　D. 四个人的职业只能确定一个。

E. 老李是教授。

【解析】由题干信息可知：

①老张＞教授＞医生。

②老王＞老李。

③工人＞司机。

④工人不是老赵就是老李。

由信息①可知，老张不是教授，也不是医生；又由信息④可知，老张不是工人，故老张是司机。

由信息③、①串联可得：工人＞司机(老张)＞教授＞医生。

所以，工人的个子最高，由信息②可知，老李不是工人，再由信息④可知，老赵是工人。

综上，可得：工人(老赵)＞司机(老张)＞教授＞医生。

再由信息②可知，工人(老赵)＞司机(老张)＞教授(老王)＞医生(老李)。

【答案】A

例4 在同一侧的房号为1、2、3、4的四间房子里，分别住着来自韩国、法国、英国和德国的四位专家。有一位记者前来采访他们。

韩国人说："我的房号大于德国人，且我不会说外语，也无法和邻居交流。"

法国人说："我会说德语，但我却无法和我的邻居交流。"

英国人说："我会说韩语，但我只可以和一个邻居交流。"

德国人说："我会说我们这四个国家的语言。"

那么，按照房号从小到大的顺序排，房间里住的人的国籍依次是：

A. 英国、德国、韩国、法国。

B. 法国、英国、德国、韩国。

C. 德国、英国、法国、韩国。

D. 德国、英国、韩国、法国。

E. 法国、德国、英国、韩国。

【解析】

方法一：选项排除法。

根据韩国人和英国人的说法，可得韩国人和英国人不是邻居，故排除 D、E 项。

根据韩国人和德国人的说法，可得韩国人和德国人不是邻居，故排除 A、B 项。

因此，C 项正确。

方法二：直接推理法。

已知德国人会说这四个国家的语言，又知韩国人无法和邻居交流，因此，韩国人和德国人不相邻。

又知法国人会说德语，且无法和邻居交流，因此，法国人和德国人也不相邻。

因为每人至少会有一个邻居，根据"韩国人和德国人不相邻"并且"法国人和德国人也不相邻"可得，英国人一定和德国人相邻，并且德国人只有一个邻居。

根据德国人只有一个邻居可以确定，德国人是在 1 号或者 4 号房间里；根据韩国人的话"我的房号大于德国人"可知，德国人不是在 4 号房间里，因此，德国人是在 1 号房间里。

德国人与英国人相邻，因此，英国人是在 2 号房间里。

已知英国人只能与一个邻居交流，并且只会说英语和韩语，又知德国人会说英语，可以和英国人交流，所以，英国人的另外一个邻居不是韩国人，因此，3 号房间里住的是法国人。

综上，按照房号从小到大的顺序排，房间里住的人的国籍依次是：德国、英国、法国、韩国。

【答案】 C

题型 15 方位关系推理

[母题综述]

方位关系推理题是关系推理（综合推理）题中的一类重要题型。题干通常是给出一组对象的方位关系，比如张三在李四的左边、某代表坐在北排中间，等等，以及其他的一些已知条件，去推断出题干对象的具体位置。通常涉及的方位就是东南西北、前后左右上下以及圆桌方位分布。

[母题精讲]

母题 15 某城市有五个公园：甲、乙、丙、丁、戊，它们由南至北基本在一条直线上，同时：

(1)乙与丁相邻并且在丁的北边。

(2)戊和甲相邻。

(3)丙在乙的北边。

根据以上线索，可以推断五个公园由北至南的顺序可以是：

A. 甲、丙、戊、乙、丁。　　　　B. 乙、丁、戊、甲、丙。

C. 丙、甲、戊、乙、丁。　　　　D. 丙、丁、乙、甲、戊。

E. 丙、乙、甲、丁、戊。

【解析】本题中，题干的提问方式是"五个公园由北至南的顺序<u>可以是</u>"，故使用选项排除法。

由题干信息(1)和(3)可知，乙、丙、丁由北至南的顺序依次为丙、乙、丁（并且乙与丁相邻），故排除 B、D、E 项。

由题干信息(2)可知，戊和甲相邻，故排除 A 项。

综上，C 项正确。

【答案】C

〖母题变化〗

变化 1　一字形方位题（前后、左右、上下）

> **技巧总结**
>
> （1）很多一字形方位题其实就是排序题，可以列不等式求解。
>
> （2）相邻分布可采用"捆绑法"。
>
> （3）涉及 1~5 的楼层、1~5 的仓库等对应关系时，可以使用表格法。

例 5　公司派三位年轻的工作人员乘动车到南方出差，他们三人恰好坐在一排。坐在 24 岁右边的两人中至少有一个人是 20 岁，坐在 20 岁左边的两人中也恰好有一个人是 20 岁；坐在会计左边的两人中至少有一个人是销售员，坐在销售员右边的两人中也恰好有一个人是销售员。

根据以上陈述，可以得出三位出差的年轻人是：

A. 20 岁的会计、20 岁的销售员、24 岁的销售员。

B. 20 岁的会计、24 岁的销售员、24 岁的销售员。

C. 24 岁的会计、20 岁的销售员、20 岁的销售员。

D. 20 岁的会计、20 岁的会计、24 岁的销售员。

E. 24 岁的会计、20 岁的会计、20 岁的销售员。

【解析】由"坐在 24 岁右边的两人中至少有一个人是 20 岁"，可知24 岁的人坐在最左边。

又由"坐在 20 岁左边的两人中也恰好有一个人是 20 岁"，可知有 2 个 20 岁的人，坐在中间和最右边。

由"坐在会计左边的两人中至少有一个人是销售员"，可知会计坐在最右边，即最右边是 20 岁的会计。

由"坐在销售员右边的两人中也恰好有一个人是销售员"，可知最左边是 24 岁的销售员，中间为 20 岁的销售员。

如图 3-1 所示：

24岁的销售员	20岁的销售员	20岁的会计

图 3-1

故 A 项正确。

【答案】A

例 6 下面四题基于以下题干：

一幢公寓楼有 5 层，每层有 1 到 2 套公寓。该公寓楼上共有 8 套公寓，有 8 户居民住在不同的公寓里，分别是 J、K、L、M、N、O、P、Q。关于他们，有以下信息：

①J 住在有两套公寓的楼层上。

②K 恰好住在 P 的上面一层。

③第二层仅有一套公寓。

④M 和 N 住在同一层。

⑤O 和 Q 不住在同一层。

⑥L 住的楼层上只有一套公寓。

⑦Q 既不住在第一层也不住在第二层。

(1)下面哪一项一定正确？

A. Q 住在第三层。　　　　B. Q 住在第五层。　　　　C. L 不住在第四层。

D. N 不住在第二层。　　　　E. K 住在第二层。

(2)下面哪一项不可能正确？

A. K 住在第二层。　　　　B. M 住在第一层。　　　　C. N 住在第四层。

D. P 住在第五层。　　　　E. Q 住在第三层。

(3)若 J 住在第四层且 K 住在第五层，则下面哪一项可能正确？

A. O 住在第一层。　　　　B. Q 住在第四层。　　　　C. N 住在第五层。

D. L 住在第四层。　　　　E. M 住在第二层。

(4)若 O 住在第二层，那么下面哪一项不可能正确？

A. K 住在第四层。　　　　B. K 住在第五层。　　　　C. L 住在第一层。

D. L 住在第四层。　　　　E. M 住在第一层。

【解析】

第(1)题：

由题干"M 和 N 住在同一层"和"第二层仅有一套公寓"可知，M、N 均不住在第二层，故 D 项正确。

第(2)题：

由题干可知共有 5 层公寓楼，若 D 项正确，即"P 住在第五层"，那么题干中"K 恰好住在 P 的上面一层"就不能实现，故 P 不可能住在第五层，即 D 项正确。

第(3)题：

由"K 恰好住在 P 的上面一层"和"J 住在第四层且 K 住在第五层"可知，J、P 均住在第四层。

由"每层有 1 到 2 套公寓"，可知 Q、L 均不能住在第四层，故排除 B、D 项。

又由"M 和 N 住在同一层"和"K 住在第五层"可知，N 不能住在第五层，故排除 C 项。

由"M 和 N 住在同一层"和"第二层仅有一套公寓"可知，M 不能住在第二层，故排除 E 项。

综上，A 项可能正确。

第(4)题：

由"5 层公寓楼，每层有 1 到 2 套公寓，共有 8 套公寓"可知，五层公寓楼只有 2 层有 1 套公寓，其余 3 层均为 2 套公寓。

若 D 项正确，即 L 住在第四层，由"L 住的楼层上只有一套公寓"可知，第四层没有别的住户。又已知 O 住在第二层，第二层仅有一套公寓，那么剩余的公寓均为第一、三、五层，则题干中"K 恰好住在 P 的上面一层"就不能实现，故 L 不可能住在第四层，即 D 项不可能正确。

【答案】(1)D；(2)D；(3)A；(4)D

变化 2　东南西北问题

> **技巧总结**
>
> （1）东南西北问题可以画平面直角坐标系来帮助解题。
>
> （2）东南西北问题很多都会涉及匹配关系，其本质是匹配关系题，可使用表格法来求解。
>
> （3）当题干中出现多个假言判断时，可使用前文中介绍的"综合演绎推理"的解法来求解。

例 7　某乡镇进行新区规划，决定以市民公园为中心，在东南西北分别建设一个特色社区。这四个社区分别定位为：文化区、休闲区、商业区和行政服务区。已知：行政服务区在文化区的西南方向，文化区在休闲区的东南方向。

根据以上陈述，可以得出以下哪项？

A. 市民公园在行政服务区的北面。　　B. 休闲区在文化区的西南方向。

C. 文化区在商业区的东北方向。　　D. 商业区在休闲区的东南方向。

E. 行政服务区在市民公园的西南方向。

【解析】将题干中的方位表示成图 3-2：

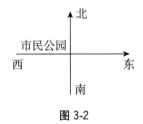

图 3-2

已知行政服务区在文化区的西南方向，故文化区只可能在北面或者东面。

已知文化区在休闲区的东南方向，故文化区只可能在东面或者南面。

故有：文化区在东面，行政服务区在南面，休闲区在北面，商业区在西面。

如图 3-3 所示：

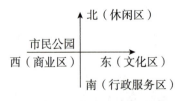

图 3-3

故 A 项正确。

【答案】A

变化 3 围桌而坐问题

> **技巧总结**
>
> 解题技巧:
>
> ①确定信息优先安排。
>
> ②相对、相邻对象是切入点。
>
> ③如果某人只可能坐两个位置,可以使用分类讨论法。

例8 某小区业主委员会的 4 名成员晨桦、建国、向明和嘉媛围坐在一张方桌前(每边各坐一人)讨论小区大门旁的绿化方案。4 人的职业各不相同,分别是高校教师、软件工程师、园艺师或邮递员之中的一种。已知:晨桦是软件工程师,他坐在建国的左手边;向明坐在高校教师的右手边;坐在建国对面的嘉媛不是邮递员。

根据以上信息,可以得出以下哪项?

A. 嘉媛是高校教师,向明是园艺师。

B. 向明是邮递员,嘉媛是园艺师。

C. 建国是邮递员,嘉媛是园艺师。

D. 建国是高校教师,向明是园艺师。

E. 嘉媛是园艺师,向明是高校教师。

【解析】根据题干,可知 4 人座位的方位如图 3-4 所示:

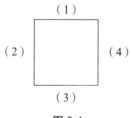

图 3-4

由题干"晨桦坐在建国的左手边",假设晨桦坐在(1)处,则建国坐在(2)处;再由"坐在建国对面的嘉媛不是邮递员",可知嘉媛坐在(4)处,故向明只能坐在(3)处,如图 3-5 所示:

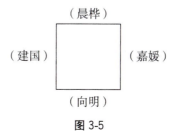

图 3-5

由"向明坐在高校教师的右手边"，可知建国是高校教师；又知晨桦是软件工程师，所以二人均不是邮递员；又知嘉媛不是邮递员，故向明是邮递员、嘉媛是园艺师。

综上，B项正确。

【答案】B

例9　下面两题基于以下题干：

有6位经济分析师张、王、李、赵、孙、刘，坐在环绕圆桌连续等距排放的6张椅子上分析一种经济现象。每张椅子只坐1人，6张椅子的顺序编号依次为1、2、3、4、5、6。其中：

①刘和赵相邻。

②王和赵相邻或者王和李相邻。

③张和李不相邻。

④如果孙和刘相邻，则孙和李不相邻。

(1)如果王和刘相邻，那么以下哪两位也一定是相邻的？

A. 张和孙。　　　　　　B. 王和赵。　　　　　　C. 王和孙。

D. 李和刘。　　　　　　E. 孙和赵。

(2)如果赵和李相邻，那么张可能和哪两位相邻？

A. 王和李。　　　　　　B. 王和刘。　　　　　　C. 赵和刘。

D. 孙和刘。　　　　　　E. 李和赵。

【解析】

第(1)题：

因为"王和刘相邻"，根据条件①可知，刘和王、赵相邻，即王和赵不相邻。

再根据条件②可知，王和李相邻，即王和刘、李相邻。

根据条件③可知，张和李不相邻，因此孙和李相邻，即：李和王、孙相邻。

因此，张和赵、孙相邻。故A项正确。

如图3-6所示：

图 3-6

第(2)题：

因为"赵和李相邻"，根据条件①可知，赵和刘、李相邻。

再根据条件②可知，王和李相邻。

剩余的张和孙的位置不定，因此，张可能和王、孙相邻，也可能和孙、刘相邻。故D项正确。

如图 3-7 所示：

图 3-7

【答案】(1)A；(2)D

例 10　下面三题基于以下题干：

在某次听证会上，J、K、L、T、U、X、Y 和 Z 八位与会者入座位置如图 3-8 所示：

图 3-8

其中，J、K、L 是民营企业代表，X、Y、Z 是国有企业代表，T、U 是官方代表，以下条件成立：

①民营企业代表的座位是连着的，即任何一个民营企业代表的邻座，至少有一位是另一个民营企业代表。国有企业代表的座位也是如此。

②没有一个民营企业代表与国有企业代表邻座。

③T 的座位是东南角。

④J 的座位是北排的中间。

⑤如果 T 和 X 邻座，则 T 不和 L 邻座。

(1)以下各项一定为真，除了：

A. 西北角是国企。　　　B. 东北角是民企。　　　C. 西南角是国企。

D. 东边居中是民企。　　E. 西边居中是国企。

(2)如果 Y 在西边居中，则以下哪两位代表不能都坐在拐角？

A. K 和 X。　　　　　　B. K 和 Z。　　　　　　C. L 和 U。

D. L 和 X。　　　　　　E. L 和 Z。

(3)如果 Y 比 L 更靠南，但比 T 更靠北，则以下各项的两个代表一定是邻座，除了：

A. J 和 L。　　　　　　B. K 和 T。　　　　　　C. T 和 X。

D. U 和 Y。　　　　　　E. X 和 Z。

【解析】

第(1)题：

已知国企、民企分别连座，且民企和国企不邻座，再结合题干条件③和④可知，国企必然在西中、西南、南中。

根据民企和国企不邻座，可知西北是 U。

故东北、东中是民企。

第(2)题：

因为 Y 在西中，故若 Z 坐拐角，则 X 坐南中，T 和 X 邻座。

由题干条件⑤可知，T 不和 L 邻座，得 T 和 K 邻座，即 K 不坐拐角。

因此，K 和 Z 不能都坐拐角。

第(3)题：

根据题干可知，Y 在西中，L 在东北，K 在东中。

显然仅 T 和 X 不一定是邻座，故选 C 项。

【答案】(1)A；(2)B；(3)C

题型 16 匹配关系推理

[母题综述]

匹配关系就是对应关系。比如张华和李珊是男女朋友，那么张华和李珊对应。李思去了广东旅游，那么李思与广东对应。

匹配关系推理题是近几年考试的热点，管理类联考近 10 年考了 27 道，经济类联考近 10 年考了 5 道(但 2021 年经济类联考真题中有 4 道综合演绎推理题涉及匹配关系)。

[母题精讲]

母题 16 老吕、毋亮和陈正康三位教师共教六门课：逻辑、数学、写作、英语、会计和审计，每人教两门课。已知：

(1)写作老师和数学老师是邻居。

(2)毋亮最年轻。

(3)老吕经常对英语老师和数学老师谈自己的看法。

(4)英语老师比逻辑老师年龄大。

(5)毋亮、会计老师和逻辑老师经常一起游泳。

根据以上条件，请判断以下哪项是正确的？

A. 老吕教逻辑和会计。　　B. 毋亮教写作和英语。　　C. 陈正康教审计和写作。

D. 毋亮教数学和审计。　　E. 老吕教写作和会计。

【解析】此题的条件多为两两互斥式。

由条件(3)可知，老吕不教英语和数学，且毋亮和陈正康一人教英语一人教数学。

又由条件(2)和(4)可知，毋亮不教英语，故毋亮教数学，陈正康教英语。

由条件(5)可知，毋亮不教会计和逻辑。

由条件(1)可知，写作和数学不是同一位老师，即毋亮不教写作。

所以，毋亮教审计和数学，故D项正确。

继续推理可知：

由条件(4)可知，英语和逻辑不是同一位老师，又知陈正康教英语，故老吕教逻辑。

由条件(5)可知，逻辑和会计不是同一位老师，又知老吕教逻辑，故陈正康教会计。

综上，毋亮教审计和数学，陈正康教会计和英语，老吕教逻辑和写作。

【答案】D

〔母题变化〕

变化 1   两组元素的匹配

> **技巧总结**
>
> （1）表格法。
>
> 两组元素的匹配，推荐使用表格法。
>
> （2）重复元素分析法。
>
> （3）注意题干中两两互斥的条件。

例 11   甲、乙、丙、丁四个人，每个人只会英、法、德、汉四种语言中的两种。没有一种语言大家都会，但有一种语言三个人都会。另外，甲不会法语，但当乙与丙交流时需要他当翻译。乙会汉语，丁虽然不懂但他们能交流。没有一种语言甲、乙、丙三人都会。没有人既懂德语又懂汉语。

据此可以推知，三个人都会的语言是：

A. 英语。　　　　　　　　B. 法语。　　　　　　　　C. 德语。

D. 汉语。　　　　　　　　E. 无法确定。

【解析】此题的条件中有两两互斥式条件。

根据题干"乙会汉语"和"没有人既懂德语又懂汉语"可知，乙不会德语。

故乙会英语和汉语，或者法语和汉语。

甲在德语和汉语中最多会一种，又由于甲不会法语，故甲一定会英语。

故甲会英语和汉语，或者英语和德语。但无法确定哪一种正确，故分类讨论。

(1)假设甲会英语和汉语，他可以给乙当翻译，故乙会法语和汉语。

又已知"当乙与丙交流时需要甲当翻译"，说明乙和丙没有共同语言，故丙会英语和德语。

又由"丁虽然不会汉语"，可得表3-2：

表 3-2

人员	语言			
	英语	法语	德语	汉语
甲	√	×	×	√

续表

人员	语言			
	英语	法语	德语	汉语
乙	×	√	×	√
丙	√	×	√	×
丁				×

故，甲、丙不会法语，甲、乙不会德语，丙、丁不会汉语。

所以，三人都会的语言只能是英语。

（2）假设甲会英语和德语，他可以给乙当翻译，乙不会德语，故乙会英语和汉语。

又已知"当乙与丙交流时需要甲当翻译"，说明乙和丙没有共同语言，故丙会法语和德语。

又知丁不会汉语，但丁与乙可以交流，故丁会英语。

所以甲、乙、丁三人都会英语。

综上，可得表3-3：

表 3-3

人员	语言			
	英语	法语	德语	汉语
甲	√	×	√	×
乙	√	×	×	√
丙	×	√	√	×
丁	√			×

故三个人都会的语言是英语，即 A 项正确。

【答案】A

变化 2　三组元素的匹配

技巧总结

（1）连线法。

三组或三组以上元素的匹配，推荐使用连线法。使用连线法时，实线表示有对应关系，虚线表示无对应关系，无法确定有没有对应关系时不画线。

（2）重复元素分析法。

（3）注意题干中两两互斥的条件。

例12　张明、李英、王佳和陈蕊四人在一个班组工作，他们来自江苏、安徽、福建和山东四个省，每个人只会说原籍的一种方言。现已知：

①福建人会说闽南方言。

②山东人学历最高且会说中原官话。

③王佳比福建人的学历低。

④李英会说徽州话并且和来自江苏的同事是同学。

⑤陈蕊不懂闽南方言。

根据以上陈述，可以得出以下哪项结论？

A. 陈蕊不会说中原官话。　　　　　　B. 张明会说闽南方言。

C. 李英是山东人。　　　　　　　　　D. 王佳会说徽州话。

E. 陈蕊是安徽人。

【解析】

方法一：重复元素分析法。

阅读题干，发现"福建人""闽南方言"出现的次数最多，而这两个词又是一一对应关系，故将"福建人"当作"桥梁"，分析各元素与"福建人"的关系。

由"王佳比福建人的学历低"可知，王佳不是福建人，也不会说闽南方言。

由"李英会说徽州话"可知，李英不是福建人。

由"陈蕊不懂闽南方言"可知，陈蕊不是福建人。

故王佳、李英、陈蕊均不是福建人，所以，张明是福建人，会说闽南方言。

方法二：连线法。

根据题干，可知如下关系，如图3-9所示（实线表示确定有对应关系，虚线表示确定无对应关系）：

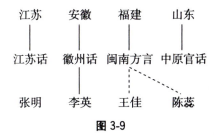

图3-9

由题干"每个人只会说原籍的一种方言"可知，李英也不会说闽南方言，故得如下关系，如图3-10所示（实线表示确定有对应关系，虚线表示确定无对应关系）：

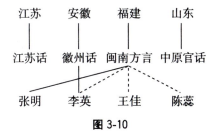

图3-10

故有：张明会说闽南方言。

方法三：表格法（三组信息中如果有两组信息可以迅速确定对应关系时推荐此方法，否则不推荐此方法）。

题干中虽然有三组信息，但语言和地域的对应关系可以迅速确定，故可以简化为两组信息的匹配问题。

李英会说徽州话并且和来自江苏的同事是同学，说明说徽州话的不是江苏人。

又知，福建人会说闽南方言，山东人会说中原官话，故安徽人会说徽州话。

再将题干信息列入表格，得表3-4：

表3-4

地方及方言	张明	李英	王佳	陈蕊
江苏		×		
安徽（徽州话）	×	√	×	×
福建（闽南方言）		×	×	×
山东（中原官话）		×		

故有：⑥福建人只能是张明，即B项正确。

又由题干信息②、③可知，⑦王佳不是山东人，得表3-5：

表3-5

地方及方言	张明	李英	王佳	陈蕊
江苏	×	×		
安徽（徽州话）	×	√	×	×
福建（闽南方言）	√	×	×	×
山东（中原官话）	×	×	×	

故⑧王佳是江苏人，得⑨陈蕊是山东人。得表3-6：

表3-6

地方及方言	张明	李英	王佳	陈蕊
江苏	×	×	√	×
安徽（徽州话）	×	√	×	×
福建（闽南方言）	√	×	×	×
山东（中原官话）	×	×	×	√

【答案】B

例 13　有三户人家，每家有一个孩子，他们的名字是：小梅（女）、小媚（女）、小明（男）；孩子的爸爸是老王、老张和老陈；孩子的妈妈是刘蓉、李玲和方丽。对于这三家人，已知：

(1)老王家和李玲家的孩子都参加了少女舞蹈队。

(2)老张的女儿不是小媚。

(3)老陈和方丽不是一家人。

根据以上条件，可以确定以下哪项是正确的?

A. 老王、刘蓉和小梅是一家。　　　　B. 老张、李玲和小媚是一家。

C. 老王、方丽和小媚是一家。　　　　D. 老陈、方丽和小明是一家。

E. 老陈、刘蓉和小梅是一家。

【解析】由题干信息(1)可知，老王和李玲不是一家人，且两家的孩子都是女儿。

由题干信息(2)可知，老张的女儿是小梅，那么老张、李玲和小梅是一家人，老王和小媚是一家人。

由题干信息(3)可知，方丽和老陈不是一家人，那么方丽、老王和小媚是一家人，因此，老陈、刘蓉和小明是一家人。故 C 项正确。

【答案】C

例 14　下面两题基于以下题干:

三位考生小汉子、大个子和小妮子年龄不同且均在 20～22 岁之间。某天，他们三人在不同地点各捡到了三张纸币，面额为 10 元、50 元和 100 元。已知:

①小妮子捡到的钱比另外两人中的一人在动物园中捡到的钱面值大。

②小妮子的年龄比在动物园捡到钱的人年龄小。

③小汉子捡到的钱面值最大，且不是在植物园捡到的。

④21 岁的考生的捡钱地点是园博园。

(1)下面关于 10 元的捡到者或捡到地点的说法正确的一项是:

A. 园博园。　　　　　　　　　　　B. 动物园。

C. 植物园。　　　　　　　　　　　D. 小妮子。

E. 小汉子。

(2)关于三位考生的说法正确的一项是:

A. 小妮子，21 岁，50 元，园博园。　　B. 大个子，22 岁，10 元，植物园。

C. 小妮子，20 岁，10 元，植物园。　　D. 小汉子，21 岁，100 元，动物园。

E. 大个子，22 岁，10 元，动物园。

【解析】

第(1)题:

根据①、③可知，小汉子捡到的是 100 元，小妮子捡到的是 50 元，大个子在动物园捡到的是 10 元。故 B 项正确。

第(2)题:

由上题可知，大个子在动物园捡到的是 10 元。

再由③、④可知，小汉子在园博园捡到的是 100 元，且小汉子 21 岁。

又由②可知，大个子 22 岁，小妮子 20 岁。

综上，小汉子 21 岁，在园博园捡到 100 元;大个子 22 岁，在动物园捡到 10 元;小妮子 20 岁，在植物园捡到 50 元。故 E 项正确。

【答案】(1)B;(2)E

变化 3 简单数量关系＋匹配

技巧总结

（1）确定数量关系。

例如：三个人会八种语言，每个人至多会三种。

此时就可以确定一定是 3＋3＋2，即有两个人会三种语言，一个人会两种语言，其他组合都无法满足题意。

（2）确定匹配关系，使用表格法或连线法解题。

例 15 以下三题基于以下题干：

张、李、王和刘四位教授要担任 E、F、G、H、I、J、K 这七位研究生的导师。每位研究生都是跟随一位导师；每位教授最多带两位研究生。研究生中，J 和 K 是硕士生，其余是博士生。E、F 和 J 是男生，其余是女生。同时，以下条件必须满足：

①张教授只带男研究生。

②李教授只带一名研究生。

③如果某位教授带一名硕士生，则必须带与这位硕士生性别相同的博士生。

(1)根据上面的条件，可以推断以下哪项肯定为真？

A. 李教授担任 F 的导师。　　　　　　　B. 刘教授担任 G 的导师。

C. 张教授担任 J 的导师。　　　　　　　D. 张教授担任 E 的导师。

E. 王教授担任 H 的导师。

(2)以下哪名研究生都可以由李教授带，除了哪一位？

A. E。　　　B. G。　　　C. I。　　　D. K。　　　E. F。

(3)根据题干，可以推断以下哪项肯定为真？

A. 王教授至少担任一名女研究生的导师。　　B. 王教授至少担任一名硕士研究生的导师。

C. 刘教授至少担任一名男研究生的导师。　　D. 李教授至少担任一名硕士研究生的导师。

E. 王教授至少担任一名男研究生的导师。

【解析】

第(1)题：

将题干中的研究生信息整理，见表 3-7：

表 3-7

性别	研究生	
	硕士	博士
男生	J	E、F
女生	K	G、H、I

已知共有 4 位教授、7 位研究生，每位教授最多带两位研究生，再结合条件②可以确定，张、

王、刘三位教授都带两位研究生。

已知张教授只带男研究生，且张教授带两位研究生。结合条件③可知，他一定带 J，且带 E 和 F 中的一位。故 C 项正确。

第(2)题：

假设李教授带了硕士生，根据条件③可知，他还需要带一位同性别的博士生，与条件②"李教授只带一位研究生"矛盾，因此，李教授不可能带硕士生。

所以，李教授一定不带 K。故 D 项正确。

第(3)题：

由上题可得，李教授带的是博士生，有以下两种情况：

第一种：李教授带男博士生；

第二种：李教授带女博士生。

当李教授带男博士生时：

张教授带两位男生，李教授带一位男生，因此，王教授和刘教授各带两位女生，且一定都带了女博士生。

当李教授带女博士生时：

张教授带两位男生，此时剩下的是三女一男被分成以下两组，即：

第一组：女博士生和女硕士生；

第二组：男博士生和女博士生。

上述两组人员将分别由王教授和刘教授带。

综合上述两种情况，王教授必然都至少会带一名女性研究生。故 A 项正确。

【答案】(1)C；(2)D；(3)A

例16 下面两题基于以下题干：

某公司有 F、G、H、I、M 和 P 六位总经理助理，三个部门。每一个部门恰由三个总经理助理分管。每个总经理助理至少分管一个部门。必须满足以下条件：

Ⅰ．有且只有一位总经理助理同时分管三个部门。

Ⅱ．F 和 G 不分管同一个部门。

Ⅲ．H 和 I 不分管同一个部门。

(1)以下哪项一定为真？

A. 有的总经理助理恰分管两个部门。　　　B. 任一部门由 F 或 G 分管。

C. M 或 P 只分管一个部门。　　　D. 没有部门由 F、M 和 P 分管。

E. P 分管的部门 M 都分管。

(2)如果 F 和 M 不分管同一个部门，则以下哪项一定为真？

A. F 和 H 分管同一个部门。　　　B. F 和 I 分管同一个部门。

C. I 和 P 分管同一个部门。　　　D. M 和 G 分管同一个部门。

E. M 和 P 不分管同一个部门。

【解析】

第(1)题：

由题干可知，该公司有三个部门，每一个部门恰由三个总经理助理分管，所以，一共有九个岗位。

又知该公司只有六位总经理助理，若一人占一个岗位，则<u>有三个额外的岗位空缺</u>。

条件Ⅰ：有且只有一位总经理助理同时分管三个部门，则这三个额外的岗位空缺，有两个被占用，只有<u>最后一个岗位空缺</u>。

所以，除同时分管三个部门的那个人外，另外五人中必有一人且只有一人占用最后这个岗位空缺，此人分管两个部门。

故有：<u>有且只有一人分管两个部门，即：有人分管两个部门</u>。

故 A 项为真。

<u>第(2)题：</u>

由题干可知，有且只有一个人分管三个部门，并且一共只有三个部门，说明此人必和其他所有人共同分管某一部门。

由题干可知，F 和 M 不分管同一个部门，F 和 G 不分管同一个部门，H 和 I 不分管同一个部门，所以<u>分管三个部门的人不是 F、M、G、H、I，则一定是 P</u>。

所以，P 和其他五人都有共同分管的部门，当然 P 和 I 也会分管同一个部门。

故 C 项为真。

【答案】(1)A；(2)C

例17 去年，S市举办了第三十一届世博会。其中有八个区：服装区、智能装备区、多功能医疗区、汽车区、食品区、高端装备区、日用品区、家居区平均分布于"指南针"展馆的东、南、西、北四个方位，已知：

(1)家居区不和日用品区在一个方位，就和食品区在一个方位。

(2)如果智能装备区位于东部或者南部，那么北部不能设置汽车区也不能设置日用品区。

(3)智能装备区或多功能医疗区要设置在北部或者东部。

(4)服装区和汽车区设置于北部。

(5)食品区与多功能医疗区在一个方位，或者与高端装备区在一个方位。

根据上述已知条件，以下哪项一定为真？

A. 日用品区不设置在南部。

B. 日用品区和智能装备区在一个方位。

C. 食品区和高端装备区设置在东部。

D. 多功能医疗区设置在东部。

E. 家居区设置在西部。

【解析】首先题干中存在一个简单的数量关系：八个区平均分布于展馆的东、南、西、北四个方位，即每个方位有两个区。

题干信息(4)是确定事实：服装区和汽车区设置在北部。

由(2)逆否可得：汽车区在北部∨日用品区在北部→智能装备区不在东部∧智能装备区不在南部。

故有：智能装备区不在东部∧智能装备区不在南部。

又由每个方位只设置两个区，北部已经排满，故智能装备区在西部，且多功能医疗区不在北部。

故由(3)可知，多功能医疗区在东部。

由(5)可知，食品区与家居区不在同一个方位，故由(1)可知，家居区和日用品区在一个方位。

由于西部、北部、东部都已有安排，故家居区和日用品区只能在南部。

此时，已知的区方位分布情况如下：

东部：多功能医疗区、_____?_____。

西部：智能装备区、_____?_____。

南部：家居区、日用品区。

北部：服装区、汽车区。

因此，食品区、高端装备区还未确定方位。

依据上述已知的区方位分布情况，可知食品区和高端装备区不在同一个方位；再结合条件(5)可知，食品区与多功能医疗区在一个方位。因此，高端装备区和智能装备区在一个方位。

综上，各方位的区设置如下：

东部：多功能医疗区、食品区。

西部：智能装备区、高端装备区。

南部：家居区、日用品区。

北部：服装区、汽车区。

【答案】D

变化 4 　与日期有关的匹配问题

技巧总结

与日期有关的匹配问题从本质上来讲是两组元素的匹配问题，可以使用表格法，表格中横栏处写上日期即可。

例18 有三位见习医生，他们在同一家医院中担任住院医生。已知：

(1)一星期中只有一天三位见习医生同时值班。

(2)没有一位见习医生连续三天值班。

(3)任两位见习医生在一星期中同一天休假的情况不超过一次。

(4)第一位见习医生在星期日、星期二和星期四休假。

(5)第二位见习医生在星期四和星期六休假。

(6)第三位见习医生在星期日休假。

那么三位见习医生星期几同时值班？

A. 星期一。　　　　　　B. 星期二。　　　　　　C. 星期三。

D. 星期四。　　　　　　E. 星期五。

【解析】列表法，题干信息见表3-8：

表 3-8

见习医生	星期						
	星期一	星期二	星期三	星期四	星期五	星期六	星期日
第一位		休假		休假			休假
第二位				休假		休假	
第三位							休假

由题干信息(3)可知，第二位见习医生不能在星期二、星期日休假，即第二位见习医生在星期二、星期日值班；第三位见习医生不能在星期二、星期四休假，即第三位见习医生在星期二、星期四值班。

由题干信息(2)可知，第二位见习医生在星期一必须休假，否则会连续三天值班；第三位见习医生在星期三必须休假，否则会连续三天值班。

故，三位见习医生在星期五同时值班，即 E 项正确。

【答案】E

变化 5　分类匹配问题

技巧总结

（1）命题特点。

①题干中待匹配的元素是分类的。如：分为蔬菜和水果，分为男生和女生等。

②每一类中有几个元素。如：蔬菜有菠菜、白菜；水果有苹果、香蕉；男生有张山、李勇；女生有小红、小花等。

（2）解题方法。

推荐使用表格法。

例 19　下面五题基于以下题干：

一家食品店从周一到周日，每天都有 3 种商品特价销售。可供特价销售的商品包括 3 种蔬菜：G、H 和 J；3 种水果：K、L 和 O；3 种饮料：X、Y 和 Z。必须根据以下条件安排特价商品：

①每天至少有一种蔬菜特价销售，每天至少有一种水果特价销售。

②无论在哪天，如果 J 是特价销售的商品，则 L 不能特价销售。

③无论在哪天，如果 K 是特价销售的商品，则 Y 也必须特价销售。

④每一种商品在一周内特价销售的次数不能超过 3 天。

(1)以下哪项列出的是可以一起特价销售的商品？

A. G、J、Z。　　　　B. H、K、X。　　　　C. J、L、Y。

D. H、K、L。　　　　E. G、K、Y。

(2)如果 J 在星期五、星期六、星期日特价销售，K 在星期一、星期二、星期三特价销售，而 G 只在星期四特价销售，则 L 可以在哪几天特价销售？

A. 仅在星期二。　　　B. 仅在星期四。　　　C. 仅在星期一、星期二和星期三。

D. 在这一周前 4 天中的任何两天。　　　　E. 在这一周后 3 天中的任何两天。

(3)如果每一种水果在一周中特价销售 3 天，则饮料总共在这一周内可以特价销售的天数最多为：

A. 3 天。　　　B. 4 天。　　　C. 5 天。　　　D. 6 天。　　　E. 2 天。

(4)如果 H 和 Y 同时在星期一、星期二、星期三特价销售，G 和 X 同时在星期四、星期五、星期六特价销售，则星期日特价销售的商品一定包括：

A. J 和 O。　　B. J 和 K。　　C. J 和 L。　　D. K 和 Z。　　E. K 和 L。

(5)如果在某一周中恰好有 7 种商品特价销售，以下哪项关于这一周的陈述一定为真？

A. X 是本周唯一特价销售的饮料。　　　　B. Y 是本周唯一特价销售的饮料。

C. Z 是本周唯一特价销售的饮料。　　　　D. 至少有一天，G 和 Z 同时特价销售。

E. 本周特价销售的饮料为 Y 和 Z。

【解析】

第(1)题：

题干的提问方式为"以下哪项列出的是可以一起特价销售的商品"，故使用选项排除法。

根据条件①，可排除 A 项。

根据条件②，可排除 C 项。

根据条件③，可排除 B、D 项。

故 E 项正确。

第(2)题：

根据题干信息可得表3-9：

表 3-9

商品	星期						
	星期一	星期二	星期三	星期四	星期五	星期六	星期日
蔬菜				G	J	J	J
水果	K	K	K				
饮料							

因为 J 在星期五、星期六、星期日三天特价销售，且 G 仅在星期四特价销售，因此 H 必然在星期一、星期二、星期三特价销售。又因为 K 在前三天特价销售，根据条件③可知，Y 也在星期一、星期二、星期三特价销售。因此星期一、星期二、星期三均特价销售 H、K、Y。又由条件②可知，L 不能在星期五、星期六、星期日特价销售，因此 L 只能在星期四特价销售。

综上，可得表3-10：

表 3-10

商品	星期						
	星期一	星期二	星期三	星期四	星期五	星期六	星期日
蔬菜	H	H	H	G	J	J	J
水果	K	K	K	L	O	O	O
饮料	Y	Y	Y				

故 B 项正确。

第(3)题：

每种水果均特价销售 3 天，因此，至少有 2 天特价销售两种水果。由条件①可知，每天至少特价销售一种蔬菜，又由每天仅 3 种商品特价销售，故至少有 2 天不能特价销售饮料，故至多有 5 天可以特价销售饮料。因此，C 项正确。

第(4)题：

列表法，根据题干信息可得表 3-11：

表 3-11

商品	星期						
	星期一	星期二	星期三	星期四	星期五	星期六	星期日
蔬菜	H	H	H	G	G	G	
水果							
饮料	Y	Y	Y	X	X	X	

由条件①可知，每天至少特价销售一种蔬菜，故周日必然特价销售蔬菜 J。又由条件①可知，周日至少特价销售一种水果。

由条件②可知，J→¬ L，故周日不能特价销售水果 L。

由于 Y 已经安排在前 3 天特价销售，故周日不会有 Y 特价销售；由条件③可知，K→Y，等价于：¬ Y→¬ K，故周日不能特价销售水果 K，所以周日只能特价销售水果 O。

故 A 项正确。

第(5)题：

由条件①可知，每天至少有一种蔬菜和一种水果特价销售；又由条件④可知，每种商品至多特价销售 3 天，因此，3 种水果和蔬菜必然均特价销售，可知 K 一定特价销售。又由条件③可知，K→Y，故 Y 必然特价销售。又由一共只有 7 种商品特价销售，故，特价销售的饮料只能有 Y。

因此，B 项正确。

【答案】(1)E；(2)B；(3)C；(4)A；(5)B

题型 17 选人问题

[母题综述]

从题干中给出的几位候选人里挑出一个或多个人，我们称为选人问题。

当然，题干中待选择的有时候不是人，而是物，其解题思路是相同的。

[母题精讲]

母题 17 某单位进行年终考评，经过民主投票，确定了甲、乙、丙、丁、戊五人作为一等奖的候选人。在五进四的选拔中，需要综合考虑如下三个因素：丙、丁至少有一人入选；如果戊入选，那么甲、乙也入选；甲、乙、丁三人至多有两人入选。

根据以上陈述，可以得出没有进四的是谁？

A. 甲。   B. 乙。   C. 丙。

D. 丁。   E. 戊。

【解析】题干中有以下判断：

①丙∨丁。

②戊→甲∧乙，等价于：￢甲∨￢乙→￢戊。

③甲、乙、丁三人至多有两人入选，即，三人至少有一人不入选：￢甲∨￢乙∨￢丁。

由②可知，若甲或者乙没有入选，则戊也没有入选，与"五人中有四人入选"矛盾，所以，甲和乙都入选了；再由③可知，丁没有入选。

【答案】D

[母题变化]

变化 1   只选一个

> **技巧总结**
>
> （1）命题特点。
>
> 从题干给出的几个候选人、候选物中选出一个。
>
> （2）解题技巧。
>
> ①选项排除法。
>
> ②直接推理法：根据题干的已知条件，直接进行推理。
>
> ③二难推理法：某人入选和某人不入选都能得出某个确定的情况，这个确定情况就是一定为真的。
>
> ④找矛盾法。
>
> 例如：
>
> 已知：只要 A 入选，则 B 入选。
>
> 又已知：只有一人入选。
>
> 可推知：A 不入选。

例 20   N 中学在进行高考免试学生的推荐时，共有甲、乙、丙、丁、戊、己、庚 7 位同学入围。在 7 人中，有 3 位同学是女生，4 位同学是男生；有 4 位同学的年龄为 18 岁，而另外 3 位同学的年龄则为 17 岁。已知，甲、丙和戊的年龄相同，而乙和庚的年龄不相同；乙、丁和己的性别相同，而甲和庚的性别不相同。最后，只有一位 17 岁的女生得到推荐资格。

据此，可以推出获得推荐资格的是：

A. 甲。　　　　　B. 乙。　　　　　C. 丙。　　　　　D. 戊。　　　　　E. 庚。

【解析】题干有以下信息：

①有 3 位同学是女生，4 位同学是男生。

②有 4 位同学的年龄为 18 岁，另外 3 位同学的年龄为 17 岁。

③甲、丙和戊的年龄相同，而乙和庚的年龄不相同。

④乙、丁和己的性别相同，而甲和庚的性别不相同。

⑤只有一位 17 岁的女生得到推荐资格。

由题干信息②、③可知，甲、丙和戊的年龄为 18 岁。

由题干信息①、④可知，乙、丁和己的性别为男生。

由题干信息⑤可知，排除甲、乙、丙、丁、戊、己 6 位同学，故获得推荐资格的是庚，即 E 项正确。

【答案】E

变化 2　**可选多个**

> **技巧总结**
>
> （1）命题特点。
>
> 从题干给出的几个候选人、候选物中选出多个。
>
> （2）解题技巧。
>
> ①如果题干问的是"以下哪项可能符合题干要求"，可优先使用选项排除法，观察选项，看选项是否与题干已知条件矛盾。
>
> ②题干的提问方式为"以下哪项为真"时，一般需要根据题干信息进行推理。
>
> ③数量关系一般为突破口。

例 21 下面四题基于以下题干：

某班打算从方如芬、郭嫣然、何之莲等三名女生中选拔两人，从彭友文、裘志节、任向阳、宋文凯、唐晓华等五名男生中选拔三人，组成大学生五人支教小组到山区义务支教。要求：

①郭嫣然和唐晓华不同时入选。

②彭友文和宋文凯不同时入选。

③裘志节和唐晓华不同时入选。

(1)下列哪位一定入选？

A. 方如芬。　　　　　B. 郭嫣然。　　　　　C. 宋文凯。

D. 何之莲。　　　　　E. 任向阳。

(2)如果郭嫣然入选，则下列哪位也一定入选？

A. 方如芬。　　　　　B. 何之莲。　　　　　C. 彭友文。

D. 裘志节。　　　　　E. 宋文凯。

(3)若何之莲未入选，则下列哪一位也未入选？

A. 唐晓华。   B. 彭友文。   C. 裴志节。

D. 宋文凯。   E. 方如芬。

(4)若唐晓华入选，则下列哪两位一定入选？

A. 方如芬和郭嫣然。   B. 郭嫣然和何之莲。   C. 彭友文和何之莲。

D. 任向阳和宋文凯。   E. 方如芬和何之莲。

【解析】题干有以下判断：

①¬（郭∧唐）=¬郭∨¬唐。

②¬（彭∧宋）=¬彭∨¬宋。

③¬（裴∧唐）=¬裴∨¬唐。

第(1)题：

由②、③可知，彭友文和宋文凯至少有一人没入选，裴志节和唐晓华至少有一人没入选，所以这4个人里面至少有2个人没入选，又因为5名男生中只有2人没有入选，所以任向阳必然入选。

第(2)题：

已知郭嫣然入选，由①可知：¬（郭∧唐）=¬郭∨¬唐＝郭→¬唐，所以唐晓华必然不能入选。

又由②可知，彭友文和宋文凯至少有一人没入选，又因为5名男生中只有2人没有入选，故裴志节必然入选。

第(3)题：

由题意可知，3名女生中有2人入选，已知何之莲未入选，则方如芬和郭嫣然必然入选。

由①可知，¬（郭∧唐）=¬郭∨¬唐＝郭→¬唐，所以唐晓华未入选。

第(4)题：

由①可知，¬（郭∧唐）=¬郭∨¬唐＝唐→¬郭，又因为3名女生中有2人入选，所以，方如芬和何之莲必然入选。

【答案】(1)E；(2)D；(3)A；(4)E

例22 下面两题基于以下题干：

中国射击队要从E、F、G、H、O、P和Q这7名队员中挑选4名参加奥运会，挑选必须符合下列条件：

Ⅰ. E或F有1人参加，但2人不能都参加。

Ⅱ. O或P有1人参加，但2人不能都参加。

Ⅲ. 如果O参加，则G参加。

Ⅳ. 除非F参加，否则Q不参加。

(1)以下哪项列出的4名队员可以共同参加比赛？

A. E、F、H、P。   B. E、G、O、Q。   C. E、H、O、Q。

D. E、F、G、P。   E. F、H、P、Q。

（2）以下哪项列出的队员一定会参加比赛？

A．F 和 Q 至少 1 人。　　　　B．G 和 H 至少 1 人。　　　　C．H 和 O 至少 1 人。

D．O 和 Q 至少 1 人。　　　　E．P 和 Q 至少 1 人。

【解析】此题的已知条件全部为假言判断，可归类为"综合演绎推理"，但本题涉及选人，故放在题型 17 处供大家比较学习。

第（1）题：

使用选项排除法。

根据条件Ⅰ，可排除 A、D 项。

根据条件Ⅲ，可排除 C 项。

根据条件Ⅳ，可排除 B 项。

故 E 项正确。

第（2）题：

由条件Ⅰ可知，E 和 F 选 1 人参加；由条件Ⅱ可知，O 和 P 选 1 人参加。

又知，7 人中共选 4 人参加，故 G、H、Q 这 3 人中有 2 人入选、1 人落选。

所以，G 和 H 至少 1 人入选，故 B 项正确。

【答案】（1）E；（2）B

题型 **18** 数量关系推理

[母题综述]

数量关系推理是考试中的常见题型，主要涉及平均数、比率、增长率、定比例等数学知识。解题方法建议尽量使用数学方法，先列出题干中涉及的公式，再去解题。

（1）命题特点。

题干会涉及比率、增长率、平均值等数学知识。

（2）解题技巧。

①明确题干中数量关系的考查点（比率、增长率、平均值、定比例等）。

②确定题干中数量关系的由来（尽量列出公式）。

③全面分析题干公式中存在的变量。

[母题精讲]

母题 18　天和公司有两个员工数量相同的分公司。年底统计产品销售量时发现：第一分公司产品销售量相较于上一年度增长了 80%；第二分公司产品销售量相较于上一年度增长了 60%。今年，第一分公司员工的平均工资是第二分公司员工的 1.5 倍。此外，今年第一分公司优秀员工的人数在去年员工总人数的 5% 的基础上增加了 20%，而第二分公司则保持员工总人数的 6% 不变。

如果上述断定为真，则以下哪项一定为真？

Ⅰ．今年，第一分公司员工工资普遍比第二分公司员工工资高。

Ⅱ．今年，第一分公司销量比第二分公司销量大。

Ⅲ．今年，第一分公司销量占公司总销量的比率相较于去年增加了。

Ⅳ．今年，第二分公司优秀员工数量和第一分公司持平。

A. 仅Ⅳ。   B. 仅Ⅱ和Ⅲ。   C. 仅Ⅲ和Ⅳ。

D. Ⅰ、Ⅱ和Ⅲ。   E. Ⅰ、Ⅱ和Ⅳ。

【解析】

Ⅰ项，考查平均值与方差问题。

第一分公司员工的平均工资是第二分公司员工的 1.5 倍，但平均值只能衡量样本的集中度，不能代表个体的情况。

例如：如果第一分公司有一小部分人工资特别高，其余人工资特别低（方差较大）；而第二分公司员工的工资非常平均。此时，可以使第一分公司员工的平均工资是第二分公司的 1.5 倍，但是，第一分公司员工工资并不会普遍比第二分公司员工工资高。

故Ⅰ项不一定为真。

Ⅱ项，考查增长率问题。

根据增长率公式"$a(1+x)^n=b$"可知，要想知道谁的销量更大，不仅要知道增长率，还需要已知销量基数。故Ⅱ项不一定为真。

Ⅲ项，考查占比问题。

分公司销量占比 $=\dfrac{\text{分公司销量}}{\text{总销量}}$。假设第一分公司去年的销量为 x，第二分公司去年的销量为 y，则去年第一分公司的销量占比为 $\dfrac{x}{x+y}$，今年第一分公司的销量占比为 $\dfrac{1.8x}{1.8x+1.6y}$。

方法一：使用比差法。

$$\frac{x}{x+y}-\frac{1.8x}{1.8x+1.6y}=\frac{x\cdot(1.8x+1.6y)-1.8x\cdot(x+y)}{(x+y)\cdot(1.8x+1.6y)}=\frac{-0.2xy}{(x+y)\cdot(1.8x+1.6y)}<0。$$

故今年第一分公司的销量占比比去年大。

方法二：使用倒数比差法。

$$\frac{x+y}{x}-\frac{1.8x+1.6y}{1.8x}=\frac{y}{x}-\frac{1.6y}{1.8x}=\frac{0.2y}{1.8x}>0，$$ 可知第一分公司去年的销量占比的倒数更大，

因此，其数字本身更小，所以，今年第一分公司的销量占比比去年大。

综上，Ⅲ项一定为真。

Ⅳ项，考查增长率问题。

由于两个分公司的员工数量相同，可设人数均为 x，则：

第一分公司今年优秀员工的数量为 $5\%x(1+20\%)=6\%x$；

第二分公司今年优秀员工的数量也为 $6\%x$。

因此，两个分公司优秀员工数量是持平的，故Ⅳ项一定为真。

【答案】C

[母题变化]

变化 1 **平均值问题**

技巧总结

（1）平均值公式：

$$\bar{x} = \frac{x_1 + x_2 + \cdots + x_n}{n}。$$

（2）方差公式：

$$S^2 = \frac{1}{n}\left[(x_1 - \bar{x})^2 + (x_2 - \bar{x})^2 + \cdots + (x_n - \bar{x})^2\right]。$$

（3）常见陷阱：

①以个体的值代表整体平均值。

②以平均值代表个体的值。

例23 最近南方某保健医院进行了为期10周的减肥试验，参加者平均减肥9公斤。男性参加者平均减肥13公斤，女性参加者平均减肥7公斤。医生将男女减肥差异归结为男性参加者减肥前体重比女性参加者重。

从上文可推出以下哪个结论？

A. 女性参加者减肥前体重都比男性参加者轻。

B. 所有参加者体重均下降。

C. 女性参加者比男性参加者多。

D. 男性参加者比女性参加者多。

E. 男性参加者减肥后体重都比女性参加者轻。

【解析】设参加减肥试验的男性有 x 人，女性有 y 人，根据题意则有

$$9(x + y) = 13x + 7y，$$

整理得：$\dfrac{x}{y} = \dfrac{1}{2}$，故女性参加者比男性参加者多。

【答案】C

例24 A 地区与 B 地区相邻。如果基于总面积计算最近12年的平均作物产量，A 地区是 B 地区的120%；如果仅基于耕种地的面积，A 地区是 B 地区的70%。

如果上述为真，则以下哪项不符合事实？

A. A 地区生产的作物比 B 地区多。

B. A 地区休耕地比 B 地区耕种地少。

C. A 地区耕地面积是 B 地区耕地面积的1.5倍。

D. 关于耕种地占总耕地的比例，A 地区比 B 地区高。

E. B 地区休耕地面积比 A 地区耕种地面积多。

【解析】

方法一：公式法。

根据题意，可得：

$$\begin{cases} \dfrac{\text{A地区总产量}}{\text{A地区耕种地面积}＋\text{A地区休耕地面积}} : \dfrac{\text{B地区总产量}}{\text{B地区耕种地面积}＋\text{B地区休耕地面积}}＝120\%, \\[2mm] \dfrac{\text{A地区总产量}}{\text{A地区耕种地面积}} : \dfrac{\text{B地区总产量}}{\text{B地区耕种地面积}}＝70\%. \end{cases}$$

两式相除得：

$$\dfrac{\text{A地区耕种地面积}}{\text{A地区耕种地面积}＋\text{A地区休耕地面积}}＝\dfrac{12}{7}\times\dfrac{\text{B地区耕种地面积}}{\text{B地区耕种地面积}＋\text{B地区休耕地面积}},$$

即：

$$\dfrac{\text{A地区耕种地面积}}{\text{A地区总农田}}＝\dfrac{12}{7}\times\dfrac{\text{B地区耕种地面积}}{\text{B地区总农田}}.$$

所以 A 地区耕种地占总农田的比例比 B 地区高，故 D 项正确。

其余各项均不符合事实。

方法二：赋值法。

设 A 地区产量为 120，B 地区产量为 100，两地区耕地总面积均为 100，B 地区耕种地面积为 50，则仅基于耕种地的面积计算，可知 B 地区平均亩产为 2，A 地区平均亩产为 $2\times70\%＝1.4$，故 A 地区耕种地面积为 $\dfrac{120}{1.4}＝\dfrac{600}{7}$，则得表 3-12：

表 3-12

项目	地区	
	A 地区	B 地区
耕种地面积	$\dfrac{600}{7}$	50
耕地总面积	100	100
耕种地占总面积的比例	$\dfrac{6}{7}$	0.5

故，A 地区耕种地占总农田的比例比 B 地区高，即 D 项正确。

方法三：题干中所有信息均为比例，一般无法推出确定的数量，只能选比例，故猜 D 项正确。

【答案】 D

变化2　增长率问题

技巧总结

(1) 增长率公式：

$$\text{一次增长问题：增长率}＝\dfrac{\text{现值－原值}}{\text{原值}}\times100\%.$$

复利问题/多次增长问题：现值＝原值×(1＋增长率)^n。

（2）常见陷阱：忽略基数。

例25 今年上半年的统计数字表明：甲省 CPI 在三个月环比上涨 1.8％以后，又连续三个月下降 1.7％，同期乙省 CPI 连续三个月环比下降 1.7％之后，又连续三个月上涨 1.8％。

假若去年 12 月甲、乙两省的 CPI 相同，则以下哪项判断不为真？

A. 今年 2 月份甲省比乙省的 CPI 高。

B. 今年 3 月份甲省比乙省的 CPI 高。

C. 今年 4 月份甲省比乙省的 CPI 高。

D. 今年 5 月份甲省比乙省的 CPI 高。

E. 今年 6 月份甲省比乙省的 CPI 高。

【解析】设去年 12 月份甲、乙两省的 CPI 均为 a，则今年 6 月份：

甲省 CPI：$a(1+1.8\%)^3(1-1.7\%)^3$。

乙省 CPI：$a(1-1.7\%)^3(1+1.8\%)^3$。

故，甲、乙两省今年 6 月份的 CPI 相等，且在今年 6 月份之前，甲省比乙省的 CPI 高，所以 E 项不为真。

【答案】E

例26 在过去的几年中，各大品牌商的智能手机出货量一直呈增长的趋势。2019 年大为手机出货量相比于 2018 年增长了 100％；但是，大米手机 2019 年的出货量却比 2018 年增长了 140％。与此同时，大米公司和大为公司的智能设备总出货量在 2018 年和 2019 年却是保持不变的。

如果上述信息都为真，则以下哪项断定也必定为真？

Ⅰ. 2019 年大米手机出货量大于大为手机的出货量。

Ⅱ. 大米公司和大为公司的智能手机的出货量占公司总出货量的比重在 2019 年都比 2018 年高。

Ⅲ. 两家公司除手机以外的智能设备出货量在 2018 年和 2019 年均减少了。

A. 只有Ⅰ。   B. 只有Ⅱ。   C. 只有Ⅲ。

D. 只有Ⅱ和Ⅲ。   E. Ⅰ、Ⅱ和Ⅲ。

【解析】总出货量＝智能手机出货量＋其他智能设备出货量。

Ⅰ项，仅根据出货量的增长率无法断定出货量的多少，还需要考虑出货量的原始基数，故此项不一定为真。

Ⅱ项，两家公司智能手机的出货量是增加的，总出货量不变，故两家公司的智能手机的出货量占公司总出货量的比重肯定也都是增加的，故此项一定为真。

Ⅲ项，智能手机的出货量增加，总出货量不变，则其他智能设备的出货量肯定是减少的，故此项一定为真。

【答案】D

变化 3　占比问题

> **技巧总结**
>
> （1）解题技巧。
>
> ①列出计算题干比率的公式。
>
> ②假设法和计算相结合。
>
> （2）常见陷阱。
>
> ①看比率的变化时，仅仅考虑分子，未考虑分母；或者仅仅考虑分母，未考虑分子。
>
> ②用数据作比较时，应该使用比率时误用了数量。
>
> ③误用比率。衡量某一个对象时，应该用比率 A，却误用了比率 B。

例27 某记者在报道中指出：速冻食品业方兴未艾。食品专家预测，未来十年内，世界速冻食品消费量将占全部食品消费量的 60％。进入 20 世纪 90 年代以来，我国的肉类、水产品、蔬菜类年产量达 1.4 亿吨，如果其中 60％加工成速冻食品，其市场规模无疑是十分巨大的。而 1995 年全国速冻食品仅为 220 万吨，离理想规模相去甚远。

根据以上资料，可以推理出的最有可能的结论是：

A. 该记者爱吃速冻食品。

B. 速冻食品大发展的良机已经过去。

C. 我国速冻食品消费量还不到全部食品消费量的 5％。

D. 我国速冻食品消费量已占全部食品消费量的 60％。

E. 双职工家庭经常购买速冻食品。

【解析】记者的报道中有以下信息：

①食品专家预测，未来十年内，世界速冻食品消费量将占全部食品消费量的 60％。

②进入 20 世纪 90 年代以来，我国的肉类、水产品、蔬菜类年产量达 1.4 亿吨。

③1995 年全国速冻食品仅为 220 万吨。

A 项，无关选项，题干没有提及。

B 项，与题干信息矛盾。

C 项，我国速冻食品消费量在全部食品消费量中所占的比例为 $\dfrac{220\ \text{万}}{1.4\ \text{亿}} \approx 1.57\%$，故此项为真。

D 项，显然为假。

E 项，无关选项，题干没有提及。

【答案】C

例28 如果比较全日制学生的数量，东江大学的学生数是西海大学学生数的 70％；如果比较学生总数量（全日制学生加上成人教育学生），则东江大学的学生数是西海大学学生数的 120％。

由上文最能推出以下哪项结论？

A. 东江大学比西海大学更注重教学质量。

B. 东江大学成人教育学生数量所占总学生数的比例比西海大学的高。

C. 西海大学的成人教育学生数比全日制学生数多。

D. 东江大学的成人教育学生数比西海大学的少。

E. 东江大学的全日制学生数比成人教育学生数多。

【解析】分析题干数据，假设西海大学的全日制学生数量为 a，总学生数量为 b。则有：东江大学的全日制学生数量为 $0.7a$，总学生数量为 $1.2b$。

A 项，题干未涉及两所大学的教学质量，因此，根据题干无法得知。

B 项，东江大学成人教育学生数量所占总学生数的比例为 $\dfrac{1.2b-0.7a}{1.2b}=1-\dfrac{0.7a}{1.2b}$；西海大学成人教育学生数量所占总学生数的比例为 $\dfrac{b-a}{b}=1-\dfrac{a}{b}$。故 $1-\dfrac{0.7a}{1.2b}-\left(1-\dfrac{a}{b}\right)=\dfrac{a}{b}-\dfrac{0.7a}{1.2b}=\dfrac{1.2a-0.7a}{1.2b}=\dfrac{0.5a}{1.2b}>0$，因此，东江大学成人教育学生数量占总学生数的比例比西海大学的高，即 B 项正确。

C、D、E 三项是对人数的比较，题干只涉及比例的比较，因此，由题干无法得出人数的情况。故排除此三项。

【答案】B

变化 4　定比例问题

> **技巧总结**
>
> 老吕当初读大学时，学校里对于一等奖学金名额的分配方式是：本班学生的总数 × 10%。我们班当时一共有 30 人，因此我们班一等奖学金的名额是 3 名。隔壁班有 40 人，因此，他们班的一等奖学金的名额是 4 名。也就是说，获得一等奖学金的学生人数占本班学生总人数的比例是一样的，这就是定比例问题。
>
> 在本例中，隔壁班获得一等奖学金的人数是 4 人，比我们班获得一等奖学金的人多，但并不能说明他们比我们更优秀，只能说明他们班学生的总数比我们班多。

例 29　某校以年级为单位，把学生的学习成绩分为优、良、中、差四等。在一学年中，各门考试总分前 10% 的为优，后 30% 的为差，其余的为良与中。在上一学年中，高二年级成绩为优的学生多于高一年级成绩为优的学生。

如果上述断定为真，则以下哪项一定为真？

A. 高二年级成绩为差的学生少于高一年级成绩为差的学生。

B. 高二年级成绩为差的学生多于高一年级成绩为差的学生。

C. 高二年级成绩为优的学生多于高一年级成绩为良的学生。

D. 高二年级成绩为优的学生少于高一年级成绩为良的学生。

E. 高二年级成绩为差的学生多于高一年级成绩为中的学生。

【解析】由题干可知：

高一年级成绩为优的学生数量：高一年级总人数 × 10%。

高二年级成绩为优的学生数量：高二年级总人数 × 10%。

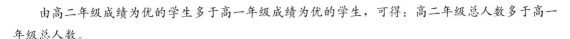

由高二年级成绩为优的学生多于高一年级成绩为优的学生，可得：高二年级总人数多于高一年级总人数。

高一年级成绩为差的学生数量：高一年级总人数×30％。

高二年级成绩为差的学生数量：高二年级总人数×30％。

由高二年级总人数多于高一年级总人数，可知：高二年级成绩为差的学生多于高一年级成绩为差的学生。

【答案】B

变化5 时间、日期与星期的计算

技巧总结

解题方法：

（1）寻找日期间可能存在的周期性规律。

（2）明确星期或者日期存在的特征（如：某个日期或者星期几能做什么，不能做什么）。

（3）选项代入法（推出矛盾）。

（4）假设法。

例30 某市为了减少交通堵塞，采取如下限行措施：周一到周五的工作日，非商用车按尾号0、5、1、6、2、7、3、8、4、9分五组按顺序分别限行一天，双休日和法定假日不限行。对违反规定者要罚款。

关于该市居民出行的以下描述中，除哪项外，都可能不违反限行规定？

A. 赵一开着一辆尾数为1的商用车，每天都在路上跑。

B. 钱二有两辆私家车，尾号都不相同，每天都开车。

C. 张三与邻居共有三辆私家车，尾号都不相同，他们合作每天有两辆车开。

D. 李四、张三与两个邻居共有五辆私家车，尾号都不相同，他们合作每天有四辆车开。

E. 王五与三个邻居共有六辆私家车，尾号都不相同，他们合作每天有五辆车开。

【解析】题干：

①非商用车按尾号0、5、1、6、2、7、3、8、4、9分五组按顺序分别限行一天。

②双休日和法定假日不限行。

A项，可能不违反规定，因为题干中限行的是非商用车，不涉及商用车是否限行。

B项，可能不违反规定，因为有可能一辆车限行时，开另外一辆不限行的车。

C项，可能不违反规定，因为有三辆车，如果每天最多有一辆车限行，则可以开另外两辆车。

D项，可能不违反规定，因为有五辆车，如果限行时间分别是周一到周五，则每天有四辆车不限行。

E项，必然违反规定，因为有六辆车，至少有两辆车会在同一天限行，这一天最多开四辆车，与E项的描述矛盾。

【答案】E

例 31 北京市为了缓解交通压力实行机动车辆限行政策，每辆机动车周一到周五都要限行一天，周末不限行。某公司有 A、B、C、D、E 五辆车，保证每天至少有四辆车可以上路行驶。已知：E 车周四限行，B 车昨天限行，从今天算起，A、C 两车连续四天都能上路行驶，E 车明天可以上路。

由此可知，下列推测一定正确的是：

A. 今天是周一。   B. 今天是周二。   C. 今天是周四。

D. 今天是周五。   E. 今天是周六。

【解析】题干有以下信息：

(1)E 车周四限行，并且明天可以上路。

(2)B 车昨天限行。

(3)从今天算起，A、C 两车连续四天都能上路行驶。

(4)保证每天至少有四辆车可以上路行驶。

(5)每辆机动车周一到周五都要限行一天，周末不限行。

根据信息(1)可知，今天不是周三。

根据信息(2)和(5)可知，今天既不是周日，也不是周一。

根据信息(1)、(2)和(4)可知，今天不是周五。

故今天是周二或者周四或者周六。

如果今天是周二，由题干信息(3)、(5)可知，A、C 两车均是周一限行，与题干信息(4)矛盾，故今天不是周二。

如果今天是周六，B 车就是周五限行，E 车是周四限行。结合题干信息(4)、(5)可知，A、C、D 三车应该在周一至周三限行。如果要保证 A、C 能连续上路四天，那么 A、C 两车周一和周二不可能限行，只能在周三一起限行，与题干信息(4)矛盾，故今天不是周六。

综上，今天是周四。

【答案】C

例 32 甲和乙是在一家健身俱乐部首次相遇并相互认识的，现已知下列信息：

(1)甲是在一月份的第一个星期一那天开始去健身俱乐部的。

(2)此后，甲每隔 4 天（即第 5 天）去一次。

(3)乙是在一月份的第一个星期二那天开始去健身俱乐部的。

(4)此后，乙每隔 3 天（即第 4 天）去一次。

在一月份的 31 天中，只有一天甲和乙都去了健身俱乐部，正是那一天他们首次相遇。

请问：甲和乙是在一月份的哪一天相遇的？

A. 7 号。   B. 13 号。   C. 17 号。

D. 21 号。   E. 27 号。

【解析】由题意可知，甲 5 天去一次健身俱乐部，乙 4 天去一次健身俱乐部，根据最小公倍数可知，两人 20 天相遇一次。

如果是 7 号相遇，则 27 号也一定会相遇；如果是 21 号相遇，则 1 号也一定相遇了；如果是

27号相遇，则7号也一定相遇了。因此，A、D、E项均不正确。

假设首次相遇的时间是13号，那么甲首次去健身俱乐部的可能日期是3号和8号，乙首次去健身俱乐部的可能日期是1号、5号、9号。如果甲是8号首次去的，即8号就是周一，那么1号也是周一，8号就不是一月份的第一个星期一。因此，甲是3号第一次去健身俱乐部的，即3号是周一，那么乙首次去健身俱乐部应该是4号，而乙首次去健身俱乐部的可能日期中没有4号。因此，该假设不成立。

如果是17号首次相遇，那么甲首次去健身俱乐部的可能日期是2号、7号和12号；乙首次去健身俱乐部的可能日期是1号、5号、9号、13号。如果甲是7号首次去的健身俱乐部，那么7号就是周一，1号即为周二，此时满足；其他日期都无法满足题干信息。

综上，甲7号首次去健身俱乐部，乙1号首次去健身俱乐部，首次相遇的时间为17号。

【答案】C

题型 19 数独问题及其他综合推理

[母题综述]

在联考的逻辑真题中，偶尔会出现一些不常见的综合推理题，比如说数独问题，目前一共考查过2道。

[母题精讲]

母题19 在下列4×4的矩阵中（如图3-11所示），每个小方格中可填入一个汉字。要求每行、每列以及4个由粗线条围成的小区域内均含有围、魏、救、赵4个汉字。

	①		赵
	魏	救	
②			
围			

图 3-11

根据上述条件，方格①和②中应填入的汉字分别是：

A. 围、魏。　　　　　　B. 魏、魏。　　　　　　C. 救、赵。

D. 赵、魏。　　　　　　E. 赵、围。

【解析】已知每行、每列以及4个由粗线条围成的小区域内均含有围、魏、救、赵这4个汉字。将空白小方格用序号标出，如图3-12所示：

③	①	⑤	赵
④	魏	救	⑥
②	⑦	⑧	⑨
围	⑩	⑪	⑫

图 3-12

根据题意可以确定，④不能是围、魏、救，因此，④是赵。

根据题意可以确定，③不能是围、赵、魏，因此，③是救。

根据题意可以确定，④是赵、③是救，因此，①是围、②是魏。

综上，①和②中应填入的汉字分别是围、魏。

【答案】A

[母题变化]

> **技巧总结**
>
> （1）命题特点。
>
> ①题干通常是 $n \times n$ 的表格，表格中会有确定的填入信息。
>
> ②每行、每列、特殊框内填入的信息均不重复。
>
> （2）解题方法。
>
> ①从题干中已确定的信息入手。
>
> ②观察行和列，一行或一列中已知的信息越多，未知的空格就越少，一般就是优先填写的部分。

变化 1　普通数独问题

例 33　在以下 5×5 的矩阵中（如图 3-13 所示），每个小方格中可填入一个汉字，要求每行、每列均含有金、木、水、火、土 5 个汉字，不能重复也不能遗漏。

		木		①
土				
		水	②	金
火				
			土	

图 3-13

根据已经给定的条件，矩阵中①和②所在方格中应填入的汉字分别是：

A. 金、火。 　　　　　　B. 火、木。 　　　　　　C. 水、木。

D. 土、火。 　　　　　　E. 水、火。

【解析】第三行以及第一列(从左往右数)涉及的信息最多，故从此处入手解题。

第三行的第一列不能是"金""水""土""火"，因此可以确定是"木"。第三行只剩下"火"和"土"。由于每列不能重复，因此，②一定是"火"。

第三行从左往右依次填入的是：木、土、水、火、金。代入题干可得图3-14：

		木		①
土				
木	土	水	火（②）	金
火				
			土	

图 3-14

再次根据每行每列不重复原则，第一行的第一列、第二列、第四列均不能是"土"，因此，第一行的第五列一定是"土"。

综上，①填入的是"土"，②填入的是"火"。故 D 项正确。

【答案】D

变化 2　特殊形状的数独问题

例34　在以下 5×5 的矩阵中(如图 3-15 所示)，每个小方格中可填入一个汉字，要求每行、每列以及每个由粗线条围成的小区域内均含有松、菊、梅、兰、竹 5 个汉字，不能重复也不能遗漏。

	兰		①	
菊		竹	②	
			③	
	梅		④	
			⑤	松

图 3-15

根据已经给定的条件，可以推出矩阵中①②③④⑤方格中依次填入的汉字是：

A. 松、兰、梅、竹、菊。 　　　　　　B. 菊、梅、松、竹、兰。

C. 松、兰、菊、竹、梅。 　　　　　　D. 梅、菊、竹、兰、松。

E. 兰、竹、梅、菊、松。

【解析】已知每行、每列以及每个由粗线条围成的小区域内均含有松、菊、梅、兰、竹 5 个汉字。

第二行已知信息最多，故从第二行入手。第二行中已经有"菊"和"竹"，因此，②不可能是"菊"和"竹"，故排除 D、E 项。

第二行"菊"和"竹"中间的空格不能是"兰""菊""竹""梅"，因此，只能是"松"。所以，"松"和"竹"不可能出现在②和③中的任何一个位置，故排除 B 项。

综上，可得图 3-16：

	兰		①	
菊	松	竹	②	⑦
	⑥		③	
	梅		④	
			⑤	松

图 3-16

观察图 3-16，可知⑥一定是"菊"。故②和③是"兰"和"梅"（位置不一定一一对应），故排除 C 项。

综上，A 项正确。

【答案】A

本章模考题 ▶ 关系推理（综合推理）

（共30题，每题2分，限时60分钟）

1～2题基于以下题干：

一家果品公司销售果酱。每箱有三罐果酱，果酱共有葡萄、橘子、草莓、桃子、苹果五种口味，每罐果酱只含一种口味。必须按照以下条件装箱。

①每箱必须包含两种或三种不同的口味。

②含有橘子果酱的箱里必定至少装有一罐葡萄果酱。

③桃子果酱与苹果果酱不能装在同一箱内。

④含有草莓果酱的箱里必定至少有一罐苹果果酱。

1. 一罐橘子果酱再加上下列哪两罐果酱即可装成一箱？

    A. 一罐橘子果酱与一罐草莓果酱。   B. 两罐橘子果酱。

    C. 一罐葡萄果酱与一罐草莓果酱。   D. 两罐葡萄果酱。

    E. 一罐桃子果酱和一罐苹果果酱。

2. 以下关于一箱装有桃子果酱的箱子说法正确的是：

    A. 可能装有苹果果酱。   B. 可能装有草莓果酱。   C. 一定没有橘子果酱。

    D. 一定装有葡萄果酱。   E. 一定有橘子果酱。

3. X公司有3位管理者赵强、钱勇、周刚可以胜任分公司总经理职位，还有3位管理者张大大、李晓晓、王贵贵可以胜任分公司销售总监职位。现在该公司的北京、上海、杭州、广州分公司都需要新的总经理和销售总监。

    已知下列条件：

    ①每位总经理都需要销售总监配合工作。

    ②一个人最多只能管理一个分公司，并应安排在熟悉的市场环境。

    ③张大大熟悉北京和上海市场。

    ④钱勇已出任杭州分公司。

    如果李晓晓出任广州分公司，则以下哪项陈述一定为真？

    A. 张大大出任上海分公司。   B. 赵强出任广州分公司。   C. 王贵贵出任杭州分公司。

    D. 周刚出任北京分公司。   E. 张大大出任北京分公司。

4～8题基于以下题干：

一次校运动会上，有6人G、H、I、J、K、L参加跑步比赛，每人的排名各不相同。已知的排名信息如下：

    (1)I的排名高于L。

    (2)如果H的排名高于I，则J的排名高于K和L。

    (3)如果I的排名高于H，则K的排名高于J和L。

    (4)G的排名要么高于H，要么高于I，二者不兼得。

4. 如果 L 的排名高于 G，则以下哪项陈述可能为真？

　　A. H 的排名高于 I。　　　　B. H 的排名高于 J。　　　　C. G 的排名高于 I。

　　D. G 的排名高于 K。　　　　E. L 的排名高于 K。

5. 如果 H 的排名是第二高的，则以下哪项陈述可能为真？

　　A. K 的排名高于 G。　　　　B. K 的排名高于 J。　　　　C. I 的排名高于 G。

　　D. I 的排名高于 H。　　　　E. L 的排名高于 I。

6. 以下哪项列出的不可能是排名第一的人？

　　A. I。　　　　　　　　　　B. J。　　　　　　　　　　　C. G。

　　D. H。　　　　　　　　　　E. K。

7. 以下哪项列出的是可能的由高到低的排名顺序？

　　A. J、I、G、K、H、L。　　　　　　　　　　B. J、K、H、I、L、G。

　　C. H、G、I、L、J、K。　　　　　　　　　　D. I、K、G、J、H、L。

　　E. H、L、J、I、G、K。

8. 如果 I 的排名高于 J 却低于 K，则以下哪项陈述可能为真？

　　A. H 的排名高于 G。　　　　B. G 的排名高于 I。　　　　C. J 的排名高于 L。

　　D. H 的排名高于 I。　　　　E. G 的排名高于 K。

9. 某校体操队即将参加市里组织的体操比赛。赛前，体操队的 7 人进行了队形调整，7 人的位置大致如图 3-17 所示。已知，体操队的 7 人分别来自甲、乙、丙、丁四个班。已知甲班只有一人，其余三个班都至少有一人。在排列时必须遵循以下规则：

(1)每个丙班的同学都在两个乙班同学之间。

(2)有一个乙班的同学在两个丁班的同学之间。

(3)来自同一个班的同学不会上下、左右相邻列队。

(4)5 号和 7 号位置中的人都不是来自乙班。

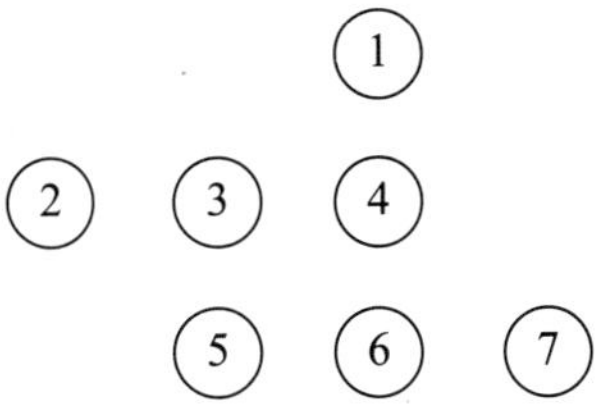

图 3-17

根据以上信息，甲班同学的位置可以是：

　　A. 3 号位置。　　　　　　B. 4 号位置。　　　　　　　C. 5 号位置。

　　D. 6 号位置。　　　　　　E. 7 号位置。

10. 某侦查队长接到一项紧急任务，要他在代号为 A、B、C、D、E、F 六个队员中挑选若干人侦破一件案子，人选的配备要求必须注意下列各点：

(1)A、B 两人中至少去一个人。

(2)A、D 不能一起去。

（3）A、E、F三人中要派两人去。

（4）B、C两人都去或都不去。

（5）C、D两人中去一人。

（6）若D不去，则E也不去。

下面哪项符合题干中的人员配备要求？

A. C、D、E三个人去。　　B. E、F两人去。　　C. B、D、F三个人去。

D. A、B、C、F四个人去。　E. 六个人都去。

11～12题基于以下题干：

一个花匠正在配制插花。可供选择的花共有苍兰、玫瑰、百合、牡丹、海棠和秋菊6种。一件合格的插花须由两种以上的花组成，同时需满足以下条件：

①如果有苍兰，则不能有秋菊。

②如果有海棠，则不能有秋菊。

③如果有牡丹，则必须有秋菊，并且秋菊的数量必须和牡丹一样多。

④如果有玫瑰，则必须有海棠，并且海棠的数量是玫瑰的两倍。

⑤如果有苍兰，则苍兰的数量必须大于所用到的其他花的总和。

11. 以下哪个配置，只需加上一枝海棠，就可成为一件合格的插花？

　　A. 三枝苍兰，一枝百合，两枝海棠。

　　B. 四枝苍兰，两枝牡丹，一枝海棠。

　　C. 五枝苍兰，一枝玫瑰，一枝海棠。

　　D. 两枝玫瑰，两枝海棠，两枝秋菊。

　　E. 两枝百合，两枝牡丹，两枝海棠。

12. 以下各项所列的两种花都可以搭配在一起，组成一件合格的插花，除了：

　　A. 苍兰和百合。　　B. 苍兰和海棠。　　C. 海棠和百合。

　　D. 玫瑰和牡丹。　　E. 百合和秋菊。

13～14题基于以下题干：

某次象棋团队对抗赛中，山东队的四位队员为A、B、C、D，山西队的四位队员为赵、钱、孙、李。他们共比赛四天，每天两两对下一盘棋，每人四天中的对手都不相同。每盘棋胜者积2分，负者积0分，若是和棋，双方各积1分。

已知，第一天，A击败了赵；第二天，D击败钱；第三天，B输给了钱，C和赵战平。

13. 根据以上信息，以下哪项一定为真？

　　A. 第四天，D和钱比赛。　　B. 第四天，B和赵比赛。　　C. 第四天，C和赵比赛。

　　D. 第四天，C和钱比赛。　　E. 第四天，A和钱比赛。

14. 除题干中提到的几盘棋外，赵和钱在其他几盘棋中保持全胜，则在后三天中，C最多可积多少分？

　　A. 2分。　　B. 3分。　　C. 4分。

　　D. 5分。　　E. 6分。

15. 暑期就要到了，茜茜和妈妈制定了假期旅游计划，她们准备去巴黎、悉尼、杭州、挪威、东京、首尔、洛杉矶七个城市旅游，每个城市都要去，但是她的旅游顺序必须符合如下要求：

(1)去首尔之前要先去杭州，去这两个城市之间还要去另外两个城市(洛杉矶除外)。

(2)第一个或者最后一个去挪威。

(3)第三个去东京。

(4)去洛杉矶要在去首尔之前或者刚刚去完首尔之后。

如果茜茜和妈妈首先要去杭州，则可以得出以下哪项？

A. 第二个去悉尼。　　　　B. 第五个去首尔。　　　　C. 第二个去巴黎。

D. 第五个去洛杉矶。　　　E. 第六个去悉尼。

16. 有甲、乙、丙、丁、戊五个人围坐在一张圆桌上吃饭，其中有两个人是法律专业；有两个人是文学专业；有一个人是历史专业。已知两个法律专业的人和两个文学专业的人都坐在相邻位置。甲与丁同一个专业，丙坐在乙和一个文学专业的人之间，戊和乙不相邻，丙和甲不相邻，则下列推断正确的是：

A. 甲是文学专业。　　　　B. 乙是法律专业。　　　　C. 丙是文学专业。

D. 戊是历史专业。　　　　E. 丙是法律专业。

17. 几位同学对物理竞赛的名次进行猜测。小钟说："小华第三，小任第五。"小华说："小闽第五，小宫第四。"小任说："小钟第一，小闽第四。"小闽说："小任第一，小华第二。"小宫说："小钟第三，小闽第四。"

已知本次竞赛没有并列名次，并且每个名次都有人猜对。那么，具体名次应该是以下哪项？

A. 小华第一、小钟第二、小任第三、小闽第四、小宫第五。

B. 小闽第一、小任第二、小华第三、小宫第四、小钟第五。

C. 小任第一、小华第二、小钟第三、小宫第四、小闽第五。

D. 小任第一、小闽第二、小钟第三、小宫第四、小华第五。

E. 小任第一、小闽第二、小宫第三、小钟第四、小华第五。

18. 在一盘扑克牌游戏中，某个人的手中有这样一副牌：

(1)正好有 13 张牌。

(2)每种花色至少有一张。

(3)每种花色的张数不同。

(4)红心和方块总共 5 张。

(5)红心和黑桃总共 6 张。

(6)属于"王牌"花色的有 2 张。

请问：红心、黑桃、方块和梅花这四种花色中，哪一种是"王牌"花色？

A. 红心。　　　　　　　　B. 黑桃。　　　　　　　　C. 方块。

D. 梅花。　　　　　　　　E. 无色。

19. 在一次田径预选赛中，张强超过了李进，而宋之的成绩好于王平却不如马正。

由此可以推出：

A. 马正的成绩比张强好。

B. 李进的成绩超过了王平。

C. 张强的成绩好于宋之。

D. 在五个人中，王平最多名列第三。

E. 在五个人中，李进的成绩最差。

20. 过儿童节，幼儿园阿姨给三个小孩儿分食品。现有月饼、桃酥、蛋糕各一块，苹果、香蕉、鸭梨各一个。小红不喜欢吃蛋糕和鸭梨，小华不喜欢吃桃酥和苹果，小林不喜欢吃蛋糕和苹果。阿姨想出了一个分配方案，使小朋友们都分到了喜欢的点心和水果。

以下哪项不是阿姨想出的分配方案？

A. 小林分到月饼和香蕉，小红分到桃酥和苹果，小华分到蛋糕和鸭梨。

B. 小林分到蛋糕和苹果，小红分到桃酥和香蕉，小华分到月饼和鸭梨。

C. 小林分到桃酥和鸭梨，小红分到月饼和苹果，小华分到蛋糕和香蕉。

D. 小林分到月饼和鸭梨，小红分到桃酥和苹果，小华分到蛋糕和香蕉。

E. 小林分到桃酥和香蕉，小红分到月饼和苹果，小华分到蛋糕和鸭梨。

21. 某地举办了一次"我所喜欢的导演、演员"评选活动，评委要在得票最多的四位当选人中确定两对导演、演员分别获金奖和银奖。这四位当选人中，一位是上海的女演员，一位是北京的男演员，一位是重庆的女导演，一位是大连的男导演。不论在金奖还是在银奖中，评委都不希望出现男演员和女导演配对的情况。

以下哪项是评委所不希望出现的结果？

A. 获金奖的一对中，一位是北京演员；获银奖的一对中，一位是女导演。

B. 获金奖的一对中，一位是上海演员；获银奖的一对中，一位是女导演。

C. 获金奖的一对中，一位是男导演；获银奖的一对中，一位是女演员。

D. 获银奖的一对中，一位是男演员，另一位是大连导演。

E. 获金奖的一对中，一位是上海演员，另一位是重庆导演。

22. 小平忘记了今天是星期几，于是他去问 O、P、Q 三人。O 回答："我也忘记今天是星期几了，但你可以去问 P、Q 两人。"P 回答："昨天是我说谎的日子。"Q 的回答和 P 一样。已知：

①O 从来不说谎。

②P 在星期一、星期二、星期三这三天说谎，其余时间都讲真话。

③Q 在星期四、星期五、星期六这三天说谎，其余时间都讲真话。

根据以上条件，今天是星期几？

A. 星期一。　　　　　　B. 星期二。　　　　　　C. 星期四。

D. 星期六。　　　　　　E. 星期日。

23～24 题基于以下题干：

　　F、G、J、K、L 和 M 六人应聘某个职位。只有被面试才能被聘用。而且，必须满足以下条件：

①如果面试 G，则面试 J。

②如果面试 J，则面试 L。

③F 被面试。

④除非面试 K，否则不聘用 F。

⑤除非面试 M，否则不聘用 K。

23. 以下哪项可能为真？

    A. 只有 F、J 和 M 被面试。

    B. 只有 F、J 和 K 被面试。

    C. 只有 G 和另外一位应聘者被面试。

    D. 只有 G 和另外两位应聘者被面试。

    E. 只有 G 和另外三位应聘者被面试。

24. 如果 M 未被面试，则以下哪项一定为真？

    A. K 未被面试。

    B. K 被面试单位聘用。

    C. F 被面试，但 K 未被聘用。

    D. F 被聘用，但 K 未被聘用。

    E. F 被聘用。

25. 同一寝室的三人甲、乙、丙大学毕业后在各自的工作岗位上都做出了出色的成绩，成了教授、作家和市长。另外：

    (1)他们分别毕业于数学系、物理系和中文系。

    (2)作家称赞中文系毕业者身体健康。

    (3)物理系毕业者请教授写了一个条幅。

    (4)作家和物理系毕业者在一个市内工作。

    (5)乙向数学系毕业者请教过统计问题。

    (6)毕业后，物理系毕业者、乙都没再和丙联系过。

    则可知：

    A. 丙是作家，甲毕业于物理系。

    B. 乙毕业于数学系。

    C. 甲毕业于数学系。

    D. 中文系毕业者是作家。

    E. 丙是中文系毕业者。

26. 张山、李思、王武三个男同学各有一个妹妹，六个人一起进行男女混合双打羽毛球赛。比赛规定，兄妹两人不能搭伴。已知：

    第一盘对局的情况是：张山和冬雨对王武和唯唯。

    第二盘对局的情况是：王武和春春对张山和李思的妹妹。

    请根据题干的条件，确定以下哪项为真？

    A. 张山和春春、李思和唯唯、王武和冬雨各是兄妹。

    B. 张山和唯唯、李思和春春、王武和冬雨各是兄妹。

    C. 张山和冬雨、李思和唯唯、王武和春春各是兄妹。

    D. 张山和春春、李思和冬雨、王武和唯唯各是兄妹。

    E. 张山和唯唯、李思和冬雨、王武和春春各是兄妹。

27~28 题基于以下题干：

美剧《权力的游戏》中，每个人都属于某个家族，每个家族只崇拜以下五个图腾之一：熊、狼、鹿、狮、龙。这个社会的婚姻关系遵守以下法则：

崇拜同一个图腾的男女可以结婚。

崇拜狼的男子可以娶崇拜鹿或狮的女子。

崇拜狼的女子可以嫁崇拜狮或龙的男子。

崇拜狮的男子可以娶崇拜龙的女子。

父亲与儿子崇拜的图腾相同。

母亲与女儿崇拜的图腾相同。

27. 崇拜以下哪项图腾的男子一定可以娶崇拜龙的女子？

    A. 狼或狮。   B. 狮或鹿。   C. 龙或鹿。

    D. 狮或龙。   E. 狼或龙。

28. 如果某男子崇拜的图腾是狼，则他妹妹崇拜的图腾最可能是：

    A. 狼、龙或鹿。   B. 狼、龙或狮。   C. 狼、鹿或熊。

    D. 狼、熊或狮。   E. 狼、鹿或狮。

29~30 题基于以下题干：

某县召开会议。办公室的刘秘书接到一项会务安排任务，要求他在为期 4 天的会期中将 7 个专题会议("环境""经济""文化""社会""教育""政法""交通")安排好顺序和日程。具体要求是：

①每天安排 1~3 个专题会议，每天的会议也需明确前后顺序。

②"社会"专题的会议安排在第二天。

③"环境"和"教育"专题的会议安排在同一天。

④"社会"专题会议安排在"经济"专题会议之后，在"文化"专题会议之前。

⑤"文化"专题会议安排在"环境"专题会议之前，在"政法"专题会议之后。

29. 若"文化"和"教育"专题会议安排在第四天，则可能得出以下哪项？

    A. "政法"和"交通"专题会议安排在第一天。

    B. "交通"和"经济"专题会议安排在第二天。

    C. "经济"和"政法"专题会议安排在第三天。

    D. "政法"和"交通"专题会议安排在第三天。

    E. "经济"和"政法"专题会议安排在第二天。

30. 若"环境"专题会议安排在第三天，则可以得出以下哪项？

    A. "政法"专题会议安排在第一天。

    B. "文化"专题会议安排在第二天。

    C. "经济"专题会议安排在第三天。

    D. 交通"专题会议安排在第四天。

    E. "交通"专题会议安排在第一天。

本章模考题 ▶ 参考答案

1. D

【解析】匹配关系推理。

题干已知条件如下：

①每箱必须包含两种或三种不同口味的果酱。

②橘子果酱→至少有一罐葡萄果酱。

③桃子果酱→没有苹果果酱，等价于：苹果果酱→没有桃子果酱。

④草莓果酱→至少有一罐苹果果酱。

⑤一罐橘子果酱。

使用选项排除法：

根据条件②可知，一定至少有一罐葡萄果酱，故排除 A、B、E 项。

C 项，根据条件④可知，如果有草莓果酱，那么至少有一罐苹果果酱，则与题干"每箱有三罐果酱"矛盾，故排除。

D 项，不与题干任何条件矛盾，故此项正确。

2. D

【解析】匹配关系推理。

题干已知条件如下：

①每箱必须包含两种或三种不同口味的果酱。

②橘子果酱→至少有一罐葡萄果酱。

③桃子果酱→没有苹果果酱，等价于：苹果果酱→没有桃子果酱。

④草莓果酱→至少有一罐苹果果酱。

⑤一箱装有桃子果酱的箱子。

使用选项排除法：

根据条件③可知，一定没有苹果果酱，故排除 A 项。

再根据条件④逆否可知，不可能有草莓果酱，故排除 B 项。

只剩橘子果酱和葡萄果酱可以选择，根据条件①和②，不论是否有橘子果酱，一定会有葡萄果酱。故 D 项正确。

3. C

【解析】匹配关系推理。

由条件②、③可知，张大大不能出任杭州分公司。

又由于"李晓晓出任广州分公司"，由条件②可知，李晓晓不能出任杭州分公司。

又由于"钱勇已出任杭州分公司"，由条件①可知，应该有一位销售总监出任杭州分公司。

故，王贵贵出任杭州分公司。

所以，C 项正确。

4. B

【解析】排序关系推理。

已知 L 的排名高于 G，结合题干条件(1)可知，I、L、G 的排名关系表示为：I>L>G。

因为 G 的排名不会高于 I，结合题干条件(4)可知，G 的排名高于 H，即：I>L>G>H。

因为 I 的排名高于 H，结合题干条件(3)可知，K 的排名高于 J 和 L，即 K>J 且 K>L。

A 项，H>I，不可能为真。

B 项，H>J，由题干可知，K>L，L>H，即：K>L>H，但是不知 J 与 L 和 H 的关系，故此项可能为真。

C 项，G>I，不可能为真。

D 项，G>K，由题干可知，K>L，L>G，即：K>L>G，故此项不可能为真。

E 项，L>K，不可能为真。

5. A

【解析】排序关系推理。

因为 H 的排名是第二高的，结合题干条件(4)作如下假设。

若 G 的排名高于 H，那么 G 的排名是最高的，可以推出，G 的排名一定高于 I，不符合题干条件(4)，故 G 的排名低于 H，结合题干条件(4)可知，G 的排名高于 I。

再结合题干条件(1)可知，H>G>I>L。

因为 H 的排名高于 I，结合题干条件(2)可知，J>K 且 J>L。

A 项，K>G，可能为真。

B 项，K>J，不可能为真。

C 项，I>G，不可能为真。

D 项，I>H，不可能为真。

E 项，L>I，不可能为真。

6. C

【解析】排序关系推理。

若 G 是排名第一的，那么 G 的排名高于 H，且高于 I，不符合题干条件(4)，故 G 不可能是排名第一的人。

故 C 项正确。

7. D

【解析】排序关系推理。

使用选项排除法。

A 项，不符合题干条件(3)，故排除此项。

B 项，不符合题干条件(4)，故排除此项。

C 项，不符合题干条件(2)，故排除此项。

D 项，与题干条件不矛盾，可能为真。

E 项，不符合题干条件(1)，故排除此项。

8. C

【解析】排序关系推理。

因为 K＞I＞J，结合题干条件(2)可知，H 的排名不高于 I，故 I＞H。

结合题干条件(3)可知，K＞L。

再结合题干条件(1)可得：K＞I＞L。

由上题分析可知，G 不可能是排名最高的，故 K 是排名最高的。

A 项，H＞G，因为 I＞H，那么 I＞H＞G，不符合题干条件(4)，故排除此项。

B 项，G＞I，因为 I＞H，那么 G＞I＞H，不符合题干条件(4)，故排除此项。

C 项，J＞L，与题干不矛盾，故此项可能为真。

D 项，H＞I，不可能为真。

E 项，G＞K，不可能为真。

9. A

【解析】方位关系推理。

根据题干信息可知，甲班只有一人，乙班和丁班至少有两人，那么丙班有一人或两人。

若丙班有两人，根据题干条件(1)可知，乙班至少有四人，由此推出，丁班为 0 人，不符合题干。故，丙班只有一人。

根据题干条件(1)可知，丙班可能的位置为 3、4 或 6 号。

若丙班的位置为 3 号，那么 2 号和 4 号均为乙班的人。根据题干条件(2)可知，1 号和 6 号均为丁班的人。再根据题干条件(3)、(4)可知，5 号和 7 号只能为甲班的人，又因为甲班只有一人，故丙班的位置不是 3 号。

若丙班的位置为 4 号，那么 1 号和 6 号均为乙班的人。根据题干条件(2)可知，5 号和 7 号为丁班的人，那么 2 号和 3 号的位置一个为甲班的人，另一个为乙班或丁班的人，不与题干矛盾，故此时甲班同学的位置是 2 号或 3 号。

若丙班的位置为 6 号，那么 5 号和 7 号均为乙班的人，与题干条件(4)矛盾。

综上，A 项正确。

10. D

【解析】选人问题。

使用选项排除法。

A 项，不满足条件(1)、(3)、(4)、(5)，故排除此项。

B 项，不满足条件(1)、(5)、(6)，故排除此项。

C 项，不满足条件(3)、(4)，故排除此项。

D 项，满足题干中的人员配备要求，故此项正确。

E 项，不满足条件(2)、(3)、(5)，故排除此项。

11. C

【解析】选人问题。

题干有以下信息：

①苍兰→￢秋菊。

②海棠→﹁秋菊。

③牡丹→秋菊，并且秋菊的数量必须和牡丹一样多。

④玫瑰→海棠，并且海棠的数量是玫瑰的两倍。

⑤如果有苍兰，则苍兰的数量必须大于所用到的其他花的总和。

使用选项排除法。

A项，不符合条件⑤。

B项，不符合条件③和⑤。

C项，符合题意。

D项，不符合条件②和④。

E项，不符合条件③。

12. D

【解析】选人问题。

题干有以下信息：

①苍兰→﹁秋菊。

②海棠→﹁秋菊。

③牡丹→秋菊，并且秋菊的数量必须和牡丹一样多。

④玫瑰→海棠，并且海棠的数量是玫瑰的两倍。

⑤如果有苍兰，则苍兰的数量必须大于所用到的其他花的总和。

由条件④、②串联可得：⑥玫瑰→海棠→﹁秋菊。

条件③逆否可得：⑦牡丹→秋菊＝﹁秋菊→﹁牡丹。

由条件⑥、⑦串联可得：玫瑰→海棠→﹁秋菊→﹁牡丹。

因此，D项不可能。

13. E

【解析】匹配关系推理。

将题干信息列表如下（见表3-13）：

表 3-13

第一天	A击败了赵	
第二天	D击败钱	
第三天	B输给了钱	C和赵战平

因为两队每人四天中的对手都不相同，故第四天，赵不会与A、C对战，钱不会与D、B对战。即：第四天，赵与D或B对战，钱与A或C对战。

因为在第一天，钱不能与A对战，故钱只能与C对战。

在第二天，赵不能与D对战，故赵只能与B对战。

因此，第四天，赵与D对战，钱与A对战。

故E项正确。

14. D

【解析】数量关系推理。

第二天，C 与孙或李对战，最多得 2 分。第三天，C 得 1 分。第四天，C 与李或孙对战，最多得 2 分。因此，在后三天中，C 最多可积 5 分。故 D 项正确。

15. D

【解析】排序关系推理。

因为茜茜和妈妈首先去杭州，根据题干条件(2)可知，最后一个去挪威。

根据题干条件(1)可知，第四个去首尔。

又根据题干条件(1)、(4)可知，洛杉矶不能在去首尔之前，所以第五个去洛杉矶。

故 D 项正确。

16. C

【解析】方位关系推理。

假设圆桌位上标注有 1、2、3、4、5 的座位号。

根据"丙坐在乙和一个文学专业的人之间"，可设定丙坐在 1 号，乙坐在 2 号。

根据"丙和甲不相邻"可知，甲的位置是 3 号或 4 号。

根据"戊和乙不相邻"可知，戊的位置是 4 号或 5 号。

已知甲与丁同一个专业，必须坐在相邻位置，所以甲和丁的位置是 3 号和 4 号。故可得戊的位置只能是 5 号。又知丙坐在乙和一个文学专业的人之间，所以戊是文学专业，丙也是文学专业。

故可推知：甲与丁就只能是法律专业，乙是历史专业。

17. C

【解析】匹配关系推理。

题干有以下信息：

第一：小钟、小任。

第二：小华。

第三：小华、小钟。

第四：小宫、小闽。

第五：小任、小闽。

由"本次竞赛没有并列名次，并且每个名次都有人猜对"可知，小华第二，故选项排除可知 C 项正确。

继续推理：

由小华第二，可知小钟第三，可知小任第一，可知小闽第五，可知小宫第四。

18. B

【解析】数量关系推理。

根据题干信息，运用列表法，可得表 3-14：

表 3-14

序号	红心	方块	黑桃	梅花	总计
1	1	4	5	3	13
2	2	3	4	4	13
3	3	2	3	5	13
4	4	1	2	6	13

根据条件(3)"每种花色的张数不同",可以排除第 2 种和第 3 种可能;根据条件(6)"属于王牌花色的有 2 张"可知,可能性为第 4 种,即"王牌"花色为黑桃。

19. D

【解析】排序关系推理。

题干有以下信息:

①张强＞李进。

②马正＞宋之＞王平。

题干没有对张强、李进与马正、宋之、王平的成绩进行比较,因此 A、B、C、E 项均不能被推出。

又由于王平的成绩低于马正和宋之,因此王平最多名列第三,故 D 项正确。

20. B

【解析】匹配关系推理。

使用选项排除法。

B 项,小林分到蛋糕和苹果,但题干中说小林不喜欢吃蛋糕和苹果,故此项不符合题意。

其余各项均符合题意。

21. B

【解析】选人问题。

使用选项排除法。

B 项,获银奖的一对中,一位是女导演。因为评委都不希望出现男演员和女导演配对,即:女导演不能和男演员配对,因此,女导演只能和上海的女演员配对。与此项中"获金奖的一对中,一位是上海(女)演员"矛盾,故 B 项是评委所不希望出现的结果。

其余各项均不是评委所不希望出现的结果。

22. C

【解析】匹配关系推理。

将题干信息列表格,得表 3-15:

表 3-15

人员	星期						
	星期一	星期二	星期三	星期四	星期五	星期六	星期日
O	真话	真话	真话	真话	真话	真话	真话

续表

人员	星期						
	星期一	星期二	星期三	星期四	星期五	星期六	星期日
P	假话	假话	假话	真话	真话	真话	真话
Q	真话	真话	真话	假话	假话	假话	真话

方法一：假设法。

假设 P 说的是假话，由于 P 说假话的三天(星期一、星期二、星期三)，Q 均说真话，所以 Q 昨天应该说假话，星期一、星期二、星期三均不满足，故 P 说的是真话，且 P 昨天说假话，只有星期四符合，故 C 项正确。

方法二：选项排除法。

若 A 项为真，则昨天为星期日，这两天 Q 均说真话，与 Q 说"昨天是我说谎的日子"矛盾，排除。

若 B 项为真，则昨天为星期一，这两天 Q 均说真话，与 Q 说"昨天是我说谎的日子"矛盾，排除。

若 C 项为真，则与题干不矛盾，正确。

若 D 项为真，则昨天为星期五，这两天 P 均说真话，与 P 说"昨天是我说谎的日子"矛盾，排除。

若 E 项为真，则昨天为星期六，这两天 P 均说真话，与 P 说"昨天是我说谎的日子"矛盾，排除。

23.E

【解析】匹配关系推理。

题干有以下信息：

①面试 G→面试 J。

②面试 J→面试 L。

③面试 F。

④¬面试 K→¬聘用 F。

⑤¬面试 M→¬聘用 K。

本题中，题干的提问方式为"以下哪项可能为真"，故使用选项排除法。

A 项，由条件②可知，面试 J，必有面试 L，所以"只有 F、J、M 被面试"不成立。

B 项，由条件②可知，面试 J，必有面试 L，所以"只有 F、J、K 被面试"不成立。

C 项，由条件①、②可知，面试 G，必有面试 J、L，所以"只有 G 和另外一位应聘者被面试"不成立。

D 项，由条件①、②可知，面试 G，必有面试 J、L，另外有 F 被面试，所以"只有 G 和另外两位应聘者被面试"不成立。

E 项，可能为真。

24. C

【解析】匹配关系推理。

由条件⑤可知，M未被面试，则K未被聘用。

又由条件③可知，F被面试。

故C项必然为真。

25. A

【解析】匹配关系推理。

根据条件(2)可知，作家不是中文系毕业者。

根据条件(5)可知，乙不是数学系毕业者。

根据条件(6)可知，乙、丙都不是物理系毕业者，故甲是物理系毕业者。因为乙不是数学系毕业者，因此，乙是中文系毕业者。故丙是数学系毕业者。

根据条件(2)、(4)可知，作家不是中文系毕业者，也不是物理系毕业者，因此，作家是数学系毕业者(丙)。

根据条件(3)可知，教授不是物理系毕业者；并且也不是数学系毕业者，因此，教授是中文系毕业者(乙)。

综上，三人的毕业院系和工作如下：

甲—市长—物理系毕业者。

乙—教授—中文系毕业者。

丙—作家—数学系毕业者。

故A项正确。

26. A

【解析】匹配关系推理。

由第一盘对局的情况可知：张山的妹妹不是冬雨，王武的妹妹不是唯唯。

由第二盘对局的情况可知：王武的妹妹不是春春，李思的妹妹也不是春春。

因此，王武的妹妹是冬雨。故李思的妹妹不是冬雨，也不是春春，只能是唯唯。

综上可知，张山的妹妹是春春。

27. D

【解析】匹配关系推理。

题干中有以下信息：

①崇拜同一个图腾的男女可以结婚。

②崇拜狼的男子可以娶崇拜鹿或狮的女子。

③崇拜狼的女子可以嫁崇拜狮或龙的男子。

④崇拜狮的男子可以娶崇拜龙的女子。

⑤父亲与儿子崇拜的图腾相同。

⑥母亲与女儿崇拜的图腾相同。

由题干信息①可知，崇拜龙的男子可以娶崇拜龙的女子；再由题干信息④可知，崇拜狮的男子可以娶崇拜龙的女子；故崇拜狮或龙的男子一定可以娶崇拜龙的女子，即D项正确。

28. E

【解析】匹配关系推理。

由题干信息⑤可知，该男子的父亲崇拜狼；又由题干信息①、②可知，该男子的母亲崇拜狼、鹿或狮；又由题干信息⑥可知，他妹妹崇拜狼、鹿或狮。故 E 项正确。

29. D

【解析】排序关系推理。

根据题意，"文化"和"教育"安排在第四天，根据条件③可知，"环境"也安排在第四天。

A 项，若"政法"和"交通"安排在第一天，根据条件②可知，"社会"在第二天，再根据条件④可知，"经济"在"社会"之前，又根据题意可知，第四天有 3 个专题会议，则可以推出第三天没有专题会议可安排，不符合条件①，故排除此项。

B 项，若"交通"和"经济"安排在第二天，结合条件②可知，"社会"也在第二天，再根据题意可知，第四天也有 3 个专题会议，则可以推出第一天或者第三天没有专题会议可安排，不符合条件①，故排除此项。

C 项，若"经济"和"政法"安排在第三天，根据条件②可知，"社会"在第二天，与条件④"'社会'专题会议安排在'经济'专题会议之后"矛盾，故排除此项。

D 项，若"政法"和"交通"安排在第三天，可以第一天安排"经济"，第二天安排"社会"，符合题干要求，故此项正确。

E 项，若"经济"和"政法"安排在第二天，结合条件②可知，第二天共安排了 3 个专题会议；根据题意可知，第四天也有 3 个专题会议，可推出第一天或者第三天没有专题会议可安排，不符合条件①，故排除此项。

30. D【解析】排序关系推理。

若"环境"安排在第三天，根据条件③可知，"教育"也安排在第三天。

根据条件②可知，"社会"专题会议安排在第二天。

根据条件④、⑤可知，"经济""社会""文化"和"政法"专题会议都安排在"环境"专题会议之前。

因此，"经济""社会""文化"和"政法"专题会议都不可能安排在第四天。

因为，"环境"和"教育"专题会议安排在第三天；根据条件①可知，"交通"专题会议安排在第四天。

第二部分
论证逻辑母题精讲

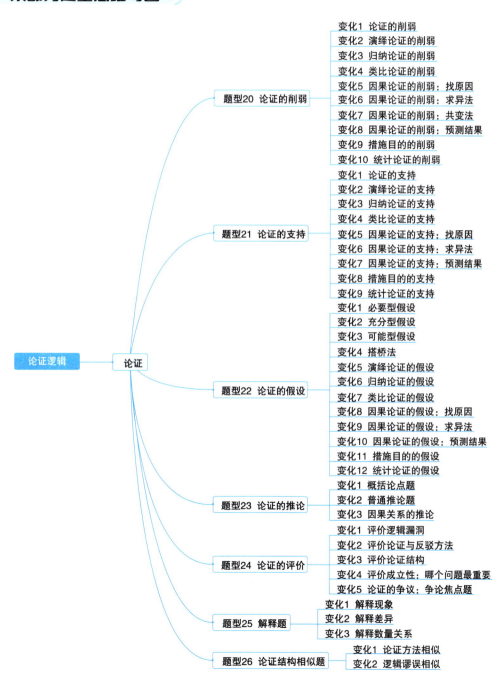

论证逻辑 —— 论证

题型20 论证的削弱
变化1 论证的削弱
变化2 演绎论证的削弱
变化3 归纳论证的削弱
变化4 类比论证的削弱
变化5 因果论证的削弱：找原因
变化6 因果论证的削弱：求异法
变化7 因果论证的削弱：共变法
变化8 因果论证的削弱：预测结果
变化9 措施目的的削弱
变化10 统计论证的削弱

题型21 论证的支持
变化1 论证的支持
变化2 演绎论证的支持
变化3 归纳论证的支持
变化4 类比论证的支持
变化5 因果论证的支持：找原因
变化6 因果论证的支持：求异法
变化7 因果论证的支持：预测结果
变化8 措施目的的支持
变化9 统计论证的支持

题型22 论证的假设
变化1 必要型假设
变化2 充分型假设
变化3 可能型假设
变化4 搭桥法
变化5 演绎论证的假设
变化6 归纳论证的假设
变化7 类比论证的假设
变化8 因果论证的假设：找原因
变化9 因果论证的假设：求异法
变化10 因果论证的假设：预测结果
变化11 措施目的的假设
变化12 统计论证的假设

题型23 论证的推论
变化1 概括论点题
变化2 普通推论题
变化3 因果关系的推论

题型24 论证的评价
变化1 评价逻辑漏洞
变化2 评价论证与反驳方法
变化3 评价论证结构
变化4 评价成立性：哪个问题最重要
变化5 论证的争议：争论焦点题

题型25 解释题
变化1 解释现象
变化2 解释差异
变化3 解释数量关系

题型26 论证结构相似题
变化1 论证方法相似
变化2 逻辑谬误相似

(1)管理类联考近10年真题考点统计(论证逻辑部分)

题型名称	2012	2013	2014	2015	2016	2017	2018	2019	2020	2021	合计	平均
论证的削弱	2	3	4	2	7	1	1	3	2	1	26	2.6
论证的支持	1	1	3	3	3	6	3	5	6	9	40	4
论证的假设	0	1	1	3	2	1	0	1	2	0	11	1.1
论证的推论	1	0	1	0	0	0	0	1	0	1	4	0.4
论证的评价	0	0	0	0	2	2	0	1	0	0	5	0.5
解释题	2	2	2	1	3	1	1	0	0	1	13	1.3
论证结构相似题	3	0	1	1	1	0	2	1	1	0	10	1
合计	9	7	12	10	18	11	7	12	11	12	109	10.9

(2)管理类联考命题趋势分析(论证逻辑部分)

近10年的管理类联考真题中,论证逻辑部分试题的总数为109道,平均每年10.9道,占近10年逻辑真题总数的36%。其中:

削弱题26道,支持题40道,假设题11道,解释题13道,结构相似题10道。削弱题和支持题合计66道,占论证逻辑总题量的60%。以上5类题型共计100道,占论证逻辑总题量的92%。

2012—2016年,削弱题的题量大于支持题;近5年来,支持题的题量大于削弱题。

(1)经济类联考近10年真题考点统计(论证逻辑部分)

题型名称	2012	2013	2014	2015	2016	2017	2018	2019	2020	2021	合计	平均
论证的削弱	3	3	4	4	3	4	4	3	3	2	33	3.3
论证的支持	0	1	4	3	1	1	1	3	1	3	18	1.8
论证的假设	1	1	5	3	2	4	3	2	2	1	24	2.4
论证的推论	3	2	1	1	3	3	3	2	0	0	18	1.8
论证的评价	1	0	0	1	1	3	5	2	5	0	18	1.8
解释题	3	1	3	1	1	2	1	0	1	1	14	1.4
论证结构相似题	0	0	0	0	0	0	1	1	1	0	3	0.3
合计	11	8	17	13	11	17	18	13	13	7	128	12.8

(2)经济类联考命题趋势分析(论证逻辑部分)

近 10 年的经济类联考真题中,论证逻辑部分试题的总数为 128 道,平均每年 12.8 道,占近 10 年经济类联考逻辑真题总数的 64%。在论证的 7 大题型中,削弱题和假设题在近 10 年考查得相对较多;支持题、推论题、评价题和解释题每年的试题总数比较平均;论证结构相似题在近 10 年仅考查了 3 道。

2021 年以前的经济类联考逻辑真题,论证逻辑部分占比多于形式逻辑部分。但是 2021 年改由教育部考试中心统一命题后,论证逻辑部分的比重有所下降,2021 年的经济类联考真题中,论证逻辑部分试题的占比为 35%,这一数据同管理类联考中论证逻辑部分试题的占比非常接近。但是复习时,削弱、支持、假设三大题型需要做到兼顾,复习的体系要形成"削弱、支持和假设为主,解释、评价和推论为辅"的模式。

第4章 论证

听本章课程

题型 20 论证的削弱

[母题综述]

削弱题是论证逻辑中最重要的题型,另外,论证有效性分析的基础也是削弱题,因此削弱题掌握的水平如何,对考试有着重要影响。

削弱题的特点是:题干给出一个论证或者表达某种观点,要求从选项中找出最能(或不能)削弱题干论证或观点的选项。

削弱题的常见提问方式如下:

"以下哪项如果为真,最能(或不能)削弱上述结论?"

"以下哪项如果为真,最能(或不能)对上述结论提出质疑?"

"以下哪项如果为真,最能反驳上述结论?"

"以下哪项如果为真,最能说明上述结论不成立?"

"以下各项都是对上述论点的质疑,除了哪项?"

对于削弱题,我们常采取以下解题步骤:

①读题目要求,判断此题是否属于削弱题。

②读题干,找出题干的逻辑主线,并判断题目属于哪种命题模型。

③依据解题模型及常见削弱方法,找出正确选项。

[母题精讲]

母题20 孩子出生后的第一年在托儿所度过,会引发孩子的紧张不安。在我们的研究中,有464名12~13岁的儿童接受了特异情景测试法的测验,该项测验意在测试儿童1岁时的状况与对母亲的依附心理之间的关系。其结果是:有41.5%曾在托儿所看护的儿童和25.7%曾在家看护的儿童被认为紧张不安,过于依附母亲。

以下哪项如果为真,最没有可能对上述研究的推断提出质疑?

A. 研究中所测验的孩子并不是从托儿所看护和在家看护两种情况下随机选取的,因此,这两组样本儿童的家庭很可能有系统性的差异存在。

B. 这项研究的主持者被证实曾经在自己的幼儿时期受到过长时间来自托儿所阿姨的冷落。

C. 针对孩子的母亲另一部分研究发现:由于孩子在家里表现出过度的依附心理,父母因此希望将其送入托儿所予以矫正。

D. 因为风俗的关系,在464名被测试者中,在托儿所看护的大多数为女童,而在家看护的多数为男童。一般地说，女童比男童更易表现出紧张不安和依附母亲。

E. 出生后第一年在家看护的孩子多数是由祖父母或外祖父母看护的，并形成浓厚的亲情。

【解析】

第1步：读问题。

"以下哪项如果为真，最没有可能对上述研究的推断提出质疑?"，确定本题为"削弱题"，但要找到那个不能削弱的选项。

第2步：分析题干的论证结构。

题干：孩子出生后的第一年在托儿所度过，会引发孩子的紧张不安(有所断定：论点)。在我们的研究中，有464名12～13岁的儿童接受了特异情景测试法的测验，该项测验意在测试儿童1岁时的状况与对母亲的依附心理之间的关系(背景介绍)。其结果是：有41.5％曾在托儿所看护的儿童和25.7％曾在家看护的儿童被认为紧张不安，过于依附母亲(实验结果：论据)。

对题干进行简单概括：有41.5％曾在托儿所看护的儿童和25.7％曾在家看护的儿童被认为紧张不安 ——证明→ 孩子出生后的第一年在托儿所度过，会引发孩子的紧张不安。

第3步：解题思路分析。

本题首先是一个调查统计型的题目(归纳论证)，我们的常用削弱方法是：样本没有代表性、调查机构不中立。

本题的论点中出现了一个因果关系：孩子出生后的第一年在托儿所度过，引发了孩子的紧张不安。因此，可以从因果关系的角度削弱。

第4步：分析选项。

A项，因为样本选取不是随机的，因此样本没有代表性，可以削弱。

B项，调查者不中立，受儿时情况的影响，可以削弱。

C项，指出题干因果倒置，可以削弱。

D项，指出是性别原因导致了题干中的结果，另有他因，可以削弱。

E项，无关选项，题干涉及的是孩子对"母亲"的依附，而此项是"祖父母或外祖父母"。

【答案】 E

[母题变化]

变化 1　论证的削弱

技巧总结

削弱论证的一般方法

(题干结构：论据 A ——证明→ 论点 B)

(1)削弱论点。

直接说明对方论点的虚假性。

(2)削弱论据。

说明对方所使用的论据是虚假的，从而论证它的论点是虚假的。

（3）提出反面论据。

提出能够证明对方论点虚假的反面论据。

（4）削弱隐含假设。

隐含假设就是对方在论述中虽未言明，但是其结论要想成立所必须具有的一个前提。削弱隐含假设就是指出题干的论证蕴含的假设不成立。

（5）指出论据不充分。

论据虽然成立，但不足以支持论点成立。

（6）举反例。

要说明一个命题是假命题，通常可以举出一个例子，使之具备命题的条件而不具有命题的结论，这种例子称为反例。注意，如果对方的结论是一个一般性结论，举反例的削弱力度很大，但如果对方的结论是一个特殊性结论，则举反例的削弱力度很小。

例 1 书最早是以昂贵的手稿复制品出售的，印刷机问世后，书就便宜多了。在印刷机问世的最初几年里，市场上对书的需求量成倍增长。这说明，印刷书籍的出现刺激了人们的阅读兴趣，大大增加了购书者的数量。

以下哪项如果为真，最能质疑上述论证？

A. 书的手稿复制品比印刷品更有收藏价值。

B. 在印刷机问世的最初几年里，原来手稿复制书籍的购买者，用原先能买一本书的钱，买了多本印刷书籍。

C. 在印刷机问世的最初几年里，印刷品的质量远不如现代的印刷品那样图文并茂，很难吸引年轻人购买。

D. 在印刷机问世的最初几年里，印刷书籍都没有插图。

E. 在印刷机问世的最初几年里，读者的主要阅读兴趣从小说转到了科普读物。

【解析】

第 1 步：读问题。

"以下哪项如果为真，最能质疑上述论证"，确定本题为"削弱题"。

第 2 步：分析题干的论证结构。

题干：书最早是以昂贵的手稿复制品出售的，印刷机问世后，书就便宜多了（背景介绍）。在印刷机问世的最初几年里，市场上对书的需求量成倍增长（论据）。这说明（论点标志词），印刷书籍的出现刺激了人们的阅读兴趣，大大增加了购书者的数量（论点）。

对题干进行简单概括：书的需求量成倍增长 —证明→ 购书者的数量增长。

第 3 步：解题思路分析。

本题不满足论证的"一致性"原则，因为它的论据中的核心概念是"书的需求量"，结论中的核心概念是"购书者的数量"。那么，"书的需求量"能证明"购书者的数量"吗？如果能，就是支持题干（搭桥法）；如果不能，就是削弱题干（拆桥法）。

第4步：分析选项。

A项，无关选项，题干的论证不涉及"收藏价值"的比较（与题干无关的新比较）。

B项，原来买一本手稿书的钱，现在可以买许多本印刷书，这样就存在一种可能：书的需求量增多了，但是购书者并没有增加，所以能削弱题干。

C项，年轻人仅是一部分人，印刷品难以吸引年轻人购买，并不能反驳题干中的论据"书的需求量成倍增长"。

D项，无关选项，题干的论证不涉及"插图"。

E项，无关选项，题干的论证不涉及读者主要阅读兴趣的变化。

【答案】B

例2 根据文物保护法，被作为文物保护的建筑物或其他设施，其所有权即使属于个人，所有者也无权对其进行修缮、装饰乃至改建。这一规定并不妥当，因为有的所有者提出对文物进行外观和内部结构的改造，是因为他们确信，这样做有利于加固和美化文物，从而提高它们的价值。

以下哪项如果为真，最能削弱上述论证？

A. 对文物建筑的改造，不一定就能起到加固和美化的作用，有时反而会弄得不伦不类。

B. 有的文物建筑年久失修，如不及时改造，将严重损害其价值。

C. 文物建筑的真正价值在于它是历史的遗迹，对其原貌的任何改变都是在降低其价值。

D. 一个所有者不能对其所有物进行处置，这是对其基本权利的侵犯。

E. 个人所有者往往缺乏对文物建筑进行改造的技术能力。

【解析】

第1步：读问题。

"以下哪项如果为真，最能削弱上述论证"，确定本题为"削弱题"。

第2步：分析题干的论证结构。

根据文物保护法，被作为文物保护的建筑物或其他设施，其所有权即使属于个人，所有者也无权对其进行修缮、装饰乃至改建。这一规定并不妥当（论点），因为（论据标志词）有的所有者提出对文物进行外观和内部结构的改造，是因为他们确信，这样做有利于加固和美化文物，从而提高它们的价值（论据）。

对题干进行简单概括：文物所有者确信，他们对文物进行改造有利于加固和美化文物，从而提高文物价值 ——证明——> 不允许文物所有者对文物进行改造的规定不妥当。

第3步：分析选项。

A项，削弱题干论据，但"不一定""有时"是弱化词，削弱力度弱。

B项，支持题干，指出了文物建筑改造的必要性。

C项，削弱题干论据，说明对文物的改造一定会降低文物的价值，削弱力度强。

D项，支持题干，说明文物的所有者有权利对文物进行改造。

E项，不能削弱，因为题干仅表示"所有者提出对文物进行改造"，并不代表他们亲自进行改造，即使自身缺乏技术能力，也可以请有技术能力的人或团队进行改造。

【答案】C

例3 据调查，滨州市有24％的家庭拥有电脑，但拥有电脑的家庭中的12％每周编写程序2小时以上，23％在1至2小时，其余的每周都不到1小时。可见，滨州市大部分购买电脑的家庭并没有充分利用他们的家庭电脑。

以下哪种说法如果为真，最能构成对上述结论的质疑？

A. 过多地使用电脑会对眼睛产生危害，对孕妇身体也有影响。

B. 许多人购买电脑是为了娱乐或其他用途，而不是编写程序。

C. 在调查中，会有相当比例的被调查对象夸大他们的电脑知识。

D. 使用电脑需要不断地学习与动手实践，有一个循序渐进的过程。

E. 家庭电脑的普及和充分利用肯定需要一个过程，不可操之过急。

【解析】题干：滨州市的家庭电脑拥有者中，很少用电脑来编写程序———证明→滨州市大部分购买电脑的家庭并没有充分利用他们的家庭电脑。

题干中出现了概念上的不一致，论据中说他们没有用电脑来"编写程序"，论点中说他们没有充分"利用"电脑。指出二者之间的区别即可削弱题干（拆桥法）。

A项，无关选项，题干仅涉及电脑是否被充分利用，不涉及使用电脑的危害。

B项，说明人们即使没有"编写程序"，也可以用其他方式来"利用"电脑，可以削弱题干。

C项，无关选项，题干的论证不涉及"电脑知识"。

D、E项，不能削弱题干，电脑的使用和普及需要一个过程，并不能反驳现在电脑的使用处于一个"没有被充分利用"的阶段。

【答案】B

例4 一般认为，一个人80岁和他在30岁时相比，理解和记忆能力都显著减退。最近一项调查显示，80岁的老人和30岁的年轻人在玩麻将时所表现出的理解和记忆能力没有明显差别。因此，认为一个人到了80岁理解和记忆能力会显著减退的看法是站不住脚的。

以下哪项如果为真，最能削弱上述论证？

A. 玩麻将需要的主要不是理解和记忆能力。

B. 玩麻将只需要较低的理解和记忆能力。

C. 80岁的老人比30岁的年轻人有更多的时间玩麻将。

D. 玩麻将有利于提高一个人的理解和记忆能力。

E. 一个人到了80岁理解和记忆能力会显著减退的看法，是对老年人的偏见。

【解析】题干：80岁的老人和30岁的年轻人在玩麻将时所表现出的理解和记忆能力没有明显差别———证明→一个人到了80岁理解和记忆能力会显著减退的看法是站不住脚的（即一个人到了80岁理解和记忆能力不会显著减退）。

A项，不能削弱，因为玩麻将需要的"主要"不是理解和记忆能力，不代表玩麻将不需要理解和记忆能力。

B项，削弱题干，玩麻将只需要较低的理解和记忆能力，说明不能通过玩麻将发现老年人和年轻人之间理解和记忆能力的差距。比如：教授和小学生都会做1＋1＝2，并不是说他们的数学能力相同，只是二者的差距没有表现出来而已。

C项，无关选项，老年人有更多的时间玩麻将，最多只能说明老年人玩麻将更熟练，与理解和记忆能力关系不大。

D项，无关选项，如果玩麻将有利于提高一个人的理解和记忆能力，那么应该是玩麻将的老年人和年轻人的理解和记忆能力都提高了，由此无法断定是老年人提高得更多。

E项，支持题干，说明一个人到了80岁理解和记忆能力不会显著减退。

【答案】B

例5 语言学家多年来一直在指责英语短语"between you and I"的用法是不合乎语法的，他们坚持认为正确的用法是"between you and me"，即在介词后接宾格。然而，这样的批评显然是没有根据的，因为莎士比亚自己在《威尼斯商人》中写道"All debts are cleared between you and I"。

下面哪项如果成立，最能严重地削弱以上论述？

A. 在莎士比亚的戏剧中，他有意让一些角色使用他认为不合语法的短语。

B. "between you and I"这样的短语很少出现在莎士比亚的作品中。

C. 越是现代的英语词组或短语，现代的语言学家越认为它们不适合在正式场合使用。

D. 现代说英语的人有时说"between you and I"，有时说"between you and me"。

E. 许多把英语作为母语的人选择说"between you and I"是因为他们知道莎士比亚也用这个短语。

【解析】题干：莎士比亚在《威尼斯商人》中使用了短语"between you and I" —— 证明 → 该短语用法正确。

题干中的隐含假设：莎士比亚在《威尼斯商人》中所使用的短语用法正确。

A项，削弱题干的隐含假设，说明莎士比亚在《威尼斯商人》中所使用的短语未必正确。

B项，无关选项，短语"between you and I"在莎士比亚的作品中出现的次数与该短语的正确性无关。

C项，无关选项，题干的论证并未提及正式场合或者非正式场合。

D项，诉诸众人，是否有人用此短语，与该短语的正确性无关。

E项，无关选项，人们是否知道莎士比亚使用该短语与该短语的正确性无关。

【答案】A

例6 一种外表类似苹果的水果被培育出来，我们称它为皮果。皮果的果皮里面会包含少量杀虫剂的残余物。然而，专家建议我们吃皮果之前不应该削皮，因为这种皮果的果皮里面含有一种特殊的维生素，这种维生素在其他水果里面含量很少，对人体健康很有益处，弃之可惜。

以下哪项如果为真，最能对专家的上述建议构成质疑？

A. 皮果皮上的杀虫剂残余物不能被洗掉。

B. 皮果皮中的那种维生素不能被人体充分消化吸收。

C. 吸收皮果皮上的杀虫剂残余物对人体的危害超过了吸收皮果皮中的维生素对人体的益处。

D. 皮果皮上杀虫剂残余物的数量太少，不会对人体造成危害。

E. 皮果皮上的这种维生素未来也可能用人工的方式合成，有关研究成果已经公布。

【解析】题干：皮果的果皮里面会包含少量杀虫剂的残余物（弊）；皮果的果皮里面含有一种特殊的对人体健康有益的维生素（利）。然而专家建议吃皮果之前不应该削皮。

皮果的果皮有利有弊，但专家建议吃皮果之前不应该削皮，说明专家认为皮果的果皮利大于弊，因此，只要说明皮果的果皮弊大于利即可削弱专家的观点，故C项正确。

A 项，说明了食用皮果的果皮有害处，但不涉及利弊大小的比较，故不能削弱专家的观点。

B 项，说明了皮果的果皮中的维生素不能被人体"充分吸收"，但存在它可以被人体吸收一部分，且吸收的部分对人体的好处比害处大的可能，故不能很好地削弱专家的观点。

D 项，指出皮果皮上的杀虫剂残余物不会对人体造成危害，支持专家的观点。

E 项，不涉及皮果皮的利弊大小的比较，无关选项。

【答案】C

例7 瑜伽功的教师说他知道做瑜伽功感觉多好，并知道这种运动对他的心灵和精神健康多么有利。他说："不管怎么说，有着长达 3 000 年历史的东西一定会对人类行为有其合理之处。"

下面哪一项如果正确，是对瑜伽功教师基于瑜伽功历经时间论断的最强的相关性反驳？

A. 该教师受益于教授瑜伽功，因此，他作为一名受益者不是一个公正的验证人。

B. 瑜伽功的练习在 3 000 年中有一些变化。

C. 该教师只以一个人的经历来论证，他的健康可能是有其他原因。

D. 战争贯穿整个人类历史，它不能被公正地称为是好的。

E. 3 000 年是对这一时间段的过少估计。

【解析】瑜伽功的教师：有着长达 3 000 年历史的东西一定合理 —证明→ 瑜伽功好，并对心灵和精神健康有利。

A 项，此项指出论证者不中立，可以削弱题干，但是，题目要求反驳"瑜伽功教师基于瑜伽功历经时间的论断"，此项不涉及"时间"，为无关选项。

B 项，不能削弱，瑜伽功的练习发生变化不代表它没有好处。

C 项，此项指出样本没有代表性，可以削弱题干，但是，题目要求反驳"瑜伽功教师基于瑜伽功历经时间的论断"，此项不涉及"时间"，为无关选项。

D 项，削弱题干，通过类比构造了一个和对方类似的论证（战争也很久远），但这一论证的结论显然与题干不符（战争不是好的），使用了归谬法。

E 项，显然不能削弱题干。

【答案】D

变化 2   演绎论证的削弱

技巧总结

演绎是由一般到个别的论证方法，它由一般原理出发，推导出关于个别情况的结论。 演绎论证是一种基于形式逻辑（判断和推理）的论证方法。

演绎是必然性的论证，即：如果前提为真，推理过程正确，则其结论一定为真。 因此，要想削弱一个演绎论证，就要说明它的前提不正确，或者推理过程不正确。

例8 某特级招待所报案失窃现款 200 万元。保安人员经过周密调查，得出结论是前台经理孙某作的案。所长说："这是最不可能的。"保安人员说："当所有其他的可能性都被排除了，剩下的可能性不管看来是多么不可能，都一定是事实。"

以下哪项如果为真，则最为有力地动摇了保安人员的说法？

A. 保安人员事实上不可能比所长更了解自己的经理。

B. 对非法行为惩处的根据，不能是逻辑推理，而只能是证据。

C. 保安人员无法穷尽所有的可能性。

D. 孙某是该招待所公认的优秀经理。

E. 该招待所前台出纳王某的丈夫有作案的前科。

【解析】保安使用的是一个演绎论证（排除法）：当所有其他的可能性都被排除了，剩下的可能性一定是事实。

从逻辑上来说，如果真的可以"排除所有其他的可能性"，那么"剩下的可能性一定是事实"。但是 C 项指出，无法"排除所有其他的可能性"，即保安的前提为假，故削弱保安的论证。

D、E 项，诉诸人格，优秀的人也可能犯错，有前科的人未必会再次犯罪。

其余各项均为无关选项。

【答案】C

例9 某学校评选优秀学生干部，根据规定，只有学习成绩优秀并且品德优良者，才能被评为优秀学生干部。大仙是班长，而且学习成绩在班里名列前茅，因此，他一定可以被评为优秀学生干部。

以下哪项如果为真，最能削弱题干的论证？

A. 大仙虽然是班长，但是他的班长工作做得并不好。

B. 班主任黄老师认为，大仙并不胜任班长工作。

C. 三年前，大仙的成绩并不好。

D. 大仙上学期间谈恋爱。

E. 大仙的品德有问题。

【解析】题干的前提：只有学习成绩优秀并且品德优良者，才能被评为优秀学生干部。

符号化为：优秀学生干部→成绩优秀∧品德优良。

等价于：﹁成绩优秀∨﹁品德优良→﹁优秀学生干部。

因此，如果 E 项为真，即大仙的品德有问题，就能推出他不可能被评为优秀学生干部，故 E 项能削弱题干。

其余各项均为无关选项。

【答案】E

变化 3 归纳论证的削弱

技巧总结

归纳论证的削弱，题干一般会出现调查统计。削弱方式主要有两种：

(1) 样本没有代表性。主要体现在样本的数量过少、广度不够或者样本不是随机选取的。

(2) 调查机构不中立。一项调查的主持人或主持机构应该是中立者，不能是利益相关方。

例 10　在一项调查中，对"如果被查出患有癌症，你是否希望被告知真相"这一问题，80％的被调查者作了肯定回答。因此，当人们被查出患有癌症时，大多数都希望被告知真相。

以下各项如果为真，都能削弱上述论证，除了：

A. 上述调查的策划者不具有医学背景。

B. 上述问题的完整表述是：作为一个意志坚强和负责任的人，如果被查出患有癌症，你是否希望被告知真相？

C. 在另一项相同内容的调查中，大多数被调查者对这一问题作了否定回答。

D. 上述调查是在一次心理学课堂上实施的，调查对象受过心理素质的训练。

E. 在被调查时，人们通常都不讲真话。

【解析】题干中出现一个调查问卷：80％的"被调查者"希望被告知真相——证明——→大多数"癌症患者"都希望被告知真相。

A 项，此项试图质疑调查的策划者，但是，此项调查并不涉及医学知识，无须医学背景。而且此项也不能说明调查的策划者不中立，因此不能削弱题干。

B 项，问卷设计不中立，带有暗示性语言，影响调查结论，可以削弱题干。

C 项，由相同的调查得出了不一样的结论，说明此调查结论未必准确，可以削弱题干。

D 项，调查对象受过心理素质训练，不能代表普通的"癌症患者"，即样本不具有代表性，可以削弱题干。

E 项，直接说明调查数据不真实，可以削弱题干。

【答案】A

例 11　目前的大学生普遍缺乏中国传统文化的学习和积累。国家教委有关部门及部分高等院校最近做的一次调查表明，大学生中喜欢和比较喜欢京剧艺术的只占到被调查人数的 14％。

下列陈述中的哪一项最能削弱上述观点？

A. 大学生缺乏对京剧艺术欣赏方面的指导，不懂得怎样去欣赏。

B. 喜欢京剧艺术与学习中国传统文化不是一回事，不要以偏概全。

C. 14％的比例正说明培养大学生对传统文化的学习大有潜力可挖。

D. 有一些大学生既喜欢京剧，又对中国传统文化的其他方面有兴趣。

E. 调查的比例太小，恐怕不能反映当代大学生的真实情况。

【解析】题干：调查表明，大学生中喜欢和比较喜欢京剧艺术的只占到被调查人数的 14％——证明——→目前的大学生普遍缺乏中国传统文化的学习和积累。

A 项，无关选项，此项涉及的是大学生不喜欢京剧艺术的原因，但题干的论证不涉及这一现象的原因。

B 项，题干中的调查只针对"京剧艺术"，得到的结论却是"中国传统文化"，扩大了论证对象的范围，犯了以偏概全的逻辑错误，B 项指出了这一点，故此项可以削弱题干。

C 项，无关选项，培养大学生对传统文化的学习是否有"潜力可挖"与现在是否"缺乏中国传统文化的学习和积累"无关。

D 项，"有一些"人的情况不能反驳一项调查的结果。

E 项，"恐怕"不能反映当代大学生的真实情况，是一种猜测性语气，削弱力度弱。

【答案】B

例12 莫大伟到吉安公司上班的第一天，就被公司职工自由散漫的表现所震惊。莫大伟由此得出结论：吉安公司是一个管理失效的公司，吉安公司的员工都缺乏工作积极性和责任心。

以下哪项如果为真，最能削弱上述论证？

A. 当领导不在时，公司的员工会表现出自由散漫。

B. 吉安公司的员工超过 2 万人，遍布该省的十多个城市。

C. 莫大伟大学刚毕业就到吉安公司，对校门外的生活不适应。

D. 吉安公司的员工和领导的表现完全不一样。

E. 莫大伟上班的这一天刚好是节假日后的第一个工作日。

【解析】题干：莫大伟上班的第一天，发现公司职工自由散漫——证明→吉安公司是一个管理失效的公司，其员工都缺乏工作积极性和责任心。

A 项，支持题干，提出了新论据：员工在领导不在时"自由散漫"，说明管理失效。

B 项，削弱题干，指出莫大伟所见的样本数量远小于公司的人数，其所见所闻没有代表性。

C、D 项，无关选项。

E 项，干扰项，误导同学们产生这样的联想：节假日后的第一个工作日，大家还没有从放假的状态中恢复，莫大伟所见的是特殊情况，平时不是自由散漫的。但这种联想是真的吗？从 E 项中无法确定，因此，此项不能削弱题干。

【答案】B

例13 20 世纪 90 年代初，小普村镇建立了洗涤剂厂，当地村民虽然因此提高了收入，但工厂每天排出的大量污水使村民们忧心忡忡：如果工厂继续排放污水，他们的饮用水将被污染，健康将受到影响。然而，这种担心是多余的。因为 1994 年对小普村镇的村民健康检查发现，几乎没人因水污染而患病。

以下哪项如果为真，最能质疑上述论证？

A. 1994 年，上述洗涤剂厂排放的污水量是历年中较小的。

B. 1994 年，小普村镇的村民并非全体参加健康检查。

C. 在 1994 年，上述洗涤剂厂的生产量减少了。

D. 合成洗涤剂污染饮用水导致的疾病需要多年后才会显现出来。

E. 合成洗涤剂污染饮用水导致的疾病与一般疾病相比更难检测。

【解析】题干：1994 年的村民健康检查发现，几乎没人因水污染而患病——证明→不需要担心水污染对健康的影响。

A 项，无关选项，题干并不直接涉及不同年份"污水量"的比较（与题干无关的新比较）。

B 项，不能削弱，因为在抽样统计中，并不要求统计所有人，只要抽取的样本有代表性就可以了。

C 项，无关选项，题干的论证不涉及洗涤剂厂的"生产量"。

D 项，可以削弱，说明在调查中虽然暂时没有发现因水污染而患病的人，但长久来看会对健康有影响，调查结果不能代表实际情况。

E 项，无关选项，题干不存在不同疾病之间的比较（与题干无关的新比较）。而且，即使合成洗涤剂污染饮用水导致的疾病难以检测也不代表其无法检测。

【答案】D

变化 4　类比论证的削弱

技巧总结

（1）类比论证的典型结构。

$$对象 1：有性质 A、B；$$
$$对象 2：也有性质 A；$$

$$所以，对象 2 也有性质 B。$$

简单来说，类比就是以此物比它物，通过两种对象在一些性质上的相似性，得出它们在其他性质上也是相似的。

（2）类比的削弱。

①类比对象之间存在本质差异，使得类比不成立。

②前提属性与结论属性不相关，使得类比不成立。

例 14　近日，研究人员在对实验鼠的神经回路进行分析中，发现导致特发性震颤的致病基因。研究人员分析了行走时下半身出现强烈震颤的实验鼠的基因及其中枢神经系统，发现实验鼠的"Teneurin-4"基因出现变异，导致神经细胞的轴突外没有形成髓鞘。神经类似电线，轴突相当于电线中的导线，而髓鞘如同覆盖在导线外的绝缘层。研究人员认为，实验鼠是由于髓鞘没有正常形成，导致神经回路"短路"，才出现震颤症状。研究人员据此得出结论，人类发生这种震颤的原因也是相同的。

以下哪项如果为真，最能削弱研究人员的论证？

A. 研究发现，"Teneurin-4"基因功能受到抑制的转基因实验鼠也存在髓鞘发育不全的状况。

B. 导致人类发生特发性震颤的致病基因与实验鼠的基因具备类似性。

C. 特发性震颤一直被认为是由基因导致的，但与此相关的具体基因及其引发症状的详细机制此前一直不明。

D. 患有特发性震颤疾症的人类与实验鼠发病时的症状并不完全相同。

E. 人类体内不具备"Teneurin-4"这种基因。

【解析】研究人员：实验鼠的"Teneurin-4"基因出现变异，导致髓鞘没有正常形成，导致神经回路"短路"，才出现震颤症状，因此，人类发生这种震颤的原因也是相同的。

A 项，说明"Teneurin-4"基因功能受到抑制也会导致髓鞘没有正常形成，支持震颤的出现与"Teneurin-4"基因有关。

B 项，说明人类与实验鼠类似，支持由实验鼠的情况来推断人类的情况。

C 项，无关选项，"此前一直不明"与现在的实验是否能明确震颤的原因无关。

D 项，无关选项，题干中讨论的是震颤的"原因"，此项讨论的是震颤的"症状"。

E 项，题干中实验鼠出现震颤症状的原因是"Teneurin-4"基因出现变异，而人类不具备这种基因，就说明题干中由实验鼠到人类的类比不成立，故此项削弱研究人员的结论。

【答案】E

例15 毫无疑问，未成年人吸烟应该加以禁止。但是，我们不能为了防止给未成年人吸烟以可乘之机，就明令禁止自动售烟机的使用。马路边上不是到处有避孕套自动销售机吗？为什么不担心有人从中买了避孕套去嫖娼呢？

以下哪项如果为真，最能削弱题干的论证？

A. 嫖娼是触犯法律的，但未成年人吸烟并不触犯法律。

B. 公众场合是否适合放置避孕套自动销售机，一直是一个有争议的问题。

C. 人工售烟营业点明令禁止向未成年人售烟。

D. 在司法部门的严厉打击下，卖淫嫖娼等社会丑恶现象逐年减少。

E. 据统计，近年来未成年吸烟者的比例有所上升。

【解析】题干使用类比论证：不能因为担心有人买了避孕套去嫖娼而禁止避孕套自动销售机的使用——证明→不能为了防止给未成年人吸烟以可乘之机，就明令禁止自动售烟机的使用。

A项，干扰项，虽然此项也指出了类比对象之间的差异，但这种差异并不能削弱题干结论的成立。试想，嫖娼是违法的，都无需禁止避孕套自动销售机的使用，那么吸烟并不违法，就更不需要禁止自动售烟机的使用了。故，此项支持题干。

B项，此项指出"公众场合是否适合放置避孕套自动销售机"是个有争议的问题，但这一争议的结果如何？应该不应该放置？无法确定，因此，此项不能削弱题干。

C项，可以削弱，此项指出类比对象之间有差异，避孕套有多种购买方式，避孕套自动销售机对于嫖娼者来说，可有可无，故无需禁止。而对于未成年人来说，烟草只能通过自动售烟机购买，故为了减少未成年人吸烟，应禁止自动售烟机的使用。

D、E项，显然是无关选项。

【答案】C

变化5 因果论证的削弱：找原因

技巧总结

如果题干是已知发现了某种现象，寻找这种现象产生的原因，就称为"找原因"型题目。题干的基本结构为：

现象（论据是果）——推测→原因（论点是因）。

例 16 地壳中的沉积岩随着层状物质的聚集以及上层物质的压力使下层的物质变为岩石而硬化。某一特定沉积岩层中含有异常数量的铱元素被认为是 6 000 万年前一陨石撞击地球的理论的有力证据。与地壳相比，陨石中富含铱元素。地质学家创立的理论认为，当陨石与地球相撞时，会升起巨大的富铱灰尘云。他们认为那些灰尘将最终落到地球上，并与其他的物质相混，当新层在上面沉积时，就形成了富含铱的岩石层。

以下哪项如果为真，能反对短文中所声称的富含铱的岩石层是陨石撞击地球的证据？

A. 短文中所描述的巨大的灰尘云将会阻碍太阳光的传播，从而使地球的温度降低。

B. 一层沉积岩的硬化要花上几千万年的时间。

C. 不管沉积岩层中是否含有铱元素，它们都被用来确定史前时代事件发生的日期。

D. 6 000 万年前，地球上发生了非常剧烈的火山爆发，这些火山喷发物形成了巨大的铱灰尘云。

E. 大约在铱沉积的同时，许多种类的动物灭绝了。所以一些科学家提出了庞大恐龙的灭绝起因于陨石与地球相撞的理论。

【解析】题干：陨石撞击地球导致铱灰尘云，铱灰尘云降落到地球上，最终形成富含铱的岩石层 —证明→ 含有异常数量铱元素的岩石层是陨石撞击地球的证据。

D 项，另有他因，是火山爆发而不是陨石撞击地球导致了铱灰尘云的形成，削弱题干。

其余各项均为无关选项。

【答案】D

例 17 因偷盗、抢劫或流氓罪入狱的刑满释放人员的重新犯罪率，要远远高于因索贿、受贿等职务犯罪入狱的刑满释放人员。这说明，在狱中对上述前一类罪犯教育改造的效果，远不如对后一类罪犯。

以下哪项如果为真，则最能削弱上述论证？

A. 与其他类型的罪犯相比，职务犯罪者往往有较高的文化水平。

B. 对贪污、受贿的刑事打击，并没能有效地遏制腐败，有些地方的腐败反而愈演愈烈。

C. 刑满释放人员很难再得到官职。

D. 职务犯罪的罪犯在整个服刑犯中只占很小的比例。

E. 统计显示，职务犯罪者很少有前科。

【解析】题干：因偷盗、抢劫或流氓罪入狱的刑满释放人员的重新犯罪率，要远远高于因索贿、受贿等职务犯罪入狱的刑满释放人员（结果）—证明→ 在狱中对上述前一类罪犯教育改造的效果，远不如对后一类罪犯（原因）。

A 项，无关选项，题干不存在"文化水平"的比较（与题干无关的新比较）。

B 项，无关选项，题干讨论的是职务犯罪的"重新犯罪率"，此项讨论的是一般意义上的职务犯罪。

C 项，索贿、受贿等职务犯罪必须以有一定的职位为前提，但是刑满释放人员很难再得到官职，因此职务犯罪的刑满释放人员不再具备重新犯罪的条件，另有他因，削弱题干。

D 项，无关选项，职务犯罪的重新犯罪率 $=\dfrac{职务犯罪的重新犯罪人数}{职务犯罪的总人数}\times100\%$，可见，职务犯罪的重新犯罪率与"职务犯罪的罪犯在整个服刑犯中的比例"无关（与题干无关的新比例）。

E 项，无关选项，题干讨论的是刑满释放后会不会再次犯罪，而不是犯罪之前有没有前科。

【答案】C

例 18　在我国北方严寒冬季的夜晚，车辆前挡风玻璃会因低温而结冰霜。第二天对车辆发动预热后，玻璃上的冰霜会很快融化。何宁对此不解，李军解释道：因为车辆仅有的除霜孔位于前挡风玻璃，而车辆预热后除霜孔完全开启，因此，是开启除霜孔使车辆玻璃上的冰霜融化。

以下哪项如果为真，最能质疑李军对车辆玻璃冰霜迅速融化的解释？

A. 车辆一侧玻璃窗没有出现冰霜现象。

B. 尽管车尾玻璃窗没有除霜孔，其玻璃上的冰霜融化速度与前挡风玻璃没有差别。

C. 当吹在车辆玻璃上的空气气温增加，其冰霜的融化速度也会增加。

D. 车辆前挡风玻璃除霜孔的暖气流排出后可能很快冷却。

E. 即使启用车内空调暖风功能，除霜孔的功用也不能被取代。

【解析】李军：位于车辆前挡风玻璃的除霜孔的开启 $\xrightarrow[\text{导致}]{}$ 车辆玻璃上的冰霜融化。

A 项，无关选项，不涉及题干的论证。

B 项，<u>无因有果</u>，没有除霜孔的车尾玻璃窗与有除霜孔的前挡风玻璃具有相同的冰霜融化速度，可以削弱。

C 项，支持题干，吹在玻璃上的空气气温增加，冰霜的融化速度就会增加，通过共变法可知，除霜孔吹出来的空气使玻璃冰霜融化（此项是<u>共变法</u>）。

D 项，无关选项，不涉及题干的论证。

E 项，支持题干，除霜孔具有不可替代的作用。

【答案】B

例 19　某公司自去年初开始实施一项"办公用品节俭计划"，每位员工每月只能免费领用限量的纸笔等各类办公用品。年末统计时发现，公司用于各类办公用品的支出较上年度下降了 30%。在未实施该计划的过去 5 年间，公司年均消耗办公用品 10 万元。公司总经理由此得出：该计划去年已经为公司节约了不少经费。

以下哪项如果为真，最能构成对总经理推论的质疑？

A. 另一家与该公司规模及其他基本情况均类似的公司，未实施类似的节俭计划，在过去的 5 年间办公用品年均消耗也为 10 万元。

B. 在过去的 5 年间，该公司大力推广无纸化办公，并且取得很大成效。

C. "办公用品节俭计划"是控制支出的重要手段，但说该计划为公司"一年内节约不少经费"，没有严谨的数据分析。

D. 另一家与该公司规模及其他基本情况均类似的公司，未实施类似的节俭计划，但在过去的 5 年间办公用品人均消耗额越来越低。

E. 去年，该公司在员工困难补助、交通津贴等方面的开支增加了 3 万元。

【解析】公司总经理："办公用品节俭计划" $\xrightarrow[\text{导致}]{}$ 节约经费。

A 项，不能削弱，"节约经费"的意思是经费呈下降趋势。但仅本项中的办公用品"年均消耗额"不能说明其办公用品的消耗是递增的还是递减的。

B 项，削弱力度弱，因为无法判断无纸化办公取得的"很大成效"是不是"节约经费"，例如"很大成效"可以是提高办公效率等成效。

C 项，不能削弱，因为此项承认了"办公用品节俭计划"可以控制支出，并且 C 项中说没有严谨的数据分析，实际上题干是有数据分析的。

D 项，<u>无因有果</u>，没有实施"办公用品节俭计划"的公司，人均消耗额也越来越低，故能削弱题干。

E 项，无关选项，题干仅涉及"节约办公经费"，与其他方面的开支无关。

【答案】D

例20　最近举行的一项调查表明，师大附中的学生对滚轴溜冰的着迷程度远远超过其他任何游戏，同时调查发现，经常玩滚轴溜冰的学生的平均学习成绩相对其他学生更好一些。看来，玩滚轴溜冰可以提高学生的学习成绩。

以下哪项如果为真，最能削弱上面的推论？

A. 师大附中与学生家长签订了协议，如果孩子的学习成绩的名次没有排在前二十名，双方共同禁止学生玩滚轴溜冰。

B. 玩滚轴溜冰能够锻炼身体，保证学习效率的提高。

C. 玩滚轴溜冰的同学受到了学校的有效指导，其中一部分同学才不至于因此荒废学业。

D. 玩滚轴溜冰有助于智力开发，从而提高学习成绩。

E. 玩滚轴溜冰很难，能够锻炼学生克服困难做好一件事情的毅力，这对学习是有帮助的。

【解析】题干：玩滚轴溜冰 $\xrightarrow[\text{导致}]{}$ 学生的学习成绩提高。

A 项，削弱题干，此项指出学生的学习成绩好，才能玩滚轴溜冰，即说明题干<u>因果倒置</u>。因果倒置的削弱力度是非常大的，因为因果关系的发生总是先因后果，这种先后关系倒置之后成立的话，题干中的先后顺序就无法成立。

B 项，支持题干，说明玩滚轴溜冰确实可以提高学习成绩，因果相关。

C 项，削弱题干，此项的意思是多亏了学校的有效指导，一些玩滚轴溜冰的同学才不至于荒废学业，说明玩滚轴溜冰本身会使一些同学荒废学业，但是削弱力度不如 A 项。

D 项，补充论据，支持题干。

E 项，补充论据，支持题干。

【答案】A

例21　A 国的一个动物保护组织试图改变蝙蝠在人们心目中一直存在的恐怖形象。这个组织认为，蝙蝠之所以让人觉得可怕和遭到捕杀，仅仅是因为这些羞怯的动物在夜间表现得特别活跃。

以下哪项如果为真，将对上述动物保护组织的观点构成最严重的质疑？

A. 蝙蝠之所以能在夜间特别活跃，是由于它们具有在夜间感知各种射线和声波的特殊能力。

B. 蝙蝠是夜间飞行昆虫的主要捕食者。在这样的夜间飞行昆虫中，有很多是危害人类健康的。

C. 蝙蝠在中国及其他许多国家同样被认为是一种恐怖的飞禽。

D. A国人熟知的浣熊和中国人熟知的食蚊雀，都是一些在夜间特别活跃的羞怯动物，但在人们的印象中一般并没有恐怖的形象。

E. 许多视觉艺术品，特别是动画片丑化了蝙蝠的形象。

【解析】动物保护组织：蝙蝠在夜间表现得特别活跃——→蝙蝠让人觉得可怕和遭到捕杀。
导致

A项，无关选项，题干的论证仅涉及蝙蝠夜间活跃会导致的结果，而不涉及蝙蝠为何夜间活跃。

B项，无关选项，题干的论证不涉及蝙蝠的作用。

C项，无关选项，并且此项犯了诉诸众人的逻辑错误。

D项，有因无果，浣熊和食蚊雀都是在夜间特别活跃的羞怯动物（有因），但并没有恐怖的形象（无果），可以削弱题干。

E项，另有他因，但是此项存在一个概念的偷换，"丑化"不代表"恐怖"，因此不如D项质疑力度大。

【答案】D

变化6　因果论证的削弱：求异法

> **技巧总结**
>
> 求异法型削弱题的注意事项
>
> （1）运用求异法，必须注意只能有一个差异因素影响实验结果。如果相比较的两个场合中还有其他差异因素，实验结果就很可能出现误差。因此，求异法常用另有其他差异因素来削弱。
>
> （2）需要注意，"只能有一个差异因素影响实验结果"，不代表实验对象完全相同。比如，我们要检验新冠疫苗的有效性就需要做对比实验，让得病的人和不得病的人做对比。但你能找到完全相同的人来对比吗？　这显然不现实。
>
> （3）求异法、求同法、共变法等方法归根结底找的还是因果关系，因此，削弱因果关系的方法对求因果五法题都适用。

例22　光线的照射有助于缓解冬季抑郁症。研究人员曾对9名患者进行研究，他们均因冬季白天变短而患上了冬季抑郁症。研究人员让患者在清早和傍晚各接受3小时伴有花香的强光照射。一周之内，7名患者完全摆脱了抑郁，另外2人也表现出了显著的好转。由于光照会诱使身体误以为夏季已经来临，这样便治好了冬季抑郁症。

以下哪项如果为真，最能削弱上述论证的结论？

A. 研究人员在强光照射时有意使用花香伴随，对于改善患上冬季抑郁症的患者的适应性有不小的作用。

B. 9名患者中最先痊愈的3位均为女性，而对男性患者治疗的效果较为迟缓。

C. 该实验均在北半球的温带气候中，无法区分南北半球的实验差异，但也无法预先排除。

D. 强光照射对于皮肤的损害已经得到专门研究的证实，其中夏季比冬季的危害性更大。

E. 每天 6 小时的非工作状态，改变了患者原来的生活环境，改善了他们的心态，这是对抑郁症患者的一种主要影响。

【解析】题干采用前后对比：采用伴有花香的强光照射后，9 名研究对象的冬季抑郁症得到了好转 ————→ 光线的照射有助于缓解冬季抑郁症。
  证明

A 项，另有他因，可以削弱，但是此项说的是"不小的作用"，而 E 项说的是"主要影响"，削弱力度不如 E 项。

B 项，题干只说有疗效，并没有说迅速得到治疗，故此项不能削弱题干。

C 项，诉诸未知。

D 项，无关选项，强光照射对皮肤有损害与其是否可以治疗冬季抑郁症无关。

E 项，指出是每天的非工作状态导致病情好转，另有他因，可以削弱题干。

【答案】E

例23 一项研究将一组有严重失眠的人与另一组未曾失眠的人进行比较，结果发现，有严重失眠的人出现了感觉障碍和肌肉痉挛，例如，皮肤过敏或不停地"跳眼"症状。研究人员的这一结果有力地支持了这样一个假设：失眠会导致周围神经系统功能障碍。

以下哪项如果为真，最能质疑上述假设？

A. 感觉障碍或肌肉痉挛是一般人常有的周围神经系统功能障碍。

B. 常人偶尔也会严重失眠。

C. 该项研究并非由权威人士组织实施。

D. 周围神经系统功能障碍的人常患有严重的失眠。

E. 参与研究的两组人员的性别与年龄构成并不完全相同。

【解析】题干使用对比实验（求异法）：

有严重失眠的人：出现了感觉障碍和肌肉痉挛；

未曾失眠的人：无上述现象；

————————————————————

故：失眠会导致周围神经系统功能障碍。

A、B 项，无关选项。

C 项，此项试图质疑实验人员的"权威性"，但是，如果仅仅因为一个人的身份是否"权威"就断言其观点为真或为假，就犯了"诉诸权威"的逻辑错误。

D 项，因果倒置，不是失眠会导致周围神经系统功能障碍，而是周围神经系统功能障碍导致失眠，削弱题干。

E 项，比较对象有差异，但是没有说明这种比较对象的差异会不会对失眠造成影响，因此，削弱力度弱。

【答案】D

例24 马医生发现，在进行手术前喝高浓度加蜂蜜的热参茶可以使他手术时主刀更稳，用时更短，效果更好。因此，他认为，要么是参，要么是蜂蜜，其含有的某些化学成分能帮助他更快更好地进行手术。

以下哪项如果为真，能削弱马医生的上述结论？

Ⅰ. 马医生在喝含高浓度加蜂蜜的热柠檬茶后的手术效果同喝高浓度加蜂蜜的热参茶一样好。

Ⅱ. 马医生在喝白开水之后的手术效果与喝高浓度加蜂蜜的热参茶一样好。

Ⅲ. 洪医生主刀的手术效果比马医生好，而前者没有术前喝高浓度的蜂蜜热参茶的习惯。

A. 仅Ⅰ。　　　　　　B. 仅Ⅱ。　　　　　　C. 仅Ⅲ。

D. 仅Ⅰ和Ⅱ。　　　　E. Ⅰ、Ⅱ和Ⅲ。

【解析】马医生使用求异法：术前喝高浓度加蜂蜜的热参茶，手术效果更好——证明→要么是参，要么是蜂蜜，其含有的某些化学成分能帮助马医生更快更好地进行手术。

Ⅰ项，求同法，都有蜂蜜，可能是蜂蜜的原因使手术效果更好，支持马医生的论述。

Ⅱ项，无因有果，削弱马医生的论述。

Ⅲ项，题干的结论是"使他"更快更好地手术，论证对象是"马医生"，Ⅲ项的论证对象是洪医生，论证对象不同，无关选项。

【答案】B

例25　对某高校本科生的某项调查统计发现：在因成绩优异被推荐免试攻读硕士研究生的文科专业学生中，女生占70%。由此可见，该校本科生文科专业的女生比男生优秀。

以下哪项如果为真，能最有力地削弱上述结论？

A. 在该校本科生文科专业学生中，女生占30%以上。

B. 在该校本科生文科专业学生中，女生占30%以下。

C. 在该校本科生文科专业学生中，男生占30%以下。

D. 在该校本科生文科专业学生中，女生占70%以下。

E. 在该校本科生文科专业学生中，男生占70%以上。

【解析】题干：在因成绩优异被推荐免试攻读硕士研究生的文科专业学生中，女生占70%——证明→该校本科生文科专业的女生比男生优秀。

C项与题干形成求异法：

题干：推荐免试攻读硕士研究生的文科专业学生中，女生占70%；

C项：所有文科专业学生中，男生占30%以下（即女生占70%以上）；

正面场合和全体场合无差异，削弱：该校本科生文科专业的女生比男生优秀。

有很多同学不理解这道题，为什么提供一个百分比的对比就能削弱了呢？我们来想一想，如果题干中的学校是中华女子学院，学校里98%以上的学生都是女生，那么保研的学生中有70%是女生能证明女生优秀吗？当然不能，因为这说明占所有人仅2%的男生居然拿到了30%的保研名额，男生也太优秀了吧，这就削弱了题干！反之，如果这所学校是工科院校，一共没几个女生，女生占比远远低于50%，结果她们却拿到了70%的保研名额，女生是不是很优秀？这样的话就支持了题干。

【答案】C

百分比对比型题目总结

这类题目的本质是求异法，一般分为三种场合：正面场合（如得糖尿病的人）、反面场合（如不得糖尿病的人）、全体场合（所有人）。

根据求异法，如果正面场合和反面场合、全体场合的百分比有差异，则支持因果关系；如果正面场合和反面场合、全体场合的百分比没有差异，则削弱因果关系。

例如：

> 正面场合：得糖尿病的人，60％肥胖；
> 反面场合：不得糖尿病的人，40％肥胖；
> ──────────────
> 支持：肥胖引发糖尿病。

又如：

> 正面场合：得糖尿病的人，60％肥胖；
> 全体场合：所有人，40％肥胖；
> ──────────────
> 支持：肥胖引发糖尿病。

再如：

> 正面场合：得糖尿病的人，60％肥胖；
> 全体场合：所有人，60％肥胖；
> ──────────────
> 削弱：肥胖引发糖尿病。

口诀：同比削弱，差比加强。

例26　下面两题基于以下题干：

某校的一项抽样调查显示：该校经常泡网吧的学生中，家庭经济条件优越的占80％，学习成绩下降的也占80％，因此，家庭条件优越是学生泡网吧的重要原因，泡网吧是学习成绩下降的重要原因。

(1)以下哪项如果为真，最能削弱上述论证？

A. 该校位于高档住宅区，学生九成以上家庭条件优越。

B. 经过清理整顿，该校周围网吧符合规范。

C. 有的家庭条件优越的学生并不泡网吧。

D. 家庭条件优越的家长并不赞成学生泡网吧。

E. 被抽样调查的学生占全校学生的30％。

(2)以下哪项如果为真，最能加强上述论证？

A. 该校是市重点学校，学生的成绩高于普通学校。

B. 该校狠抓教学质量，上学期半数以上学生的成绩都有明显提高。

C. 被抽样调查的学生多数能如实填写问卷。

D. 该校经常做这种形式的问卷调查。

E. 该项调查的结果已上报，受到了教育局的重视。

【解析】题干：该校经常泡网吧的学生中，家庭经济条件优越的占80%，学习成绩下降的也占80%———证明→家庭条件优越是学生泡网吧的重要原因，泡网吧是学习成绩下降的重要原因。

第(1)题：

A项，指出正面场合与全体场合无差异：

题干：泡网吧的学生，家庭经济条件优越的占80%；

A项：所有学生，90%以上家庭条件优越；

———

削弱：家庭条件优越是学生泡网吧的原因。

第(2)题：

B项，指出正面场合与全体场合有差异：

题干：泡网吧的学生，学习成绩下降的占80%；

B项：所有学生，半数以上成绩提高；

———

支持：泡网吧是学习成绩下降的原因。

【答案】(1)A；(2)B

变化7　因果论证的削弱：共变法

> **技巧总结**
>
> 共变法问题的常用技巧
>
> 共变法，是指两个现象存在共生共变的关系，则把其中一个现象作为另外一个现象的原因。使用共变法，最常犯的错误是**因果倒置**。
>
> 另外，两个共变的现象很可能是由另外一个共同的原因导致的，所以共变法的因果关系可以用另有他因来削弱，此时，也称为**共因削弱**。

例27　大约在12 000年前，当气候变暖时，人类开始陆续来到北美洲各地。在同一时期，大型哺乳动物，如乳齿象、猛犸和剑齿虎等，却从它们曾经广泛分布的北美洲土地上灭绝了。所以，和人类曾经与自然界其他生物和平相处的神话相反，早在12 000年前，人类的活动便导致了这些动物的灭绝。

以上论证最容易受到以下哪项陈述的质疑？

A. 该论证未经反思地把人类排除在自然界之外。

B. 人类来到北美洲可能还会导致乳齿象、猛犸和剑齿虎之外的其他动物灭绝。

C. 乳齿象、猛犸和剑齿虎等大型哺乳动物的灭绝，对于早期北美洲的原始人类来说，具有非同寻常的意义。

D. 所提出的证词同样适用于两种可选择的假说：气候的变化导致大型哺乳动物灭绝，但同样的原因使得人类来到北美洲各地。

E. 12 000年前，很多小型哺乳动物遭到了灭绝。

【解析】题干：人类的活动———导致→乳齿象、猛犸和剑齿虎等大型哺乳动物的灭绝。

A 项，不能削弱题干，因为题干讨论的是人类活动对自然界"其他生物"的影响，而不是把人类排除在自然界之外。

B 项，无关选项，题干的论证不涉及"其他动物"的灭绝，此项偷换了题干的论证对象。

C 项，无关选项，题干的论证不涉及这些动物的灭绝对人类的意义。

D 项，共因削弱，指出人类的活动和大型哺乳动物的灭绝都是由气候的变化导致的。

E 项，无关选项，题干的论证不涉及"小型哺乳动物"的灭绝，此项偷换了题干的论证对象。

【答案】D

例28 世界卫生组织在全球范围内进行了一项有关献血对健康影响的跟踪调查。调查对象分为三组：第一组中的对象均有两次以上的献血记录，其中最多的达数十次；第二组中的对象均仅有一次献血记录；第三组中的对象均从未献过血。调查结果显示，被调查对象中癌症和心脏病的发病率，第一组分别为 0.3％和 0.5％，第二组分别为 0.7％和 0.9％，第三组分别为 1.2％和 2.7％。一些专家依此得出结论：献血有利于减少患癌症和心脏病的风险。这两种病已经不仅在发达国家而且也在发展中国家成为威胁中老年人生命的主要杀手。因此，献血利己利人，一举两得。

以下哪项如果为真，将削弱以上结论？

Ⅰ. 60 岁以上的调查对象，在第一组中占 60％，在第二组中占 70％，在第三组中占 80％。

Ⅱ. 献血者在献血前要经过严格的体检，一般具有较好的体质。

Ⅲ. 调查对象的人数，第一组为 1 700 人，第二组为 3 000 人，第三组为 7 000 人。

A. 仅Ⅰ。　　　　　　B. 仅Ⅱ。　　　　　　C. 仅Ⅲ。

D. 仅Ⅰ和Ⅱ。　　　　E. Ⅰ、Ⅱ和Ⅲ。

【解析】题干使用共变法：调查对象中，献血记录越多，癌症和心脏病的发病率越小————→证明献血有利于减少患癌症和心脏病的风险。

Ⅰ项，有其他共变因素：年龄。那么可能是年龄影响了癌症和心脏病的发病率，另有他因，削弱题干。

Ⅱ项，体质好才有资格献血，而不是献血导致身体变好，指出题干因果倒置，削弱题干。

Ⅲ项，无关选项，三组调查对象的人数不影响癌症和心脏病的发病率。

【答案】D

易错点：统计上相关而因果上不相关

先看一个公式：

$$A\,市居民的肺癌发病率 = \frac{该市肺癌发病人数}{该市居民总数} \times 100\%。$$

从上述公式来看，A 市肺癌发病率好像和该市的居民总数相关，但这种相关仅仅是一种统计上的相关，它反映了该市居民的肺癌情况，是对发病这种结果的统计。一个城市的人数多少本身并不影响该市市民是否会得肺癌，在因果上二者并不相关。

那么，是什么原因影响了肺癌发病率呢？吸烟、空气质量可能都是原因，它们和肺癌发病之间存在因果关系。

变化 8　因果论证的削弱：预测结果

技巧总结

如果题干是基于某个事件，推测这个事件引发的结果，就称为"预测结果"型题目。题干的基本结构为：

$$原因 \xrightarrow[预测]{} 结果。$$

最常见的削弱方法有两种：一是实际发生的结果与预测结果不符；二是指出由于某种原因，使得题干预测的这个结果并不会出现（结果推断不当）。

例29　随着生物技术公司的出现，这些公司对他们的专职研究人员和学术顾问的专利化成果不予公开。这种抑制将会减缓生物科学和工程的发展速度。

以下哪一项如果正确，将最能严重地削弱以上描述的关于科学保密的预测？

A. 由实业界资助的生物技术研究已经取得了一些具有重大科学意义的结果。

B. 当科学研究的结果作为秘密被保存起来时，独立的研究人员无法利用这些结果做进一步发展。

C. 由于生物技术公司研究的优先次序与学术机构的不同，对这些公司的研究工作提供经济资助扭曲了研究的正常次序。

D. 为提高公司在科学界的地位，生物技术公司鼓励员工将他们的成果，特别是重要的成果公开发表。

E. 生物技术公司将一部分研究资源投入到具有基础性科学意义和并不能期望立即产生实际应用的问题研究上。

【解析】题干对未来的结果进行了预测：生物技术公司对其专职研究人员和学术顾问的专利化成果不予公开 $\xrightarrow[预测]{}$ 这将会减缓生物科学和工程的发展速度。

B项，支持题干，说明科学成果的保密会减缓生物研究的发展速度。

D项，说明生物技术公司不会对其研究人员的科学成果进行保密，指出题干的论据不成立。

其余三项均为无关选项。

【答案】D

例30　电影的年票房收入将开始下降。去年售出的电影票中有一半以上是给了占人口总数27％的25岁以下的年龄组，然而，在今后10年中，25岁以下的人口数量将持续下降。

下面哪项如果正确，将对上述关于将来的电影票房收入的预测提出最大的质疑？

A. 医学进步降低了40岁到60岁的人的死亡率。

B. 很多人在25岁以后逐渐失去了去电影院看电影的兴趣。

C. 电影院的数目正在增多，预计这一趋势在将来的10年里会继续。

D. 电影票房趋向于随着劳动力的增加而增加，而在今后的10年里劳动力人数将逐年增加。

E. 专家认为在今后10年的每一年中卖出的电影票总数中有一多半是给25岁以下的人。

【解析】

论据：①去年售票的一半以上是给了占人口总数 27％ 的 25 岁以下的年龄组。

②在今后 10 年中，25 岁以下的人口数量将持续下降。

题干对未来的结果进行了预测：电影的年票房收入将开始下降。

A 项，无关选项。

B 项，支持题干，说明看电影的人主要是 25 岁以下的人，所以 25 岁以下的人口数量持续下降会导致电影的年票房收入开始下降。

C 项，题干认为电影的需求方是 "25 岁以下的人"，需求量的减少会导致票房收入开始下降，而此项涉及的是电影的供给方，故此项为无关选项。

D 项，提出反面论据，说明电影票房与劳动力人数有关，劳动力人数的上升将增加电影的票房收入，削弱题干。

E 项，支持题干，说明看电影的人主要是 25 岁以下的人，不过此项仅仅是专家的意见，有诉诸权威的嫌疑。

【答案】D

例31 去年，和羊毛的批发价不同，棉花的批发价大幅度地下跌。因此，虽然目前商店中棉织品的零售价还没有下跌，但它肯定会下跌。

以下哪项如果为真，最能削弱上述论证？

A. 去年由于引进新的工艺，棉织品的生产加工成本普遍上升。

B. 去年，羊毛批发价的上涨幅度小于棉花批发价的下跌幅度。

C. 棉织品比羊毛制品更受消费者的欢迎。

D. 零售价的变动一般都滞后于批发价的变动。

E. 目前商品中羊毛制品的零售价没有大的变动。

【解析】题干：棉花的批发价大幅度地下跌———预测———→商店中棉织品的零售价也会下跌。

A 项，提出反面论据，其他成本上升了，所以棉织品的零售价不一定下跌，削弱题干。

B 项，无关选项，题干不存在羊毛批发价和棉花批发价之间的比较。

C、D、E 项显然均为无关选项。

【答案】A

变化 9　措施目的的削弱

技巧总结

措施目的型题目的题干结构一般为：因为某个原因，导致计划采取某个措施（方法、建议），以达到某种目的（解决某个问题），即：

$$原因 \xrightarrow{\quad 导致 \quad} 措施 \xrightarrow{\quad 以求 \quad} 目的。$$

对 "措施目的" 关系的削弱方式如下面的例子：

注射青霉素（措施），以治疗甲型流感（目的）。	
符号化：注射青霉素 ——以求→ 治疗甲型流感。	
削弱理由	削弱方式
青霉素尚未提取成功	措施不可行
青霉素治不好甲型流感	措施达不到目的（措施无效）
青霉素会导致严重的过敏	措施有副作用

【注意】

①一般来说，措施都或多或少地有一些副作用，但如果措施有效并且副作用的危害不是很大，就值得采取这一措施。所以措施有副作用常常用作干扰项。

但是，当措施的副作用太大，采取这一措施弊大于利时，这一措施就不值得采取了。此时，措施有副作用的削弱力度就很大了。

②措施目的型的题目，本质上来讲也是对未来结果的预测。因为，所谓目的就是一个符合我们预期的未来结果。因此，很多措施目的型的题干，都可以看作是预测结果型的题目。

例32 某乡间公路附近经常有鸡群聚集。这些鸡群对这条公路上高速行驶的汽车的安全造成了威胁。为了解决这个问题，当地交通部门计划购入一群猎狗来驱赶鸡群。

以下哪项如果为真，最能对上述计划构成质疑？

A. 出没于公路边的成群猎狗会对交通安全构成威胁。

B. 猎狗在驱赶鸡群时可能伤害鸡群。

C. 猎狗需要经过特殊训练才能驱赶鸡群。

D. 猎狗可能会有疫病，有必要进行定期检疫。

E. 猎狗的使用会增加交通管理的成本。

【解析】题干：某乡间公路附近鸡群聚集，对公路上高速行驶的汽车的安全造成了威胁（原因）——导致→购入猎狗来驱赶鸡群（措施）——以求→消除鸡群对高速行驶的汽车造成的安全威胁（目的）。

A项，措施达不到目的，即使成群猎狗消除了鸡群对高速行驶的汽车造成的安全威胁，但也带来了新的安全隐患（即成群猎狗对交通安全构成威胁），达不到消除安全隐患的目的，故最能对上述计划构成质疑。

B项，措施可能有副作用，但伤害鸡群和带来的安全隐患相比，显然是次要因素。

C项，措施有难度，即使需要特殊训练，只要能解决安全威胁问题也是值得的。

D项，措施可能有副作用，即使需要定期检疫，只要能解决安全威胁问题也是值得的。

E项，措施有副作用，但其实任何措施都需要成本，只要能解决问题付出一定的成本也是值得的。

【答案】A

例33 口腔癌对那些很少刷牙的人是危险的。为了能在早期发觉这些人的口腔癌，一些城镇的公共卫生官员向所有的该镇居民散发了一份小册子，上面描述了如何进行每周口腔的自我检查，以发现口腔的肿瘤。

以下哪项如果为真，最好地批评了把这份小册子作为一种达到公共卫生官员的目标的方法？

A. 有些口腔疾病的病征靠自检难以发现。

B. 预防口腔癌的方案因人而异。

C. 经常刷牙的人也可能患口腔癌。

D. 口腔自检的可靠性不如在医院所做的专门检查。

E. 很少刷牙的人不大可能每周对他们的口腔进行检查。

【解析】题干：发放小册子 ——以求→ 每周进行口腔的自我检查 ——以求→ 能在早期发现口腔癌，减少口腔癌对那些很少刷牙的人的危险。

A项，不能削弱，因为题干的目的是要发现口腔癌，而不是其他的口腔疾病，无关选项。

B项，"因人而异"的意思是因人的不同而有所差异，但"有所差异"不代表"措施无效"，故不能削弱。

C项，无关选项，题干讨论的是"很少刷牙的人"，此项是"经常刷牙的人"，偷换论证对象。

D项，无关选项，题干不存在口腔自检和医院专门检查之间的比较。

E项，措施达不到目的，很少刷牙的人不大可能每周对自己的口腔进行检查，所以，即使发放了小册子也起不到"在早期发现口腔癌"的作用。

【答案】E

例34 某单位检验科需大量使用玻璃烧杯。一般情况下，普通烧杯和精密刻度烧杯都易于破损，前者的破损率稍微高些，但价格便宜得多。如果检验科把下年度计划采购烧杯的资金全部用于购买普通烧杯，就会使烧杯数量增加，从而满足检验需求。

以下哪项如果为真，最能削弱上述论证？

A. 如果把资金全部用于购买普通烧杯，可能会将其中部分烧杯挪为他用。

B. 下年度计划采购烧杯的数量不能用现在的使用量来衡量。

C. 某些检验人员喜欢使用精密刻度烧杯而不喜欢使用普通烧杯。

D. 某些检验需要精密刻度烧杯才能完成。

E. 精密刻度烧杯使用更加方便，易于冲洗与保存。

【解析】题干：检验科把下年度计划采购烧杯的全部资金用于购买比精密刻度烧杯便宜的普通烧杯 ——以求→ 增加烧杯数量，满足检验需求。

A项，措施有副作用，但"可能"是弱化词，削弱力度弱。

B项，诉诸无知。

C项，某些检验人员的喜好不足以成为决定性因素，削弱力度弱。

D项，削弱题干，精密刻度烧杯具有不可替代性，若只买普通烧杯，则无法满足检验需求，措施达不到目的。

E项，提供论据说明精密刻度烧杯具有优势，但是否"方便、易清洗、易保存"并不是影响检验的关键因素，故削弱力度不如 D 项。

【答案】D

例 35　市场上推出了一种新型的电脑键盘。新型键盘具有传统键盘所没有的"三最"特点，即最常用的键设计在最靠近最灵活手指的部分。新型键盘能大大提高键盘的输入速度，并减少错误率。因此，用新型键盘替换传统键盘能迅速提高相关部门的工作效率。

以下哪项如果为真，最能削弱上述论证？

A. 有的键盘使用者最灵活的手指和平常人不同。

B. 传统键盘中最常用的键并非设计在离最灵活手指最远的部分。

C. 越能高效率地使用传统键盘，短期内越不易熟练地使用新型键盘。

D. 新型键盘的价格高于传统键盘的价格。

E. 无论使用何种键盘，输入速度和错误率都因人而异。

【解析】题干：用新型键盘替换传统键盘 $\xrightarrow[\text{以求}]{}$ 迅速提高相关部门的工作效率。

A 项，"有的"人的情况，不能削弱整体情况。

B 项，不能削弱，传统键盘无论是怎么设计的，新型键盘只要有所改进就可以达到提高效率的目的。

C 项，削弱题干，说明传统键盘短期内无法被取代，使用新型键盘达不到"迅速提高工作效率"的目的。

D 项，无关选项，题干的论证不涉及两种键盘价格的比较。

E 项，"因人而异"的意思是因人的不同而有所差异，但"有所差异"不代表"措施无效"，故不能削弱题干。

【答案】C

例 36　研究发现，市面上 X 牌香烟的 Y 成分可以抑制 EB 病毒。实验证实，EB 病毒是很强的致鼻咽癌的病原体，可以导致正常的鼻咽部细胞转化为癌细胞。因此，经常吸 X 牌香烟的人将减少患鼻咽癌的风险。

以下哪项如果为真，最能削弱上述论证？

A. 不同条件下的实验，可以得出类似的结论。

B. 已经患有鼻咽癌的患者吸 X 牌香烟后并未发现病情好转。

C. Y 成分可以抑制 EB 病毒，也可以对人的免疫系统产生负面作用。

D. 经常吸 X 牌香烟会加强 Y 成分对 EB 病毒的抑制作用。

E. Y 成分的作用可以被 X 牌香烟的 Z 成分中和。

【解析】题干：①X 牌香烟的 Y 成分可以抑制 EB 病毒；②EB 病毒可以导致鼻咽癌 $\xrightarrow[\text{证明}]{}$ 经常吸 X 牌香烟的人将减少患鼻咽癌的风险。

A 项，支持题干。

B 项，无关选项，题干讨论的是"减少患鼻咽癌的风险"，此项是"治疗鼻咽癌患者"，偷换概念。

C 项，可以削弱，措施有副作用，但削弱力度弱。

D 项，支持题干。

E 项，削弱题干，Y 成分的作用被 Z 成分中和，则对 EB 病毒的抑制作用没有效果，措施达不到目的（削弱题干的结论），削弱力度强。

【答案】E

例37　番茄红素、谷胱甘肽、谷氨酰胺是有效的抗氧化剂，这些抗氧化剂可以中和人体内新陈代谢所产生的自由基。体内自由基过量会加速细胞的损伤，从而加速人的衰老。因而为了延缓衰老，人们必须在每天的饮食中添加这些抗氧化剂。

以下哪项如果为真，最能削弱上述论证？

A. 体内自由基不是造成人衰老的唯一原因。

B. 每天参加运动可有效中和甚至清除体内的自由基。

C. 抗氧化剂的价格普遍偏高，大部分消费者难以承受。

D. 缺乏锻炼的超重者在体内极易出现自由基过量。

E. 吸烟是导致体内细胞损伤的主要原因之一。

【解析】题干：体内自由基过量会加速细胞的损伤，从而加速人的衰老。因而为了延缓衰老（目的），人们必须在每天的饮食中添加这些抗氧化剂（措施）。

A 项，不能削弱，不是"唯一"原因，可能是原因之一。

B 项，另有其他方法可以中和自由基，可以削弱题干。因为，题干的结论是"人们必须在每天的饮食中添加这些抗氧化剂"，即没它不行，我们要削弱结论只要指出没它也行（即有别的方法）即可。

> 注意：一般情况下，措施目的型题目不能用另有其他措施来削弱。但此题题干里有"必须"二字，使得题干中的措施成了必要条件，此时，就可以使用另有其他措施（即题干的措施不必要）来进行削弱。

C 项，无关选项，"难以承受"不代表"不需要"。

D、E 项，无关选项。

【答案】B

变化 10　**统 计 论 证 的 削 弱**

技巧总结

常见的数量关系陷阱

（1）比率陷阱。

①用数据做比较时，应该使用数量时使用了比率，或者应该使用比率时使用了数量。

②在衡量一个比率的大小时，只衡量了分子的大小，忽略了分母的大小。

③错用分母，某个比率的分母应该是 A，误用成 B。

④错用比率，应该用比率 A 衡量一个对象，误用了比率 B。

（2）平均值陷阱。

①误将一组样本的平均值，当作每个个体的值。

②误将个体的值，当作一组样本的平均值。

（3）增长率陷阱。

$$现值 = 原值 × (1 + 增长率)^n;$$
$$b = a × (1 + x)^n.$$

仅比较两个对象增长率的大小，不能确定哪个对象的数值大，还受其基数的影响。

例38　在"非典"期间，某地区共有 7 名参与治疗"非典"的医务人员死亡，同时也有 10 名未参与"非典"治疗工作的医务人员死亡。这说明参与"非典"治疗并不比日常医务工作危险。

以下哪项相关断定如果为真，最能削弱上述结论？

A. 参与"非典"治疗死亡的医务人员的平均年龄，略低于未参与"非典"治疗而死亡的医务人员。

B. 参与"非典"治疗的医务人员的体质，一般高于其他医务人员。

C. 个别参与治疗"非典"死亡的医务人员的死因，并非是感染"非典"病毒。

D. 医务人员中只有一小部分参与了"非典"治疗工作。

E. 经过治疗的"非典"患者死亡人数，远低于未经治疗的"非典"患者死亡人数。

【解析】比率陷阱。

题干：某地区共有 7 名参与治疗"非典"的医务人员死亡，同时也有 10 名未参与"非典"治疗工作的医务人员死亡 ——证明→ 参与"非典"治疗并不比日常医务工作危险。

评价参与"非典"治疗是否更加危险，不应该比较死亡人数，而应该比较死亡率。

D 项，只有一小部分医务人员参与"非典"治疗工作，所以即使死亡人数少，也可能死亡率很高，这就削弱了题干中的结论。

A、B、C 项不直接影响死亡率。

E 项，无关选项，题干的论证对象是"参与和未参与治疗'非典'的医务人员"，此项的论证对象是"经过治疗和未经过治疗的'非典'患者"（偷换论证对象）。

【答案】D

例39　H 地区 95％的海洛因成瘾者在尝试海洛因前曾吸食过大麻，因此，该地区吸大麻的人数如果能减少一半，新的海洛因成瘾者将显著减少。

以下哪项如果为真，最能削弱上述论证？

A. 长期吸食大麻可能导致海洛因成瘾。

B. 吸毒者可以通过积极地治疗而戒毒。

C. H 地区吸大麻的人成为海洛因成瘾者的比例很小。

D. 大麻和海洛因都是通过相同的非法渠道获得的。

E. 大麻吸食者的戒毒方法与海洛因成瘾者的戒毒方法是不同的。

【解析】误用比率。

题干：H 地区 95％的海洛因成瘾者在尝试海洛因前曾吸食过大麻———证明→该地区吸大麻的人数如果能减少一半，新的海洛因成瘾者将显著减少。

题干的前提是海洛因成瘾者中吸食大麻的比例，而结论依赖的却是吸食大麻者中海洛因成瘾者的比例，不是同一比例。如果"吸大麻的人成为海洛因成瘾者的比例很小"，题干的结论就可能无法成立，即 C 项正确。

【答案】C

例40 自从《行政诉讼法》颁布以来，"民告官"的案件成为社会关注的热点。人们普遍担心的是，"官官相护"会成为公正审理此类案件的障碍。但据 H 省本年度的调查显示，凡正式立案审理的"民告官"案件，65％都是以原告胜诉结案。这说明，H 省的法院在审理"民告官"的案件中，并没有出现社会舆论所担心的"官官相护"。

以下哪项如果为真，最能削弱上述论证？

A. 在"民告官"案件中，原告如果不掌握能胜诉的确凿证据，一般不会起诉。

B. 有关部门收到的关于司法审理有失公正的投诉，H 省要多于周边省份。

C. 所谓"民告官"的案件，在法院受理的案件中只占很小的比例。

D. 在"民告官"的案件审理中，司法公正不能简单地理解为原告胜诉。

E. 由于新闻媒介的特殊关注，"民告官"案件审理的透明度要大大高于其他的案件。

【解析】比率陷阱。

题干：H 省凡正式立案审理的"民告官"案件的 65％都是以原告胜诉结案———证明→没有出现社会舆论所担心的"官官相护"。

判断是否出现"官官相护"，应该看案件审理的正确率，而不是看原告的胜诉率，即：

$$正确率＝\frac{实际胜诉率}{应当胜诉率}×100％，$$

所以，题干忽略了分母。

A 项，"原告如果不掌握能胜诉的确凿证据，一般不会起诉"，说明分母"原告应当胜诉率"可能高于 65％，削弱题干。

【答案】A

例41 讯通驾校希望减少中老年学员的数量。因为一般而言，中老年人的培训难度较大。但统计数据表明，该校中老年学员的比例在逐渐增加。很显然，讯通驾校的上述希望落空了。

以下哪项如果为真，最能削弱上述论证？

A. 讯通驾校关于年龄阶段的划分不准确。

B. 国家关于汽车驾驶者的年龄限制放宽了。

C. 培训合格的中老年驾驶员是驾校不可推卸的责任。

D. 中老年人学习驾车是汽车进入家庭后的必然趋势。

E. 讯通驾校附近另一家驾校开设了专招青年学员的低价速成培训班。

【解析】比率陷阱。

题干：中老年学员的比例增加 $\xrightarrow[\text{证明}]{}$ 减少中老年学员数量的希望落空（即中老年学员数量没有减少）。

$$中老年学员比例 = \frac{中老年学员数量}{学员总数} \times 100\%。$$

所以，中老年学员的比例增加，不一定是分子变大了，也可能是分母变小了。

E项，有竞争对手出现，导致分母中的青年学员数量变少，进而导致学员总数下降。有助于说明题干中中老年学员比例的增加是因为分母的变小，故削弱题干论证。

A项不能选，因为如果有足够多的青年学员被错划为中老年学员，则削弱题干；如果把中老年学员错划为青年学员，则加强题干。

其余各项均为无关选项。

【答案】E

例 42 2000 年，宏发投资基金的基金总值的 40％用于债券的购买。近几年来，由于股市比较低迷，该投资基金更加重视投资债券，在 2004 年，其投资基金的 60％都用于购买债券。因此，认为该投资基金购买债券比过去减少的观点是站不住脚的。

以下哪项如果为真，最能削弱上述论证？

A. 2004 年宏发投资基金的总额比 2000 年少。

B. 宏发投资基金的领导层关于基金的投资取向一直存在不同的看法和争论。

C. 宏发投资基金经营部有许多新来的员工，对该基金的投资决策情况并不了解。

D. 宏发投资基金面临的竞争压力越来越大，无论怎样调整投资结构，经营风险都在增加。

E. 宏发投资基金 2004 年投资股票的比例比 2000 年要低。

【解析】百分数陷阱。

题干：2000 年，基金总值的 40％用于购买债券；2004 年，基金总值的 60％用于购买债券 $\xrightarrow[\text{证明}]{}$ 购买债券比过去减少的观点不成立。

显然有以下公式：

$$购买债券额 = 基金总额 \times 购买债券的百分比。$$

所以，不知道基金总额（忽略基数）只比较百分比是没有意义的，故 A 项能削弱题干。

B、C、D 项均为无关选项。

E项，"债券"和"股票"不是同一概念，无关选项。

【答案】A

例 43 受新冠疫情的影响，2020 年和 2021 年的中国电影市场都不太理想。但是，据调查，2021 年在中国上映的电影的平均票房达到了 1.05 亿元，而在 2020 年中国上映的电影的平均票房仅为 0.88 亿元。如果这一调查数据是准确的，就说明中国的电影市场已经出现回暖迹象，同时也说明那些成本高昂的大制作电影不用再担心亏损。

以下哪项如果为真，最为恰当地指出了上述论证的逻辑漏洞？

A. 2021 年中国上映的电影的平均票房低于 2019 年的情况。

B. 以上调查数据并不准确。

C. 成本高昂的大制作电影仅占全国电影总数的一小部分。

D. 平均票房高并不能说明大制作电影的票房高。

E. 成本高昂的大制作电影的利润率不如小制作电影。

【解析】平均值陷阱。

题干：据调查，2021 年在中国上映的电影的平均票房达到了 1.05 亿元，而在 2020 年中国上映的电影的平均票房仅为 0.88 亿元——_{证明}如果这一调查数据是准确的，就说明中国的电影市场已经出现回暖迹象，同时也说明那些成本高昂的大制作电影不用再担心亏损。

A 项，题干中的"回暖迹象"指的是 2021 年相对于 2020 年来说有所回暖，与 2019 年的情况无关（与题干无关的新比较）。

B 项，题干的结论假设了"这一调查数据是准确的"，故"调查数据并不准确"无法削弱这一结论。

C 项，无关选项，题干的论证不涉及大制作电影占总电影数的比例。

D 项，题干用平均票房的情况来推断大制作电影的票房情况，难以成立，此项指出了这一点，故此项正确。

E 项，题干的论证不涉及大制作电影与小制作电影的利润率比较（与题干无关的新比较）。

【答案】D

例44 现在的新能源汽车，主要是电动汽车或者油电混合动力汽车。这两种汽车都离不开动力电池，而制造动力电池需要钕、镧、铈、氧化镨、铷等稀土资源。动力电池采用的"永磁技术"，对钕的依赖就像人类离不开氧气一般。2019 年中国烧结钕铁硼毛坯产量为 17 万吨，同比 2018 年增长 9.7%。据了解，H 国 2019 年烧结钕铁硼毛坯产量相比 2018 年增长了 28%。可以预测，H 国的钕铁硼毛坯产量将很快超过中国。

以下哪项如果为真，最能削弱上述论证？

A. 中国的粘结钕铁硼产量的增长率比 H 国高。

B. 用现在的产量来推测未来的产量未必准确。

C. 除了中国和 H 国以外，美国、日本也曾经是烧结钕铁硼的重要生产国。

D. 2019 年，中国的烧结钕铁硼毛坯产量占全球的总份额约为 95%。

E. 中国粘结钕铁硼产量的增长率与 H 国的实际差距，没有想象中那么大。

【解析】增长率陷阱。

题干：2019 年中国烧结钕铁硼毛坯产量比 2018 年增长 9.7%；而 H 国 2019 年烧结钕铁硼毛坯产量相比 2018 年增长了 28%——_{证明}H 国的钕铁硼毛坯产量将很快超过中国。

A 项，题干的论证不涉及"粘结钕铁硼产量"，无关选项。

B 项，对题干进行了质疑，但是，此质疑没有给出足够的理由，因此削弱力度弱。

C 项，题干的论证不涉及"生产国"的情况，无关选项。

D 项，如果此项为真，那么 2019 年中国的烧结钕铁硼毛坯产量是 H 国的几十倍，即使中国的增长率比 H 国低，H 国的产量也难以在短期内追上中国，故此项可以削弱题干。

E 项，题干的论证不涉及"想象中"的差距，无关选项。

【答案】D

题型 21 论证的支持

【母题综述】

支持题是论证逻辑的重要题型。此类题型的特点是：题干给出一个论证或者表达某种观点，要求从选项中找出最能（或不能）支持题干论证或观点的选项。

支持题的一般提问方式如下：

"以下哪项如果为真，最能支持上述结论？"

"以下哪项如果为真，最能加强上述结论？"

"以下哪项如果为真，最不能支持上述结论？"

对于支持题，我们常采取以下解题步骤：

①读题目要求，判断题目是否属于支持题。需要注意的是，如果题目问的是"以下哪项最能支持题干"，是支持题；但如果题目问的是"题干最能支持以下哪个选项"，则是推论题，而不是支持题。

②写出题干的逻辑主线，并判断属于哪种命题模型。

③依据解题模型及常见支持方法，找出正确选项。

【母题精讲】

母题21　在塞普西路斯的一个古城蒙科云，发掘出了城市的残骸，这一残骸呈现出被地震损坏的典型特征。考古学家猜想，该城的破坏是这个地区公元365年的一次地震所致。

以下哪项如果为真，最有力地支持了考古学家的猜想？

A. 经常在公元365年前后的墓穴里发现的青铜制纪念花瓶，在蒙科云城里也发现了。

B. 在蒙科云城废墟里没有发现在公元365年以后铸的硬币，但是却有365年前的铸币。

C. 多数现代塞普西路斯历史学家曾经提及，在公元365年前后附近发生过地震。

D. 在蒙科云城废墟中发现了公元300年至400年风格的雕塑。

E. 在蒙科云发现了塞普西路斯365年以后才使用的希腊字母的石刻。

【解析】

第1步：读问题。

题干的问题是"以下哪项如果为真，最有力地支持了考古学家的猜想"，确定本题为"支持题"。

第2步：分析题干的论证结构。

考古学家：在蒙科云发掘出的城市残骸呈现出被地震损坏的典型特征——证明——该城的破坏是这个地区公元365年的一次地震所致。

第3步：解题思路分析。

题干的论证虽然只有一句话，却有两个判断：①时间：公元365年；②原因：地震。

而论据中提出"城市残骸呈现出被地震损坏的典型特征"，这足以说明判断②。因此，我们要想支持考古学家的判断，需要帮他判断地震时间。

第 4 步：分析选项。

A 项，因为青铜制纪念花瓶是在公元 365 年"前后"被发现的，无法确定是在"前"还是在"后"，如果是公元 365 年后的青铜制纪念花瓶，那么就说明该城市没有在公元 365 年被破坏，此时削弱考古学家的判断①。

B 项，由于在蒙科云城废墟里没有发现在公元 365 年以后铸的硬币，但是却有 365 年前的铸币，那么很有可能在公元 365 年该城市被破坏，因此，此项提出新论据支持题干的论证。

C 项，首先此项诉诸权威，另外，公元 365 年"前后"附近发生过地震，无法确定是在"前"还是在"后"，如果是在 365 年后发生地震，那么就说明该城市没有在公元 365 年被破坏，此时削弱考古学家的判断①。

D 项，由"公元 300 年至公元 400 年"无法确定是公元 365 年之前还是公元 365 年之后，故不能帮助考古学家判断时间。

E 项，发现了 365 年以后的石刻，说明该城市在 365 年尚未被破坏，此时削弱考古学家的判断①。

【答案】B

[母题变化]

变化 1 论证的支持

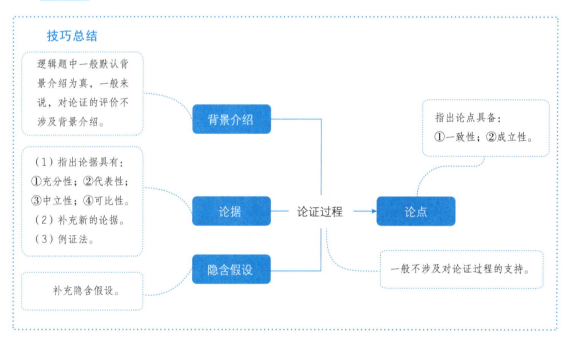

例45 格陵兰岛是地球上最大的岛屿，形成于 38 亿年前，大部分地区被冰雪覆盖。有大量远古的岩石化石埋藏在格陵兰岛地下，它们的排列就像是一个整齐的堤坝，也被称为蛇纹石。通过这些蛇纹石，人们可以断定格陵兰岛在远古时期可能是一块海底大陆。

补充以下哪项作为前提可以得出上述结论？

A. 格陵兰岛是一个由高耸的山脉、庞大的蓝绿色冰山、壮丽的峡湾和贫瘠裸露的岩石组成的地区。

B. 这些蛇纹石化石的年代和特征与伊苏亚地区发现的一致，而后者曾是一片海底大陆。

C. 蛇纹石中碳的形状呈现出生物组织特有的管状和洋葱型结构，类似于早期的海洋微生物。

D. 由于大陆板块的运动才创造出了许多新的大陆，在板块运动发生之前，地球上绝大部分地区是一片汪洋大海。

E. 蛇纹石是两个大陆板块在运动中相互碰撞时挤压海底大陆而形成的一种岩石。

【解析】

第1步：读问题。

"补充以下哪项作为前提可以得出上述结论"，确定本题为"支持题"。

第2步：分析题干的论证结构。

格陵兰岛是地球上最大的岛屿，形成于38亿年前，大部分地区被冰雪覆盖。有大量远古的岩石化石埋藏在格陵兰岛地下，它们的排列就像是一个整齐的堤坝，也被称为蛇纹石（背景介绍）。通过这些蛇纹石，人们可以断定（论点标志词）格陵兰岛在远古时期可能是一块海底大陆（论点）。

即：蛇纹石 ——证明→ 格陵兰岛在远古时期可能是一块海底大陆。

第3步：解题思路分析。

搭桥法，建立论据中"蛇纹石"和论点中"海底大陆"之间的关系。

第4步：分析选项。

A项，无关选项，题干讨论的是格陵兰岛的形成，不是目前的状况。

B项，将这些蛇纹石与伊苏亚地区发现的蛇纹石进行类比，试图说明既然伊苏亚地区曾是一片海底大陆，那么格陵兰岛也应该曾是一片海底大陆。但类比论证是或然性的，其结论未必成立，故支持力度较弱。

C项，说明了蛇纹石中"碳的形状"类似于"早期的海洋微生物"，这可能仅仅是一种形状上的相似，而不代表蛇纹石存在于海底。

D项，地球上绝大部分地区是海洋，不代表格陵兰岛原先是海洋，且此项与"蛇纹石"无关。

E项，搭桥法，将"蛇纹石"与"海底大陆"之间建立联系，由此可证明结论。

搭桥法

(1)核心概念型。

题干的论据中有核心概念 A，题干的论点中把这一概念偷换成了 A′。我们就要说 A 和 A′ 这两个概念是等同的，从而支持题干，即搭概念 A 和 A′ 的桥。

(2)论证对象型。

题干论据的论证对象是 A，题干论点的论证对象是 B。我们就要说这两个对象具备相关性、相似性或等同性，即搭桥。

(3)论据充分型。

题干：论据 A，因此，结论 B。

搭桥：如果有论据 A，一定有结论 B（A→B）。即论据 A 是得出结论 B 的充分条件，A 作为论据是充分的。即补充了演绎论证的前提。

【答案】 E

例 46　英国纽克大学和曼彻斯特大学考古人员在北约克郡的斯塔卡发现一处有一万多年历史的人类房屋遗迹。测年结果显示，它为一个高约 3.5 米的木质圆形小屋，存在于公元前 8500 年，比之前发现的英国最古老房屋至少早 500 年。考古人员还在附近发现一个木头平台和一个保存完好的大树树干。此外他们还发现了经过加工的鹿角饰品，这说明当时的人已经有了一些仪式性的活动。

以下哪项如果为真，最能支持上述观点？

A. 木头平台是人类建造小木屋的工作场所。

B. 当时的英国人已经有了相对稳定的住址，而不是之前认为的居无定所的游猎者。

C. 人类是群居动物，附近还有更多的木屋等待发掘。

D. 人类在一万多年前就已经在北约克郡附近进行农耕活动。

E. 只有举行仪式性的活动，才会出现经过加工的鹿角饰品。

【解析】题干：考古人员在北约克郡的斯塔卡发现了经过加工的鹿角饰品——证明→当时的人已经有了一些仪式性的活动。

搭桥法，建立论据"经过加工的鹿角饰品"和结论"仪式性活动"之间的联系，如果有"经过加工的鹿角饰品"，就有"仪式性活动"，等价于：只有举行仪式性的活动，才会出现经过加工的鹿角饰品。故 E 项为正确答案。

【答案】E

例 47　休斯敦《每日通报》的一篇社论声称，休斯敦的投票者会普遍欢迎某前控制市议会的政党下台。该社论基于最近的一次调查报告发表了这个声明。调查报告显示，有 59% 的休斯敦在册选民认为该政党在后年的市议会选举中肯定下台。

以下哪项最能支持上述论证？

A. 投票者在某一限定时间对某一政党的态度可被合理地认为是他们将继续对该政党保持这一态度的可信赖的指示器，除了发生不可预测的政治发展之外。

B. 对投票者对某一政党的情绪的估计的调查报告结果可被合理地用作发表关于那个政党可能会有的前景的声明的基础。

C. 对某一执政党不满情绪的增加可被合理地认为它将会导致在野党的被支持率相应地增加。

D. 期望某一政治上可能发生的事情能够实现的投票者的比例可被合理地认为与赞成这个可能事情实现的投票者的比例相近。

E. 可以合理地认为，那些接受有关将来选举结果的调查的人会在这场选举中行使他们的投票权。

【解析】题干：59% 的休斯敦在册选民"认为"该政党会下台——证明→休斯敦的投票者会普遍"欢迎"该政党下台。

"认为"和"欢迎"并不是相同的概念，比如，我认为今天会下暴雨，不代表我欢迎今天下暴雨。所以，题干要成立，必须建立二者的等价关系。

D 项，搭桥法，建立"认为"政党下台（认为与赞成这个可能事情实现）和"欢迎"政党下台（期望某一政治上可能发生的事情能够实现）之间的等价性，支持题干。

其余各项均为无关选项。

【答案】D

例48　小儿神经性皮炎一直被认为是由母乳过敏引起的。但是，如果我们让患儿停止进食母乳而改用牛乳，他们的神经性皮炎并不能因此而消失。因此，显然存在别的某种原因引起小儿神经性皮炎。

下列哪项如果为真，最能支持题干的结论？

A. 医学已经证明，母乳是婴儿最理想的食料。

B. 医学尚不能揭示母乳过敏诱发小儿神经性皮炎的病理机制。

C. 已发现有小儿神经性皮炎的患儿从未进食过母乳。

D. 已发现有母乳过敏导致婴儿突发性窒息的病例。

E. 小儿神经性皮炎的患儿并没有表现出对母乳的拒斥。

【解析】题干：让患儿停止进食母乳而改用牛乳，他们的神经性皮炎并不能因此而消失————证明

存在别的某种原因(而不是母乳)引起小儿神经性皮炎。

A项，母乳是婴儿最理想的食料，并不能说明它不会引起小儿神经性皮炎，不能支持。

B项，诉诸无知，即把没有证据当成支持或反驳的理由。

C项，例证法，证明从未进食过母乳的婴儿也会得"小儿神经性皮炎"，说明不是母乳引起小儿神经性皮炎，支持题干。如果从因果的角度来解读此项，此项是"无因有果"。

说明：因果论证也是论证的一种，因此，很多与因果相关的题，从论证的角度解读也可以。

D项，无关选项，此项与题干不是同一种病。

E项，无关选项，婴儿吃母乳是一种本能，与母乳是否会引起皮炎无关。

【答案】C

变化2　演绎论证的支持

技巧总结

演绎是由一般到个别的论证方法，它由一般原理出发，推导出关于个别情况的结论。演绎论证是一种基于形式逻辑（判断和推理）的论证方法。

演绎是必然性的论证，即：如果前提为真，推理过程正确，则其结论一定为真。因此，要想支持一个演绎论证，一般方法就是补充这个论证的前提。

例49　想当优秀运动员的小学生都上业余体校，小玲上了业余体校，她一定是想当优秀运动员。

以下哪项如果为真，则最能支持上述推断？

A. 所有上业余体校的小学生，都想当优秀运动员。

B. 所有优秀运动员都上过业余体校。

C. 只有业余体校的优秀学生，才能成为优秀运动员。

D. 只有想当优秀运动员的小学生，才上业余体校。

E. 有些优秀运动员是业余体校学生。

【解析】题干：小玲上了业余体校 ——证明——→ 小玲想当优秀运动员。

A 项，上了业余体校 ∧ 小学生 → 想当优秀运动员。则仅由"小玲上了业余体校"，不知道她是不是小学生，不能得出"小玲想当优秀运动员"的结论。

D 项，搭桥法：上了业余体校 → 想当优秀运动员 ∧ 小学生，故可得：小玲上了业余体校 ——证明——→ 小玲想当优秀运动员。

其余各项均不正确。

【答案】D

例 50　陈先生：昨天我驾车时被警察出具罚单，理由是我超速。警察这样做是不公正的。我敢肯定，当时我看到很多车都超速，为什么受罚的只有我一个？

贾女士：你并没有受到不公正的对待，因为警察当时不可能制止所有的超速汽车。事实上，当时每个超速驾驶的人都同样可能被出具罚单。

确定以下哪项原则，最能支持贾女士的观点？

A. 任何处罚的公正性，只能是相对的，不是绝对的。绝对公正的处罚，是一种理想化的标准，不具有可操作性。

B. 对违反交通规则的处罚不是一种目的，而是一种手段。

C. 违反交通规则的处罚对象，应当是所有违反交通规则的人。

D. 任何处罚，只要有法规依据，就是公正的。

E. 如果每个违反交通规则的人被处罚的可能性均等，那么，对其中任何一个人的处罚都是公正的。

【解析】贾女士：每个超速驾驶的人都同样可能被出具罚单 ——证明——→ 陈先生并没有受到不公正的对待。

搭桥法：

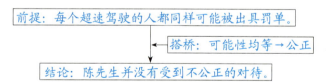

前提：每个超速驾驶的人都同样可能被出具罚单。

搭桥：可能性均等 → 公正

结论：陈先生并没有受到不公正的对待。

A 项，贾女士并没有讨论公正的相对性和绝对性，无关选项。

B 项，无关选项，贾女士的论证仅涉及处罚"公正"与否，不涉及处罚的目的或手段。

C 项，如果此项成立，那么只有陈先生受到处罚就不公正，故此项削弱贾女士的观点。

D 项，无关选项，贾女士的论证不涉及罚单是否有"法规依据"。

E 项，搭桥法，若此项成立，说明"可能性均等"是"公正"的充分条件，那么"陈先生并没有受到不公正的对待"这一结论必然成立。

【答案】E

例51 一项新的医疗技术，只有当它的疗效和安全性都确实可靠之后才能临床使用。1998年 A 国科学家成功地使人类胚胎干细胞在体外生长和增殖，这种干细胞技术如果与克隆技术相结合，将可以由患者的体细胞培养出所需的组织细胞，取代患者的坏损细胞，以治疗各种疑难疾病，这就是所谓的"治疗性克隆"。但现在"治疗性克隆"离临床使用还有相当长的距离。

以下哪项如果为真，将给上述结论以最强的支持？

A. 由于"治疗性克隆"涉及破坏人类早期胚胎的问题，因而引起罗马教会以及美、法、德等国政府的强烈反对。

B. 到目前为止，人类胚胎干细胞的获得是相当困难的。

C. 韩国学者黄禹锡承诺为一名因车祸瘫痪的儿童进行干细胞修复，但他有关干细胞的研究成果全部属于造假。

D. 目前科学家还远未弄清人类胚胎干细胞定向分化为各种细胞的机制以及如何防止它转化为癌细胞的问题。

E. 目前只有极少数科学家能够熟练进行人类胚胎干细胞技术与克隆技术的结合。

【解析】

第1步：读问题。

"以下哪项如果为真，将给上述结论以最强的支持"，确定本题为"支持题"。

第2步：分析题干的论证结构。

一项新的医疗技术，只有当它的疗效和安全性都确实可靠之后才能临床使用(论据)。1998年 A 国科学家成功地使人类胚胎干细胞在体外生长和增殖，这种干细胞技术如果与克隆技术相结合，将可以由患者的体细胞培养出所需的组织细胞，取代患者的坏损细胞，以治疗各种疑难疾病，这就是所谓的"治疗性克隆"(背景介绍)。但现在"治疗性克隆"离临床使用还有相当长的距离(论点)。

第3步：解题思路分析。

题干的论据提出两个必要条件：一项新的医疗技术，只有当它的疗效(必要条件1)和安全性(必要条件2)都确实可靠之后才能临床使用。

即：¬疗效 ∨ ¬安全→¬临床使用。

题干的背景信息中介绍了"治疗性克隆"的疗效信息。因此，我们只要说明"治疗性克隆"不满足安全性这一必要条件，即可说明它不能临床使用。

第4步：分析选项。

A 项，指出"治疗性克隆"存在破坏人类早期胚胎的问题，这是一种伦理问题，并不涉及这一医疗技术对患者本身的"安全性"，无关选项。

B 项，指出"人类胚胎干细胞的获得是相当困难的"，但不涉及"安全性"，无关选项。

C 项，指出有人学术造假，但不涉及"安全性"，无关选项。

D 项，提出新论据，说明"治疗性克隆"的安全性不是确实可靠的(有可能转化为癌细胞)，支持题干。

E 项，指出只有极少数科学家能够熟练掌握克隆技术，但不涉及"安全性"，无关选项。

【答案】D

变化 **3**　归纳论证的支持

> **技巧总结**
>
> （1）样本具有代表性。
>
> （2）调查机构中立。

例52　交管局要求司机在通过某特定路段时，在白天也要像晚上一样使用大灯，结果发现这条路上的年事故发生率比从前降低了 15%。他们得出结论说，在全市范围内都推行该项规定会同样地降低事故发生率。

以下哪项如果为真，最能支持上述论断？

A. 该测试路段在选取时包括了在该市驾车时可能遇见的多种路况。

B. 由于可以选择其他路线，因此所测试路段的交通量在测试期间减少了。

C. 在某些条件下，包括有雾和暴雨的条件下，大多数司机已经在白天使用了大灯。

D. 司机们对在该测试路段使用大灯的要求的了解来自在每个行驶方向上的三个显著的标牌。

E. 该特定路段由于附近山群遮挡，导致白天能见度非常低。

【解析】题干做了一个调查统计，即使用了归纳法：在某特定路段规定白天使用大灯，年事故率降低15% ——证明→ 在全市范围内推行该规定同样会降低事故发生率。

A项，支持题干，说明该路段能够代表全市其他路段，样本具有代表性。

B项，削弱题干，说明题干中的测试不准确。

C项，削弱题干，说明现在的司机已经在白天有需要的时候开启大灯，那么，题干的措施就有可能无效。

D项，无关选项，题干的论证与司机通过什么方式了解到在该测试路段使用大灯的要求无关。

E项，削弱题干，指出该路段有其特殊性，不能代表全市的其他道路(样本没有代表性)。

【答案】A

变化 **4**　类比论证的支持

> **技巧总结**
>
> （1）类比论证的典型结构。
>
>
>
> 对象 1：有性质 A、B；
>
> 对象 2：也有性质 A；
>
> ————————————
>
> 所以，对象 2 也有性质 B。
>
>
>
> 简单来说，类比就是以此物比它物，通过两种对象在一些性质上的相似性，得出它们在其他性质上也是相似的。

（2）类比论证的支持。

①类比对象之间具有相似性。

②前提属性与结论属性具备相关性。

例53 食用某些食物可降低体内自由基，达到排毒、清洁血液的作用。研究者将大鼠设定为实验动物，分为两组，A组每天喂养含菌类、海带、韭菜和绿豆的混合食物，B组喂养一般饲料。研究观察到，A组大鼠的体内自由基比B组显著降低。科学家由此得出结论：人类食入菌类、海带、韭菜和绿豆等食物同样可以降低体内自由基。

以下哪项如果为真，最能支持以上论证？

A. 一般人都愿意食入菌类、海带、韭菜和绿豆等食物。

B. 不含菌类、海带、韭菜和绿豆的食物将增加体内自由基。

C. 没有其他的途径降低体内自由基。

D. 体内自由基的降低有助于人体的健康。

E. 人对菌类、海带、韭菜和绿豆等食物的吸收和大鼠相比没有实质性的区别。

【解析】

第1步：读问题。

"以下哪项如果为真，最能支持以上论证"，确定本题为"支持题"。

第2步：分析题干的论证结构。

题干使用求异法：

A组大鼠：食用菌类、海带、韭菜和绿豆的混合食物；

B组大鼠：食用一般饲料；

A组大鼠的体内自由基低于B组；

故：人类食入菌类、海带、韭菜和绿豆等食物可以降低体内自由基。

第3步：解题思路分析。

题干中虽然出现了求异法，但本题没有从求异法的角度命题，而是偷换了题干中的论证对象：对照实验的对象是"大鼠"，结论的对象是"人类"。

我们可以从两个角度来理解：

从类比的角度来理解，此题可以认为是从"大鼠"类比到"人类"，类比要想成立，类比的对象必须要有相似性。

从搭桥的角度来理解，实验的论证对象是"大鼠"，结论的论证对象是"人类"，出现了论证对象的跳跃，我们就要搭这二者之间的桥梁。

总之，题干要想成立，实验中的食物对"大鼠"和"人类"的影响应该是相似的，故E项正确。

其余各项均为无关选项。

【答案】E

变化 5　　因果论证的支持：找原因

> **技巧总结**
>
> 　　如果题干是已知发现了某种现象，寻找这种现象产生的原因，就称为"找原因"型题目。题干的基本结构为：
>
> $$现象（论据是果）\xrightarrow[推测]{}原因（论点是因）。$$
>
> 　　支持方法如下：
>
> （1）因果相关。
>
> 　　直接说明题干中的因果关系成立。
>
> （2）排除他因。
>
> 　　题干说原因 A 导致了结果 B 的发生，正确的选项指出不是别的原因导致了 B 发生，当然就支持了题干。
>
> （3）无因无果。
>
> 　　题干：有原因 A 时，有结果 B；
>
> 　　选项：无原因 A 时，无结果 B。
>
> 　　根据求异法，支持 A、B 之间存在因果关系。
>
> （4）并非因果倒置。
>
> 　　题干认为 A 是 B 的原因，正确的选项排除 B 是 A 的原因这种可能。

　　例 54　对常兴市 23 家老人院的一项评估显示，爱慈老人院在疾病治疗水平方面得到的评价相当低，而在其他不少方面评价不错。虽然各老人院的规模大致相当，但爱慈老人院医生与住院老人的比率在常兴市的老人院中几乎是最小的。因此，医生数量不足是造成爱慈老人院在疾病治疗水平方面评价偏低的原因。

　　以下哪项如果为真，最能加强上述论证？

　　A. 和祥老人院也在常兴市，对其疾病治疗水平的评价比爱慈老人院还要低。

　　B. 爱慈老人院的医务护理人员比常兴市其他老人院都要多。

　　C. 爱慈老人院的医生发表的相关学术文章很少。

　　D. 爱慈老人院位于常兴市的市郊。

　　E. 爱慈老人院某些医生的医术一般。

　　【解析】题干：医生数量不足$\xrightarrow[导致]{}$爱慈老人院在疾病治疗水平方面的评价偏低。

　　B 项，排除他因，因为既然爱慈老人院的医务护理人员比别的老人院都多，爱慈老人院的疾病治疗水平方面的评价还是相当低，说明其原因不是"护理人员数量过少"，而是其他原因，其中可能是因为医生数量不足，故此项有支持作用。

　　E 项，<u>另有他因</u>，某些医生医术一般，指出爱慈老人院在疾病治疗水平方面的评价偏低是医生医术的原因而不是医生数量的原因，削弱题干。

　　A、C、D 项均为无关选项。

　　【答案】B

例55 一份对北方山区先天性精神分裂症患者的调查统计表明，大部分患者都出生在冬季。专家们指出，其原因很可能是那些临产的孕妇营养不良，因为在这一年最寒冷的季节中，人们很难买到新鲜食品。

以下哪项如果为真，能支持题干中专家的结论？

A. 在精神分裂症患者中，先天性患者只占很小的比例。

B. 调查中相当比例的患者有家族史。

C. 与引起精神分裂症有关的大脑区域的发育，大部分发生在产前一个月。

D. 新鲜食品与腌制食品中的营养成分对大脑发育的影响相同。

E. 虽然生活在北方山区，但被调查对象的家庭大都经济条件良好。

【解析】专家：冬天人们很难买到新鲜食品——导致→临产的孕妇营养不良——导致→先天性精神分裂症。

A项，与题干无关的比例关系。

B项，另有他因，是遗传导致先天性精神分裂症，削弱题干。

C项，支持题干，说明临产孕妇营养不良，影响大脑发育，从而引发先天性精神分裂症，指出题干因果相关。

D项，不能很好地支持题干，因为，此项指出了营养与"大脑发育"的关系，但并未指出"大脑发育"是否影响"先天性精神分裂症"。

E项，无关选项，题干指出冬季人们很难买到新鲜食品，即不论经济条件好坏，都很难买到，而不是穷人因为穷买不到。此项有质疑论据之意。

【答案】C

例56 一种常见的现象是，从国外引进的一些畅销科普读物在国内并不畅销。有人对此解释说，这与我们多年来沿袭的文理分科有关。文理分科人为地造成了自然科学与人文社会科学的割裂，导致科普类图书的读者市场还没有真正形成。

以下哪项如果为真，最能加强上述观点？

A. 有些自然科学工作者对科普读物也不感兴趣。

B. 科普读物不是没有需求，而是有效供给不足。

C. 由于缺乏理科背景，非自然科学工作者对科学敬而远之。

D. 许多科普电视节目都拥有固定的收视群，相应的科普读物也大受欢迎。

E. 国内大部分科普读物只是介绍科学常识，很少真正关注科学精神的传播。

【解析】题干：文理分科——导致→自然科学与人文社会科学的割裂——导致→科普类图书的读者市场还没有真正形成——导致→国外畅销科普读物在国内并不畅销。

A项，不能支持，"有些"自然科学工作者的情况，无法支持整体状况。

B项，另有他因，削弱题干。

C项，缺乏理科背景的人，对科学敬而远之，从而导致他们不喜欢阅读科普类图书，说明题干中的现象的原因确实是"文理分科"，因果相关，加强题干。

D项，无关选项，此项未涉及"文理分科"。

E项，无关选项，此项未涉及"文理分科"。

【答案】C

变化 6　因果论证的支持：求异法

> **技巧总结**
>
> ①使用求异法要求只能有一个差异因素，因此，常用排除其他差异因素的方法支持（排除他因）。
>
> ②若题干为有因有果，选项为无因无果即可支持（增加对照组）。
>
> ③并非因果倒置。

例57 将患癌症的实验鼠按居住环境分为两组。一组是普通环境：每个标准容器中生活的实验鼠不多于 5 只，没有娱乐设施；另一组是复杂环境：每 20 只实验鼠共同居住在一个宽敞的、配有玩具、转轮等设施的容器中。几周后，与普通环境的实验鼠相比，复杂环境中实验鼠的肿瘤明显缩小了。因此，复杂环境与动物之间的互动可以抑制肿瘤生长。

以下哪项陈述如果为真，能给上面的结论以最有力的支持？

A. 在复杂环境中生活的实验鼠面临更多的纷争和挑战。

B. 两组中都有自身患癌症和因注射癌细胞而患癌症的实验鼠，且两组均有充足的食物和水。

C. 与普通环境实验鼠相比，复杂环境实验鼠体内一种名为"瘦素"的激素的水平明显偏低。

D. 与普通环境实验鼠相比，复杂环境实验鼠体内的肾上腺素水平有所提高。

E. 与复杂环境实验鼠相比，普通环境实验鼠的体质更差。

【解析】题干使用对比实验：

普通环境：每个标准容器中实验鼠不多于 5 只，没有娱乐设施，肿瘤没有明显缩小；

复杂环境：每个容器中实验鼠 20 只，配有玩具、转轮等设施，肿瘤明显缩小；

故：复杂环境与动物之间的互动可以抑制肿瘤生长。

A项，无关选项，"纷争和挑战"与肿瘤生长关系不大。

B项，<u>排除其他差异因素</u>：实验鼠患癌情况和饮食方面的因素，支持题干。

C项，<u>另有其他差异因素</u>："瘦素"，削弱题干，但要注意由此项并不确定"瘦素"是否影响肿瘤生长，故削弱力度小。

D项，<u>另有其他差异因素</u>：肾上腺素水平，削弱题干，但要注意由此项并不确定"肾上腺素水平"是否影响肿瘤生长，故削弱力度小。

E项，<u>另有其他差异因素</u>：普通环境实验鼠的体质更差，削弱题干。

【答案】B

例58 爱尔兰有大片泥煤蕴藏量丰富的湿地。环境保护主义者一直反对在湿地区域采煤。他们的理由是开采泥煤会破坏爱尔兰湿地的生态平衡，其直接严重后果是会污染水源。然而，这一担心是站不住脚的。据近 50 年的相关统计，从未发现过因采煤而污染水源的报告。

以下哪项如果为真，最能加强题干的论证？

A. 在爱尔兰的湿地采煤已有200年的历史，其间从未因此造成水源污染。

B. 在爱尔兰，采煤湿地的生态环境和未采煤湿地没有实质性的不同。

C. 在爱尔兰，采煤湿地的生态环境和未开采前没有实质性的不同。

D. 爱尔兰具备足够的科技水平和财政支持来治理污染，保护生态。

E. 爱尔兰是世界上生态环境最佳的国家之一。

【解析】题干：据近50年的相关统计，从未发现过因采煤而污染水源的报告————→开采泥煤 证明

不会破坏爱尔兰湿地的生态平衡，也不会污染水源。

A项，可以支持题干，但是因为环保主义者不仅担心水源污染问题，还担心其他生态平衡问题，但此项只表示没有水污染，不明确是否有其他影响生态的问题，因此支持力度小。

B项，提供对照组，根据求异法的知识可知支持题干。

C项，进行前后对比，根据求异法的知识可知支持题干。

B项和C项均可支持题干，但C项力度更大，这是因为C项是自身对比，采煤前后湿地的生态环境没有变化，说明采煤确实没有坏的影响。但B项是两组不同的湿地对比，那就有可能存在差异因素。比如，本来采煤湿地环境特别好，而未采煤湿地环境不好，经过采煤之后前者变得和后者一样不好了，那说明采煤还是影响环境。

D项和E项，显然是无关选项。

【答案】C

例59　一项调查显示，某班参加挑战杯比赛的同学，与那些未参加此项比赛的同学相比，学习成绩一直保持较高的水平。此项调查得出结论：挑战杯比赛通过开阔学生的视野、增加学生的学习兴趣、激发学生的创造潜力，有效地提高了学生的学习成绩。

以下哪项如果为真，最能加强上述调查结论的说服力？

A. 没有参加挑战杯比赛的同学如果通过其他活动开阔视野，也能获得好成绩。

B. 整天在教室内读书而不参加课外科技活动的学生，他们的视野、学习兴趣和创造力都会受到影响。

C. 没有参加挑战杯比赛的同学大都学习很努力。

D. 参加挑战杯比赛并不以学习成绩好为条件。

E. 参加挑战杯比赛的同学约占全班的半数。

【解析】题干使用求异法：某班参加挑战杯比赛的同学，与那些未参加此项比赛的同学相比，学习成绩一直保持较高的水平，因此，挑战杯比赛通过开阔学生的视野、增加学生的学习兴趣、激发学生的创造潜力，有效地提高了学生的学习成绩。

A项，无因有果，不参加挑战杯比赛也能提高成绩，削弱题干。

B项，偷换了题干的论证对象，题干讨论的是"挑战杯比赛"，此项讨论的是"课外科技活动"。

C项，此项不能支持题干，因为，题干是个对比实验，对比实验可以通过排除其他差异因素来支持。此项只知道没参赛的同学的努力情况，但由于不知道参赛同学的努力情况，因此无法知道二者在努力程度上是否有差异。

此项若改为"没参加挑战杯比赛的同学与参加挑战杯比赛的同学努力程度相当"，则可以支持题干。

D 项，并非因果倒置，不是因为学习成绩好才可以参加挑战杯比赛，支持题干。

E 项，与题干无关的比例关系，干扰项设计同例 55 的 A 项。

【答案】D

例60 一项研究对 1 262 名 67～84 岁的男女参试者进行了为期 3 年的跟踪调查，内容涉及参试者食盐日摄入量和身体活动情况。研究人员测量了参试者的认知能力及心理健康状况。结果发现，饮食含盐量高的老人，认知能力下降速度最快；饮食清淡的老人，认知能力下降速度缓慢。因此，吃太咸增加患老年痴呆症的危险。

以下哪项如果为真，最能支持上述结论？

A. 认知功能障碍是常见的老年痴呆症症状。

B. 研究发现了一种老年痴呆症的致病基因，所以老年痴呆症可能有遗传性。

C. 许多研究证实，高盐饮食会增加患高血压、胃癌等疾病的风险。

D. 调查显示，痴呆与人的精神状况关系密切，抑郁、易怒、悲伤等不良精神刺激容易导致痴呆的发生。

E. 饮食含盐量高的老人年龄大都在 75 岁以上。

【解析】题干使用了求异法：

饮食含盐量高的老人：认知能力下降速度最快；

饮食清淡的老人：认知能力下降速度缓慢；

————————————————————————

因此，吃太咸增加患老年痴呆症的危险。

A 项，搭桥法，建立了论据中"认知能力下降速度"与结论中"老年痴呆症"的联系，支持题干。

C 项，无关选项，"高血压、胃癌"与"老年痴呆症"无关。

B、D、E 项，另有他因，削弱题干。

【答案】A

变化 7　因果论证的支持：预测结果

技巧总结

如果题干是基于某个事件，推测这个事件引发的结果，就称为"预测结果"型题目。题干的基本结构为：

$$原因 \xrightarrow{\quad 预测 \quad} 结果。$$

支持方法：补充新的论据，说明结果预测正确。

例61 近来，电视上开展了轿车进入家庭的讨论。有人认为，放松对私人轿车的管制，可以推动中国汽车工业的发展，但同时又会使原本紧张的交通状况更加恶化，从而影响经济和社会生活秩序。因此，中国的私人轿车在近五年内不应该有大发展。

以下哪项如果为真，则最能支持上述观点？

A. 交通事业将伴随着轿车工业的发展而发展。

B. 引起交通拥堵的主要原因是自行车而不是私人轿车。

C. 总是先发展汽车工业，后发展交通事业。

D. 应该大力发展公共交通事业。

E. 21 世纪内中国的道路状况不可能有根本改善。

【解析】题干：放松对私人轿车的管制，会使原本紧张的交通状况更加恶化，从而影响经济和社会生活秩序——预测——→中国的私人轿车在近五年内不应该有大发展。

A、B、C 项，均表明应该发展轿车工业，但未涉及发展轿车工业的影响，故不能支持或削弱题干。

D 项，无关选项，题干没有提及是否应该发展"公共交通事业"。

E 项，如果道路状况不可能有根本改善，那么放松对私人轿车的管制，就会使原本紧张的交通状况更加恶化，支持题干。

【答案】E

例 62　在 A 国，近年来在电视卫星的发射和操作中事故不断，这使得不少保险公司不得不面临巨额赔偿，这不可避免地导致了电视卫星的保险金的猛涨，使得发射和操作电视卫星的费用变得更为昂贵。为了应付昂贵的成本，必须进一步开发电视卫星更多的尖端功能来提高电视卫星的售价。

以下哪项如果为真，和题干的断定一起，最能支持这样一个结论，即电视卫星的成本将继续上涨？

A. 承担电视卫星保险业风险的只有为数不多的几家大公司，这使得保险金必定很高。

B. A 国电视卫星业面临的问题，在西方发达国家带有普遍性。

C. 电视卫星目前具备的功能已能满足需要，用户并没有对此提出新的要求。

D. 卫星的故障大都发生在进入轨道以后，对这类故障的分析及排除变得十分困难。

E. 电视卫星具备的尖端功能越多，越容易出问题。

【解析】题干：电视卫星事故不断——导致——→保险公司面临巨额赔偿——导致——→保险金猛涨——导致——→电视卫星的费用变得更为昂贵——导致——→开发电视卫星更多的尖端功能来提高电视卫星的售价。

对未来结果的预测：电视卫星的成本将继续上涨。

A 项，支持"保险金猛涨"，但支持力度不如 E 项大。

B 项，无关选项，在其他国家是否有同样的问题并不影响这一问题的结果。

C 项，无关选项，题干中开发更多功能的原因与需求无关，和费用有关。

D 项，无关选项，题干的论证不涉及卫星故障的排除。

E 项，尖端功能越多——导致——→问题越多，与题干中的信息形成一个恶性循环，则会不断推高电视卫星的成本，支持力度最大。

【答案】E

变化 **8** 措施目的的支持

技巧总结

题干结构：措施 A $\xrightarrow[\text{以求}]{}$ 目的 B。

解题方法：

（1）措施可行。

（2）措施可达目的。

（3）措施无恶果。

（4）补充要采取这个措施的原因（措施有必要）。

例63 目前食品包装袋上没有把纤维素的含量和其他营养成分一起列出。因此，作为保护民众健康的一项措施，国家应该规定在食品包装袋上要明确列出纤维素的含量。

以下哪项如果为真，则能作为论据支持上述论证？

Ⅰ. 大多数消费者购买食品时能注意包装袋上关于营养成分的说明。

Ⅱ. 高纤维食品对于预防心脏病、直肠癌和糖尿病有重要作用。

Ⅲ. 很多消费者都具有高纤维食品营养价值的常识。

A. 仅Ⅰ。   B. 仅Ⅱ。   C. 仅Ⅲ。

D. 仅Ⅰ和Ⅲ。   E. Ⅰ、Ⅱ和Ⅲ。

【解析】题干：规定在食品包装袋上要明确列出纤维素的含量(措施) $\xrightarrow[\text{以求}]{}$ 保护民众健康(目的)。

Ⅰ项，支持题干，否则，若大多数消费者不能注意包装袋上关于营养成分的说明，这个措施就是无效的。

Ⅱ项，支持题干，说明高纤维食品确实对保护民众健康有作用。

Ⅲ项，支持题干，否则，若大多数消费者不具备高纤维食品营养价值的常识，那么即使采取题干中的措施，也会因为消费者不具备这方面的常识而被消费者忽略，措施就无效了。

【答案】E

例64 过去，人们很少在电脑上收到垃圾邮件。现在，只要拥有自己的电子邮件地址，人们一打开电脑，每天可以收到几件甚至数十件包括各种广告和无聊内容的垃圾邮件。因此，应该制定限制各种垃圾邮件的规则并研究反垃圾邮件的有效方法。

以下哪项如果为真，最能支持上述论证？

A. 目前的广告无孔不入，已经渗透到每个人的日常生活领域。

B. 目前，电子邮箱地址探测软件神通广大，而防范的软件和措施却软弱无力。

C. 现在的电脑性能与过去的电脑相比，功能十分强大。

D. 对于经常使用计算机的现代人来说，垃圾邮件是他们的最主要烦恼之一。

E. 广告公司通过电子邮件发出的广告，被认真看过的不足千分之一。

【解析】题干：制定限制各种垃圾邮件的规则并研究反垃圾邮件的有效方法(措施) $\xrightarrow[\text{以求}]{}$ 解决

垃圾邮件的困扰（目的）。

A项，无关选项，此项说的是"广告"渗透到"日常生活领域"，而题干说的是"垃圾邮件"，论证主体不同。

B项，措施有必要，现在的防范软件和措施是软弱无力的，所以需要研究反垃圾邮件的有效方法，支持题干。

C项，无关选项，电脑性能如何与垃圾邮件无关。

D项，支持题干，本项只说明确实存在垃圾邮件的困扰，但如果现有的防范软件和措施有效的话，就不用研究新方法了，因此力度不如B项。

E项，无关选项。

【答案】B

例65 现在不少青年男女没有经过法律上登记结婚的手续，就共同生活在一起，结果出现了财产等民事纠纷时，不能得到法律上的承认和保护。因此，登记结婚除在其法律上的严肃性之外，还有着避免婚姻关系变化后导致的无谓纠纷的作用，当前要加强这一工作。

以下哪项如果为真，最能加强上述论点？

A. 这一代年轻人对男女之间的关系比以前要看得淡，他们追求一种相互之间的投合。

B. 现代社会婚姻的变化比起以前要多变，不少婚姻的结局是离异和分手。

C. 不尊重婚姻的人，也得不到婚姻的尊重。

D. 法律上登记结婚的手续，可能会防止重婚罪的发生。

E. 并非每一对非婚同居者都会发生财产上的纠纷。

【解析】题干：加强登记结婚工作 —以求→ 避免婚姻关系变化时的纠纷。

A项，无关选项。

B项，支持题干，措施有必要，说明确实有不少婚姻的结局是离异和分手，有必要加强登记结婚工作。

C项，无关选项。

D项，无关选项，题干说的是"婚姻关系变化引发的纠纷"，不是"重婚"。

E项，不能支持，此项等价于：有的非婚同居者不会发生财产上的纠纷，根据下反对关系，由"有的不"无法确定"有的"的真假，即，无法确定是否存在"有的非婚同居者会发生财产上的纠纷"。

【答案】B

变化 9　统计论证的支持

技巧总结

逻辑中常考的数量关系

（1）比率。

（2）增长率。

$$现值 = 原值 \times (1 + 增长率)^n;$$

$$b=a \times (1+x)^n。$$

（3）不等式。

$$a>b, b>c \Rightarrow a>b>c;$$
$$a>b, c>d \Rightarrow a+c>b+d。$$

（4）平均值。

$$\overline{x}=\frac{x_1+x_2+\cdots+x_n}{n}。$$

（5）利润率。

$$利润率=\frac{利润}{成本} \times 100\% = \frac{收入-成本}{成本} \times 100\%。$$

例66 建筑历史学家丹尼斯教授对欧洲 19 世纪早期铺有木地板的房子进行了研究。结果发现较大的房间铺设的木板条比较小的房间铺设的木板条窄得多。丹尼斯教授认为，既然大房子的主人一般都比小房子的主人富有，那么，用窄木条铺地板很可能是当时有地位的象征，用以表明房主的富有。

以下哪项如果为真，最能加强丹尼斯教授的观点？

A. 欧洲 19 世纪晚期的大多数房子铺设的木地板的宽度大致相同。

B. 丹尼斯教授的学术地位得到了国际建筑历史学界的公认。

C. 欧洲 19 世纪早期木地板条的价格是以长度为标准计算的。

D. 欧洲 19 世纪早期有些大房子铺设的是比木地板昂贵得多的大理石。

E. 在以欧洲 19 世纪市民生活为背景的小说《雾都十三夜》中，富商查理的别墅中铺设的就是有别于民间的细条胡桃木地板。

【解析】丹尼斯教授：①大房间使用窄木板条；②拥有大房子的人一般都比拥有小房子的人富有 $\xrightarrow[证明]{}$ 用窄木条铺地板可能是地位的象征。

A 项，无关选项，与题干"窄木板条象征着地位"无关。

B 项，诉诸权威。

C 项，支持丹尼斯教授，木地板条的价格如果以长度为标准计算，则越窄的木板，相同面积使用的数量越多，造价也越贵。

例如，下面是两个长 10 米、宽 4 米的房间，如图 4-1、图 4-2 所示。如果我们用宽 2 米的木板铺房间，如左图（图 4-1），则总木板的长度只需要 20 米；如果我们用宽 1 米的木板铺房间，如右图（图 4-2），则总木板的长度需要 40 米。如果以长度为标准计费，那么后者花的钱是前者的两倍。

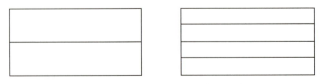

图 4-1　　　　　　　　　　图 4-2

D项，无关选项。

E项，例证法，用小说作例证缺乏说服力。

【答案】C

例67 为了增加收入，新桥机场决定调整计时停车场的收费标准。对每一辆在此停靠的车，新标准规定：在第一个4小时或不到4小时期间收取4元，而后每小时收取1元；而旧标准为：在第一个2小时或不到2小时期间收取2元，而后每小时收取1元。

以下哪项如果为真，最能说明上述调整有利于增加收入？

A. 把车停在机场停车场做短途旅游的人较前有很大的增长。

B. 机场停车场经过扩充，容量较前大有增加。

C. 机场停车场自投入使用以来，每年的收入都低于运营成本。

D. 大多数车辆在机场的停靠时间不超过2小时。

E. 把车停在机场停车场做短途旅游的人，通常把车停在按天计费而非按时计费的停车场内。

【解析】题干：

①新标准：在第一个4小时或不到4小时期间收取4元，而后每小时收取1元。

②旧标准：在第一个2小时或不到2小时期间收取2元，而后每小时收取1元。

分析可知，新标准与旧标准相比，当停车时间不到4小时时，新标准收取的费用为4元，旧标准收取的费用小于4元，支持调整后有利于增加收入；当停车时间等于或大于4小时时，新标准与旧标准收取的费用相同。

如果D项为真，则大多数在机场停靠的车辆，按旧标准每次只需交2元停车费，按新标准则需交4元停车费。因此，采用新标准后有利于增加收入。

其余各项均不正确。

【答案】D

题型 22 论证的假设

[母题综述]

隐含假设就是对方在论述中虽未言明，但是其结论要想成立所必须具有的一个前提，即必要条件。缺少这个前提，题干的论证无法成立。

因此，严格意义上来说，必要型的假设题才真正符合假设的定义。

假设题的一般提问方式如下：

"上述结论如果要成立，必须基于以下哪项假设？"

"上述论证假设了以下哪项？"

"以下哪项最可能是上述论证所作的假设？"

[母题精讲]

母题22 下面两题基于以下题干：

已知研究生入学考试分为初试和复试两关，初试通过后才有资格复试。那么，冬雨考上了研究生。

(1)假设以下哪项，能使上述论证成立？

Ⅰ. 冬雨通过了初试。

Ⅱ. 冬雨通过了复试。

Ⅲ. 冬雨通过了初试和复试。

A. 仅Ⅰ。　　　　　B. 仅Ⅱ。　　　　　C. 仅Ⅲ。

D. 仅Ⅱ和Ⅲ。　　　E. Ⅰ、Ⅱ和Ⅲ。

(2)为使上述论证成立，以下哪项必须假设？

Ⅰ. 冬雨通过了初试。

Ⅱ. 冬雨通过了复试。

Ⅲ. 冬雨通过了初试和复试。

A. 仅Ⅰ。　　　　　B. 仅Ⅱ。　　　　　C. 仅Ⅲ。

D. 仅Ⅱ和Ⅲ。　　　E. Ⅰ、Ⅱ和Ⅲ。

【解析】第(1)题：此题问的是"假设以下哪项，能使上述论证成立"，要求补充一个选项作为条件，联立题干中的条件，能使题干的结论成立。此类题我们称为充分型假设题。

解题思路图示如下：

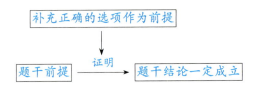

题干的前提：①研究生入学考试分为初试和复试两关，②初试通过后才有资格复试。

Ⅰ项，冬雨通过了初试，但无法确定她复试是否通过，因此，无法推出冬雨考上了研究生。

Ⅱ项，冬雨通过了复试，由题干条件②可知冬雨也通过了初试，故有冬雨初试和复试都通过了，由题干条件①可知，她考上了研究生。故补充Ⅱ项能使题干成立。

Ⅲ项，冬雨通过了初试和复试，由题干条件①可知，她考上了研究生。故补充Ⅲ项能使题干成立。

综上，D项正确。

第(2)题：此题问的是"为使上述论证成立，以下哪项必须假设"，正确的选项是题干成立的必要条件，如果没有正确的选项作为条件，题干的结论一定不成立(取非法)。此类题我们称为必要型假设题。

解题思路图示如下：

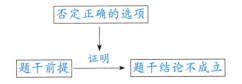

Ⅰ项,必须假设,否则,若冬雨没有通过初试,她不可能考上研究生(取非法,即否定必要条件,会使题干结论不成立)。

Ⅱ项,必须假设,否则,若冬雨没有通过复试,她不可能考上研究生(取非法)。

Ⅲ项,必须假设,否则,若冬雨没有通过初试或没有通过复试,她不可能考上研究生(取非法)。

故 E 项正确。

【答案】(1)D;(2)E

[母题变化]

变化 1 必要型假设

例 68 A 国是当今世界上最富裕的国家,所以每一个 A 国人都是富人。

为使上述论证成立,以下哪项必须假设?

Ⅰ. 世界上最富裕的国家的含义是人均收入世界上最高。

Ⅱ. 世界上最富裕的国家的含义是每个国民都是富人。

Ⅲ. 世界上最富裕的国家的含义是国民中没有赤贫者。

A. 仅Ⅰ。   B. 仅Ⅱ。   C. 仅Ⅲ。

D. 仅Ⅱ和Ⅲ。   E. Ⅰ、Ⅱ和Ⅲ。

【解析】此题问的是"为使上述论证成立,以下哪项必须假设",故本题为"必要型假设题"。

Ⅰ项,不必假设,题干没有提及"人均收入"。

Ⅱ项,必须假设,否则,如果世界上最富裕的国家不是每个人都是富人,就无法得到题干的结论"每一个 A 国人都是富人"(取非法)。

Ⅲ项,必须假设,否则,如果世界上最富裕的国家中有赤贫者,就无法得到题干的结论"每一个 A 国人都是富人"(取非法)。

【答案】D

例 69 林教授患有支气管炎。为了取得疗效,张医生要求林教授立即戒烟。

以下哪项是张医生的要求所预设的?

A. 林教授抽烟。

B. 林教授的支气管炎非常严重。

C. 林教授以前戒过烟，但失败了。

D. 林教授抽的都是劣质烟。

E. 林教授有支气管炎家族史。

【解析】此题的问法是："以下哪项是张医生的要求所预设的"，故本题为"必要型假设题"。即正确的选项是题干结论成立的必要条件，没有这个条件，题干的结论就不能成立。

A 项是必须预设的，否则，林教授本来就不抽烟，何谈戒烟？（取非法）

【答案】A

例70　在高速公路上行驶时，许多司机都会超速。因此，如果规定所有汽车都必须安装一种装置，这种装置在汽车超速时会发出声音提醒司机减速，那么，高速公路上的交通事故将会明显减少。

上述论证依赖于以下哪项假设？

Ⅰ. 在高速公路上超速行驶的司机，大都没有意识到自己超速。

Ⅱ. 高速公路上发生交通事故的重要原因，是司机超速行驶。

Ⅲ. 上述装置的价格十分昂贵。

A. 仅Ⅰ。　　　　　　　B. 仅Ⅱ。　　　　　　　C. 仅Ⅲ。

D. 仅Ⅰ和Ⅱ。　　　　　E. Ⅰ、Ⅱ和Ⅲ。

【解析】此题的问法是："上述论证依赖于以下哪项假设"，故本题为"必要型假设题"。即正确的选项是题干结论成立的必要条件，没有这个条件，题干的结论就不能成立。

题干：所有汽车都安装在汽车超速时可以提醒司机减速的装置————→高速公路上的交通事故
以求
将会明显减少。

Ⅰ项，必须假设，否则，司机本身就知道自己超速了，就不必另外安装设备提醒其超速了（取非法）。

Ⅱ项，必须假设，题干中的前提说的是"减速"，结论说的是"事故减少"，搭桥法建立"速度"和"事故"的因果联系。

Ⅲ项，显然不需要假设。

【答案】D

例71　莱布尼兹是 17 世纪伟大的哲学家。他先于牛顿发表了他的微积分研究成果。但是当时牛顿公布了他的私人笔记，说明他至少在莱布尼兹发表其成果的 10 年前已经运用了微积分的原理。牛顿还说，在莱布尼兹发表其成果的不久前，他在给莱布尼兹的信中谈起过自己关于微积分的思想。但是事后的研究说明，牛顿的这封信中，有关微积分的几行字几乎没有涉及这一理论的任何重要之处。因此，可以得出结论：莱布尼兹和牛顿各自独立地发现了微积分。

以下哪项是上述论证必须假设的？

A. 莱布尼兹在数学方面的才能不亚于牛顿。

B. 莱布尼兹是个诚实的人。

C. 没有第三个人不迟于莱布尼兹和牛顿独立地发现了微积分。

D. 莱布尼兹发表微积分研究成果前从没有把其中的关键性内容告诉任何人。

E. 莱布尼兹和牛顿都没有从第三渠道获得关于微积分的关键性细节。

【解析】题干：牛顿与莱布尼兹的信中没有涉及微积分理论的任何重要之处 $\xrightarrow[\text{证明}]{}$ 莱布尼兹和牛顿各自独立地发现了微积分。

A项，无关选项，题干不涉及二人数学才能的比较。

B项，诉诸人身。

C项，有没有其他人独立发现微积分，与牛顿、莱布尼兹是否独立发现微积分没有关系。

D项，不必假设，莱布尼兹可以告诉别人，只要这个人不把微积分的细节告诉牛顿即可。

E项，必须假设，否则，若两人通过其他方式获取到了对方关于微积分的关键性细节，那么他们的发现就不是互相独立的(取非法)。

【答案】E

变化 2　充分型假设

> **技巧总结**
>
> 充分型假设题的一般提问方式如下：
>
> "假设以下哪项，能使上述题干成立？"
>
> 其原理是，补充一个正确的选项作为前提，联合题干中的前提，一定能使题干的结论成立。因此，题干中虽然会出现"假设"的字样，但它其实并不是真正的假设题，称为"补充条件题"也许更为恰当。
>
> 充分型假设题中，有很多题考的是演绎论证。

例72　A国是当今世界上最富裕的国家，所以每一个 A 国人都是富人。

假设以下哪项，能使上述论证成立？

Ⅰ. 世界上最富裕的国家的含义是人均收入世界上最高。

Ⅱ. 世界上最富裕的国家的含义是每个国民都是富人。

Ⅲ. 世界上最富裕的国家的含义是国民中没有赤贫者。

A. 仅Ⅰ。　　　　　B. 仅Ⅱ。　　　　　C. 仅Ⅲ。

D. 仅Ⅱ和Ⅲ。　　　E. Ⅰ、Ⅱ和Ⅲ。

【解析】此题问的是"假设以下哪项，能使上述论证成立"，故本题为"充分型假设题"。

题干的前提：A 国→最富裕的国家。

Ⅰ项，"人均收入"高，也不能说明每个人都富。故排除此项。

Ⅱ项，最富裕的国家→每个国民都是富人。

与题干的前提串联可得：A 国→最富裕的国家→每个国民都是富人。

故可得题干的结论：每一个 A 国人都是富人。故Ⅱ项正确。

Ⅲ项，"没有赤贫者"不能保证每个人都是富人，可能有较为贫困但未达到"赤贫"的程度的穷人。故排除此项。

故 B 项正确。

【答案】B

例73 以一般读者为对象的评介建筑作品的著作，应当包括对建筑作品两方面的评介，一是实用价值，二是审美价值，否则就是有缺陷的。摩顿评介意大利巴洛克宫殿的专著，详细地分析评介了这些宫殿的实用功能，但是没能指出，这些宫殿，特别是它们的极具特色的拱顶，是西方艺术的杰作。

假设以下哪项，能从上述断定得出结论：摩顿的上述专著是有缺陷的？

A. 摩顿对巴洛克宫殿实用功能的评价比较客观。

B. 除了实用价值和审美价值以外，摩顿的上述专著没有从其他方面对巴洛克宫殿作出评介。

C. 摩顿的上述专著以一般读者为对象。

D. 摩顿的上述专著是他的主要代表作。

E. 有些读者只关心建筑作品的审美价值，不关心其实用价值。

【解析】此题的问法是："假设以下哪项，能从上述断定得出结论"，故本题为"充分型假设题"，即选一个选项，联立这个选项和题干的前提，能得到结论"摩顿的上述专著是有缺陷的"。

题干的前提：

①以一般读者为对象的评介建筑作品的著作，需要包括实用价值和审美价值的评介。

②摩顿的专著只评介了实用价值。

补充一个前提：摩顿的专著是以一般读者为对象的。结合①可知，摩顿的专著需要包括对建筑作品的实用价值和审美价值的评介，又由②可知，摩顿的专著只评介了实用价值，所以可得到题干的结论：摩顿的专著是有缺陷的。

故 C 项正确。

【答案】C

变化3 可能型假设

> **技巧总结**
>
> 可能型假设题的一般提问方式如下：
>
> "以下哪项最可能是上述论证所作的假设？"
>
> 此类题目，如果选项中有题干的必要条件，就选这个必要条件的选项。 如果选项中没有题干的必要条件，就选充分条件的选项。

例74 根据一种心理学理论，一个人要想快乐就必须和周围的人保持亲密的关系，但是世界上伟大的画家往往是在孤独中度过了他们的大部分时光，并且没有亲密的人际关系。所以，这种心理学理论是不成立的。

以下哪项最可能是上述论证所假设的？

A. 该心理学理论是为了揭示内心体验与艺术成就的关系。

B. 有亲密人际关系的人几乎没有孤独的时候。

C. 孤独对于伟大的绘画艺术家来说是必需的。

D. 有些著名画家有亲密的人际关系。

E. 获得伟大成就的艺术家不可能不快乐。

【解析】此题的问法是："以下哪项最可能是上述论证所假设的"，故本题为"可能型假设题"。即有必要条件优先选必要条件，没有必要条件选充分条件。

题干：

心理学理论：快乐→亲密的人际关系。

其矛盾命题为：快乐∧¬亲密的人际关系。

因此，如果以伟大的画家作为反例来反驳这一心理学理论，必须得有"伟大的画家快乐∧¬亲密的人际关系"。但题干仅说画家"没有亲密的人际关系"，所以要补充的假设为"伟大的画家快乐"。

E项，获得伟大成就的艺术家不可能不快乐，可以推出"伟大的画家快乐"，因此，若补充E项可以使题干的反驳成立。

需要注意的是，如果题干问的是"题干的论证要想成立，必须假设以下哪项"，则E项不能选，因为，题干只要求假设"伟大的画家快乐"即可，不要求假设"所有伟大的艺术家"都快乐。

【答案】E

例75 生活成本与一个地区的主导行业支付的平均工资水平呈正相关。例如，某省雁南地区的主导行业是农业，而龙山地区的主导行业是汽车制造业，由此，我们可以得出结论：龙山地区的生活成本一定比雁南地区高。

以下哪项最可能是上文所作的假设？

A. 龙山地区的生活质量比雁南地区高。

B. 雁南地区参与汽车制造业的人比龙山地区少。

C. 汽车制造业支付的平均工资水平比农业高。

D. 龙山地区的生活成本比其他地区都高。

E. 龙山地区的居民希望离开龙山地区，到生活成本较低的地区生活。

【解析】此题的问法是："以下哪项最可能是上文所作的假设"，故本题为"可能型假设题"。即有必要条件优先选必要条件，没有必要条件选充分条件。

题干的前提：

①一个地区主导行业的平均工资水平越高，该地区的生活成本越高。

②龙山地区的主导行业是汽车制造业，雁南地区的主导行业是农业。

补充一个前提：汽车制造业的平均工资水平比农业的平均工资水平高。

即可得到题干的结论：龙山地区的生活成本一定比雁南地区高。

所以，C项最可能是题干的假设（充分型条件）。

【答案】C

变化 4 搭桥法

> **技巧总结**
>
> 与论证的支持一样，在论证的假设题里，搭桥也是一种最常见的解题方法。常见以下三种：
>
> （1）核心概念型。
>
> 题干的论据中有核心概念 A，题干的论点中把这一概念偷换成了 A′。我们就要说 A 和 A′ 这两个概念是等同的，从而支持题干，即搭概念 A 和 A′ 的桥。
>
> （2）论证对象型。
>
> 题干论据的论证对象是 A，题干论点的论证对象是 B。我们就要说这两个对象具备相关性、相似性或等同性，即搭桥。
>
> （3）论据充分型。
>
> 题干：论据 A，因此，结论 B。
>
> 搭桥：如果有论据 A，一定有结论 B（A→B）。即论据 A 是得出结论 B 的充分条件，A 作为论据是充分的。即，补充了演绎论证的前提。

例76 香蕉叶斑病是一种严重影响香蕉树生长的传染病，它的危害范围遍及全球。这种疾病可由一种专门的杀菌剂有效控制，但喷洒这种杀菌剂会对周边人群的健康造成危害。因此，在人口集中的地区对小块香蕉林喷洒这种杀菌剂是不妥当的。幸亏规模香蕉种植园大都远离人口集中的地区，可以安全地使用这种杀菌剂。因此，全世界的香蕉产量，大部分不会受到香蕉叶斑病的影响。

以下哪项可能是上述论证所假设的？

A. 人类最终可以培育出抗叶斑病的香蕉品种。

B. 全世界生产的香蕉，大部分产自规模香蕉种植园。

C. 和在小块香蕉林中相比，香蕉叶斑病在规模香蕉种植园中传播得较慢。

D. 香蕉叶斑病是全球范围内唯一危害香蕉生长的传染病。

E. 香蕉叶斑病不危害植物。

【解析】题干：规模香蕉种植园可以安全地使用这种杀菌剂以避免香蕉叶斑病的影响──→证明 全世界的香蕉产量，大部分不会受到香蕉叶斑病的影响。

前提和结论中出现了概念的跳跃，搭桥法，建立"规模香蕉种植园"和"全世界的香蕉产量"之间的等价性，故 B 项正确。

【答案】B

例77 大城市相对于中小城市，尤其是小城镇来讲，其生活成本是比较高的。这必然限制农村人口的进入，因此，仅靠发展大城市实际上无法实现城市化。

以下哪项是上述论证所假设的？

A. 城市化是我国发展的必由之路。

B. 单纯发展大城市不利于城市化的推进。

C. 要实现城市化，就必须让城市充分吸纳农村人口。

D. 大城市对外地农村人口的吸引力明显低于中小城市。

E. 城市化不能单纯发展大城市，也要充分重视发展其他类型的城市。

【解析】题干：大城市生活成本高，限制农村人口进入大城市 —证明→ 仅靠发展大城市无法实现城市化。

搭桥法：限制农村人口进入大城市→无法实现城市化，等价于：要实现城市化，就不能限制农村人口进入大城市，即必须让城市充分吸纳农村人口，故 C 项正确。

【答案】C

例78　任何行为都有结果。任何行为的结果中，必定包括其他行为。而要判断一个行为是否好，就需要判断它的结果是否好；要判断它的结果是否好，就需要判断作为其结果的其他行为是否好。这样，实际上我们面临着一个不可完成的思考。因此，一个好的行为实际上不可能存在。

以下哪项最可能是上述论证所假设的？

A. 有些行为的结果中只包括其他行为。

B. 我们可以判断已经发生的行为是否好，但不能判断正在发生的行为是否好。

C. 判断一个行为是好的，就需要判断制止该行为的行为是坏的。

D. 我们应该实施好的行为。

E. 一个好的行为必须是能够被我们判断的。

【解析】题干：我们无法判断一个行为是不是好的 —证明→ 一个好的行为实际上不可能存在（即不可能有好的行为）。

搭桥法：无法判断→不好，等价于：好→判断。即一个好的行为必须是能够被我们判断的，故 E 项正确。

【答案】E

例79　在 H 国前年出版的 50 000 部书中，有 5 000 部是小说。H 国去年发行的电影中，恰有 25 部是由这些小说改编的。因为去年 H 国共发行了 100 部电影，因此，由前年该国出版的书改编的电影，在这 100 部电影中所占的比例不会超过四分之一。

基于以下哪项假设能使上述推理成立？

A. H 国去年发行电影的剧本，都不是由专业小说作家编写的。

B. 由小说改编的电影的制作周期不短于一年。

C. H 国去年发行的电影中，至少 25 部是国产片。

D. H 国前年出版的小说中，适合改编成电影的不超过 0.5%。

E. H 国去年发行的电影，没有一部是基于小说以外的书改编的。

【解析】题干：去年 H 国发行的 100 部电影中，有 25 部是由前年出版的"小说"改编的 —证明→ 由前年该国出版的"书"改编的电影，在这 100 部电影中所占的比例不会超过四分之一。

题干中出现了概念的跳跃，前提中提到的概念是"小说"，结论中提到的概念是"书"，搭桥法，建立"小说"与"书"的等价性。

E 项，H 国去年发行的电影，没有一部是基于小说以外的书改编的，这样"小说"的数量与

"书"的数量就相等了，故 E 项正确。

【答案】E

变化**5** **演绎论证的假设**

技巧总结

1. 一些搭桥法的题可以被认为是对演绎论证的考查。

2. 解题方法：找到题干中的演绎论证结构，用形式逻辑的公式求解即可。

例80 某些精神失常患者可以通过心理疗法而痊愈，例如，癔症和心因性反应等。然而，某些精神失常是因为大脑神经递质化学物质不平衡，例如，精神分裂症和重症抑郁，这类患者只能通过药物进行治疗。

上述论述基于以下哪项假设？

A. 心理疗法对大脑神经递质化学物质的不平衡所导致的精神失常无效。

B. 对精神失常患者，药物治疗往往比心理疗法见效快。

C. 大多数精神失常都不是由脑神经递质化学物质的不平衡导致的。

D. 对精神失常患者，心理疗法比药物治疗疗效差些。

E. 心理疗法仅仅是减轻精神失常患者的病情，根治还是需要药物治疗。

【解析】题干：

①某些精神失常患者可以通过心理疗法而痊愈。

②某些精神失常是因为大脑神经递质化学物质不平衡，这类患者只能通过药物进行治疗。

A 项，必须假设。因为治疗精神失常有两种方法：心理疗法 ∨ 药物疗法。因此，要得到"'只能'通过药物进行治疗"的结论，就必须假设心理疗法没用，即，￢ 心理疗法 → 药物疗法。

B 项，无关选项，题干的论证不涉及两种治疗方法的比较。

C 项，无关选项，题干信息②中的量词是"某些"，即存在即可，数量不定。因此，无须假定"大多数"精神失常都不是由脑神经递质化学物质的不平衡导致的。

D 项，无关选项，题干的论证不涉及两种治疗方法的比较。

E 项，与题干信息①矛盾，显然不是隐含假设。

【答案】A

例81 张勇认为他父亲生于 1934 年，而张勇的妹妹则认为父亲生于 1935 年。张勇的父亲出生的医院没有 1934 年的产科记录，但有 1935 年的记录。据记载，该医院没有张勇父亲的出生记录。因此，可以得出结论：张勇的父亲出生于 1934 年。

为使上述论证成立，以下哪项是必须假设的？

Ⅰ. 上述医院 1935 年的产科记录是完整的。

Ⅱ. 张勇和他妹妹关于父亲的出生年份的断定，至少有一个是真实的。

Ⅲ. 张勇的父亲已经过世。

A. 仅Ⅰ。   B. 仅Ⅱ。   C. 仅Ⅲ。

D. 仅Ⅰ和Ⅱ。　　　　　　　E. Ⅰ、Ⅱ和Ⅲ。

【解析】

题干的前提：

①张勇认为他父亲生于 1934 年，张勇的妹妹则认为父亲生于 1935 年。

②1935 年的医院记录里面没有张勇父亲的出生记录。

题干的结论：张勇的父亲出生于 1934 年。

Ⅰ项，必须假设，否则，即使医院没有张勇父亲的出生记录，也不代表张勇的父亲不是 1935 年出生的。

Ⅱ项，必须假设，否则，由张勇的父亲不是 1935 年出生的，无法推出张勇的父亲是 1934 年出生的。

Ⅲ项，无关选项。

故 D 项正确。

【答案】D

变化 6　归纳论证的假设

> **技巧总结**
>
> 多数题都是考一个知识点，即：样本要有代表性。

例82　免疫研究室的钟教授说："生命科学院从前的研究生那种勤奋精神越来越不多见了，因为我发现目前在我的研究生中，起早摸黑做实验的人越来越少了。"

钟教授的论证基于以下哪项假设？

A. 现在生命科学院的研究生需要从事的实验外活动越来越多。

B. 对于生命科学院的研究生来说，只有起早摸黑才能确保完成实验任务。

C. 研究生是否起早摸黑做实验是他们勤奋与否的一个重要标准。

D. 钟教授的研究生做实验不勤奋是由于钟教授没有足够的科研经费。

E. 现在的年轻人并不热衷于实验室工作。

【解析】题干：钟教授的研究生中，起早摸黑做实验的人越来越少——证明→生命科学院从前的研究生那种勤奋精神越来越不多见了。

题干中的推论暗含了两个假设：一是起早摸黑做实验可以代表勤奋精神，二是钟教授的研究生可以代表生命科学院研究生的整体情况(样本具有代表性)。

选项 C 补充了题干的第一个假设，故 C 项正确。

【答案】C

例83　当前的青少年早恋现象十分严重。一项调查表明，近年来在中学生中"写情书"现象较常见，一些同学精心制作"情书"。他们有的用印有漂亮图案的信纸，画上一支"丘比特箭"来表达爱意；也有的用彩笔画上一颗心来表达对对方的情意。

以下哪项是上述论证的隐含假设？

A. 有的中学生没有写情书。

B. 青少年中只有一部分人是中学生。

C. 情书制作水平的好坏对于能否找到女朋友十分重要。

D. 中学生的早恋情况基本代表了当前青少年的早恋情况。

E. 过去的中学生比现在的中学生早恋现象要更少。

【解析】题干：调查表明，近年来在中学生中写情书现象较常见 ——证明→ 当前的青少年早恋现象十分严重。

A 项，不是隐含假设。

B 项，削弱题干，指出题干的样本没有代表性。

C 项，无关选项，题干没有讨论情书制作水平的作用。

D 项，必须假设，说明"中学生"的情况能够代表"青少年"的情况，样本具有代表性（也可以认为是搭桥法）。

E 项，无关选项，题干不存在过去的中学生和现在的中学生之间的比较。

【答案】D

变化 7　类比论证的假设

> **技巧总结**
> ①类比对象之间具有相似性。
> ②前提属性与结论属性具备相关性。

例 84 2020 年 2 月 11 日，世界卫生组织总干事谭德塞在瑞士日内瓦宣布，将新型冠状病毒感染的肺炎命名为"COVID-19"，国内简称"新冠肺炎"。"新冠肺炎"在全球大规模暴发，给人类带来了一场不小的灾难。研究人员发现，注射灭活疫苗可使人体产生对伤寒、霍乱、流行性脑膜炎等病毒的抗体。有科学家据此认为，研发灭活疫苗将是人类对抗新冠病毒的有效途径。

以下哪项最可能是科学家的论证所假设的？

A. 任何类型的疫苗都有对抗新冠病毒的效果。

B. 注射一次灭活疫苗将使人产生对新冠病毒的完全的免疫效果。

C. 人类对伤寒、霍乱、流行性脑膜炎等病毒的免疫反应原理与人体对新型冠状病毒的免疫反应原理相同。

D. 灭活疫苗没有副作用。

E. 如果没有灭活疫苗，人类无法对抗新冠病毒。

【解析】题干的论证关系：注射灭活疫苗可使人体产生对伤寒、霍乱、流行性脑膜炎等病毒的抗体，因此，研发灭活疫苗将是人类对抗新冠病毒的有效途径。

题干由"伤寒、霍乱、流行性脑膜炎等病毒"的情况类比到"新冠病毒"的情况，必须假设人类对这两类不同的病毒的免疫反应具有类似性（也可以认为是搭桥法），即 C 项正确。

A 项，不必假设，题干的论证只涉及"灭活疫苗"而不是"任何类型的疫苗"。

B 项，假设过度，不必要求注射"一次"灭活疫苗将使人产生对新冠病毒"完全的"免疫效果，实际上，通过"多次"注射灭活疫苗使人产生"相对有效的"免疫效果，也可以说明灭活疫苗是有效的。

D 项，不必假设，对于疫苗来说，只要副作用不是非常严重即可。

E 项，不必假设，即使没有灭活疫苗，也可能有其他的手段帮助人类对抗新冠病毒。

【答案】C

变化 8　因果论证的假设：找原因

> **技巧总结**
>
> 找原因型假设题的常用方法如下：
>
> （1）因果相关。
>
> 指出题干的原因和结果确实存在因果关系。
>
> （2）排除他因。
>
> 题干说原因 A 导致了结果 B 的发生，其隐含假设是没有别的原因会导致 B 的发生。
>
> （3）排除因果倒置的可能。
>
> 题干认为 A 是 B 的原因，要排除 B 是 A 的原因这种可能。

例85　1979 年，在非洲摩西地区发现有一只大象在觅食时进入赖登山的一个山洞。不久，其他的大象也开始进入洞穴，以后几年进入山洞集聚成为整个大象群的常规活动。1979 年之前，摩西地区没有发现大象进入山洞，山洞内没有大象的踪迹。到 2006 年，整个大象群在洞穴内或附近度过其大部分的冬季。由此可见，大象能够接受和传授新的行为，而这并不是由遗传基因所决定的。

以下哪项是上述论述的假设？

A. 大象的基因突变可以发生在相对短的时间跨度，如数十年。

B. 大象群在数十年前出现的新的行为不是由遗传基因预先决定的。

C. 大象新的行为模式易于成为固定的方式，一般都会延续几代。

D. 大象的群体行为不受遗传影响，而是大象群内个体间互相模仿的结果。

E. 某一新的行为模式只有在一定数量的动物群内成为固定的模式，才可以推断出发生了基因突变。

【解析】题干：一只大象进入山洞后，其他大象也进入山洞（果）———证明———→大象能够接受和传授新的行为，而这并不是由遗传基因所决定的（因）。

A 项，削弱题干，说明是基因的原因。

B 项，排除他因，必须假设，排除了大象接受和传授新行为是由遗传基因预先决定的可能。

C 项，无关选项，此项仅仅描述了大象新的行为能够延续给后代的事实，但并没有对其原因进行分析。

D 项，偷换概念，题干说的是"新的群体行为"，此项说的是"群体行为"。

E 项，无关选项，是否发生基因突变和题干中的论证无关。

【答案】B

例86 如今的音像市场上，正版的激光唱盘和影视盘销售不佳，而盗版的激光唱盘和影视盘却屡禁不绝，销售非常火爆。有的分析人员认为，这主要是因为在价格上盗版盘更有优势，所以在市场上更有活力。

以下哪项是这位分析人员在分析中隐含的假定？

A. 正版的激光唱盘和影视盘往往内容呆板，不适应市场的需要。

B. 与价格的差别相比，正版和盗版质量差别不大。

C. 盗版的激光唱盘和影视盘比正版的盘进货渠道畅通。

D. 正版的激光唱盘和影视盘不如盗版的盘销售网络完善。

E. 知识产权保护对盗版盘的打击使得盗版盘的价格上涨。

【解析】分析人员：在价格上盗版盘更有优势 —导致→ 盗版盘比正版盘卖得好（即盗版盘在市场上更有活力）。

B 项，排除他因，即排除是盗版盘的质量更好导致其卖得更好的可能性，必须假设。

A、C、D 项，均为另有他因，削弱题干。

E 项，无关选项，因为题干比较的是"盗版盘与正版盘的价格"，而此项比较的是"盗版盘现在与过去的价格"。

【答案】B

变化9 因果论证的假设：求异法

> **技巧总结**
> ①使用求异法要求只能有一个差异因素，因此，假设题常考：排除其他差异因素（排除他因）。
> ②并非因果倒置。

例87 区别于知识型考试，能力型考试的理想目标，是要把短期行为的应试辅导对于成功应试所起的作用降低到最低限度。能力型考试从理念上不认同应试辅导。一项调查表明，参加各种专业硕士考前辅导班的考生的实考平均成绩，反而低于未参加任何辅导的考生。因此，考前辅导不利于专业硕士考生的成功应试。

为使上述论证成立，以下哪项是必须假设的？

A. 专业硕士考试是能力型考试。

B. 上述辅导班都由名师辅导。

C. 在上述调查对象中，经过考前辅导的考生在辅导前的平均水平和未参加辅导的考生大致相当。

D. 专业硕士考试对于考生的水平有完全准确的区分度。

E. 在上述调查对象中，男女比例大致相当。

【解析】题干使用求异法：

参加辅导班的同学：成绩差；

未参加辅导班的同学：成绩好；

故：考前辅导不利于专业硕士考生的成功应试。

使用求异法时，要排除其他差异因素，C项说明比较双方的起点是一致的，排除他因，必须假设，故C项正确。

A、B、E项显然均为无关选项。

D项，不必假设，一个考试不必有"完全准确"的区分度，99％准确也是可以的。

【答案】C

例88 一项实验显示，那些免疫系统功能较差的人，比起那些免疫系统功能一般或较强的人，在进行心理健康的测试时记明显较差。因此，这项实验的设计和实施者得出结论：人的免疫系统，不仅保护人类抵御生理疾病，而且保护人类抵御心理疾病。

上述结论基于以下哪项假设？

A. 免疫系统功能较强的人比功能一般的人，更能抵御心理疾病。

B. 患有某种心理疾病的人，一定患有某种相关的生理疾病。

C. 具有较强的免疫系统功能的人不会患心理疾病。

D. 心理疾病不会引起免疫系统功能的降低。

E. 心理疾病不能依靠药物治疗，而只能依靠心理治疗。

【解析】题干使用求异法：免疫系统功能较差的人，比起那些免疫系统功能一般或较强的人，在进行心理健康的测试时记明显较差——证明→人的免疫系统可以保护人类抵御生理和心理疾病。

A项，无关选项，题干比较的双方是免疫系统"差"和"一般或较强"的人，不是将"一般"和"较强"的人对比。

B、C项，绝对化，显然不必假设。

D项，排除因果倒置的可能，必须假设。

E项，无关选项，题干的论证与治疗手段无关。

【答案】D

变化10 因果论证的假设：预测结果

技巧总结

指出题干中的原因确实会导致题干中的结果。

例89 医生在给病人做常规检查的同时，会要求附加做一些收费昂贵的非常规检查。医保单位经常拒绝支付这类非常规检查的费用，这样会耽误医生对一些疾病的诊治。

为使上述论证成立，以下哪项是必须假设的？

A. 常规检查的收费标准都低于非常规检查。

B. 非常规检查比常规检查对疾病的诊治更为重要。

C. 医生要求病人做收费昂贵的非常规检查不包含任何经济上增收的考虑。

D. 所有非常规检查对疾病的诊治都有不可取代的作用。

E. 有些患者因为医保单位拒绝支付费用而放弃做一些收费昂贵的非常规检查。

【解析】题干：医保单位拒绝支付医生要求的非常规检查的费用——→这样会耽误医生对一些 $\overset{预测}{}$ 疾病的诊治。

A 项，无关选项，与题干无关的新比较。

B 项，无关选项，与题干无关的新比较。

C 项，无关选项，医生会不会有经济上的考虑，与取消这些检查是否会影响诊治无关。

D 项，不必假设，题干说的是医生要求做"一些"收费昂贵的非常规检查，不必假设"所有"。

E 项，搁桥法（因果相关），说明医保单位拒绝支付非常规检查的费用，确实会使得一些病人放弃非常规检查，从而影响了疾病的诊治。

【答案】E

例90 以前有几项研究表明，食用巧克力会增加食用者患心脏病的可能性。而一项最新的、更为可靠的研究得出结论：食用巧克力与心脏病发病率无关。估计这项研究成果公布之后，巧克力的消费量将会大大增加。

上述推论基于以下哪项假设？

A. 大量食用巧克力的人中，并不是有很高的比例患心脏病。

B. 尽管有些人知道食用巧克力会增加患心脏病的可能性，却照样大吃特吃。

C. 人们从来也不相信进食巧克力会更容易患心脏病的说法。

D. 现在许多人吃巧克力是因为他们没听过巧克力会导致心脏病的说法。

E. 现在许多人不吃巧克力完全是因为他们相信巧克力会诱发心脏病。

【解析】题干："食用巧克力与心脏病发病率无关"这一研究成果公布后——→巧克力的消费量 $\overset{预测}{}$ 将会大大增加。

A 项，削弱题干。因为"大量食用巧克力的人中，并不是有很高的比例患心脏病"，那么即使这些患心脏病的人增加了巧克力的消费，由于他们的人数比例并不高，因此无法得出巧克力的消费量将会"大大增加"。

B、C 项，削弱题干，说明调查结果对消费者是否吃巧克力没有影响，因此不会使消费量"大大增加"。

D 项，不必假设，这项研究成果对已经在吃巧克力的人群的销量影响不大。

E 项，必须假设，如果现在不吃巧克力的人是因为他们相信巧克力会诱发心脏病，那么，"食用巧克力与心脏病发病率无关"这一研究成果公布后，这些人对巧克力的担心消失了，那么就很可能会食用巧克力，从而大大增加巧克力的消费量。

【答案】E

变化11 措施目的的假设

> **技巧总结**
>
> 题干结构：措施 A $\xrightarrow[\text{以求}]{}$ 目的 B。
>
> 解题方法：
>
> （1）措施可行。
>
> （2）措施可达目的。
>
> （3）措施利大于弊。 但要注意，假设题一般不选"措施无副作用"，因为一个措施只要利大于弊，就可以被接受，不要求措施一点副作用也没有。
>
> （4）补充要采取这个措施的原因（措施有必要）。

例91 赵家村的农田比马家村少得多，但赵家村的单位生产成本近年来明显比马家村低。马家村的人通过调查发现：赵家村停止使用昂贵的化肥，转而采用轮作和每年两次施用粪肥的方法。不久，马家村也采用了同样的措施，很快，马家村获得了很好的效果。

以下哪项最可能是上文所作的假设？

A. 马家村有足够的粪肥来源可以用于农田施用。

B. 马家村比赵家村更善于促进农作物生长的田间管理。

C. 马家村经常调查赵家村的农业生产情况，学习降低生产成本的经验。

D. 马家村用处理过的污水软泥代替化肥，但对生产成本的影响不大。

E. 赵家村和马家村都减少使用昂贵的农药，降低了生产成本。

【解析】题干：采用轮作和每年两次施用粪肥的方法（措施）$\xrightarrow[\text{以求}]{}$ 获得单位生产成本降低的效果（目的）。

A项，必须假设，措施可行，否则，如果没有足够的粪肥来源，上述措施就无法得到实施，就推翻了题干中的结论。

B、C、D项，无关选项，与题干中"轮作和每年两次施用粪肥"的措施无关。

E项，另有他因，削弱题干。

【答案】A

例92 一种对偏头痛有明显疗效的新药正在推广。不过服用这种药可能加剧心脏病。但是只要心脏病患者在服用该药物时严格遵从医嘱，它的有害副作用就完全可以避免。因此，关于这种药物副作用的担心是不必要的。

上述论证基于以下哪项假设？

A. 药物有害副作用的产生都是因为患者在服用时没有严格遵从医嘱。

B. 有心脏病的偏头痛患者在服用上述新药时不会违背医嘱。

C. 大多数服用上述新药的偏头痛患者都有心脏病。

D. 上述新药有多种副作用，但其中最严重的是会加剧心脏病。

E. 上述新药将替代目前其他治疗偏头痛的药物。

【解析】题干：有心脏病的偏头痛患者在服用新药时严格遵从医嘱（措施）——以求——→避免该药物产生的有害副作用（目的）。

A项，不必假设，题干只涉及如何避免副作用，而不涉及副作用产生的原因。

B项，必须假设，指出**措施可行**，否则心脏病患者违背医嘱，就不能避免该药物产生的有害副作用了。

C项，无关选项，题干的论证不涉及偏头痛患者中得心脏病的人数问题。

D项，无关选项，题干的论证不涉及有没有其他副作用。

E项，无关选项，题干的论证不涉及"其他治疗偏头痛的药物"。

【答案】B

例93 在近代科技发展中，技术革新从发明、应用到推广的循环过程不断加快。世界经济的繁荣是建立在导致新产业诞生的连续不断的技术革新上的。因此，产业界需要增加科研投入以促进经济进一步持续发展。

上述论证基于以下哪项假设？

Ⅰ. 科研成果能够产生一系列新技术、新发明。

Ⅱ. 电讯、生物制药、环保是目前技术革新循环最快的产业，将会在未来几年中产生大量的新技术、新发明。

Ⅲ. 目前产业界投入科研的资金量还不足以确保一系列新技术、新发明的产生。

A. 仅Ⅰ。　　　　　　B. 仅Ⅲ。　　　　　　C. 仅Ⅰ和Ⅱ。

D. 仅Ⅰ和Ⅲ。　　　　E. Ⅰ、Ⅱ和Ⅲ。

【解析】题干：增加科研投入——以求——→产生技术革新——以求——→促进经济持续发展。

Ⅰ项，必须假设，增加科研投入确实会产生技术革新，**措施有效**。

Ⅱ项，显然不必假设。

Ⅲ项，必须假设，说明**措施有必要**。

【答案】D

例94 一些国家为了保护储户免受因银行故障造成的损失，由政府给个人储户提供相应的保险。有的经济学家指出，这种保险政策应对这些国家的银行高故障率承担部分责任。因为有了这种保险，储户在选择银行时就不关心其故障率的高低，这极大地影响了银行通过降低故障率来吸引储户的积极性。

为使上述经济学家的论证成立，以下哪项是必须假设的？

A. 银行故障是可以避免的。

B. 储户有能力区分不同银行的故障率的高低。

C. 故障率是储户选择银行的主要依据。

D. 储户存入的钱越多，选择银行就越谨慎。

E. 银行故障的主要原因是计算机病毒。

【解析】题干：储户在选择银行时不关心其故障率的高低，影响了银行通过降低故障率来吸引储户的积极性。

A项，假设过度，因为银行故障只要能"降低"即可，不要求"避免"。

B项，必须假设，否则，如果储户没有能力区分不同银行故障率的高低，那么就不可能影响对银行故障率的选择(取非法)。

C项，假设过度，故障率是储户选择银行的依据之一即可，不要求是"主要"依据。

D项，无关选项，题干的论证不涉及储户的存款额。

E项，无关选项，题干的论证不涉及银行故障的原因。

【答案】B

例95 山奇是一种有降血脂特效的野花，它数量特别稀少，正濒临灭绝。但是，山奇可以通过和雏菊的花粉自然杂交产生山奇—雏菊杂交种子。因此，在山奇尚存的地域内应当大量地人工培育雏菊。虽然这种杂交品种会失去父本或母本的一些重要特征，例如不再具有降血脂的特效，但这是避免山奇灭绝的几乎唯一的方式。

上述论证依赖于以下哪项假设?

Ⅰ. 只有人工培育的雏菊才能和山奇自然杂交。

Ⅱ. 在山奇尚存的地域内没有野生雏菊。

Ⅲ. 山奇—雏菊杂交种子具有繁衍后代的能力。

A. 仅仅Ⅰ。　　　　B. 仅仅Ⅱ。　　　　C. 仅仅Ⅲ。

D. 仅仅Ⅱ和Ⅲ。　　　E. Ⅰ、Ⅱ和Ⅲ。

【解析】题干：山奇和雏菊的花粉自然杂交产生山奇—雏菊杂交种子——导致——在山奇尚存的地域内应当大量地人工培育雏菊——以求——避免山奇灭绝。

Ⅰ项，不必假设，人工培育的雏菊是避免山奇灭绝的充分条件，不是必要条件。

Ⅱ项，不必假设，即使有一定量的野生雏菊，但如果其数量不足以避免山奇的灭绝，那么仍然需要人工培育。

Ⅲ项，必须假设，否则山奇的灭绝就不可避免，也失去了杂交的意义。

故C项正确。

【答案】C

变化12　统计论证的假设

技巧总结

1. 统计论证（数量关系）的假设题是对简单数学公式的考查，例如：平均值、增长率、比率、两个对象的和与差等，建议用数学思维考虑这类试题。

2. 很多数量关系型假设题是可能型假设（充分型假设），找到能使题干成立的数学公式即可。

例96 为了提高管理效率，跃进公司打算更新公司的办公网络系统。如果在白天安装此网络系统，将会中断员工的日常工作；如果夜晚安装此网络系统，则要承担高得多的安装费用。跃进公司的陈经理认为，为了省钱，跃进公司应该白天安装此网络系统。

以下哪项最可能是陈经理所作的假设？

A. 安装新的网络系统需要的费用白天和夜晚是一样的。

B. 在白天安装网络系统导致误工损失的费用，低于夜晚与白天安装费用的差价。

C. 白天安装网络系统所需要的人数比夜晚安装网络系统所需要的人数要少。

D. 白天安装网络系统后公司员工可以立即投入使用，提高工作效率。

E. 当白天安装网络系统时，公司员工的工作积极性和效率更高。

【解析】题干：①白天安装新的办公网络系统会中断员工的日常工作。②夜晚安装新的办公网络系统，则要承担更高的安装费用————→ 为了省钱，应该在白天安装此系统。

证明

暗含一个假设：白天的安装费用＋员工误工的损失＜夜晚的安装费用。

即：员工误工的损失＜夜晚的安装费用－白天的安装费用，故 B 项必须假设。

【答案】B

例 97　某地区过去三年日常生活必需品平均价格增长了 30％。在同一时期，购买日常生活必需品的开支占家庭平均月收入的比例并未发生变化。因此，过去三年中家庭平均收入一定也增长了 30％。

以下哪项最可能是上述论证所假设的？

A. 在过去三年中，平均每个家庭购买的日常生活必需品数量和质量没有变化。

B. 在过去三年中，除生活必需品外，其他商品平均价格的增长低于 30％。

C. 在过去三年中，该地区家庭的数量增加了 30％。

D. 在过去三年中，家庭用于购买高档消费品的平均开支明显减少。

E. 在过去三年中，家庭平均生活水平下降了。

【解析】题干：①日常生活必需品平均价格增长了 30％。②购买日常生活必需品的开支占家庭平均月收入的比例并未发生变化————→ 家庭平均收入一定也增长了 30％。

证明

因为，支出＝价格×购买数量，显然题干暗含一个假设：平均每个家庭购买的日常生活必需品的数量和质量没有变化，否则，如果平均每个家庭购买的日常生活必需品的数量和质量有变化（提升或者下降），则不能推出题干中的结论（取非法），故 A 项必须假设。

【答案】A

例 98　西方航空公司由北京至西安的全额票价一年多来保持不变，但是，目前西方航空公司由北京至西安的机票 90％打折出售，只有 10％全额出售。而在一年前则一半打折出售，一半全额出售。因此，目前西方航空公司由北京至西安的平均票价比一年前要低。

以下哪项最可能是上述论证所假设的？

A. 目前和一年前一样，西方航空公司由北京至西安的机票，打折的和全额的，有基本相同的售出率。

B. 目前和一年前一样，西方航空公司由北京至西安的打折机票售出率，不低于全额机票。

C. 目前西方航空公司由北京至西安的打折机票的票价，和一年前基本相同。

D. 目前西方航空公司由北京至西安航线的服务水平比一年前下降。

E. 西方航空公司所有航线的全额票价一年多来保持不变。

【解析】题干：目前西方航空公司由北京至西安的机票 90％打折，只有 10％全额出售，一年前则一半打折出售，一半全额出售———→证明 目前西方航空公司由北京至西安的平均票价比一年前要低。

要知道平均票价如何，除了看打折机票的数量，还要看打折的力度，例如：一年前一半的机票打一折，现在90％的机票打九折，就推不出题干中的结论。

所以，要使题干的论证成立，C项必须假设，即现在的打折力度和一年前基本相同。

【答案】C

例99　国产影片《英雄》显然是前两年最好的古装武打片。这部电影是由著名导演、演员、摄影师、武打设计师参与的一部国际化大制作的电影，票房收入明显领先，说明观看该片的人数远多于进口的 A 国大片《卧虎藏龙》的人数，尽管《卧虎藏龙》也是精心制作的中国古装武打片。

为使上述论证成立，以下哪项是必须假设的？

Ⅰ. 国产影片《英雄》和 A 国影片《卧虎藏龙》的票价基本相同。

Ⅱ. 观众数量是评价电影质量的标准。

Ⅲ. 导演、演员、摄影师、武打设计师和服装设计师的阵容是评价电影质量的标准。

A. 仅Ⅰ。　　　　　　　　B. 仅Ⅱ。　　　　　　　　C. 仅Ⅲ。

D. 仅Ⅰ和Ⅱ。　　　　　　E. Ⅰ、Ⅱ和Ⅲ。

【解析】题干：①《英雄》的票房收入领先———→证明 观看人数多。

②《英雄》是由著名导演、演员、摄影师、武打设计师参与的一部国际化大制作的电影，《英雄》的观看人数多———→证明 《英雄》显然是前两年最好的古装武打片。

Ⅰ项，是论证①的假设，因为，票房＝观看人数×票价，如果只知道票房高不知道票价的情况，无法判断人数情况。

Ⅱ项，是论证②的假设，说明"观看人数"确实是"影片质量"的判定标准。

Ⅲ项，论证②有一个假设：电影制作阵容必须得是评价电影质量的标准。但是，此项中提到了"服装设计师"，而题干并不涉及"服装设计师"，故此项不必假设。

【答案】D

题型 23　论证的推论

〖母题综述〗

论证的推论常以推论题的形式出现，常见提问方式如下：

"以下哪项最为恰当地概括了上述断定所要表达的结论？"

"如果上述断定为真，则以下哪项断定必然为真？"

"如果上述断定为真，最能推出以下哪项结论？"

[母题精讲]

母题23 人们已经认识到，除了人以外，一些高级生物不仅能适应环境，而且能改变环境以利于自己的生存。其实，这种特性很普遍。例如，一些低级浮游生物会产生一种气体，这种气体在大气层中转化为硫酸盐颗粒，这些颗粒使水蒸气浓缩而形成云。事实上，海洋上空的云层的形成很大程度上依赖于这种颗粒。较厚的云层意味着较多的阳光被遮挡，意味着地球吸收较少的热量。因此，这些低级浮游生物使地球变得凉爽，而这有利于它们的生存，当然也有利于人类。

以下哪项最为准确地概括了上述议论的主题？

A. 为了改变地球的温室效应，人类应当保护低级浮游生物。

B. 并非只有高级生物才能改变环境以利于自己的生存。

C. 一些低级浮游生物通过改变环境以利于自己的生存，同时也造福于人类。

D. 海洋上空云层形成的规模，很大程度上取决于海洋中低级浮游生物的数量。

E. 低等生物以对其他种类的生物无害的方式改变环境，而高等生物则往往相反。

【解析】

第1步：读问题。

"以下哪项最为准确地概括了上述议论的主题"，确定本题为"概括论点题"，即寻找题干的论点。

第2步：分析题干的论证结构。

题干中有两个论证结构标志词。

第一个："例如"。"例如"的后面跟事例，是论据；而这个例子用来解释前面的话。再仔细看"例如"前面的句子："其实，这种特性很普遍"，这句话是一个断定，即论点。

第二个："因此"。"因此"后面跟论点。

这样的话，本文就出现了两个论点，但是，一段论证只能有一个核心论点。故我们要分析这两个论点哪个才是真正的论点。

观察"因此"后面的句子，发现它谈的还是对"浮游生物"的断定。而前面的例子也是"浮游生物"，故"因此"后面的句子是对例子的总结，仍然属于例子本身。而这个例子是为了证明"其实，这种特性很普遍"（真正的论点）。

第3步：确定论点。

故题干的论点为"除了人以外，一些高级生物不仅能适应环境，而且能改变环境以利于自己的生存。其实，这种特性很普遍"，即"并非只有高级生物才能改变环境以利于自己的生存"，故B项正确。

【答案】B

[母题变化]

变化① 概括论点题

技巧总结

（1）概括论点题的提问方式

"以下哪项最为恰当地概括了上述断定所要表达的结论？"

（2）概括论点题的解题技巧

概括论点题最关键的一步是分析论证结构。通过分析论证结构找到论点，类似英语阅读理解的主旨题。

需要注意以下三点：

①避免以偏概全。

这样的选项，符合题干的意思，也能够被题干推出，但是仅仅涉及题干信息中的一部分，不是对整个题干的概括总结。

②淘汰无关选项。

这样的选项，涉及题干没有提到的新内容，且对题干的论证没有任何影响。

③区分论据与论点。

论据是为论点服务的，论据不会是题干的论点。

例 100 有人提出通过开采月球上的氦-3 来解决地球上的能源危机，在熔合反应堆中氦-3 可以用作燃料。这一提议是荒谬的，即使人类能够在月球上开采出氦-3，要建造上述熔合反应堆在技术上至少也是 50 年以后的事。地球今天面临的能源危机到那个时候再着手解决就太晚了。

以下哪项最为恰当地概括了题干所要表达的意思？

A. 如果地球今天面临的能源危机不能在 50 年内得到解决，那就太晚了。

B. 开采月球上的氦-3 不可能解决地球上近期的能源危机。

C. 开采和利用月球上的氦-3 只是一种理论假设，实际上做不到。

D. 人类解决能源危机的技术突破至少需要 50 年。

E. 人类的太空搜索近年内不可能有效解决地球面临的问题。

【解析】

第 1 步：读问题。

"以下哪项最为恰当地概括了题干所要表达的意思"，确定本题为"概括论点题"，即寻找题干的论点。

第 2 步：分析题干的论证结构。

有人提出通过开采月球上的氦-3 来解决地球上的能源危机，在熔合反应堆中氦-3 可以用作燃料(他人观点)。这一提议是荒谬的(题干的观点：反驳他人观点)，即使人类能够在月球上开采出氦-3，要建造上述熔合反应堆在技术上至少也是 50 年以后的事。地球今天面临的能源危机到那个时候再着手解决就太晚了(论据)。

第 3 步：解题思路分析。

由以上论证结构分析可知，题干的论点是"这一提议是荒谬的"，即"开采月球上的氦-3 来解决地球上的能源危机"是荒谬的，即开采月球上的氦-3 不可能解决地球上近期的能源危机。故 B 项正确。

人丑模型①：荒谬模型

有人认为老吕很帅，这种说法太荒谬了。因为老吕的鼻孔太大了。

【分析】这段话的论点是"这种说法太荒谬了"，即"老吕很帅太荒谬了"，即"老吕不帅"。

第 4 步：干扰项分析。

A、D 项，"50 年"是论据中出现的概念，直接排除。

C 项，开采和"利用"月球上的氦-3，实际上做不到。此项扩大了题干的论证范围，因为题干认为开采月球上的氦-3 解决不了地球上的能源危机，但并没有说月球上的氦-3 无法被利用。

E 项，"人类的太空搜索"扩大了题干的论证范围。

【答案】B

例 101 某社会学家认为：每个企业都力图降低生产成本，以便增加企业的利润。但不是所有降低生产成本的努力都对企业有利，如有的企业减少对职工社会保险的购买，暂时可以降低生产成本，但从长远看是得不偿失，这会对职工的利益造成损害，减少职工的归属感，影响企业的生产效率。

以下哪项最能准确表示上述社会学家陈述的结论？

A. 如果一项措施能够提高企业的利润，但不能提高职工的福利，此项措施是不值得提倡的。

B. 企业采取降低成本的某些措施对企业的发展不一定总是有益的。

C. 只有当企业职工和企业家的利益一致时，企业采取的措施才是对企业发展有益的。

D. 企业降低生产成本的努力需要从企业整体利益的角度进行综合考虑。

E. 减少对职工社保的购买会损害职工的切身利益，对企业也没有好处。

【解析】

第 1 步：读问题。

"以下哪项最能准确表示上述社会学家陈述的结论"，确定本题为"概括论点题"，即寻找题干的论点。

第 2 步：分析题干的论证结构。

某社会学家认为：每个企业都力图降低生产成本，以便增加企业的利润（他人观点）。但不是所有降低生产成本的努力都对企业有利（题干的观点），如有的企业减少对职工社会保险的购买，暂时可以降低生产成本，但从长远看是得不偿失，这会对职工的利益造成损害，减少职工的归属感，影响企业的生产效率（例证）。

第 3 步：解题思路分析。

当我们提到"但是"时，我们往往在强调"但是"后面的内容。显然此题的论点是"不是所有降低生产成本的努力都对企业有利"。

人丑模型②：但是模型

老吕，你人很好，但是我不能做你女朋友，因为你太丑了。

【分析】这段话的论点是"我不能做你女朋友"，"你太丑了"是理由。

第 4 步：分析选项。

A 项，概括题干的例证，不是题干的结论。

B 项，等同于题干的结论。

C 项，"企业职工和企业家的利益一致"超出了题干的讨论范围。

D 项，题干的论据表达的是"长远利益与短期利益"的关系，D 项说的是"整体利益与部分利益"的关系，超出了题干的讨论范围。

E项，重复题干的例证，不是题干的结论。

【答案】B

例 102 神经化学物质的失衡可以引起人的行为失常，大到严重的精神疾病，小到常见的孤僻、抑郁甚至暴躁、嫉妒。神经化学的这些发现，使我们不但对精神疾病患者，而且对身边原本生厌的怪癖行为者，怀有同情和容忍。因为精神健康，无非是指具有平衡的神经化学物质。

以下哪项最为准确地表达了上述论证所要表达的结论？

A. 神经化学物质失衡的人在人群中只占少数。

B. 神经化学的上述发现将大大丰富精神病学的理论。

C. 理解神经化学物质与行为的关系将有助于培养对他人的同情心。

D. 神经化学物质的失衡可以引起精神疾病或其他行为失常。

E. 神经化学物质是否平衡是决定精神或行为是否正常的主要因素。

【解析】题干：①神经化学物质的失衡可以引起人的行为失常，大到严重的精神疾病，小到常见的孤僻、抑郁甚至暴躁、嫉妒（名词解释：神经化学的发现）。②神经化学的这些发现，使我们不但对精神疾病患者，而且对身边原本生厌的怪癖行为者，怀有同情和容忍（全文的主句，即论点）。③因为精神健康，无非是指具有平衡的神经化学物质（论据）。

故，此题的论点是：神经化学的这些发现使我们怀有同情和容忍。C项是这句话的同义复述，故选C项。

A、B项，显然是无关选项。

D项，支持题干的前提，但没有涉及题干的结论"同情和容忍"，故不是题干所要表达的结论。

E项，此项不选，理由有两点。第一，此项涉及的是题干句①，不是论点；第二，题干未提及"主要"因素。

【答案】C

变化 2 普通推论题

技巧总结

（1）普通推论题的提问方式

普通推论题与概括论点题的区别是，普通推论题的正确选项只需要符合题干即可，不要求必须是论点。

①"如果上述断定为真，则以下哪项断定必然为真？"

②"如果上述断定为真，最能推出以下哪项结论？"

③"如果上述断定为真，最能支持以下哪项结论？"

需要注意的是，如果一道题的题干出现提问方式②、③，那么这道题可能是普通推论题，也可能是概括论点题。

另外，有很多形式逻辑题也会以上述方式提问，要注意区分。

（2）普通推论题的解题步骤

①读题目要求，确定题目属于推论题。

②读题干，注意有无"如果，那么""除非，否则""只有，才"等关联词。

③如果题干有典型的关联词，则可将题目中的逻辑关系符号化，使用之前所学的形式逻辑知识直接进行推理即可。 如果题干没有典型的关联词，则要找出题干中的论证关系或因果关系。

④拿不准的题目，可采用取非法：推论题要求从题干 A 中推出选项 B，因为 A→B 等价于 ￢B→￢A，所以否定正确的选项，一定能否定题干中的结论，由此可以检验推论题选项的正确性。

（3）普通推论题的解题技巧

①相关性。

紧扣题干内容，正确的答案应该与题干直接相关，一般来说，与题干重合度越高的选项越可能成为正确答案。 切忌用题干之外的信息进一步推理。

②关键词。

推论题一般都可以找到题干中的关键词，按关键词定位选项可提高解题速度。

③典型错误。

Ⅰ. 无关选项。

内容与题干不直接相关。

Ⅱ. 推理过度。

扩大推理的范围，扩大论证的主体。

Ⅲ. 绝对化。

带有绝对化含义词汇的选项一般为错误选项，如："所有""只有""最""唯一""完全""仅"，等等。

Ⅳ. 新内容。

出现了新内容的选项一般为错误选项，如：新概念、新名词、新动词、新的比较，等等。

例 103 2009 年年底，我国卫生部的调查结果显示，整体具备健康素质的群众只占 6.48%，其中具备慢性疾病预防素质的人只占 4.66%。这说明国民对疾病的认识还非常匮乏。只有国民素质得到根本性的提高，李一、张悟本们的谬论才不会有那么多人盲从。

由以上陈述可以得出以下哪项结论？

A. 对疾病缺乏认识是国民素质有待根本性提高的表现之一。

B. 如果国民素质不能得到根本性的提高，李一等人的谬论还会有许多人盲从。

C. 国民缺乏基本的医学知识是江湖医生屡屡得逞的根本原因。

D. 只有国民提高对疾病的认识，国民的健康才能得到保障。

E. 国民医学知识的缺乏是由某些部门的功能缺位造成的。

【解析】从提问来看："由以上陈述可以得出以下哪项结论"，看起来像是个关于论证的推论题。而且题干中也确实出现了论证：由一个调查统计作为论据，从而得出了一个观点。

但实际上本题并没有在论证部分命题，而是在结尾的"只有……才……"这一句话上进行了命题，因此，本题是一道关于"充分必要条件"的形式逻辑题。

将题干信息符号化：

必要条件后推前：国民素质得到根本性的提高←李一、张悟本们的谬论不会有那么多人盲从。

等价于：¬国民素质得到根本性的提高→李一、张悟本们的谬论会有许多人盲从。

故 B 项正确。

【答案】B

例 104　先天的遗传因素和后天的环境影响对人的发展起的作用到底哪个重要？双胞胎的研究对于回答这一问题有重要的作用。唯环境影响决定论者预言，如果把一对双胞胎完全分开抚养，同时把一对不相关的婴儿放在一起抚养，那么，待他们长大成人后，在性格等内在特征上，前二者之间绝不会比后二者之间有更大的类似。实验的统计数据并不支持这种极端的观点，但也不支持另一种极端观点，即唯遗传因素决定论。

从以上论述最能推出以下哪个结论？

A. 为了确定上述两个极端观点哪一个正确，还需要进一步的研究工作。

B. 虽然不能说环境影响对于人的发展起唯一决定的作用，但实际上起最重要的作用。

C. 环境影响和遗传因素对人的发展都起着重要的作用。

D. 试图通过改变一个人的环境来改变一个人是徒劳无益的。

E. 双胞胎研究是不能令人满意的，因为它得出了自相矛盾的结论。

【解析】题干的实验数据，既不支持"唯环境影响决定论"，也不支持"唯遗传因素决定论"，所以，能推出的结论是环境影响和遗传因素对人的发展都有重要的作用，故 C 项正确。

A 项，不正确，题干对已进行的实验下了结论，并没有继续实验的打算。

B 项，不正确，题干没有比较环境影响和遗传因素对人的影响的大小，不能得出环境影响的作用最重要的结论。

D 项，不正确，题干认可环境可以影响人的发展。

E 项，不正确，题干没有自相矛盾，遗传因素和环境影响不是矛盾关系，可以同时起作用。

【答案】C

例 105　张珊有合法与非法的概念，但没有道德上对与错的概念。她由于自己的某个行为受到起诉。尽管她承认自己的行为是非法的，但却不知道这一行为事实上是不道德的。

上述断定能恰当地推出以下哪项结论？

A. 张珊做了某种违法的事。

B. 张珊做了某种不道德的事。

C. 张珊是法律专业的毕业生。

D. 非法的行为不可能合乎道德。

E. 对于法律来说，道德上的无知不能成为借口。

【解析】题干：

①张珊承认自己的行为是非法的。

②张珊不知道这一行为事实上是不道德的。

在断定①中，"承认"仅是一种主观观点，这种观点不一定是真的。比如你问你对象："你爱我吗?"你对象说："我承认我爱你。"他这种承认未必真实。

在断定②中，张珊的行为"事实上"是不道德的，故 B 项为真。

D 项，无关选项，题干并未提及非法的行为是否合乎道德。

其余各项均与题干信息无关。

【答案】B

例 106　水泥的原料是很便宜的，像石灰石和随处可见的泥土都可以用作水泥的原料。但水泥的价格会受石油价格的影响，因为在高温炉窑中把原料变为水泥要耗费大量的能源。

基于上述断定，最可能得出以下哪项结论？

A. 石油是水泥所含的原料之一。

B. 石油是制水泥的一些高温炉窑的能源。

C. 水泥的价格随着油价的上升而下跌。

D. 水泥的价格越高，石灰石的价格也越高。

E. 石油价格是决定水泥产量的主要因素。

【解析】题干：在高温炉窑中把原料变为水泥要耗费大量的<u>能源</u>，因此，水泥的价格会受<u>石油</u>价格的影响。

前提中说"耗费能源"，结论中说"石油"，搭桥建立联系，可见，石油是制水泥的一些高温炉窑的能源，故 B 项正确。

A 项，原料是指没有经过加工制造的材料，如矿产品和农产品。石油显然不是原料。

C 项，显然不对，油价的上升可能会带来水泥价格的上升。

D 项，题干的论证与"石灰石的价格"无关。

E 项，题干的论证不涉及"水泥产量"。

【答案】B

例 107　大多数抗忧郁药物都会引起体重增加，尽管在服用这些抗忧郁药物时，节食有助于减少体重的增加，但不可能完全避免这种现象。

以上信息最能支持以下哪项结论？

A. 医生不应当给体重超重的患者开抗忧郁药处方。

B. 至少有些服用抗忧郁药物的人的体重会超重。

C. 至少有些服用抗忧郁药物的人会体重增加。

D. 至少有些服用抗忧郁药物的患者应当通过节食来保持体重。

E. 服用抗忧郁药物的人体重超重，是由于没有坚持节食。

【解析】题干：①大多数抗忧郁药物都会引起体重增加。

②节食有助于减少体重的增加，但不能完全避免体重的增加。

A 项，题干不涉及"医生"，为无关选项。

B 项，推理过度，体重增加不代表一定会超重。

C项，由题干信息②"不能完全避免体重的增加"，说明至少有人体重会增加，正确。

D项，由题干信息②可知，节食有助于"减少"体重的增加，而不是"保持"体重，此项不正确。

E项，由题干信息②可知，节食不能完全避免体重的增加，说明还会有其他因素导致体重增加，此项不正确。

【答案】C

例108 在青崖山区，商品通过无线广播电台进行密集的广告宣传将会迅速获得最大程度的知名度。

上述断定最可能推出以下哪项结论？

A. 在青崖山区，无线广播电台是商品打开市场的最重要途径。

B. 在青崖山区，高知名度的商品将拥有众多消费者。

C. 在青崖山区，无线广播电台的广告宣传可以使商品的信息传到每户人家。

D. 在青崖山区，某一商品为了迅速获得最大程度的知名度，除了通过无线广播电台进行密集的广告宣传外，不需要利用其他宣传工具做广告。

E. 在青崖山区，某一商品的知名度与其性能和质量的关系很大。

【解析】题干：商品通过无线广播电台进行密集的广告宣传就会迅速获得<u>最大程度的知名度</u>。

A、B项，题干仅提及"获得知名度"，但获得知名度不见得能够"打开市场"或者"拥有众多消费者"，故这两项推理过度。

C项，"最大程度"的知名度不见得能达到传播到"每户人家"的程度，推理过度。

D项，由题干可知，通过无线广播电台已经获得了"最大程度"的知名度，故没必要再用其他手段进行宣传了，此项正确。

E项，题干不涉及"性能和质量"，无关选项。

【答案】D

例109 有一种识别个人签名的电脑软件，不但能准确辨别签名者的笔迹，而且能准确辨别其他一些特征，如下笔的力度、签名的速度等。一个最在行的伪造签名的人，即使能完全模仿签名者的笔迹，也不能同时完全模仿上述这些特征。

如果上述断定为真，则以下哪项最可能为真？

A. 一个伪造签名者，如果能完全模仿签名者下笔的力度，则一定不能完全模仿签名的速度。

B. 一个最在行的伪造签名者，如果不能完全模仿签名者下笔的力度，则一定能完全模仿签名的速度。

C. 对于配备上述软件的电脑来说，如果把使用者的个人签名作为密码，那么除使用者本人外，无人能进入。

D. 上述电脑软件将首先在银行系统得到应用。

E. 上述电脑软件不能辨别指纹。

【解析】题干：一个最在行的伪造签名的人，也不能完全模仿电脑软件所能识别的所有特征（如下笔的力度、签名的速度等）。

A项，使用选言推理，即若有"不能模仿下笔的力度 ∨ 不能模仿签名的速度"，可知"能模仿下笔的力度→不能模仿签名的速度"。但是题干中的"下笔的力度""签名的速度"只是两个例子而已，后面还有个"等"字，并不是仅在这两种中选择，故这个选言推理不成立。

B项，不正确。第一，此项不符合题干中的选言推理；第二，"下笔的力度""签名的速度"只是两个例子。

C项，由题干可知，即使是最在行的伪造签名的人，也不能同时完全模仿电脑软件所能识别的所有特征，所以模仿签名一定能被识别出来，故此项为真。

D、E项，无关选项。

【答案】C

例 110 营养学家研究发现，在其他条件不变的情况下，如果增加每天吃饭的次数，只要进食总量不显著增加，一个人的血脂水平将显著低于他常规就餐次数时的血脂水平。因此，多餐进食有利于降低血脂。然而，事实上，大多数每日增加就餐次数的人都会吃更多的食物。

上述断定最能支持以下哪项？

A. 对于大多数人，增加每天吃饭的次数一般不能导致他的血脂水平显著下降。

B. 对于少数人，增加每天吃饭的次数是降低高血脂的最佳方式。

C. 对于大多数人，每天所吃的食物总量一般不受吃饭次数的影响。

D. 对于大多数人，血脂水平不会受每天所吃的食物量的影响。

E. 对于大多数人，血脂水平可受就餐时间的影响。

【解析】题干：①增加每天吃饭的次数，进食总量不显著增加，则多餐进食有利于降低血脂。②事实上，大多数每日增加就餐次数的人都会吃更多的食物。

A项，由题干信息①可知，多餐进食有利于降低血脂的前提是"进食总量不显著增加"，但由题干信息②可知，这个前提多数人做不到，因此，对于大多数人来说，多餐进食不能降低血脂。此项正确。

B项，推理过度，题干仅表示"多餐进食有利于降低血脂"，但并没有说这是"最佳方式"。

C、D项，与题干信息冲突。

E项，无关选项，题干不涉及"就餐时间"。

【答案】A

例 111 核电站所发生的核泄漏严重事故的最初起因，没有一次是设备故障，都是人为失误所致。这种失误，和小到导致交通堵塞、大到导致仓库失火的人为失误，没有实质性的区别。从长远的观点看，交通堵塞和仓库失火几乎是不可避免的。

上述断定最能支持以下哪项结论？

A. 核电站不可能因设备故障而导致事故。

B. 核电站的管理并不比指挥交通、管理仓库复杂。

C. 核电站如果持续运作，那么发生核泄漏严重事故几乎是不可避免的。

D. 人们试图通过严格的规章制度以杜绝安全事故的努力是没有意义的。

E. 为使人类免于核泄漏引起的灾难，世界各地的核电站应当立即停止运作。

【解析】题干使用类比论证：

交通堵塞和仓库失火：人为失误，几乎不可避免；

核电站事故：人为失误；

因此，核电站事故几乎不可避免。

A 项，无关选项，题干没有提及是否会有"设备故障而导致事故"。

B 项，推理过度，题干仅对"交通堵塞和仓库失火"与"核电站事故"作了类比，并没有涉及这二者之间管理难度的对比。

C 项，符合题干的类比论证，正确。

D 项，推理过度，因为根据题干，严格的规章制度虽然无法"杜绝"安全事故，但只要能"减少"安全事故，就是有意义的。

E 项，推理过度。

【答案】C

例 112　最近的研究表明，和鹦鹉长期密切接触会增加患肺癌的危险。但是没人会因为存在这种危险性，而主张政府通过对鹦鹉的主人征收安全税来限制或减少人和鹦鹉的接触。因此，同样的道理，政府应该取消对滑雪、汽车、摩托车和竞技降落伞等带有危险性的比赛场所征收安全税。

以下哪项最不符合题干的意思？

A. 政府应该对一些豪华型的健身美容设施征收专门税以贴补教育。

B. 政府不应该提倡但也不应禁止新闻媒介对飞车越黄河这样的危险性活动的炒作。

C. 政府应运用高科技手段来提高竞技比赛的安全性。

D. 政府应拨专款来确保登山运动和探险活动参加者的安全。

E. 政府应设法通过增加成本的方式，来减少人们对带有危险性的竞技娱乐活动的参与。

【解析】题干使用类比论证：

和鹦鹉长期密切接触有危险；

滑雪、汽车、摩托车和竞技降落伞等比赛也有危险；

不应向鹦鹉的主人征收安全税；

所以，不应该向有危险性的比赛场所征收安全税。

A、B、C、D 四项题干均未提及，是无关选项。

E 项，政府应增加危险性活动的成本，而征收安全税正是增加这些活动的成本，此项支持征收安全税，与题干的意思相反，所以最不符合题干的意思。

【答案】E

变化 3　因果关系的推论

技巧总结

因果关系的推论，本质上就是通过求因果五法来寻找原因。　掌握求因果五法的知识即可。

例 113　让所有的实验鼠奔跑 1 小时。第一组实验鼠跑前 1 小时喝西红柿汁。第二组跑后喝西红柿汁。第三组奔跑到 30 分钟后喝西红柿汁，休息 1 小时后再跑 30 分钟。对照组实验鼠只饮水。运动过后 6 小时测量实验鼠血液中标志动物疲劳的物质"TGF-b"的浓度，结果是：与只饮水的实验鼠相比，第一组和第三组实验鼠的这一指标减少 50%～60%，而第二组实验鼠几乎没有差别。

以下哪一项最适合作为上述实验的结论？

A. 饮用西红柿汁可以消除运动引起的疲劳。

B. 动物的疲劳是由"TGF-b"这种物质所致。

C. 前 3 组实验鼠与只饮水的实验鼠是以同样的速度奔跑的。

D. 在运动强度和运动量相同的情况下，运动间隙中较长时间的休息可以减轻疲劳。

E. 运动前饮用西红柿汁可以减轻运动疲劳。

【解析】题干使用对比实验：

第一组（跑前喝西红柿汁）：血液中标志动物疲劳的物质"TGF-b"的浓度减少 50%～60%；

第三组（跑中喝西红柿汁）：血液中标志动物疲劳的物质"TGF-b"的浓度减少 50%～60%；

　　　第二组（跑后喝西红柿汁）：血液中标志动物疲劳的物质"TGF-b"的浓度没减少。

_____

第一组和第三组的共同点是运动之前饮用了西红柿汁（求同法），使得它们疲劳程度比运动后喝西红柿汁和只饮水的要低（求异法）。因此，可以得到结论：运动前饮用西红柿汁可以减轻运动疲劳，故 E 项正确。

A 项，不正确，因为第二组跑后喝西红柿汁并没有降低疲劳。

B 项，不正确，因为此项不是题干中的实验所要证明的问题。

C 项，不正确，不是题干的结论。

D 项，不正确，此项仅涉及第三组实验鼠。

【答案】E

例 114　硕鼠通常不患血癌。在一项实验中发现，给 300 只硕鼠同等量的辐射后，将它们平均分为两组：第一组可以不受限制地吃食物；第二组限量吃食物。结果第一组有 75 只硕鼠患血癌，第二组有 5 只硕鼠患血癌。

上述实验最能支持以下哪项结论？

A. 硕鼠和其他动物一样，有时原因不明就患血癌。

B. 通过限制硕鼠的进食量，可以控制由实验辐射导致的硕鼠血癌的发生。

C. 是否暴露于辐射之中对于硕鼠是否患血癌没有任何影响。

D. 对于其他种类的动物，实验辐射很少导致患血癌。

E. 硕鼠是否患病，与个体的体质有关。

【解析】题干使用求异法：

第一组硕鼠，不限制进食量：75 只患血癌；

第二组硕鼠，限制进食量：5 只患血癌。

根据求异法最可能得出结论：进食量的差异导致患血癌情况的差异，故控制进食量可控制由实验辐射导致的硕鼠血癌的发生，即 B 项正确。

【答案】B

例 115　去年某旅游胜地游客人数与前年游客人数相比，减少约一半。当地旅游管理部门调查发现，去年与前年的最大不同是入场门票从 120 元升到 190 元。

以下哪项措施最可能有效地解决上述游客锐减问题？

A. 利用多种媒体加强广告宣传。

B. 旅游地增加更多的游玩项目。

C. 根据实际情况，入场门票实行季节浮动价。

D. 对游客提供更周到的服务。

E. 加强该旅游地与旅游公司的联系。

【解析】题干：

前提差异：门票涨价；

结果差异：涨价后，游客人数减少约一半；

根据求异法：门票涨价导致游客人数减少。

所以，要解决游客人数减少问题，最可能的方法是解决门票价格问题，五个选项中只有 C 项的措施涉及了门票的价格问题，可迅速选 C 项。

【答案】C

例 116　一项对西部山区小塘村的调查发现，小塘村约五分之三的儿童入中学后出现中度以上的近视，而他们的父母及祖辈，没有机会到正规学校接受教育，很少出现近视。

以下哪项作为上述断定的结论最为恰当？

A. 接受文化教育是造成近视的原因。

B. 只有在儿童期接受正式教育才易于成为近视。

C. 阅读和课堂作业带来的视觉压力必然造成儿童的近视。

D. 文化教育的发展和近视现象的出现有密切关系。

E. 小塘村约五分之二的儿童是文盲。

【解析】题干：小塘村约五分之三的儿童入中学后出现近视，而他们的没有接受学校教育的父母及祖辈却很少出现近视。

根据求异法的推理，上述调查比较的现象是"是否近视"，差异因素是"是否接受学校教育"，从而有利于推出结论：文化教育的发展和近视现象的出现有密切关系。因此，D 项作为题干断定的结论最为恰当。

因为求异法是或然性的，不能断言接受文化教育是近视的原因，故 A 项推理过度。

B 项，推理过度，"只有"儿童时期接受正式教育才易出现近视，过于绝对。

C 项，推理过度，"必然"过于绝对。

E 项，不能推出，"约五分之三的儿童入中学后出现近视"不等于其他儿童没有接受教育。

【答案】D

例 117　某地区国道红川口曾经是交通事故的频发路段，自从 8 年前对此路段限速每小时 60 千米后，发生在此路段的交通伤亡人数大幅下降。然而，近年来此路段超速车辆增多，但发生在此路段的交通伤亡人数仍然下降。

上述断定最能支持以下哪项结论?

A. 车辆限速与此路段 8 年来交通伤亡人数大幅下降没有关系。

B. 8 年来在此路段行驶的车辆并未显著减少。

C. 8 年来对本地区进行广泛的交通安全教育十分有效。

D. 近年来汽油费用的上升限制了本地区许多家庭购买新车。

E. 此路段 8 年来交通伤亡人数下降不仅是车辆限速的结果。

【解析】题干:

限速前: 交通事故频发;

限速后: 交通伤亡人数大幅下降;

根据求异法: 限速导致交通伤亡人数下降。

但是, 近年来此路段超速车辆增多, 发生在此路段的交通伤亡人数仍然下降, 说明还有其他原因导致交通伤亡人数下降。此处使用了剩余法的原理, 即当我们排除了已知因素时, 说明还有未知因素影响了此事件的发生。故 E 项正确。

【答案】E

例 118 19 世纪前, 技术、科学发展相对独立。而 19 世纪的电气革命, 是建立在科学基础上的技术创新, 它不可避免地导致了两者的结合与发展, 而这又使人类不可避免地面对尖锐的伦理道德问题和资源环境问题。

以下哪项符合题干的断定?

Ⅰ. 产生当今尖锐的伦理道德问题和资源环境问题的一个重要根源是电气革命。

Ⅱ. 如果没有电气革命, 则不会产生当今尖锐的伦理道德问题和资源环境问题。

Ⅲ. 如果没有科学与技术的结合, 就不会有电气革命。

A. 仅Ⅰ。　　　　　　B. 仅Ⅱ。　　　　　　C. 仅Ⅲ。

D. 仅Ⅰ和Ⅲ。　　　　E. Ⅰ、Ⅱ和Ⅲ。

【解析】本题既考查了因果关系的知识, 也考查了形式逻辑的知识。

将题干信息符号化:

①电气革命→科学和技术的结合与发展→伦理道德问题和资源环境问题。

等价于: ②¬伦理道德问题和资源环境问题→¬科学和技术的结合与发展→¬电气革命。

Ⅰ项, 由①可知, 此项为真。

Ⅱ项, 根据箭头指向原则, 由②可知, 此项不能被推出。

Ⅲ项, 由②可知, 此项为真。

故 D 项正确。

【答案】D

题型 **24** 论证的评价

〔母题综述〕

论证的评价，又称评论题。

(1)常见的评价类型。

①评价逻辑漏洞。

②评价论证方法。

③评价论证结构。

④评价论证成立性/有效性。

⑤评价论证焦点。

(2)常见的提问方式。

①"以下哪项最为恰当地指出了上述论证中存在的漏洞？"

②"上述论证采用了以下哪种论证方法？"

③"以下哪项对上述论证基本结构的表示最为准确？"

④"回答以下哪个问题对评价以上陈述最有帮助？"

⑤"以下哪项最为恰当地概括了上述争论的问题？"

〔母题精讲〕

母题24 一项时间跨度为半个世纪的专项调查研究得出肯定结论：饮用常规的咖啡对人的心脏无害。因此，咖啡的饮用者完全可以放心地享用，只要不过量。

以下哪项最为恰当地指出了上述论证中存在的漏洞？

A. 咖啡的常规饮用量可能因人而异。

B. 心脏健康不等同于身体健康。

C. 咖啡饮用者可能在喝咖啡的同时吃了对心脏有害的食物。

D. 喝茶，特别是喝绿茶，比喝咖啡有利于心脏保健。

E. 有的人从不喝咖啡，但心脏仍然健康。

【解析】题干：饮用常规的咖啡对人的心脏无害 —证明→ 咖啡的饮用者完全可以放心地享用。

显然，对心脏无害不代表对人无害，即心脏健康不等同于身体健康，故 B 项最为恰当地指出了题干论证中存在的漏洞。

【答案】B

[母题变化]

变化 1 **评价逻辑漏洞**

技巧总结

评价逻辑漏洞与削弱题有类似之处，但比削弱题更难，它要求考生不仅要找到逻辑漏洞，还要说明这是一个什么样的漏洞，即指出逻辑谬误是什么。

常见的逻辑谬误有：

不当类比、自相矛盾、模棱两不可、非黑即白、偷换概念、转移论题、以偏概全、循环论证、因果倒置、不当假设、推不出（论据不充分、虚假论据、必要条件与充分条件混用、推理形式不正确等）、诉诸权威、诉诸人身、诉诸众人、诉诸情感、诉诸无知、合成与分解谬误、数量关系错误等。

例 119 即使在古代，规模生产谷物的农场，也只有依靠大规模的农产品市场才能生存，而这种大规模的农产品市场意味着有相当人口的城市存在。因为中国历史上只有一家一户的小农经济，从来没有出现过农场这种规模生产的农业模式，因此，现在考古所发现的中国古代城市，很可能不是人口密集的城市，而只是为举行某种仪式的人群临时聚集地。

以下哪项最为恰当地指出了上述论证中存在的漏洞？

A. 该结论只是对其前提中某个断定的重复。

B. 论证中对某个关键概念的界定前后不一致。

C. 在同一个论证中，对一个带有歧义的断定做出了不同的解释。

D. 把某种情况的不存在，作为证明此种情况的必要条件也不存在的根据。

E. 把某种情况在现实中的不存在，作为证明此类情况不可能发生的根据。

【解析】题干：只有相当人口的城市存在，才会有大规模的农产品市场，只有存在大规模的农产品市场，才会有规模生产谷物的农场。

符号化：规模生产谷物的农场→大规模的农产品市场→相当人口的城市存在，可知"相当人口的城市存在"是"规模生产谷物的农场"的必要条件。

题干的结论：¬规模生产谷物的农场→¬人口密集的城市。根据箭头指向原则，此结论不成立。

所以，不能由"没有规模生产谷物的农场"（某种情况不存在），推出"不是人口密集的城市"（此种情况的必要条件不存在），D 项恰当地指出了上述论证中存在的漏洞。

【答案】D

例 120 和平基金会决定中止对 S 研究所的资助，理由是这种资助可能被部分利用于武器研究。对此，S 研究所承诺：和平基金会的全部资助，都不会用于任何与武器相关的研究。和平基金会因此撤销了上述决定，并得出结论：只要 S 研究所遵守承诺，和平基金会的上述资助就不再会有利于武器研究。

以下哪项最为恰当地概括了和平基金会上述结论中的漏洞？

A. 忽视了这种可能性：S研究所并不遵守承诺。

B. 忽视了这种可能性：S研究所可以用其他来源的资金进行武器研究。

C. 忽视了这种可能性：和平基金会的资助使S研究所有能力把其他资金改用武器研究。

D. 忽视了这种可能性：武器研究不一定危害和平。

E. 忽视了这种可能性：和平基金会的上述资助额度有限，对武器研究没有实质性意义。

【解析】题干：S研究所承诺不把和平基金会的资助用于武器研究——证明——→和平基金会的资助不再会有利于武器研究。

C项，忽视了这种可能性：和平基金会的资助使S研究所有能力把其他资金改用武器研究，显然是恰当的。

B项，不如C项恰当，没有指出S研究所的"武器研究"与"和平基金会资助"的关系。

其余各项均不正确。

【答案】C

例 121　免疫研究室的钟教授说："生命科学院从前的研究生那种勤奋精神越来越不多见了，因为我发现目前在我的研究生中，起早摸黑做实验的人越来越少了。"

以下哪项最为恰当地指出了钟教授推理中存在的漏洞？

A. 不当地断定：除了生命科学院以外，其他学院的研究生普遍都不够用功。

B. 没有考虑到研究生的不勤奋有各自不同的原因。

C. 只是提出了问题，但没有提出解决问题的方法。

D. 不当地假设：他的学生状况就是生命科学院所有研究生的一般状况。

E. 没有设身处地考虑他的研究生毕业后找工作的难处。

【解析】调查统计型的题目。钟教授的推论要成立，暗含两个假设：

①"起早摸黑做实验"能代表"勤奋精神"。

②"钟教授的研究生"能代表"生命科学院的研究生"。

D项，指出其暗含的假设②不当，犯了以偏概全的逻辑错误。

【答案】D

例 122　除非像给违反交通规则的机动车一样出具罚单，否则在交通法规中禁止自行车闯红灯是没有意义的。因为一项法规要有意义，必须能有效制止它所禁止的行为。但是上述法规对于那些经常闯红灯的骑车者来说显然没有约束力，而对那些习惯于遵守交通法规的骑车者来说，即使没有这样的法规，他们也不会闯红灯。

以下哪项最为恰当地指出了上述论证中存在的漏洞？

A. 不当地假设大多数机动车驾驶员都遵守禁止闯红灯的交通法规。

B. 在前提和结论中对"法规"这一概念的含义没有保持同一。

C. 忽视了这种可能性：一个法规若运用过于严厉的惩戒手段，即使有效地制止了它所禁止的行为，也不能认为是有意义的。

D. 没有考虑上述法规对于有时但并不经常闯红灯的骑车者所产生的影响。

E. 没有论证闯红灯对于公共交通的危害。

【解析】

题干的前提：

①法规有意义→能有效制止它所禁止的行为。

②上述法规不能约束"经常闯红灯的骑车者"。

③上述法规对于"遵守交通法规的骑车者"来说没有意义。

即题干中暗含一个结论：上述法规没有意义。

A 项，无关选项，题干是针对骑车者而不是机动车驾驶员的论证。

B 项，题干中对"法规"这一概念的使用是相同的，并没有偷换概念。

C 项，无关选项，题干没有说明这一法规是否运用了严厉的惩戒手段。

D 项，题干中的前提是此法规对"经常闯红灯的骑车者"和"遵守交通法规的骑车者"来说没有意义，结论是"法规没有意义"，忽略了这两类人并没有囊括所有人，D 项指出还有"偶尔闯红灯的骑车者"，指出了题干论证中存在的漏洞。

E 项，无关选项。

【答案】D

例 123 统计显示，在汽车事故中，装有安全气囊汽车的比例高于未装安全气囊的汽车。因此，在汽车中安装安全气囊，并不能使车主更安全。

以下哪项最为恰当地指出了上述论证中存在的漏洞？

A. 不加说明就予以假设：任何安装有安全气囊的汽车都有可能遭遇汽车事故。

B. 忽视了这种可能性：未安装安全气囊的车主更注意谨慎驾驶。

C. 不当地假设：在任何汽车事故中，安全气囊都会自动打开。

D. 不当地把发生汽车事故的可能程度，等同于车主在事故中受伤害的严重程度。

E. 忽视了这种可能性：装有安全气囊的汽车所占比例越来越大。

【解析】题干：在汽车事故中，装有安全气囊汽车的比例高于未装安全气囊的汽车 $\xrightarrow[\text{证明}]{}$ 在汽车中安装安全气囊，并不能使车主更安全。

题干的论证试图使用求异法，以证明"安全气囊"不能使车主更安全。但是，安全气囊的作用是减少事故发生后对车主的伤害，而不是避免汽车事故的发生。所以题干的论据无法证明其观点，故 D 项正确。

【答案】D

例 124 拥挤的居住条件所导致的市民健康状况明显下降，是清城面临的重大问题。因为清城和广川两个城市的面积和人口相当，所以，清城面临的上述问题必定会在广川出现。

以下哪项最为恰当地指出了上述论证中存在的漏洞？

A. 不当地预设：拥挤的居住条件是导致市民健康状况下降的唯一原因。

B. 未能准确区分人口数量和人口密度这两个概念。

C. 未能准确区分一个城市的面积和它的人口这两个不同的概念。

D. 未能恰当地选择第三个比较对象以增强结论的说服力。

E. 忽略了相同的人口密度可以有不同的居住条件。

【解析】

题干的前提：

①清城和广川两个城市的面积和人口相当。

②清城拥挤的居住条件所导致的市民健康状况明显下降。

题干的结论：清城面临的上述问题必定会在广川出现。

由前提①只能得出这两个城市具有相当的人口密度；但由相当的"人口密度"不能得出有相同的"居住条件"，因此，E项最为恰当地指出了题干论证中存在的漏洞。

【答案】E

例125　临近本科毕业，李明所有已修课程的成绩均是优秀。按照学校规定，如果最后一学期他的课程成绩也都是优秀，就一定可以免试就读研究生。李明最后一学期有一门功课成绩未获得优秀，因此，他不能免试就读研究生了。

以下哪项对上述论证的评价最为恰当？

A. 上述论证是成立的。

B. 上述论证有漏洞，因为它忽视了：课程成绩只是衡量学生素质的一个方面。

C. 上述论证有漏洞，因为它忽视了：所陈述的规定有漏洞，会导致理解的歧义。

D. 上述论证有漏洞，因为它把题干所陈述的规定错误地理解为：只要所有学期课程成绩均是优秀，就一定可以免试就读研究生。

E. 上述论证有漏洞，因为它把题干所陈述的规定错误地理解为：只有所有学期课程成绩均是优秀，才可以免试就读研究生。

【解析】

题干的前提：所有课程成绩都优秀→免试就读研究生。

题干的结论：李明有一门功课未获优秀→不能免试就读研究生。

结论等价于：￢所有课程成绩都优秀→￢免试就读研究生。

即：只有所有学期课程成绩均是优秀，才可以免试就读研究生。

题干误把充分条件当作必要条件。故E项正确。

【答案】E

变化 2　评价论证与反驳方法

技巧总结

论证方法：演绎论证、归纳论证、类比论证；选言证法、反证法等。

反驳方法：反驳对方的论据、反驳隐含假设、提出反面论据、指出另有他因、指出因果倒置，等等。

例126　雌性斑马和它们的幼小子女离散后，可以在相貌体形相近的成群斑马中很快又聚集到一起。研究表明，斑马身上的黑白条纹是它们互相辨认的标志，而幼小斑马不能将自己母亲的条纹与其他成年斑马的条纹区分开来。显而易见，每个母斑马都可以辨别出自己后代的条纹。

上述论证采用了以下哪种论证方法？

A. 通过对发生机制的适当描述，支持关于某个可能发生现象的假说。

B. 在对某种现象的两种可供选择的解释中，通过排除其中的一种，来确定另一种。

C. 论证一个普遍规律，并用来说明某一特殊情况。

D. 根据两组对象有某些类似的特性，得出它们具有一个相同特性。

E. 通过反例推翻一个一般性结论。

【解析】题干使用选言证法："斑马身上的黑白条纹是互相辨认的标志"，那么就有两种可能：母斑马可以辨认幼斑马的条纹 ∨ 幼斑马可以辨认母斑马的条纹。而幼斑马不能辨认母斑马，自然就是母斑马辨认幼斑马。

即在两种可能的解释中，排除其中一种，确定另外一种，故 B 项正确。

【答案】B

例 127 脑部受到重击后人就会失去意识。有人因此得出结论：意识是大脑的产物，肉体一旦死亡，意识就不复存在。但是，一台被摔的电视机突然损坏，它正在播出的图像当然立即消失，但这并不意味着正由电视塔发射的相应图像信号就不复存在。因此，要得出"意识不能独立于肉体而存在"的结论，恐怕还需要更多的证据。

以下哪项最为准确地概括了"被摔的电视机"这一实例在上述论证中的作用？

A. 作为一个证据，它说明意识可以独立于肉体而存在。

B. 作为一个反例，它驳斥关于意识本质的流行信念。

C. 作为一个类似意识丧失的实例，它从自身中得出的结论和关于意识本质的流行信念显然不同。

D. 作为一个主要证据，它试图得出结论：意识和大脑的关系，类似于电视图像信号和接收它的电视机之间的关系。

E. 作为一个实例，它说明流行的信念都是应当质疑的。

【解析】题干：将脑部受撞击和电视机被损坏作类比，通过类比来反驳一个流行的观点："意识不能独立于肉体而存在"。

故 C 项正确概括了类比的作用。

D 项，不正确，因为题干的手法是用类比来反驳别人的观点，而不是用类比来证明一个观点。

【答案】C

例 128 辩论吸烟问题时，正方认为：吸烟有利于减肥，因为戒烟后人们往往比戒烟前体重增加。反方驳斥道：吸烟不能有助于减肥，因为吸烟的人常常在情绪紧张时试图通过吸烟来缓解，但不可能从根本上解除紧张情绪，而紧张情绪导致身体消瘦。戒烟后人们可以通过其他更有效的方法解除紧张的情绪。

反方应用了以下哪项辩论策略？

A. 引用可以质疑正方证据精确性的论据。

B. 给出另一事实对正方的因果联系做出新的解释。

C. 依赖科学知识反驳易于使人混淆的谬论。

D. 揭示正方的论据与结论是因果倒置。

E. 常识并不都是正确的，要学会透过现象看本质。

【解析】正方：戒烟后人们的体重往往比戒烟前增加——证明——▶吸烟有利于减肥。

反方指出：是紧张情绪导致了吸烟者身体消瘦，而不是吸烟导致的，另有他因。

故 B 项恰当地指出了反方应用的辩论策略。

A 项，质疑论据，正方的论据是"戒烟后人们的体重增加"，反方没有对这一论据进行质疑。

C 项，题干仅涉及双方的辩论，没有涉及谁说的是科学，谁说的是谬论。

D 项，显然反方并没有说正方因果倒置。

E 项，题干不涉及"常识"。

【答案】B

例 129 去年经纬汽车专卖店调高了营销人员的营销业绩奖励比例。专卖店李经理打算新的一年继续执行该奖励比例，因为去年该店的汽车销售数量较前年增加了 16％。陈副经理对此持怀疑态度，她指出，他们的竞争对手并没有调整营销人员的奖励比例，但在过去的一年也出现了类似的增长。

以下哪项最为恰当地概括了陈副经理的质疑方法？

A. 运用一个反例，否定李经理的一般性结论。

B. 运用一个反例，说明李经理的论据不符合事实。

C. 运用一个反例，说明李经理的论据虽然成立，但不足以推出结论。

D. 指出李经理的论证对一个关键概念的理解和运用有误。

E. 指出李经理的论证中包含自相矛盾的假设。

【解析】李经理的论据：去年经纬汽车专卖店提高奖励比例增加了销售量。

李经理的结论：今年继续提高奖励比例以继续增加销售量。

陈副经理提出了一个反例，用以说明销售量的增加并不一定是提高奖励比例的结果。这就说明，李经理的论据虽然成立，但不足以推出结论，故 C 项最为恰当。

A 项，不恰当，因为李经理的结论只针对经纬汽车专卖店，不是一般性结论。

B 项，不恰当，因为陈副经理的论据并没有反对李经理的论据。

D 项，概念混淆，不恰当。

E 项，自相矛盾，不恰当。

【答案】C

例 130 小陈：目前 1996D3 彗星的部分轨道远离太阳，最近却可以通过太空望远镜发现其发出闪烁光。过去人们从来没有观察到远离太阳的彗星出现这样的闪烁光，所以，这种闪烁必然是不寻常的现象。

小王：通常人们都不会去观察那些远离太阳的彗星，这次发现的 1996D3 彗星是有人通过持续而细心的追踪观测而获得的。

以下哪项最为准确地概括了小王反驳小陈的观点中所使用的方法？

A. 指出小陈使用的关键概念含义模糊。

B. 指出小陈的论据明显缺乏说服力。

C. 指出小陈的论据自相矛盾。

D. 不同意小陈的结论，并且对小陈的论据提出了另一种解释。

E. 同意小陈的结论，但对小陈的论据提出了另一种解释。

【解析】小陈的论据：远离太阳的彗星出现了之前从未被观测到的闪烁光。

小陈的结论：闪烁必然是不寻常的现象。

小王：闪烁光之前没有被观测到，是因为之前没有人去观测远离太阳的彗星。

小王并不否定小陈的论据所陈述的情况存在，只是对这一情况做出了另一种解释，基于这一解释，可得出与小陈不同的结论。

故 D 项最为准确地概括了小王所使用的这一方法。

A 项，概念模糊，不恰当。

B 项，削弱论据，不恰当。

C 项，自相矛盾，不恰当。

E 项，小王不同意小陈的结论，不恰当。

【答案】D

变化3 评价论证结构

技巧总结

分析论证结构，用论证的图示方法画出论证结构即可。

常见的论证结构：论点前置、论点中置、论点后置。

例131 有一论证(相关语句用序号表示)如下：

①今天，我们仍然要提倡勤俭节约。

②节约可以增加社会保障资源。

③我国尚有不少地区的人民生活贫困，亟需更多社会保障资源，但也有一些人浪费严重。

④节约可以减少资源消耗。

⑤因为被浪费的任何粮食或者物品都是消耗一定的资源得来的。

如果用"甲→乙"表示甲支持(或证明)乙，则以下哪项对上述论证基本结构的表示最为准确？

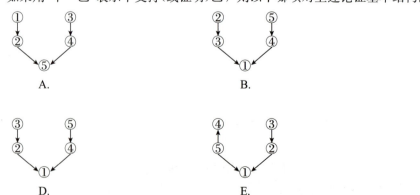

【解析】由题干易知，中心论点是①，而②和④是分论点。

②的论据应该和社会保障资源相关，故论据应该为③。

④的论据应该和资源消耗有关，故论据应该为⑤。

故 D 项正确。

【答案】D

变化 4 评价成立性：哪个问题最重要

> **技巧总结**
>
> 　题干给出一个可能成立也可能不成立的论证，问"回答以下哪个问题对评价以上论证最有帮助？"或者"为了评价上述论证，回答以下哪个问题最不重要？"
>
> 　我们要找到一个对题干的论证起正反两方面作用的选项，即正着说可以支持题干，反着说又能削弱题干的选项。可见，这类题目的本质还是支持题和削弱题。
>
> 　常用建立对比实验的方法。

例 132　老林被誉为"股票神算家"。他曾经成功地预测了 1994 年 8 月"井喷式"上升行情和 1996 年下半年的股市暴跌，这仅是他准确预测股市行情的两个实例。

　回答以下哪个问题对评价以上陈述最有帮助？

　A. 老林准确预测股市行情的成功率是多少？

　B. 老林是否准确地预言了 2002 年 6 月 13 日的股市大跌？

　C. 老林准确预测股市行情的方法是什么？

　D. 老林的最高学历和所学专业是什么？

　E. 有多少人相信老林对股市行情的预测？

【解析】题干通过两个例子论证：老林是"股票神算家"。

　显然要知道老林是不是真正的"股票神算家"，仅靠两个例子有以偏概全的嫌疑，还需要知道他准确预测股市行情的成功率是多少。

　如果他准确预测股市行情的成功率很高，则支持他是"股票神算家"的结论；反之，则削弱他是"股票神算家"的结论。故 A 项正确。

【答案】A

例 133　在过去的几十年中，正在接受高等教育的学生中，女性比例正在逐渐升高。以下事实可以部分地说明这一点：在 1959 年，20～21 岁之间的女性只有 11％正在接受高等教育，而在 1991 年，这个年龄段中的女性有 30％在高校读书。

　了解以下哪项，对评价上述论证最为重要？

　A. 在该年龄段的女性中，没有接受高等教育的比例。

　B. 在该年龄段的女性中，完成高等教育的比例。

　C. 完成高等教育的女性中，毕业后进入高薪阶层的比例。

　D. 在该年龄段的男性中，接受高等教育的比例。

E. 在该年龄段的男性中，完成高等教育的比例。

【解析】题干：在 1959 年，20～21 岁之间的女性只有 11％正在接受高等教育，而在 1991 年，这个年龄段中的女性有 30％在高校读书 ——证明——→ 在过去的几十年中，接受高等教育的女性比例正在逐渐升高。

$$接受高等教育的学生中的女性比例 = \frac{接受高等教育的女性人数}{所有接受高等教育的总人数}$$
$$= \frac{接受高等教育的女性人数}{接受高等教育的女性人数 + 接受高等教育的男性人数}。$$

所以，题干仅仅衡量了分子的大小，忽略了分母的大小。

因此，评价题干的论证是否正确，要衡量分母的大小，故"在该年龄段的男性中，接受高等教育的比例"对评价题干的论证最为重要，即 D 项正确。

【答案】D

例 134 许多孕妇都出现了维生素缺乏的症状，但这通常不是由于孕妇的饮食中缺乏维生素，而是由于腹内婴儿的生长使她们比其他人对维生素有更高的需求。

为了评价上述结论的确切程度，以下哪项操作最为重要？

A. 对某个缺乏维生素的孕妇的日常饮食进行检测，确定其中维生素的含量。

B. 对某个不缺乏维生素的孕妇的日常饮食进行检测，确定其中维生素的含量。

C. 对孕妇的科学食谱进行研究，以确定有利于孕妇摄入足量维生素的最佳食谱。

D. 对日常饮食中维生素足量的一个孕妇和一个非孕妇进行检测，并分别确定她们是否缺乏维生素。

E. 对日常饮食中维生素不足量的一个孕妇和另一个非孕妇进行检测，并分别确定她们是否缺乏维生素。

【解析】题干：许多孕妇缺乏维生素，但不是由于饮食中缺乏维生素 ——证明——→ 是由于腹内婴儿的生长使孕妇需要更多的维生素。

D 项，根据求异法，若日常饮食中维生素足量的孕妇缺乏维生素，而非孕妇不缺乏维生素，则支持题干；若二者都不缺乏维生素，则削弱题干。

【答案】D

变化 5   论证的争议：争论焦点题

技巧总结

争论焦点题的四大解题原则：

（1）差异原则。

争论的焦点必须是二者观点不同的地方，即有差异的地方。

（2）双方表态原则。

争论的焦点必须是双方均明确表态的地方。 如果一方对一个观点表态，另外一方对此观点没有表态，则不是争论的焦点。

（3）论点优先原则。

论据服务于论点，所以当反方质疑对方论据时，往往是为了说明对方论点不成立，这时争论的焦点一般是双方的论点不同。在双方论点相同时，质疑对方论据，争论的焦点才是论据。

（4）举例部分无焦点原则。

使用例证法或者举反例时，例子一般不是争论的焦点。

例 135 总经理：快速而准确地处理订单是一项关键商务。为了增加利润，我们应当用电子方式而不是继续用人工方式处理客户订单，因为这样订单可以直接到达公司相关业务部门。

董事长：如果用电子方式处理订单，我们一定会赔钱。因为大多数客户喜欢通过与人打交道来处理订单。如果转用电子方式，我们的生意就会失去人情味，就难以吸引更多的客户。

以下哪项最为恰当地概括了上述争论的问题？

A. 转用电子方式处理订单是否不利于保持生意的人情味？

B. 用电子方式处理订单是否比人工方式更为快速和准确？

C. 转用电子方式处理订单是否有利于提高商业利润？

D. 快速而准确的运作方式是否一定能提高商业利润？

E. 客户喜欢用何种方式处理订单？

【解析】总经理：采用电子方式处理客户订单 —导致→ 增加利润。

董事长：采用电子方式处理订单 —导致→ 赔钱。

显然二者争论的焦点为：转用电子方式处理订单是否有利于提高商业利润。故 C 项正确。

A 项，只有董事长对"人情味"表示了看法，总经理没有，不是双方争论的焦点（违反双方表态原则）。

B 项，总经理认为电子方式"快速而准确"，董事长没有反驳"快速而准确"，不是双方争论的焦点（违反双方表态原则）。

D 项，扩大了讨论的范围，题干讨论的是"电子方式处理订单"，而不是"快速而准确的运作方式"。

E 项，总经理没有对客户喜欢与否表态，不是双方争论的焦点（违反双方表态原则）。

【答案】C

例 136 厂长：采用新的工艺流程可以大大减少炼铜车间所产生的二氧化碳。这一新流程的要点是用封闭式熔炉替代原来的开放式熔炉。但是，不光购置和安装新的设备是笔大的开支，而且运作新流程的成本也高于目前的流程。因此，从总体上说，采用新的工艺流程将大大增加生产成本而使本厂无利可图。

总工程师：我有不同意见。事实上，最新的封闭式熔炉的熔炼能力是现有的开放式熔炉无法相比的。

在以下哪个问题上，总工程师和厂长最可能有不同意见？

A. 采用新的工艺流程是否确实可以大大减少炼铜车间所产生的二氧化碳？

B. 运作新流程的成本是否一定高于目前的流程？

C. 采用新的工艺流程是否一定使本厂无利可图？

D. 最新的封闭式熔炉的熔炼能力是否确实明显优于现有的开放式熔炉？

E. 使用最新的封闭式熔炉是否明显增加了生产成本？

【解析】

厂长：采用新的工艺流程将大大增加生产成本，使得本厂无利可图。

总工程师：新熔炉的熔炼能力是现有设备无法相比的，因此，不同意厂长的意见（有利可图）。

因此，两人的争论焦点是"采用新的工艺流程是否一定使本厂无利可图"，即 C 项正确。

A 项，只有厂长的意见涉及，违反双方表态原则。

B 项，只有厂长的意见涉及，违反双方表态原则。

D 项，只有总工程师的意见涉及，违反双方表态原则。

E 项，只有厂长的意见涉及，违反双方表态原则。

【答案】C

例 137　甲：从互联网上人们可以获得任何想要的信息和资料。因此，人们不需要听取专家的意见，只要通过互联网就可以很容易地学到他们需要的知识。

乙：过去的经验告诉我们，随着知识的增加，对专家的需求也相应地增加。因此，互联网反而会增加我们咨询专家的机会。

以下哪项是上述争论的焦点？

A. 互联网是否能有助于信息在整个社会的传播？

B. 互联网是否能增加人们学习知识时请教专家的可能性？

C. 互联网是否能使更多的人容易获得更多的资料？

D. 专家在未来是否将会更多地依靠互联网？

E. 互联网知识与专家的关系以及两者的重要性。

【解析】

甲：互联网导致人们不再需要听取专家的意见。

乙：互联网会增加我们咨询专家的机会。

因此，二者争论的焦点是：互联网是否能增加人们学习知识时请教专家的可能性，即 B 项正确。

【答案】B

例 138　郑女士：衡远市过去十年的 GDP（国内生产总值）增长率比易阳市高，因此衡远市的经济前景比易阳市好。

胡先生：我不同意你的观点。衡远市的 GDP 增长率虽然比易阳市的高，但易阳市的 GDP 数值却更大。

以下哪项最为准确地概括了郑女士和胡先生争议的焦点？

A. 易阳市的 GDP 数值是否确实比衡远市大？

B. 衡远市的 GDP 增长率是否确实比易阳市高？

C. 一个城市的 GDP 数值大，是否经济前景一定好？

D. 一个城市的 GDP 增长率高，是否经济前景一定好？

E. 比较两个城市的经济前景，GDP 数值与 GDP 增长率哪个更重要？

【解析】

郑女士：衡远市经济前景比易阳市好，因为，衡远市的 GDP 增长率比易阳市高。

胡先生：我不同意"衡远市经济前景比易阳市好"，因为，易阳市的 GDP 数值比衡远市大。

定位关键词"经济前景"，可迅速选 E 项。两人之争，其实是标准之争，两人在不同的标准下衡量两个城市的经济发展前景，因此 E 项最为准确。

【答案】 E

题型 25 解释题

【母题综述】

解释题的常见提问方式如下：

"以下哪项如果为真，最有助于解释上述现象？"

"以下哪项如果为真，最能解释上述差异？"

【母题精讲】

母题 25 实验证明：茄红素具有防止细胞癌变的作用。近年来 W 公司提炼出茄红素，将其制成片剂，希望让酗酒者服用以预防因饮酒过多引发的癌症。然而，初步的试验发现，经常服用 W 公司的茄红素片剂的酗酒者反而比不常服用 W 公司的茄红素片剂的酗酒者更易于患癌症。

以下哪项能解释上述矛盾？

Ⅰ. 癌症的病因是综合的，对预防药物的选择和由此产生的作用也因人而异。

Ⅱ. 酒精与 W 公司的茄红素片剂发生长时间作用后反而使其成为致癌物质。

Ⅲ. W 公司生产的茄红素片剂不稳定，易于受其他物质影响而分解变性，从而与身体发生不良反应而致癌；自然茄红素性质稳定，不会致癌。

A. 仅Ⅰ和Ⅱ。　　　　　　B. 仅Ⅰ和Ⅲ。　　　　　　C. 仅Ⅱ和Ⅲ。

D. Ⅰ、Ⅱ、Ⅲ。　　　　　E. Ⅰ、Ⅱ、Ⅲ都不是。

【解析】 需要解释的差异：茄红素具有防止细胞癌变的作用，但是，W 公司生产的茄红素片剂，酗酒者服用以后反而更容易患癌症。

题干涉及两类对象：茄红素和 W 公司生产的茄红素片剂，需要找到二者的差异。

Ⅰ项，不能解释，诉诸无知。

Ⅱ项，可以解释，说明了 W 公司生产的茄红素片剂使酗酒者易患癌症的具体原因。

Ⅲ项，比较型解释题，需要找到造成结果不同的差异因素，即"茄红素"与"W 公司生产的茄红素片剂"之间的差异，Ⅲ项说明了二者的差异，可以解释。

【答案】 C

[母题变化]

变化 1　解释现象

> **技巧总结**
>
> 题干给出一种现象，让我们解释这种现象，实际上就是让我们找到现象的原因。
>
> ①转折词。
>
> 解释题中往往有表示转折的词，如"但是""然而"等，转折词的前后一般就是矛盾或差异的双方。
>
> ②找差异。
>
> 如果题干中出现两个对象，两个对象的差异之处一般就是答案。
>
> ③不质疑现象。
>
> 题干中给出的现象默认为事实，我们需要找到这种现象发生的原因，而不能质疑这些事实。

例 139　去年，美国费城由妇女控告的强奸案率增加了20％。具有讽刺意味的是，这个数字是由女权运动组织在年度报告中以赞许的口气公布的。

以下哪项如果为真，能逻辑地解释上述女权运动组织看起来不合情理的赞许态度？

A. 市政府鼓励受害妇女控告强奸的新法案的实施，极大地减少了受害妇女不敢控告的情况。

B. 近三年来，这个城市强奸案在刑事案中之比例逐年上升。

C. 女权组织的领导人一直把预防强奸案的发生作为优先考虑的问题。

D. 这个城市受害妇女控告的强奸案发生率最高的地区集中在东部的三个邻近街区。

E. 这个城市对强奸犯的法律惩治越来越严厉。

【解析】待解释的现象：美国费城由妇女控告的强奸案率增加了20％，然而，女权运动组织却赞赏此现象。

A项，说明由受害妇女控告的强奸案率增加，不是因为强奸案件的增加，而是发生案件后原本不敢控告的受害妇女敢控告了，因此值得赞赏，可以解释题干。

B项，无关选项，题干的论证与强奸案在所有刑事案件中的比例无关。

C项，如果此项为真，则女权运动组织不会以赞许的口气公布强奸案率增加20％，故此项加剧题干矛盾。

D、E项均为无关选项。

【答案】A

例 140　新疆的哈萨克人用经过训练的金雕在草原上长途追击野狼。某研究小组为研究金雕的飞行方向和判断野狼群的活动范围，将无线电传导器放置在一只金雕身上进行追踪。野狼为了觅食，其活动范围通常很广，因此，金雕追击野狼的飞行范围通常也很大。然而，两周以来，无线电传导器不断传回的信号显示，金雕仅在放飞地3千米范围内飞行。

以下哪项如果为真，最有助于解释上述金雕的行为？

A. 金雕的放飞地周边重峦叠嶂，险峻异常。

B. 金雕的放飞地2千米范围内有一牧羊草场，成为狼群袭击的目标。

C. 由于受训金雕的捕杀，放飞地广阔草原的野狼几乎灭绝了。

D. 无线电传导器信号仅能在有限的范围内传导。

E. 无线电传导器的安放并未削弱金雕的飞行能力。

【解析】待解释的现象：野狼一般活动范围很广，因而金雕追击野狼的飞行范围通常也很大，然而，两周以来金雕仅在放飞地3千米范围内飞行。

A项，无关选项，地形并不影响金雕的飞行。

B项，另有他因，牧羊草场使野狼的活动范围变小，从而使金雕的飞行范围变小，可以解释题干。

C项，加剧了题干的矛盾，如果放飞地的野狼几乎灭绝了，那么金雕追击野狼的飞行范围应该更大。

D项，不能解释，因为题干中已说明"无线电传导器不断传回的信号显示"，所以并不是因为金雕飞出了传导范围。

E项，不能解释，既然无线电传导器未削弱金雕的飞行能力，那为什么金雕飞不远了呢？

【答案】B

例141　马晓敏是眼科医院眼底手术的一把刀，也是湖城市最好的眼底手术医生，但是，令人费解的是，经马晓敏手术后，患者视力获得明显提高的比例较低。

以下哪项如果为真，最有助于解释以上陈述？

A. 眼底手术大多是棘手的手术，需要较长的时间才能完成。

B. 除了马晓敏以外，湖城市眼科医院缺乏能干的眼底手术医生。

C. 除了眼底手术，马晓敏同时精通其他眼科手术。

D. 目前经马晓敏手术后患者视力获得明显提高的比例比过去有所提高。

E. 湖城市眼科医院难治的眼底疾病患者的手术大多数都是由马晓敏医生完成的。

【解析】待解释的现象：马晓敏是湖城市最好的眼底手术医生，但是，经马晓敏手术后，患者视力获得明显提高的比例较低。

A项，无关选项，题干的论证不涉及"眼底手术的时间"。

B项，无关选项，题干的论证不涉及"除了马晓敏以外的医生"。

C项，无关选项，题干的论证不涉及"其他眼科手术"。

D项，无关选项，题干的论证不涉及"与过去的比较"。

E项，另有他因，是因为马晓敏所治疗的患者的病情更严重，所以手术效果才更差，可以解释题干。

【答案】E

例142　近年来，我国南北方都出现了酸雨。一项相关的研究报告得出结论：酸雨并没有对我国的绝大多数森林造成危害。专家建议将此结论修改为：我国的绝大多数森林没有出现受酸雨危害的显著特征，如非正常的落叶、高枯死率等。

以下哪项如果为真，最有助于说明专家所作的修改是必要的？

A. 酸雨对森林造成的危害结果有些是不显著的。

B. 我国有些森林出现了非正常的落叶、高枯死率的现象。

C. 非正常落叶、高枯死率是森林受酸雨危害的典型特征，如果不出现这种特征，说明森林未受酸雨危害。

D. 酸雨是工业污染，特别是燃煤污染的直接结果。

E. 我国并不是酸雨危害最严重的国家。

【解析】待解释的现象：专家建议将酸雨没有对我国绝大多数森林造成危害，改为我国的绝大多数森林"没有出现受酸雨危害的显著特征"。

找关键词，一个是"没有危害"，一个是"没有显著特征"，只要说明这二者的差异即可，故 A 项可以解释。

C 项，如果此项为真，那么专家的建议就没有必要。

其余各项显然是无关选项。

【答案】A

<u>**变化 2**</u> **解释差异**

> **技巧总结**
>
> 解释差异题的常见提问方式如下：
>
> "以下哪项如果为真，最能解释上述差异？"
>
> "以下哪项如果为真，最有助于解释上述不同？"
>
> 这类题的题干中一般会出现两个对象，解题方法一般是找这两个对象的差异。

例 143 巴斯德认为，空气中的微生物浓度与环境状况、气流运动和海拔高度有关。他在山上的不同高度分别打开装着煮过的培养液的瓶子，发现海拔越高，培养液被微生物污染的可能性就越小。在山顶上，20 个装了培养液的瓶子中只有 1 个长出了微生物。普歇另用干草浸液做材料重复了巴斯德的实验，却得出了不同的结果：即使在海拔很高的地方，所有装了培养液的瓶子都很快长出了微生物。

以下哪项如果为真，最能解释普歇和巴斯德实验所得到的不同结果？

A. 只要有氧气的刺激，微生物就会从培养液中自发地生长出来。

B. 培养液在加热、消毒、密封、冷却的过程中会被外界细菌污染。

C. 普歇和巴斯德的实验设计都不够严密。

D. 干草浸液中含有一种耐高温的枯草杆菌，培养液一旦冷却，枯草杆菌的孢子就会复活，迅速繁殖。

E. 普歇和巴斯德都认为，虽然他们用的实验材料不同，但是经过煮沸，细菌都能被有效地杀灭。

【解析】前提差异：巴斯德的实验中，使用普通培养液；普歇的实验中，采用干草浸液。

结果差异：巴斯德的实验中，海拔越高，培养液被微生物污染的可能性就越小；普歇的实验中，即使在海拔很高的地方，所有装了培养液的瓶子都很快长出了微生物。

D项指出了前提中的差异为什么可以造成实验结果的不同，可以解释题干。

其余各项都没有指出两个实验的差异，不能解释题干。

【答案】D

例 144 在 19 世纪，法国艺术学会是法国绘画及雕塑的主要赞助部门，当时个人赞助者已急剧减少。由于该艺术学会并不鼓励艺术创新，19 世纪的法国雕塑缺乏新意。然而，同一时期的法国绘画却表现出很大程度的创新。

以下哪项如果为真，最有助于解释 19 世纪法国绘画与雕塑之间创新的差异？

A. 在 19 世纪，法国艺术学会给予绘画的经费支持比雕塑多。

B. 在 19 世纪，雕塑家比画家获得更多的来自法国艺术学会的支持经费。

C. 由于颜料和画布价格比雕塑用的石料便宜，19 世纪法国的非赞助绘画作品比非赞助雕塑作品多。

D. 19 世纪极少数的法国艺术家既进行雕塑创作，也进行绘画创作。

E. 尽管法国艺术学会仍对雕塑家和画家给予赞助，但 19 世纪的法国雕塑家和画家得到的经费支持明显下降。

【解析】前提的相同点：法国绘画及雕塑的主要赞助部门均为不鼓励艺术创新的法国艺术学会。

结论的差异点：法国雕塑缺乏新意，法国绘画却有很大创新。

找到造成雕塑与绘画的不同结果的差异因素即可。C 项指出了二者的差异，说明绘画不像雕塑那样依赖法国艺术学会的赞助，可以解释。

A 项，不能解释题干，既然绘画拿到了法国艺术学会更多的经费，为什么不听他们的话不要去创新呢。

B 项，可以解释题干，但力度不如 C 项，因为画家拿到的经费更少可能是因为他们需要的经费少，那么，就存在画家的作品多数是由法国艺术学会赞助的可能。

D 项和 E 项显然无法解释题干。

【答案】C

例 145 汽车保险公司的统计数据显示：在所处理的汽车被盗索赔案中，安装自动防盗系统汽车的比例明显低于未安装此种系统的汽车。这说明，安装自动防盗系统能明显减少汽车被盗的风险。但警察局的统计数据却显示：在报案的被盗汽车中，安装自动防盗系统的比例高于未安装此种系统的汽车。这说明，安装自动防盗系统不能减少汽车被盗的风险。

以下哪项如果为真，最有利于解释上述看起来矛盾的统计结果？

A. 许多安装了自动防盗系统的汽车车主不再购买汽车被盗保险。

B. 有些未安装自动防盗系统的汽车被盗后，车主报案但未索赔。

C. 安装自动防盗系统的汽车大都档次较高，汽车的档次越高，越易成为被盗窃的对象。

D. 汽车被盗后，车主一般先到警察局报案，再去保险公司索赔。

E. 有些安装了自动防盗系统的汽车被盗后，车主索赔但未报案。

【解析】需要解释的差异：保险公司的统计显示，安装防盗系统的汽车被盗索赔案要少于未安装此系统的汽车，但是警察局的统计却显示，安装防盗系统的汽车被盗案件多于未安装此系统的汽车。

题干涉及两类对象：保险公司的统计和警察局的统计，需要找到二者的差异。

A项，许多安装了自动防盗系统的汽车车主不再购买汽车被盗保险，那么当他们的车被盗后，他们会去警察局报案，但不会去保险公司索赔，保险公司的统计和警察局的统计不一致，可以解释。

B项，不能解释，首先"有些"的数量不确定；其次，如果有很多未安装自动防盗系统的汽车被盗后，车主报案但未索赔，那么警察局的统计就应该出现未安装防盗系统的汽车数量很多的现象。

C项，说明了安装自动防盗系统的汽车为什么会被盗，但并未说明这些人为什么未向保险公司索赔，不能解释。

D项，不能解释，如果此项为真，保险公司和警察局的统计就不应该有差异。

E项，不能解释，原因同B项，即如果此项为真，那么安装了自动防盗系统的汽车向保险公司索赔的数量应该多。

【答案】A

变化 3　解释数量关系

> **技巧总结**
>
> 在解释题中，若题干涉及利润、增长率、比例、平均值等数量关系，可认定是数量关系型解释题。用数学的思维解这类题目，会变得相当简单。
>
> 解题步骤：
> ①找出题干中数量关系的差异。
> ②列出适用题干的基本数学公式。
> ③找到造成题干中数量关系差异的原因。

例 146　烟草业仍然是有利可图的。在中国，尽管今年吸烟者中成人的人数减少，烟草生产商销售的烟草总量还是增加了。

以下哪项不能用来解释烟草销售量的增长和吸烟者中成人人数的减少？

A. 今年中，开始吸烟的妇女数量多于戒烟的男子数量。

B. 今年中，开始吸烟的少年数量多于同期戒烟的成人数量。

C. 今年，非吸烟者中咀嚼烟草及嗅鼻烟的人多于戒烟者。

D. 今年和往年相比，那些有长年吸烟史的人平均消费了更多的烟草。

E. 今年中国生产的香烟中用于出口的数量高于往年。

【解析】待解释的现象：今年成人吸烟者人数减少了，但是，烟草的销售量却增加了。

A项，不能解释题干。因为，虽然今年开始吸烟的妇女数量多于戒烟的男子数量，但是由于成人吸烟者(包括男子和妇女)的数量总体上减少了，因此，不能得出结论：是这些新吸烟的妇女造成了烟草销售量的增加。

其余各项显然均可以解释题干。

【答案】A

例147 大投资的所谓巨片的票房收入，一般是影片制作与商业宣传总成本的 2 至 3 倍。但是电影产业的年收入大部分来自中小投资的影片。

以下哪项如果为真，最能解释题干中的现象？

A. 大投资的巨片中确实不乏精品。

B. 大投资巨片的票价明显高于中小投资的影片。

C. 对观众的调查显示，大投资巨片的平均受欢迎程度并不高于中小投资影片。

D. 票房收入不是评价影片质量的主要标准。

E. 投入市场的影片中，大部分是中小投资的影片。

【解析】要解释的现象：巨片能带来 2 至 3 倍的收益，但是电影产业的年收入大部分来自中小投资的影片。

$$总收益＝平均单部电影收益×电影数量。$$

显然，只需要指出中小投资的影片的上映数量大于巨片的上映数量即可，即 E 项正确。

【答案】E

例148 以优惠价出售日常家用小商品的零售商通常有上千雇员，其中大多数只能领取最低工资。随着国家法定的最低工资额的提高，零售商的人力成本也随之大幅度提高。但是，零售商的利润非但没有降低，反而提高了。

以下哪项如果为真，最有助于解释上述看起来矛盾的现象？

A. 上述零售商的基本顾客，是领取最低工资的人。

B. 人力成本只占零售商经营成本的一半。

C. 在国家提高最低工资额的法令实施后，除了人力成本以外，其他零售商经营成本也有所提高。

D. 零售商的雇员有一部分来自农村，他们都拿最低工资。

E. 在国家提高最低工资额的法令实施后，零售商降低了某些高薪雇员的工资。

【解析】需要解释的矛盾：最低工资额提高导致人力成本上升，但是，利润反而提高了。

$$利润＝收入－成本。$$

所以，只需要说明零售商的收入提高了即可解释题干。

A 项，上述零售商的基本顾客，是领取最低工资的人，则最低工资额的提高，增强了零售商的基本顾客的购买力，从而增加了零售商的利润，可以解释。

B 项，不能解释。

C、D 项，加剧矛盾。

E 项，不能解释，因为解释题不得质疑题干。对于此题来说，题干说"人力成本上升了"，那么这就是真的，不能质疑它，E 项中"降低了某些高薪雇员的工资"，试图质疑人力成本的上升，是无效的。

【答案】A

例 149　新华大学在北戴河设有疗养院，每年夏季接待该校的教职工。去年夏季该疗养院的入住率，即全部床位的使用率为 87%，来此疗养的教职工占全校教职工的比例为 10%。今年夏季来此疗养的教职工占全校教职工的比例下降至 8%，但入住率却上升至 92%。

以下各项如果为真，都有助于解释上述看起来矛盾的数据，除了：

A. 今年该校新成立了理学院，教职工总数比去年有较大增长。

B. 今年该疗养院打破了历年的惯例，第一次有限制地对外开放。

C. 今年该疗养院的客房总数不变，但单人间的比例由原来的 5% 提高至 10%，双人间由原来的 40% 提高到 60%。

D. 该疗养院去年大部分客房今年改为足疗保健室或棋牌娱乐室。

E. 经过去年冬季的改建，该疗养院的各项设施的质量明显提高，大大增加了对疗养者的吸引力。

【解析】需要解释的矛盾：参加疗养的教职工占全校教职工的比例下降了，但疗养院的入住率反而上升了。

$$入住率 = \frac{入住人数}{床位数} \times 100\%。$$

A、B 两项说明入住人数提高了，分子变大，可以解释。

C 项，假设共有 100 个房间，单人间由 5 间变为 10 间，双人间由 40 间变为 60 间，此时多人间由 55 间变为了 30 间。总床位数＝单人间的床位数＋双人间的床位数＋多人间的床位数。故总床位数减少，即分母变小，可以解释。

D 项，说明床位数减少了，即分母变小，可以解释。

E 项，与分子和分母的数量不直接相关，不能解释。

【答案】E

例 150　1970 年，U 国汽车保险业的赔付总额中，只有 10% 用于赔付汽车事故造成的人身伤害。而 2000 年，这部分赔付金所占的比例上升到 50%，尽管这 30 年来 U 国的汽车事故率呈逐年下降的趋势。

以下哪项如果为真，最有助于解释上述看起来矛盾的现象？

A. 这 30 年来，U 国汽车的总量呈逐年上升的趋势。

B. 这 30 年来，U 国的医疗费用显著上升。

C. 2000 年 U 国的交通事故数量明显多于 1970 年。

D. 2000 年 U 国实施的新交通法规比 1970 年的更为严格。

E. 这 30 年来，U 国汽车保险金的上涨率明显高于此期间的通货膨胀率。

【解析】需要解释的矛盾：30 年来 U 国的汽车事故率呈逐年下降的趋势，但是，赔付汽车事故造成的人身伤害的资金占汽车保险业的赔付总额的比例却从 10% 上升到了 50%。

$$题干中的比例 = \frac{事故造成人身伤害的赔偿金额}{汽车保险业总的赔偿金额}。$$

A 项，汽车总量上升，但因为事故率下降，所以事故数未必上升；即使事故数上升，造成人身伤害赔付的事故数也不一定上升，所以是可能的解释，力度弱。

B 项，可以解释，医疗费用显著上升，则上述公式的分子变大。

C 项，事故总量上升，但造成人身伤害赔付的事故数不一定上升，所以是可能的解释，力度弱。

D、E 项，无关选项。

【答案】B

题型 26 论证结构相似题

〔母题综述〕

论证结构相似题的常见提问方式如下：

"上述论证方式和以下哪项最为类似？"

〔母题精讲〕

母题 26 一艘远洋帆船载着 5 位中国人和几位外国人由中国开往欧洲。途中，除 5 位中国人外，全患上了败血症。同乘一艘船，同样是风餐露宿，漂洋过海，为什么中国人和外国人如此不同呢？原来这 5 位中国人都有喝茶的习惯，而外国人没有。于是得出结论：喝茶是这 5 位中国人未得败血症的原因。

以下哪项和题干中得出结论的方法最为相似？

A. 警察锁定了犯罪嫌疑人，但是从目前掌握的事实来看，都不足以证明他犯罪。专案组由此得出结论：必有一种未知的因素潜藏在犯罪嫌疑人身后。

B. 在两块土壤情况基本相同的麦地上，对其中一块施氮肥和钾肥，另一块只施钾肥。结果施氮肥和钾肥的那块麦地的产量远高于另一块。可见，施氮肥是麦地产量较高的原因。

C. 孙悟空："如果打白骨精，师父会念紧箍咒；如果不打，师父就会被妖精吃掉。"孙悟空无奈得出结论："我还是回花果山算了。"

D. 天文学家观测到天王星的运行轨道有特征 a、b、c，已知特征 a、b 分别是由两颗行星甲、乙的吸引造成的，于是猜想还有一颗未知行星造成天王星的轨道特征 c。

E. 一定压力下的一定量气体，温度升高，体积增大；温度降低，体积缩小。气体体积与温度之间存在一定的相关性，说明气体温度的改变是其体积改变的原因。

【解析】题干使用求异法：

5 位中国人喝茶，没有得败血症；

外国人没有喝茶，得了败血症；

——————————————————

所以，喝茶是这 5 位中国人未得败血症的原因。

B 项与题干一样，也是使用求异法。A 项使用剩余法；C 项使用二难推理；D 项使用剩余法；E 项使用共变法。

【答案】B

[母题变化]

变化 1 论证方法相似

> **技巧总结**
>
> 解题步骤：
>
> ①找到题干中的论证或反驳方法。
>
> ②选出一个和题干中的论证或反驳方法最为相似的选项。

例 151　在印度发现了一群不平常的陨石，它们的构成元素表明，它们只可能来自水星、金星和火星。由于水星靠太阳最近，它的物质只可能被太阳吸引而不可能落到地球上；这些陨石也不可能来自金星，因为金星表面的任何物质都不可能摆脱它和太阳的引力而落到地球上。因此，这些陨石很可能是某次巨大的碰撞后从火星落到地球上的。

上述论证方式和以下哪项最为类似？

A. 这起谋杀或是劫杀，或是仇杀，或是情杀。但作案现场并无财物丢失；死者家属和睦，夫妻恩爱，并无情人。因此，最大的可能是仇杀。

B. 如果张甲是作案者，那必有作案动机和作案时间。张甲确有作案动机，但没有作案时间。因此，张甲不可能是作案者。

C. 此次飞机失事的原因，或是人为破坏，或是设备故障，或是操作失误。被发现的黑匣子显示，事故原因确是设备故障。因此，可以排除人为破坏和操作失误。

D. 所有的自然数或是奇数，或是偶数。有的自然数不是奇数，因此，有的自然数是偶数。

E. 任一三角形或是直角三角形，或是钝角三角形，或是锐角三角形。这个三角形有两个内角之和小于90°。因此，这个三角形是钝角三角形。

【解析】题干使用选言证法（排除法）。

题干：水星∨金星∨火星，相关事实表明，并非水星，也非金星，所以，火星。

即：A∨B∨C，¬A∧¬B，所以，C。

A项，A∨B∨C，¬A∧¬B，所以，C。与题干的论证形式相同。

其余各项均与题干的论证形式不同。

【答案】A

例 152　一家化工厂，生产一种可以让诸如水獭这样小的哺乳动物不能生育的杀虫剂。工厂开始运作以后，一种在附近小河中生存的水獭不能生育的发病率迅速增加。因此，这家工厂在生产杀虫剂时一定污染了河水。

以下哪项陈述中所包含的推理错误与上文中的最为相似？

A. 低钙饮食可以导致家禽产蛋量下降。一个农场里的鸡在春天放出去觅食后，它们的产蛋量明显减少了。所以，它们找到和摄入的食物的含钙量一定很低。

B. 导致破伤风的细菌在马的消化道内生存，破伤风是一种传染性很强的疾病。所以，马一定比其他大多数动物更容易染上破伤风。

C. 营养不良的动物很容易感染疾病，在大城市动物园里的动物没有营养不良。所以，它们肯定不容易感染疾病。

D. 猿的特征是有反转的拇指并且没有尾巴。最近，一种未知动物的化石残余被发现，由于这种动物有可反转的拇指，所以，它一定是猿。

E. 有人说一般头顶双旋的孩子都比较聪明，因此，聪明的孩子的头顶都有两个旋。

【解析】题干：A 导致 B，B，所以 A 是原因。

A 项，A 导致 B，B，所以 A 是原因，与题干相同。

其余各项显然均与题干不同。

【答案】A

例 153 任何一条鱼都比任何一条比它小的鱼游得快，所以，有一条最大的鱼就有一条游得最快的鱼。

下面哪项陈述中的推理模式与上述推理模式最为类似？

A. 任何父母都有至少一个孩子，所以，任何孩子都有并且只有一对父母。

B. 任何一个偶数都比任何一个比它小的奇数至少大 1，所以，没有最大的偶数就没有只比它小 1 的最大奇数。

C. 任何自然数都有一个只比它大 1 的后继，所以，有一个正偶数就有一个只比它大 1 的正奇数。

D. 在国家行政体系中，任何一个人都比任何一个比他职位低的人权力大，所以，有一位职位最高的人就有一位权力最大的人。

E. 任何哺乳动物都是胎生的，所以，有一个胎生的动物就有一个哺乳动物。

【解析】题干：因为大鱼比小鱼游得快，所以，如果有最大的鱼，就有游得最快的鱼。

D 项，因为职位高的人比职位低的人权力大，所以，如果有职位最高的人，就有权力最大的人，与题干相同。

其余各项显然均与题干不同。

【答案】D

变化 2 **逻辑谬误相似**

> **技巧总结**
>
> 解题步骤：
> ①找到题干中的逻辑谬误。
> ②选出一个和题干中的逻辑谬误最为相似的选项。

例 154 有些人坚信飞碟是存在的。理由是，谁能证明飞碟不存在呢？

下列选项中，哪一项与上文的论证方式是相同的？

A. 中世纪欧洲神学家论证上帝存在的理由是：你能证明上帝不存在吗？

B. 神农架地区有野人，因为有人看见过野人的踪影。

C. 科学家不是天生聪明的。因为，爱因斯坦就不是天生聪明的。

D. 一个经院哲学家不相信人的神经在脑中汇合。理由是，亚里士多德著作中讲到，神经是从心脏里产生出来的。

E. 鬼是存在的。如果没有鬼，为什么古今中外有那么多人讲鬼故事？

【解析】题干把不能证明某事物不存在，作为此事物存在的理由，犯了<u>诉诸无知</u>的逻辑错误。

A 项，诉诸无知，与题干相同。

B、C、D 项都提供了某些论据，与题干不同。

E 项，反证法，与题干不同。

【答案】A

例 155　《韩非子》中写道："楚人有鬻盾与矛者，誉之曰：'吾盾之坚，物莫能陷也。'又誉其矛曰：'吾矛之利，于物无不陷也。'或曰：'以子之矛，陷子之盾，何如？'其人弗能应也。"

以下议论均与上述那位楚人一样犯有类似的逻辑错误，除了：

A. 电站外高挂一块告示牌："严禁触摸电线！500 伏高电压一触即死。违者法办！"

B. 一位小伙子在给他女朋友的信中写道："爱你爱得如此之深，以至愿为你赴汤蹈火。星期六若不下雨，我一定来。"

C. 狗父论证："这是一条狗，它是一个父亲。而它是你的，所以它是你的父亲。你打它，你就是在打自己的父亲。"

D. 他的意见基本正确，一点错误也没有。

E. 这个方案不能说成功，也不能说不成功。

【解析】题干中的楚人犯了<u>自相矛盾</u>的逻辑错误。

A 项，"违者法办"是针对活着的人的，因此"一触即死"和"违者法办"自相矛盾。

B 项，"赴汤蹈火"即无条件地爱你，"若不下雨，我一定来"说明是有条件的，那么"赴汤蹈火"和"若不下雨，我一定来"自相矛盾。

C 项，两个"父亲"的概念不同，第一个"父亲"是指狗的父亲，第二个"父亲"是指人的父亲，犯了偷换概念的逻辑错误。

D 项，"基本正确"和"一点错误也没有"自相矛盾。

E 项，"成功"和"不成功"自相矛盾。

【答案】C

本章模考题 ▶ 论证

（共 30 题，每题 2 分，限时 60 分钟）

1. 最近公布的一项国家特别咨询委员会的调查报告声明：在选择了大量的研究对象进行对比实验后，发现在名人家族中才能出众者是普通人家族中才能出众者人数的 23 倍，因此，我们可以得出可信度很高的结论：人的素质主要是由遗传决定的。

   以下哪项如果为真，则最能削弱上述论证？

   A. A 国心理学界普遍有这样的认识：一两的遗传胜过一吨的教育。而事实也确实如此。

   B. "家无三代兴"，才能再出众也避免不了兴衰轮回的历史规律。

   C. 普通人家族中才能出众的表现方式与名人家族中不同，需要另外的衡量规则。

   D. 一个人的才能培养、后天接受教育的程度，与他的成长环境之间有很强的正相关性。

   E. 名人与普通人结合的下一代中才能出众者的人数不如名人家族中的比例高。

2. 某国人口总数自 2005 年起开始下降，预计到 2100 年，该国人口总数将只有现在的一半。为此该国政府出台了一系列鼓励生育的政策。但到目前为止该国妇女平均只生育 1.3 个孩子，远低于维持人口正常更新的水平(2.07 个)。因此，有人认为该国政府实施的这些鼓励生育的政策是无效的。

   以下哪项如果为真，最能反驳上述论断？

   A. 该国政府实施的这些鼓励生育的政策是一项长期国策，短时间内看不出效果。

   B. 如果该国政府没有出台鼓励生育的政策，该国儿童人口总数会比现在低很多。

   C. 如果该国政府出台更加有效的鼓励生育的政策，就可以提高人口数量。

   D. 近年来该国人口总数呈缓慢上升的趋势。

   E. 与该国地理位置相近的 H 国，生育水平也低于维持人口正常更新的水平。

3. 禁止在大众媒介上做香烟广告并未减少吸烟人数，他们知道在哪里弄到烟，不需要广告给他们提供信息。

   下述哪项如果为真，最能反驳上述观点？

   A. 看到或听到某产品广告往往会提高人们对该产品的需求欲望。

   B. 禁止在大众媒介上做香烟广告会使零售点香烟广告增加。

   C. 在大众媒介上做广告已成为香烟厂家的一项巨大开支。

   D. 反对香烟的人从发现香烟危害之日起就开始在大众媒介上宣传。

   E. 青年人比老年人更不易受大众媒介上的广告影响。

4. 在人口最稠密的城市中，警察人数占总人口的比例也最大。这些城市中的"无目击证人犯罪"的犯罪率也最低。看来，维持高比例的警察至少可达到有效地阻止此类犯罪的效果。

   下列哪项如果为真，最能有效地削弱上述推论？

   A. 警察的工作态度和巡逻频率在各个城市是有很大差别的。

   B. 高人口密度本身使得犯罪现场无目击证人的可能性减少。

C. 许多发生在大城市的非暴力犯罪都与毒品有关。

D. 人口稠密的城市中，大多数罪犯并不是被警察抓获的。

E. 无目击证人犯罪在所有犯罪中本来就只占很小的比例。

5. 一段时间以来，国产洗发液在国内市场的占有率逐渐减小。研究发现，国外公司的产品广告比国内的广告更吸引人。因此，国产洗发液生产商需要加大广告投入，以增加市场占有率。

以下哪项如果为真，将严重地弱化上述的论证？

A. 一些国外洗发液的广告是由国内广告公司制作并由国内媒体传播的。

B. 广告只能引起人们对某种商品的注意，质量才能使人们产生对商品的喜爱。

C. 国产洗发液生产商的广告费现在只有国外厂商的一半。

D. 尽管国外洗发液的销售额增加，但国产洗发液的销售额同样也在增加。

E. 准备购买新的洗发液的人喜欢从广告中发现合意的品牌。

6. 我国科研人员经过对动物的多次临床试验，发现中药山茱萸具有抗移植免疫排斥反应和治疗自身免疫性疾病的作用，是新的高效低毒免疫抑制剂。某医学杂志首次发表了关于这一成果的论文。多少有些遗憾的是，从杂志社收到该论文到它的发表，间隔了 6 周。如果这一论文能尽早发表的话，这 6 周内许多这类患者可以避免患病。

以下哪项如果为真，最能削弱上述论证？

A. 上述医学杂志在发表此论文前，未送有关专家审查。

B. 只有口服山茱萸超过两个月，药物才具有免疫抑制作用。

C. 山茱萸具有抗移植免疫排斥反应和治疗自身免疫性疾病的作用仍有待进一步证实。

D. 上述杂志不是国内最权威的医学杂志。

E. 口服山茱萸可能会引起消化系统不适。

7. 维护个人利益是个人行为的唯一动机。因此，维护个人利益是影响个人行为的主要因素。

以下哪项如果为真，则最能削弱题干论证？

A. 维护个人利益是否是个人行为的唯一动机，值得讨论。

B. 有时动机不能成为影响个人行为的主要因素。

C. 个人利益之间既有冲突，也有一致。

D. 维护个人利益的行为也能有利于公共利益。

E. 个人行为不能完全脱离群体行为。

8. 有 90 个病人，都患难治疾病 T，服用过同样的常规药物。这些病人被分为人数相等的两组，第一组服用一种用于治疗疾病 T 的实验药物 W 素，第二组服用不含有 W 素的安慰剂。10 年后的统计显示，两组都有 44 人死亡。因此，这种实验药物是无效的。

以下哪项如果为真，则最能削弱上述论证？

A. 在上述死亡的病人中，第二组从发病到死亡的平均时间比第一组短两年。

B. 在上述死亡的病人中，第二组的平均寿命比第一组小两岁。

C. 在上述活着的病人中，第二组的病情比第一组的更严重。

D. 在上述活着的病人中，第二组的比第一组的更年长。

E. 在上述活着的病人中，第二组的比第一组的更年轻。

9. 有些家长对学龄前的孩子束手无策，他们自愿参加了当地的一个为期六周的"家长培训"计划。家长们在参加该项计划前后，要在一份劣行调查表上为孩子评分，以表明孩子到底给他们带来了多少麻烦。家长们报告说，在参加该计划之后他们遇到的麻烦确实比参加之前要少。

以下哪项如果为真，最可能怀疑家长们所受到的这种培训的真正效果？

A. 这种训练计划所邀请的课程教授尚未结婚。

B. 参加这项训练计划的单亲家庭的家长比较多。

C. 家长们通常会在烦恼不堪、情绪落入低谷时才参加"家长培训"计划，而孩子们的捣乱和调皮有很强的周期性。

D. 填写劣行调查表对于这些家长来说不是一件容易的事情，尽管并不花费太多的时间。

E. 学龄前的孩子最需要父母亲的关心。起码，父母亲应当在每天都有和自己的孩子相处谈话的时间。专家建议，这个时间的底限是 30 分钟。

10. 雄性的园丁鸟能构筑装饰精美的鸟巢，或称为凉棚。基于对本地同种园丁鸟不同群落构筑凉棚的构筑和装饰风格不同这个事实的判断，研究者们得出结论：园丁鸟构筑鸟巢的风格是一种后天习得的，而不是基因遗传的特性。

以下哪项如果为真，将最有力地加强研究者们得出的结论？

A. 通过对园丁鸟的广泛研究发现，它们的筑巢风格中的共性多于差异。

B. 年幼的雄性园丁鸟不会构筑凉棚，在能以本地凉棚风格构筑凉棚之前，很明显地花了好几年时间观看比它们年纪大的园丁鸟构筑凉棚。

C. 有一种园丁鸟的凉棚缺少大多数其他种类园丁鸟构筑凉棚的塔形和装饰特征。

D. 只在新圭亚那和澳大利亚发现有园丁鸟，而在那里本地鸟类显然很少互相接触。

E. 众所周知，一些鸣禽的鸣唱方式是后天习得的，而不是基因遗传的。

11. 最近几年，许多精细木工赢得了很多赞扬，被称为艺术家。但由于家具必须实用，精细木工在施展他们的精湛手艺时，必须同时注意他们产品的实用价值。因此，精细木工不是艺术。

以下哪项最能支持该结论？

A. 一些家具制作出来是为了陈放在博物馆里，在那里它不会被任何人使用。

B. 一些精细木工比其他人更关注他们制作的产品的实用价值。

C. 精细木工应比他们现在更加关注他们产品的实用价值。

D. 一个物品，如果它的制作者注意到它的实用价值，就不是艺术品。

E. 艺术家们不关心他们作品的货币价值。

12. 在某西方国家，高等学校的学费是中等收入家庭难以负担的，然而，许多家长还是节衣缩食供孩子上大学。有人说，这是因为高等教育是一项很好的投资。

以下哪项对以上说法提出了质疑？

A. 一个大学文凭每年的利润率是 13％以上，超过了股票的长期利润率。

B. 在 25～29 岁的人中，只有高中学历的失业率是受过高等教育的人的 3 倍。

C. 科技发展迅速，经济从依赖体力转变为更多地依赖脑力，对大学学历的回报进一步提高。

D. 1980 年有大学文凭的人的收入大约比只有高中文凭的人多 43％，1996 年增加到 75％。

E. 随着计算机技术的发展，许多原来需要高技术人才承担的工作可以雇只会操作键盘的技工来干。

13. 蝙蝠发射声波并通常非常高效地利用声波的反射来发现、予以定位并捕捉其猎物。然而，据说该过程特有的效率因蛾子能够听到蝙蝠发出的声波而降低。

    下面哪项如果为真，最能支持上述说法？

    A. 听不见食昆虫的蝙蝠发射声波的蛾子与听得见该声波的蛾子如果都生活在持续没有该类蝙蝠的环境中，听不见的蛾子平均而言比听得见的蛾子的寿命长。

    B. 听不见食昆虫的蝙蝠发射声波的蛾子是最易被这种蝙蝠捉住的昆虫之一。

    C. 当蛾子改变其飞行的速度和方向时，其翅膀运动所产生的声波波形也改变了。

    D. 能听见食昆虫的蝙蝠发射声波的蛾子比听不见的蛾子被这种蝙蝠捕捉到的可能性更小。

    E. 听得见食昆虫的蝙蝠发射声波的蛾子，在其采取躲避行动来逃脱该种蝙蝠捕捉的能力上各不相同。

14. 有许多公司现在免费向员工提供健身课程，帮助他们锻炼身体，减轻压力，甚至学习怎样戒烟。这些课程提高了员工的生产力，降低了他们的缺勤率，并且可以使公司减少保险支出。因此，这一课程既对公司有益，又对员工有益。

    以下哪项如果为真，能够有效地支持上述结论？

    A. 健身课程是许多公司向员工提供的很普及的服务。

    B. 研究表明，在压力管理下的练习对很多人都没有效果。

    C. 常规性的锻炼能够减少人们患心脏病的可能，并使他们精力充沛。

    D. 过快地适应高负荷的健身课程，容易造成伤病。

    E. 公司需要专门雇用一些员工来指导各种锻炼课程。

15. 某外国航空公司经理："新开发的避撞系统，虽然还未经全面测试以发现潜在的问题，但必须马上在客机上安装，因为这个系统的机械报警装置可以使飞行员避免撞机事故。"

    该公司飞行员："飞行员不能驾驶一架避撞系统未经全面测试的飞机，因为有故障的避撞系统将会误导飞行员，造成撞机。"

    以下哪项如果为真，最能加强飞行员的反对意见？

    A. 机械设备总是有可能出现故障。

    B. 喷气式发动机在第一次投入使用之前也未经彻底测试，但是其性能与安全记录却是有目共睹的。

    C. 虽然避撞系统能使飞行员避免一些相撞事故，但是未经测试的避撞系统的潜在问题可能会造成更多的撞机事故。

    D. 许多撞机事故是由于飞行员过度疲劳造成的。

    E. 处于目前开发阶段的避撞系统，在 6 个月的试用期间，在客机上的工作效果比在货机上好。

16. 如果将中心位置的机场附近的空域仅限于商用客机和那些装备了雷达的私人飞机使用，私人飞机流量的绝大部分将被迫使用偏远的机场。这种私人飞机流量的减少将降低在中心位置的机场附近发生空中撞击的危险。

    上述结论依赖以下哪个假设？

    A. 对于大多数私人飞机的飞行员来说，使用偏远的机场同中心位置的机场一样方便。

B. 大多数偏远的机场没有装备处理商业客机流量的设备。

C. 大多数使用中心位置机场的私人飞机没有装备雷达。

D. 商业客机比私人飞机有更大的空中相撞的危险。

E. 空中撞击危险的减少将最终导致商业客机流量增加。

17. 一个著名歌手获得了一场诉讼的胜利，控告一个广告公司在一则广告里使用了由另一名歌手对该著名歌手演唱的一首众所周知的歌曲的翻唱版本。这场诉讼的结果是广告公司将停止在广告中使用模仿者的版本。因此，由于著名歌手的演唱费用比他的模仿者要高，广告费用将上升。

以上结论基于以下哪项假设？

A. 大多数人无法将一个著名歌手某一首歌的版本同一个好的模仿者对同一首歌的演唱区分开来。

B. 使用著名歌手做广告通常比使用著名歌手的模仿者做广告更有效果。

C. 一些广为人知的歌曲的原版不能在广告中使用。

D. 广告公司将继续使用模仿者来模仿著名歌手的形体动作。

E. 广告公司将在广告中使用该歌曲的原唱版本。

18. 上一个冰川形成并从极地扩散时期的珊瑚化石在比它现在生长的地方深得多的海底被发现了，因此，尽管它与现在生长的珊瑚看起来没多大区别，但能在深水中生长说明它们之间在重要的方面有很大的不同。

上述论证依据下面哪个假设？

A. 在冰川未从极地扩散之前的时期，还没有发现相应年代的珊瑚化石。

B. 冰川扩散时代的地理变动并未使珊瑚化石下沉。

C. 今天的珊瑚大都生活在与那些在较深处发现的珊瑚化石具有相同地理区域的较浅位置。

D. 已发现了冰川从极地扩散的各个时期的珊瑚化石。

E. 现在的珊瑚能够在更深、比它们现在生活的温度更冷的水中生存。

19. 最近的一项对都乐县所有的汽车事故受害者的调查发现，在严重受伤的司机和前排乘客中，80％的人在事故发生时没有系安全带。这表明，通过系安全带，司机和前排乘客可以在事故发生时大幅降低他们严重受伤的风险。

上面得出的结论是不恰当的，除非下面哪项是正确的？

A. 所有调查中的司机和前排乘客中，超过 20％的人在事故发生时系了安全带。

B. 都乐县中远远超过 20％的司机和前排乘客在驾车旅行时不系安全带。

C. 在这次调查中，受重伤的司机和前排乘客比后排乘客多。

D. 调查中超过一半的司机和前排乘客在事故发生时没有系安全带。

E. 大多数向都乐县警方报告的汽车事故不涉及任何重伤。

20. 有些末日论者警告说，天气形势长期转暖或转冷的趋势都将大量减少谷物产量。但是，比较乐观的报告指出，即使平均气温的这种变化真的发生，我们可以预期谷物产量不会有太大变化，因为几乎没有迹象表明降雨量会改变。此外，对大多数庄稼来说，气候导致的产量变化将被年产量的波动和科技因素引起的产量增加而掩盖。

下面哪项是上文提到的较乐观的报告所基于的假设？

A. 天气形势长期的变化无法被准确地预测。

B. 谷物的生产高度依赖于科技因素，以至于不论气候条件如何，产量提高的可能性都不大。

C. 降雨量的变化趋势比温度变化趋势更难孤立地去考虑。

D. 长期的转暖或转冷趋势如果伴随着降雨形势的变化，其对谷物产量的破坏比没有降雨形势的变化时更大。

E. 长期转冷趋势比长期转暖趋势对谷物产量的潜在破坏更严重。

21. 一旦消费者认识到通货膨胀阶段开始了，一般就会产生消费的增长。这一增长可以很容易地解释为什么消费者不愿意推迟购买那些肯定要涨价的商品。但是，在通货膨胀的持续时期，消费者最终推迟他们的日常购买活动，尽管事实是消费者依然认为价格会上升，在通货膨胀时期工资也会上升。

以下哪项如果为真，最有助于解释上述表面上的矛盾现象？

A. 消费者在通货膨胀时期比在非通货膨胀时期积蓄更多的钱。

B. 在经济标示器发出通货膨胀开始的信号和消费者认识到它开始之间存在一种滞后现象。

C. 对人类行为的一般性描述不适用于每一种具体的行为模式。

D. 如果足够产生影响的消费者不能购买的话，那么价格最终会跌落，而工资不会受到直接影响。

E. 消费者的购买力在通货膨胀的持续时期降低是由于工资跟不上价格上升的速度。

22. 20 年前，任一公司的执行官在选择重新设置公司总部时主要关心的是土地的成本。今天一个执行官在重新设置总部时要关心的东西更广泛了，经常包括当地学校和住房的质量。

假如上面的信息是正确的，则下面哪项最好地解释了上面所描述的执行官所关心的变化？

A. 20 年前高质量的住房和学校像今天一样难以发现。

B. 某些地区房地产税和学校税停止增加，允许许多人购买房屋。

C. 公司执行官在做决定时总是考虑替换方法将怎样影响公司的利润。

D. 一个近年人员缺乏的问题迫使公司找到尽可能多的方法来吸引新的雇员。

E. 在今后 20 年中，一些地区比其他地区土地的价值变化少。

23. 路上有一个里程碑，当一个徒步旅行者走近它的时候，面对她的这一面写着"21"，而背面写着"23"。她推测如果沿着这条路继续向前走，下一个里程碑会显示她已经走到了这条路的一半的位置。然而她继续向前走了 1 英里①后，里程碑面向她的一面是"20"，背面是"24"。

以下哪项如果正确，将能够解释以上描述的矛盾？

A. 下一个里程碑上的数字放颠倒了。

B. 面向她的这面的数字指的是抵达路的终点的英里数，不是指到起点的英里数。

C. 里程碑上的数字指的是公里数，不是英里数。

D. 该旅行者遇到的两块里程碑之间丢失了一块里程碑。

E. 设置里程碑最初是为了骑越野自行车的人使用，而不是为了徒步旅行者。

24. 佛罗里达的一些社区几乎全部是退休老人居住，如果有，也只有很少的带小孩的家庭居住。

---

① 1 英里＝1609.344 米。

然而这些社区聚集了很多欣欣向荣的专门出租婴儿和小孩使用的家具的企业。

以下哪项如果正确，能最好地调和以上描述的表面矛盾？

A. 专门出租小孩用的家具的企业是从佛罗里达的批发商那里买来的家具。

B. 居住在这些社区的为数不多的孩子都互相认识，并经常到其他人的房子里过夜。

C. 这些社区的许多居民经常搬家，更愿意租用他们的家具而不愿意去买。

D. 这些社区的许多居民必须为一年来访几个星期的孙子或者孙女们提供必要的用具。

E. 出租的孩子用的家具与商店里拿来卖的家具质量相同。

25. 虽然用椰子油制造的不含奶的咖啡伴侣每勺含 2 克饱和脂肪，或者说它所含的饱和脂肪比同样数量的牛奶高 7 倍，且这种咖啡伴侣通常不含胆固醇，但是，这样一勺含 2 克饱和脂肪的咖啡伴侣比含有 2 毫克胆固醇的同样数量的一勺牛奶使消费者血液中的胆固醇含量增高很多。

以下哪项如果为真，能对上文中的不一致之处提供最好的解释？

A. 营养学家指出，成人每日消耗的饱和脂肪可能不多于 250 毫克胆固醇。

B. 含 1 克饱和脂肪的食物与含 25 毫克胆固醇的食物对血液中胆固醇含量增加的影响大约有同样的作用。

C. 是牛奶胆固醇含量 5 倍的白色奶油通常被偏爱牛奶的消费者选作咖啡伴侣。

D. 不用椰子油制造的不含奶的咖啡伴侣比纯牛奶含更少的饱和脂肪和胆固醇。

E. 具有较低饱和脂肪含量的奶制品，它们的胆固醇含量通常也较低。

26. 统计显示，近年来在死亡病例中，与饮酒相关的比例逐年上升。有人认为，这是由于酗酒现象越来越严重。这种看法有漏洞，因为它忽视了这样一点：酗酒过去只是在道德上受到批评，现在则被普遍认为其本身就是一种疾病。每次酒醉就是一次酒精中毒，就相当于患了一次肝炎。因此，＿＿＿＿＿＿＿＿＿＿

以下哪项作为上文的结束语最为恰当？

A. 近年来在死亡病例中，与饮酒相关的比例事实上并没有逐年上升。

B. 以前被认为与饮酒无关的死亡病例中，现在有些会被认为与饮酒有关。

C. 酗酒只是损害行为者自身的健康，不应受到道德上的批评。

D. 酗酒现象并没有像估计的那么严重。

E. 酗酒现象的严重危害并没有受到足够的重视。

27. 在西方经济发展的萧条期，消费需求的萎缩导致许多企业解雇职工甚至倒闭。在萧条期，被解雇的职工很难找到新的工作，这就增加了失业人数。萧条之后的复苏，是指消费需求的增加和社会投资能力的扩张。这种扩张要求增加劳动力。但是经历了萧条之后的企业主大都丧失了经商的自信，他们尽可能地推迟雇用新的职工。

上述断定如果为真，最能支持以下哪项结论？

A. 经济复苏不一定能迅速减少失业人数。

B. 萧条之后的复苏至少需要两三年。

C. 萧条期的失业大军主要由倒闭企业的职工组成。

D. 萧条通常是由企业主丧失经商自信引起的。

E. 在西方经济发展中出现萧条是解雇职工造成的。

28. 人一般都偏好醒目的颜色。在婴幼儿眼里，红、黄都是醒目的颜色，这与成人相同；但与许多成人不同的是，黑、蓝和白色是不醒目的。市场上红、黄色为主的儿童玩具，比同样价格的黑、蓝和白色为主的玩具销量要大。

以上信息最能支持以下哪项结论？

A. 市场上黑、蓝和白色的成人服装比同样价格的红、黄色成人服装销量要大。

B. 市场上红、黄色为主的儿童服装，比同样价格的黑、蓝和白色为主的儿童服装销量要大。

C. 儿童玩具的销售状况至少在某种程度上反映了婴幼儿的喜好。

D. 儿童玩具的制造商认真研究了婴幼儿对颜色的喜好。

E. 颜色是婴幼儿选择玩具的唯一标准。

29. 使用枪支的犯罪比其他类型的犯罪更容易导致命案。但是，大多数使用枪支的犯罪并没有导致命案。因此，没有必要在刑法中把非法使用枪支作为一种严重刑事犯罪，应同其他刑事犯罪区分开来。

上述论证中的逻辑漏洞，与以下哪项中出现的最为类似？

A. 肥胖者比体重正常的人更容易患心脏病。但是，肥胖者在我国人口中只占很小的比例。因此，在我国，医疗卫生界没有必要强调肥胖导致心脏病的风险。

B. 不检点的性行为比检点的性行为更容易感染艾滋病。但是，在有不检点性行为的人群中，感染艾滋病的只占很小的比例。因此，没有必要在防治艾滋病的宣传中，强调不检点性行为的危害。

C. 流行的看法是，吸烟比不吸烟更容易导致肺癌。但是，在有的国家，肺癌患者中有吸烟史的人所占的比例，并不高于总人口中有吸烟史的比例。因此，上述流行看法很可能是一种偏见。

D. 高收入者比低收入者更有能力享受生活。但是，不乏高收入者宣称自己不幸福。因此，幸福生活的追求者不必关注收入的高低。

E. 高分考生比低分考生更有资格进入重点大学。但是，不少重点大学学生的实际水平不如某些非重点大学的学生。因此，目前的高考制度不是一种选拔人才的理想制度。

30. 十九世纪有一位英国改革家说，每一个勤劳的农夫，都至少拥有两头牛。那些没有牛的，通常是些好吃懒做的人。因此，他的改革方案便是国家给每一个没有牛的农夫两头牛，这样整个国家就没有好吃懒做的人了。这位改革家明显犯了一个逻辑错误。

以下哪项论证中出现的逻辑错误与题干中出现的类似？

A. 瓜熟蒂落，所以瓜熟是蒂落的原因。

B. 这是一本好书，因为它的作者曾获诺贝尔奖。

C. 你是一个犯过罪的人，有什么资格说我不懂哲学？

D. 有些发达国家一周只工作差不多四天或实行弹性工作制，为了缩短与发达国家的差距，我国也应该照此办理。

E. 你说谎，所以我不相信你的话；因为我不相信你的话，所以你说谎是徒劳的。

本章模考题 ▸ 参考答案

1. D

【解析】因果论证的削弱：找原因。

题干：名人家族中才能出众者是普通家族中才能出众者人数的 23 倍——→证明 人的素质主要是由遗传决定的。

A 项，支持题干。

B 项，无关选项，没有说明"家无三代兴"与遗传的关系。

C 项，诉诸未知。

D 项，另有他因，影响人的素质的原因可能是"环境因素"，削弱题干。

E 项，无关选项，讨论的对象与题干不同。

2. B

【解析】论证的削弱。

题干：某国政府出台了一系列鼓励生育的政策后，生育水平低于维持人口正常更新的水平——→证明 鼓励生育的政策是无效的。

A 项，诉诸无知。

B 项，削弱题干，如果该国政府没有出台鼓励生育的政策，那么该国儿童人口总数会比现在低很多，说明鼓励生育的政策还是起到了作用。

C 项，支持题干，说明目前的生育政策无效。

D 项，削弱题干，说明鼓励生育的政策可能起到了增加人口的作用，但削弱力度很弱。

E 项，无关选项，题干的论证只涉及"某国"的情况，与"H 国"无关。

3. A

【解析】因果论证的削弱：预测结果。

题干：吸烟者知道在哪里弄到烟，不需要广告给他们提供信息——→预测 禁止在大众媒介上做香烟广告并未减少吸烟人数。

A 项，削弱题干，说明香烟广告可以刺激香烟的消费需求，那么禁止香烟广告就减少了这种刺激，从而减少吸烟人数。

B 项，无关选项，题干仅讨论在大众媒介上做广告对吸烟人数的影响，并不涉及它对"香烟零售点广告数量"的影响。

其余各项均为无关选项。

4. B

【解析】因果论证的削弱：找原因。

题干：在人口最稠密的城市中，警察人数占总人口的比例也最大，"无目击证人犯罪"的犯罪率也最低（现象）——→证明 维持高比例的警察至少可达到有效地阻止此类犯罪的效果（原因）。

A 项，诉诸未知，题干并未说明人口稠密的城市中警察的工作态度和巡逻频率。

B 项，另有他因，是人口稠密导致"无目击证人犯罪"的犯罪率低，削弱题干。

C 项，无关选项。

D 项，无关选项，题干只涉及犯罪的发生，不涉及罪犯的抓获。

E 项，无关选项，题干涉及的是不同城市间"无目击证人犯罪"的犯罪率的比较，不涉及"无目击证人犯罪"与其他犯罪比例的比较。

5. B

【解析】措施目的的削弱。

题干：国产洗发液在国内市场的占有率逐渐减小，国外公司的产品广告比国内的广告更吸引人（原因）$\xrightarrow{\text{导致}}$ 国产洗发液生产商需要加大广告投入（措施）$\xrightarrow{\text{以求}}$ 增加市场占有率（目的）。

A 项，无关选项，题干只讨论广告的效果，没有讨论广告的制作方。

B 项，说明只通过加大广告投入未必能提高市场占有率，质量对销量的影响更大，措施达不到目的，削弱题干。

C 项，说明现在国产洗发液的广告投入不够，需要加大广告投入，支持题干。

D 项，不能削弱题干，国产洗发液销售额的增加无法反映其市场占有率的增减。

E 项，支持题干，说明广告有效。

6. B

【解析】因果论证的削弱：预测结果。

题干：从杂志社收到该论文到它的发表，间隔了 6 周，如果这一论文能尽早发表的话，这 6 周内许多这类患者可以避免患病。

A 项，无关选项。

B 项，说明即使论文尽早发表，许多这类患者也不能在 6 周内避免患病，说明题干对结果的推测不正确。

C 项，诉诸无知。

D 项，诉诸权威。

E 项，无关选项，是否会引起消化系统不适与是否可以治疗免疫性疾病无关。

7. B

【解析】论证的削弱。

题干：维护个人利益是个人行为的唯一动机 $\xrightarrow{\text{证明}}$ 维护个人利益是影响个人行为的主要因素。

前提说的是"动机"，结论说的是"影响个人行为的主要因素"，所以题干暗含一个隐含假设：动机是影响个人行为的主要因素。

A 项，诉诸无知。

B 项，削弱题干，有时动机不能成为影响个人行为的主要因素，指出题干的隐含假设不当。

C、D、E 项，无关选项，不涉及题干论证。

8. A

【解析】因果论证的削弱：求异法。

题干：

第一组：服用含 W 素的药物，10 年后 44 人死亡；

第二组：不服用含 W 素的药物，10 年后 44 人死亡；

故：含有 W 素的实验药物无效。

A 项，削弱题干，说明虽然两组 10 年后都死了 44 个人，但是第一组发病后存活时间更长，药物有效。

B 项，无关选项，"平均寿命"的长短与"发病到死亡的时间"长短没有关系。

C、D、E 项均为无关选项。

9. C

【解析】因果论证的削弱：找原因。

题干：家长们报告说，在参加该计划之后他们遇到的麻烦确实比参加之前要少。

题干要求质疑：这种培训的真正效果。即要求说明，孩子带来的麻烦减少，不是因为这种培训。

A 项，无关选项，教授没结婚不代表不能指导别人带孩子。

C 项，另有他因，家长在培训后遇到较少麻烦的现象，可能不是培训带来的效果，而是孩子们正处于调皮捣乱的"低潮"所造成的，削弱题干。

其余各项显然均为无关选项。

10. B

【解析】论证的支持。

题干：本地同种园丁鸟不同群落构筑凉棚的构筑和装饰风格不同———→园丁鸟构筑鸟巢的风格
证明

是一种后天习得的，而不是基因遗传的特性。

A 项，削弱论据。

B 项，支持题干，提出新论据，证明园丁鸟筑巢是由后天习得的。

D 项，削弱题干，说明园丁鸟不会互相接触，那么它们筑巢就可能不是后天习得的。

其余各项均为无关选项。

11. D

【解析】论证的支持。

题干：精细木工在施展他们的精湛手艺时，必须同时注意他们产品的实用价值———→精细木工
证明

不是艺术。

A 项，削弱题干，说明有的精细木工无须注意产品的实用价值，它是艺术。

B 项，无关选项，题干不涉及精细木工与其他人的比较。

C 项，无关选项。

D 项，支持题干，搭桥法，说明制作者注意到实用价值就不是艺术品。

E 项，无关选项。

12. E

【解析】因果论证的削弱：找原因。

题干：高等教育是一项很好的投资 $\xrightarrow{\text{导致}}$ 许多家长还是节衣缩食供孩子上大学。

E项，削弱题干，未来的高技术人才承担的工作可以由技工代替，那么高等教育的必要性就值得怀疑。

其余各项都阐述了高等教育的好处，支持题干。

13. D

【解析】因果论证的支持：预测结果。

题干：蛾子能够听到蝙蝠发出的声波，会导致蝙蝠通过声波捕捉猎物特有的效率降低。

意思是，蛾子能听到蝙蝠发出的声波，就会减少被蝙蝠捕食的风险。

A项，无关选项，题干比较的是"听得见蝙蝠声波"和"听不见蝙蝠声波"蛾子的情况，而此项是"没有蝙蝠"时的情况，实验环境与题干不同。

B项，支持题干，说明蝙蝠对听不见声波的蛾子的捕捉效率高，但力度弱。

C项，无关选项，题干说的是"蝙蝠发射的声波"而不是蛾子自身形成的声波。

D项，构造对比实验，根据求异法的知识可知支持题干。

E项，无关选项，题干是"听不见"与"听得见"蝙蝠发射声波的蛾子之间的比较，而不是"听得见"的蛾子的内部比较。

14. C

【解析】论证的支持。

题干：公司免费向员工提供健身课程，提高了员工的生产力，降低了他们的缺勤率，并且可以使公司减少保险支出 $\xrightarrow{\text{证明}}$ 健身课程既对公司有益，又对员工有益。

A项，无关选项。

B项，削弱论据，说明健身课程无效。

C项，支持题干，提出新论据，证明健身锻炼对人身体有益。

D项，削弱论据，说明健身课程有害。

E项，削弱论点，说明锻炼课程需要公司负担费用，即对公司有不利的因素。

15. C

【解析】论证的支持。

飞行员：有故障的避撞系统将会误导飞行员，造成撞机 $\xrightarrow{\text{证明}}$ 飞行员不能驾驶一架避撞系统未经全面测试的飞机。

A项，此项表明"机械设备总是有可能出现故障"，支持飞行员，但是，这种支持的力度很小，因为它并没有提供任何论据，只是给了一种猜测或可能性。

B项，削弱飞行员的意见，举反例说明未经彻底测试的喷气式发动机，性能和安全性是比较可靠的。

C项，直接支持飞行员的论据。

D项，削弱飞行员的意见，另有他因，说明撞机事故是由于飞行员疲劳，并非是未经测试的避撞系统。

E项，无关选项，题干不涉及在客机和货机上避撞系统效果的比较。

16. C

【解析】因果论证的假设：预测结果。

题干：中心位置的机场禁止"没有装备雷达的私人飞机"使用，会让"大部分私人飞机"被迫使用偏远的机场。

A项，与题干信息矛盾，题干说使用偏远的机场是"被迫"的，说明在方便性上应该不如中心位置的机场。

B项，无关选项，题干的论证对象是私人飞机，而不是偏远机场。

C项，搭桥法，建立"没有装备雷达的私人飞机"和"大部分私人飞机"之间的联系，故题干的隐含假设是"大部分私人飞机没有装备雷达"，必须假设。

D项，无关选项，题干不涉及商业客机与私人飞机之间的比较。

E项，无关选项。

17. E

【解析】因果论证的假设：预测结果。

题干：①广告公司将停止在广告中使用模仿者的版本。②原唱歌手的演唱费用比模仿者高 ——预测→ 广告费用将上升。

A项，无关选项，题干不涉及大多数人能否区分原唱歌手和模仿者。

B项，无关选项，题干不涉及原唱歌手和模仿者关于广告效果的比较。

C、D项，削弱题干，说明广告公司不会使用原唱歌手，那么就无法得出广告费将上升的结论。

E项，必须假设，广告公司将使用原唱歌手，而原唱歌手的费用更高，所以广告费将会上升。

18. B

【解析】因果论证的假设：找原因。

题干：珊瑚化石在比它现在生长的地方深得多的海底被发现 ——证明→ 珊瑚以前生活在更深的海里 ——证明→ 古代珊瑚和现代珊瑚之间在重要的方面有很大的不同。

写成因果论证：古代珊瑚和现代珊瑚之间有很大的不同 ——导致→ 古代珊瑚可以生活在更深的海里 ——导致→ 珊瑚化石在更深的海底被发现。

A项，无关选项。

B项，必须假设，排除他因，说明不是地理变动导致了珊瑚化石深度的改变。

C项，支持题干，但不是题干的隐含假设，因为题干只涉及"海水深度"，不涉及是否在"相同地理区域"。

D项，无关选项。

E项，无关选项，题干只涉及海水的"深度"，不涉及海水的"温度"。

19. A

【解析】因果论证的假设：百分比对比型。

题干：在严重受伤的司机和前排乘客中，80％的人在事故发生时没有系安全带 ——证明→ 系安全带可以降低他们严重受伤的风险。

A项，所有调查中的司机和前排乘客中，超过 20％ 的人在事故发生时系了安全带。即所有人中没有系安全带的不到 80％，出事故的人中没系安全带的人达到了 80％，这说明不系安全带真的会增加受伤的风险，必须假设。

B项，此项指出，都乐县中的司机和前排乘客在驾车旅行时不系安全带的比例远超 20％，与题干中的"前排乘客中，80％ 的人在事故发生时没有系安全带"可以形成"差比加强"，但此项并不是题干的隐含假设。

C项，无关选项，题干不涉及"司机和前排乘客"与"后排乘客"的比较。

D项，不必假设，若被调查者中有不到 80％ 的人系了安全带，则加强题干；否则，削弱题干。

E项，无关选项，偷换论证对象，题干调查的是"都乐县所有的汽车事故受害者"，此项的论证对象是"大多数向都乐县警方报告的汽车事故"。

20. D

【解析】因果论证的假设：预测结果。

较乐观的报告：

①几乎没有迹象表明降雨量会改变。②气候导致的产量变化将被年产量的波动和科技因素引起的产量增加而掩盖 $\xrightarrow{\text{导致}}$ 平均气温的变化不会导致预期谷物产量有太大变化。

A项，诉诸无知。

B项，假设过度，"不论气候条件如何"绝对化。

C项，无关选项。

D项，必须假设，搭桥法，说明如果仅有温度的变化而降雨量不变，确实会使谷物的减产趋势得到缓解。

E项，无关选项，题干不涉及"长期转冷趋势"与"长期转暖趋势"之间的比较。

21. E

【解析】解释现象。

待解释的现象：通货膨胀开始时，消费者不愿意推迟购买那些肯定要涨价的商品，但通货膨胀持续时期，消费者推迟了购买。

A项，不能解释，此项不是消费者推迟购买的原因。

B项，不能解释，题干需要解释的是在"通货膨胀的持续时期"为什么消费者会推迟购买，既然通货膨胀在持续，那么，此项所涉及的"滞后性"并不影响消费者的决策。

C项，无关选项。

D项，不能解释，此项说的是消费者推迟购买会导致的结果，而不是消费者推迟购买的原因。

E项，可以解释，说明由于工资的上涨速度跟不上价格上升的速度，导致了消费者购买力下降，最终导致推迟购买。

22. D

【解析】解释现象。

待解释的现象：在选择重新设置公司总部时，20 年前执行官关心的是土地的成本，现在还关心当地学校和住房的质量。

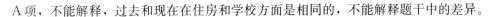

A项，不能解释，过去和现在在住房和学校方面是相同的，不能解释题干中的差异。

B项，无关选项。

C项，无关选项。

D项，可以解释，说明执行官关心学校和住房的质量，是为了吸引雇员。

E项，不能解释，因为此项只能解释执行官关心土地成本，无法解释他们为什么关心学校和住房的质量。

23. B

【解析】解释现象。

待解释的现象：旅行者向前走1英里后，本以为面向她的里程碑的数字会增加1，背面的数字会减少1，事实上，面向她的数字减少了1，背面的数字增加了1。

A项，不能解释，因为此项如果为真，她看到的第二个里程碑面向她的数字就是24而不是20。

B项，可以解释，说明旅行者越往前走，面向她的这面的数字会越来越小。

C项，不能解释，题干中的数字与单位无关。

D项，不能解释，如果丢失了里程碑，那么应该会出现数字上的跳跃，而不是题干中的现象。

E项，不能解释，无论是骑越野自行车的人还是徒步旅行者，里程不会因人改变。

24. D

【解析】解释现象。

待解释的现象：社区里居住的几乎全部是退休老人，却聚集了很多出租婴儿和小孩使用的家具的企业。

A项，无关选项，题干与家具的来源无关。

B项，不能解释，此项说明孩子的人数少，加剧题干中的矛盾。

C项，无关选项，题干涉及"出租婴儿和小孩使用的家具"，而此项涉及的是一般意义上的"家具"。

D项，可以解释，说明退休老人家经常有来访的小孩。

E项，无关选项。

25. B

【解析】解释现象。

待解释的矛盾：用椰子油制造的咖啡伴侣不含胆固醇，每勺含2克饱和脂肪，但是，它比含有2毫克胆固醇的牛奶使消费者血液中的胆固醇含量增高很多。

B项，可以解释，说明每勺椰子油制造的咖啡伴侣对血液胆固醇的影响相当于50毫克胆固醇，远大于题干中每勺牛奶的胆固醇含量。

其余各项均不能解释。

26. B

【解析】论证的推论。

题干：

①"与饮酒相关的死亡病例的比例逐年上升，是因为酗酒现象越来越严重"的看法有漏洞。

②酗酒过去只是在道德上受到批评，现在则被普遍认为其本身就是一种疾病。

③每次酒醉就是一次酒精中毒，就相当于患了一次肝炎。

分析可见，①是这段论述的论点句，②、③是这段论述的论据。

由①可知，应该另有他因导致"与饮酒相关的死亡病例的比例逐年上升"的发生；由②、③可知，酗酒对人的健康的损害，以前被忽视了，所以，"以前被认为与饮酒无关的死亡病例中，现在有些会被认为与饮酒有关"，故 B 项为正确选项。

A 项，题干是对"现象的原因"的分析，此项是对"现象"的反驳，不正确。

C 项，题干讨论的核心是"疾病"，而不是"道德"，不正确。

D 项，与信息①矛盾，不正确。

E 项，无关选项，题干讨论的是"酗酒的认定"问题，而不是要不要重视酗酒的危害。

27. A

【解析】论证的推论。

题干：经济复苏时，企业主大都丧失了经商的自信，他们尽可能地推迟雇用新的职工。

可知：在经济复苏的初期，失业人数并不一定迅速下降，A 项为正确选项。

B 项，题干没有提及复苏的具体时间。

C 项，题干说明，萧条期会导致企业解雇职工，但是否是职工失业的"主要因素"，题干没有提及。

D、E 项，都是说萧条的具体原因，但题干并没有提及。

28. C

【解析】论证的推论。

题干：

①在婴幼儿眼中，红色、黄色比黑色、蓝色、白色更醒目。

②红、黄色为主的儿童玩具比同样价格的黑、蓝、白色为主的玩具销量大。

建立"婴幼儿对颜色的喜好"和"玩具销量"的因果论证，所以，C 项是合适的推论。

E 项，推理过度，颜色不一定是选择玩具的唯一标准，只要是标准之一就可以了。

其余各项均为无关选项。

29. B

【解析】论证结构相似题。

题干：使用枪支的犯罪(A)比其他类型的犯罪(B)更容易导致命案(C)。但是，大多数使用枪支的犯罪(A)并没有导致命案(C)。因此，没有必要特意强调使用枪支的犯罪(A)。

符号化：A 比 B 更容易导致 C。但是，大多数 A 没有导致 C。因此，没有必要强调 A。

B 项，不检点的性行为(A)比检点的性行为(B)更容易感染艾滋病(C)。但是，大多数有不检点性行为者(A)不会感染艾滋病(C)。因此，没有必要在防治艾滋病的宣传中，强调不检点性行为的危害(A)。

所以，B 项与题干最为类似。其余各项均不类似。

30. D

【解析】论证结构相似题。

题干："每一个勤劳的农夫，都至少拥有两头牛"，英国改革家认为，国家给没有牛的农夫两头牛，农夫就勤劳了，误把"拥有两头牛"当作是"勤劳"的原因，犯了因果倒置的错误。

A项，瓜熟确实是蒂落的原因。

B项，诉诸权威。

C项，诉诸人身。

D项，误把"一周工作差不多四天或者弹性工作制"当作是"发达"的原因，犯了因果倒置的逻辑错误。故D项与题干相似。

E项，显然与题干不相似。

图书配套服务使用说明

一、图书配套工具库：喵屋

扫码下载"乐学喵 App"
（安卓/iOS 系统均可扫描）

下载乐学喵App后，底部菜单栏找到"喵屋"，在你备考过程中碰到的所有问题在这里都能解决。可以找到答疑老师，可以找到最新备考计划，可以获得最新的考研资讯，可以获得最全的择校信息。

二、各专业配套官方公众号

可扫描下方二维码获得各专业最新资讯和备考指导。

老吕考研
（所有考生均可关注）

老吕教你考MBA
（MBA/MPA/MEM/MTA
专业考生可关注）

会计专硕考研喵
（会计专硕、审计
专硕考生可关注）

图书情报硕士考研喵
（图书情报硕士考生可关注）

物流与工业工程考研喵
（物流工程、工业工程
考生可关注）

396经济类联考
（金融、应用统计、税务、
国际商务、保险及资产评估
考生可关注）

三、视频课程

扫码观看
逻辑全书精讲课程

四、图书勘误

这里是勘误区，如需答疑，请在"喵屋"首页带话题#数学答疑#或#逻辑答疑#，会有助教老师帮您解答。

扫描获取图书勘误